Δεν Μιλάω Ελληνικά

Δεν μιλάω ελληνικά 7η αναθεώρηση.
Επίσης τώρα γνωστά ως χρονικά του αρνιού του Θεού.

Αφιερωμένο εις το
Πνεύμα της Ελευθερίας
&
την Σάρα.

Δεν Μιλάω Ελληνικά

Η ΈΒΔΟΜΗ ΑΝΑΘΕΩΡΗΣΗ

Διμιτρι Τζόρνταν

Εκδόσεις Ιερή Σφραγίδα

Ιερή Σφραγίδα
Εκδόσεις
Δεν Μιλάω Ελληνικά
Πρώτη Δημοσίευση 1999
Χίλια αντίγραφα
*

Αναθεωρημένη 2008
& Δημοσιεύθηκε
με υπότιτλο
Δρόμος προς αποκάλυψη

*

Αναθεωρήθηκε ως ηλεκτρονικό βιβλίο 2015
Εκτύπωση και Ηλεκτρονικό Βιβλίο 2017, 2018, 1920
*
Έβδομη Αναθεώρηση
Δημοσιεύθηκε βάσει προϋπολογισμού.
ISBN 978-0-9535673-9-3
2022
Πρώτη Μετάφραση

Ιστορικό Μετάφρασης

Η αρχική αγγλική έκδοση αυτού του βιβλίου είναι διαθέσιμη για πάνω από 20 χρόνια σε διάφορες αναθεωρήσεις με τα χρόνια. Η έκτη κριτική είναι η πιο δραματική και ξεκίνησε την άνοιξη του 2019, με πρόχειρα αντίγραφα να εκτυπωθούν μέχρι το φθινόπωρο και να δημοσιευθούν τον Απρίλιο του 2020.

Είναι μια μηχανή που παράγει μια μετάφραση που ο συγγραφέας έχει περάσει από γραμμή σε γραμμή, περισσότερες από μία φορές και η απόδειξη ότι διαβάζεται είναι ότι ελέγχθηκε από μία ελληνόφωνη φιλόλογο, την Ιφιγένεια Πολύζου, στην οποία είμαι εξαιρετικά ευγνώμων για το ανοιχτό μυαλό, το θάρρος και τα σχόλιά της, που με βοήθησαν πολύ. Ιδιαίτερες ευχαριστίες στην ελληνική φοιτητική ομάδα στο Facebook. Παρακαλώ συγχωρήστε το περιστασιακό λάθος, είμαι βέβαιος ότι θα βρείτε, καθώς αυτή η μετάφραση είναι μια πράξη αυθορμητισμού που αισθάνθηκε τόσο σωστή. Αν το βιβλίο γίνει δημοφιλές, θα δημιουργήσω πιθανώς μια ειδική σελίδα στο Facebook για να απαντήσω σε οποιεσδήποτε ερωτήσεις και να συζητήσουμε.

Αυτή η ελληνική μετάφραση εμπνεύστηκε από τη Ρίνα Κάστελλι, και το έργο της, «Πρόσφυγες Στην Πατρίδα Μου».

Ήθελα να το διαβάσει στη γλώσσα της,
ήθελα να της δώσω την ελπίδα,
και ο κύκλος ένιωσε πλήρης.

Με Ευχαριστίες
& Εκτίμηση
Έλλα Σ.
*

Δρ Μαρκ Σάτον PHD
Καθηγητής Ρόουλαντ Γουίμερ
Σελίνα Ντέιλι MA &
Μάρτιν Πάκαρντ
*

Ιφιγένεια Πολύζου
*

Η Μπιλιάνα.

Contents

chapter	
Πρόλογος	ix
Εισαγωγή	xvii
	xxi

1	Κεφάλαιο Ένα	1
2	Κεφάλαιο Δύο	14
3	Κεφάλαιο Τρία	20
4	Κεφάλαιο Τέσσερα	29
5	Κεφάλαιο Πέντε	44
6	Κεφάλαιο Έξι	64
7	Κεφάλαιο Επτά	99
8	Κεφάλαιο Οκτώ	121
9	Κεφάλαιο Εννέα	160
10	Κεφάλαιο Δέκα	175
11	Κεφάλαιο Έντεκα	199
12	Κεφάλαιο Δώδεκα	216
13	Κεφάλαιο Δεκατρία	236
14	Κεφάλαιο Δεκατέσσερα	299
15	Κεφάλαιο Δεκαπέντε	351

16	Κεφάλαιο Δεκαέξι	398
17	Κεφάλαιο Δεκαεπτά	445
18	Κεφάλαιο Δεκαοκτώ	464
19	Κεφάλαιο Δεκαεννέα	487
20	Κεφάλαιο Είκοσι	494
21	Σενάριο ανάρτησης	511

Πρόσθετες Σημειώσεις Αναφοράς   517
Αναφοράς & Βιβλιογραφία   519

Κύπρος
Γενέτειρα της Αφροδίτης
Αρχαία Ελληνική Θεά του Έρωτα
&
Τρίτο μεγαλύτερο μεσογειακό νησί

Πρόλογος

Πρόλογος

Αποκάλυψη - Η αποκάλυψη γνώσεων, πληροφοριών, δεν είναι ακόμη γνωστή.

*

Θυμάμαι στα τέλη της εφηβείας μου, να είμαι κάτω από τα αστέρια, μελετώντας το σύμπαν κατά τη διάρκεια μιας μαγικής εμπειρίας μανιταριών, κάποια στιγμή μετά την εξέλιξη της θεωρίας της Μεγάλης Έκρηξης. Πώς ειπώθηκε ότι όλα προήλθαν από κάτι τόσο μικρό, στο μέγεθος ενός μπιζελιού, και πόσο απίστευτη φαινόταν η όλη ιδέα. Φαντάστηκα αμέτρητα δισεκατομμύρια μόρια ατομικής συνείδησης, συνδεδεμένα αλλά ανεξάρτητα, σε έναν τόσο περιορισμένο χώρο, τόσες δυνατότητες, και όλη την ένταση που πρέπει να δημιούργησε.

Δεν εκπλήσσομαι που το μπιζέλι εξερράγη, χειραφετώντας τα πάντα, και τον καθένα.

*

Αυτός ο πρόλογος αντικαθιστά αυτόν από την πρώτη έκδοση, την οποία ξεκίνησα το 1998 δηλώνοντας ότι δεν είμαι συγγραφέας, αλλά το βιβλίο που κρατάτε, και η ιστορία που λέει είναι το πεπρωμένο μου. Αυτό ήταν πάνω από είκοσι χρόνια πριν, και θα ήθελα να σκεφτώ τον εαυτό μου ως ένα συγγραφέα, αυτή είναι η έκτη αναθεώρησή μου, αλλά τίποτα δεν έχει αλλάξει σε σχέση με την πτυχή του πεπρωμένου, ότι δεν μπορώ να ξεφύγω.

*

Αυτό το βιβλίο δεν είναι όπως κάθε άλλο για διάφορους λόγους. Πρώτον, υπάρχουν πολλαπλές καταλήξεις, όλες οδηγούν στον ίδιο προορισμό, και η καθεμία πηγαίνει λίγο πιο πέρα, και λίγο βαθύτερα, κατά μήκος μιας διαδρομής που θα μπορούσε κάλλιστα να οδηγήσει σε κάποια κατανόηση της ίδιας της ύπαρξής μας, τη σημασία της παγκόσμιας αναταραχής που αντιμετωπίζουμε σήμερα, και τη δυνατότητα μιας λύσης, αναμένεται από πολλούς, σε μια μορφή, απροσδόκητη από τους περισσότερους, ότι ορισμένοι θα ήθελαν, αλλά μερικοί δεν θα το έκαναν.

Το κεφάλαιο ένα έως δεκατέσσερα έχουν γραφτεί μέσα σε μια περίοδο τεσσάρων μηνών, όταν ο συγγραφέας αισθάνθηκε κίνητρα για να γράψει μετά από εμπειρίες που είχε, μερικά από τα οποία προήλθαν από τη δράση που ανέλαβε, για όλους τους σωστούς λόγους. Ήταν κυρίως μια πράξη πάθους και άγχους, η οποία προήλθε από ορισμένες από τις βασικές πεποιθήσεις του. Υποκινήθηκε από πολλά πράγματα, αλλά καθοδηγείται από τη γνώση ορισμένων αδικιών που διαπράχθηκαν στην Κύπρο το 1963, και την πεποίθηση ότι θα μπορούσε να κάνει κάτι, μόνο το δικό του μικρό πράγμα, για να αποτρέψει μια σύγκρουση. Είναι η ιστορία ενός Άγγλου, που έλκεται από τον ελληνικό πολιτισμό του, και είναι έτοιμος να διακινδυνεύσει την απομόνωση, και την περιφρόνηση, από τη δική του, για να τους φέρει μια αλήθεια που νόμιζε ότι υπήρχε. Καθώς αλλάζει η κατανόησή του για την αλήθεια, η κατεύθυνση της αφήγησης, η οποία συνοδεύεται από μια ισχυρή πνευματική πτυχή, και πολλά άλλα, αλλάζει.

Ο συγγραφέας αρχικά σκέφτηκε ότι το βιβλίο ήταν πλήρες όταν τελείωσε το κεφάλαιο δεκατέσσερα, αλλά στη συνέχεια δεν περίμενε ότι πρέπει να γράψει το κεφάλαιο δεκαπέντε για να προστατευθεί από μια πιθανή εκστρατεία επίχρισμα εκείνη την εποχή. Αυτό πάει το ταξίδι σε ένα άλλο επίπεδο και σε ένα που απίστευτα όπως φαίνεται, ο συγγραφέας ήξερε ότι έπρεπε να αποδεχτεί λόγω αυτού που βίωσε. Δεν μπορούσε να πει ψέματα για ένα τόσο σημαντικό ζήτημα. Ούτε καν στον εαυτό του. Αυτή ήταν η μορφή που έκανε την πρώτη έκδοση, που δημοσιεύτηκε ως περιορισμένο χαρτόδετο βιβλίο το 1999. Βιαστικά, λόγω μιας δικαστικής υπόθεσης που σχετίζονται με αυτό, η οποία συζητείται στο κεφάλαιο δεκαέξι, από την οποία το βιβλίο γίνεται ένα μήνυμα για την ανθρωπότητα.

Υπό το πρίσμα της προσέγγισής μας στο κεφάλαιο δεκαπέντε, ο συγγραφέας, χωρίς να το γνωρίζει, χρειάζεται ακόμη λίγο χρόνο για να ξεπεράσει την εμπειρία που έχει περάσει, για να κατανοήσει και τον δικό του ρόλο σε αυτό. Κατά τη διάρκεια αυτής της περιόδου, διατηρεί αυτό που ισοδυναμεί με ένα ημερολόγιο, με μερικές σκέψεις και επιτεύγματα, που οδηγούν σε μερικές καταπληκτικές ιδέες, και φέρνει το ταξίδι σε ένα καταπληκτικό συμπέρασμα.

Αυτό το βιβλίο δεν είναι μυθιστόρημα. Ούτε προορίζεται ως μια περιεκτική ιστορική έκθεση, αν και περιέχει υποστηριγμένες ιστορικές αναφορές. Πρώτα απ' όλα, είναι μια ιστορία ανακάλυψης, ένα ταξίδι, που θα μπορούσε να έχει επιπτώσεις για εσάς, τον αναγνώστη, όποιος κι αν είστε, όπου κι αν βρίσκεστε, μαζί με όλους τους άλλους.

Από ένα ταξίδι με σακίδιο στον ώμο μέσα από τα ελληνικά νησιά, μέχρι το τέλος του κόσμου όπως τον ξέρουμε;

Αυτό το βιβλίο θα σας κάνει να γελάσετε, να λυπηθείτε, θα σας ενημερώσει, και θα σας μεταφέρει σε ένα μέρος που κανένα άλλο βιβλίο δεν σας έχει πάρει ποτέ. Θα σας οδηγήσει, όπως ο συγγραφέας οδηγήθηκε, σε μια αλήθεια που έχει κάποια αίσθηση του χάους που ακολουθεί σήμερα στον κόσμο γύρω μας. Πόσο από αυτή την αλήθεια που αποδέχεσαι εξαρτάται από σένα, μπορεί να σε γεμίσει με ελπίδα ή, να σε πνίξει με τρόμο.

Υπάρχει αναφορά σε μια ιστοσελίδα που ονομάζεται *Η αλήθεια*. Αυτή η ιστοσελίδα δεν είναι πλέον σε λειτουργία, αλλά θα κερδίσουμε ό, τι χρειαζόμαστε από αυτό για τους σκοπούς αυτής της αφήγησης.

Ο δρόμος μπορεί να είναι ανώμαλος για μερικούς, σε κάποια σημεία, όσο πιο δύσκολο είναι το ταξίδι τόσο μεγαλύτερες είναι οι ανταμοιβές, αλλά λειτουργεί το ίδιο για όλους στο τέλος.

Ανοίξτε το μυαλό σας, την καρδιά σας και απολαύστε το ταξίδι.

Εισαγωγή

Εισαγωγή

Περισσότερες από μία φορές έχω αναρωτηθεί για το αν υπήρχε ακόμη και οποιοδήποτε σημείο στο γράψιμο αυτού του βιβλίου. Αλλά κάθε φορά που έκανα την ερώτηση κάτι συνέβαινε για να μου δώσει την απάντηση. Η τελευταία, μετά από κάποια εξέταση, προήλθε από τον αδελφό μου, αλλά είναι αρκετά αστείο για το κοινό να την ακούσει. Μου είπε για ένα κυπριακό εστιατόριο που βρήκε κοντά στο μέρος που μένει. Τόσο ο αδελφός μου όσο και εγώ, έχουμε αυτό το μεσογειακό βλέμμα, και φαίνεται αντιπροσωπεύει πολλά, αλλά είναι απλές συζητήσεις όπως αυτή που μου λένε ότι αξίζει τη δουλειά, και ο πόνος της καρδιάς.

Ιδιοκτήτης εστιατορίου: «Γεια σας, από πού είστε;»
Αδελφός: «Κύπρο, εσείς;»
Ιδιοκτήτης εστιατορίου: «Κύπρο».
Αδελφός: «Ελληνικά ή Τουρκικά;»
Ιδιοκτήτης εστιατορίου: «Έχει σημασία;»

Δεν ξέρω πόσο παράξενο είναι να αμφισβητείς την ύπαρξή σου. Υποθέτω ότι όλοι πρέπει να το έχουμε κάνει κάποια στιγμή, ίσως όταν μάθαμε για πουλιά και μέλισσες. Όμως αν η μαμά και ο μπαμπάς δεν τα είχαν καταφέρει εκείνο το βράδυ; Η ακόμα και η φυλή ανάμεσα στις εκατοντάδες χιλιάδες του σπέρματος θα μπορούσε κανείς να συλλογιστεί. Η ύπαρξή μας αποδεικνύει ότι κερδίσαμε αυτόν τον αγώνα, αλλά τι γίνεται με τους γονείς μας; Οι περισσότεροι από εσάς θα το βρείτε αρκετά φυσικό, και ίσως γνωρίζετε την ιστορία του πώς οι γονείς σας συναντήθηκαν πρώτα, στην εργασία ίσως, σε μια ντίσκο, ένα νυχτερινό κέντρο διασκέδασης, ή ακόμα και το γάμο ενός φίλου. Αλλά τι όταν ακόμη και η πρώτη συνάντηση φαινόταν πολύ απίθανο. Δεν μπορώ να αρνηθώ ότι η δική μου πάντα μου φαινόταν λίγο ασυνήθιστη. Νόμιζα ότι θα ήταν ένα από αυτά τα πράγματα που θα μπορούσε να γίνει σαφέστερο καθώς μεγάλωνα, αλλά απλά φαινόταν να γίνεται πιο συγκεχυμένο. Τα αποσπάσματα που άκουσα όταν ήμουν παιδί. Ο παππούς μου ήταν φτωχός βοσκός. Αυτό δεν ήταν μυστικό, αν και είναι δύσκολο να φανταστεί κανείς έναν τόσο φτωχό ιδιοκτήτη γης σήμερα. Αλλά από ό, τι μπορώ να καταλάβω η παράκτια γη, δεν είναι πολύ καλή για την καλλιέργεια, και αυτό ήταν πριν από τις ημέρες των διακοπών πακέτο. Τα μικρά αποσπάσματα που άκουσα έκαναν το γάμο μεταξύ των γονιών μου να φαίνεται λιγότερο πιθανός και οι ενέργειες του παππού να φαίνονται παράξενες. Είχα έναν ή περισσότερους θείους που εμπλέκονται με το Ε.Ο.Κ.Α., οι οποίοι στη δεκαετία του 1950 αγωνίζονταν μια άγρια εκστρατεία κατά των Βρετανών. Είχα έναν θείο απαγχονισμένο από τους Βρετανούς, αν και δεν θέλω να προσθέσω τις τρομοκρατικές δραστηριότητες. Από ό, τι θα μπορούσα να πω ήταν μετά, ή κατά τη διάρκεια των γεγονότων, και πιθανώς εξαιτίας τους, ότι ο παππούς μου έστελνε την οικογένειά του στην Αγγλία και πήρε την πιο παράξενη απόφασή του. Επέτρεψε το γάμο της μητέρας μου, στην ηλικία των δεκαπέντε, με τον πατέρα μου, έναν πρώην Βρετανό στρατιώτη που είχε γίνει φίλος με την οικογένεια στην Αγγλία, το πιστοποιητικό γέννησής της άλλαξε για να επιτρέψει το γάμο από το βρετανικό δίκαιο. Αυτό είναι παράξενο, και δεν πήγε πολύ καλά με πολλά μέλη της οικογένειας, και επρόκειτο να περάσει πολύς καιρός μέχρι να γίνει πλήρως αποδεκτό. Ήταν δέκα χρόνια μεγαλύτερος από τη μητέρα μου και είχε εργαστεί σκληρά για να φέρει και τους επτά από εμάς επάνω. Συχνά ένιωθα ότι ήταν, ειδικά η μητέρα μου, απροετοίμαστη για ένα τέτοιο έργο. Ήταν 21 όταν γεννήθηκα, το τέταρτο από τα επτά παιδιά. Είναι ένα μυστήριο που μεγάλωσα με και έγινε πιο ενδιαφέρον με το χρόνο.

Θυμάμαι καλά τα πρώτα μου χρόνια. Ένιωσα σαν να είχα δύο ζωές κατά κάποιο τρόπο. Αυτή της δικής μου οικογενειακής ζωής στην πόλη μας, η οποία φαινόταν πολύ αγγλική σχεδόν με κάθε τρόπο, και η ζωή στο Λονδίνο με τους συγγενείς μου, συχνά νονούς μου, αλλά εξίσου συχνά με τους παππούδες μου, οι οποίοι είναι όλοι Ελληνοκύπριοι, από ένα χωριό κοντά στην Κερύνεια στις ακτές της Βόρειας Κύπρου που ονομάζεται Άγιος Αμβρόσιος. Το βρήκα παράξενο στην αρχή ότι ο παππούς μου είχε τόσο αντίκτυπο σε μένα, επειδή πέθανε όταν ήμουν πολύ νέος. Ήταν ένα μεγάλο πλήγμα για μένα εκείνη την εποχή και θυμάμαι την κηδεία. Ο θάνατος δεν είναι κάτι που μπορείς να καταλάβεις σε τόσο νέα και τρυφερή ηλικία. Ο παππούς ήταν 86 όταν πέθανε, αλλά ήταν αφύσικες αιτίες, όλα τα εύσημα στον άνθρωπο. Προφανώς, είχε πιάσει το σακάκι του στην αρχαία σόμπα αερίου που ο ίδιος και η γιαγιά μου μοιράζονται στο μικρό διαμέρισμά τους στο Βουνό Σπίτι, SE11. Η κουζίνα στο μπροστινό μέρος του ισογείου ήταν ακριβώς απέναντι από το υπνοδωμάτιο, όπου πήγε να ξεκουραστεί, μετά από ακούσια ενεργοποίηση του φυσικού αερίου. Ρώτησα τις συχνές ερωτήσεις που θα μπορούσε κανείς να ζητήσει σε αυτές τις στιγμές, το πιο φυσικό είναι γιατί;

Αυτό που έκανε τα πράγματα χειρότερα ήταν ότι ο πατέρας της μητέρας μου ήταν ο μόνος παππούς που ένιωσα σαν να το καταλάβαινα με οποιονδήποτε τρόπο ανά πάσα στιγμή, ακόμη και αν δεν υπήρχαν πολλά να καταλάβει. Η οικογένεια του πατέρα μου ήταν ένα αίνιγμα για όλους μας. Είχε εκκενωθεί στην αρχή του Δευτέρου Παγκοσμίου Πολέμου, κατά τη διάρκεια του οποίου η μητέρα του πέθανε, ο πατέρας του ξαναπαντρεύτηκε, και προφανώς δεν άφησε χώρο γι' αυτόν. Μετά τον πόλεμο επέστρεψε από την εκκένωση, μόνο για να φύγει από το σπίτι του για πάντα, μετά την οποία ο πατέρας μου θα είχε μικρή επαφή με την οικογένειά του, όπως και εμείς.

Αυτό δεν πρόσθεσε ποτέ τις επιπλοκές εκείνη την εποχή, αλλά ο κύριος αντίκτυπος που είχε για μένα ήταν ότι κάθε φορά που σκεφτόμουν μια οικογένεια διαφορετική από τη δική μου, ήταν η οικογένεια της μητέρας μου. Η μόνη οικογένεια που γνώρισα ποτέ, η οποία την έκανε ακόμη πιο παράξενη γιατί θα σταματούσα να μαθαίνω την ελληνική γλώσσα από το θάνατο του παππού μου. Μια πράξη περιφρόνησης που θα έμενε θαμμένη στο υποσυνείδητό μου για τα επόμενα τριάντα χρόνια. Η ειρωνεία είναι ότι ήταν, στο μυαλό μου, ο μόνος μεγάλος γονέας που καταλάβαινε αγγλικά.

Έτσι τον θυμάμαι. Η γιαγιά μου ευλόγησε την ψυχή της, κατάλαβε, και δεν μιλούσε καθόλου.

1

Κεφάλαιο Ένα

Τον Ιούνιο του 1987, καθόμουν στα σκαλιά της παμπ, 25 ετών, καλοκαίρι, αλλά ήμουν στην πόλη μου. Είχα δουλειά να ξεκινήσω τον Σεπτέμβριο-Οκτώβριο, οκτακόσια λίρες στην τσέπη μου, και αυτούς τους λίγους μήνες για να τους περάσω τσάμπα. Το αποφάσισα πριν τελειώσω την πρώτη μου μπύρα. Πήρα ένα φίλο για να με πάει μέχρι τον σιδηροδρομικό σταθμό και, μιάμιση ώρα αργότερα, βρήκα τον εαυτό μου να περιπλανάται γύρω από Soho του Λονδίνου σε μια όμορφη καλοκαιρινή μέρα ψάχνοντας για ταξιδιωτικά καταστήματα. Ήταν ο τρόπος μου να το κάνω. Το μόνο που ήξερα ήταν ότι ήθελα μια φτηνή και γρήγορη πτήση έξω από τη χώρα. Δεν είχα ιδέα που πήγαινα. Είχα μόλις δει τον εαυτό μου, ξόδευα όλα τα χρήματά μου στο μπαρ της τοπικής παμπ, και αυτό ήταν αρκετό για να πάρω στο τρένο. Δεν πέρασε πολύς καιρός μέχρι να δω ένα μικρό γραφείο που λέγεται Πίτερ Παν Ταξίδια. Θυμάμαι αμυδρά το γραφείο. Δύο γραφεία σε ορθή γωνία, και τα δύο γεμάτα με χαρτί σε ακατάστατους σωρούς, τον καθένα με το δικό του μικρό χάος να στοιβάζονται στις προτιμήσεις του ατόμου. Ο τοίχος ήταν καλυμμένος με παγκόσμιους χάρτες με αεροπορικές διαδρομές. Θυμάμαι που είδα έναν άντρα να κάθεται υπομονετικά σε ένα πάγκάκι δίπλα στην πόρτα του γραφείου, περιμένοντας πιθανώς λεπτομέρειες πτήσης. Ένας άντρας στο τηλέφωνο πίσω από ένα γραφείο, και ένας άλλος απλά αρχειοθετεί τα χαρτιά. Ο αέρας ήταν γεμάτος με καπνό τσιγάρου. Επέλεξα τον τελευταίο που θα προσεγγίσει. Είχα χρόνο να ανάψω ένα τσιγάρο πριν κοιτάξει ψηλά, μαζεύοντας χαλαρά τα χαρτιά μπροστά του.

«Μπορώ να σας βοηθήσω;»

«Ναι, θα ήθελα μια πτήση, οποιονδήποτε μεσογειακό προορισμό», τον ενημέρωσα, προσθέτοντας. «Χωρίς επιστροφή, το συντομότερο δυνατόν».

«Το συντομότερο δυνατόν;»

«Ναι».

«Νομίζω ότι μπορούμε να κάνουμε τη Μαγιόρκα, να ακούγεται καλή επιλογή, αύριο;» Κούνησα το κεφάλι μου. Δεν ήταν πραγματικά αυτό που είχα στο μυαλό μου, αλλά είπα οποιοδήποτε προορισμό. Ο άνθρωπος σήκωσε το τηλέφωνο για να κάνει την κλήση του. Ένιωσα δεσμευμένος, έτσι δεν είπα τίποτα, και αντ' αυτού επικεντρώθηκε σε με τον άλλο άνθρωπο ήδη στο τηλέφωνο. Μιλούσε με έναν πελάτη, και μπορούσα να τον ακούσω καθαρά.

«Πτήση με αναχώρηση από Γκάτγουικ, εννέα και τριάντα για την Αθήνα», μικρή παύση.

«Δεν είναι καλό, εντάξει, αντίο».

«Πότε είναι αυτή η πτήση;» Αμέσως απευθύνθηκα προς αυτόν.

«Απόψε», απάντησε.

«Πόσο κάνει;»

«Εξήντα πέντε λίρες».

«Θα το πάρω».

«Σίγουρα, θα πρέπει να είσαι στο Γκάτγουικ για των 7:30;» Έριξα μια ματιά στο ρολόι μου, ήταν 2:30, και ζούσα εκατό χιλιόμετρα στην λάθος κατεύθυνση.

«Καλύτερα να το ξεκαθαρίσουμε γρήγορα τότε», του είπα. Δεν το σκέφτηκα πολύ, και ίσως να μην το έκανα, αλλά καθώς έφτασα στο σπίτι από το τρένο δύο ώρες αργότερα, μπορούσα να ακούσω από το μεγάφωνο ότι το επόμενο τρένο για το Λονδίνο θα καθυστερήσει δεκαπέντε λεπτά. Καλός παλιός βρετανικός σιδηρόδρομος σκέφτηκα όπως έτρεξα για ένα ταξί. Αυτό μου έδωσε είκοσι πέντε λεπτά να πάω σπίτι, να πάρω μια τσάντα, να πάρω τα μετρητά μου κάτω από το στρώμα, και να πω μερικά γρήγορα αντίο. Δεν υπήρχε χρόνος να σκεφτώ και βρήκα την ανάσα μου όταν το τρένο έφυγε από το σταθμό. Εγκαταστάθηκα πίσω, χωρίς καθυστερήσεις, ήξερα ότι θα το κάνω άνετα.

Ποτέ δεν είχα χρόνο να ενθουσιαστώ με τα πάντα, παρόλο που ήταν η πρώτη μου πτήση. Ήταν ένα από τα μικρότερα ναυλωμένα αεροπλάνα που μπορούσα να φανταστώ. Καθόμουν στο πίσω μέρος, μαζί με κάποιους παραθεριστές, εντελώς συγκεχυμένος από την ταχύτητα με την οποία όλα είχαν συμβεί. Δεν είχα λάβει υπόψη το γεγονός ότι επρόκειτο να προσγειωθεί σε ένα εντελώς ξένο περιβάλλον στη μέση της νύχτας. Ποτέ δεν το σκέφτηκα μέχρι που έψαχνα για κάπου να μείνω στις τέσσερις το επόμενο πρωί. Ζήτησα από έναν οδηγό ταξί στο αεροδρόμιο να με πάει σε ένα ξενοδοχείο της πόλης όπου θα μπορούσα να μείνω τη νύχτα. Με πήρε, για ναύλο, με βοήθησε με την τσάντα μου και έφυγε. Δεν θυμάμαι καλά την περιοχή. Το ξενοδοχείο που θυμάμαι λιγότερο. Ήταν καλά φωτισμένο για τη νύχτα. Ήταν επίσης κλειστό. «Ω καλά», θυμάμαι λέγοντας, ήταν από τις ώρες που δεν με πείραζε να μιλήσω δυνατά στον εαυτό μου, και δεν ήταν η πρώτη φορά που είχα καταλήξει στο πουθενά για ύπνο, τουλάχιστον δεν επρόκειτο να πάγωνα. Περπάτησα στην πλησιέστερη διασταύρωση για να πάρω μια ιδέα για το πού ήμουν, όχι ότι νόμιζα ότι κάτι θα βοηθούσε, ποτέ δεν ήξερα το μέρος, και δεν είχα χάρτη. Κοίταξα μια πινακίδα του δρόμου, όλα σε ελληνικό κείμενο, κάποια γράμματα που θα μπορούσα να καταλάβω. Βρήκα τον εαυτό μου να προσπαθεί διαβάσει δυνατά τι είπε η πινακίδα του δρόμου πριν συνεχίσω το περπάτημα, αναρωτώμενος πόσο από μια λύπη, επρόκειτο να είχα πλήρη άγνοια για τη γλώσσα.

Τώρα, πριν περιγράψω τι συνέβη στη συνέχεια, πρέπει να εξηγήσω ότι η γιαγιά μου είναι τόσο θρησκευόμενη, και τα πάντα από την ελληνική πλευρά μου είναι τόσο σωστά, να το πω έτσι. Είχε δημιουργήσει μια μικρή εικόνα στο μυαλό μου για το πώς αντιλαμβάνομαι την Ελλάδα, και τα πάντα ελληνικά. Καθαρή και βολική με κάθε τρόπο μια υψηλότερη και σοφότερη κοινωνία, αν θέλετε. Έτσι δεν κοίταξα πολύ προσεκτικά τα προϊόντα προς πώληση στο κινητό κατάστημα, όπως περιπλανιόμουν στη μέση της νύχτας, σαν ένα φωτεινό λευκό φάρο στο σκοτάδι της πόλης ψάχνοντας κάποιον που θα μπορούσα να μιλήσω, ήλπιζα, ή τουλάχιστον ένα φως. Περπάτησα στον πάγκο σέρνοντας την τσάντα μου. Αν και ήμουν με σακίδιο, δεν είχα μάθει ακόμα πώς να το ρυθμίζω σωστά, έτσι ώστε να μη καταστρέφει τους ώμους μου. Στεκόμουν εκεί και έψαχνα, στην πραγματικότητα, τίποτα πραγματικά, απλά περιμένοντας τον άνθρωπο πίσω από τον πάγκο να έρθει στην αντίληψή μου. Δεν είχα χρόνο να αναρωτηθώ γιατί ποτέ δεν ρώτησα αν θα μπορούσα να βοηθήσω όταν συνειδητοποίησα ότι κάποιος άλλος είχε προσεγγίσει τον πάγκο, και στεκόταν κοντά στα αριστερά μου. Κοίταξα το πάτωμα για να δω ένα ζευγάρι ψηλά τακούνια, και αμέσως η περιέργειά μου ξύπνησε. Ακολούθησα τα καλυμμένα με καλσόν πόδια, μετά το κοντό φόρεμα, ακολουθώντας τις καμπύλες. Ήξερα πριν φτάσουμε στο πρόσωπο ότι το άτομο με κοίταζε, και μόλις έφτασα στο πρόσωπο συνειδητοποίησα κάτω από την παχιά γραμμή μάσκαρα, κραγιόν και τα στρώματα μακιγιάζ, ήταν ένας άντρας χωρίς ξύρισμα. Πιο έκπληκτος παρά σοκαρισμένος τα μάτια μου κοίταξαν αμέσως μπροστά. Τώρα ήθελα εξυπηρέτηση μόνο για να ξεφύγω, έτσι για πρώτη φορά αρχίσαμε να εξετάζουμε τον πάγκο για να δούμε τι θα μπορούσα να αγοράσω, γρήγορα κοιτάζοντας αριστερά προς τα δεξιά πριν αφήσω τα μάτια μου να επικεντρωθεί στα προϊόντα μπροστά μου. Προς φρίκη μου αυτό που νόμιζα ότι ήταν ένα μπαρ ζαχαροπλαστικής, και με πακέτα τσιγάρων, ήταν συζυγικά βοηθήματα κάθε λογής. Τίποτα δεν με είχε προετοιμάσει γι' αυτό. Μου πήρε περίπου πέντε δευτερόλεπτα για να συνειδητοποιήσω ότι δεν υπήρχε τίποτα που επρόκειτο να αγοράσω, και μπορούσα να αισθανθώ τα μάτια του τραβεστί να με κοιτάζουν παράξενα, πολύ παράξενα. Γύρισα προς τα δεξιά μου, σηκώνοντας την τσάντα μου πάνω από τον ώμο μου καθώς γύρισα, και περπάτησα.

Σκεπτόμενος ότι η Αθήνα είναι μια πολύ μεγάλη πρωτεύουσα, και μπορεί να ακούγεται παλιομοδίτικο τώρα, αλλά είχα την ιδέα ότι κάτι τέτοιο δεν θα συνέβαινε ποτέ εδώ, τότε, και δεν ήμουν προετοιμασμένος για τέτοιες συναντήσεις. Ήταν λίγο πριν βγει το φως πριν αρχίσω το περπάτημα στο λιμάνι. Είχα συναντήσει ένα ζευγάρι Άγγλων κατά τη διάρκεια της νύχτας, οι οποίοι μου είπαν ότι έπαιρναν ένα πλοίο για τα νησιά το πρωί και, καθώς πλησίαζε το φως της ημέρας, θα μπορούσα να ξεχωρίσω τους γερανούς στο λιμάνι του Πειραιά στο βάθος. Νομίζω ότι πρέπει να ήμουν περίπου πέντε χιλιόμετρα μακριά, και δεν ήξερα τίποτα για το σύστημα δημοσίων συγκοινωνιών της πόλης, έκανα κάποιες προσαρμογές στο σακίδιό μου, τότε δεν είδα τίποτα κακό στο περπάτημα. Υπολόγισα ότι είχα περπατήσει περίπου τη μισή απόσταση, ο ήλιος είχε μετατρέψει τον ουρανό φωτεινό μπλε το πρωί, όταν κοίταξα πίσω στην Αθήνα και σταμάτησε στα ίχνη μου. Ο Παρθενώνας στεκόταν ψηλά στο λόφο, λάμποντας στο φως το πρωί, καλώντας με πίσω. Μπορώ πραγματικά να φύγω από την Αθήνα τόσο σύντομα; Η αγάπη μου για όλους τους αρχαίους δεν θα το επέτρεπε.

Από εκείνο το σημείο και μετά, όλα φαίνονταν να συμβαίνουν τόσο γρήγορα. Πριν το καταλάβω, ήμουν στην πλατεία Ομονοίας, και βρήκα ένα φτηνό δωμάτιο ξενοδοχείου σε έναν πολυσύχναστο δρόμο, ακριβώς έξω από την πλατεία για επτά λίρες τη νύχτα. Μέχρι τη νέα μέρα ένιωσα σαν να ήμουν σε έναν διαφορετικό κόσμο που κλίνει πάνω από το μπαλκόνι το κάπνισμα ενός τσιγάρου. Το όραμα και ο ήχος της κυκλοφορίας ήταν μανιακός, τα καυσαέρια γέμιζαν τον αέρα, μαζί με ένα συνεχές βουητό, που τονιζόταν από μια κακοφωνία κόρνας ενός οχήματος, αλλά ήμουν ευτυχής. Επτά λίρες τη νύχτα μου είχαν δώσει ένα κρεβάτι, ντους και τουαλέτα, ένα μικρό ξύλινο γραφείο γραφής, μια καρέκλα, και ένα μπαλκόνι. Θα έπρεπε να ήταν καιρός να μαζέψω τις σκέψεις μου, αλλά δεν ήμουν καν κουρασμένος. Δεν έχω κάνει ποτέ κάτι τέτοιο πριν και όποιος έχει θα γνωρίζει το συναίσθημα, ακόμη και μια παράξενη πόλη είναι μια εντελώς νέα εμπειρία. Μια εντελώς νέα περιπέτεια περίμενε, και ξαφνικά βρήκα τον εαυτό μου πρόθυμο να εξερευνήσω αυτή τη μητρόπολη.

Σύντομα ανακάλυψα ότι η Αθήνα έχει ένα πολύ καλό σύστημα μετρό που θα με σώσει τελικά από το περπάτημα μέχρι το λιμάνι, αλλά αυτή την ημέρα θα μου πάρει λίγες σύντομες στάσεις στην Ακρόπολη. Δεν βρήκα πραγματικά στην ίδια την Ακρόπολη το δέος που εμπνέει όπως φαντάστηκα αρχικά, αλλά η θέα ήταν κάτι άλλο. Σχεδόν προς κάθε κατεύθυνση υπήρχαν τα ερείπια του αρχαίου παρελθόντος της πόλης. Πάνω από το νότιο τείχος ένα υπέροχο αρχαίο θέατρο και, στα βόρεια, η εκκλησία του Αγίου Γεωργίου κάθεται στο λόφο της με θέα την πόλη. Δεν ήταν μόνο τα μεγαλύτερα ερείπια με τα οποία εντυπωσιάστηκα, αλλά τα πολυάριθμα μικρότερα ερείπια που θα έβλεπα ακόμη και από το μετρό. Το τρένο θα σταματούσε σε ένα σταθμό και θα υπήρχαν ερείπια. Αλλά η πιο συναρπαστική πτυχή της Αθήνας για τον εαυτό μου, εκείνη την εποχή, ήταν η υπαίθρια αγορά. Τώρα υπήρχε ένα μέρος που μου άρεσε. Είχε μια αίσθηση σε αυτό που αντικατοπτρίζει αυτά που πωλούνται. Φαινόταν σαν να μπορούσατε να αγοράσετε μια ολόκληρη σειρά από διάφορες αρχαιότητες, από αρχαία ελληνικά νομίσματα, σε παλιά τρομπόνια, και πολλοί από τους πάγκους και τα καταστήματα θα κατέχουν κάποιες πραγματικές εκπλήξεις. Όσο για τις άλλες πτυχές της Αθήνας, δεν είμαι ο καλύτερος άνθρωπος για να ρωτήσετε, θυμάμαι την κάρτα που έστειλα στη μητέρα μου, και τρεις ημέρες αργότερα βρέθηκα σε ένα νυχτερινό πλοίο στο Ηράκλειο της Κρήτης. Ένα μέρος που θα εξοικειωνόμουν τα επόμενα χρόνια, και ένα νησί για το οποίο έχω ακόμα πολλή αγάπη.

Μέχρι τη στιγμή που έφτασα στην Κρήτη απόλαυσα όλο το ταξίδι της ελευθερίας. Σακίδιο, διαβατήριο, και ακόμη και μόνο λίγα χρήματα, είναι το μόνο που χρειάζεται, το ανεξάρτητο πνεύμα ακολουθεί σύντομα. Θυμάμαι τον ενθουσιασμό τόσο καλά στην πρώτη μου επίσκεψη. Έφτασα στο Ηράκλειο νωρίς το πρωί γύρω στις 7:00. Μέχρι τις 9:30 είχα βρει ένα φτηνό, καθαρό, ξενοδοχείο με χαρακτήρα, σε μια καλή τοποθεσία, και ήμουν κατευθείαν έξω για να εξερευνήσετε το νέο περιβάλλον μου. Με την πετσέτα μου τυλιγμένη γύρω από τη μέση μου πήρα στο δρόμο με κατεύθυνση δυτικά σε ένα ποδήλατο 250cc. Ήμουν νέος, ελεύθερος, και σε δύο τροχούς, ιππεύοντας κατά μήκος του όμορφου περιπάτου, ήταν ένα υπέροχο συναίσθημα.

Η παραλία κατά μήκος αυτής της διαδρομής φαινόταν να είναι κυρίως ψηλοί βράχοι ψαμμίτη με πολλούς αμμώδεις κόλπους. Ήμουν περίπου τριάντα χιλιόμετρα από το Ηράκλειο για να πιάσω μια γεύση από ένα τέτοιο σημείο, ενώ διέσχιζα μια σύντομη αλλά υψηλή γέφυρα. Σταμάτησα το ποδήλατο και πήγα πίσω στη γέφυρα. Υπήρχε μια ειδυλλιακή παραλία με θέα περίπου εκατό μέτρα με χρυσή άμμο. Θα μπορούσα να δω μερικές πέτρες περίπου εκατό μέτρα έξω, που προεξέχουν από τη βάση του σχηματισμού βράχου στα δεξιά, φαινόταν τέλειο για να βουτήξω από εκεί, και το πιο σημαντικό, δεν υπάρχουν άνθρωποι. Κοίταξα γύρω για έναν τρόπο να κατέβω κάτω και παρατήρησα στην άλλη πλευρά του δρόμου μια διαδρομή που έκανε το δρόμο προς τα κάτω από την απότομη πλαγιά σε ένα ζιγκ-ζαγκ τρόπο, ιδανικό για δοκιμές ποδήλατο. Ήταν μια όμορφη τοποθεσία, και θα το θυμάμαι πάντα με τον τρόπο που το βρήκα. Ήταν ακριβώς όπως ήλπιζα.

Από την ίδια την παραλία θα μπορούσατε να δείτε τους ψηλούς βράχους ψαμμίτη προς τα δυτικά, κατά μήκος της βάσης τους, μικρότερες αμμώδεις παραλίες, εντελώς απρόσιτες από τη γη. Στα ανατολικά ο γκρεμός προεξείχε, τόσο λίγο από την ακτογραμμή θα μπορούσε να δει. Κολύμπησα πάνω στους προεξέχοντες βράχους. Το βάθος του νερού ήταν ιδανικό για καταδύσεις. Χαλαρώνω όλο το απόγευμα, κολυμπώντας ανάμεσα στα βράχια και την παραλία, και στεγνώνοντας εν τω μεταξύ, και ελλείψει ανθρώπων, ένιωσα να ζούσα μια τέλεια στιγμή.

Ήταν στην Κρήτη που άκουσα κάτι που βρήκα παράξενο στην αρχή, φαινόταν ένα πολύ μικρό περιστατικό, αλλά αυτό που θα επαναλαμβανόταν από καιρό σε καιρό. Η σύντομη συνομιλία με έναν ηλικιωμένο Κρητικό, ο οποίος στεκόταν μαζί με κάποιους άλλους, είπε:

«Είσαι Έλληνας;»

«Κύπρο», απάντησα.

«Είσαι από την Κύπρο;»

«Η μητέρα μου».

«Και είναι Ελληνίδα;»

«Ναι, αλλά...». Θυμάμαι ότι δεν τελείωσα ποτέ αυτή την πρόταση πριν με διακόψει.

«Η μητέρα σου είναι Ελληνίδα! Και δεν μιλάς ελληνικά!» η φωνή και ο τόνος του είχαν γίνει πιο επιθετικοί και δεν είχα συνηθίσει έναν 70χρονο σαν αυτόν να μου μιλάει έτσι. Έκανα πίσω μερικά βήματα πριν το επαναλάβω με τον ίδιο σκληρό τρόπο.

«Η μητέρα σου είναι Ελληνίδα και δεν μιλάς ελληνικά!»

«Ο παππούς σου θα ντρεπόταν για σένα!» Ποτέ δεν το περίμενα αυτό. Θα ντρεπόταν ο παππούς μου για μένα; Ο παππούς μου μπορεί να είχε πολλές σκέψεις για το θέμα, αλλά δεν μπορούσα να φανταστώ ότι ντρεπόταν για μένα, όχι για τον παππού μου, απλά δεν μπορούσα να το φανταστώ. Κανείς δεν μου είπε ότι ο παππούς μου θα ντρεπόταν γιατί δεν μιλούσα ελληνικά. Η πρώτη σκέψη μου, μου φαίνεται αρκετά διασκεδαστική τώρα, 'δεν γνώρισες ποτέ τον παππού μου.' Ήταν φυσικό να σκέφτομαι. Αλλά δεν φαινόταν να αξίζει να κατηγορήσει κανέναν, φυσικά ποτέ δεν ήξερε τον παππού μου, το μόνο που είχα πει ήταν ότι ήταν Ελληνοκύπριος, και ήμουν πολύ μακριά από την Κύπρο. Δεν ήταν μέχρι πολλά χρόνια αργότερα όταν συνειδητοποίησα τη σημασία όλων. Γράφοντας αυτό, όλα φαίνονται τόσο ξεκάθαρα. Είναι ωραίο να ξέρω ότι ήμουν τόσο αθώος για τα γεγονότα, ή απλά αθώος. Βρήκα σύντομα μια απάντηση που αισθάνθηκε άνετη, αλλά εκ των υστέρων δεν είμαι έκπληκτος που τους ηρέμησε τόσο γρήγορα.

«Λοιπόν, πού ήσουν το εβδομήντα τέσσερα;»

«ΕΕ τι!»

«Άκουσες, πού ήσουν το εβδομήντα τέσσερα; Αν η Κύπρος είναι τόσο αιματηρά ελληνική, πού ήσασταν όταν οι Τούρκοι έπαιρναν τη μισή χώρα μας; Ήμουν παιδί, πού ήσουν;» Και ουαου! Έμεινα έκπληκτος από την ταχύτητα με την οποία έκλεισαν το στόμα τους. Σε όλες τις επισκέψεις μου στα ελληνικά νησιά θα έπρεπε να έχω συναντήσει τέτοια σχόλια τουλάχιστον δύο ή τρεις φορές με το ίδιο σθένος. Τις περισσότερες φορές τους άκουγα να σχολιάζουν ο ένας τον άλλο γι' αυτό. Πάντα ήξερα ότι ήταν πλήρης άγνοια μου για τη γλώσσα που θα ήταν η αιτία της δυσαρέσκειας τους, ενώ κοιτάζω. Μια-δυο φορές πήγα πίσω εντελώς στο Αγγλόφιλο. Αυτό δούλεψε και για μένα. Υπάρχει αναμφίβολα μια αίσθηση αγγλικής αλαζονείας που είναι πολύ χρήσιμη σε αυτές τις περιπτώσεις. Αλλά από την άποψη ενός παρατηρητή η πρώτη απάντηση ήταν πολύ πιο διασκεδαστική, αλλά και πολύ εύκολη. Άφησε ένα μικρό σπόρο δυσπιστίας στο μυαλό μου. Κανείς τους δεν ήξερε τον παππού μου, παρόλο που ήταν Έλληνας. Φαινόταν σαν να τους έλεγα ότι ο εγγονός τους μπορεί να τους ντρέπεται, απλά δεν μου φάνηκε σωστό, αλλά το πρόβλημα φαινόταν να έχει λυθεί.

Έφυγα για αυτό το ταξίδι γύρω στα τέλη Ιουνίου, τότε το τέλος του Ιουλίου θα με είχε βρει να ταξιδεύω γύρω από την Αίγυπτο, και αξίζει μια αναφορά στο ημερολόγιο του καθένα αλλά μόνο για λίγο εδώ.

Πέταξα στην Κύπρο με εισιτήριο χωρίς επιστροφή από το Κάιρο στα μέσα Αυγούστου με είκοσι λίρες στην τσέπη μου, και τη διεύθυνση της νονάς μου. Δεν ήξερα ότι με περίμενε ένα μήνα νωρίτερα. Δεν ήξερα ότι με περίμεναν. Δεν υπήρχε μεγάλη πλημμύρα συγκίνησης που φθάνω στην Κύπρο, μια πολύ σφιχτή αριστερή όχθη πάνω από τη Μεσόγειο κατά προσέγγιση, αλλά αυτό και η πιάτσα των οδηγών ταξί έξω από το αεροδρόμιο είναι αυτό που θυμάμαι περισσότερο. Ήξερα επίσης ότι είχα πάρει στο κατώφλι την νονά μου απένταρος. Οι είκοσι λίρες που είχα ανταλλάξει δεν είχε μετατραπεί καλά σε κυπριακές λίρες, και το ταξί μεταξύ του αεροδρομίου λάρνακας και της Λεμεσού ήταν έτοιμη να καταβροχθίσει τα περισσότερα από αυτά που είχα πριν βρέθηκα περπατώντας γύρω από ένα όμορφο κατοικημένο προάστιο χαθεί.

«Γεια σου! Γεια σου!» Το άκουσα.

«Τι κάνεις κουβαλώντας αυτή τη βαριά τσάντα στην πλάτη σου;» Η φωνή ήταν χλευαστική αλλά άρχισα να αναρωτιέμαι ότι μετά από τριάντα λεπτά μάταιο περπάτημα, ήμουν σίγουρα χαμένος.

«Έλα εδώ και πάρε την τσάντα από την πλάτη σου! Μοιάζεις με τσιγγάνο!» Άκουσα να αστειεύονται μέσα από ένα φράχτη καλυμμένο με ένα αμπέλι. Θα μπορούσα να δω έναν άντρα έξω μέσα από το αμπέλι, ένας όμορφος γενειοφόρος τύπος, στα μέσα της δεκαετίας του '30, να κάθεται στη σκιά στα σκαλιά της βεράντας του. Κάλεσε τη μικρότερη γυναίκα του να μου φέρει ένα ποτήρι λεμονάδα, στοιχηματίζοντας στον εαυτό του ότι θα διψούσα. Είχε δίκιο, και η σκιά αυτών των βημάτων ονομάζεται σχεδόν όσο το ποτό. Ο Κύπριος έκανε στην άκρη, κάνοντας μια χειρονομία για να καθίσω, λέγοντάς μου ταυτόχρονα,

«Βάλε την τσάντα σου εδώ κάτω! Φαίνεται βαρύ;»

«Είναι», επιβεβαίωσα.

«Περπατάς πολύ;»

«Για λίγο».

«Πρέπει να έχεις σκάσει» ρώτησε χαμογελώντας.

«Κι εγώ έχασα!» Είχα αυτό το ξεφουσκωμένο συναίσθημα. Η ζέστη και η υγρασία με σκότωναν ακόμα και μετά την Αίγυπτο.

«Και έχασες» Είπε ότι έδειξε τη διασκέδασή του, ο τόνος του ήταν πολύ παρήγορος, και πριν μπορέσω να πω αυτό που μου είπε,

«Αφού έχουμε τσάι μαζί μας μπορούμε να δούμε ένα χάρτη!»

«Αλλά!»

«Είμαστε έτοιμοι να πιούμε τσάι ούτως ή άλλως, και φυσικά είστε ευπρόσδεκτοι να κάτσετε μαζί μας». Ήταν πολύ ευχάριστο να δοκιμάσω κάθε είδους απόρριψη. Ένιωσα αρκετά άνετα να κάτσω στη σκιά με την λεμονάδα μου, και φάνε επίσης. Θυμάμαι ότι σκεφτόμουν πόσο τυχερός ήμουν που περιπλανήθηκα εδώ στην αγκαλιά αυτής της φιλοξενίας. Ανησυχούσα για το χρόνο, αλλά δεν φαινόταν να έχει σημασία τόσο πολύ, μια ωραία μικρή όαση, και δεν με ρώτησαν καν ποιος ήμουν. Το κύριο θέμα συζήτησης ήταν η εμπειρία μου από την Αίγυπτο και τα ελληνικά νησιά. Λίγες ώρες πριν σηκωθώ για να φύγω, ένιωσα εντελώς ανανεωμένος. Η σύζυγός του πήγε να φέρει έναν τοπικό χάρτη, ενώ έψαχνα το διπλωμένο χαρτί με τη διεύθυνση της νονάς μου. Του το έδειξα και αμέσως ρώτησε,

«Ποιος μένει εκεί;»

«Η νονά μου, η Ανδριάνα», τον ενημέρωσα.

«Η Ανδριάνα είναι η νονά σου;» ρώτησε, δείχνοντας να την γνωρίζει.

«Ναι», είπα, στην οποία ξέσπασε σε γέλια, και είπε κάτι στα ελληνικά στη γυναίκα του, αναφέροντας το όνομα της νονάς μου. Βγήκε στο μπαλκόνι χαμογελώντας ενώ ο σύζυγός της έδειξε ένα σπίτι στην παρακείμενη σειρά.

«Εκεί, η νονά σου ζει εκεί!» ανακοίνωσε με ένα χαμόγελο στο πρόσωπό του. Είδα αμέσως την αστεία πλευρά, και με ένα μεγάλο ευρύ χαμόγελο, τράνταξα το σακίδιο μου πάνω από τον ώμο μου, και χαμογελώντας, περπάτησα και μόλις είπα ένα πολύ θερμό ευχαριστώ. Δεν χρειαζόταν να πούμε τίποτα άλλο. Το χαμόγελο τα είπε όλα. Περπάτησα σε μικρή απόσταση από τον κήπο της νονάς μου, ανοίγοντας την πύλη, περπατώντας μέχρι τη βεράντα, όχι για να ανακαλύψω κανέναν. Δεν χρειάστηκε να περιμένω πολύ, αλλά έκανα καλή χρήση του χρόνου μου. Ντρεπόμουν που έφτασα άφραγκος και απροσδόκητα, αλλά τώρα ήμουν ντυμένος με ένα πλήρες αραβικό φόρεμα καθισμένος στη βεράντα με την πλάτη μου στην πύλη όταν η νονά μου έφτασε σπίτι. Ήξερα ότι δεν θα ήξερε ποιος ήμουν, αλλά για κάποιο ανόητο λόγο περίμενα μια εικασία που δεν ήρθε ποτέ. Η νονά μου ανέβηκε προσεκτικά στο μονοπάτι του κήπου. Μπορούσα να την δω μέσα από τη μαντίλα προσπαθώντας να ρίξω μια ματιά. Ήταν πολύ πιο νευρική από ό, τι περίμενα, έτσι έσπρωξα αμέσως το μαντίλα πάνω από το κεφάλι μου καθώς γύρισα να την αντιμετωπίσω, με τη μαύρη ρόμπα να καταρρέει, και μπορούσα αμέσως να δω την ανακούφιση στο πρόσωπό της και να νιώσω το χαμόγελό μου.

«Ανδριάνα!» οι Ελληνοκύπριοι παίρνουν πολύ σοβαρά το ρόλο του νονού γενικότερα, και αμέσως ένιωσα αυτό το παρήγορο συναίσθημα ότι μπορείς πραγματικά να νιώσεις στην αγκαλιά της οικογένειας κάποιου, οι ανησυχίες μου εξαφανίστηκαν. Δεν είχα κανένα σχέδιο να επισκεφθώ την Κύπρο καθόλου. Ήταν κοντά στην Αίγυπτο από όπου είχα ένα εισιτήριο μονής διαδρομής που αγόρασα. Αλλά ένα τηλεφώνημα, και μια μέρα αργότερα, ήξερα ότι τα χρήματα για να με πάρουν στο σπίτι ήταν στο δρόμο τους, και τα αεροπορικά εισιτήρια μου ήταν σε ετοιμότητα, ώρα να χαλαρώσετε;

Θα ήταν μια ημέρα ή δύο αργότερα που συνάντησα τον ξάδελφό μου Τζιμ, ο οποίος επισκεπτόταν τη μητέρα του, είχε μια χαλαρωτική βόλτα στο μυαλό. Ένιωσα ανόητος για στην ιδέα του παραπόνου, δεδομένου ότι έπρεπε να είναι ξανά δυο βαθμοί πιο δροσερά από την Αίγυπτο, αλλά η υγρασία ήταν σαν ακρωτηριασμός για τα πόδια μου. Πρέπει να είχαμε περπατήσει συνολικά οκτώ έως δέκα χιλιόμετρα, φάνηκε να παίρνει περίπου τρεις έως τέσσερις ώρες, κατά μήκος των πεζοδρομίων και των στενών παραλιών της κύριας λωρίδας της Λεμεσού. Ένα διασκεδαστικό περιστατικό συνέβη πριν επιμείνω να πάρω ταξί. Ο ξάδερφός μου σταμάτησε να μιλήσει σε κάποιον για την ηλικία μου για λίγα λεπτά. Μιλούσαν στα ελληνικά, έκανα πίσω, νιώθοντας άβολα που δεν γνωρίζω ελληνικά. Είπαν αντίο, και ο ξάδερφός μου και εγώ περπατήσαμε για περίπου ένα λεπτό, πριν χαστουκίσει το μέτωπό του και φωνάξει:

«Γαμώτο!» ενώ με κοιτάζει.

«Αυτό ήταν ένα από τα ξαδέρφια μας, θα έπρεπε να σας είχα συστήσει!» είπε, δείχνοντας την απογοήτευσή του. Γέλασα.

Οκτώ ώρες αργότερα ήμουν μόνος σε ένα σκοτεινό διαμέρισμα ενός ξαδέλφου ενώ αναρωτιέμαι τι είχε συμβεί στον κόσμο. Το κεφάλι μου ήταν παλλόμενο από ένα βαρύ ξυλοδαρμό, ένας ελαφρύς πυρετός είχε σχηματιστεί, οι αρθρώσεις μου πονούσαν παντού, και φουσκάλες είχαν αρχίσει να σχηματίζονται στο στόμα μου. Πέρασα το μεγαλύτερο μέρος της νύχτας στην αγωνία πριν βρω που αποθηκεύονται τα παυσίπονα στο ντουλάπι μπάνιο, το οποίο χαλάρωσε απαλά τον πόνο. Η νονά μου ήρθε σήμερα το πρωί και αμέσως με ρώτησε αν ήθελα να καλέσω γιατρό. Είπα όχι. Όλα είχαν νόημα, και ήξερα ότι το καλύτερο πράγμα γι' αυτό θα ήταν η ανάπαυση, και αυτό είναι που έκανα για τις επόμενες τρεις ημέρες πριν από να ανακτήσω τις δυνάμεις μου, και ανοίξω τις κουρτίνες για πρώτη φορά.

Το υπόλοιπο της διαμονής ήταν πολύ πιο ευχάριστο. Μερικά από τα μικρότερα ξαδέρφια μου έμεναν με τη νονά μου και απόλαυσα τις μικρές εκδρομές που κάναμε μαζί μέχρι το Τρόοδο και τον Κύκκο. Ο ξάδελφός μου, ο Τζιμ μου έκανε μια ξενάγηση στους Τάφους των Βασιλέων στην Πάφο, από την οποία θυμάμαι το δέος του. Το όνομα δίνεται μόνο σε ένα μικρό μέρος ενός πολύ παλιού νεκροταφείου. Χρησιμοποιούταν συνεχώς από τον 3ο αιώνα π.Χ. για τα επόμενα εξακόσια χρόνια, που θα περιλάμβανε την περίοδο που οι Ρωμαίοι είχαν τον έλεγχο της Κύπρου και αυτό, καθώς και την ελληνιστική μας ιστορία, αντικατοπτρίζεται στην αρχιτεκτονική των τάφων. Είναι ένα μνημείο παγκόσμιας πολιτιστικής κληρονομιάς, και αξίζει μια επίσκεψη.

Ένα απόγευμα η νονά μου με πήγε στην Πέτρα της Ρώμης, την Πέτρα της Ελληνικής, ή τον Βράχο της Αφροδίτης όπως είναι πιο γνωστή, καθώς από εδώ πιστεύεται ότι η Αφροδίτη, η αρχαία Ελληνίδα Θεά της αγάπης, περπάτησε για πρώτη φορά από τη θάλασσα, ένα μέρος που θα παρέμενε ξεχωριστό στην καρδιά μου. Ο βράχος της Αφροδίτης βρίσκεται περίπου δέκα έως δεκαπέντε μέτρα έξω από τη θάλασσα, και είναι περίπου πέντε έως οκτώ μέτρα σε μήκος, και περίπου πέντε μέτρα ύψος. Υπάρχει μια διασπορά μικρότερων πετρωμάτων γύρω από αυτή και προεξέχει από την παραλία ο μεγαλύτερος βράχος. Μια πολύ μεγάλη, ασβεστόλιθος, σε βράχο σχήματος χελώνας περίπου δεκαπέντε έως είκοσι μέτρων ύψος και περίπου τριάντα έως σαράντα μέτρα μήκος, που πέφτει απότομα στη θάλασσα. Η παραλία είναι βοτσαλωτή, με μεγάλα βότσαλα, και ένα μικρό βότσαλο κατά τόπους. Ήταν ένα ευχάριστο απόγευμα, αν και έπρεπε να συνεχίσω να καθησυχάζω τη νονά μου ότι είχα μια καλή μέρα, σκέφτηκα ότι θα μπορούσα να είχα αρκετά, αλλά ήμουν ευτυχής κολυμπώντας και παίζοντας με τα νεότερα ξαδέρφια μου. Είχαν κάποια εργαλεία κατάδυσης στο χέρι, τα οποία χρησιμοποίησα για κολύμπι γύρω από το βράχο. Είχαμε το συνηθισμένο συσκευασμένο γεύμα σε μια κουβέρτα που το είχαμε βάλει, μετά την οποία η νονά μου μου είπε για ένα μύθο που θα με μάγευε.

«Λέγεται ότι αν κολυμπήσετε γύρω από το βράχο, τρεις φορές, κάτω από πανσέληνο τα μεσάνυχτα, θα ζήσετε για πάντα», θυμάμαι. Ένας από αυτούς τους μύθους θα έκλινε προς τη φύση του καθενός, περισσότερο από μια πρόκληση από οτιδήποτε άλλο, αλλά ήταν ένα μέρος του που ήμουν ήδη λάτρης. Ένα βράδυ είπα στον εαυτό μου, και μετά στη νονά μου. «Ένα βράδυ, θα επιστρέψω».

2

Κεφάλαιο Δύο

Υπήρξαν τόσες πολλές χώρες που έχω λαχταρίσει να βιώσω από τις πρώτες αναλαμπές στα βιβλία εικόνων. Ένα από αυτά τα μέρη για μένα ήταν η Ταϊλάνδη. Έχω ένα ζεστό συναίσθημα μόνο στην σκέψη της παραλίας μου, γι' αυτό και έχω τόσα στοργικά συναισθήματα όταν αναφέρομαι σε αυτό. Πήγα για πρώτη φορά στην Ταϊλάνδη καθ' οδόν προς την Αυστραλία, κι έχω επιστρέψει πολλές φορές από τότε. Αυτή τη φορά σκέφτηκα ότι θα επωφεληθώ από τη μακρά πτήση, η οποία θα μπορούσε εύκολα να περιλαμβάνει μια στάση χωρίς επιπλέον κόστος.

Ήταν η 19η Οκτωβρίου 1993. Πέταξα στην Κωνσταντινούπολη με έναν φίλο που ονομάζεται Παύλο για μια στάση δύο διανυκτερεύσεων καθ' οδόν προς Μπανγκόκ, και ανυπομονούσα για αυτό. Δεν χρειαζόταν να ρίξω μια ματιά στον χάρτη της πόλης. Ήξερα λίγο πολύ αυτό που ήθελα να δω, αν και πάντα ήλπιζα να δω περισσότερα, και για τον εαυτό μου ένιωσα σαν να ερχόμουν σε συμφωνία με μερικά πράγματα. Όπως το γεγονός ότι οι άνθρωποι είναι άνθρωποι, και πίστευα ακράδαντα ότι αν ψάχνεις για το καλό σε κάποιον θα ανταμειφθείς, και ήταν με αυτό το πνεύμα που προσγειώθηκα στο αεροδρόμιο της Κωνσταντινούπολης.

«Διαβατήριο», το παρέδωσα στον αξύριστο άνθρωπο της μετανάστευσης. Ήταν προφανές ότι ποτέ δεν έχουν κρατήσει έναν αυστηρό ενδυματολογικό κώδικα εδώ. Δεν έμοιαζε καν να είχε πλυθεί, τα μαλλιά του ήταν απεριποίητα, και μελέτησε τη φωτογραφία με ένα τσιγάρο στο στόμα του. Πήρε σιγά-σιγά το τσιγάρο και το συνέθλιψε σταθερά σε ένα τασάκι, στρίβοντας το καθώς με κοίταξε και ρώτησε.

«Από πού είσαι;» Χαμογέλασα, σκεπτόμενος, σίγουρα, δεν θα μπορούσε να είναι τόσο ηλίθιος.

«Ηνωμένο Βασίλειο», του είπα. Με κοίταξε προσεκτικά και μετά κοίταξε ξανά το διαβατήριο.

«Από πού είσαι;» ρώτησε και πάλι λίγο πιο αυστηρά.

«Ηνωμένο Βασίλειο», επανέλαβα, τώρα ελαφρώς συγκεχυμένος.

«Από πού είσαι;» ζήτησε τώρα με εχθρότητα στη φωνή του. Δεν μπορούσα να πιστέψω την ηλιθιότητα του.

«Κοίτα, διάβασε τι λέει», είπα δείχνοντας το γράψιμο δίπλα στη φωτογραφία. Τότε, δεν μπορούσα να κρατηθώ.

«Προσπάθησε να διαβάσεις την πρώτη σελίδα». Ήμουν ήδη λίγο μπερδεμένος, και τώρα ήταν έτοιμος να το κάνει χειρότερο.

«Από πού είναι οι παππούδες σου;» ρώτησε.

«Δεν χρειάζεται να το ξέρεις αυτό!» Απάντησα έκπληκτος με την ερώτηση.

«Από πού είναι οι παππούδες σου;» αυτή τη φορά ήταν θυμωμένος, χωρίς να προσπαθήσει να κρύψει την εχθρότητά του καθώς άρχισε να σηκώνεται από την καρέκλα του.

«Τι!» Είπα συγκλονισμένος από τον τόνο και όλη τη γραμμή της ανάκρισης. Έμεινα άναυδος και εντελώς άφωνος. Δεν μπορούσα να πιστέψω την ερώτηση. Δεν μπορούσα να πιστέψω τον αντίκτυπο αυτού που ζητούσε. Οι θηριωδίες που κατέκλυσαν τη Βοσνία εκείνη την εποχή έλαμψαν μέσα από το μυαλό μου. Στη συνέχεια, ο υπεύθυνος της μετανάστευσης σηκώθηκε από την καρέκλα του, και η φωνή του αντικαταστάθηκε με ένα πιο απειλητικό τόνο, όταν ο ίδιος τσίμπησε το δέρμα στο μάγουλό του.

«Γιατί;» Τώρα ήξερα τι ήθελε να μάθει. Δεν ήξερα γιατί ήταν τόσο σημαντικό, αλλά δεν είχα κάνει τίποτα κακό, και σίγουρα δεν ντρεπόμουν για το ποιος ήμουν, και το πιο σημαντικό, η προσπάθειά του να βάλει το φόβο για μένα είχε μόλις φέρει την αλαζονεία μου στην επιφάνεια. Είμαι εντάξει, είμαι καλά και περήφανα και αυστηρά δήλωσα.

«Οι παππούδες μου προέρχονται από τον Άγιο Αμβρόσιο, ένα μικρό χωριό ανατολικά της Κερύνειας!» γύρισε. Αμέσως χειροτέρεψε. Στεκόταν στο πρόσωπό μου. Πάγωσα καθώς η έντονη λάμψη του εξερράγη σε μια οργή ενώ εκσφενδονίστηκε η βιαιότητα στα τουρκικά. Ούρλιαζε τόσο δυνατά που όλοι γύρω μας σταμάτησαν αυτό που έκαναν και παρακολουθούσαν. Η κακοποίηση συνεχίστηκε για ένα λεπτό περίπου. Ακόμα με καταράστηκε καθώς σφράγισε το διαβατήριό μου και το πέταξε στο πάτωμα. Περπάτησα αργά, μαζεύοντας το διαβατήριο, με το κεφάλι κάτω, χωρίς να κοιτάζει πίσω, ενώ περίμενα για το φίλο μου για να κανονίσει τα σχετικά με τη μετανάστευση, το οποίο έκανε σε δευτερόλεπτα. Περπατήσαμε στο καρουσέλ αποσκευών στη σιωπή στην αρχή πριν ρωτήσουμε,

«Είσαι καλά;»

«Ναι, μπάσταρδε!» Ο Πωλ σταμάτησε, και περπάτησα προς έναν χαμηλό τοίχο στην άλλη πλευρά. Τα φώτα της Κωνσταντινούπολης έλαμψαν φωτεινά στον κοντινό ορίζοντα. Δίστασα για μια στιγμή να σκεφτώ τα αξιοθέατα που υπάρχουν. Πήρα μια βαθιά ανάσα. Ήμουν ακόμα ζαλισμένος από την εμπειρία μου με τον άνθρωπο της μετανάστευσης, όχι μόνο ζαλισμένος, αλλά θυμωμένος, αναστατωμένος, συγχυσμένος, με μίσος γι' αυτόν. Απλά δεν μπορούσα να φανταστώ. Γύρισα στον Παύλο.

«Δεν ξέρω πώς θα είναι εκεί!» Του το είπα. «Το μόνο που ξέρω είναι ότι δεν αισθάνομαι σαν να λέω ψέματα για το πού έρχομαι σε κανέναν», αναστέναξα, προσθέτοντας.

«Η Μπανγκόκ είναι εννέα ώρες μακριά, και υπάρχει ένα αεροπλάνο που φεύγει σε δύο ώρες», Ο Παύλος κούνησε το κεφάλι.

«Πάμε!»

Περπατήσαμε πίσω στο κτίριο του αεροδρομίου, και απέναντι από την κύρια αίθουσα, και φρόντισε για τις απαραίτητες αλλαγές στα εισιτήριά μας, ενώ φρόντισαν τις τσάντες μας. Έλεγξα το ρολόι μου, ακόμα πάνω από μιάμιση ώρα για να πάει πριν από την απογείωση. Πρότεινα να περπατήσουμε στο καφέ μπαρ πριν πάμε στο σαλόνι αναχώρησης, ο Παύλος κούνησε το κεφάλι του, γύρισε και κινήθηκε προς την κατεύθυνση του μπαρ. Σχεδόν αμέσως, από την άκρη του ματιού μου, θα μπορούσα να δω τον άνθρωπο της μετανάστευσης που μου είχε προκαλέσει τόσο πολύ θλίψη. Παρακολουθούσε τις πράξεις μου, και τώρα έτρεχε από την καρέκλα του, και είχε αρχίσει να κατευθύνεται προς την κατεύθυνσή μας. Μας πρόλαβε. Κρατούσα ακόμα το διαβατήριό μου και την κάρτα επιβίβασης στο χέρι μου.

«Χαρτιά!» γρύλισε. Αυτή τη φορά ο τρόπος του ήταν ακόμα πιο εκφοβιστικός. Δεν είχα χρόνο να περάσω τα χαρτιά μου πριν τα αρπάξει από το χέρι μου. Ήμουν ακόμα σε σύγχυση και αναστατωμένος από το πρώτο ξέσπασμα του, αλλά του πήρε δύο δευτερόλεπτα για να σαρώσει την κάρτα επιβίβασης πριν από την εφαρμογή μιας σταθερής λαβής στον ώμο μου, και σε μια ενιαία κίνηση, γύρισε και με έσπρωξε προς την κατεύθυνση του γραφείου του. Ήταν τώρα πολύ πιο ανοιχτά επιθετικός, σπρώχνοντάς με από πίσω και διατηρώντας έναν συνεχή εκσφενδονισμό οργισμένης κακοποίησης στα τουρκικά. Και πάλι, όλοι στην κύρια αίθουσα σταμάτησαν για να παρακολουθήσουν τη σκηνή. Τώρα έπρεπε να είναι εξαιρετικά ταπεινωτικό. Με έσπρωξε στο γραφείο του από όπου πήρε μια σφραγίδα, και ενώ στεκόταν στο πλευρό μου σφράγισε το διαβατήριό μου, και στη συνέχεια σπρώχνοντάς το στο χέρι μου μου έδωσε μια απότομη επιθετική ώθηση που με έστειλε στην αίθουσα αναχωρήσεων, φτύσιμο σε μένα καθώς έσπρωξε. Έμεινα σιωπηλός σε όλη τη δοκιμασία, νομίζοντας μόνο ότι θα μου δώσει το μίσος του, απλά υψώνοντας μια περιφρονητική ματιά. Δεν μπορούσα να πιστέψω ότι με έφτυσε. Ήμουν σε σύγχυση και αισθάνθηκα ταπεινωμένος, αλλά παρέμεινε σιωπηλός, η σύγχυση μου είχε αρχίσει να μετατρέπεται σε θυμό, και πήρα μια τελική λάμψη σε στολή πριν περπατήσω για να πάρω έναν καφέ μέσα στο σαλόνι αναχώρησης. Ζήτησα έναν καφέ και ο σερβιτόρος μου είπε αντίο με ένα βλέμμα αηδίας πριν φύγει.

«Θέλω μόνο ένα γαμημένο φλιτζάνι καφέ! Τι έχεις πάθει;» Ήμουν τόσο αναστατωμένος όσο ήμουν θυμωμένος και δεν έφυγα μέχρι που με σέρβιραν. Μια γυναίκα περπάτησε. Μπορούσα να δω ότι δεν ήθελε να με εξυπηρετήσει κοιτώντας το πρόσωπό της, και δεν είπε τίποτα καθώς έβαζε έναν καφέ κάτω, και απλά κοίταξε τα χρήματά μου, τα οποία έβαλα στον πάγκο. Πήρα τον καφέ και περπάτησα. Η μόνη παρηγοριά που μπόρεσα να βρω ήταν στον Λόρενς της Αραβίας. Κάποτε διάβασα τους Επτά Πυλώνες της Σοφίας. Χρειάστηκαν τρεις μήνες και η ταινία είναι πιο εύκολη. Θυμήθηκα μια από τις τελευταίες νίκες του επί των Τούρκων, αφού τον έβαλαν σε προσωπική ταπείνωση και οι στολές είχαν αλλάξει ελάχιστα. Ήταν η μόνη παρηγοριά που μπόρεσα να βρω. Κάθισα σιωπηλά, περιμένοντας να επιβιβαστώ στην πτήση, απλά φαντάζομαι τη συγκίνηση της ιππασίας ενός αραβικού φορτιστή, στις τάξεις της φυγής του 1ου Παγκοσμίου Πολέμου Τούρκους, το σπαθί έθεσε. Όχι φυλακισμένοι! Κανένα έλεος! Έπρεπε να σταματήσω το δεξί μου χέρι από συσπάσεις. Ήταν μια μακρά σφαγή που διήρκεσε σχεδόν μία ώρα.

Ήμουν σύντομα σε θέση να τα αφήσω όλα πίσω μου στην Μπανγκόκ, όπως είναι τόσο εύκολο να θέσει τίποτα πίσω σας εκεί. Το σκέφτηκα λίγο, και υποθέτω ότι η στάση μου ίσως, μαζί με πιθανές τρομοκρατικές συνέπειες, θα μπορούσε να κάνει την κατάσταση χειρότερη. Παίρνουν σχεδόν τη μισή χώρα μας από εμάς, συμπεριλαμβανομένης της γης του παππού μου, και είναι θυμωμένοι μαζί μου. Ματωμένο μάγουλο, νόμιζα. Πάνω απ' όλα, αποφάσισα να μην κουβαλήσω το μίσος του. Όχι, νόμιζα. Δεν θα μισήσω κανέναν. Δεν θα μου το δώσει αυτό. Τρεις μήνες αργότερα η πικρή ανάμνηση της όλης εκδήλωσης ξεβράστηκε από την ηρεμία και την ομορφιά της παραλίας μου. Τελικά αποφάσισα ότι μια μέρα θα ήθελα να επιστρέψω. Δεν μπορούσες να κρίνεις ένα ολόκληρο έθνος από έναν αξιωματικό μετανάστευσης. Έτσι ένιωσα σίγουρος ότι θα έχω καλύτερη υποδοχή από τους καθημερινούς ανθρώπους. Μια άλλη συνειδητή σκέψη που είχα ήταν ότι ήρθε η ώρα να αρχίσουμε να ασχολούμαστε με τον κυπριακό τόπο. Για χρόνια ένιωθα σαν να αγνοούσα τον Κύπριο μέσα μου, αλλά μετά από τέτοια περιστατικά φαινόταν πιο δύσκολο.

Για όσους γνωρίζουν, ναι, ήμουν πολύ αφελής για πολλά πράγματα, και το έδειξε, και ένα πράγμα που βρήκα πολύ μπερδεμένο εκείνη την εποχή ήταν ότι οι Έλληνες θα μου έλεγαν ότι αν πήγαινα στην Τουρκία ήταν καλύτερα να πω ότι ήμουν Έλληνας, αλλά γιατί; Το σκέφτομαι εδώ και καιρό. Όλοι γνωρίζουν ότι γενικά υπάρχει λίγη αγάπη μεταξύ Ελλήνων και Τούρκων και από αυτή τη στιγμή είχα αρχίσει ναι παίρνω κάποια υπερηφάνεια για ό, τι είχα ακούσει από τους συγγενείς, που κάποτε ζούσαν καλά μαζί. Αν με ρωτούσες για τη βρετανική ιστορία, νόμιζα ότι ήμουν αρκετά γνώστης. Ίσως δεν ήξερα την κυπριακή ιστορία, σίγουρα. Αλλά κυρίως ένιωθα μακριά από την άγνοια. Αλλά εδώ είναι τα βασικά γεγονότα, όπως τα ήξερα, για την πρόσφατη κυπριακή ιστορία. Ήξερα ότι πριν το 1974 είχαν γίνει φόνοι, αλλά πάντα φανταζόμουν ότι ήταν λίγο να δίνεις και να παίρνεις πράγματα. Το 1974 το νησί εισέβαλε και χωρίστηκε από τους Τούρκους ως απάντηση σε ελληνικό πραξικόπημα. Ο αντίκτυπος αυτού στον εαυτό μου, ήμουν ενοχλημένος θα μπορούσα να πω το λιγότερο. Το αγρόκτημα του παππού μου βρίσκεται στον Άγιο Αμβρόσιο, ένα μικρό χωριό ανατολικά της Κερύνειας, και για μένα αυτό σήμαινε ότι δεν μπορούσα να πάω εκεί. Οι λόγοι αυτού του διαχωρισμού από αυτό που θα μπορούσα να καταλάβω, με δικά μου λόγια, φαινόταν να είναι μια περίπτωση Ελλήνων που χαζολογούν για να το θέσω απλά. Είχα μια αόριστη γνώση του πραξικοπήματος, αλλά σίγουρα όχι τη σοβαρότητά του. Το μόνο που μπορώ να πω σε αυτό το σημείο είναι ότι η αθωότητα ήταν ένα είδος ευδαιμονίας, και ήμουν αρκετά αφελής στην αθωότητά μου. Αλλά από τη δική μου άποψη ένιωσα ότι η διχοτόμηση του νησιού μας ήταν αρκετή τιμωρία για όλους τους ανθρώπους της Κύπρου.

3

Κεφάλαιο Τρία

19 Αυγούστου 1994, ήμουν τριάντα δύο ετών. Η ζωή για μένα αυτή τη στιγμή φαινόταν μακριά από τα συμβατικά και, το πιο σημαντικό, κάθε άλλο παρά βαρετή. Ο Αύγουστος ήταν να με βρει μακριά για άλλες έξι εβδομάδες διακοπές με σακίδιο στα ελληνικά νησιά. Αυτή τη φορά με καλή παρέα, την Γκέιλ, τη φίλη μου για το παρελθόν έτος, η οποία είχε τελειώσει τη δουλειά της ένα ολόκληρο μήνα νωρίτερα εξαιτίας της ανυπομονησίας του ταξιδιού. Έπρεπε να είχα συνειδητοποιήσει πόσο ενθουσιασμένη θα ήταν σε σύγκριση με τον εαυτό μου. Όχι μόνο ήμουν εξοικειωμένος με την περιοχή που κατευθυνόμασταν, αλλά τα ταξίδια είχαν γίνει ένα κομμάτι μιας συνήθειας για μένα και, για τον εαυτό μου, τα αεροδρόμια είχαν αρχίσει να σημαίνουν κουραστικό χρόνο που δαπανάται συχνά σε καταστάσεις, ή μεγάλες περιόδους πλήξης.

Πετάξαμε με μια πτήση αργά τη νύχτα από το Γκάτγουικ, και φτάσαμε στην Αθήνα περίπου την ίδια εποχή που είχα κάνει το πρώτο μου ταξίδι. Προφανώς, ένιωσα πολύ σοφότερος αυτή τη φορά και είπα στην Γκέιλ ότι δεν υπήρχε πολύ νόημα να πηγαίνει οπουδήποτε στις τέσσερις το πρωί, καθώς δεν υπήρχε πουθενά να πάει. Σκέφτηκα τον λαμπερό φάρο από το πρώτο μου ταξίδι. Η Γκέιλ είχε αρκετά προστατευμένη ανατροφή αν και δεν πίστευα ότι υπήρχε κάτι που θα μπορούσε να θέλει να δει στην Αθήνα. Ήταν δέκα χρόνια μικρότερη από μένα και ήξερα ήδη ότι δεν είχε μεγάλο ενδιαφέρον για παλιά κειμήλια και ερείπια. Κάναμε τους εαυτούς μας να αισθανθούν άνετα σε κάποιο ανοιχτό χώρο έξω από το μπροστινό μέρος του αεροδρομίου. Το θέαμα του πλήθους μέσα στο καλοκαίρι να έρχεται και να φεύγει ήταν αρκετό για να γεμίσει το χρόνο για κάθε παρατηρητή, όπως εγώ. Στη συνέχεια, περίπου 5-5:30, η σιλουέτα των βουνών προς τα ανατολικά άρχισε να παίρνει μορφή, αρχικά σε αντίθεση με ένα πολύ βαθύ σκούρο κόκκινο ουρανό που σιγά-σιγά μετατράπηκε σε πλούσιο κεχριμπάρι, πριν ξεπεραστεί από το ίδιο το φως, γρήγορα μετατρέποντας το νυχτερινό ουρανό, μπλε. Περίπου την ίδια ώρα που το πρωινό κίνημα είχε ξεκινήσει τον φαύλο κύκλο του, μοχθηρό από κάθε άποψη, καιρός να έρθει. Ήμασταν κατευθείαν στο πλησιέστερο ταξί, το οποίο μοιραστήκαμε με ένα κορίτσι που κάνει λίγο πολύ το ίδιο με εμάς. Περιμένοντας να μάθουμε ότι το λιμάνι θα ξεκινήσει σύντομα να λειτουργεί, ως συνήθως γύρω στις 7 π.μ., και δεν αργήσαμε να βρεθούμε σε ένα από τα πολλά συχνά πλοία που κάνουν το ταξίδι μεταξύ Αθήνας και Ηρακλείου Κρήτης. Το Ηράκλειο ήταν ακόμα κυρίως μια μικρή πόλη-λιμάνι, δεν είναι ότι το λιμάνι είναι πολύ επιβλητικό. Επτά χρόνια και ορισμένα μέρη είχαν εκσυγχρονιστεί, αλλά διατηρούσε μεγάλο μέρος του χαρακτήρα που είχε πριν. Έχει ένα αεροδρόμιο περίπου δέκα χιλιόμετρα ανατολικά, αλλά από μόνο του δεν ήταν πολύ εμπορευματοποιημένο. Μείναμε στο ίδιο ξενοδοχείο που είχα βρεθεί προηγουμένως, κάτω από έναν από τους πίσω δρόμους, στο τέλος του οποίου ήταν μια σειρά από μπαρ και καφετέριες στην κεντρική περιοχή. Υπήρχε λίγος θόρυβος τη νύχτα, και πολλοί κομψοί Κρητικοί που περνούν το χρόνο τους πίνοντας καπουτσίνο, και βλέποντας τους περαστικούς μέσα από τα επώνυμα γυαλιά ηλίου τους. Μου φάνηκε ότι είχα πάρει ένα ασυνήθιστο αριθμό από παράξενα βλέμματα, το οποίο βρήκα ανησυχητικό στην αρχή, αλλά σύντομα ανακάλυψα ότι ήταν επειδή είχα μια εντυπωσιακή ομοιότητα με τον τερματοφύλακα της ομάδας ποδοσφαίρου του Ηρακλείου.

Η μεγαλύτερη διαφορά για μένα σε αυτό το ταξίδι, εκτός από την Γκέιλ, ήταν ο προϋπολογισμός. Είχαμε έναν, το οποίο ήταν αρκετά καλός, και δεν είχαμε κανένα πρόβλημα να επιμείνουμε σε αυτό, αλλά είχαμε επίσης μια πιστωτική κάρτα, και την δυνατότητα να φτάσει στο όριο, και να μας φτάσει για τις πληρωμές μας μέχρι την επιστροφή μας. Αυτή τη φορά τα πράγματα θα ήταν λίγο διαφορετικά, και υπήρχαν ένα ή δύο μέρη που ήμουν πρόθυμος να επιστρέψω. Σε αυτό το σημείο πρέπει να δώσω μια σύντομη περιγραφή της Γκέιλ. Όμορφο, μακριά σκούρα καστανά μαλλιά, και όχι μόνο φαίνεται κατάλληλη για πασαρέλα, αλλά και ένα περπάτημα που αποκτήθηκε στην πραγματικότητα από την εργασία στη πασαρέλα. Σύντομα εγκατέλειψε, λέγοντας ότι δυσανασχετούσε με την εκμετάλλευση, η οποία εμένα μου ταιριάζει μια χαρά. Η φίλη μου για σχεδόν δύο χρόνια, δεν θα μπορούσα να ζητήσω μια πιο όμορφη ή πιο ευχάριστη σύντροφο ταξιδιού.

Το πρώτο μου λάθος, το ξέρω πολύ καλά τώρα, να περιμένω τα μέρη να είναι τα ίδια όταν επιστρέψω μετά από μερικά χρόνια. Μια από τις λύπες της συνεχούς επιστροφής σε κάποια μέρη είναι οι αλλαγές που μπορούν να τους συμβούν. Η παραλία που ήξερα ήταν να είναι η πρώτη στάση με Γκέιλ, αλλά δεν οδηγούσα ποδήλατο αυτή τη φορά. Δεν θα μπορούσα να φανταστώ να το κάνουμε με καλύτερο τρόπο μέχρι που είδα ένα υπέροχο, κακοποιημένο στην όψη μαύρο γυαλιστερό, Mini Moke, έξω από ένα γραφείο ενοικίασης αυτοκινήτων. Η ομορφιά του είναι ότι ήταν λίγο κακοποιημένο, και βαθουλωμένο, πράγμα που σήμαινε ότι κάνα δυο περισσότερες γρατσουνιές δεν θα είχαν σημασία. Ήμουν ακόμη πιο εντυπωσιασμένος όταν έμαθα ότι το πρότυπο Mini κινητήρα είχε αντικατασταθεί με ένα Morris 1300cc κινητήρα. Αυτό μου έφερε ένα χαμόγελο στο πρόσωπό μου. Αυτό το πράγμα θα πετούσε. Πετάξαμε τις τσάντες μας στην πλάτη, φορούσαμε κασκόλ πάνω από τα κεφάλια μας και γυαλιά ηλίου για να προστατευτούμε από τον ήλιο, και φύγαμε. Ένιωσα τόσο κουλ, και το πνεύμα ήταν εκεί. Ήταν ένα ωραίο κομπλιμέντο από έναν τύπο που έκανε οτοστόπ που πήραμε μαζί, που ρώτησα αν θα μπορούσαμε να σταματήσουμε έτσι ώστε να μπορέσουμε να τραβήξουμε μια φωτογραφία για να δείξουμε στον κόσμο στο σπίτι. Βρήκαμε την παραλία από την πρώτη μου επίσκεψη, αλλά με ένα μικρό πρόβλημα. Δεν περίμενα πολλές αλλαγές λόγω της πλήρους απουσίας ενός δρόμου προς αυτή, έτσι όταν σκέφτηκα ότι θα έπρεπε να ήμουν εκεί αγνόησα εντελώς μια σπιτική οδική πινακίδα που δείχνει σε μια παραλία. Όταν κατάλαβα ότι πρέπει να την πέρασα επέστρεψα στην πινακίδα και κοίταξα πάνω από τη γέφυρα συνειδητοποιώντας ότι ήταν η παραλία. Ο δρόμος δεν ήταν πολύ περισσότερο από μια πιάτσα που τα περισσότερα αυτοκίνητα δεν θα είχαν κανένα πρόβλημα με αυτόν και φάνηκε να ακολουθεί το παλιό μονοπάτι. Γύρισα το Moke στην πιάτσα, και καθώς φτάσαμε στην παραλία, μπορούσα να δω τις άλλες αλλαγές, στον δρόμο, όπως μία καντίνα που είχε εγκατασταθεί.

Δεν υπήρχαν ομπρέλες τουλάχιστον, αλλά στην παραλία υπήρχαν είκοσι με τριάντα, κυρίως Έλληνες, παραθεριστές. Είχα ήδη περιγράψει την παραλία, όπως θυμόμουν στην Γκέιλ και ήξερα ότι μπορούσε να αισθανθεί την απογοήτευσή μου. Αποφάσισα να σταματήσω τουλάχιστον για μπάνιο. Καθώς πλησίαζα την παραλία, μπορούσα να δω μια από τις άλλες μάστιγες που πολύ συχνά έρχεται μαζί με τους ανθρώπους, και αυτό είναι τα απόβλητα τους. Η παραλία ήταν γεμάτη με αυτά, από τα βράχια θα μπορούσα να δω δύο ψαράδες, και πίσω τους ριγμένη μια πλαστική σακούλα. Έκανα μόνο μια μικρή βουτιά. Με ενοχλούσε να βλέπω πλαστικές σακούλες και δοχεία να περιφέρονται. Απλά δεν υπήρχε ανάγκη για απόβλητα, και οι πλαστικές σακούλες είναι ένας από τους μεγαλύτερους δολοφόνους της χελώνας της Μεσογείου, η οποία έτυχε να με ευαισθητοποιεί εκείνη την εποχή. Δεν μπορούσα να κάνω αλλιώς. Πήρα την πρώτη τσάντα που βρήκα και συγκέντρωσα τα σκουπίδια που άφησαν οι προηγούμενοι επισκέπτες. Ήμουν σχεδόν γεμάτος με δύο τσάντες όταν πλησίασα το φορτηγό με τα σάντουιτς. Παρατήρησα ότι τα διαμερίσματα στην κορυφή του γκρεμού ήταν στη διαδικασία κατασκευής.

«Πόσο καιρό είσαι εδώ;» Ρώτησα. Η φωνή μου δεν ήταν σκληρή, αλλά ήταν προφανές με δύο σακούλες από τα σκουπίδια του στα χέρια μου δεν εντυπωσιάστηκε με την παρουσία του.

«Δέκα χρόνια!»

«Δεν γίνεται!»

«Τι εννοείτε! Δέκα χρόνια είμαι εδώ!»

«Ήμουν εδώ πριν από επτά χρόνια, δεν το θυμάμαι αυτό!» Δεν θέλω να τον αποκαλέσω ψεύτη.

«Δέκα χρόνια είμαι εδώ!»

«Έτσι, είχατε το δρόμο χτίστηκε;»

«Ναι!»

«Είναι δική σου ευθύνη!» Πέταξα τις τσάντες μπροστά από το μπαρ με τα σάντουιτς πριν επιστρέψω για να κάνω μια τελευταία βουτιά για να δροσιστώ. Δεν ήμουν απλά ενοχλημένος για τα σκουπίδια, αλλά περισσότερο για την παρουσία του. Το οποίο δεν είναι κάτι για το οποίο πρέπει να είσαι αναστατωμένος. Για μένα ήταν απλά ένα ήσυχο μέρος που νόμιζα ότι είχα ανακαλύψει, για αυτόν τον άνθρωπο ήταν τα προς το ζην του.

Λίγες μέρες αργότερα είχα μια συνομιλία με έναν ταξιδιώτη με ένα σακίδιο. Του είπα ότι θυμήθηκα την παραλία της Περίσσας στη Σαντορίνη. Πολύ γραφική, με μόνο ένα ξενοδοχείο οκτώ δωματίων και ένα κάμπινγκ για να μείνεις, πολλοί από τους ντόπιους είχαν πάρει για να νοικιάσουν δωμάτια που είχαν χτίσει στα σπίτια τους. Έμεινα σε ένα μέρος σαν αυτό. Θυμήθηκα ότι όταν κατέβηκα από το λεωφορείο με φίλους, είδαμε μια ηλικιωμένη Ελληνίδα ντυμένη στα μαύρα να κάθεται στον τοίχο του κήπου της καθώς περνούσαμε, μας ρώτησε αν χρειαζόμασταν δωμάτια. Ήμαστανν στο ξενοδοχείο και σκεφτήκαμε να ρίξουμε μια ματιά και τι έκπληξη πήραμε. Τα δωμάτια ήταν πολύ καθαρά, και νέα, κάθε δίκλινο δωμάτιο είχε έπιπλα πεύκου και ένα τραπέζι, τα κλινοσκεπάσματα ήταν καθαρά και το ντους λειτούργησε. Πέντε λεπτά για την παραλία και όλα για λιγότερο από μία λίρα τη νύχτα. Περιέγραψα την παραλία σε αυτόν και του είπα ότι όλα ήταν τόσο ωραία, ακόμη και τα εστιατόρια φαινόταν να είναι επεκτάσεις των σπιτιών τους. Με άκουσε προσεκτικά και μετά με κοίταξε και είπε.

«Μην πας πίσω!» Τον κοίταξα με τρόμο.

«Έχεις πάει εκεί;» Ρώτησα ήδη γνωρίζοντας την απάντηση.

«Ναι»

«Έχει αλλάξει τότε;»

«Από ό, τι έχετε περιγράψει δεν νομίζω ότι θα αναγνωρίσεις το μέρος».

«Τι εννοείς;» Εγώ ρώτησα.

«Με κάθε τρόπο», είπε για να μην μου αφήσει καμία αμφιβολία.

«Έχει ήδη φύγει», αναστέναξα. Κούνησα το κεφάλι και αλλάξαμε θέμα. Είχα ακούσει ότι η Σαντορίνη είχε γίνει ένα από τα πιο ακριβά νησιά για να επισκεφθείς, αλλά εγώ απλά φαντάστηκα ότι η εμπορευματοποίηση δεν είχε επηρεάσει την παραλία της Περίσσας. Το νησί έχει τη δική του μικρή αποικία καλλιτεχνών από την άλλη πλευρά, είχε γίνει ένα κομμάτι ενός κομψού χωριού για να επισκεφθείς, και ήταν εκεί ότι οι τιμές ήταν γενικά λίγο υψηλότερες. Είχα παρατηρήσει από τώρα όμως, ότι ακόμη και όταν αγοράζουν απλά πράγματα όπως το νερό, ότι αν στεκόμουν πίσω με την Γκέιλ σιωπηλή, ενώ πλήρωνα, η τιμή θα ήταν συχνά λίγο φθηνότερα. Πόσο εύκολα οι άνθρωποι κλέβουν, και ποτέ δεν σκέφτονται τους εαυτούς τους ως κλέφτες.

Τα νέα της Σαντορίνης άλλαξαν λίγο τα σχέδιά μας, αλλά δεν θα άφηνα αυτό να καταστρέψει τα πράγματα. Περιοδεύσαμε στα βόρεια της Κρήτης στο Mini Moke μας πριν μας έρθει η ιδέα ότι αν δεν ήμασταν σίγουροι για το πού πηγαίναμε τότε θα πηγαίναμε οπουδήποτε που μας άρεσε. Ξέραμε ότι θέλαμε να καταλήξουμε στην Κω, να επισκεφτούμε φίλους και μέχρι τότε περνούσαμε το χρόνο μας κυνηγώντας καρτ-ποστάλ. Είχε πολύ πλάκα. Θα βρίσκαμε καρτ ποστάλ από μέρη που θα θέλαμε, κυρίως στην Κρήτη, και θα πηγαίναμε. Ήταν ένας καλός τρόπος για να δούμε το νησί και τολμώ να πω ότι ποτέ δεν θα είχαμε πάει στη Σητεία στα βορειοανατολικά του νησιού διαφορετικά, όπου φαινόταν ότι οι περισσότεροι από τους παραθεριστές ήταν Έλληνες. Τώρα, λίγο πριν ξεκινήσω αυτό το ταξίδι, θυμήθηκα βλέποντας τον γενικό εισαγγελέα της Ρόδου στην τηλεόραση να λέει ότι τα περιστατικά βιασμού στο νησί του ήταν κυρίως σφάλμα των γυναικών τουριστριών που ντύνονταν με προκλητικό τρόπο. Οι ιδέες του ήταν, για μένα, αξιολύπητες, και δεν είδα καμία ντροπή σε αυτές τις παραλίες. Αναρωτήθηκα ποια θα ήταν η απάντησή του σε μια Ελληνίδα που βιάστηκε για τον ίδιο λόγο, δείχνοντας προκλητική.

Μέχρι τη στιγμή που φτάσαμε στη Σητεία ήταν ένα ειδυλλιακό ταξίδι, εκτός από ένα πρόβλημα, το οποίο είχε αρχίσει να γίνεται καταπιεστικό για την Γκέιλ. Είχαμε ακούσει κάτι που ήμουν πολύ έκπληκτος να ακούσω από τους Έλληνες. Γκέιλ είχε ακούσει για πρώτη φορά όταν μπήκε κατά λάθος σε μια Ελληνίδα που σκούπιζε το πάτωμα.

«Καταραμένοι Ευρωπαίοι!» είπε. Η Γκέιλ φαινόταν αναστατωμένη όταν μου το είπε. Ήταν ο άσχημος τρόπος που το είπε, καταραμένοι Ευρωπαίοι! Καταραμένοι Ευρωπαίοι! συνέχισε να το επαναλαμβάνει. Δεν ήταν ούτε ένα περιστατικό ούτε απλώς το άκουσε η Γκέιλ. Μίλησα με έναν Ολλανδό στη Σητεία και είχε ακούσει το ίδιο σχόλιο πολλές φορές. Δεν μπορούσα να το καταλάβω προσωπικά. Σίγουρα δεν το είχα ξανακούσει ποτέ, και οι ίδιοι ήταν τώρα Ευρωπαίοι, αλλά ήταν κάτι που νομίζω ότι μερικοί άνθρωποι μπορεί να έχουν ακούσει εκείνη τη χρονιά, για τον εαυτό μου, χρειάστηκε λίγος χρόνος για να ασκηθείτε.

Ήταν στην Κάλυμνο, ένα μικρό νησί κοντά στην Κω στα Δωδεκάνησα, που με άγγιξε πραγματικά. Είχα δει μερικά μικρά σημάδια, αλλά οι επιπτώσεις δεν προέκυψαν πραγματικά σε μένα μέχρι αυτό το σημάδι. Γιατί αυτό το σημάδι; Δεν ξέρω, ίσως η φροντίδα που κάποιος ιδιώτης είχε βάλει στο γκράφιτι των είκοσι πέντε επί πενήντα εκατοστά πλακάτ, ή το απλό και απλό μήνυμα που έδωσε. Αλλά όταν το είδα, ήταν για να με σταματήσει στα ίχνη μου. Το σημάδι ήταν απλό με ένα απλό μήνυμα. Αλλά σε μια εποχή που η κατάσταση στη Βοσνία δεν είχε ακόμη βελτιωθεί, και κάθε μέρα μας έπνιγαν στην θέα ανδρών, γυναικών και παιδιών, που υπέφεραν τόσο πολύ στην Κεντρική Ευρώπη, ήμουν γεμάτος με μια αίσθηση τρόμου, η πινακίδα που είχα απλά διαβάσει.

Η ΜΑΚΕΔΟΝΙΑ ΕΙΝΑΙ ΕΛΛΗΝΙΚΗ

Με τρόμαξε στην αρχή, και μετά άρχισε να μιλάει ο θυμός. Η Γκέιλ δεν κατάλαβε γιατί έμεινα άναυδος όταν γύρισα στο σαλέ μας, όπου πήγα κατευθείαν.

«Αυτό είναι ακριβώς το είδος της εθνικιστικής μαλακίας που αντιμετώπισε η Κύπρος!»

«Τι συμβαίνει;»

«Δεν έχεις δει αυτή την πινακίδα εκεί έξω;»

«Ποια πινακίδα;»

«Η Μακεδονία είναι ελληνική, γαμώτο!»

«Ω!» απάντησε, φαινομενικά δεν είναι και η σοφότερη. Η Γκέιλ δεν ενδιαφερόταν για την πολιτική, οπότε αποφάσισα να της πω τις λεπτομέρειες όπως τις είδα.

«Οι πολίτες της Μακεδονίας επιδιώκουν να ιδρύσουν ανεξάρτητο κράτος στην πατρίδα τους τώρα που έχουν την ανεξαρτησία τους από τη Γιουγκοσλαβία».

«Τι είναι αυτό;»

«Και η Ελλάδα λέει ότι αν αυτοαποκαλούνται Μακεδονία, η Ελλάδα θα εισβάλει σε αυτούς! Η γαμημένη νοοτροπία τους!» Της εξήγησα. «Απλά δεν μπορώ να πιστέψω ότι οι άνθρωποι στο δρόμο το υποστηρίζουν. Δεν μπορώ να το πιστέψω! Καθάρματα!»

«Γιατί;»

«Γιατί τι;»

«Γιατί να εισβάλει η Ελλάδα;»

«Αυτός είναι ο πιο αξιολύπητος λόγος για να προστατεύσουν την ιστορία τους!» Της είπα. «Πολλοί άνθρωποι θεωρούν τον Μέγα Αλέξανδρο ως έναν από τους μεγαλύτερους άνδρες που έζησαν ποτέ, εντάξει!»

«Ναι», είπε.

«Οι Έλληνες δεν μπορούν να δουν έναν κόσμο όπου ο Αλέξανδρος θα μπορούσε να θεωρηθεί οτιδήποτε άλλο εκτός από Έλληνας. Τώρα που οι πολίτες της Μακεδονίας έχουν πραγματικά την ελευθερία να αυτοαποκαλούνται Μακεδόνες, κάποιοι Έλληνες φαίνεται να φοβούνται ότι ο λαός θα θεωρήσει τον Αλέξανδρο Μακεδόνα και όχι Έλληνα», ήταν συναισθηματική η ιδιοσυγκρασία μου.

«Θέλουν πραγματικά να εισβάλουν στη χώρα, με όλα όσα συμβαίνουν στη Βοσνία! Θέλουν πραγματικά να εισβάλουν σε μια χώρα μόνο και μόνο για να αυτοαποκαλούνται αυτό που αισθάνονται ότι είναι. Δεν μπορώ να το πιστέψω!» Κάθισα στο κρεβάτι και ξάπλωσα το κεφάλι μου λίγο και δεν κοίταξε τίποτα με δυσπιστία. Πριν επαναλάβω στον εαυτό μου ξανά,

«Δεν μπορώ να το πιστέψω!» Ακόμη πιο αξιολύπητοι ένιωσα ότι ήταν οι πολιτικοί πίσω από όλα αυτά, οι επιπτώσεις του τι έλεγα ένιωσα είχε επηρεάσει την Γκέιλ.

«Δεν ξέρω αν καταλαβαίνετε τι προσπαθώ να πω, αυτοί οι άνθρωποι θέλουν πραγματικά να εισβάλουν σε μια άλλη χώρα για να προστατεύσουν την ιστορία τους!» μέχρι τότε ο τόνος μου είχε γίνει υποτονικός. Οράματα της Βοσνίας διείσδυσαν και πάλι, σιγά συνέχισα,

«Γκέιλ, εισβολή σημαίνει πόλεμος, και ό,τι συνεπάγεται με την καταστροφή, πόνος στην καρδιά, αθώοι νεκροί, γυναίκες και παιδιά, όπως είδαμε στη Βοσνία, θα την αναδημιουργήσουμε και όλα αυτά για τη μνήμη ενός άνδρα, πόσο σπουδαίος θα μπορούσε να είναι; Καθάρματα!» Αναστέναξα, χαμηλώνοντας λίγο το κεφάλι μου για να μην κοιτάξω τίποτα. Οι σκέψεις μου τραβήχτηκαν στην Κύπρο. Το κεφάλι μου έπεσε ακόμη περισσότερο και μια μεγάλη θλίψη άρχισε να με κυριεύει καθώς ένιωσα την επίδραση που είχε αυτός ο εθνικισμός στην Κύπρο και τον τρομερό αντίκτυπό του στη χώρα μας, και στους Τουρκοκύπριους μας, στους οποίους ξαφνικά ένιωσα αμυντικός. Μπορούσα να αισθανθώ τα συναισθήματά μου να αρχίζουν να συσσωρεύονται. Πήρα μια βαθιά ανάσα, σήκωσα το κεφάλι μου ελαφρώς, μετά κούνησα αργά το κεφάλι μου, και είπα στον εαυτό μου,

«Δεν μπορεί να είναι ο λαός μου, ποτέ!»

4

Κεφάλαιο Τέσσερα

Μπορεί κανείς να κάνει μεγαλύτερη θυσία από το να δώσει τη ζωή του για τις πεποιθήσεις του;

Η επόμενη επίσκεψή μου στην Κύπρο ήταν τον Οκτώβριο του 1996 δύο μήνες μετά από αυτό που πολλοί θεωρούν απλά το περιστατικό με το κοντάρι της σημαίας. Το όλο θέμα με εξόργισε. Λίγες μέρες πριν από το περιστατικό, ένας Ελληνοκύπριος, ο Τάσος Ισαάκ, ξυλοκοπήθηκε μέχρι θανάτου από τους Τούρκους, ενώ διαμαρτυρήθηκε στο DMZ κατά της κατοχής από τα τουρκικά στρατεύματα. Το όλο περιστατικό είχε συμβεί σε πλήρη θέα των άλλων διαδηλωτών, καθώς και των παγκόσμιων μέσων ενημέρωσης, οι οποίοι έβλεπαν από πολύ μικρή απόσταση. Μετά την συγκέντρωση μιας άλλης ομάδας διαδηλωτών συγκεντρώθηκαν αυτή τη φορά με ένα στόχο στο μυαλό. Για να αφαιρεθεί η τουρκική σημαία στην ίδια περιοχή με τον ξυλοδαρμό. Οι πόλοι της σημαίας δεν είναι ο ευκολότερος τρόπος να ανέβουν, στην καλύτερη περίπτωση, δεν αποτελεί έκπληξη το γεγονός ότι κανείς δεν το πέτυχε. Αλλά ένας νεαρός άνδρας, ο Σολωμός Σολωμού, ξάδελφος του Ισαάκ, ήταν έτοιμος να χάσει τη ζωή του, στο ένα τρίτο του δρόμου μέχρι τον στύλο, που έλαβε έναν πυροβολισμό στο λαιμό από έναν Τούρκο. Είχαν καταστήσει σαφές ότι θα σκότωναν όποιον προσπαθούσε να παρέμβει με τη σημαία με οποιονδήποτε τρόπο. Είδα αυτά τα γεγονότα να ξετυλίγονται στη βρετανική τηλεόραση, και ήμουν εξοργισμένος. Όχι μόνο αυτό όμως, αλλά κάτι συνέβαινε που θα μπορούσε να σχετίζεται με, διαδηλώσεις, διαμαρτυρίες, μια αστική αναταραχή για να το θέσω έτσι. Ναι, όλα αυτά ήταν πράγματα που είχα κάποια εμπειρία από τα τέλη της δεκαετίας του '70 και πολύ νωρίς τη δεκαετία του '80, όταν πολλοί στη Βρετανία θεώρησαν απαραίτητο να διαδηλώσουν όχι μόνο κατά της εξαιρετικά κατασταλτικής αστυνόμευσης, αλλά ίσως, και επίσης, για να αναγνωριστεί ως η δύναμη που έχουν οι νέοι, και υπάρχει μια κάποια συγκίνηση σε όλα. Το εισιτήριό μου ήταν κλεισμένο και ήμουν μακριά, ανυπομονούσα στην ιδέα, και ήλπιζα τόσο έντονα ότι οι διαμαρτυρίες θα συνεχιστούν αφού έφτανα. Το είχα αποφασίσει. Ήθελα να κάνω μια προσπάθεια με το κοντάρι της σημαίας. Φαντάστηκα πόσο ωραίο θα ήταν να αναρριχηθεί, ακόμη και αν το πλάνο έρχεται μετά, μόνο μια καλή λαβή σε αυτό και η σημαία θα κατέβει με το σώμα. Απλά χρειαζόμουν διαδηλώσεις για να συνεχίσω. Είχα αρχίσει να έχω έναν πολύ απογοητευτικό τρόπο σκέψης για την κατάσταση εκεί. Τίποτα δεν φάνηκε να έχει επιλυθεί και η πρόοδος ήταν μηδενική. Μέχρι τότε, είχα αρχίσει να αισθάνομαι πιο συναισθηματικά για το όλο θέμα. Το πιο απογοητευτικό ήταν η συνεχώς αυξανόμενη επιθυμία να πάω στο αγρόκτημα του παππού μου. Για κάποιο λόγο γινόταν όλο και πιο σημαντικό για μένα.

Έφτασα στη Λάρνακα γύρω στη 1:00 το πρωί. Οι διαμαρτυρίες είχαν, όπως φοβόμουν, γίνει πιο συγκρατημένες. Αποφάσισα να περάσω λίγες μέρες σε ένα ξενοδοχείο στη Λάρνακα πριν πάω στις νονές μου στη Λεμεσό. Αν οι διαμαρτυρίες ξανάρχισαν, θα πήγαινα κατευθείαν σ' αυτούς. Ίσως δεν υπάρχει καν ανάγκη η νονά μου να ξέρει ότι ήμουν εκεί. Θα μπορούσα να φανταστώ τις σκέψεις της για τις ιδέες μου σχετικά με τη θυσία που θα ήθελα να κάνω. Πήρα ένα ταξί από το αεροδρόμιο και έδωσα στον οδηγό το όνομα του ξενοδοχείου. Ήταν ένα ευχάριστο φρέσκο βράδυ, έτσι άνοιξα το παράθυρο και ρώτησα τον οδηγό αν θα μπορούσα να καπνίσω. Κούνησε το κεφάλι του. Έβγαλα ένα φως καμήλας και του πρόσφερα ένα, το οποίο πήρε.

«Εδώ για διακοπές;» ρώτησε. Είχε σταθερή φωνή και, όπως πολλοί Κύπριοι, τα αγγλικά του ήταν πολύ καλά.

«Περίπου αλλά ήρθα κυρίως λόγω του περιστατικού με το κοντάρι της σημαίας», η οποία τώρα φαινόταν λίγο άσχετη. Συνέχισα,

«Με αναστάτωσε, και σκέφτηκα να πετάξω εδώ για παν ενδεχόμενο».

«Γαμημένοι Τούρκοι!» σφύρισε απειλητικά ο ταξιτζής. Σπάνια μιλούσα για την κατάσταση με κάποιον άλλο εκτός από συγγενείς, έτσι ήμουν πρόθυμος να ακούσω κάθε είδους συμβολή στην κατάσταση. Είχα αρχίσει να αισθάνομαι όλο και περισσότερο θύματα έτσι σκέφτηκα ότι θα αποκαλύψει την προσωπική απώλεια μου.

«Χάσαμε το αγρόκτημα του παππού μου στην εισβολή του Αγίου Αμβρόσιου, κοντά στην Κερύνεια». Η απάντησή του με άφησε άναυδο.

«Έχασα έναν πατέρα και έναν αδελφό στην εισβολή και δεν τους έχω δει ποτέ από τότε!» Το μίσος του εμφανίστηκε στη φωνή του, και το πρόσωπό του είχε γίνει πιο θυμωμένο, ενώ ο ίδιος έπαιρνε τις στροφές με το αυτοκίνητο μέσα από τους δρόμους της πόλης, έτσι τελείωσε.

«Και ορκίζομαι! Ορκίζομαι ότι το υπόσχομαι! Θα κάνω κακό σε όποιον Τούρκο συναντήσω! Οποιονδήποτε!» δεν ήταν μόνο η σκληρή απάντηση, αυτό που μου έκανε εντύπωση περισσότερο ήταν το μίσος στη φωνή του. Η έντασή του με τρόμαξε. Ήξερα ότι πολλοί άνθρωποι είχαν χάσει τα μέλη της οικογένειας, και άλλοι ήμασταν πιο τυχεροί. Το ξενοδοχείο ήταν κοντά και δεν ήθελα πραγματικά να συνεχίσω τη συζήτηση. Θυμάμαι που σκεφτόμουν ότι δεν θα ήθελα να είμαι ο πρώτος Τούρκος που θα συναντούσε. Κοιμήθηκα ελαφρά εκείνο το βράδυ, τα λόγια του οδηγού ταξί επαναλαμβάνονται μέσα μου.

Το ξενοδοχείο στο κέντρο της Λάρνακας ήταν ένα σε λογικές τιμές ένα τουριστικό ξενοδοχείο, τα περισσότερα από τα οποία είχαν κλείσει. Βρήκα ένα μέρος όπου ένιωθα άνετα τρώγοντας λίγα λεπτά με τα πόδια, όπου βρέθηκα επίσης βαθιά στη σκέψη πάνω από μισό μπουκάλι ούζο και λίγο νερό. Ήταν οι αλλαγές στον εαυτό μου που σκεφτόμουν. Πριν από μερικά χρόνια δεν θα είχα πετάξει για το εξωτερικό με αφορμή το περιστατικό με το κοντάρι της σημαίας. Είχα κρατήσει τον Κύπριο μέσα μου λίγο πολύ καταπιεσμένο. Σκέφτηκα ότι ένας λόγος μπορεί να είναι ότι ήμασταν από το Βορρά. Ως ενήλικας μπορούσα να δω πόσο συναισθηματική και συγκεχυμένη ήταν η κατάσταση, και δεν μπορούσα να φανταστώ ένα παιδί που θέλει να τα πάρει όλα στα σοβαρά. Όταν τελείωσα νομίζοντας ότι το ούζο είχε φύγει και το νερό ήταν ακόμα τρία τέταρτα γεμάτο, έφυγα από το εστιατόριο χωρίς καν να αισθάνομαι το αλκοόλ.

Το υπόλοιπο του χρόνου δαπανήθηκε με τους νονούς μου, και παρά την απογοήτευση ήταν μια χαρά. Είναι και οι δύο συνταξιούχοι που έχουν κερδίσει τα χρήματά τους πουλώντας ψάρι με τηγανιτές πατάτες, σε πολλά καταστήματα στο Λονδίνο τα τελευταία χρόνια. Ήταν συχνά κατά τη διάρκεια αυτής της περιόδου, που ήμουν παιδί, όταν ήμουν στο Λονδίνο, συνήθως για τις διακοπές. Θυμάμαι την εποχή καλά από τα τέλη της δεκαετίας του '60 έως τις αρχές της δεκαετίας του '70, λίγο πριν από το θάνατο του παππού μου, αν και έχω τρυφερές και σταθερές αναμνήσεις από αυτόν. Ήταν από τη δική μου άποψη το πιο διασκεδαστικό άτομο να είναι τριγύρω. Είχα αρκετούς συγγενείς γύρω από την περιοχή του Λονδίνου, και μερικά ξαδέρφια πιο κοντά στην ηλικία μου, αλλά θυμάμαι πόσο πιο ευτυχισμένα πράγματα φαινόταν να είναι όταν ο παππούς ήταν γύρω, ως παιδί δεν μπορούσες να κάνεις λάθη μαζί του, φαινόταν να είναι ευτυχισμένος γύρω σου, και ήταν άνευ όρων ευτυχισμένος, τι διαφορά να κάνει σε ένα παιδί. Η μνήμη μου από αυτόν είναι τόσο ισχυρή. Απλά για να δω την αλλαγή σε αυτόν, όπως πλησίαζε για να δει τα εγγόνια του να τον περιμένουν. Επιταχύνει λίγο και είναι σαν να μπορώ ακόμα να αισθανθώ την ευτυχία μέσα του, ένα μεγάλο πλατύ χαμόγελο κάτω από το παχύ γκρι μουστάκι του, σηκώνοντας το μπαστούνι του στον αέρα.

«Ναι, είναι ο παππούς!» Πέθανε όταν ήμουν έξι. Αν σκεφτώ εκείνη την ώρα, μπορώ να θυμηθώ πόσο λάθος μου φάνηκε. Δεν φαινόταν σαν την εποχή του και ήταν το τελευταίο πράγμα που περίμενα. Ήταν 86 όταν πέθανε, αλλά ήταν αφύσικες αιτίες. Προφανώς, χτύπησε κατά λάθος ένα διακόπτη αερίου πριν τον πάρει ένας ελαφρύς ύπνος. Θυμάμαι που κοιτούσα το μεγάλο κρεβάτι που κοιμόταν για τελευταία φορά. Δεν υπήρχε φόβος ότι τα παιδιά θα μπορούσαν κανονικά να συνδεθούν με τέτοια πράγματα. Κάποιος με ρώτησε πρόσφατα αν μου λείπει και τους είπα ότι δεν μπορούσα να δω πώς θα μπορούσε να μου λείπει από την στιγμή που πέθανε όταν ήμουν έξι, αλλά μου συμβαίνει, ίσως τώρα περισσότερο από ποτέ. Μετά το θάνατο του παππού μου, η γιαγιά μου πολύ σωστά έγινε το επίκεντρο της οικογενειακής φροντίδας. Η γιαγιά μου, ο θεός να την ευλογεί, ήταν πολύ διαφορετική από τον παππού μου, όσο κι αν την αγαπώ, και η σχέση μαζί της ήταν επίσης πολύ διαφορετική, και ταυτόχρονα στο Λονδίνο θα ήταν μια σημαντική επιρροή σε αυτό που έκανα. Η εκκλησία ήταν μία από αυτές τις επιρροές στη ζωή της γιαγιάς μου, πράγμα που σήμαινε και τη δική μου, η οποία είχε τις παγίδες της. Η μέση ελληνική ορθόδοξη λειτουργία μπορεί να διαρκέσει μερικές ώρες, και αυτό θα ήταν δύο φορές την εβδομάδα, η νηστεία θα άρχιζε την προηγούμενη ημέρα, την οποία έπρεπε να τηρήσουμε. Δεν με πείραζε η νηστεία εκείνη τη στιγμή, υπάρχουν κάποια πράγματα που μπορούμε να φάμε, και το πιο διασκεδαστικό μέρος θα ήταν η παρακολούθηση στο δρόμο για την εκκλησία για να εξασφαλιστεί ότι κανείς από εμάς δεν εξαφανιζόταν σε κάποιο ζαχαροπλαστείο, όχι ότι θα το έκανα. Θυμάμαι την απογοήτευση που θα ένιωθα, λίγο αργότερα στη ζωή μου, με την απόλυτη αδυναμία μου να επικοινωνήσω με τη γιαγιά μου. Ανεξάρτητα από το χρόνο που πέρασα μόνος μαζί της, δεν έμαθα τίποτα από την ελληνική γλώσσα. Θα ήμουν περισσότερο από ευτυχής να επανορθώσω με το να είμαι παπαδοπαίδι μια μέρα. Ήταν κάτι που την έκανε περήφανη. Η πίστη της ήταν πολύ ισχυρή. Μετά το θάνατο του παππού μου, κρατούσε ένα φυτίλι πετρελαίου να καίγεται συνεχώς, 24 ώρες την ημέρα, σε ένα ντουλάπι διακοσμημένο με θρησκευτικές εικόνες στη μνήμη του. Κάθε μέρα έκαιγε θυμίαμα γύρω από το διαμέρισμα σε ένα σουρωτήρι, για να αποκρούσει τα κακά πνεύματα. Το κάνουν στην εκκλησία, αλλά όχι σε σουρωτήρι τσαγιού. Ήταν απλά ένα θέαμα που συνήθισα. Η ρυτιδιασμένη γιαγιά μου, ντυμένη στα μαύρα, κουνώντας ένα σουρωτήρι τσαγιού που καπνίζει. Τα πράγματα άλλαξαν μετά το θάνατο του παππού.

Έχω καλές αναμνήσεις από τους νονούς μου εκείνες τις μέρες. Ζούσαν δέκα λεπτά με τα πόδια από τους παππούδες μου σε ένα τετραώροφο σπίτι ακριβώς έξω από την οδό Kennington. Θυμάμαι πόσο ταραχώδης ήταν η ζωή γύρω από το σπίτι κατά καιρούς. Οι νονοί μου δούλεψαν πολύ σκληρά για να στήσουν την επιχείρησή τους, η οποία μου φάνηκε να είναι η πιο πιθανή αιτία του άγχους τους. Δεν ξέρει, τον φοβόμουν. Είναι ωραίο να τον βλέπεις τώρα, να χαλαρώνεις στο μπαλκόνι, συχνά με κάτι αστείο να πεις. Μπορεί ακόμα να με τρομάζει λίγο, αλλά έτσι πρέπει να είναι η μνήμη. Η νονά μου από την άλλη πλευρά είχε μια αδυναμία για μένα και πάντα άφηνε να την δείξει. Είχε τις ίδιες πιέσεις αλλά πάντα θα ήταν η στοργική πλευρά που θα έβλεπα. Μετά είναι τα έξι παιδιά τους, τα ξαδέρφια μου. Το καλύτερο πράγμα ήταν ότι σε ένα τόσο μεγάλο σπίτι, ακόμη και με τόσα πολλά παιδιά, οι νονοί μου είχαν το σαλόνι τους και είχαμε το δικό μας. Αυτά και πολλά άλλα μέλη της οικογένειας της μητέρας μου ήταν η μόνη οικογένεια που είχα γνωρίσει πραγματικά, και τους αγαπώ όλους πάρα πολύ. Ήταν μια παράξενη ανατροφή. Νιώθω στενά συνδεδεμένος με την ελληνική μου κληρονομιά. Δεν είμαι θρησκευόμενος, αλλά αν ποτέ παντρευτώ, θέλω να πιστεύω ότι θα ήταν σε μια Ελληνική Ορθόδοξη Εκκλησία, είναι τέτοια γιορτή, και μου αρέσει η έμφαση και η σημασία των οικογενειακών δεσμών.

Στα δεκαεπτά μου, η γιαγιά, μου ζήτησε, μέσω της μητέρας μου, να πάω στην Κύπρο για να κάνω την εθνική μου θητεία, η οποία θα διαρκούσε έξι μήνες. Τώρα το σκέφτηκα. Είχα πρόσφατα ρωτήσει για τον βρετανικό στρατό, αλλά αυτός ήταν λίγο διαφορετικό από την Κυπριακή Εθνική Φρουρά. Δεν μιλούσα ελληνικά, πράγμα που θα έκανε τη ζωή λίγο πιο δύσκολη, αλλά θα ήταν μόνο για έξι μήνες. Σκέφτηκα ότι ήταν εντάξει, για περίπου δύο λεπτά, όταν έκανα μια ερώτηση, η απάντηση η οποία φαινόταν να κάνει μεγάλη διαφορά εκείνη τη στιγμή, και αυτός είναι ο μισθός, οκτώ λίρες το μήνα. Υποθέτω ότι η γιαγιά μου σκέφτηκε ότι φαινόταν σαν την κατάλληλη στιγμή για μένα να πάω, αλλά ήμουν δεκαεπτά, ήταν το 1979, και όπως πολλοί από τη γενιά μου ήμουν λίγο επαναστατικός εκείνη την εποχή. Ένιωσα άβολα για την άρνηση. Δεν ήθελα να αναστατώσω τη γιαγιά μου, αλλά φαινόταν σαν να ζητούσε πολλά εκείνη τη στιγμή γι' αυτό της υποσχέθηκα ότι αν η Κύπρος είχε ένα πρόβλημα, και χρειάζεται βοήθεια, θα ήμουν εκεί, ήταν το καλύτερο που μπορούσα να κάνω. Όταν με ρώτησαν αμέσως μετά αν ήμουν έτοιμος για ένα τακτοποιημένο γάμο η απάντησή μου ήταν λίγο συντομότερη, σε καμία περίπτωση για να κάνω κάποιον ευτυχισμένο δεν θα έκανα αυτό. Δεν φαινόταν δίκαιο για το άλλο άτομο που εμπλέκεται, ούτε για μένα. Όπως βλέπετε, η γιαγιά ήταν πολύ παραδοσιακή. Νομίζω ότι αν με ρωτούσε η νονά μου, μπορεί να είχα διαφορετική απάντηση, αλλά αυτά είναι τα αισθήματά μου γι' αυτήν.

Οι νονοί μου είχαν μετακομίσει από την πρώτη μου επίσκεψη και τώρα ζούσαν σε μια μονοκατοικία τριών υπνοδωματίων χτισμένη στον Άγιο Αθανάσιο στα βόρεια προάστια της Λεμεσού. Ο χρόνος που επρόκειτο να περάσω με τη νονά μου στην Κύπρο ήταν μια εποχή που απήλαυσα, ακόμη και με τους αυστηρούς κανόνες του σπιτιού, και με είχε αφήσει να αισθάνομαι πολύ πιο κοντά της. Θυμάμαι που της είπα, πάνω από το τραπέζι στο μπαλκόνι ένα απόγευμα, πόσο απογοητευτική την βρήκα.

«Γιατί με βρίσκεις απογοητευτική;» ρώτησε.

«Ακούγεσαι σαν τη μητέρα μου, αλλά δεν μπορώ να σου παραπονεθώ όπως κάνω μαζί της», είπα ενώ ένα απαλό χαμόγελο πέρασε και τα δύο χείλη μας, και ένα στοργικό βλέμμα με γέμισε με μια ζεστασιά που είχα βρει σπάνια στην παιδική μου ηλικία. Η μητέρα μου, πιθανώς λόγω έλλειψης στοργής στην παιδική της ηλικία, φαινόταν πολύ αυταρχική, αλλά καθώς μεγάλωνα τα πράγματα είχαν αλλάξει. Πέρασα τον περισσότερο χρόνο μου με τη νονά μου μιλώντας κυρίως για την κατάσταση στην Κύπρο. Φαινόταν να καταναλώνει την πλειοψηφία των συνομιλιών μας. Οι Τούρκοι συνοριοφύλακες είχαν πυροβολήσει, μέχρι τότε, έναν αθώο στην ουδέτερη ζώνη. Είχε πάει να μαζέψει σαλιγκάρια και από ό, τι μπορώ να πω, τον πυροβόλησαν στο πίσω μέρος, αφήνοντας τον στην ουδέτερη ζώνη. Ήταν μια τρομερή αδικία, και δεν είναι κάτι σπάνιο στην Κύπρο, θα ήταν τουλάχιστον το τρίτο άτομο που πέθανε με τέτοιο τρόπο εκείνο το έτος. Τότε έμαθα για μια διαδήλωση στη Λευκωσία, αυτή τη φορά ήταν φοιτητές, αλλά ήθελα να είμαι εκεί για οποιαδήποτε διαμαρτυρία. Ένιωσα μαχητικός και ακόμη και μια διαμαρτυρία από τους μαθητές φαινόταν σαν κάτι περισσότερο από μια καλή μέρα για μένα για να βγω έξω.

«Ανδριάνα, σκέφτομαι να πάω στη Λευκωσία αύριο».

«Γιατί;» ρώτησε.

«Υπάρχει μια επίδειξη στη γραμμή, θέλω να είμαι εκεί», την ενημέρωσα.

«Όχι, δεν μπορείς να πας!» Μου είπε αυστηρά.

«Γιατί όχι;» Εγώ ρώτησα.

«Δεν θέλω να πας!» είπε αποδοκιμάζοντας.

«Αλλά γιατί όχι;» Περίμενα να το αποδοκιμάσει.

«Μπορεί να πληγωθείς», είπε.

«Ίσως νομίζω ότι θα μπορούσε να αξίζει τον κόπο!»

«Όχι, δεν θέλω να φύγεις!»

«Δεν με πειράζει θεία, πραγματικά δεν με πειράζει!»

«Όχι!» είπε σταθερά.

«Δεν καταλαβαίνω! Αφού αφήνεις τα παιδιά να διαδηλώνουν τότε πρέπει να είμαστε μαζί τους!» Της είπα. Φαινόταν μια δίκαιη επίθεση και αντικατοπτρίζει το πώς ένιωσα.

«Δεν θέλω να πληγωθείς», είπε μαλακώνοντας τον τόνο της.

«Ανδριάνα αν πάθω κακό θα πάρει κάλυψη!» Συνέχισα. «Εντάξει, με τον ίδιο τρόπο κάποιος σκοτώθηκε προσπαθώντας να αναρριχηθεί στο κοντάρι της σημαίας, αλλά πήρε προβολή στην παγκόσμια τηλεόραση, οι άνθρωποι γνώρισαν γι' αυτό!» Σκέφτηκα τον άνθρωπο που πυροβολήθηκε στη νεκρή ζώνη και άλλους που είχαν πεθάνει νωρίτερα μέσα στο έτος κάτω από παρόμοιες συνθήκες. Δεν είχα ακούσει τίποτα στην Αγγλία.

«Είμαι Βρετανός πολίτης, αν πληγωθώ θα είναι διαφορετικά!» Της το είπα. «Αν έχει παγκόσμια κάλυψη, βοηθάει. Θα άξιζε τη θυσία!» Το ήξερα τότε ότι είχα δείξει το χέρι μου και δεν θα με άφηνε ποτέ να φύγω. Την ενημέρωσα ότι δεν ήμουν χαρούμενος για την απόφασή της, το επίπεδο απογοήτευσής μου ήταν υψηλό, συνέχισα.

«Καταλαβαίνω τις ανησυχίες σας, αλλά νομίζω ότι οι άνθρωποι πρέπει να γνωρίζουν τι συμβαίνει και αν αυτό σημαίνει να κάνει προσωπικές θυσίες τότε....». Μπορούσα να δω ότι η συζήτηση την αναστάτωσε. Σκέφτηκα την οικογένεια του συλλέκτη σαλιγκαριών, και τη θλίψη τους, και κατάλαβα αμέσως. Υπήρξε μια σύντομη παύση περισσότερο σαν ένα μακρύ αναστεναγμό μέσα μου.

«Είναι όλα τόσο απογοητευτικά, πώς μπορούν να πυροβολούν κανέναν γιατί μάζευε σαλιγκάρια;»

«Συμβαίνει συχνά», αναστέναξε η νονά μου.

«Πάρα πολύ! Δεν είναι καν σημαδεμένο! Πώς θα ξέρουν ότι είναι μέσα!» εννοώντας στην ουδέτερη ζώνη. Ήμουν εξοργισμένος με όλα αυτά, ειδικά για τους Τούρκους συνοριοφύλακες. Μου άρεσε η ιδέα να πάρω το δικό μου υψηλής ισχύος τουφέκι για να πυροβολήσω. Φάνηκαν να παίρνουν πολλή ευχαρίστηση από τους πυροβολισμούς άοπλων πολιτών.

«Καθάρματα!» Ποτέ δεν ορκίζομαι παρουσία της νονάς μου, αλλά ήξερα ότι θα καταλάβαινε. Στεκόμαστε στο μπαλκόνι του σπιτιού της Λεμεσού. Ήταν μια νέα νύχτα με αστέρια. Μετά από μια άλλη σύντομη παύση μου αποκάλυψε,

«Τη νύχτα, όταν βαριούνται, έρχονται πέρα από τα σύνορα και λάμπουν τους πυρσούς τους στα σπίτια των ανθρώπων».

«Όχι!» Απάντησα. «Αυτό είναι απαίσιο!» Ήμουν πραγματικά θυμωμένος με την ιδέα των τουρκικών στρατευμάτων να διασχίζουν τη γραμμή τη νύχτα για να βασανίσουν φοβισμένους χωρικούς στην περιοχή. Ήταν μια πολύ απογοητευτική συζήτηση και ο μεγαλύτερος ξάδελφός μου Τζον έφτασε, και μπήκε στην συζήτηση χωρίς πραγματικά να γνωρίζει τι είχε ειπωθεί.

«Τι είναι αυτά που λες;» ρώτησε.

«Η κατάσταση», απάντησα.

«Ναι, είναι αυτοί οι Καταραμένοι Τούρκοι! Και αυτοί οι Έλληνες! Ακόμα!»

«Μην μιλάς έτσι!» Η νονά μου είπε απότομα. Τον λυπήθηκα μερικές φορές. Είχαμε μια συναισθηματική συζήτηση για την κατάσταση και απλά φαινόταν να λέει το λάθος πράγμα τη λάθος στιγμή, αλλά συνήθως αρκετά διασκεδαστικό. Επανεξέτασα την κατάσταση και το πόσο αβοήθητος ήταν ο κυπριακός λαός και ήξερα ότι δεν μπορούσαμε να βασιστούμε στους Βρετανούς.

«Πρέπει να είμαστε δυνατοί! Δεν είμαστε φτωχή χώρα, πρέπει να ενισχύσουμε την άμυνά μας!» Της είπα.

«Έτσι νομίζεις;» ρώτησε.

«Ναι, δεν είμαστε αδύναμοι άνθρωποι, πρέπει να τους δείξουμε ότι δεν θα πάρουμε! Ανδριάνα, τα τουρκικά στρατεύματα βρίσκονται λίγα μίλια βόρεια και τρομοκρατούν τον λαό μας, στον κόσμο στον οποίο ζούμε σήμερα, κανείς δεν κρατάει αυτό που έχει με το να είναι αδύναμος, και όχι όταν είναι η Τουρκία», ανέφερα. «Όλοι ξέρουν πώς είναι! Κανείς δεν πρέπει να ζει σε τέτοιο φόβο!» η θεία μου ήταν ήσυχη και βαθιά στη σκέψη.

«Όχι», αναστέναξε καθώς πρόσθεσε ήσυχα, «Κάποτε ζούσαμε καλά μαζί». Μετά από μια παύση, σκέφτηκα να αλλάξω θέμα.

«Θα πας στην εκκλησία την Κυριακή;»

«Ναι», είπε.

«Θα πάρω την κοινωνία μαζί σου τότε», της είπα, ο ξάδελφός μου με κοίταξε με έναν παράξενο τρόπο.

«Γιατί πας στην εκκλησία;» ρώτησε με διασκεδαστικό ύφος.

«Θέλω», απάντησα.

«Δεν είσαι θρησκευόμενος!» είπε με έναν ελαφρώς χλευαστικό τρόπο, ίσως θεωρώντας το περισσότερο από ό,τι είχα.

«Όχι, αλλά έτσι μου αρέσει να θυμάμαι τη γιαγιά, πηγαίνω στην εκκλησία».

«Εντάξει», είπε η θεία μου, και στη συνέχεια πρόσθεσε, «Δεν θα περίμενα να κάνεις νηστεία, το προηγούμενο βράδυ, αλλά δεν θέλω να καπνίζεις το πρωί πριν πάμε στην εκκλησία», μου είπε προσθέτοντας. «Δεν θέλουμε ο ιερέας να μυρίζει καπνό!»

Το υπόλοιπο της εβδομάδας ήταν ένα πραγματικό άνοιγμα ματιών για μένα. Απλά βλέποντας τον νονό μου κάθε μέρα, αισθάνθηκα σαν να μάθαινα ένα σημαντικό μάθημα από το παρελθόν μας, και με τον πιο διασκεδαστικό τρόπο. Θα ήταν ξύπνιος και μακριά από το σπίτι, πολύ πριν ξυπνήσω, ερχόταν πίσω νωρίς το απόγευμα με τη φυσική συγκομιδή του, και θα ήθελα να καθίσει στο μπαλκόνι μετά από ένα χαλαρό πρωί και να τον παρακολουθήσω, με ό,τι θα ήταν αργότερα το τσάι μας. Τα πάντα, από μικρά πουλιά που αλιεύονται σε κολλώδη ραβδιά, σε μια ποικιλία από ξηρούς καρπούς και ρίζες, κανένα από τα οποία δεν θα βρείτε σε μια αγορά, αλλά, όπως σύντομα θα ανακάλυπτα, ήταν όλα πολύ καλά τρόφιμα. Ίσα που είδα την ανάγκη να πάει η θεία μου στα μαγαζιά. Ο θείος μου δεν μπορούσε να μαντέψει πόσο με ενδιέφερε, να μου δείχνει από τι προήλθε κάθε τι, και νομίζω ότι φαινόταν λίγο έκπληκτος που με ενδιέφερε τόσο πολύ. Ήταν μέρος της ιστορίας μας όμως. Οι Κύπριοι είναι σε μεγάλο βαθμό ένας αγροτικός λαός και, κοιτάζοντας τους καφέ ηλιόλουστους λόφους το καλοκαίρι, ήταν δύσκολο να φανταστεί κανείς ότι μια τέτοια γιορτή θα μπορούσε να ήταν εκεί έξω, και αυτά θα ήταν τρόφιμα που θα έχουμε φάει για πιθανώς χιλιάδες χρόνια. Αν το ρωτούσα ποτέ, πάντα θα μου έδινε τις γνώσεις του. Αλλά υπήρχε ένα σημαντικό μέρος της ιστορίας μας που ήμουν αδαής, και ο θείος μου θα με έκανε να γνωρίσω αποσπασματικά, και αυτή ήταν η ελληνική γλώσσα.

Κυριακή πρωί, επτά η ώρα, κάπνιζα το πρώτο τσιγάρο της ημέρας μου, φυσώντας έξω από το παράθυρο για να μην αντιληφθεί η νονά μου καμία από τις άσεμνες μυρωδιές που θα την πρόσβαλαν. Κοίταξα κατευθείαν στο μπαλκόνι. Δεν μπορούσα να πιστέψω ότι η νονά μου στεκόταν εκεί και με κοιτούσε. 34 χρονών, αλλά μπορούσε ακόμα να με κάνει να νιώσω σαν παιδί. Αν και το αποδοκίμαζε, δεν είπε τίποτα.

«Καλημέρα, Ντιμίτρι!» φώναξε. Μου αρέσει το ελληνικό μου όνομα πολύ περισσότερο από την αγγλική παραλλαγή.

«Καλημέρα!» Απάντησα με χαμόγελο.

«Θα φέρω λίγο καφέ. Κάνε ένα ντους τώρα και ετοιμάσου, εντάξει!»

«Εντάξει», απάντησα. Η νονά μου γύρισε και περπάτησε προς την κουζίνα, ενώ εγώ τελείωσα το τσιγάρο μου τινάζοντας το αποτσίγαρο σε έναν χαμηλό τοίχο στο μπανγκαλόου έξω. Περίμενα να με τιμωρήσει γι' αυτό. Βγήκα από το ντους, ντυμένος με ένα ελαφρύ βαμβακερό κοστούμι καλοκαιρινό, που είχα αγοράσει από την αγορά στην Μπανγκόκ, και στην μέση μου μακριά μαύρα μαλλιά σφιχτά δεμένα σε κόμπο για να το κρατήσει τακτοποιημένο. Φύγαμε από το σπίτι με το αυτοκίνητο της θείας μου γύρω στις 7:30, ένα φωτεινό κυπριακό φθινοπωρινό πρωινό. Καθώς παρκάραμε το αυτοκίνητο, με πληροφόρησε ότι μπορεί να είναι λίγο νωρίς, το οποίο μου φάνηκε σωστό, μέχρι που φτάσαμε στην εκκλησία, και δεν μπορούσα να το πιστέψω ότι ήταν ήδη γεμάτη. Η νονά μου ήξερε ότι θα ήμουν πιο άνετα στα καθίσματα, τα οποία βρήκαμε στο πάνω μπαλκόνι της εκκλησίας. Η ίδια η εκκλησία δεν ήταν σε καμία περίπτωση μικρή, αλλά το εκκλησίασμα θα ήταν ο φθόνος των περισσότερων κληρικών. Η εκκλησία ήταν γεμάτη, και οι όρθιοι προσκυνητές όχι μόνο γέμιζαν την είσοδο, αλλά ήξερα από την προηγούμενη εμπειρία ότι θα υπήρχε ένα μεγάλο πλήθος που συγκεντρωνόταν έξω. Χαίρομαι που έκανα την προσπάθεια. Μπορεί να μην είμαι θρησκευόμενος, αλλά έχω μεγάλο σεβασμό για τη δύναμη της πίστης, και εδώ ήταν ισχυρή. Ο κυπριακός κλάδος της Ελληνικής Ορθόδοξης Εκκλησίας είναι αυτόνομος από το 488 μ.Χ. μετά την ανακάλυψη του τάφου του Αγίου Βαρνάβα. Ο Απόστολος Παύλος έγινε επίσης δεκτός και κηρύχτηκε στην Κύπρο, η οποία θα γινόταν ένα από τα πρώτα χριστιανικά κράτη που δημιουργήθηκαν, αν όχι το πρώτο. Η ίδια η λειτουργία διήρκεσε περίπου δύομισι ώρες. Αλλά ήξερα γιατί ήμουν εκεί και λειτούργησε. Αφού τελείωσε η λειτουργία, επιστρέφοντας στο αυτοκίνητο της νονάς μου, μου αποκάλυψε,

«Ξέρετε ότι είμαι πολύ περήφανη που ήρθατε στην εκκλησία μαζί μου σήμερα το πρωί».

«Δεν με πειράζει η θεία, χαίρομαι που ήρθα», σήκωσα τα χέρια μου, «Όπως είπα, ήρθα να θυμηθώ τη γιαγιά». Αν κάτι μπορούσε να μου θυμίσει μια εποχή που η γιαγιά ήταν εδώ, θα ήταν εκκλησία.

Είμαστε πίσω στις νονές μου για σήμερα. Ήταν λίγο πολύ διακοπές γύρω από το σπίτι. Το μεσημέρι η νονά μου πήρε την κάππαρη έξω για να φάει με το γεύμα μας. Οι λοβοί σπόρου είναι αυτό που οι περισσότεροι άνθρωποι βλέπουν και τρώνε από τα βάζα, αλλά προτιμώ τον ίδιο τον θάμνο, και η νονά μου μου προετοίμαζε ένα μεγάλο βάζο για να πάρει το σπίτι. Ήταν μια τεμπέλικη μέρα και έβλεπα τηλεόραση όταν ο ξάδερφός μου ο Τζον εμφανίστηκε στην πόρτα.

«Τζιμ, θέλεις να πάμε στον τουριστικό πεζοδρόμο για μια ώρα;» Το ποτό είναι αρκετά αποδεκτό, στο σπίτι, κατά τη διάρκεια του δείπνου, ή μερικές μπύρες το βράδυ, αλλά η ιδέα του να πάμε στα μπαρ, ενώ διαμένουμε στις νονές μου. Ήταν άγνωστο σε μένα. Ήταν απαγορευμένο. Κάτω από τη στέγη της είσαι κάτω από τους κανόνες της, κάτι που δεν θα αμφισβητούσα.

«Ναι, γιατί όχι», απάντησε, «Δώστε μου πέντε λεπτά για να ετοιμαστώ», του είπα. Αυτό θα ήταν ενδιαφέρον, δεν είχα πάει ποτέ για ποτό με τον Τζον πριν. Όχι για κανένα λόγο εκτός από το γεγονός ότι ποτέ δεν τον ήξερα να βγαίνει για ποτό. Τώρα εδώ πρέπει να περιγράψω λίγο τον ξάδερφό μου τον Τζον, καθώς δεν μπορώ να φανταστώ κανέναν άλλο να είναι σαν αυτόν. Είναι στις αρχές της δεκαετίας των '50, ένα υπέροχο άτομο του οποίου τα λόγια συχνά φαίνονται να έρχονται σε αντίθεση με την ευγενική φύση του, ειδικά στο τι και πώς λέει τα πράγματα. Ένας κυνικός κατά καιρούς, αν και θα μπορούσα να καταλάβω ότι μέρος του πάντα μου φαινόταν να μην είναι σίγουρος για το τι ήθελε από τη ζωή. Αργότερα θα μάθαινα ότι ήταν μια ταραγμένη ψυχή, με καλό λόγο, αλλά η αναποφασιστικότητα του θα είναι πέρα από την απογοήτευση κατά καιρούς στο σημείο της διασκέδασης. Δεν ήξερα καν ότι είχε παντρευτεί δύο φορές. Όταν τον ρώτησα για το γάμο, δεν ήξερα τίποτα, δεν εξεπλάγην, καθώς διήρκεσε μόνο δύο εβδομάδες. Δεν μπορούσα να μην γελάσω όταν είπε,

«Λοιπόν, άλλαξα γνώμη», κοιτάζοντας λίγο ντροπιασμένος. Αυτός είναι ο Τζον. Πηγαίναμε στην τουριστική λωρίδα με το μοτοποδήλατο του. Δεν είναι φανταχτερό σκούτερ, αλλά ένα κάθισμα Honda 50cc. Ήταν αρκετά διασκεδαστικό προσπαθώντας να κρατήσει τα πόδια μου επάνω, αλλά εξεπλάγην όταν σταμάτησα ένα μίλι ή λιγότερο από τον προορισμό μας.

«Γιατί σταματάς εδώ;»

«Είναι η κίνηση, δεν μου αρέσει να οδηγώ εδώ, ειδικά με σένα στο πίσω μέρος», αυτός φωνάζει. «Είναι πολύ απασχολημένος!» Δεν ήταν ο πιο σίγουρος οδηγός, αν και είχε μια μοτοσικλέτα για χρόνια. Μας πήρε είκοσι λεπτά για να περπατήσουμε στα μπαρ και περπατήσαμε για να βρούμε κάποιο που μου άρεσε, ένα ωραίο ευρύχωρο μέρος, με μερικές γυναίκες να περπατούν γύρω. Πήραμε τη θέση μας στο μπαρ, και καθίσαμε.

«Δύο keo και δύο B-52. Ω! Και καλαμάκια, θέλω να καίγονται!» τράβηξε τις δύο μπύρες, και στη συνέχεια έχυσε το κοκτέιλ. Ο ξάδερφός μου τους είδε με έκπληξη.

«Τι είναι αυτό;» ρώτησε.

«Κοκτέιλ», είπα. Προχώρησα να κάψω το αλκοόλ από τα ποτά σε ένα ποτήρι, στη συνέχεια, μόλις κάηκε, με μπλε φλόγα του, βύθισα το άχυρο στο κάτω μέρος του γυαλιού και ρούφηξα το περιεχόμενο σε μια γουλιά. Το τελευταίο πράγμα που χτύπησε το λαιμό είναι η φλόγα. Ήμουν πίσω απολαμβάνοντας τη γεύση.

«Δεν είναι κακό», είπα κοιτάζοντας με ένα χαμόγελο. Ο ξάδερφός μου με κοιτούσε με ένα βλέμμα δυσπιστίας στο πρόσωπό του.

«Αυτό είναι για σένα», είπε σπρώχνοντας το ποτήρι.

«Δεν το θέλω! Γιατί το καίτε;»

«Βοηθάει, άντε δοκιμάστε το». το κούνησε μακριά.

«Εντάξει, περισσότερο για μένα!» Είχα αρχίσει να διασκεδάζω. Οι μπύρες ήρθαν γρήγορα καθώς συνομιλήσαμε και ξεκίνησε το δεύτερο, όταν ένα κορίτσι ήρθε στο μπαρ για να σταθεί δίπλα στο ξάδερφό μου. Την κοίταξα μπροστά του. Ήταν αρκετά ελκυστική. Ο Τζον κοίταξε γύρω την ίδια στιγμή που έβαλε ένα χαμόγελο στο πρόσωπό της, στο οποίο γύρισε την πλάτη της, κόβοντας εντελώς οποιαδήποτε πιθανότητα συνομιλίας με έναν από εμάς. Χαμογέλασα και κούνησα το κεφάλι μου. Οι μπύρες είχαν σχεδόν φύγει, αλλά η νύχτα ήταν ακόμα στην αρχή της.

«Κι άλλη μπύρα;»

«Όχι, όχι, θα αργήσουμε!» αναφώνησε.

«Τι εννοείς;»

«Είναι 9:15 και υποσχέθηκα στη μητέρα μου ότι θα σε έχω σπίτι στις 9:30», μου είπε πριν συνεχίσει την τελευταία του μπύρα. Τον είδα να αδειάζει το ποτήρι νιώθοντας λίγο μπερδεμένος για αυτό που μόλις είχε πει. Μετά το επιβεβαίωσε λέγοντας:

«Πρέπει να φύγουμε!»

«Τι εννοείς πρέπει να φύγουμε;» Το μπαρ είχε αρχίσει να γεμίζει και υπήρχαν πολλές γυναίκες με τα πόδια. Ο Τζον άνοιξε το δρόμο. Ήμουν ακόμα σε δυσπιστία. Βγήκαμε αλλά είχα άλλα σχέδια.

«Τι εννοείς πρέπει να φύγουμε;»

«Πρέπει να φύγουμε, είπα στη μαμά μου ότι θα σε έχω σπίτι μέχρι τις 9:30».

«Τι έκανες;»

«Είπα στη μαμά ότι θα σε έχω σπίτι μέχρι τις 9:30 και εκεί θα πάμε!» είπε σταθερά. Τώρα συνειδητοποιώ ότι ήταν σοβαρός.

«Γιατί;»

«Επειδή τότε σε θέλει σπίτι», είπε τόσο απλά. Ήμασταν τώρα με τα πόδια προχωρώντας σε ένα ταχύτερο ρυθμό με μένα κρατώντας τον πίσω και προσπαθώντας να τον επιβραδύνω για να μιλήσουμε πάνω σε αυτό.

«Γιατί με έφερες εδώ αν πρέπει να επιστρέψουμε στις 9:30;»

«Για ένα παγωτό».

«Για τί;»

«Είπα στη μαμά ότι θα σε φέρω έξω για ένα παγωτό», είπε κοιτάζοντας πίσω. Τώρα μπερδεύτηκα.

«Ένα παγωτό!»

«Ναι, σκέφτηκα ότι θα ήθελες να έρθεις εδώ για ένα παγωτό».

«Το τελευταίο πράγμα που ήθελα εδώ κάτω ήταν ένα παγωτό! Πάρε τη μητέρα σου και πες της ότι θα αργήσουμε λίγο!»

«Δεν μπορώ να το κάνω αυτό!»

«Τι εννοείς δεν μπορείς να το κάνεις αυτό; Μπορείς να τα καταφέρεις! Θα το κάνεις!» Του φώναξα.

«Δεν μπορώ να το κάνω αυτό, μου είπε να είμαι σπίτι για εννέα και τριάντα και τότε θα πάμε», συνέχισε με τα πόδια, πραγματικά δεν μπορούσα να πιστέψω τι συνέβαινε.

«Πήγαινε σπίτι και πες στη μαμά σου ότι θα είμαι σπίτι γύρω στα μεσάνυχτα και θα αφήσω το κλειδί κάτω από το χαλάκι».

«Δεν μπορώ να το κάνω αυτό», είπε ψύχραιμα.

«Γιατί δεν μπορείς να το κάνεις αυτό;»

«Δεν μπορώ να πάω σπίτι χωρίς εσένα, είσαι υπό την φροντίδα μου!»

«Είμαι 34 χρονών. Μπορώ να φροντίσω τον εαυτό μου!»

«Όχι εδώ, δεν μπορείς», απάντησε άνετα.

«Ήμουν στον κόσμο μου, τι εννοείς όχι εδώ;»

«Όχι εδώ! Εδώ είσαι δική μου ευθύνη!»

«Κανείς! Κανείς δεν είναι υπεύθυνος για μένα!» Θα μπορούσα κάλλιστα να πω στον εαυτό μου, και όταν φτάσαμε σπίτι στις δέκα, θα μπορούσα να καταλάβω το γιατί. Η νονά μου ήταν θυμωμένη μαζί του. Άρχισε να νευριάζει και να γίνεται βίαια, κάτι που δεν μπορούσα να καταλάβω, αλλά σίγουρα ένιωθα ένοχος.

«Είναι δικό μου λάθος που αργήσαμε, θεία», είπα. Η προστασία φαινόταν λίγο ακραία, αλλά συνειδητοποίησα, ότι αν σκεφτόμουν τη σχέση μας, ήξερα ότι μάλλον νομίζει ότι είμαι ο μικρότερος γιος της.

5

Κεφάλαιο Πέντε

Δεν ήταν πολύ πριν επιστρέψω στην Κύπρο, αλλά αν έμαθα ένα πράγμα από την προηγούμενη επίσκεψή μου ήταν να μην παίρνω πάρα πολύ συναισθηματικά τα γεγονότα. Τα πράγματα εξακολουθούν να με προβληματίζουν, τίποτα δεν είχε αλλάξει, εκτός λίγο από την στάση μου, και οι επόμενες δύο επισκέψεις θα ήταν ο χρόνος για μένα να διερευνήσω και να αναζητήσω άλλες πτυχές της Κύπρου. Ίσως αυτό που εννοούσα ήταν ότι ήθελα την ελευθερία να απολαμβάνω την Κύπρο με τον ίδιο τρόπο όπως εκατομμύρια τουρίστες κάθε χρόνο. Η επιλογή του χρόνου για την πρώτη από αυτές τις επισκέψεις ήταν λίγο άτυχος όμως. Το Φεβρουάριο του 1997 είχα δει μερικές από τις πιο κρύες θερμοκρασίες σε πάνω από πενήντα χρόνια, και ήταν κρύα, ο άνεμος είχε ένα πικρό δάγκωμα πάνω του. Είχα πετάξει στην Πάφο και πέρασα τον περισσότερο χρόνο σε ένα πολύ όμορφο κεντρικό ξενοδοχείο στην Πάφο που ονομάζεται The Park Mansion. Αποφάσισα να μην επισκεφτώ τους συγγενείς μου, ένιωσα λίγο άσχημα γι' αυτό, και δεν τους είπα καν ότι ήμουν στην εξοχή, αλλά είχα τους λόγους μου. Θα περνούσα το χρόνο μου μιλώντας με τους κυρίως ηλικιωμένους τουρίστες και με ευχάριστες αλλά σύντομες βόλτες γύρω από την Πάφο και μερικά από τα μουσεία της. Η επόμενη επίσκεψή μου ήταν να είμαι λίγο διαφορετική.

Σεπτέμβριος του 1997 και αυτό δεν επρόκειτο να είναι τίποτα περισσότερο από διακοπές σε μια χώρα που αισθάνθηκα σαν το σπίτι μου in. Μια από τις απολαύσεις αυτής της επίσκεψης ήταν να φέρω μαζί μου έναν φίλο από την Αγγλία, τον Άλεν, ο οποίος έμεινε για μια εβδομάδα από τις δύο εβδομάδες που εκεί. Τώρα ο Άλεν κι εγώ είχαμε ήδη ένα κομμάτι της ιστορίας των διακοπών μαζί. Μερικές φορές με την οικογένειά του, άλλη μία ή δύο φορές μόνοι μας, η οποία συχνά περιλάμβανε τρελή διασκέδαση, και υπό αυτή την έννοια, αυτό δεν ήταν διαφορετικό. Πετάξαμε μόνο με εισιτήρια και κανονίσαμε τη διαμονή μας στη Λεμεσό κατά την άφιξη, και γρήγορα εγκατασταθήκαμε σε ένα μεγάλο διαμέρισμα δύο υπνοδωματίων. Ήταν στο κεντρικό παραλιακό δρόμο λίγα μίλια ανατολικά της πλειοψηφίας των τουριστικών εγκαταστάσεων, η οποία δεν επρόκειτο να είναι ένα πρόβλημα, γιατί είχαμε νοικιάσει ένα τζιπ για μια εβδομάδα. Η πρώτη νύχτα έξω και κάποιοι μπορεί να πουν ότι έχουμε ένα μικρό πρόβλημα. Δεν πήρε πολύ. Πήγαμε στο ίδιο μπαρ που είχα κάνει συχνάζει στο παρελθόν, και χτύπησε το B-52s, θυμάμαι η σερβιτόρα μου λέει ότι είμαστε λιώμα.

«Αποκλείεται», είπα, καθώς έπινα το τρίτο μου. Ήμασταν πιθανώς αρκετά μεθυσμένοι νωρίς το βράδυ, αλλά υπήρχε χώρος για περισσότερα, και μείναμε πολύ αργά, μετά φύγαμε από το μπαρ για να επιστρέψουμε στο διαμέρισμά μας με ταξί. Οδηγούσαμε αργά όταν μίλησε ο οδηγός ταξί.

«Σου αρέσουν τα κορίτσια;» ρώτησε. Καθόμουν μπροστά. Κούνησα το κεφάλι μου. Ήξερα τι θα έρθει στη συνέχεια.

«Θέλετε να σας μεταφέρω σε ένα μέρος με ωραία κορίτσια, εκατό λίρες όλη τη νύχτα», είπε. Οδηγός ταξί να γίνεται νταβατζής, αυτό συμβαίνει αρκετά συχνά, αλλά ο Άλεν την είχε ακούσει στο πίσω μέρος και δεν νομίζω ότι ήταν έτοιμος να πάει στο σπίτι.

«Έλα, Τζιμ, πάμε!» φώναξε από το πίσω κάθισμα.

«Τι είδους κορίτσια;»

«Καλά, Ρωσίδες ωραίες», απάντησε, τελειώνοντας. «Μόλις εκατό λίρες τη νύχτα, ή απλά κοιτάξτε αν θέλετε», είπε μια λέξη κλειδί για τον εαυτό μου.

«Απλά κοιτάμε αν θέλουμε;»

«Ναι, αν θέλεις απλά να δεις, αν όχι, τίποτα», ήξερα ότι θα έπρεπε να το σκεφτώ, αλλά,

«Μπορούμε να αγοράσουμε ποτά;»

«Ναι, ναι μπορείτε να αγοράσετε ποτά!» είπε ενθουσιασμένος. Δεν υπήρχε καμία ανάγκη να ρωτήσω τον Άλεν τι σκεφτόταν γιατί είχε ήδη αρχίσει να με πειράζει από το πίσω μέρος και έτσι ήξερα ποια θα ήταν η απάντησή του.

«Αν θες να πας, μπορώ να σε πάρω», είπε με ανυπομονησία ο οδηγός.

«Εντάξει, πάμε», του είπα με μια κίνηση του καρπού μου. Ο οδηγός έκανε μια στροφή εκατό ογδόντα μοιρών και τώρα επιταχύνει προς την άλλη κατεύθυνση. Σκέφτηκα ότι είχα μόνο σαράντα λίρες πάνω μου, που θα ήταν το μόνο που θα μπορούσα να ξοδέψω, ή να χάσω, αυτό που ο Άλεν σκεφτόταν ότι δεν ήξερα. Το ταξί σταμάτησε έξω από το κλαμπ και μπήκαμε κατευθείαν μέσα. Ώστε αυτό είναι το μέρος από το οποίο προστατεύτηκα ίσως; Στα αριστερά, υπήρχε μια πίστα μπροστά μας, με κάποια καθίσματα γύρω της. Στα δεξιά υπήρχαν περισσότερα καθίσματα και διάσπαρτες γύρω ήταν μερικές νεαρές γυναίκες σε εσώρουχα, μερικές χόρευαν γύρω από πόλους, οι περισσότερες από αυτές φαίνονταν να βαριούνται αρκετά. Λοιπόν ήμουν με περιορισμένους πόρους, αλλά ήμουν έτοιμος να απολαύσω την εμπειρία. Είδα μια όμορφη ξανθιά να κάθεται μόνη της στα δεξιά και σκέφτηκα ότι θα το έκανε για παρέα. Η μουσική ήταν δυνατή 'Don't Speak' από No Doubt.

«Γεια σου», είπα καθώς κάθισα.

«Γεια σας».

«Μιλάς αγγλικά;» Εγώ ρώτησα.

«Ναι».

«Ποιο είναι το όνομά σου;»

«Ελένα, και το δική σου;»

«Ντιμίτρι, αλλά και Τζιμ είναι καλά, από πού είσαι;»

«Σιβηρία», απάντησε.

«Σιβηρία ε!» Τώρα θεωρώ η συνάντηση ανθρώπων από μακρινά μέρη τόσο καλή όσο τα ταξίδια.

«Είσαι ο πρώτος άνθρωπος από την Σιβηρία που έχω γνωρίσει!» Της είπα και χαμογέλασε.

«Σας αρέσει εδώ στην Κύπρο;» Εγώ ρώτησα.

«Ναι». Ένας άντρας ήρθε να μας πάρει παραγγελία για ποτό.

«Ουίσκι και λεμονάδα για μένα, θέλεις ένα ποτό;» Εγώ ρώτησα.

«Ναι, σας παρακαλώ». Έκανε ένα σημάδι στον σερβιτόρο που έφυγε και επέστρεψε με το ουίσκι μου, και μια κόκα για το κορίτσι, ενώ συνεχίσαμε

Δεν Μιλάω Ελληνικά - 47

να κουβεντιάζουμε. Μετά από ένα άλλο ποτό παρατήρησα τον Άλεν να εξαφανίζεται μέσα από μερικές κουρτίνες πίσω μου με ένα κορίτσι, σκέφτηκα ίσως σε ένα δωμάτιο, αλλά επανεμφανίστηκε σε λιγότερο από ένα λεπτό αργότερα με τα μαλλιά του λίγο αναστατωμένα και με κάποια σύγχυση. Επέστρεψε στη θέση του. Μια στιγμή αργότερα το κορίτσι ρώτησε,

«Σου αρέσει να χορεύω για σένα;»

«Όχι», ήμουν αρκετά χαρούμενος μιλώντας και υπήρχαν πολλά κορίτσια που θα μπορούσα να δω χορό ήδη.

«Να χορεύω για σένα!» είπε παρακαλώντας.

«Για ποιο λόγο;» Εγώ ρώτησα.

«Είκοσι λίρες!» απάντησε, γέλασα δυνατά, δεν ήταν αυτό που έψαχνα, αλλά το βρήκα αστείο.

«Όχι, δεν θέλω να χορέψεις για μένα, και ειδικά για είκοσι λίρες».

«Γιατί όχι;» φαινόταν λίγο προσβεβλημένη, αλλά δεν είχε σημασία. Δεν θα πλήρωνα ένα κορίτσι είκοσι λίρες για να χορέψει για μένα.

«Είναι μια δουλειά» της είπα.

«Όχι, όχι δουλειά!» Υπερασπίστηκε τον εαυτό της.

«Ναι, είναι, ποτά εντάξει», είπα. «Αλλά είναι μια δουλειά!»

«Όχι, όχι! Όχι δουλειά!» επανέλαβε με έμφαση.

«Εδώ είναι!» συνέχισε με. «Αλλά αν θέλετε να με συναντήσετε αύριο μακριά από εδώ, δεν υπάρχει πρόβλημα, αλλά εδώ είναι δουλειά και το ξέρω!» Κοίταξε μακριά στο βάθος. Μπορούσα να δω ότι το σκεφτόταν και μετά είπε,

«Ξενοδοχείο Έσσεξ, στις τρεις η ώρα». Δεν νομίζω ότι κατάλαβε τι εννοούσα, αλλά το διασκέδαζα τώρα.

«Όχι, έξι!»

«Όχι, τρία!» μου απάντησε.

«Δεν μπορώ να κάνω», της είπα. Δεν θα άλλαζα σχέδια για την επόμενη μέρα. Κουβεντιάσαμε λίγο περισσότερο πριν αδειάσει το ποτήρι μου.

«Θέλετε να πιείτε κάτι άλλο;» Ρώτησα σκεπτόμενος ότι μπορεί να θέλει μια αλλαγή από την κόλα.

«Champanyar!» ανακοίνωσε δυνατά. Τώρα, πριν καν πάω να αγοράσω ένα ποτήρι από αυτό, ήθελα να μάθω την τιμή ενός μπουκαλιού μόνο και μόνο για να πάρω μια ιδέα για τις τιμές, τις οποίες ήξερα ότι δεν μπορούσα να καλύψω.

«Γεια σας!» Κάλεσα έναν σερβιτόρο που περπατούσε, έναν νεαρό άνδρα με ένα λευκό πουκάμισο με ένα πανί τσαγιού πάνω από το χέρι του.

«Πόσο κοστίζει ένα μπουκάλι σαμπάνιας;» Ρώτησα. Δεν μπορούσα να ακούσω την απάντησή του.

«Πόσο;» Φώναξα πάνω από τη μουσική.

«Εκατό ογδόντα λίρες!»

«Φέρε μου άλλο ένα ουίσκι!» Δεν παρήγγειλα ούτε άλλο ποτό για το κορίτσι. Ήμουν μεθυσμένος και φαινόταν σαν σπατάλη χρημάτων για να τα ξοδέψω σε κόλα. Της εξήγησα και δεν είχε προσβληθεί. Λίγο μετά ο σερβιτόρος επέστρεψε και έσκυψε δυσοίωνα κοντά στο αυτί μου.

«Θα ήθελε ο κύριος να έρθει στο πίσω δωμάτιο για να πληρώσει το λογαριασμό του, παρακαλώ;»

«Όχι πραγματικά», απάντησα.

«Παρακαλώ!» είπε πιο σταθερά.

«Εντάξει», του είπα. Δεν ήθελα πραγματικά, αλλά φαινόταν σαν μέρος της ρουτίνας. Προέκυψα, και πίσω από όπου καθόμουν, στα δεξιά της εξόδου, ήταν μια πόρτα γραφείου. Μπήκα στο μικρό γραφείο. Υπήρχε ένας άντρας που κάθονταν πίσω από ένα γραφείο, και ο οδηγός ταξί καθόταν σε ένα παγκάκι στα δεξιά της εισόδου του γραφείου, ένας παχουλός άντρας που έμοιαζε με έναν γορίλλα με μια σφιχτή περμανάντ μπήκε πίσω μου. Είχα μια ισχυρή εντύπωση της προφοράς του όταν μιλούσε ήταν Ρώσος, πιθανώς Ελληνοπόντιος. Σίγουρα όχι Κύπριος.

«Καθίστε παρακαλώ», είπε ο άνθρωπος πίσω από το γραφείο.

«Θα προτιμούσα να σταθείτε για αυτό το κομμάτι ευχαριστώ», του είπα. Δεν θα άφηνα το ύψος να είναι ένας εκφοβιστικός παράγοντας. Δεν είμαι καθόλου ψηλός, αλλά στεκόμουν έξι ίντσες πάνω από τον γορίλα.

«Έχουμε το λογαριασμό σας για να πληρώσετε», πρόσθεσε.

«Πόσο κάνει;» Ρώτησα.

«Εξήντα λίρες», απάντησε.

«Πόσο κάνει;» Ρώτησα έκπληκτος.

«Εξήντα λίρες», επιβεβαίωσε.

«Πώς έγινε τόσο πολύ;» Ρώτησα, θέλω να δω πώς ξόδεψα εξήντα λίρες σε κάποια κόλα και τρία ουίσκι.

«Αυτές είναι οι τιμές, που εμφανίζονται στην είσοδο σύμφωνα με το νόμο».

«Ναι, και πώς ξόδεψα εξήντα λίρες;»

«Τα ποτά για τους καλλιτέχνες είναι είκοσι λίρες», με ενημέρωσε, ακριβή κόλα σκέφτηκα. Φυσικά, έπρεπε να ξέρω πού ήμουν. Μου έδειξε τον τιμοκατάλογο, και το νομοσχέδιο, το οποίο δεν ήταν σωστό ούτως ή άλλως, και με τη σειρά του ήταν εντελώς άσχετο, μιας που ήξερα ότι δεν μπορούσα να το πληρώσω, πράγμα που σήμαινε ότι επρόκειτο να εξελιχθεί λίγο διασκεδαστικά.

«Καλά αυτό είναι εντάξει», είπα όπως πήρα το πορτοφόλι μου έξω και το άνοιξε πριν του πω άνετα.

«Αλλά έχω μόνο σαράντα λίρες πάνω μου, οπότε είναι το μόνο που μπορείς να έχεις». Ο άνθρωπος πίσω από το γραφείο φαινόταν έκπληκτος.;

«Αυτό είναι το μόνο που έχετε;» ρώτησε. Ο γορίλας κοιτούσε γύρω από το πάτωμα σαν να μπορούσε να βρει περισσότερα γύρω από τα πόδια μου.

«Είναι το μόνο που έχω, έτσι είναι το μόνο που μπορείτε να έχετε», είπα και πάλι.

«Δεν πιστωτικές κάρτες», ρώτησε δείχνοντας σε μια πινακίδα στον τοίχο πίσω του.

«Όχι», είχα ανοιχτό το πορτοφόλι μου.

«Είσαι Κύπριος;» ρώτησε σαν να είχε σημασία.

«Ναι», βρήκα τώρα την κατάσταση πολύ διασκεδαστική.

«Τίποτα;» ρώτησε αργά κουνώντας το κεφάλι του. Αν ήταν αναστατωμένος γι' αυτό δεν υπήρχε τίποτα που θα μπορούσε να κάνει, ο γορίλας είχε έρθει κοντά για να σταθεί μπροστά μου.

«Τίποτα», επανέλαβα.

«Τι είναι αυτό;» είπε δείχνοντας ένα μόνο δολάριο που είχα βρει κάποτε.

«Όχι, αυτό είναι το τυχερό μου δολάριο, δεν θα το έχεις αυτό!» Έπρεπε να τον ικανοποιήσω επειδή ήταν ένα δολάριο.

«Εδώ, έχω μόνο ένα δολάριο, και δεν μπορείτε να το έχετε, τελειώσαμε;»

«Δεν έχετε άλλα χρήματα για σας;» ρώτησε και πάλι.

«Όχι, αυτό είναι», του είπα. «Μπορώ να πάω να τελειώσω το ποτό μου τώρα;» Εγώ ρώτησα. Ο άνθρωπος πίσω από το γραφείο κούνησε το κεφάλι. Το αγόρι ήταν εύκολο σκέφτηκα. Ο γορίλας καθόταν ήδη δίπλα στον απελπισμένο οδηγό ταξί, χωρίς προμήθεια από το κόμιστρο μου. Έφυγα από το δωμάτιο και είδα τον Άλεν να κάθεται με ένα κορίτσι. Περπάτησα και ψιθύρισα στο αυτί του.

«Είναι παγίδα για μέλι!» Πραγματικά πίστευα ότι αυτό θα ήταν αρκετό για μια προειδοποίηση, και επέστρεψα στη θέση μου. Ένα λεπτό περίπου αργότερα τον είδα να οδηγείται στο γραφείο. Τώρα ο Άλεν είναι λίγο διαφορετικός από εμένα, πίστευα ότι ήταν απλά ένα χονδροειδές πρόσωπο μέχρι που πήγα στην πόλη καταγωγής του μεταξύ Μπράντφορντ και Λιντς για να μάθω ότι συμπεριφερόταν όπως ο καθένας εκεί. Ήταν στο γραφείο για ένα λεπτό περίπου όταν άκουσα μια αναταραχή να συμβαίνει πίσω μου. Κοίταξα πίσω και χαμογέλασα. Ο Άλεν είχε την πλάτη του στην είσοδο με περίπου πέντε άνδρες να σχηματίζουν ένα ημικύκλιο μπροστά του. Υπέθεσα ότι πρέπει να έχουν διαφορετική απάντηση. Έμοιαζε με πολεμική στάση. Παρακολουθούσα από τη θέση μου. Ήξερα ότι ο Άλεν μπορούσε να φροντίσει τον εαυτό του. Οι άντρες γύρω του σκέφτονταν τι να κάνουν και είχε την έξοδο από πίσω του. Μερικοί από αυτούς χοροπηδάγανε από άκρη σε άκρη. Άλεν ξεπήδησε προς τα εμπρός, και έσπρωξε τον πλησιέστερο άνθρωπο σε αυτόν, ενώ αστόχησε να τον χτυπήσει με τη γροθιά του πριν συνειδητοποιήσει την ύπαρξη της εξόδου από πίσω του. Δύο ή τρεις άντρες τον κυνηγούσαν, αλλά ήξερα ότι θα ήταν ασφαλής στον κεντρικό δρόμο. Είχε αλλάξει το βράδυ λίγο όμως. Ο ταξιτζής ήρθε από πίσω μου.

«Ο φίλος σου, ο φίλος σου έχει πρόβλημα!» με ενημέρωσε λίγο αναστατωμένος.

«Έχει;» Ρώτησα διασκεδάζοντας.

«Ναι! Ο φίλος σου έχει άσχημα προβλήματα! Μένεις στο μεσογειακό ξενοδοχείο;»

«Όχι, νομίζεις ότι θα μέναμε εκεί», του είπα, «Και απ' ό τι έχω δει, ο φίλος μου δεν έχει πρόβλημα». Ο οδηγός ταξί έφυγε δείχνοντας απελπισμένος. Έμεινα περίπου δέκα λεπτά για να τελειώσω το ουίσκι και έφυγα από το κλαμπ χρησιμοποιώντας τα μικρά μου νομίσματα για να πάρω ταξί στο διαμέρισμα. Όταν πέρασα την πόρτα, ο Άλεν περπατούσε με μανία πάνω-κάτω στο δωμάτιο.

«Μπάσταρδοι, με είδατε εκεί μέσα, καθάρματα!»

«Τι συνέβη;» Ρώτησα καθώς καθόμουν στον καναπέ. Το ήξερα ότι θα ήταν μια διασκεδαστική ιστορία.

«Με πήραν στο γραφείο και μου έδωσαν το λογαριασμό».

«Πόσο κάνει;»

«Διακόσιες εξήντα λίρες», είπε ακόμα θυμωμένος για όλη την υπόθεση.

«Δεν παρήγγειλες σαμπάνια, έτσι;» Εγώ ρώτησα.

«Ναι!»

«Δεν με άκουσες να σου λέω ότι ήταν παγίδα με μέλι;»

«Δεν ξέρω τι είναι ένα από αυτά!» είπε πριν ζητήσει με ενθουσιασμό.

«Με είδες έξω;» Το έβρισκα όλο και πιο διασκεδαστικό.

«Μόνο στο κλαμπ, ήμουν ευτυχής να κουβεντιάσω με ένα από τα κορίτσια, και ήξερα ότι θα ήταν εντάξει», του είπα πριν ρώτησα. «Τι συνέβη στο γραφείο;»

«Μπήκα μέσα και κάθισα».

«Κάθισες;» Τον κοίταξα έκπληκτο.

«Ναι, αναρωτήθηκα τι συνέβαινε, αλλά δεν σκέφτηκα τίποτα από αυτό, μέχρι που μου είπαν το νομοσχέδιο».

«Και μετά τι συνέβη;»

«Γύρισα και τους είπα να καλέσουν την αστυνομία», απάντησε προσθέτοντας.

«Αυτό ήταν! Τους είδα να αντιδρούν όταν το είπα, οπότε ήξερα ότι δεν θα το έκαναν!»

«Τι συνέβη τότε;»

«Υπήρχε ένας μικρός άντρας που μπλοκάρει την πόρτα».

«Ο γορίλας».

«Ναι, τσακωθήκαμε για το νομοσχέδιο λίγο περισσότερο και στη συνέχεια άρχισαν να πάρει βαρύ».

«Και;»

«Και κλώτσησα τον γορίλα ανάμεσα στα πόδια και έτρεξα έξω από το γραφείο!» είπε. «Δεν θα το πλήρωνα, καθάρματα! Με είδες όμως!» πρόσθεσε με ενθουσιασμό.

«Σε είδα έξω από το γραφείο, αλλά ήξερα ότι θα ήσουν εντάξει!» Του είπα να προσθέσει. «Ήξερα ότι δεν θα σε κυνηγούσαν στον κεντρικό δρόμο». Ξαπλώνω για να το σκεφτώ.

«Τέλος πάντων, ήμουν πολύ χαρούμενος που συνομιλούσα με το κορίτσι που ήμουν μαζί, από την Σιβηρία!»

«Αιματηρό αστείο επίσης!» με έσκισε.

«Γιατί;» Εγώ ρώτησα.

«Με πήγε πίσω από αυτές τις κουρτίνες!»

«Ναι».

«Τότε έβγαλε την μπλούζα και χτύπησε το κεφάλι μου με τα βυζιά της!»

«Τι έκανε;» Ρώτησα με δάκρυα στα μάτια μου από το γέλιο.

«Έτσι ένιωσα! Έβγαλε την μπλούζα της, και έπαιξε με τα βυζιά της σε όλο το πρόσωπό μου για περίπου τριάντα δευτερόλεπτα, στη συνέχεια, με χρέωσε είκοσι λίρες για αυτό!» Αυτό ήταν. Κουλουριασμένος στον καναπέ με δάκρυα στα μάτια και έναν πόνο στο στομάχι μου από το τόσο πολύ γέλιο.

Ήξερα ότι δεν θα έβλεπα τη νονά μου σε αυτή την επίσκεψη καθώς ήταν έξω από τη χώρα εκείνη την ώρα, έτσι την επόμενη μέρα πήραμε το ενοικιαζόμενο μας αυτοκίνητο στην Πόλις στα βορειοδυτικά του νησιού για την ημέρα, και το βράδυ πήρα τον Άλεν για να συναντήσω τον θείο μου Μπανάιι και τη σύζυγό του Μαρί, που είχαμε ένα χαμόγελο για μένα που δεν μπορούσα ποτέ να ξεχάσω. Απλά καθόταν και κρατούσε το χέρι μου και μου μιλούσε στα ελληνικά, με αυτό το μεγάλο ζεστό χαμόγελο, ενώ περιστασιακά με καλούσε να φάω. Ήταν αξιαγάπητη. Δεν είχα γνωρίσει πραγματικά Μπανάιι και Μαρί για πολύ, αλλά υπάρχει μια ζεστασιά που πήρα από αυτούς που είχα βρει σπάνια από τους περισσότερους από τους συγγενείς μου. Είναι ηλικιωμένοι και διευθύνουν ένα μπακάλικο στη δυτική πλευρά της πόλης της Λεμεσού. Ο ξάδελφός μου μου είπε ότι μια τουρκική οικογένεια το είχε εγκαταλείψει μετά την τουρκική εισβολή, την ίδια στιγμή Μπανάιι και Μαρί ζούσαν και οι δύο στο βορρά, όταν η εισβολή τους οδήγησε από τα σπίτια τους. Μου άρεσε Μπανάιι αμέσως, και μαζί με αυτόν και Μαρί θα παραδεχόμουν ότι αισθάνομαι πολύ άσχημα που δεν μιλούσα ελληνικά. Όχι μόνο θα το έβρισκα ενοχλητικό όταν ο θείος μου έσπευσε να με χαιρετήσει θερμά στα ελληνικά, και θα έπρεπε να ζητήσω αμέσως μια ερμηνεία. Αλλά είχα επίσης μια ισχυρή παρόρμηση, και μια επιθυμία, να επικοινωνήσω μαζί τους, χωρίς την ανάγκη για διερμηνέα, όπως σε αυτήν την περίπτωση, όταν ο ξάδελφός μου Τζον είχε την καλοσύνη να υποχρεώσει.

Αργά το απόγευμα, πήραμε τον Τζον σπίτι και κατευθυνθήκαμε προς την πόλη, και φυσικά επέστρεψα στο ίδιο κοκτέιλ μπαρ, το οποίο είχε γίνει τακτικό στέκι για μένα. Ο Άλεν εξαφανίστηκε για λίγο όταν πρόσεξα τις μπαργούμαν. Δεν ξέρω ποια ζήτησα πρώτα, Κυπ ή Κριστίν, αλλά είτε έτσι είτε αλλιώς η απάντηση ήταν η ίδια και οι δύο ήρθαν μέσα σε λίγα λεπτά από την άλλη σαν άγριες επιθέσεις.

«Γεια σου, από πού είσαι;» Ρώτησα.

«Κύπρος» ήταν η απλή απάντηση. Τώρα δεν μπορώ να πιστέψω ότι η επόμενη ερώτηση ήταν φυσική για μένα να ρωτήσω τότε, αλλά ήταν.

«Ελληνικά ή Τουρκικά;»

«Κυπριακό!» Δεν ήταν αυτό που είπαν, αλλά πώς το είπαν, όπως και ζητώντας, «Θα κάνετε την διαφορά;» και δεν φαίνονται ευχαριστημένοι γι' αυτό. Εντυπωσιάστηκα παρόλο που πιθανότατα φαινόμουν λίγο ντροπιασμένος και τσίμπησα από τη σκληρότητα της απάντησης. Τις παρακολουθούσα για λίγο. Ήταν ελληνόφωνες εντάξει, αλλά μου άρεσε αυτό που έλεγαν. Θυμάμαι σκέφτηκα ότι είναι μια απάντηση που θα κάνει για μένα από τότε. Λοιπόν ναι, ήμασταν Ελληνοκύπριοι, αλλά αν θεωρούσα ρεαλιστικό μια ενωμένη Κύπρο τότε έπρεπε να αποδεχτούμε ότι το ένα πέμπτο του πληθυσμού μας είναι Τούρκοι. Απαιτείται μια μεγάλη αλλαγή του νου, στους Έλληνες δεν αρέσουν οι Τούρκοι, και το αντίστροφο, αλλά δεν χρειάζεται να ζήσουν μαζί, και αν θέλαμε να επανένωση τότε θα έπρεπε να επιλύσουμε το ζήτημα. Η διαφορά θα προκαλέσει προβλήματα και αυτή ήταν η λύση για μένα. Έπειτα άρχισα να σκέφτομαι το Βορρά και πάλι, και αναρωτιέμαι πώς να περάσω το χρόνο μου αφού ο Άλεν είχε φύγει, και όσο περισσότερο το σκεφτόμουν, τόσο ισχυρότερη έγινε η επιθυμία να πάω. Συνομίλησα με τον Στέφανο, τον μπάρμαν, και όπως επεσήμανε, και όπως ήδη ήξερα, θα έπρεπε να υπογράψουν τη συμφωνία Ντενκτάς, η οποία ήταν ένα κομμάτι χαρτί που έδινε αναγνώριση στην Τουρκική Δημοκρατία της Βόρειας Κύπρου, με την οποία οι περισσότεροι έχουν πρόβλημα.

Αποφάσισα να ζητήσω οικογενειακή υποστήριξη αφού έφυγε ο Άλεν. Η παρόρμηση να πάω στο αγρόκτημα του παππού μου ήταν απλά όλο και ισχυρότερη με κάθε επίσκεψη στην Κύπρο. Ήξερα ότι η Τουρκία είχε χωρίσει το νησί, αλλά ήξερα ότι οι Έλληνες έπαιζαν εκ των προτέρων στη χώρα, οπότε ίσως οι ευθύνες θα πρέπει να μοιράζονται λίγο, και μετά τη συναισθηματική επίσκεψη ένα χρόνο νωρίτερα είχα σκεφτεί πολύ και σκληρά για τα πράγματα. Απλά ήθελα να πάω και να περπατήσω εκεί που περπατούσε κάποτε ο παππούς μου, όχι μόνο γύρω από τη φάρμα του, αλλά και να μπορώ να κοιτάξω τη θέα, και το τοπίο, που ξέρω ότι πρέπει να σήμαινε τόσα πολλά γι' αυτόν. Δεν το θεώρησα έναν τρόπο να πλησιάσω τον νεκρό παππού μου. Τον νιώθω αρκετά κοντά, ειδικά τώρα. Είναι δύσκολο να το εξηγήσω, αλλά αν έλεγα ότι όταν πάω στην εκκλησία η γιαγιά μου είναι μαζί μου, τότε θα καταλάβετε ότι μόνο να κοίταζα έξω από τον Άγιο Αμβρόσιο, νότια προς τα βουνά, και βόρεια προς τη θάλασσα, θα ένιωθα μαζί με τον παππού μου και πάλι.

Το υπόλοιπο του χρόνου με τον Άλεν πέρασε χωρίς πάρα πολλές ατυχίες. Βρήκαμε ένα τοπικό εστιατόριο, με ένα φιλικό, αστείο, ιδιοκτήτη. Συχνάζαμε τώρα στο τοπικό κοκτέιλ μπαρ μας αρκετά συχνά, και για κάτι λίγο διαφορετικό πρότεινα να πάμε στα τουρκικά λουτρά στην παλιά συνοικία. Είχαμε δει μια σπιτική πινακίδα να δείχνει μια ενώ οδηγούσε. Η ιδέα ενός τούρκικου μπάνιου με ατμό που θα έδινε στο σώμα μια καλή κάθαρση ήταν ελκυστική και, αφήνοντας τη φαντασία να τρέχει λίγο άγρια, ήλπιζα ακόμη και θα μπορούσε να υπάρχει μια πιθανότητα ενός τουρκικού μασάζ. Είδα επίσης ένα μέρος κάπου κοντά που ήξερα ότι θα ήθελα να μείνω όταν έφευγε ο Άλεν. Έκανε ένα τσιγάρο κάνναβης, το οποίο καπνίσαμε πριν φύγουμε, και βρήκα τα παλιά λουτρά στις περίπου 5μ.μ., όχι ότι νόμιζα ότι ο χρόνος θα είχε σημασία, είτε θα είναι ανοικτό ή όχι. Ήταν ανοιχτά. Το ίδιο το κτίριο φαινόταν μεσαιωνικό, ήταν παλιό, και οι τοίχοι θα ήταν τουλάχιστον σαράντα πέντε εκατοστά πάχος, με ψηλό ταβάνι. Νόμιζα ότι ήταν πιθανώς από την ίδια περίοδο με το κοντινό τζαμί. Περπατήσαμε μέσα από τη μεγάλη κύρια είσοδο, κάτω από μερικά βήματα, σε αυτό που υποθέτω ότι θα αποκαλούσατε τον κύριο χώρο υποδοχής, ήταν περισσότερο σαν μια μικρή αίθουσα. Στα αριστερά καθώς μπαίναμε μέσα ήταν δύο, πολύ ηλικιωμένοι, Κύπριοι άνδρες, που κάθονταν σε μικρές ξύλινες καρέκλες σε ένα τραπέζι καπνίζοντας, κουβεντιάζοντας και χωρίς να μας προσέχουν καθόλου. Προσπάθησα να καταλάβω τη γλώσσα τους. Δεν ακουγόταν ελληνικά, έτσι αισθάνθηκα ασφαλής να υποθέσω ότι ήταν τουρκικά. Υπήρχε μια ξύλινη πόρτα στην απέναντι πλευρά της αίθουσας, η οποία υπέθεσα οδηγούσε στα λουτρά.

Στα αριστερά των καθισμένων ανδρών υπήρχε ένα ψηλό ψυγείο με γυάλινη πόρτα, με μερικά ανάμεικτα μπουκάλια, και δοχεία αναψυκτικών, και στα δεξιά τους ήταν μια ξύλινη ράγα γεμάτη με μικρές πετσέτες και ρούχα. Γύρω από το κάτω μέρος ήταν μερικά ζευγάρια παπούτσια, το οποίο με οδήγησε να πιστεύω ότι υπήρχαν και άλλοι άνθρωποι ήδη στα λουτρά, πράγμα που σήμαινε ότι ήταν σίγουρα ανοιχτό. Οι δύο ηλικιωμένοι άνδρες έσπασαν τη συζήτησή τους μόνο όταν τους διακόψαμε.

«Γεια σας, θέλουμε ένα τουρκικό λουτρό», ανακοίνωσα δείχνοντας την πόρτα ταυτόχρονα. Και οι δύο μας κοίταξαν. Η έκφραση στα πρόσωπά τους δεν άλλαξε. Ήταν σαν να μην ήταν κατανοητή ούτε μια λέξη. Επανέλαβα, κρατώντας το σαφές και απλό, αλλά απλά κοίταξαν ο ένας τον άλλον και συνέχισαν τη συζήτησή τους. Αυτό μπορεί να φαινόταν λίγο αδαές, αλλά το γεγονός ότι η κάνναβη είχε τεθεί σε ισχύ το καθιστούσε καθαρά διασκεδαστικό.

«Μ-Π-Α-Ν-Ι-Ο, Τ-Ο-Υ-Ρ-Κ-Ι-Κ-Ο Μ-Π-Α-Ν-Ι-Ο», είπα πολύ δυνατά και αργά. Και οι δύο σταμάτησαν και πάλι από τη συνομιλία τους, και σήκωσαν τα κεφάλια τους για να καταλάβουν, αλλά αυτό ήταν το μόνο που έκαναν, πριν συνέχισαν να μιλούν. Γι' αυτό συνέχισα, μιλώντας αργά, και κάνοντας κινήσεις των χεριών, σαν να βοηθούσε,

«Τ-Ο-Υ-Ρ-Κ-Ι-Κ-Ο Μ-Π-Α-Ν-Ι-Ο», είπα και πάλι και στη συνέχεια ακολούθησα με νοήματα χεριών.

«Τ-Ο-Υ-Ρ-Κ-Ι-Κ-Ο Μ-Π-Α-Ν-Ι-Ο, Π-Ο-Σ-Ο-;» Ρώτησα δείχνοντας τον Άλεν και τον εαυτό μου πως έκανα. Επιτυχία! Ο άνθρωπος στα αριστερά σήκωσε τρία δάχτυλα. Τέλεια, σκέφτηκα, τώρα είμαστε εκεί. Αν και ο Άλεν παρακολουθούσε, του είπα τη μετάφρασή μου.

«Είμαστε μέσα, τρεις λίρες», του είπα προσθέτοντας, «Φαίνεται εντάξει», περίμενα για έγκριση από αυτόν. Το έβρισκε τόσο διασκεδαστικό όσο εγώ. Ξεκαθάρισα το τίμημα και πάλι πριν πληρώσω τον γέρο.

«Τ-Ρ-Ι-Α Γ-Ι-Α Δ-Υ-Ο;» είπα δυνατά και καθαρά δείχνοντας πέρα δώθε μεταξύ Άλεν και τον εαυτό μου. Αυτή τη φορά επρόκειτο για μια απάντηση που ήταν εντελώς απροσδόκητη, ο γέρος έδειξε επτά δάχτυλα επάνω. Κοίταξα τα δάχτυλά του με έκπληξη. Το ήξερα ότι ήταν κατάφωρο, αλλά το μάγουλο ήταν καταπληκτικό.

«Άλεν η τιμή μόλις ανέβηκε σε επτά λίρες», του είπα, δεν μπορούσε να συγκρατήσει ένα χαμόγελο. Και οι δύο συμφωνήσαμε να πληρώσουμε, αποφασίζοντας ότι η διασκέδαση που παρείχε άξιζε τον κόπο, και ακολουθήσαμε το γέρο από την πόρτα σε ένα άλλο μεγάλο δωμάτιο. Αυτό ήταν τετράγωνο, κάθε τοίχος περίπου πέντε μέτρα μακρύς, και τρέχοντας γύρω από τις πλευρές του δωματίου ήταν μια πολύ υψηλή υπερυψωμένη πλατφόρμα, στην οποία ήταν πολύ μικρά χαμηλά χωρισμένα μεταβαλλόμενα διαμερίσματα, με τις κουρτίνες πέρα από κάθε θαλαμίσκο. Από την άλλη πλευρά του δωματίου ήταν μια άλλη έξοδος, κατά πάσα πιθανότητα, που οδηγεί στο ατμόλουτρο. Ο Άλεν κι εγώ επιλέξαμε το αντίστοιχο διαμέρισμά, αλλά ήμασταν ακόμα λίγο μπερδεμένοι ως προς τη διαδικασία. Υπήρχε μια μικρή πετσέτα σε κάθε θαλαμίσκο, έτσι και οι δύο είχαμε απογυμνωθεί, και αρχίσαμε να γελάμε λίγο για το πόσο παράξενοι ήταν οι άνδρες στη ρεσεψιόν. Όταν είχαμε γδυθεί δεξιά κάτω, ανακαλύψαμε πόσο μικρές ήταν οι πετσέτες. Ήταν σαν πετσέτες τσαγιού. Αρκετά μεγάλες για να τραβήξουμε γύρω από τη μέση μας, και θα έπρεπε να τις κρατάμε για να κρατηθούμε καλυμμένοι. Έτσι, εκεί ήμασταν, στεκόμασταν με τίποτα, αλλά μόνο με αυτές τις πολύ μικρές πετσέτες τυλιγμένες γύρω από τη μέση μας. Το πάτωμα ήταν πέτρινη πλάκα, το ίδιο με τους τοίχους, κρύο καταγής, και ο τόπος είχε μια ακουστική ηχώ σε αυτό. Η διασκέδαση της όλης κατάστασης δεν είχε φθαρεί.

«Υποθέτω ότι αυτός είναι ο τρόπος!» Είπα δείχνοντας μέσα από την άλλη πόρτα, από την οποία κάναμε θρασύτατα την είσοδο μας μέσα, κρατώντας μικρές πετσέτες γύρω από τη μέση μας, όπως πήγαμε. Αυτή η πόρτα ήταν να οδηγήσει σε ένα πέρασμα, στα αριστερά περάσαμε μια σάουνα που δεν ήταν σε χρήση, και παρατηρήσαμε πόσο ήσυχο ήταν το μέρος εκτός από τους εαυτούς μας. Φτάσαμε στο τέλος του διαδρόμου, που με άφησε εντελώς σε σύγχυση, καθώς βρεθήκαμε σε ένα αρχαίο δωμάτιο με μόνο βρύσες. Οι τοίχοι είχαν χάσει το ύψος τους μόλις μπήκαμε στο δωμάτιο. Το ταβάνι εδώ ήταν περίπου δύο μέτρα ύψος. Το δωμάτιο ήταν περίπου τρία μέτρα και τρία μέτρα τετραγωνικά, και στο κέντρο του κάθε τοίχου, στο πάτωμα, ήταν αυτό που φαινόταν να είναι παλιές πέτρινες λεκάνες με δύο βρύσες πάνω από το καθένα, διάσπαρτα γύρω από το πάτωμα ήταν μερικά μικρά πλαστικά μπολ.

«Όχι, αυτό δεν μπορεί να είναι σωστό», είπα προσθέτοντας, «Πρέπει να έχουμε χαθεί». Στεκόμασταν εκεί κουνώντας τα κεφάλια μας με δυσπιστία. Ήταν ένα αστείο θέαμα με τις μικρές πετσέτες μας σφιγμένες σφιχτά γύρω από τη μέση μας. Είπα στον Άλεν ότι θα μάθω πού κάναμε λάθος και πήγα στην αίθουσα υποδοχής για να ζητήσω βοήθεια. Επέστρεψα λίγα λεπτά αργότερα με έναν από τους γέρους στη ρυμούλκηση, επιμένοντας να έρθει μαζί μου.

«Κ-Ο-Ι-Τ-Α!» Είπα «Χ-Ω-Ρ-Ι-Σ Α-Τ-Μ-Ο-!» Έκανα έπειτα έναν θόρυβο μιμούμενος τον ατμό και με το ένα χέρι μου έκανα ότι διώχνω τον καπνό ενώ με τον άλλο κράταγα την πετσέτα μου για να μην μου φύγει.

«Π-Ο-Υ;» Γρύλισα ενώ χαμογελούσε. Ο γέρος φάνηκε να κάνει κλικ και ενθουσιάστηκε. Χωρίς να πει τα λόγια, έκανε θορύβους που ακούγονταν σαν ναι. Τέλεια, σκέφτηκα, είμαστε τελικά εκεί, και αναμέναμε ο άνθρωπος να μας οδηγήσει μακριά, αλλά προς έκπληξή μας ήταν απλώς ένα από τα πλαστικά μπολ, με τα οποία επέστρεψε και προχώρησε να κάνει την κίνηση να ρίχνει νερό πάνω από το κεφάλι του.

«Πρέπει να αστειεύεσαι! Μόλις έκανα ένα ντους στο σπίτι!» Του φώναξα. Ήμουν μπερδεμένος και έτσι ήταν και ο Άλεν, αλλά η κάνναβη ήταν επίσης ένας κυρίαρχος παράγοντας, και εμείς οι δύο ξεσπάσαμε σε γέλια. Ο γέρος τελείωσε μια επίδειξη και μας άφησε με ένα μεγάλο χαμόγελο στο πρόσωπό του. Γνωρίζαμε τότε ότι το ατμόλουτρο δεν πρόκειται να συμβεί, και επέστρεψε στα αποδυτήρια. Είπαμε στους ηλικιωμένους άνδρες, καθώς φεύγαμε, ότι τα χρήματα άξιζαν την εμπειρία και ακόμα δεν έδειξαν κανένα σημάδι κατανόησης, ούτε σε μια λέξη που είπαμε, η οποία από μόνη της ήταν διασκεδαστική.

Ο Άλεν έμεινε μόνο μια εβδομάδα ενώ ήμουν εκεί για δύο και ήξερα πριν ο Άλεν πήγε αυτό που ήθελα να κάνω. Απλά δεν ήθελα να τον μπλέξω όσο ήταν εκεί. Έφυγα από το διαμέρισμα και, σε ένα ενοικιαζόμενο αυτοκίνητο που είχα πάρει για την εβδομάδα, οδήγησα στην παλιά πόλη για να πάρω ένα δωμάτιο σε έναν ξενώνα που είχα δει, το Ξενοδοχείο Hellas. Ήταν ένα παλιό κτίριο και είχε κάτι παραπάνω από αρκετό χαρακτήρα για να με προσελκύσει. Το δωμάτιο που μου δόθηκε ήταν μικρό, και οι τοίχοι κυρίως κόντρα πλακέ, και για να φτάσω στο ντους έπρεπε να περπατήσω μέσα από την παλιά αίθουσα υποδοχής, η οποία είχε πάντα κάποια ζωή μέσα της. Ήταν μια μικρή σταγόνα, αλλά, για τρεις λίρες τη νύχτα, μου ταίριαζε. Τώρα δεν είχα γραβάτες και η τσάντα μου ήταν στο ενοικιαζόμενο αυτοκίνητο.

Μετά τη σύντομη συζήτηση με τις μπαργούμαν είχα το βορρά στο μυαλό μου και πάλι. «Κυπριακή», όσο κι αν επέστρεφα, υπάρχει μόνο ένα μέρος της Κύπρου που πραγματικά λαχταρούσα να επισκεφθώ. Είχα μεγαλώσει με μια ελαιογραφία του λιμανιού της Κερύνειας, και τα βουνά στο βάθος, και ήξερα ότι το χωριό του παππού μου ήταν κοντά. Ήξερα επίσης ότι οι κοινότητες είχαν φύγει, αλλά φαντάστηκα ότι η φάρμα του παππού μου στεκόταν ακόμα όρθια, ίσως με κάποιον που ζούσε σε αυτό, ίσως. Είχα ήδη αρχίσει να συμβιβάζομαι με αυτό. Οι συγγενείς μου δεν μπορούσαν να καταλάβουν την έλξη ή τον τρόπο που φαινόταν να με δελεάζει. Αποφάσισα να πάρω τον ξάδερφό μου για να δω τον θείο μου Μπανάιι. Αν ήξερα ότι ο νονός μου ήταν στο σπίτι, θα είχα πάει κατευθείαν να τον δω, αλλά για κάποιο λόγο υπέθεσα ότι θα ήταν μακριά με τη νονά μου, έτσι θεώρησα τον Μπανάιι ως τον κοντινότερο πρεσβύτερο της οικογένειας. Είπα στον Τζον ότι θα τον χρειαστώ να ερμηνεύσει για μένα και ότι είχα κάτι συγκεκριμένο να ρωτήσω τον θείο μου. Φτάσαμε νωρίς την ώρα του τσαγιού. Η θεία μου δεν ήταν παρούσα όταν έφτανα στις σοβαρές ερωτήσεις. Στεκόμασταν όρθιοι.

«Ρωτήστε τον θείο μου αν μπορώ να πάω βόρεια;» ο ξάδερφός μου μίλησε στον θείο μου για λίγο, και μετά γύρισε σε μένα.

«Θέλει να μάθει γιατί θέλεις να πας στο βορρά;»

«Επειδή είναι εκεί το αγρόκτημα του παππού και θέλω να το δω» ο Τζον μετέφρασε αυτό και στη συνέχεια γρήγορα μου απάντησε,

«Λέει ότι δεν υπάρχει τίποτα να δεις».

«Πες του ότι δεν με νοιάζει αν δεν υπάρχει τίποτα να δω, είναι κάτι που θέλω να δω και μόνος μου!» ο Τζον μίλησε για ένα μικρό χρονικό διάστημα και στη συνέχεια μου απάντησε.

«Αλλά λέει ότι θα πρέπει να υπογράψεις τη συμφωνία Ντενκτάς».

«Το ξέρω αυτό», του είπα. «Γι' αυτό ζητώ την ευλογία του», ήξερα ήδη πού θα πήγαινε η συζήτηση τώρα. Είδα τον θείο μου να κουνάει το κεφάλι του.

«Λέει ότι δεν μπορεί να το δώσει», κούνησε το κεφάλι μου, η απογοήτευση ήρθε γρήγορα.

«Θα μπορούσα να τον διασχίσω με λαθρέμπορους!» είπα, αλλά ήξερα ότι δεν το εννοούσα ποτέ. Κάθισα, με φανερή την απογοήτευση μου, αλλά την ίδια στιγμή θα μπορούσα να αισθανθώ την απογοήτευση και στο θείο μου.

Δεν ήμουν ευτυχισμένος, αλλά κατάλαβα. Καθόμουν και ακόμα κοιτούσα κάτω όταν είπα,

«Ρώτα τον θείο αν μπορεί να μου ζωγραφίσει ένα χάρτη για το πού είναι η φάρμα; Έναν που μπορώ να χρησιμοποιήσω κάποια στιγμή με κατά προσέγγιση αποστάσεις από το χωριό, να τον ρωτήσεις αν μπορεί να το κάνει αυτό για μένα;» Κοίταξα ψηλά για να τον δω νεύμα, ο ξάδελφός μου στράφηκε σε μένα,

«Ναι, λέει ότι μπορεί να το κάνει αυτό». Είναι κάτι που σκέφτηκα. Δεν πήρα το στυλό και το χαρτί έξω όμως. Έπρεπε να μάθω πώς να φτάσω βόρεια, αλλά η υπόσχεση του χάρτη ήταν κάποια άνεση. Η συζήτηση επρόκειτο σύντομα να τελειώσει, και άφησα τους θείους μου κάτω από ένα μελαγχολικό σύννεφο, για να πάω στο κοκτέιλ μπαρ, υποσχόμενος ότι θα επέστρεφα για να τον επισκεφθώ πριν φύγω από την Κύπρο.

Τώρα αποφάσισα ότι θα πάω κατευθείαν πίσω στις διακοπές μου, φάνηκε να αξίζει μια δοκιμή, αλλά σκέφτηκα ότι θα έφευγα από το ξενοδοχείο μου το πρωί και θα οδηγούσα έξω από την πόλη για λίγες μέρες και θα πήγαινα στην Πόλη Χρυσοχούς. Η απόσταση από τη Λεμεσό φαινόταν ελκυστική, και μου άρεσε πολύ η παραλία, και η ήσυχη πόλη. Πήγα στο κοκτέιλ μπαρ για να συναντήσω έναν Ελβετό, τον Μπιλ, τον οποίο είχα γνωρίσει λίγες μέρες νωρίτερα. Προσπαθούσε να πάρει τα χρήματα πίσω στο διαμέρισμά του, για το οποίο ήταν γεμάτος παράπονα, για να τον αφήσει ελεύθερο να ταξιδέψει, και του είπα για τα σχέδιά μου να ταξιδέψω. Ο Μπιλ ήταν στο κοκτέιλ μπαρ.

«Πώς τα πήγες;» Ρώτησα.

«Δεν είναι καλό, δεν ήμουν σε θέση να βρω το πρόσωπο που ασχολείται με τα χρήματα».

«Δεν πίστευα ότι θα το έκανες, μην ανησυχείτε γι' αυτό, κρατήστε το διαμέρισμα, έχω το αυτοκίνητο ενοικίασης για την εβδομάδα ούτως ή άλλως, οπότε ας το εκμεταλλευτούμε», του είπα προσθέτοντας.

«Όπου κι αν πάμε μπορούμε να πάρουμε ένα δωμάτιο για πέντε λίρες τη νύχτα ο καθένας, θα πάνε τα μισά για τα καύσιμα», σήκωσα τους ώμους μου.

«Και θα περιπλανηθούμε, τι νομίζεις;» Εγώ ρώτησα. Ο Μπιλ χαμογέλασε και κούνησε το κεφάλι του. Ήταν έτοιμος για αυτό, και φτιάχτηκε για έναν καλό ταξιδιωτικό σύντροφο, εκτός από τη συνεχή επιλογή του techno στο στερεοφωνικό. Οδηγήσαμε βόρεια μετά την Πάφο, και στην Πόλη Χρυσοχούς, όπου πήραμε ένα μικρό δίκλινο δωμάτιο με δύο μονά κρεβάτια, με μια κουζίνα και ένα ψυγείο, πάνω από το σπίτι μιας ηλικιωμένης Κύπριας που ονομάζεται Κάλο. Ήταν το δωμάτιό της και, παρόλο που μιλούσε πολύ λίγα αγγλικά, ξέραμε ότι θα ήταν μια ευχάριστη σπιτονοικοκυρά για μερικές μέρες. Ήταν ομιλητική και δεν την πείραζε αν δεν μπορούσες να καταλάβεις. Ήταν ευτυχισμένη, και φαινόταν δοτική στους γύρω της, και με την κουβέντα συνήθως έφερνε καφέ και γλυκά για να φας, το οποίο θα το κάνε πάντα δύσκολο να αρνηθείς.

Η παραλία στην Πόλη Χρυσοχούς είναι ωραία, όχι μόνο για το χρώμα, αλλά η άμμος φαίνεται μια απόχρωση του γκρι κατά καιρούς, ανάλογα με το φως του ήλιου. Η ακτογραμμή είναι πολύ βοτσαλωτή, με μεγάλα βότσαλα, τα οποία μπορούν να κάνουν το περπάτημα στη θάλασσα πιο δύσκολο, αλλά η ίδια η παραλία είναι αρκετά ευχάριστη. Ο δρόμος οδηγεί σε ένα δασώδες κάμπινγκ με πλήρεις εγκαταστάσεις, και ένα μπαρ με σάντουιτς, που έμοιαζε σαν να ήταν εκεί για κάποιο χρονικό διάστημα. Υπήρχαν σημάδια των οργανωμένων μπάρμπεκιου, και ένα πανό που ανακοίνωνε ένα εβδομαδιαίο διαγωνισμό βόλεϊ, με εκατό λίρες χρηματικό έπαθλο για τους νικητές. Ο Μπιλ κι εγώ θα περνούσαμε αρκετό χρόνο στην παραλία, η οποία φαινόταν να με ελκύει μέρα και νύχτα. Το φεγγάρι γέμιζε, και ήξερα ότι σε λίγες μέρες θα ήταν γεμάτο, σκέφτηκα το βράχο της Αφροδίτης.

Η πόλη είναι αρκετά μικρή, και έχει αυτή την ευχάριστη χαλαρή μεσογειακή αίσθηση σε αυτή. Νωρίς το βράδυ η πλατεία είναι ζωντανή με τους σερβιτόρους να κινούνται γρήγορα ανάμεσα σε τραπέζια και παραθεριστές που απολαμβάνουν τα γεύματά τους. Επιλέξαμε ένα εστιατόριο έξω από την κεντρική πλατεία, το οποίο ήταν λίγο πιο ήσυχο, και αφού φάγαμε, περπατήσαμε ψάχνοντας κάπου να πιούμε. Παρατήρησα δύο νεαρές γυναίκες τουρίστριες να κάθονται μαζί. Εικάζοντας, θα έλεγα γερμανικά, αλλά φάνηκε να έχει λιγότερη σημασία για τον Μπιλ, που μίλαγε κάποια γαλλικά, καθώς και ελβετικά γερμανικά, και λίγο ρωσικά.

«Μπιλ, πηγαίνετε και ρωτήστε αυτά τα κορίτσια αν μπορούμε να καθίσουμε μαζί τους ενώ παίρνω τα ποτά μας». Με κοίταξε, λίγο ανήσυχος με αυτό που του ζητούσα να κάνει.

«Δεν μπορώ!» απάντησε νευρικά.

«Μην είσαι ανόητος, φυσικά και μπορείς!»

«Δεν μπορώ!»

«Μπορείτε να πάρετε τα ποτά και θα ρωτήσω τότε», είπα υποκύπτοντας στην ντροπαλότητα του. Έφυγε για να παραγγείλει τα ποτά μας και πλησίασα το τραπέζι για να κάνω το αίτημα,

«Θα σας πείραζε αν ο φίλος μου και εγώ καθόμασταν στο τραπέζι σας;»

«Όχι, καθόλου».

«Ευχαριστώ». Μου συστήθηκαν και ο Μπιλ εμφανίστηκε σύντομα με τα ποτά μας. Ήταν όπως μάντεψα τα γερμανικά. Μιλήσαμε για είκοσι ή τριάντα λεπτά, μίλησα λιγότερο, τα γερμανικά μου φαίνεται να είχαν χειροτερέψει λίγο μετά από μερικά ποτά και, σε αντίθεση με πολλούς Γερμανούς που είχα γνωρίσει, τα αγγλικά τους ήταν πολύ κακά. Ένας Κύπριος άνδρας σύντομα ήρθε μαζί μας, πιθανώς ήταν στα τέλη της δεκαετίας των είκοσι ή στις αρχές της δεκαετίας του τριάντα, ψάχνοντας για ευχάριστη συζήτηση, ίσως.

«Είσαι Κύπριος;» ρώτησε.

«Ναι», απάντησα.

«Δεν μιλάς ελληνικά;»

«Όχι».

«Γιατί όχι;» ρώτησε απότομα, σκεφτόμουν ότι αυτό ήταν το τελευταίο πράγμα που χρειαζόμουν.

«Ο τρόπος που αποδείχτηκε τα πράγματα υποθέτω», του είπα δείχνοντας πώς ένιωσα για την κουβέντα.

«Αγαπάς την Κύπρο;»

«Ναι», κούνησα το κεφάλι.

«Αγαπάς την Κύπρο, γιατί δεν κάνεις την στρατιωτική σου θητεία;»

«Δεν χρειάζομαι στρατιωτική εκπαίδευση», δεν είδα καμία ανάγκη να διευρυνθεί σε αυτό. Μέχρι τώρα είχα μια συζήτηση που πραγματικά δεν ήθελα. Ήξερα ότι ο άνθρωπος έπαιζε σε αυτό προς όφελος των κοριτσιών.

«Ξέρεις, όλοι εδώ κάνουν την θητεία τους;»

«Το ξέρω».

«Εγώ, κάνω την δική μου», είπε πριν προσθέσει. «Και ξέρεις τι κάνουμε αν ηχήσουν οι σειρήνες;» είχε με σκοπό να τραβήξει την προσοχή μου με αυτό.

«Όχι, τι θα κάνεις;» Ρώτησα δείχνοντας το ενδιαφέρον μου.

«Αν ηχήσουν οι σειρήνες, θα πάμε στο στρατόπεδο του στρατού, και φεύγουμε μαζί!»

«Εσύ φεύγεις», επανέλαβα. Δεν μπορούσα να πιστέψω αυτό που μόλις είχα ακούσει, αλλά ο τόνος μου μετά βίας άλλαξε.

«Ναι, φεύγουμε!» επιβεβαίωσε.

«Τότε ίσως είναι καλύτερα να μην κάνω την εθνική μου υπηρεσία», είπα με μια λάμψη. Ήταν για μένα ένα από τα πιο περιφρονητικά πράγματα που θα μπορούσα να έχω ακούσει. Έκανα την αδιαφορία μου για αυτόν προφανή, πιέζοντας πίσω την καρέκλα μου και στρέφοντας προς τον Μπιλ. Ο Κύπριος σύντομα εκμεταλλεύτηκε αυτό και έστρεψε την προσοχή του στα κορίτσια, και προς ανακούφιση μου μίλησε πολύ καλά γερμανικά έχοντας εργαστεί εκεί, και ήταν αποφασισμένος να τα δοκιμάσει πάνω τους, κάτι το οποίο μου ταίριαζε. Στο τέλος της βραδιάς τα κορίτσια επέστρεψαν για ένα μπουκάλι κρασί, αλλά ακριβώς όπως τα γερμανικά μου δεν βελτιώνονται με το αλκοόλ, ποτέ δεν περίμενα τα αγγλικά τους, γι' αυτό σύντομα βρέθηκα κοιμισμένος.

Μετά από λίγες μέρες επιστρέψαμε στο διαμέρισμα δύο υπνοδωματίων στη Λεμεσό που είχε νοικιάσει ο Μπιλ, το οποίο δεν είχα δει. Όταν λοιπόν δώσαμε ανελκυστήρα σε ένα άλλο ζευγάρι γυναικών Γερμανών ταξιδιωτών, οι οποίοι είχα γίνε μούσκεμα από την βροχή. Σκέφτηκα τις ημέρες του ταξιδιού μου με το σακίδιο και τους πρόσφερα ένα δωμάτιο στο διαμέρισμα δύο υπνοδωματίων του Μπιλ πριν τον ρωτήσω, το οποίο ήξερα ότι ήταν αγενές, αλλά επίσης ήξερα ότι δεν θα πειράξει. Του είπα ότι ήταν οι πιο όμορφοι σύντροφοι του δείπνου. Το διαμέρισμα του Μπιλ ήταν πολύ ωραίο, και δεν ανέφερε ότι υπήρχε πισίνα. Τα κορίτσια έφυγαν την επόμενη μέρα και προσπάθησαν να χαλαρώσουν δίπλα στην πισίνα, αλλά βρέθηκαν να παρασύρονται από όνειρα απ' τις παραλίες γύρω από την Κερύνεια και τον Άγιο Αμβρόσιο. Φαινόταν ότι κάθε φορά που ερχόμουν στην Κύπρο θα έβρισκα ή θα έβλεπα κάτι που θα με άφηνε να προσπαθήσω να αξιολογήσω την κατάσταση από μια διαφορετική οπτική γωνία, και τα κορίτσια στο μπαρ το είχαν κάνει αυτό, αυτή τη φορά. Δεν είχα σκεφτεί ποτέ την Κύπρο ως οτιδήποτε άλλο εκτός από ανεξάρτητη, αλλά ήταν σαν να είχαν επιβάλει αυτήν την ιδέα, μη διαφοροποιώντας την κληρονομιά, και αυτό ήταν κάτι άλλο που με εντυπωσίασε, αυτή δεν φοβόταν να το πει. Πέρασα μεγάλο μέρος του χρόνου μου καθισμένος δίπλα στην πισίνα ακούγοντας το Βρετανικό Ραδιόφωνο Δυνάμεων, το οποίο πάντα μου έδινε την εντύπωση ότι η Κύπρος είναι ένας καλός προορισμός διακοπών για αυτούς. Βρήκα τις σκέψεις μου εστιάζοντας στα προβλήματα του νησιού και πάλι. Ένας τουρίστας με αιφνιδίασε.

«Πόσο καιρό είσαι σε διακοπές;»

«Διακοπές», απάντησα. «Είναι;» Ποτέ δεν επέστρεψα για να δω το θείο μου πριν φύγω, αλλά αν ένιωθα ένοχος γι' αυτό τότε, η απογοήτευση που ένιωσα με έκανε να πω εντάξει.

6

Κεφάλαιο Έξι

Τώρα δεν είμαι σίγουρος γιατί κάνω κάποια πράγματα. Σίγουρα δεν είμαι σίγουρος γιατί πήγα στην Κω όταν το έκανα. Αλλά είχες ποτέ ένα από αυτά τα συναισθήματα; Είναι τα πράγματα που με κάναν να βρω τον εαυτό μου να ταξιδεύει τελευταία. Όπως είπα, δεν ξέρω γιατί πήγα στην Κω. Ήταν αρχές Ιουνίου 1998, μόλις τηλεφώνησε, και πήγα.

Βρήκα τον εαυτό μου να εγκαθίσταται στο πάτωμα του σαλονιού αναχώρησης στο αεροδρόμιο Γκάτγουικ για τη νύχτα πριν από μια πτήση νωρίς το πρωί. Ούτε που μπορούσα να φανταστώ τι θα έκανα δώδεκα ώρες μετά καθώς περπατούσα στην πόλη της Κω, χαμένος. Περπατούσα για πάνω από μία ώρα αναζητώντας τον προορισμό μου πριν πάρω ταξί. Σκόπευα να επισκεφθώ την αδελφή της θείας μου, Νίκη και τον σύζυγό της, καθώς και αμέτρητους άλλους φίλους που είχαν συσσωρεύσει όλα αυτά τα χρόνια στην Κω και, για να προσθέσει στον ενθουσιασμό δεν αναμενόταν καν η παρουσία μου. Η οικογένεια της Νίκης ζει στην πατρίδα μου και είναι Ελληνοκύπριοι που η μητέρα μου έγινε φίλη, για πρώτη φορά, πριν από πολλά χρόνια. Ήρθε να μείνει στο σπίτι της μητέρας μου για λίγο, ως μέρος της εκτεταμένης οικογένειάς μας. Μια κομμώτρια στο επάγγελμα, έχει εκπαιδευτεί στο Vidal Sassoon's πριν ξεκινήσει τα ταξίδια της, τα οποία κάποια στιγμή την πήγαν στην Κύπρο, όπου επρόκειτο να συναντήσει τον Χρήστο, τον Κύπριο σύζυγό της. Από όλες τις απόψεις ήταν μια φλογερή πρώτη συνάντηση μεταξύ τους κυρίως επειδή η αστυνομία ήταν στη διαδικασία της σύλληψης του Χρήστου και να δεν το αντιμετώπισε αυτό πάρα πολύ ευγενικά, κάτι που πιθανώς να την προσέλκυσε αρχικά. Ο Χρήστος είναι ειλικρινής χαρακτήρας. Χαιρετώντας από τα βουνά του Τροόδους στην Κύπρο, αλλά με παχιά μαύρη γενειάδα και μακριά μαύρα μαλλιά, μοιάζει περισσότερο σαν να ήρθε κατευθείαν από τα Ιμαλάια, όπου πέρασε μεγάλο μέρος του χειμώνα αφού τελείωσε τα ψώνια του στην Ασία. Πέρναγαν περίπου έξι μήνες του χρόνου στην Κω πουλώντας κοσμήματα δρόμου, και τον υπόλοιπο χρόνο στην Ασία αγοράζοντας τα κοσμήματα, φτιαγμένα και μη κατασκευασμένα, που θα πουλούσαν το επόμενο έτος. Έχουν ένα τετράχρονο αγόρι, τον Κώστα, ο οποίος φαινόταν να έχει προσαρμοστεί καλά σε αυτή τη ζωή, αλλά λόγω της ηλικίας του θα απαιτούσε σύντομα μια πιο στατική βάση για την εκπαίδευσή του. Ο Χρήστος δεν μπορούσε να επιστρέψει στην Κύπρο για αρκετά χρόνια λόγω του φόβου της σύλληψης. Πριν φύγει, κατηγορήθηκε ότι καλλιεργούσε φυτό κάνναβης. Προφανώς, η αστυνομία και η Εθνική Φρουρά τον είχαν παρακολουθήσει έξω από αυτή την φυτεία κάνναβης. Ισχυρίζονταν ότι είδαν τον Χρήστο να μιλάει στο φυτό και να το χαϊδεύει. Τολμώ να πω ότι μπορεί να είναι αλήθεια. Όλα ακούγονται πολύ αστεία για να το πάρουμε στα σοβαρά, αλλά στην Κύπρο είμαι. Αυτή ήταν τουλάχιστον η τέταρτη επίσκεψή μου στην Κω σε τόσα χρόνια, και ήταν πάντα με τη Νίκη και τον Χρήστο που θα έμενα. Η Νίκη δούλευε στο σπίτι όταν έφτασα. Ήταν όλα αγκαλιές και φιλιά.

«Τζιμ, τι κάνεις εδώ;» ρώτησε με έκπληξη. «Δεν σας περιμέναμε!»

«Δεν ήξερα ότι θα έρθω μέχρι την περασμένη εβδομάδα».

«Είμαι πολύ χαρούμενη που ήρθες! Πόσο καιρό θα περάσεις εδώ;» ρώτησε με ενθουσιασμό.

«Δέκα ημέρες».

«Ο Χρήστος θα χαρεί να σε δει».

«Που είναι;»

«Είχε κάποια πράγματα να κάνει, θα επιστρέψει σύντομα!»

«Άρχισες να δουλεύεις;» Ρώτησα.

«Όχι»

«Γιατί όχι;» Ρώτησα.

«Επειδή περιμένει τους άλλους να φτάσουν, θα είναι εδώ σε λίγες μέρες», μου είπε.

«Γιατί περιμένει άλλους;»

«Επειδή μας έδωσαν πραγματικά κακές τοποθεσίες για να πουλήσουμε και περιμένει τους άλλους να φτάσουν ώστε όλοι να μπορούν να πάνε και να παραπονεθούν μαζί».

«Πού σε έβαλαν;» Ρώτησα.

«Έξω από τις τουαλέτες!»

«Πού;»

«Έξω από τις τουαλέτες, κάτω από το δέντρο!»

«Όπου κανείς δεν μπορεί να σε δει;»

«Ναι»

«Δεν εκπλήσσομαι που παραπονιέσαι», είπα.

«Ναι, φαίνεται να χειροτερεύει κάθε χρόνο!»

«Τι γίνεται με το κατάστημα;» Ρώτησα. «Το έχετε σκεφτεί;»

«Ναι, υπάρχει ένα στην πλατεία που ψάχναμε», μου είπε, προσθέτοντας. «Αλλά ο άντρας θέλει πέντε χιλιάδες πριν καν μετακομίσουμε, ο Χρήστος φαίνεται αβέβαιος, αλλά είναι τόσο αρνητικός».

«Πέντε χιλιάδες, αυτό είναι πολύ, ποιο είναι το ενοίκιο;» Ρώτησα.

«Περίπου διακόσια πενήντα».

«Αυτό δεν είναι πολύ κακό, πώς είναι η τοποθεσία;»

«Ωραία! Ακριβώς στην κεντρική πλατεία, θα σας το δείξουμε όταν επιστρέψει ο Χρήστος, πεινάτε;»

«Πολύ σωστά!» Η Νίκη είναι μία υπέροχη μαγείρισσα. Το σπίτι που νοίκιαζαν ήταν μεγαλύτερο από τα προηγούμενα χρόνια. Ήταν ένα μπανγκαλόου, με ένα λευκό ζωγραφισμένο τοίχο από τούβλα, που ολοκληρώνεται με σιδερένια κιγκλιδώματα, γύρω από την περίμετρο του σπιτιού και του κήπου. Καθώς περπατούσες μέσα από την μπροστινή πόρτα, αμέσως στα δεξιά σου, είναι η κουζίνα, το μικρότερο δωμάτιο στο σπίτι, περίπου ένα μέτρο και ένα μισό σε όλη από λίγο πάνω από δύο μέτρα σε μήκος. Τα πάντα στην κουζίνα φαινόταν αρκετά σύγχρονα εκτός από το πλυντήριο ρούχων, και δύο μάτια ηλεκτρικής κουζίνας που ήταν στην κορυφή του πλυντηρίου. Ακριβώς απέναντι από την είσοδο της κουζίνας, και δίπλα στο πλυντήριο, ήταν η αίθουσα εργασίας όπου ο Χρήστος είχε περάσει ώρες κάνοντας τα κοσμήματα που θα έπρεπε τώρα να πωλούν. Το δωμάτιο ήταν περίπου τρία τετραγωνικά μέτρα. Υπήρχαν ράφια στον απέναντι τοίχο περίπου ένα μέτρο πάνω, και κάτω από τα ράφια ήταν ο χώρος των συρταριών. Κατά μήκος του τοίχου, κοντά στην είσοδο στα αριστερά, ήταν ένα κρεβάτι πλαίσιο z, το κρεβάτι μου για τις επόμενες δέκα ημέρες. Πίσω στο διάδρομο, μετά την κουζίνα, στα αριστερά, ήταν το κύριο υπνοδωμάτιο, και ακριβώς μπροστά ήταν το μεγάλο τετράγωνο σαλόνι. Υπήρχαν δύο μπαλκονόπορτες στα αριστερά καθώς μπαίνεις μέσα, με τον κήπο πέρα, και στα δεξιά, αραιά, αλλά άνετα καθίσματα, και ένα στερεοφωνικό σε κάποια ράφια στη γωνία. Το κυρίαρχο χαρακτηριστικό σε αυτό το καλό φωτισμένο δωμάτιο, ήταν το μέρος του πάγκου του Χρήστου, το οποίο άνοιξε, καθώς είχε παρουσιάσει τις οθόνες του. Ο ίδιος ο πάγκος αποτελούνταν από τέσσερις μεγάλες ξύλινες περιπτώσεις που άνοιξαν για να βάλουν δύο οριζόντια και δύο κάθετα. Ήταν αρκετά μια επίδειξη, που ξεκίνησε από ένα μεγάλο ξύλινο σκαλιστό κεφάλι ενός Αμερικανού Ινδού να κρέμεται από το πάνω κέντρο, και το κόσμημα ήταν πολύ πέρα από αυτό που περίμενα. Ήξερα ότι τα περισσότερα από αυτά ήταν γνήσια ασήμι, αλλά η ποιότητα των κομματιών ήταν πολύ καλύτερη από τα προηγούμενα χρόνια, και αρκετά καλό για ένα κατάστημα, ήμουν αρκετά έκπληκτος από μερικά από αυτά.

Εκείνη την εποχή το κατάστημα είχε φανεί για μένα να είναι ο λόγος για τον οποίο είχα πάει στην Κω. Ο Χρήστος χάρηκε που με είδε, αλλά δεν είχαμε την ευκαιρία να μιλήσουμε κανονικά για μια-δυο μέρες, κυρίως λόγω την ιδέα του καταστήματος. Όχι ότι ο Χρήστος δεν ήταν μαζί μας, απλά δεν ήταν μία από τις προτεραιότητές του, αλλά μου πήρε μια-δυο μέρες για να το συνειδητοποιήσω. Το κατάστημα για το οποίο είχε μιλήσει η Νίκη ήταν σε προνομιακή θέση, και ήξερα ότι θα μπορούσα να τους βοηθήσω με το αποθεματικό αν το χρειάζονταν, αλλά ο Χρήστος φαινόταν απαισιόδοξος για το όλο θέμα από την αρχή. Στην αρχή νόμιζα ότι ήταν το ένα κατάστημα ειδικότερα, και δεν εξεπλάγην μετά από να μιλήσω με τον ιδιοκτήτη στην Αθήνα για τους περιορισμούς που επιβάλλονται σε όποιον νοίκιασε το μέρος. Αυτό που θα έβλαπτε περισσότερο ήταν να μην είναι σε θέση να χρησιμοποιήσει της περιοχής αμέσως έξω από το μπροστά μέρος των εγκαταστάσεων, όπως οι άλλοι ιδιοκτήτες καταστημάτων θα μπορούσαν.

Αυτό ήταν ένα προφανές μειονέκτημα και, όπως επεσήμανε ο Χρήστος, όσο καλή και αν είναι η τοποθεσία, δεν θα ήταν καλό αν οι άνθρωποι δεν μπορούσαν να δουν καν αν υπάρχει το κατάστημα, και μεταξύ της ακαταστασίας των άλλων καταστημάτων φαινόταν μια δυνατότητα, παρά το γεγονός ότι ήταν σε μια γωνία. Εδώ πρέπει να εξηγήσω ότι το μεγαλύτερο μέρος του εισοδήματός τους θα ήταν μεταξύ Ιουνίου και Σεπτεμβρίου και, το ότι ήταν τώρα στις αρχές Ιουνίου, φάνηκε να προσθέτει στο άγχος τους. Όλοι οι πλανόδιοι πωλητές ήταν συνήθως τοποθετημένοι μαζί, αλλά φέτος όχι μόνο χωρίστηκαν, αλλά μερικοί από αυτούς πήραν μερικές από τις χειρότερες τοποθεσίες στην πόλη. Έξω από τις τουαλέτες κάτω από το δέντρο, από το οποίο οι Υποκριτές δίδαξαν κάποτε. Αλλά πολύ πιο κάτω, στον κεντρικό δρόμο, ακριβώς στην άκρη του λιμανιού, δεν είναι μια καλή τοποθεσία για το εμπόριο.

Προς έκπληξή μου, όταν κοιτάξαμε γύρω από την περίμετρο της πόλης, βρήκαμε περισσότερα μέρη που φαινόταν κατάλληλα για ένα κατάστημα. Η Νίκη έδινε επίσης έμφαση στο πόσο ήθελε ένα κομμωτήριο, και εκεί μπροστά μου υπήρχαν δύο γειτονικά καταστήματα, σε ένα ήσυχο δρομάκι, κοντά στην κύρια τουριστική εμπορική περιοχή. Μου φάνηκαν τέλεια, ειδικά καθώς δεν υπήρχε το αποθεματικό που χρειαζόταν, και το ενοίκιο ήταν φθηνό. Ο Χρήστος και εγώ πήγαμε μόνοι μας για να δούμε τα καταστήματα, αλλά, καθώς επιθεώρησα τις εγκαταστάσεις, στην φαντασία μου τα σκεφτόμουν όπως θα μπορούσαν να γίνουν, ο Χρήστος φαινόταν εντελώς αδιάφορος και περιπλανήθηκε για να δει ένα κοντινό κατάστημα που είχε ανοίξει πρόσφατα ο φίλος του. Περπάτησα και κοίταξα γύρω από το κατάστημα για ένα σύντομο χρονικό διάστημα. Φαινόταν πολύ καλό για ένα κατάστημα που τοποθετείται σε έναν τέτοιο προϋπολογισμό και εντυπωσιάστηκα. Ήταν ζωγραφισμένο σε έναν τόνο του γαλάζιου, με λίγη ζωγραφισμένη ξυλουργική να κρύβει μερικά πιθανά άσχημα σημεία, αλλά το περιεχόμενο του καταστήματος με ενδιέφερε ελάχιστα. Ένα μείγμα από φθηνά προϊόντα της Ασίας και της Ινδίας bric ένα brac, υποθέτω ότι θα ήταν πιο εύκολο να το περιγράψω ως χίπις πράγματα, joss μπαστούνια, και λίγα κομμάτια, για τον εαυτό μου δεν υπήρχε τίποτα νέο. Έμοιαζε ακριβώς όπως μια σειρά από μέρη που είχα δει στην Αγγλία, και πολλά από τα στοιχεία που είχα τουλάχιστον δει στην Ασία, σε ένα μέρος των τιμών που χρεώνονται τώρα. Δεν είμαι πολύ καλός στο να προσπαθώ να φαίνομαι ότι ενδιαφέρομαι σε στιγμές όπως αυτή, και δεν θέλω να φανώ αγενής προς τον ιδιοκτήτη του καταστήματος. Έκανα τις δικαιολογίες μου και καθόμουν εκτός του οπτικού τους πεδίου και περίμενα τον Χρήστο. Η Νίκη παραπονέθηκε ότι ήταν πολύ αρνητικός στην προσέγγισή του σε όλα αυτά και, όταν φτάσαμε σπίτι, της είπα ότι συμφώνησα.

«Πώς τα πήγες;» ρώτησε.

«Δεν είναι καλό», της είπα προσθέτοντας, «Ο Χρήστος δεν φαίνεται να ενδιαφέρεται καθόλου».

«Όχι, σου είπα, είναι πολύ αρνητικός γι' αυτό!»

«Λες!» Σκέφτηκα την απόλυτη αδιαφορία που είχε δείξει.

«Του έχω πει ότι θέλω να βγάλω επιπλέον χρήματα από την κομμωτική και δεν με ενθαρρύνει καθόλου», είπε προσθέτοντας. «Απλά δεν πιστεύει ότι μπορώ να βγάλω λεφτά από αυτό, αλλά κόβω καλά μαλλιά!»

«Το ξέρω αυτό».

«Κάνω μικρές δουλειές εδώ και εκεί, αλλά δεν είναι αρκετό, υπάρχουν πράγματα που θέλω, θέλω να είμαι σε θέση να αγοράσω πράγματα χωρίς να πάω στον Χρήστο!»

«Μπορώ να το καταλάβω αυτό», είπα.

«Θέλω κάτι καλύτερο για τον εαυτό μου, για εμάς! Αλλά δεν φαίνεται να ακούει! Θέλω να μπορώ να αγοράζω πράγματα όταν θέλω, όπως ένα νέο φόρεμα», μου είπε προσθέτοντας. «Έπρεπε να παραγγείλω αυτό που ήθελα για να το ξεπληρώσω!» Αυτό μου φάνηκε λογικό, αλλά μου φάνηκε παράξενο, είτε το φόρεμα ήταν ακριβό, το οποίο ήταν σε αντίθεση με τη Νίκη, είτε ο Χρήστος είχε γίνε λίγο σφιχτοχέρης, κάτι το οποίο δεν μου ακούγεται να του ταιριάζει.

«Και χρειάζομαι ένα νέο ψαλίδι, το δικό μου το πήρε, και το χρειάζομαι για τη δουλειά μου, ο Χρήστος λέει ότι απλά πρέπει να τα καταφέρω, αλλά δεν καταλαβαίνει πόσο σημαντικό είναι για μένα». Ήταν λίγο συναισθηματική, αλλά απλά κούνησα το κεφάλι μου. Έκανε όντως ωραία κουρέματα και σκέφτηκα ότι θα μπορούσαν να βγάλουν κάποιο εισόδημα από αυτό, αλλά αυτή ήταν η εσωτερική τους υπόθεση. Θα μπορούσα να πω Νίκη ότι ήταν αναστατωμένος, αλλά ήθελα απλώς να ξέρω τι επρόκειτο να συμβεί σε σχέση με το κατάστημα, ο χρόνος μου ήταν περιορισμένος, και ήθελα να βοηθήσω αν μπορούσα. Αργότερα εκείνο το απόγευμα είχα την πρώτη μου πραγματική συζήτηση με τον Χρήστο για τα πάντα. Ήταν σαφές τότε ότι το κατάστημα δεν επρόκειτο να συμβεί, και τα πράγματα δεν ήταν καλά μεταξύ αυτού και της Νίκης.

«Δεν ξέρω τι της συμβαίνει αυτές τις μέρες», τα αγγλικά του Χρήστου είναι πολύ παχιά, αλλά καλά, ακόμα κι αν οι προτάσεις συχνά απλοποιούνται.

«Ω, αισθάνεται ακριβώς ότι είναι η κατάλληλη στιγμή για να εγκατασταθούμε κάπου και ένα κατάστημα φαίνεται σαν μια καλή ιδέα», του είπα.

«Ναι, ναι, θέλω επίσης ένα κατάστημα, αλλά δεν είναι η κατάλληλη στιγμή τώρα, δεν ξέρουμε καν αν θέλουμε ένα κατάστημα στην Κω, μου αρέσει η Κρήτη, αλλά η Νίκη όλη την ώρα όλο θέλει, θέλει το 'να, θέλει τ' άλλο και την ρωτάω γιατί, γιατί όλη την ώρα θέλει κάτι ενώ ήταν ευτυχισμένη πριν;»

«Ίσως σκέφτεται τον Κώστα και την εκπαίδευσή του», του είπα.

«Ναι, το ξέρω αυτό, αλλά ο Κώστας θα πάει στο σχολείο του χρόνου, και μέχρι τότε θα έχουμε μια καλή ζωή, το λέω στη Νίκη και δεν ακούει. Θα της πω του χρόνου, αυτό είναι! Ο Κώστας αρχίζει το σχολείο, οι ζωές μας είναι έτσι, αλλά μέχρι τότε», έκανε μια μικρή παύση πριν προσθέσει. «Γιατί τα θέλει αυτά τα πράγματα;» Μπορούσα να δω ότι ήταν λίγο αναστατωμένος με ό,τι περίμενε από αυτόν. Συνέχισε,

«Της λέω ότι έχουμε μια καλή ζωή. Νομίζω ότι πολλοί άνθρωποι θα ήθελαν να έχουν μια ζωή σαν τη δική μας, το επόμενο έτος θα την αλλάξει στα σίγουρα! Γιατί να βιαστείς;» αναστέναξε.

«Όταν αλλάξει η ζωή μας, θα της λείψει αυτό και δεν ξέρω αν θέλω να μείνω στην Κω, νομίζω ότι μου αρέσει περισσότερο η Κρήτη». Είχα ακούσει την Νίκη να αναφέρει την Κρήτη με αγάπη, και συμφώνησα ότι ήταν το καλύτερο νησί.

«Θέλω να περνούμε περισσότερο χρόνο βλέποντας αυτό», τελείωσε. Έπρεπε να συμφωνήσω μαζί του, και με έκανε να σκεφτώ πόσο καλή ήταν η ζωή τους. Πέντε ή έξι μήνες στη Μεσόγειο, ένα μήνα ψώνια γύρω από την Ασία με μια στάση μακριά σε μια παραλία, και στη συνέχεια να εγκαταλείψουν τα Ιμαλάια, απ' όπου έχω δει πολλές φωτογραφίες που φαίνεται να είναι πολύ όμορφο και καθαρά, αυτή είναι η ζωή του Χρήστου. Απλά έπρεπε να τον κοιτάξεις για να ξέρεις ότι θα ένιωθε άνετα εκεί. Αλλά το πιο σημαντικό, σε αυτό το σημείο, είχε σκεφτεί σοβαρά γι' αυτό. Είχαμε μια συζήτηση που έπρεπε να είχαμε κάνει μερικές μέρες πριν.

«Το σκέφτεσαι προσεκτικά τότε, Χρήστο;» ρώτησα, όχι ότι έπρεπε.

«Ναι!» είπε σταθερά. «Ναι, το σκέφτομαι συχνά, απλά δεν νομίζω ότι οι καιροί είναι σωστοί, όχι τώρα!» τελείωσε με. Απ' ό,τι είχα ακούσει κατά τη διάρκεια της συζήτησής μας, έπρεπε να συμφωνήσω μαζί του. Δεν το είχε μόνο σκεφτεί σωστά, αλλά το συμπέρασμά του ήταν ένα που δεν μπορούσα να διαφωνήσω, η ζωή που είχαν ήταν καλή. Όσο για την τακτοποίηση, ο Κώστας θα είναι στο σχολείο για μεγάλο χρονικό διάστημα, κάτι που θα φέρει μεγάλες αλλαγές με αυτό. Είχε δίκιο, θα έχαναν αυτή τη ζωή όταν τα πράγματα άλλαζαν, αλλιώς η Νίκη θα το έκανε. Ήξερα ότι ο Χρήστος θα περνούσε ακόμα το χρόνο του στην Ασία. Έπρεπε, για να αγοράσει τα κοσμήματά του. Θα ήταν η Νίκη δεμένη στο ένα μέρος. Δεν ήξερα αν το είχε σκεφτεί αυτό. Τελείωσα τη συζήτηση με ένα ελαφρύτερο σχόλιο.

«Εντάξει, δεν υπάρχει πια κυνηγετικό κατάστημα! Είμαι πίσω στις διακοπές!» Είπα ευτυχώς, και έτσι θέλω να νοικιάσω ένα ποδήλατο με στόχο να απολαύσω το υπόλοιπο των διακοπών. Σκεφτόμουν λίγο τα προβλήματα της Νίκης και του Χρήστου. Ήξερα ότι δεν ήταν μόνο η επιχείρηση κατάστημα που ήταν ενοχλητική, αλλά φαινόταν εγχώρια. Ήλπιζα ότι θα το ξεπεράσουν, και τέλος πάντων, δεν μπορούσα να σκεφτώ κάτι άλλο που θα μπορούσα να κάνω, φαινόταν πιο προσωπικό. Σύντομα θα έλεγα στη Νίκη τα ευρήματά μου.

«Είχα μια συζήτηση με τον Χρήστο νωρίτερα, σχετικά με το κατάστημα».

«Τι είπε;» ρώτησε.

«Λοιπόν, είχαμε μια καλή συζήτηση σχετικά με τα πάντα», είπα σταματώντας ελαφρώς, «Πρέπει να πω, ότι νομίζω ότι έχει δίκιο».

«Έτσι νομίζεις;»

«Ναι, ο Κώστας ξεκινάει το σχολείο του χρόνου, οι ζωές σας θα αλλάξουν για πάντα είτε σας αρέσει είτε όχι, θέλει ένα κατάστημα, αλλά δεν είναι σίγουρος αν θέλει καν ένα στην Κω», της είπα τελειώνοντας. «Φαίνεται ότι προτιμά και την Κρήτη».

«Δεν νομίζεις ότι είναι απλώς αρνητικός για τα πάντα;» ρώτησε.

«Όχι, το έχει σκεφτεί, και πρέπει να πω ότι νομίζω ότι έχει δίκιο».

«Νομίζεις ότι πρέπει να ξεχάσω το κατάστημα τότε;» ρώτησε, αφήνοντας την απογοήτευσή της να φανεί.

«Προς το παρόν, θέλει ένα μαγαζί, αλλά όχι ακόμα, και νομίζω ότι έχει δίκιο στο να μην δεσμευτείτε σε αυτό το σημείο». Ήξερα ότι θα ένιωθε πληγωμένη γιατί της είπα επίσης ότι δεν πίστευα ότι ήταν καλή ιδέα να ανοίξει ένα κομμωτήριο, ένα μέρος δικό της, το οποίο είπα ότι θα την βοηθούσε. Βοήθεια, ήξερε, τώρα δεν θα ερχόταν. Αυτό ήταν το μόνο που είχα να πω για το θέμα, για το οποίο ένιωσα αρκετά λυπημένος. Ήξερα ότι δεν ήταν ευτυχισμένη, και ήμασταν αρκετά κοντά, αλλά αν ήταν η σχέση της που ήταν σε μπελάδες και δεν πίστευα ότι θα μπορούσα να βοηθήσω. Δεν θα μπορούσα να πω ότι ήξερα τον Χρήστο πολύ καλά σε εκείνο το σημείο, αλλά τον ήξερα αρκετά καλά για να ξέρω ότι φαινόταν να ξέρει τι έκανε όσον αφορά τις επιχειρήσεις, και θα μπορούσα να βρω λίγο λάθος σε αυτόν, δεν λέω ότι είναι τέλειος, αλλά ποιος είναι;

Έτσι, πίσω στις διακοπές, υποθέτω είναι καλά έτσι. Το ποδήλατο ενοικίασης βοήθησε. Είχα προσλάβει ένα ποδήλατο βουνού. Για πρώτη φορά στη ζωή μου βρέθηκα να αναρωτιέμαι τι πραγματικά χρειαζόμαστε το οριζόντιο δοκάρι. Είχα χρήματα φυσικά, αλλά είχα τραυματιστεί στον δεξί αστράγαλό μου πριν πάω στην Κω, και ήταν αρκετό για να με προβληματίζει για διάφορες δραστηριότητες συμπεριλαμβανομένης της κολύμβησης, έστω και αν θα μπορούσε να μου κάνει κάποιο καλό. Τίποτα δεν φαινόταν όπως ήταν συνήθως. Λίγοι από τους πωλητές του δρόμου ήξερα ότι δούλευαν, οι περισσότεροι από αυτούς δεν ήταν καν στο νησί ακόμα. Υπήρχαν και άλλοι που ήξερα, ο Φανούρι για παράδειγμα, αλλά θα ήταν έξω στο σκάφος του με τους τουρίστες στην περιοδεία των τριών νησιών τους. Ήταν ένα μεγάλο γιοτ χτισμένο στην Αλικαρνασσό. Ήξερα ότι αν εμφανιστεί, θα μπορούσα να βγω μαζί του οποιαδήποτε στιγμή, αλλά ο αστράγαλός μου το δυσκόλευε. Έτσι, σκέφτηκα ότι ήταν καλύτερο να μπει σε μια ρουτίνα, και ήλπιζα ότι δεν θα βαρεθείτε τις τελευταίες ημέρες της επίσκεψής μου, η οποία ήταν μια δυνατότητα.

Μέχρι τότε, είχα γνωρίσει την Έλεν, μια Δανή που η Νίκη είχε γίνει φίλη. Είχε ένα παιδί κοντά στην ηλικία του Κώστα από τον Έλληνα σύζυγό της, με τον οποίο είχε μπαρ. Ήταν πολύ φιλική, και την έβλεπα συχνά τα πρωινά, όταν έβαζαν τα παιδιά σε ένα μίνι λεωφορείο για το νηπιαγωγείο, μετά το οποίο αυτή και η Νίκη πήγαιναν για πρωινό κολύμπι. Είχα μια-δυο σύντομες συζητήσεις μαζί της κατά τη διάρκεια των οποίων ένα πράγμα που άκουσα, και με προβλημάτισε λίγο εκείνη την εποχή, ήταν κάποιος άλλος εκτός από την Νίκη που έδινε έμφαση στο να είναι θετική. Εδώ πρέπει να πω ότι η Νίκη είναι ένας από τους λίγους ανθρώπους που γνωρίζω που επηρεάζονται τόσο εύκολα, και έχει υποφέρει εξαιτίας αυτού, στα χέρια μιας ή δύο θρησκευτικών αιρέσεων, το οποίο με κάνει λίγο προστατευτικό για το ποιος θα ήθελα να την επηρεάσει, και οι φίλοι έχουν επιρροή. Αλλά μου άρεσε η Έλεν, και χάρηκα που την γνώρισε η Νίκη. Της είπα ότι θα την επισκεφτώ στο μπαρ ένα βράδυ, και πως ανυπομονούσα να συναντήσω τον άντρα της.

Δούλεψα γρήγορα έχοντας μια ρουτίνα και, έχοντας κατά νου ότι ο Χρήστος και η Νίκη είχαν πράγματα να κάνουν, μιας που θα ήταν έξω περίπου για το μεγαλύτερο μέρος της ημέρας. Τα πρωινά είχα αρχίσει να επισκέπτομαι μια γυναίκα με την οποία η Νίκη είχε γνωρίσει πρόσφατα και είχαν γίνει φίλες. Εργάστηκε σε ένα κατάστημα με μπικίνι, περίπου ένα χιλιόμετρο μακριά από το σπίτι, σε έναν από τους δρόμους που οδηγούσαν στο λιμάνι. Ο δρόμος είχε μια πολύ χαλαρή αίσθηση σε αυτόν. Υπήρχε ένα μείγμα από τουριστικά καταστήματα, χώρους ενοικίασης ποδηλάτων, και παραπέρα, πιο κοντά στο λιμάνι, μερικά μπαρ και εστιατόρια. Το ίδιο το κατάστημα ήταν μικρό, αλλά ξεχωριστό στο χρώμα του, φωτεινό κίτρινο καναρίνι. Είχαν κάνει χρήση των τεσσάρων ή πέντε μέτρων του πεζοδρομίου έξω από το μπροστινό μέρος του καταστήματος με ράγες από μπικίνι και μαγιό κάτω από μία προστατευτική τέντα. Από το πίσω μέρος του καταστήματος ήταν όπου όποιος εργαζόταν θα περνούσε τον περισσότερο χρόνο του, κάτω από τη δροσερή σκιά μιας πολύ μεγάλης ομπρέλας. Με τα τρία τέταρτα της περιοχής που προστατεύονται από το κατάστημα και τους δύο κίτρινους τοίχους, ήταν ένα ωραίο μέρος για να χαλαρώσεις. Στη μέση της περιοχής ήταν ένα λευκό στρογγυλό πλαστικό τραπέζι κήπου και μερικές καρέκλες. Το τραπέζι ήταν καλυμμένο με ένα λευκό τραπεζομάντιλο, στο κέντρο υπήρχε ένα μόνο λουλούδι, σε ένα μικρό γυάλινο βάζο, και γύρω γύρω από την περιοχή μερικές λαστιχένιες εγκαταστάσεις, και ένα ή δύο μικρά σε ζαρντινιέρες δέντρα, τα οποία το έκαναν να φανεί μια ελκυστική θέση για να καθίσω και να κουβεντιάσω με το νέα φίλη της Νίκη, την Τζιν. Δεν ήμουν ντροπαλός για να συστηθώ σε αυτήν. Η Νίκη μου είπε να την επισκεφτώ, ή την Άντζι, ή τον ιδιοκτήτη του καταστήματος, και τους δύο Έλληνες της Αυστραλίας, ανά πάσα στιγμή, και ότι ανυπομονούσαν να με συναντήσουν. Η Τζιν απλά έτυχε να δουλεύει εκείνη την ώρα. Με εξέπληξε όταν την είδα για πρώτη φορά. Θα μπορούσε να είναι η πολύ μεγάλη αδερφή ενός από τους μπάρμαν από την Κύπρο και ήταν και οι δύο από τη Μελβούρνη. Μόνο η Τζιν φαινόταν πιο φθαρμένη, παρόλο που ήταν εντάξει με το μακιγιάζ. Θα μπορούσατε να πείτε ότι ήταν ένας από εκείνους τους ανθρώπους που τείνουν να αγνοούν τις καλές συμβουλές και να κάθονται στον ήλιο πάρα πολύ καιρό, στεγνώνοντας για τα καλά. Ντυνόταν καλά, ήταν εξωστρεφής και ευχάριστη παρέα, είχε μακριά μαλλιά, συνήθως δεμένα, και θα μπορούσε να ήταν κάποτε μελαχρινή. Δεν μπορούσα να πω, ο ήλιος είχε δώσει στα μαλλιά της ένα κοκκινωπό χρώμα. Θα περνούσα μερικά πρωινά μαζί της, αφιερώνοντας χρόνο να κουβεντιάζω για οτιδήποτε. Με ενδιέφερε το βιβλίο που διάβαζε. Με πληροφόρησε ότι η Άντζι της το είχε δώσει, η οποία της είχε πάρει τα περισσότερα βιβλία της. Δεν πέρασε πολύς καιρός πριν γνωρίσω την Άντζι, λίγες μέρες μετά, όταν σταμάτησε με το ποδήλατό της, ενώ η Τζιν κι εγώ κουβεντιάζαμε. Ήταν με το γιο της, και επιδεικνύοντας τα νέα παπούτσια της για τρέξιμο, μας ανακοίνωσε ότι είχε αποφασίσει να αρχίσει με τα πόδια στις έξι το πρωί. Κάνοντας μια όρθια στάση όπως έκανε, πήρε μια βαθιά ανάσα, ισιώνω πίσω και τράβηξέ τα χέρια της μέχρι το στήθος της, και πιέζοντας τους αγκώνες της, φάνηκε να τεντώνεται καθώς εισπνέει, κοίταξε μακριά με ένα μικρό χαμόγελο στο πρόσωπό της σαν να βλέπει την ανατολή που περιέγραψε. Ήταν αρκετά ελκυστική γυναίκα, ίσως στην ίδια ηλικία με την Τζιν, περίπου στα μέσα της δεκαετίας των τριάντα, αλλά χωρίς τον ίδιο ήλιο ρημαγμένο δέρμα που ήταν σε καλή κατάσταση, και μαύρα μαλλιά που φορούσε δεμένα. Και οι δύο γυναίκες είχαν καλές φιγούρες, αλλά Άντζι φάνηκε να αναδεικνύεται λίγο περισσότερο μέσα από το στενό τζιν φορούσε, και την στενή λευκή μπλούζα. Μιλήσαμε μόνο για λίγο. Είχε περισσότερο καλή ομιλούμενη ελληνική προφορά παρά αυστραλιανή.

Μετά από λίγες ώρες κουβεντιάζοντας με την Τζιν θα οδηγούσαμε το ποδήλατό μου κάτω στο μικρό λιμάνι, γύρω από τη δυτική πλευρά, και κατά μήκος του αρχαίου τείχους του κάστρου για να δούμε τι επισκέπτονται οι βάρκες που ήταν στο λιμάνι. Θα ήθελα πολύ να φανταστώ το ταξίδι που κάποιοι από αυτούς πρέπει να έχουν κάνει, και υπήρχε πάντα κάτι ενδιαφέρον. Μετά από μια περιπλάνηση γύρω από το λιμάνι θα ήθελα να πάρω τον δρόμο μου για ένα μπαρ που ονομάζεται Cosmos. Ένας νεαρός Ολλανδός και η Ελληνίδα φίλη του το έτρεξαν. Ήταν η πρώτη τους χρονιά στην επιχείρηση. Εδώ θα ήθελα να σταματήσω για μερικά ψημένα σάντουιτς και κρύα ποτά.

Ήταν η τέταρτη ή πέμπτη νύχτα που ήμουν στο μπαρ της Έλεν και του συζύγου της. Δεν είχα γνωρίσει τον Νικόλαο ακόμα, αλλά το περίμενα. Το ίδιο το μπαρ ήταν ανοιχτό στο μπροστινό μέρος με ξύλινες συρόμενες πόρτες, και μερικά ψηλά τραπέζια και σκαμπό. Η μικρή πίστα χορού και το δεύτερο μπαρ χωρίζονται περίπου πέντε μέτρα από την είσοδο με ένα γυαλισμένο ξύλινο χώρισμα. Δεν μπορούσα να το δω πια τότε. Ήταν πολύ γεμάτο με ένα μείγμα νέων Σκανδιναβών παραθεριστών που διασκέδαζαν, και αρκετοί νέοι, και όχι τόσο νέοι, Έλληνες άνδρες. Ο ένας ήταν ο Νικόλαος, τον οποίο ανυπομονούσα να συναντήσω. Αλλά δεν ήμουν άνετα. Σίγουρα δεν είχα κανένα λόγο να νιώσω άβολα σε εκείνο το σημείο, εκτός από τον τρόπο που ντύθηκα ίσως, ο οποίος ήταν πολύ ανέμελος. Ή ίσως, όσο ευτυχισμένος κι αν ήμουν, δεν μπορούσα να συναγωνιστώ τον ενθουσιασμό των γλεντζέδων γύρω μου. Στεκόμουν κοντά στο μπαρ όταν η Ελένη μου επεσήμανε τον Νικόλαο καθώς περνούσε μέσα από το πλήθος. Δεν σταμάτησε πολύ, απλά μια γρήγορη αλλά ζεστή εισαγωγή, και ήταν μακριά για να το παίξει προσεκτικός οικοδεσπότης. Τώρα σε αυτό το σημείο μαζί με τον Νικόλαο είχε έρθει ένα πλήθος καλοντυμένοι, περιποιημένος σε εμφάνιση Έλληνες, η οποία με έκανε να αισθάνομαι λιγότερο άνετα. Ξέρω ότι για κάποιο άγνωστο λόγο ένιωσα αμυντικά αν και ακόμα, μέχρι σήμερα, δεν μπορώ να καταλάβω τι με έκανε να του απαντήσω με τον σκληρό και σύντομο τρόπο που έκανα, και τα λόγια που είπα με εξέπληξε ακόμη περισσότερο. Ο Νικόλαος γύρισε το κεφάλι του προς το μέρος μου για να τον ακούσω με τη μουσική και τους γλεντζέδες.

«Είσαι από την Κύπρο;»

«Ναι», απάντησα. Ένιωσα απολύτως φυσικό να το πω.

«Δεν μιλάτε ελληνικά;» ρώτησε κοιτάζοντας λίγο έκπληκτος.

«Ως Κύπριος δεν χρειάζομαι έναν Έλληνα να μου πει ποια γλώσσα να μιλήσω!» Είπα σκληρά.

«Καταλαβαίνω», απάντησε ο Νικόλαος ελαφρώς αμήχανος. Δεν ήξερα γιατί είπα αυτά που είπα, ή τον τόνο με τον οποίο το είπα. Αποφάσισα να το δουλέψω αργότερα. Ο Νικόλαος γύρισε πίσω σε μένα και ρώτησε,

«Θέλεις μια μπύρα;» Κούνησα το κεφάλι μου.

«Ευχαριστώ». Ένιωσα λίγο άβολα μιλώντας μαζί του, ή που ακόμα το προσπαθεί, μετά τον τρόπο που είχα απαντήσει. Σίγουρα δεν ήθελα να βγει τόσο σκληρό. Ήθελα να ζητήσω συγγνώμη αν ακούστηκα προσβλητικός αλλά, με τα πλήθη και τον θόρυβο, κάθε είδους λογική συζήτηση ήταν εκτός συζήτησης. Το καλύτερο που μπορούσα να κάνω θα ήταν να δεχτώ μερικά ποτά, να δείξω την εκτίμησή μου, και να φύγω. Σκέφτηκα να το αναφέρω στην Έλεν ή κάτι τέτοιο. Ένιωσα άσχημα γι' αυτό, έστω και μόνο, γιατί από τις πρώτες εντυπώσεις, ήταν ένα πολύ συμπαθές πρόσωπο, και σκέφτηκα ότι επιβεβαιώθηκε σε άλλες στιγμές, όταν τον συνάντησα, αλλά έγινε, και δεν μπορούσα να αναιρέσω ό, τι είχα κάνει, όχι εκείνη τη νύχτα τουλάχιστον. Σκέφτηκα ότι με σχεδόν μια εβδομάδα να μου έχει περισσέψει θα είχα την ευκαιρία να του μιλήσω σωστά.

Οι επόμενες μέρες ήταν καθοριστικές για την κατάσταση και τα πράγματα εν τέλει δεν πήγαν και πολύ καλά. Τα πράγματα έδειχναν να επιδεινώνονται περαιτέρω μεταξύ της Νίκη και του Χρήστου. Δεν με ενοχλούσε και πολύ. Είχα το δικό μου δωμάτιο για να κλείσω την πόρτα αν ήθελα. Αλλά άκουγα μερικά πολύ παράξενα πράγματα από τη Νίκη. Είχε γίνει λίγο πιο απαιτητική στις ανάγκες της, και δεν εννοώ τις συναισθηματικές ανάγκες της τόσο πολύ. Την άκουγα να ζητάει καλύτερα υλικά πράγματα για να αντικαταστήσει αυτά που είχαν. Ήμουν ξαπλωμένος στο δωμάτιό μου νωρίς ένα απόγευμα, όταν συνέβη ένα τέτοιο περιστατικό. Η Νίκη και ο Χρήστος ήταν γύρω από το σπίτι. Ο Χρήστος ετοίμαζε τον πάγκο του. Αποφάσισε ότι είχε μόλις στηθεί οπουδήποτε του ταιριάζει μέχρι να προχωρήσει, το πιο σημαντικό, ήξερε ότι έπρεπε να αρχίσει να βγάζει τα χρήματα. Η Νίκη έκανε κάποιες δουλειές στο σπίτι. Το δωμάτιό μου ήταν ήσυχο, ακριβώς δίπλα στην κουζίνα, αλλά δεν μπορούσα να ακούσω τίποτα από εκεί καθώς έκλεινα τα μάτια μου και παρασύρθηκα μακριά στη χαμηλή και ήρεμη μουσική που είχα παίζοντας, νιώθοντας λίγο ελαφρύς αλλά άνετος, από ένα ποτήρι ή δύο κρασί. Όταν, χωρίς καμία απολύτως προειδοποίηση, ένας θόρυβος που μπορώ μόνο να περιγράψω ως ηχώ ενός πολύ παλιού κινητήρα τζετ να πηγαίνει κατ' ευθείαν σε πλήρη ώθηση σφυροκοπούσε μέσα στο δωμάτιο. Μια πολύ παλιά μηχανή τζετ, λόγω ενός δυνατού μεταλλικού ήχου χτυπώντας που ήρθε με το βρυχηθμό. Αμέσως με κούνησε και με έφερε στη ζωή μου τόσο δυνατά. Ήμουν όρθιος και στην πόρτα. Δεν είχα ιδέα τι θα μπορούσε να ήταν ο θόρυβος, αλλά, όπως άνοιξα την πόρτα, ήταν αμέσως εμφανές, αν και λίγο έκπληξη. Το πλυντήριο είχε αρχίσει να περιστρέφεται, με έναν τρόπο σαν να έχει ένα ξεχαρβαλωμένο τύμπανο. Στα λίγα δευτερόλεπτα που μου πήρε για να φτάσω στην πόρτα, είχε κουνηθεί και αναπήδησε προς τα εμπρός περίπου τριάντα εκατοστά. Για να γίνουν τα πράγματα χειρότερα, δεν ήταν μόνο το συμπαγές, αλλά και βαρύ δαχτυλίδι στην σχάρα και ο φούρνος στην κορυφή, αλλά το στιφάδο στο φούρνο είχε αρχίσει να στάζει έξω από την πόρτα. Η πρώτη μου σκέψη ήταν να αρπάξω μια λαβή του πλυντηρίου, αλλά, σχεδόν αμέσως, συνειδητοποίησα ότι υπήρχε μόνο μια επιλογή και πολύ πιο εύκολη. Έφτασα μέχρι το βύσμα που είχε μπει στον τοίχο της κουζίνας και έπρεπε να αφαιρεθεί, το σύρσιμο και η βαβούρα σταμάτησαν κατευθείαν. Η διαφορά στο επίπεδο θορύβου ήταν καταπληκτική, και μια στιγμή αργότερα, η Νίκη ήταν μπροστά και παρακολουθούνταν στενά από τον Χρήστο, ο οποίος στεκόταν στην πόρτα της κουζίνας. Η Νίκη ήταν αναστατωμένη και αμέσως άρχισε να επιτίθεται στο χάος με ένα πανί ζητώντας συγγνώμη αφειδώς την ίδια στιγμή. Έκανα ένα βήμα πίσω έκπληκτος ακόμα που ήταν μόνο το πλυντήριο ρούχων. Είχα ακούσει ελαττωματικά πλυντήρια και πιο πριν, αλλά αυτό ήταν δυνατά, πολύ δυνατά.

«Λυπάμαι Τζιμ!» Ούρλιαξε και έκλαιγε την ίδια στιγμή. «Είναι αυτό το καταραμένο πλυντήριο ρούχων! Είπα στον Χρήστο ότι χρειαζόμαστε ένα καινούριο! Αλλά ακούει! Όχι!» Ο Χρήστος έσκυβε στην πόρτα, είπε κάτι ήσυχα αλλά αμυντικά στα ελληνικά, η Νίκη απάντησε στα αγγλικά.

«Σου είπα πριν από πολύ καιρό ότι χρειαζόμαστε ένα νέο, αλλά ποτέ δεν ακούς!» Ήταν πιο αναστατωμένη. Σκέφτηκα να προσπαθήσω να βοηθήσω.

«Νίκη, δεν νομίζω ότι η κουζίνα στην κορυφή βοήθησε, είναι απλά ότι το τύμπανο είναι λίγο εκτός ισορροπίας».

«Είναι αυτό το πλυντήριο!» απάντησε θυμωμένα, όσο και στον εαυτό της, ενώ σκούπιζε το στιφάδο από τους τοίχους και το πάτωμα.

«Αν θέλετε καθαρά ρούχα για να φορέσετε μπορείτε να μου πάρετε ένα νέο πλυντήριο ρούχων ή μπορείτε να τα καθαρίσετε μόνοι σας!» φώναξε στον Χρήστο προσθέτοντας. «Ή θα προτιμούσες να τα άπλωνα σε ένα βράχο σαν να ήμασταν πίσω στην Ινδία!» Πραγματικά δεν ήθελα να πω τίποτα, αλλά όταν είπε αυτό, είχα αυτό το στιγμιαίο όραμα του Χρήστου να ανεβαίνει σε μια ορεινή πίστα των Ιμαλάιων με ένα νέο πλυντήριο δεμένο στην πλάτη του. Το τρίψιμο στα βράχια ακουγόταν καλύτερο, όχι ότι ήμουν έτοιμος να το πω.

«Δεν υπάρχει πλυντήριο που να μπορείς να χρησιμοποιήσεις;»

«Όχι, και δεν έχω το χρόνο ούτως ή άλλως Τζιμ», είπε αναστατωμένος. Ένιωσα σαν να έπρεπε να βοηθήσω, αλλά δεν μπορούσα να δω κανένα νόημα σε ένα νέο πλυντήριο ρούχων, και ήξερα ότι ακόμη και ένα μεταχειρισμένο θα κόστιζε χρήματα που δεν θα μπορούσαν να αντέξουν οικονομικά μόλις εκείνη τη στιγμή. Η Νίκη συνέχισε το μπαράζ της στον Χρήστο. Αυτή τη φορά του επιτέθηκε επειδή δεν της έδωσε αρκετό χρόνο για να βγάλει τα δικά της χρήματα από κουρέματα, όχι ότι είδε καμία πιθανότητα να γίνει αυτό με το παλιό της ψαλίδι. Ο Χρήστος άρχισε τώρα να θυμώνει ο ίδιος. Δεν ήθελα να πάρω θέση, και αποφάσισα ότι ήταν καιρός να βγω από την κουζίνα, κυριολεκτικά. Πήγα για μια αργή βόλτα με ποδήλατο κάτω στο λιμάνι για να σκεφτώ τα πράγματα, και μια συνομιλία που είχα με τη Νίκη μια ημέρα ή δύο νωρίτερα. Μου ζήτησε συγγνώμη για την κατάσταση ανάμεσα σε αυτήν και τον Χρήστο. Της είπα ότι δεν υπήρχε ανάγκη, καθώς πραγματικά δεν με επηρέαζε. Σκέφτηκα ότι ίσως ήρθε η ώρα να της πω ότι τώρα ήταν, αλλά πραγματικά δεν μπορούσα να τα καταφέρω. Ήξερα τη Νίκη για πολλά χρόνια και τα υλικά πράγματα ήταν πάντα χαμηλότερης προτεραιότητας. Άρχισα να σκέφτομαι τις αλλαγές που είχε περάσει, σαν παιδί για παράδειγμα. Πραγματικά δεν πίστευα ότι θα άντεχε. Φαινόταν τόσα πολλά μικρά πράγματα που επιδεινώνονταν, και δεν ένιωθα ότι θα μπορούσα να βοηθήσω, σαν μία από τις πολλές σχέσεις που είχα δει να διαλύονται μακριά, και ήξερα ότι ο Χρήστος θα έπαιρνε τόσα πολλά. Η αδυναμία μου στο θέμα, βοήθησε όλα να παρασυρθούν στο πίσω μέρος του μυαλού μου μέχρι να πάω στο λιμάνι. Οδήγησα αργά γύρω από τη δυτική πλευρά για να δούμε τι βάρκες υπήρχαν μέσα και σκέφτηκα το συναίσθημα που με έφερε εδώ. Είχα πολλά ευχάριστα ταξίδια στην Κω, αλλά συνήθως ερχόμουν στο τέλος της σεζόν, όταν τα πράγματα είναι πιο χαλαρά. Ένιωσα ότι κάτι με είχε τραβήξει εδώ, αλλά είχα χαθεί ως προς το τι.

Οδήγησα αργά γύρω από το λιμάνι, σκεφτόμουν τα πράγματα καθώς πήγαινα, και μετά είδα ένα γιοτ που αξίζει να κάνω μια παύση για να σχολιάσω. Είναι ένα από τα αγαπημένα μου, όχι ότι θα μπορούσα ποτέ να αντέξω οικονομικά ένα Moody 46. Αυτό είναι ένα γιοτ που ακόμη και με περιορισμένη εμπειρία ιστιοπλοΐας ήξερα ότι θα με πάει οπουδήποτε, και μια βάρκα για όλες τις διαθέσεις, αν θέλετε, ένα όμορφο σκάφος, και πολύ λειτουργική. Δεν είχα κατέβει από το ποδήλατό μου, αλλά θαύμαζα απλώς τη βάρκα όταν πλησίασε ένας νεαρός άνδρας και άρχισε να ανεβαίνει στο τόξο. Θα μπορούσα να πω το γιοτ ήταν από την Αγγλία, αλλά το σπίτι-λιμάνι της δεν ήταν ζωγραφισμένο στο πλευρό της, όπως γίνεται συχνά, έτσι σκέφτηκα ότι θα ήθελα τουλάχιστον να ρωτήσω.

«Από πού έρχεσαι;» Εγώ ρώτησα.

«Σαουθάμπτον», μου απάντησε. Απλά κούνησα το κεφάλι και συνέχισα να θαυμάζω.

«Είναι μια ομορφιά, έτσι δεν είναι!» πρόσθεσε.

«Σίγουρα είναι!» Κάναμε ευχάριστη συζήτηση για λίγο. Το όνομά του ήταν Τζον και, μαζί με τη φίλη του Βίκυ, ήταν το πλήρωμα του σκάφους για έναν ιδιοκτήτη, τον οποίο επρόκειτο να συναντήσουν στην Κω. Το καλώδιο γραναζιού του σκάφους είχε σπάσει στο δρόμο, γι' αυτό ήταν αγκυροβολημένο με το τόξο στο λιμάνι, και όχι με την πρύμνη στο λιμάνι, το οποίο είναι πιο κοινό. Ο Τζον είχε άμεσο αντίκτυπο σε μένα έστω και μόνο για το χρόνο που έδωσε σε έναν εντελώς άγνωστο. Ήξερα ότι ένα σκάφος σαν αυτό θα είχε προσελκύσει μερικούς θαυμαστές και οι περισσότεροι ιδιοκτήτες δεν φαινόντουσαν τόσο πολύ πρόθυμοι, αλλά όταν το άφησα δέκα ή δεκαπέντε λεπτά αργότερα, ένιωσα σαν να με είχε πάρει. Μου είπε ότι η κοπέλα του κοιμόταν, αλλά να ξανατηλεφωνήσω κάποια άλλη στιγμή. Απλά η ιδέα μιας μπύρας στο πλοίο ήταν ωραία. Μερικοί άνθρωποι αγοράζουν αυτά τα είδη των σκαφών μόνο για ποτά επί του σκάφους, χωρίς ποτέ να τα βγάζουν έξω, αλλά αυτό δεν ήταν ένα από αυτά, και από την ομιλία μου στον Τζον θα μπορούσατε να πείτε ότι παρά την ηλικία του είχε εμπειρία. Οδήγησα πίσω προς το σπίτι σε ένα διαφορετικό πλαίσιο σκέψης. Είναι ωραίο το πώς μια σύντομη τυχαία συνάντηση θα μπορούσε να αλλάξει μια μέρα. Μου είχαν μείνει άλλα τρείς ή τέσσερις και σκέφτηκα ότι θα περνούσα περισσότερο χρόνο στο λιμάνι.

Δεν βιάστηκα να επιστρέψω σπίτι, οπότε φαινόταν μια τέλεια στιγμή να περάσω λίγο χρόνο μιλώντας με την Άντζι, στο χαλαρό περιβάλλον στο πίσω μέρος του καταστήματος. Είναι στο δρόμο μου. Η Άντζι στάθηκε μόνη της στο τραπέζι κοιτάζοντας μέσα από το κατάστημα. Έβαλα το ποδήλατο στη βάση του.

«Γεια σου, ενοχλώ αν καθίσω μαζί σας για λίγο;» Εγώ ρώτησα.

«Όχι, καθόλου», απάντησε ευχάριστα. Κάθισα στο τραπέζι. Η Άντζι ήταν ντυμένη όπως πριν. Έριξε ένα βλέμμα από την πίσω πόρτα του καταστήματος σε κάθε πελάτη, και στη συνέχεια σιγά-σιγά πήρε το δρόμο της προς την άλλη πλευρά του τραπεζιού. Οι ενέργειές της ήταν αργές, αλλά σκόπιμες, την κάνουν πολύ άμεση, και είχε ακόμα μια σεμνότητα στο βλέμμα του πρόσωπό της. Στάθηκε με την πλάτη της σε μένα για μια στιγμή, και στη συνέχεια γύρισε, περπάτησε γύρω από μια καρέκλα στο τραπέζι και, πριν να κάτσει κοίταξε με το ίδιο βλέμμα στο πρόσωπό της που είχε όταν περιέγραψε την ανατολή του ηλίου στις αρχές του πρωινού. Κοιτάζοντας όχι σε μένα, αλλά ευθεία μπροστά, πήρε μια βαθιά ανάσα, όπως αυτή τοποθέτησε τα χέρια της στους γοφούς της, συρόμενη τους κάτω από τους μηρούς της, όπως καθόταν, και ανακοίνωσε ακόμα κοιτάζοντας ευθεία μπροστά,

«Είμαι τόσο γεμάτη θετικότητα που τίποτα δεν θα μπορούσε να με ταλαντεύσει», μικρή παύση πριν από την εξέταση μου. «Είμαι τόσο γεμάτη θετικότητα που βλέπω αρνητικότητα κάθε φορά που είναι γύρω μου!» Φαινόταν τόσο αυτάρεσκη, τι θα μπορούσα να πω;

«Πώς πηγαίνει η πρωινή σας βόλτα;» ρώτησα με χαμόγελο.

«Ωραία, πολύ καλά», απάντησε.

«Ωραία, έχω ακούσει τόσα πολλά για σένα, σκέφτηκα να περάσω για μια ώρα περίπου», της είπα. «Είναι ένα ωραίο μικρό μαγαζί αυτό που έχεις, πόσο καιρό είσαι εδώ;» Εγώ ρώτησα.

«Περίπου δέκα χρόνια» είπε προσθέτοντας, «Είναι ένα ωραίο κατάστημα και πάει καλά», με ένα ελαφρύ νεύμα και μια ματιά, για να δείξει ότι η δουλειά δεν ήταν μόνο καλή, αλλά και τα χρήματα, και η ματαιοδοξία φαινόταν να αυξάνεται.

«Ναι, με βοηθά να πληρώσω για τα πράγματα που θέλω», είπε.

«Ωραία, ωραία, φαίνεσαι πολύ χαρούμενη». Εννοούσα αυτάρεσκη. Ο τρόπος που μιλούσε ήταν απίστευτος.

«Ναι, πληρώνω για ό, τι θέλω, και αυτό είναι σημαντικό για μένα».

«Φυσικά, είναι καλό να είναι σε θέση να έχεις τα πράγματα που επιθυμείς», η συζήτηση πήγαινε καλά.

«Μου αρέσει να έχω το καλύτερο. Νομίζω ότι είναι πολύ σημαντικό να έχουμε πάντα το καλύτερο από όλα! Ταξιδεύω πρώτη θέση, και όταν πάω για ψώνια, αγοράζω πάντα το καλύτερο!»

«Τα λεφτά σου», της είπα. «Σου αρέσει να διαβάζεις κι εσύ πολύ;» Ρώτησα, υπήρχε ένα ανοιχτό βιβλίο στο τραπέζι.

«Ναι, μου αρέσει να διαβάζω», χαμήλωσε η φωνή της. «Δεν διαβάζω απλά τα βιβλία μου, αλλά τα μελετώ», είπε αφήνοντας τον τόνο της να εμβαθύνει.

«Αλήθεια», απάντησα με ενδιαφέρον.

«Ναι, όταν παίρνω ένα βιβλίο που μου αρέσει, το μελετώ, κάνω σημειώσεις, και μερικές φορές θα μελετήσω ένα βιβλίο για έξι μήνες ή περισσότερο», είπε τελειώνοντας σοβαρά. «Ναι, τα βιβλία είναι πολύ σημαντικά για μένα».

«Αχ, είναι καλό να διαβάζεις», είπα, όχι ότι είχα διαβάσει ένα βιβλίο για λίγο.

«Και όταν τελειώσω τα βιβλία μου τα δίνω στους φίλους μου για να τα διαβάσουν».

«Χμμμ», εγώ απλά κούνησα το κεφάλι με αυτό που άκουσα.

«Ναι, μόλις πρόσφατα καθάρισα όλα τα βιβλία μου και τα έδωσα όλα στους φίλους μου», με ενημέρωσε καθώς σηκώθηκε να ερευνήσει ξανά το κατάστημά της. Όλες οι κινήσεις της έμοιαζαν τόσο σκόπιμες. Περπάτησε προς την πόρτα του καταστήματος, σταμάτησε για μια στιγμή, γύρισε, και χωρίς καμιά συστολή ανακοίνωσε,

«Όταν πεθάνω, θα αφήσω το 10% από αυτά που μου ανήκουν στην αγαπημένη μου εκκλησία! Και τα υπόλοιπα, όταν θα φύγω θα τα μοιράσω ανάμεσα στους φίλους μου!» Νομίζω ότι αυτό υποτίθεται ότι θα ήταν μια επίδειξη γενναιοδωρίας. Γύρισε πίσω στο τραπέζι και κάθισε ξανά. Δεν μου άρεσε αυτό που άκουσα.

«Αισθάνομαι πιο ευτυχισμένος να κάνω κάτι, ενώ είμαι ζωντανός», της είπα. «Είμαι χορηγός σε ένα παιδί και κάνω δωρεές σε μια δυο φιλανθρωπικές οργανώσεις, δεν είναι πολλά, αλλά βοηθώ». Εδώ έβαλε τα χέρια της μαζί, έσκυψε προς τα εμπρός.

«Προσεύχομαι για τους πεινασμένους», είπε πανηγυρικά καθώς μιμούταν με τα χέρια ότι προσευχόταν. Έσκυψα προς τα εμπρός και είπα ειλικρινά.

«Αυτό είναι πολύ ευγενικό εκ μέρους σας, αλλά πραγματικά δεν βάζει φαγητό στο στομάχι τους», δεν μου άρεσε η ιδέα της φιλανθρωπίας σε όλα.

«Έτσι. Απολαμβάνετε τις διακοπές σας;» ρώτησε την αλλαγή του θέματος, και για να ελαφρύνει ο πόνος.

«Ναι, είναι εντάξει, είναι πάντα ωραίο να περνάς χρόνο με τους φίλους», της είπα. «Είχα μόλις πάει στο λιμάνι, μου αρέσουν τα ιστιοπλοϊκά σκάφη, υπάρχουν μερικά ωραία αυτή τη στιγμή».

«Σου αρέσουν οι βάρκες;»

«Ναι, απλά αναζητώ ακόμη, αν και μου αρέσει να πιστεύω ότι θα ήθελα να είμαι σε θέση να αγοράσω ένα και πάλι», της είπα προσθέτοντας. «Μοιραζόμουν ένα μικρό ιστιοφόρο». Ο τόνος της άλλαξε αμέσως.

«Ω, θεέ μου! Αν σας αρέσουν τα σκάφη θα πρέπει να πάτε στην Αλικαρνασσό! Εκεί φτιάχνουν μερικά από τα καλύτερα σκάφη στον κόσμο!» είπε με ενθουσιασμό προσθέτοντας. «Πολλοί άνθρωποι πηγαίνουν στην Αλικαρνασσό για να αγοράσουν σκάφη. Έχω πάει στην Αλικαρνασσό και εγώ η ίδια πολλές φορές! Είναι όμορφα εκεί!» Η Αλικαρνασσός είναι, φυσικά, στην Τουρκία, αλλά μόλις λίγα μίλια μακριά από την Κω. Τη νύχτα, όταν κοιτάς τη θάλασσα, θα πίστευες ότι η πόλη είναι στο ίδιο νησί, είναι τόσο κοντά. Είχα σκεφτεί να πάω εκεί σ' αυτό το ταξίδι, σε ένα από τα πολλά πλοία που πήγαιναν πέρα δώθε, αλλά η σκέψη της τελευταίας επίσκεψής μου στην Τουρκία με είχε αποθαρρύνει αρκετά.

«Ναι, έτσι έχω ακούσει, δεν ξέρω, είχα μια κακή εμπειρία όταν πήγα την τελευταία φορά».

«Ξέρετε ότι είναι καλύτερα να πείτε ότι είστε Έλληνες αν πάτε».

«Το ξέρω, οι άνθρωποι συνέχεια μου το λένε», της είπα προσθέτοντας, «Δεν ξέρω, το έχω σκεφτεί». Σταμάτησα για να λάβω υπόψη αν μια διαφορετική στάση στη μετανάστευση θα βοηθούσε. Δεν ήθελα να πω ψέματα για την κληρονομιά μου. Προσπάθησα να φανταστώ τι απάντηση θα μπορούσα να πάρω αν ήμουν πιο ανοιχτός και ευγενικός, όπως,

«Από πού είσαι;»

«Κύπρος», αλλά ευγενικά με ένα χαμόγελο ή κάτι τέτοιο, ή ίσως πω ψέματα μόνο για να γνωρίσω τους ανθρώπους. Ήμουν σίγουρος ότι θα ήταν διαφορετικά. Η ιδέα του ψέματος γι' αυτό με στεναχώρησε όμως. Επέστρεψα στη συζήτηση.

«Μου είπαν πολλά σκατά στο παρελθόν και δεν θέλω να τους πω ψέματα», της είπα, πριν μπω σε λεπτομέρειες σχετικά με την πολύ σύντομη επίσκεψή μου στην Ιστανμπούλ. Θυμήθηκα όλες τις λεπτομέρειες και από τη στιγμή που τελείωσα την ιστορία μου, τα μάτια μου κοίταξαν το πάτωμα. Η Άντζι έφερε το κεφάλι της λίγο πιο κοντά στο δικό μου, αυτό που ήταν έτοιμη να πει ήταν για να με ζαλίσει εντελώς, αργά και σταθερά. Είπε,

«Νομίζω ότι είσαι αρνητικός στο να είσαι Κύπριος».

«Τι!»

«Νομίζω ότι είσαι αρνητικός στο να είσαι Κύπριος!» είπε πιο σταθερά.

«Αποκλείεται!» Ήμουν αμέσως αμυντικός και της είπα, «Αν είμαι αρνητικός όταν αμφισβητείται η κληρονομιά μου από έναν άνθρωπο της μετανάστευσης, αυτά είναι μαλακίες! Δεν έχουν κανένα δικαίωμα! Παίρνουν το μισό νησί μας και μετά ακούω αυτές τις μαλακίες», ανέφερε η απάντησή της σαν επίθεση.

«Ξέχνα το Βορρά! Ξέχνα το! Το έχασες! Έφυγε! Δεν είναι δικό σου πια!»

«Εσύ τι;» αυτό ήταν κάτι που δεν μπορούσα να καταλάβω κανέναν να μου λέει, πόσο μάλλον ένας Έλληνας.

«Είπα ξέχνα το! Δεν είναι δικό σου πια! Έφυγε!» Έμεινα άναυδος για να πω το λιγότερο. Η Τουρκία είχε χωρίσει το νησί μας μόνο λόγω ενός ελληνικού πραξικοπήματος που είχε ανατρέψει την κυπριακή κυβέρνηση, μια περίπτωση Ελλήνων που έπαιξαν ξανά στη χώρα μας και αναστάτωσαν την τουρκική μειονότητα. Ποτέ δεν ένιωσα πικραμένος ή εχθρικός γι' αυτό. Το θεώρησα ανόητο. Αλλά ακούγοντας αυτό αφού η ηλιθιότητά τους μας είχε κοστίσει, μου κόστισε ακόμη πιο πολύ, τόσο πολύ, που έμεινα άναυδος στη σιωπή. Κάθισα για ένα σύντομο χρονικό διάστημα, όταν μια πολύ καλοντυμένη Ελληνίδα πλησίασε, και είπε γεια στην Άντζι. Είχα το κεφάλι μου κάτω σκεπτόμενος αυτό που είχα ακούσει και όντας λίγο αναστατωμένος γι' αυτό. Μπορούσα να ακούσω την Άντζι και τη φίλη της να μιλάνε για ωραία ρούχα και ακριβά ρολόγια, για τους άντρες τους. Κοίταξα ψηλά και με σύστησε στη φίλη της.

«Αυτός είναι ο Δημήτρης, είναι από την Κύπρο». Η γυναίκα χαμογέλασε αμέσως, και άρχισε να μου μιλάει στα ελληνικά, τίποτα από τα οποία δεν κατάλαβα φυσικά.

«Δεν μιλάω ελληνικά».

«Τι είναι αυτό; Δεν μιλάτε Κυπριακά;» απάντησε. Απίστευτο! Ήταν το μόνο που μπορούσα να σκεφτώ. Μια γυναίκα έδινε το μισό νησί μας και μια άλλη το διεκδικεί.

«Στην Κύπρο μιλάμε πολλές γλώσσες», της είπα ψυχρά. Αυτό έκανε πως δεν το άκουσε και συνέχισε να μιλάει στην Άντζι. Αρκετά άκουσα. Περίμενα μερικά λεπτά και είπα ότι φεύγω. Κάναμε έναν σύντομο αλλά ευγενικό αποχαιρετισμό και πήγα πίσω στο σπίτι ακόμα άναυδος από όλα όσα είχα μόλις ακούσει. Όταν επέστρεψα το μέρος ήταν ήσυχο. Ο Χρήστος ήταν έξω και ο Κώστας ήταν στο νηπιαγωγείο. Δεν είπα τίποτα στη Νίκη στην αρχή, αλλά πήγα στην κρεβατοκάμαρα, και κάθισα στο κρεβάτι ακόμα γυρίζοντας όλα όσα είχα ακούσει στο μυαλό μου. Η Κύπρος πόνεσε λίγο, πόνεσε πολύ. Τηλεφώνησα στη Νίκη.

«Νίκη, θα έρθεις εδώ σε παρακαλώ, θέλω να σου μιλήσω», ήταν σταθερή η φωνή μου. Ήρθε στην ανοιχτή πόρτα.

«Τι γίνεται;»

«Μόλις κουβεντιάζαμε με την Άντζι».

«Ω ναι, πώς τα πήγες;» ρώτησε, αγνόησα την ερώτηση.

«Πόσο καιρό την ξέρεις;»

«Τρεις εβδομάδες, γιατί;»

«Τρεις εβδομάδες», επανέλαβα, δεν ήταν πολύ.

«Ναι, τη γνώρισα την ίδια στιγμή που ο φίλος μου αυτοκτόνησε στην Κάλυμνο», με ενημέρωσε. Θυμήθηκα ότι η Νίκη μου έλεγε για έναν στενό φίλο που κρεμάστηκε.

«Πόσο συχνά την βλέπεις;»

«Κάθε μέρα».

«Κάθε μέρα!» Κοίταξα τη Νίκη να ρωτάει.

«Ναι, περνάω μισή ώρα μαζί της κάθε μέρα».

«Για τι πράγμα μιλάτε»

«Πολλά πράγματα, είναι πολύ χρήσιμη για μένα».

«Τι είδους πράγματα;» Εγώ ρώτησα.

«Όλα τα είδη των πραγμάτων».

«Σαν τι; Πες μου», είπα.

«Μου λέει πώς θα πρέπει να ντύνομαι, το είδος των πραγμάτων που πρέπει να κάνω, να είμαι θετική και να παίρνω το καλύτερο για τον εαυτό μου», την διέκοψα

«Και τίποτα, αλλά το καλύτερο είναι αρκετά καλό για σας;»

«Ναι!» Η Νίκη με κοίταξε λίγο έκπληκτη. Της έριξα ένα βλέμμα αποδοκιμασίας.

«Τι συμβαίνει;» είπε κοιτάζοντας ανήσυχη.

«Σου έδωσε βιβλία να διαβάσεις;» Εγώ ρώτησα.

«Ναι».

«Μπορώ να τους ρίξω μια ματιά, παρακαλώ;»

«Έχετε δει ένα από αυτά, είναι εκεί, θα φέρω το άλλο». Μου έδειξε ένα μικρό βιβλίο που ονομάζεται *Δημιουργική Απεικόνιση* πριν επιστρέψει με ένα πολύ πιο παχύ χαρτόδετο βιβλίο στο χέρι της, το οποίο μου πέρασε καθώς καθόταν στο κρεβάτι, πολλές παραγράφους ήταν σημειωμένες με στυλό σαν κάποιος να τα έχει μελετήσει.

«Το διαβάζεις αυτό;»

«Ναι, η Άντζι μου είπε να το μελετήσω». Έψαξα το βιβλίο, ενώ η Νίκη καθόταν σιωπηλά. Μελέτησα μερικά μέρη πριν πάρω μια ιδέα για το τι το βιβλίο ήταν περίπου. Διάβασα ένα απόσπασμα έξω δυνατά «δεν είναι μόνο αμαρτία να είστε φτωχοί, αλλά ακόμη μεγαλύτερη αμαρτία είναι να είστε φτωχοί, όταν θα μπορούσατε να είσαι πλούσιοι», και ήταν τα χρήματα που αναφερόταν. Θεώρησα το βιβλίο αηδιαστικό. Φαινόταν να γελοιοποιεί τη θρησκεία για να παρηγορήσει τους πλούσιους.

«Νίκη, το μελετάς αυτό;»

«Ναι, Άντζι μου λέει να διαβάζω κάθε μέρα, με ενθαρρύνει να γράφω γι' αυτό, καθώς, τι συμβαίνει;»

«Αυτό το βιβλίο είναι η μεγαλύτερη μπούρδα που έχω διαβάσει ποτέ! Δεν μπορώ να σου επιτρέψω να το διαβάζεις! Δεν εκπλήσσομαι που η ζωή σου είναι χάλια αυτή τη στιγμή!» Η Νίκη με κοίταξε σαν να άρχισε να καταλαβαίνει τι εννοώ αλλά για μένα όλα είχαν μπει στη θέση τους.

«Κάνεις σημειώσεις και μελετούσες αυτό;» Ρώτησα, ο τόνος μου δεν ήταν ευχάριστος και ήταν για να μεταφέρω πώς ένιωθα.

«Ναι», νομίζω ότι ήξερε τι θα ερχόταν στη συνέχεια.

«Σου κάνει πλύση εγκεφάλου! Τώρα ξέρω από πού είναι όλα αυτά τα σκατά που λες!»

«Τι εννοείς;»

«Ναι, όλα αυτά τα πρέπει να έχω τα καλύτερα σκατά! Αναρωτιόμουν από πού το ξεσήκωσες»

«Ω όχι!» Ακουγόταν σαν να είχε πονοκέφαλο.

«Ναι Νίκη! Νομίζω ότι αυτό ήταν η αιτία πολλών προβλημάτων σας τον τελευταίο καιρό!»

«Έτσι νομίζεις;» είχε αρχίσει να γίνε πιο συναισθηματική τώρα. «Νομίζεις ότι γι' αυτό ήμουν τόσο μπερδεμένη τελευταία;» Κούνησα το κεφάλι.

«Πιθανότατα, ναι το κάνω». Ξέσπασε σε δάκρυα. μέσα από τα δάκρυα μπορούσα να την ακούσω να λέει.

«Όχι πάλι, όχι πάλι». Κατά τη διάρκεια της επόμενης ώρας περίπου, το συζητήσαμε και ένιωσα τα συναισθήματά μου επιβεβαιώθηκαν. Μιλήσαμε για το πώς την επηρέαζε, και την νέα της επιθυμία για το καλύτερο, και τίποτα άλλο παρά το καλύτερο, ήλπιζα, να επηρεαστεί και να γειωθεί στη γη. Καθώς μιλούσαμε, μπορούσα να δω πώς οι απαιτήσεις της επηρέασαν τη σχέση της, και μετά στο επόμενο στάδιο, λίγη προστασία.

«Νίκη, θέλω να θυμώσεις με την Άντζι!»

«Να θυμώσω;»

«Ναι, πολύ! Παραλίγο να καταστρέψει τη σχέση σου. Θέλω να θυμώσεις μαζί της!» Έπρεπε να της την πω για αυτά που μου είχε πει για την Κύπρο.

«Σου είπε τι;»

«Μου είπε να ξεχάσω τον Βορρά, καθώς δεν είναι δικός μας πια!»

«Όχι!»

«Ναι». Σύντομα ήρθε το επόμενο στάδιο, είπε στον Χρήστο. Κάθισα μόνος μαζί του και του εξήγησα τι συνέβαινε σχετικά με την επιρροή της Άντζι στη Νίκη. Το κομμάτι της Κύπρου δεν ήταν απαραίτητο για τον Χρήστο για να θυμώσει αν και ήξερα ότι θα τροφοδοτήσει τη φωτιά. Η πρώτη του αντίδραση ήταν ο ακραίος θυμός, αλλά ηρέμησε όταν εγώ κάλεσα τη Νίκη. Ήρθε στην πόρτα με μια ντροπιασμένη ματιά στο πρόσωπό της.

«Του εξήγησα τα πάντα», της είπα. Μπήκε στην αίθουσα και πλησίασε τον Χρήστο πριν πέσει στην αγκαλιά του, και να ξεσπάσει σε δάκρυα, τώρα ο θυμός του Χρήστου είχε εμφανιστεί.

«Γαμημένη σκύλα!» φώναξε. «Ανακάτεψε την οικογένειά μου, θα βάλω ένα γαμημένο μαχαίρι στο λαιμό της! Να την δω τώρα!»

«Όχι Χρήστο! Υπάρχει καλύτερος τρόπος!» Του είπα.

«Όχι, όχι, μακριά μου! Τώρα θα την δω! Θα της πω τι πιστεύω!»

«Όχι, Χρήστο, βλέπω ότι είσαι θυμωμένος, αλλά δεν είναι ο τρόπος!»

«Τότε πώς;» ρώτησε, καταστέλλοντας τον θυμό του ελαφρώς.

«Θα καταλάβεις, θα καταλάβεις», επανέλαβα. «Αλλά όχι έτσι», είπα, διαβεβαιώνοντάς τον με τα ίδια μου τα μάτια και παίρνοντας τα χέρια μου έξω για να τον ηρεμήσω.

«Πώς;» ρώτησε ελαφρώς συγκεχυμένος.

«Αύριο ο καλύτερός της φίλος έρχεται εδώ για δείπνο, ναι!» κούνησε το κεφάλι του. Κοίταξα βαθιά μέσα του και συνέχισα.

«Χρήστο, σου λέω στα σίγουρα ότι η Άντζι θα ξέρει πόσο θυμωμένη είσαι με την Τζιν».

«Πώς θα το ξέρει;» ρώτησε κοιτάζοντας πίσω σε μένα σύγχυση.

«Πίστεψέ με, θα το μάθει μέσω της Τζιν».

«Δεν βλέπω πώς», είπε τραβώντας το κεφάλι του πίσω.

«Υπάρχει ένας τρόπος, αν δεν λειτουργήσει, μπορείτε να το κάνετε με τον τρόπο σας», είπα. «Αλλά άσε με να δοκιμάσω το δρόμο μου πρώτα». Ο Χρήστος φαινόταν προσεκτικός. Μπορούσα να τον καταλάβω ότι ήθελε να αντιμετωπίσει την Άντζι αλλά, όπως θα έλεγα στη Νίκη, δεν είναι κάτι που κάποιος θα μπορούσε ποτέ να αποδείξει. Όπως κατά κάποιο τρόπο θα μπορούσε να ειπωθεί ότι ήταν όλα στο κεφάλι της, το οποίο είναι, αλλά αυτό είναι το πιο σημαντικό μέρος του σώματός μας, το μυαλό.

«Εντάξει, βλέπουμε!» είπε ο Χρήστος.

«Ακριβώς!» Σε αυτό το σημείο λυπήθηκα λίγο την Τζιν, αλλά δεν ήταν για πολύ. Αν και ακουγόμουν σίγουρος για το τι θα έκανα, δεν ξέρω γιατί. Το ήξερα ότι θα μπορούσε να γίνει. Απλά ποτέ δεν είχα ιδέα πώς θα το κάνω, και τώρα ο χρόνος μου είχε αρχίσει να φαίνεται σύντομος, μόλις τρεις ακόμα ημέρες, αυτό χωρίς αποκλεισμούς. Η Τζιν θα ερχόταν για δείπνο το επόμενο βράδυ, αλλά και ένα ζευγάρι αγαπημένων φίλων, η Μαρία και ο Ραφαήλ, που δεν ήθελα να συμμετέχουν. Έτσι, οι ώρες του δείπνου άλλαξαν για να μας επιτρέψουν να δειπνήσουμε μαζί τους το απόγευμα, και η Τζιν έπρεπε να έρθει στις δέκα, αλλά ακόμα δεν είχα δουλέψει τίποτα από τη στιγμή που περιπλανήθηκα απ' το μπαρ στο σπίτι περίπου στις έντεκα εκείνο το βράδυ. Υπήρχε ένας φροντιστής παιδιών στο σπίτι, στο σαλόνι, καθώς η Νίκη βοηθούσε τον Χρήστο στον πάγκο. Δεν σταμάτησα, αλλά πήγα κατευθείαν στο κρεβάτι μου, έβαλα λίγη μουσική, και στη συνέχεια απλά αισθάνθηκα μια παρόρμηση να γράψω. Είχα μελαγχολήσει όλη μέρα ακούγοντας το «ξεχάστε το, έχει φύγει, δεν είναι δικό σας πια», απλά επαναλαμβάνεται, ξανά και ξανά. Χτύπησε ακόμα πιο σκληρά να το ακούσω από έναν Έλληνα, αλλά και να το ακούσω γενικά, και ήμουν αυτός που κατηγορείται ότι είναι αρνητικό να είναι κανείς Κύπριος. Τι ήξερε για το ότι ήταν Κύπρια, ή για μένα; Είχα ένα στυλό στο χέρι μου, και έψαχνα για λίγο χαρτί, όταν είδα το μπλε σχολικό βιβλίο του Κώστα. Δεν πίστευα ότι θα πείραζε κανέναν και αν τους πείραζε τότε θα ήθελα να αγοράσω ένα νέο. Έγραψα και έγραψα. Δύο ή τρεις ώρες αργότερα αφού είχα βάλει σε κάποια τάξη αυτά που είχα γράψει, ήμουν πάρα πολύ κουρασμένος για να τα διαβάσω, έκλεισα το βιβλίο και το γλίστρησα κάτω από το μαξιλάρι μου, έριξα το στυλό στο πάτωμα, και κοιμήθηκα.

Το επόμενο πρωί, ξύπνησα λίγο πριν το μεσημέρι. Δεν είχα σηκωθεί από το κρεβάτι, δεν υπήρχε πάνω σεντόνι, επειδή ήταν τόσο ζεστά και κοιμήθηκα με το σορτς μου. Απλά γύρισα, τράβηξα το μπλε βιβλίο κάτω από το μαξιλάρι και διάβασα. Φαινόταν να ξεκινάει με αυτοπεποίθηση. Ο παππούς μου ήταν εκεί μέσα, και αν υπήρχε κάτι αρνητικό σε αυτό, δεν μπορούσα να το δω. Πήδηξα επάνω ευχαριστημένος με αυτό που είχα γράψει. Έριξα το βιβλίο πάνω στο κρεβάτι και αποφάσισα να ταξινομήσω κάποιο πρωινό και να κάνω ένα ντους πριν από την αποκάλυψη της εργασίας μου στους άλλους. Λιγότερο από μία ώρα αργότερα ήμασταν όλοι στο σαλόνι. Ο Χρήστος καθόταν και η Νίκη ήρθε και στάθηκε δίπλα του. Τους είπα τι έκανα τις πρώτες πρωινές ώρες. Δεν ένιωσα την ανάγκη να εξηγήσω γιατί το έγραψα, αλλά ήξερα ότι ήταν κάποιου είδους προσωπική μαρτυρία για το πώς ένιωθα που είμαι Κύπριος. Ήμουν νευρικός για την απάντηση του Χρήστου. Ήξερα επίσης ότι θα μπορούσε να είναι λίγο προκατειλημμένη προς αυτό, απλά και μόνο επειδή προήλθε από μένα, και η καλή πρόοδος της επικοινωνίας που είχαν κάνει από τις αποκαλύψεις μου. Δική του, θα ήταν η απάντηση που θα μετρούσε πιο προσεκτικά. Είχα το κοινό μου και διάβασα το κομμάτι μου, χρειάστηκαν δέκα ή δεκαπέντε λεπτά, στο τέλος του οποίου υπήρξε σιωπή. Φαινόταν σαν μια μεγάλη παύση όταν ο Χρήστος στράφηκε προς τη Νίκη και είπε κάτι στα ελληνικά. Με κοίταξε και μετέφρασε,

«Ο Χρήστος λέει ότι έκανε τις τρίχες στα χέρια του να σηκωθούν στο τέλος». Αυτό είχε μια τέτοια επίδραση στον εαυτό μου, ένιωσα μια μεγάλη αίσθηση ανακούφισης, δεν θα μπορούσα να ελπίζω για καλύτερη ανατροφοδότηση. Λίγο μετά είχα φύγει, μακριά για να δώσει η Άντζι την απάντηση της. Πήγα στο μαγαζί που καθόταν στο τραπέζι διαβάζοντας. Έβαλα το ποδήλατο στο περίπτερο και πήρα το βιβλίο από το καλάθι πίσω από το κάθισμα του ποδηλάτου. Πήρα μια βαθιά ανάσα λέγοντας στον εαυτό μου να μείνει συγκροτημένος.

«Άντζι, σε πειράζει αν σου διάβαζα κάτι που έγραψα απαντώντας σε σένα που μου είπες ότι είναι αρνητικό το ότι είμαι Κύπριος;»

«Τι είναι αυτό;» ρώτησε κοιτάζοντας προς τα πάνω.

«Κάτι που έγραψα απαντώντας σε σας λέγοντάς μου ότι είναι αρνητικό το να είμαι Κύπριος»

«Ω! Καθόλου!» είπε έκπληκτη. Άρχισα να διαβάζω ακόμα εμπνευσμένος από την εμπιστοσύνη από την αντίδραση του Χρήστου.

Το όνομά μου είναι Διμιτρι Τζόρνταν. Είμαι τριάντα έξι ετών. Γεννήθηκα στην Αγγλία, και ο πατέρας μου, και ο πατέρας του είναι Άγγλοι. Είμαι περήφανος που είμαι Άγγλος, αλλά η καρδιά μου δεν ανήκει μόνο στην Αγγλία. Η μητέρα μου γεννήθηκε στον Άγιο Αμβρόσιο, ένα μικρό χωριό περίπου δεκαέξι χιλιόμετρα ανατολικά της Κερύνειας. Κάποιοι λένε ότι έχω πάρει από τον πατέρα της μητέρας μου, έναν άντρα που αγαπούσα πάρα πολύ. Είμαι περήφανος για τον πατέρα της μητέρας μου, και για τη μητέρα της, οι οποίοι ήταν κάποτε υπερήφανοι να αυτοαποκαλούνται Κύπριοι, γι' αυτό είμαι σίγουρος. Το 1974 το αγρόκτημα του παππού μου και το σπίτι είχαν καταληφθεί κατά την εισβολή, και ξέρω ότι η απώλειά μας είναι μικρή σε σύγκριση με ορισμένες άλλες. Είμαι απλά ευγνώμων που ο παππούς μου δεν έζησε ποτέ για να δει αυτή την τραγωδία, η γιαγιά μου όμως το έζησε. Η μητέρα μου ήταν παντρεμένη με τον πατέρα μου στην Αγγλία απ' την ηλικία των δεκαπέντε ετών και, ανεξάρτητα από κάποιες προσπάθειες συγγενών, μόνο η μεγαλύτερη αδελφή μου μιλάει ελληνικά, καθώς στάλθηκε σε ελληνικό σχολείο στο Λονδίνο. Δεν είδα την ανάγκη να μάθω μια άλλη γλώσσα, αν και ποτέ δεν ήταν μακριά από τα χείλη μου, ο παππούς μου μιλούσε πολύ καλά αγγλικά. Η γιαγιά μου με ρώτησε κάποτε, όταν ήμουν στην ηλικία των δεκαεπτά, αν θα πήγαινα στην Κύπρο για να κάνω την στρατιωτική μου θητεία. Για μένα η ιδέα φαινόταν φρικτή, κυρίως, νομίζω, λόγω της μικρής αμοιβής που λάμβαναν οι στρατιώτες. Είπα ότι δεν μπορούσα, αλλά ένιωσα ότι η γιαγιά μου ήθελε να αισθάνεται υπερήφανοι για μένα και έκανα μια υπόσχεση που δεν σκοπεύω να σπάσω. Ότι αν η Κύπρος έχει πρόβλημα, θα είμαι εκεί, και θα παλέψω για να κρατήσω τη χώρα απαλλαγμένη από κάθε τυραννικό καθεστώς.

Το 1986 άρχισα να ταξιδεύω, το οποίο παρόλο που με πήγε στην Κύπρο, είδα την επίσκεψη ως συμπωματική για τα ταξίδια μου και δεν είχε μεγάλη σημασία για μένα. Ταξίδευα συχνά στα ελληνικά νησιά όπου οι Έλληνες μου έλεγαν ότι θα έπρεπε να ντρέπομαι για τον εαυτό μου που δεν μιλούσα ελληνικά και, ακόμα χειρότερα, ότι ο παππούς μου θα ντρεπόταν για μένα. Αυτό ομολογώ ότι το βρίσκω μπερδεμένο. Ο παππούς μου, αν και απλός χωρικός βοσκός και ορθοδόξου υπόβαθρου, ποτέ, ποτέ, στη μνήμη μου, δεν προσπάθησε να επιβάλει ή ακόμα και να με ενθαρρύνει να μιλάω ελληνικά. Κάτι για το οποίο τον ευχαριστώ τώρα. Είναι μια γλώσσα που μπορώ εύκολα να μάθω, το αλφάβητο μου ήταν γνωστό από πάντα. Μετά από λίγο βρήκα μια απάντηση που μου φάνηκε σωστή. Τους ρώτησα πού ήταν το 1974. Ήμουν παιδί, και τους ρώτησα αν θεωρούσαν την Κύπρο ως δικό τους κομμάτι, γιατί ποτέ δεν πήγαν οι ίδιοι να πολεμήσουν για ό, τι ήταν δικό τους; Προς το παρόν, θα αγωνίζομαι τόσο για την Κύπρο όσο και για την Αγγλία, αλλά όχι μόνο για μια υπόσχεση.

Το κομμάτι στη συνέχεια μπαίνει σε λεπτομέρειες σχετικά με τα ταξίδια μου στην Κύπρο, την εμπειρία μου με την Κύπρια μπαργούμαν, την επίσκεψή μου στην Κωνσταντινούπολη, και τις σκέψεις και τα συναισθήματά μου σχετικά με την κατοχή, προτού συνεχίσω.

Γράφω αυτά τα λόγια ενώ βρίσκομαι στο ελληνικό νησί της Κω. Λίγες μέρες πριν το γράψω αυτό πήγα στο μπαρ ενός φίλου, όπου με ρώτησε ένας Έλληνας που μου άρεσε, γιατί δεν μιλούσα ποτέ ελληνικά; Απάντησα πολύ σκληρά για μια τέτοια αθώα απορία, και του είπα ότι ως Κύπριος δεν χρειαζόμουν έναν Έλληνα να μου λέει ποια γλώσσα θα πρέπει να μιλήσω. Τώρα βλέπω την Κύπρο ως μια χώρα που οφείλει πολύ λίγα με τον τρόπο της στην συμμαχία της με την Ελλάδα. Δεν μπορεί να μας προστατεύσει, και πάρα πολλοί Έλληνες είναι της γνώμης ότι είμαστε δικοί τους, μια άποψη που σε πολλούς μπορεί να μην αρέσει, και το καταλαβαίνω αυτό, αλλά σύντομα θα έκανα μια συζήτηση που θα ενέκρινε τις προσωπικές μου απόψεις. Μίλησα με μια περήφανη Ελληνίδα στην Κω. Έχει μια κερδοφόρα επιχείρηση και έχει όλα τα υλικά αγαθά που κάνουν μια άνετη ζωή. Όταν της είπα για το περιστατικό μου στην Κωνσταντινούπολη, μου επεσήμανε αμέσως ότι ήμουν αρνητικός στο να είμαι Κύπριος, στο οποίο αυτή είναι η απάντηση. Είπα ότι η στάση μου θα μπορούσε να ήταν λίγο αρνητική, αλλά ως απάντηση στον αξιωματικό της μετανάστευσης την ένιωσα δικαιολογημένη. Αυτή η γυναίκα στη συνέχεια πήγε να μου πει να ξεχάσουμε το Βορρά, ήμουν έκπληκτος. Συνέχισε λέγοντας μου, φύγε, ξέχνα το, δεν είναι δικό σου πια, σαν να το πουλήσαμε ή να το παραδώσαμε, και κάτι που θα μπορούσα απλά να ξεχάσω. Λίγο μετά την άφιξη ενός φίλου της, μου μίλησε στα ελληνικά όταν έμαθε την κυπριακή καταγωγή της μητέρας μου. Της λέω ότι δεν μιλάω ελληνικά στο οποία απάντησε, δεν μιλάς κυπριακά; Σε αυτό το σημείο ένιωσα τα συναισθήματά μου για την Κύπρο πως επιβεβαιώθηκαν, δεν είμαστε μια χώρα με περισσότερες από μία γλώσσες;

Ζω με την ελπίδα ότι αυτό που πάρθηκε θα επιστραφεί, και επιπλέον, ότι μια μέρα που η Κύπρος δεν θα είναι πλέον μια διαιρεμένη χώρα, όλοι οι Κύπριοι, ανεξάρτητα από τη γλώσσα που μιλούν, και ανεξάρτητα από τη θρησκεία τους, θα θεωρούν τους εαυτούς τους Κύπριους πρώτα και κύρια. Απαλλαγμένοι από τις εξωτερικές επιρροές οποιασδήποτε χώρας, είτε πρόκειται για την Ελλάδα, την Τουρκία ή τη Βρετανία.

Ελπίζω ότι μια μέρα θα μπορέσω να επιστρέψω στη γη του παππού μου και, αν, όταν φτάσω εκεί, να διαπιστώσω ότι η γη μας και το σπίτι του παππού μου κατοικείται, ότι θα αναγνωρίσουν τα δικαιώματά μου, όπως θα αναγνωρίσω τα δικά τους. Για είκοσι τέσσερα χρόνια που έχουν περάσει από την κατοχή και κάθε άνδρας ή γυναίκα που μπορεί να έχουν γεννηθεί εκεί θα αισθάνονται ότι είναι τόσο δικό τους, και κατά τη γνώμη μου δικαίως, γιατί θα είναι γενέτειρά τους, και γνωρίζω τη σημασία αυτού. Αλλά αν μπορούμε να αναγνωρίσουμε ο ένας τα βαθύτερα συναισθήματα του άλλου θα δούμε ότι η γη είναι μέρος όλων μας, και μπορεί να μοιραστεί εύκολα, αν ο καθένας από εμάς μπορεί να αφήσει πίσω μας το μίσος, το φόβο, και την άγνοια, που έχουν προβληματίσει τους προγόνους μας για τόσα πολλά χρόνια, μια ενωμένη Κύπρο από κάθε άποψη, και ένα για να είμαστε πραγματικά υπερήφανοι.

Όχι, δεν αισθάνομαι αρνητικά για το να είμαι Κύπριος, μόνο απέναντι στις επιρροές αυτών, είτε είναι τουρκικές, είτε βρετανικές ή ελληνικές, που θα κρατούσαν τη χώρα μας στο εμπόλεμο κράτος στο οποίο ζει. Έστω και μόνο στο μυαλό.

Στο τέλος η Άντζι κούνησε το κεφάλι της, και στη συνέχεια είπε,
«Ξέρετε, είναι καλό, ότι αυτό έχει προέλθει από τη συζήτησή μας, αλλά είναι λίγο αντι-ελληνικό!»
«Όπως τα λες», της είπα. «Είμαι ενάντια σε οτιδήποτε κρατά τους ανθρώπους μας στην κατάσταση που είναι, και δεν θέλω πραγματικά να συνεχίσω αυτή τη συζήτηση πια», είπα προσθέτοντας. «Δεν έχω πολλά να σου πω». Με αυτό έφυγα. Απλά δεν ήθελα να είμαι παρών πια. Μπορούσα να αισθανθώ τα συναισθήματά μου γρήγορα να εμφανίζονται, και έπρεπε να ξεφύγω, αλλά δεν είχα πετύχει τίποτα. Έφυγα, και οδήγησε στο λιμάνι με ένα αποκαρδιωμένο συναίσθημα.

Στο λιμάνι ο Τζον και η Βίκυ με επευφημούσαν λίγο. Πήγα στο σκάφος για μερικές μπύρες, αφού πέρασα τα πρώτα τριάντα λεπτά προσπαθώντας να κρατήσω το τόξο του Moody μακριά από τον τοίχο του λιμανιού. Τα σκάφη ήταν συνεχώς έτοιμα να μπλεχτούν το ένα στην άγκυρα του άλλου, όπου όλα βγήκαν προς τη μέση του πολυσύχναστου, αλλά μικρού λιμανιού. Στην ώρα ή έτσι που πέρασα στο σκάφος υπήρχαν μερικά γιοτ που πιάστηκαν στη γραμμή του Moody's. Σε αυτό το σημείο δεν ζήλευα τον Τζον, και δεν έκρυψα την επιθυμία του να επισκευάσω το σκάφος, και να φύγω από εκεί, αλλά παρ' όλα αυτά, ήταν καλή παρέα, και ένα ωραίο ζευγάρι για να μιλήσω, τόσο νέοι, στις αρχές της δεκαετίας των '20, και απλά για να πάρουν το γιοτ όπου ήθελε ο ιδιοκτήτης. Μου είπαν ότι θα τους έβαζε και τους δύο στα μαθήματα κατάδυσης, και τους εξόπλισε με εξοπλισμό κατάδυσης, το οποίο ήταν ωραίο να ακούσω. Αλλά βλέποντας τον Τζον στο Moody θεώρησα ότι ο ιδιοκτήτης ήταν ο τυχερός που τον βρήκε. Δεν μπορούσα να μείνω μαζί τους, υπήρχε κάτι που έπρεπε να κάνω, και ξαφνικά ένιωσα επείγον.

Όταν γύρισα στο σπίτι, η Νίκη ήταν εκεί μόνη στην κουζίνα, πράγμα που διευκόλυνε να της μιλήσω από το κρεβάτι μου, στο οποίο καθόμουν. Ντρεπόμουν για το γεγονός ότι είχα γράψει ότι ήξερα στο ελληνικό αλφάβητο, το οποίο δεν ήταν αλήθεια. Μέρος του. Όχι όλα. Δεν μπορούσα καν να μετρήσω ως το τρία, αλλά ήμουν τώρα αποφασισμένος να τελειώσω το αλφάβητο.

«Νίκη, κάνε μου μια χάρη».

«Τι είναι αυτό;»

«Βοήθησέ με να τελειώσω το αλφάβητο;» Εγώ ρώτησα.

«Τι, το ελληνικό αλφάβητο;»

«Ναι, νομίζω ότι ξέρω τα περισσότερα. Απλά πρέπει να το τελειώσω», της είπα.

«Πες μου τι ξέρεις».

«Εντάξει, άλφα», πέρασα από το αλφάβητο, όπως ήξερα ότι σταμάτησε στο Ύψιλον.

«Τι μου λείπει; Ξέρω ότι τελειώνει με ωμέγα». Με κοίταξε και εξεπλάγην.

«Τι συμβαίνει;» Εγώ ρώτησα.

«Το είπες άπταιστα!»

«Είναι ακριβώς όπως το ξέρω, τι μου λείπει;»

«Φι, χι, ψi». Την κοίταξα περιμένοντας λίγο περισσότερο.

«Αυτό είναι;» Ρώτησα έκπληκτος.

«Ναι».

«Σκατά!» Είπα προσθέτοντας. «Τι με έκανε να σταματήσω να μαθαίνω στο Ύψιλον! Αυτό είναι;»

«Ναι, θέλεις να σου φέρω ένα βιβλίο;»

«Αν θέλεις», απάντησα. Δεν με ένοιαζε όμως. Έμεινα άναυδος. Δεν μπορούσα να πάρω το κεφάλι μου γύρω από την ιδέα ότι είχα πάει τόσο κοντά σε όλο το αλφάβητο και σταμάτησα. Όταν μπορούσα να με θυμηθώ ως παιδί να μαθαίνει κώδικα Μορς, παρόλο που το είχα ξεχάσει εδώ και καιρό, θυμήθηκα ότι σιγουρεύτηκα ότι είχα μάθει το Α-Ω. Το ίδιο περίεργο για μένα ήταν ότι δεν είχα ιδέα ότι ήμουν τόσο κοντά. Η Νίκη έφερε τα βιβλία, τα οποία κοίταξα αλλά δεν το πρόσεξα. Προσπαθούσα ακόμα να το καταλάβω την ώρα του δείπνου όταν έφτασαν η Μαρί και ο Ραφαήλ, και μετά το ξέχασα για μερικές εβδομάδες.

Ο Ραφαήλ και η Μαρί είχαν φτάσει ξεχωριστά για την καλοκαιρινή περίοδο, και τους ήξερα για αρκετά χρόνια, και οι δύο πολύ γλυκοί άνθρωποι. Η Μαρία είχε ενημερωθεί για τις αποκαλύψεις μου από τον Χρήστο, ο οποίος ήταν πλέον πεπεισμένος ότι είχα σώσει τη σχέση του, και στις τρεις το προηγούμενο πρωί είχε πάει σπίτι για να μου φτιάξει ένα όμορφο κολιέ με χάντρες, το οποίο μου έδωσε πριν το δείπνο. Το υπόλοιπο της ημέρας πέρασε αρκετά γρήγορα, και εκείνο το βράδυ με βρήκε να κάθομαι με τον Χρήστο, στον πάγκο του, στην πόλη. Ήταν καλά φωτισμένα από μια σειρά από φωτεινά λαμπτήρες, που τροφοδοτείται από μια γεννήτρια βενζίνης, τοποθετημένη περίπου πέντε μέτρα μακριά. Λίγα είχαν ειπωθεί σχετικά με την Τζιν ή Άντζι, και αναρωτήθηκα αν πραγματικά είχε σημασία τώρα, αλλά σε περίπου δέκα-τριάντα λεπτά περπάτησα μέσα από την πόρτα του. Η Τζιν καθόταν στο τραπέζι της κουζίνας με ένα μπολ με κρύα μαυρομάτικα φασόλια και λαχανόσουπα, αλλά πραγματικά δεν θα μπορούσα να ενοχληθώ και δεν είχα ιδέα για το πώς επρόκειτο να επιτευχθεί αυτό που είχα πει στον Χρήστο ότι θα μπορούσε και θα. Είπα στη Νίκη ότι θα φρόντιζα το παιδί, για να της επιτρέψω να πάει στον πάγκο και να καθίσει με τον Χρήστο, και μετά άρχισα να προσπαθώ να ξεφορτωθώ την Τζιν. Κάθισα στο τέλος του κρεβατιού μου στη θέα της και τεντωμένο, χασμουρητό την ίδια στιγμή, κάνοντας ένα σχόλιο ότι είμαι πολύ κουρασμένος σε μια προσπάθεια να την πάρει για να φύγει.

«Τι, είσαι κουρασμένος;» ρώτησε.

«Ναι», είπε.

«Ήσουν έξω πίνοντας μπύρες χθες το βράδυ; Ω!»

«Όχι, έγραφα ένα δοκίμιο σε απάντηση σε κάτι που είπε η Άντζι».

«Ω ναι, τι ήταν αυτό;»

«Στο ότι είμαι αρνητικός στο να είμαι Κύπριος, θέλεις να το ακούσεις;»

«Ναι, γιατί όχι;» Το διάβασα στην Τζιν στο τέλος του οποίου προσπάθησε να υπερασπιστεί Άντζι που μου είπε να ξεχάσω το Βορρά, το οποίο με εξέπληξε, και αναρωτήθηκα αν είχε ακούσει ακόμη και το κομμάτι.

«Ξέρεις ότι ποτέ δεν εννοούσε αυτά που είπε για την Κύπρο».

«Όχι, δεν το πιστεύω αυτό, όχι μόνο το εννοούσε, αλλά το εξέφρασε και με έμφαση». Μετά ρωτούσε κάτι που δεν είχα σκεφτεί ποτέ πριν.

«Πώς και ο παππούς σου μιλούσε καλά αγγλικά αν και ήταν απλά ένας αγρότης;»

«Δεν ξέρω. Απλά ξέρω ότι ήταν ένας πολύ έξυπνος άνθρωπος». Με είχε αφήσει με ένα πράγμα που δεν είχα σκεφτεί όμως. Από εκεί προχώρησε κατευθείαν σε μια επίθεση σε μένα για το πραγματικό κομμάτι που είχα μόλις διαβάσει. Τώρα αναρωτιόμουν αν το πίστευε ή το είχε ακούσει από την Άντζι, το οποίο με κολακεύει λίγο. Αλλά η επίθεση ήταν προς την κατεύθυνση που περίμενα. Όπως μου είπε, η Κύπρος ήταν Ελληνική μέσα από μια ιστορία πέντε χιλιάδων ετών. Ήταν η πιο φυσική κατεύθυνση για έναν Έλληνα και, αν με ρωτούσατε για την ιστορία μας, θα έλεγα ότι πηγαίνει πίσω περίπου πέντε χιλιάδες χρόνια με την Ελλάδα. Αλλά όπως της επεσήμανα δεν ήταν η ιστορία μας που με απασχολούσε, αλλά το παρόν μας, και το μέλλον μας. Η Τζιν ήταν αντιδραστική στην συζήτηση κυρίως επειδή ήταν τόσο αδαής για τα βασικά της αρχαίας ιστορίας, και δεν με πείραζε να της το πω. Αλλά έκανα και το λάθος ότι ήθελα να ακούσω και, σε μια στιγμή, ακριβώς όταν ο Χρήστος περπάτησε μέσα από την μπροστινή πόρτα. Μου έλεγε συνέχεια όχι μόνο πώς ένιωθα, αλλά και τι σκεφτόμουν, και ο Χρήστος ήταν πάνω στην ώρα για να με ακούσει να της το πω για πρώτη φορά.

«Τζιν, δεν με πειράζει να σου πω ότι λες μαλακίες! Αλλά ένα πράγμα που δεν μου αρέσει είναι να μου λες πώς νιώθω και τι σκέφτομαι, σταμάτα το τώρα!» είπα σταθερά. Αλλά δεν έκανε καμία διαφορά και έκανε τα πράγματα χειρότερα για τον εκείνη, ήταν πάρα πολύ αναστατωμένη, και παρατήρησα ότι αρκετά νωρίς για να κρατήσω την ψυχραιμία μου, ενώ αυτή φαινόταν να χάνουν τον έλεγχο. Όλη την ώρα ο Χρήστος έσκυβε προς την πόρτα και τα άκουγε όλα. Η Τζιν ήταν στην άμυνα, και έχανε άσχημα, και εδώ ήταν για να πάρει την τελευταία της προειδοποίηση για να μου πει πώς ένιωθα, και τι σκεφτόμουν. Ήξερα τώρα όμως ότι αυτό δεν ήταν μόνο πάνω στην Νίκη, αλλά όλα λειτουργούν καλά.

«Τζιν, δεν έχεις τα προσόντα να πεις σε κανέναν τι να σκέφτεται, ή τι αισθάνεται και δεν έχεις ιδέα τι κάνεις όταν το κάνεις. Επιβάλλεσαι σε κάποιον άλλο!» Αυτά ήταν τα σχόλια που τα έχασε εντελώς. Νόμιζα ότι είχα ακούσει αρκετά όταν έκανε μια τελευταία επίθεση στην Κύπρο, δηλώνοντας και πάλι ότι η Κύπρος ήταν ένα ελληνικό νησί λόγω των πέντε χιλιάδων χρόνων ιστορικών δεσμών μας, με τους οποίους επιτέθηκα με τον ίδιο τρόπο όπως και πριν. Τα νεύρα είχαν ξεφτίσει.

«Τζιν σου το είπα και πριν! Και θα σου πω για τελευταία φορά! Δεν είναι η ιστορία μας που με αφορά, αλλά το παρόν μας, και το αιματηρό μέλλον μας!» Η απάντησή της ήρθε ως μια απότομη επίθεση.

«Ποιο μέλλον; Τι έχεις; Έχεις μια γαμημένη γραμμή που τρέχει μέσα από το νησί σας! Τι έχεις; Δεν έχεις τίποτα, αα! Τίποτα!» είπε μοχθηρά. Αυτό πόνεσε, μου το σκηνοθετούσε προσωπικά, αλλά ήξερα ότι ο Χρήστος θα ένιωθε τον πόνο αυτού.

«Έχουμε ελπίδα Τζιν», είπα ήσυχα με το κεφάλι μου κάτω. Ήταν το μόνο που μπορούσα να κάνω. Μπήκα στο δωμάτιό μου, και κάθισα στο κρεβάτι, και πήρα το προσβλητικό βιβλίο από κάτω.

«Τζιν πριν τελειώσω αυτή τη συζήτηση, προσβάλλομαι εξαιρετικά με αυτό το βιβλίο», το κράτησα ψηλά. «Προσβάλλομαι ακραία αυτό το βιβλίο που δόθηκε στη Νίκη και πηγαίνει κατευθείαν στον κάδο! Και δεν το έχω ξανακάνει αυτό με βιβλίο!» Ήταν η πρώτη φορά που ήταν ήσυχη για πάνω από μία ώρα. Μόλις μου έπεσε το βιβλίο. Μπορούσα να ακούσω τη φωνή της ξανά, αλλά είχα ακούσει αρκετά. Ήμουν αναστατωμένος, αλλά δεν θα το έδειχνα. Η Τζιν μίλησε ενώ πήρα τα τσιγάρα μου και τον αναπτήρα, πήγα στην πόρτα της κρεβατοκάμαρας, γύρισα, και σιγά της είπα,

«Τζιν, σου είπα ότι αυτή η συζήτηση τελείωσε, δεν έχω άλλο χρόνο για σένα, όχι τουλάχιστον για να λες μαλακίες! Αλλά είσαι σκατά, Ζαν! Είσαι σκατά!» με αυτό έκλεισα την πόρτα και κάθισα στο κρεβάτι και περίμενα να φύγει, το οποίο έκανε πολύ γρήγορα. Άνοιξα απότομα την πόρτα. Ο Χρήστος στεκόταν εκεί, όχι πολύ χαρούμενος.

«Τώρα από ό, τι ακούω και από ό, τι βλέπω, λέω ότι δεν έχεις πλέον επαφή με την οικογένειά μου».

«Από ό τι ακούς και από ό τι βλέπεις Χρήστο, μπορείς», είπα. Ένιωσα σαν να είχα πετύχει κάτι. Την επόμενη μέρα η Νίκη πήγε στην Άντζι για να της πει ότι έπρεπε να ακυρώσει τα σχέδια φύλαξης παιδιών. Η Άντζι φαινόταν ανήσυχη, ρωτώντας,

«Ελπίζω ο σύζυγός σας να μην νομίζει ότι σας επηρεάζουμε Νίκη, δεν θα το θέλαμε αυτό», και στη συνέχεια το κλασικό. «Προσπαθούσαμε μόνο να βοηθήσουμε!» Ένιωσα καλά που ήξερα ότι δεν χρειάστηκε να το πω. Αυτό ήταν καλό. Αλλά δεν βοήθησε τον πόνο που ένιωθα τώρα, για τους Έλληνες, λέγοντάς μου ότι είχαμε χάσει το βορρά μας και είχε χαθεί. Κατά την αντίληψη μου ήταν οι Έλληνες που ήταν τόσο πολύ έτοιμη να κατηγορήσει όπως ο καθένας, συμπεριλαμβανομένων των Τούρκων. Την επόμενη μέρα η Τζιν ακούστηκε να αφαιρεί ακόμη και την ελπίδα μας, κάτι που αισθάνθηκε σαν ένα στριμμένο μαχαίρι. Αυτό ήταν μια ριζική αλλαγή των συναισθημάτων.

Ο χρόνος μου στην Κω είχε σχεδόν τελειώσει. Ο Χρήστος δεν μπορούσε να με ευχαριστήσει αρκετά και μου έλεγε συνέχεια ότι αν δεν είχα φτάσει όταν είχα, σε αυτόν και τη Νίκη, σίγουρα θα είχαν τελειώσει. Η παρουσία του Τζον και της φίλης του, της Βίκυ, ήταν ευλογία εκείνη την τελευταία μέρα. Μετά το τράβηγμα του Moody από ένα άσχημο σκάφος που έμοιαζε με διασταύρωση μεταξύ ενός μεταλλικού ρυμουλκού, και ενός μικρού κρουαζιερόπλοιου, που είχε σύρει κυριολεκτικά το Moody από την πρόσδεση του, ήμουν ευτυχής να μείνω μαζί τους για μερικές ώρες, δημιουργώντας μου ένα συναίσθημα εντελώς μακριά από όλα αυτά με προβλημάτιζαν. Ίσως ένα από τα ωραία πράγματα του να έχεις μια βάρκα για να πιείς είναι ότι μπορείς να αισθανθείς σαν να έχεις δραπετεύσει, χωρίς καν να φύγεις από το λιμάνι, αρκετή δικαιολογία για να αγοράσετε ένα, αν έχετε τα χρήματα. Πήγα να πω αντίο στον Νικόλαο πριν φύγω, αλλά μία από τις τύψεις μου ήταν ότι δεν είχα την ευκαιρία να περάσω λίγο περισσότερο χρόνο μαζί του. Με ενδιέφερε και πήρα μια στιγμιαία χαρά από αυτόν, ήταν ένα σύντομο αντίο, αλλά εγκάρδιο.

«Νικόλα ήρθα να πω αντίο και θέλω να ζητήσω συγγνώμη. Την πρώτη φορά που σου μίλησα ήμουν λίγο σκληρός, δεν ξέρω γιατί, λυπάμαι».

«Δεν πειράζει, καταλαβαίνω».

«Απλά νομίζω ότι ήμουν λίγο σκληρός».

«Όχι, καλή πτήση». Ήξερα τι είχα ακούσει, τι μου είχαν πει για την Κύπρο, και θα ήξερε ότι ακόμα και από δύο ανόητες γυναίκες, ότι θα πονούσε.

Μια τελευταία λέξη για το ψαλίδι κομμωτικής της Νίκης, ένα καινούργιο καλό όπως ήθελε της είχε ήδη κοστίσει πάνω από τριακόσιες πενήντα λίρες. Όταν το παλιό χρειάζεται μόνο ακόνισμα, τιμή, δεκαπέντε λίρες, και ήμουν ευτυχής να το πάρω πίσω στην Αγγλία και να τους το επιστρέψω ακονισμένο, και έτοιμο για άλλα δύο χρόνια χρήσης. Σκέφτηκα αν ήταν ο λόγος που ένιωσα να με ελκύει η Κως, η Νίκη και ο Χρήστος, ίσως ήταν. Αλλά είχα αρχίσει να έχω την αίσθηση ότι υπήρχαν περισσότερα στην επίσκεψή μου από το να σώσω τη σχέση τους. Σε δύο μέρες, έκλαψα δύο φορές για την Κύπρο, κάτι που δεν είχα ξανακάνει.

7

Κεφάλαιο Επτά

Ήμουν ειλικρινής όταν είπα στην Νίκη ότι ήμουν ευτυχής που είχα πάει στην Κω, αλλά ήμουν πολύ πιο ευτυχισμένος να πάω πίσω στην Αγγλία. Ήταν Κυριακή πρωί, και καθάρισα το Γκάτγουικ γύρω στις επτά, που σήμαινε ότι έφτασα στο σιδηροδρομικό σταθμό King Cross περίπου οκτώ το πρωί. Ένιωσα μια παράξενη αίσθηση του σκοπού, όπως επιβιβάστηκα στο τρένο που περιβαλλόταν από επιζώντες ενός νυχτερινού Σαββάτου στην πόλη. Ήμουν ξύπνιος όλη νύχτα, αλλά ο ύπνος δεν ήταν να με βρει. Με την αίσθηση του σκοπού, ένιωθα ξύπνιος, αλλά δεν ήταν το φωτεινό φως του πρωινού μιας καλοκαιρινής μέρας που με κράτησε ξύπνιο. Δεν μπορούσα να κοιμηθώ ακόμα αν προσπαθούσα. Ένα ολόκληρο τρένο της σκέψης έτρεχε το δικό του μονοπάτι μέσα από το μυαλό μου.

Πάντα ένιωθα ότι ήταν σκληρό εκ μέρους της τουρκικής κυβέρνησης να διχοτομήσεις το νησί λόγω του ελληνικού πραξικοπήματος. Αν και τίποτα δεν θα μπορούσα να σκεφτώ που θα δικαιολογούσε την εθνική κάθαρση των Ελληνοκυπρίων από το Βορρά, η οποία φαινόταν εξαιρετικά σκληρή υπό οποιεσδήποτε συνθήκες. Αλλά εξερευνώντας τα προσωπικά μου συναισθήματα προς την Τουρκία από ελληνική σκοπιά έπρεπε να πω ότι μπορούσα να το καταλάβω εν μέρει. Αν σκεφτώ την αρχαία ιστορία μας, μερικά από τα ωραιότερα ερείπια μας βρίσκονται στο τουρκικό έδαφος.

Κατασχέθηκαν κατά την οθωμανική περίοδο όπως και πολλές άλλες χώρες ίσως, αλλά, σε αντίθεση με τις περισσότερες άλλες χώρες, ένα μεγάλο μέρος της δεν επέστρεψε ποτέ στην Ελλάδα. Με αφήνει να αισθάνομαι λίγο εξαπατημένος και δεν μπορώ να πιστέψω ότι οι άλλοι Έλληνες δεν αισθάνονται το ίδιο. Πάντα ένιωθα λυπημένος να βλέπω τουρκικές αφίσες διακοπών με τα αρχαία ερείπια μας σε αυτά, και κάποιο σύνθημα, 'ΕΛΑΤΕ ΝΑ ΔΕΙΤΕ ΤΗΝ ΙΣΤΟΡΙΑ' την ιστορία μας, και τους περιφρονούμε για αυτό. Οι Τούρκοι ήταν νομαδικοί άνθρωποι από τα ανατολικά και μετανάστευσαν δυτικά, αν θα μπορούσα να το ονομάσω έτσι, αρκετά πρόσφατα, ιστορικά μιλώντας, το οποίο πηγαίνει πιο μακριά εναντίον τους. Τα ζώα από τα ανατολικά, όπως συχνά αναφερόμουν σε αυτούς εγώ ο ίδιος. Υπό αυτές τις συνθήκες θα μπορούσα να καταλάβω ότι η Τουρκία είναι λίγο περισσότερο από δυστυχισμένη με τους Τουρκοκύπριους που ζουν απευθείας στην ελληνική κυριαρχία.

Πρόσφατα το ανέλυσα μέσα μου, το μίσος που υπάρχει, φαινόταν περισσότερο σαν δυσαρέσκεια αλλά μετατράπηκε σε μια τρομερή πικρία. Θα μπορούσα να είχα πάει ευχαρίστως σε ένα λόφο στην Κύπρο και να πυροβολώ Τούρκους όλη την ημέρα. Μερικοί θα μπορούσαν να πουν ότι είναι φυσικό λαμβάνοντας υπόψη τη συμπεριφορά τους εκεί, αλλά, για να είμαι ειλικρινής, ήξερα ότι υπήρχε ακόμη και πριν από τότε. Ως παιδί οι ιστορίες τρόμου της μητέρας μου ήταν ότι οι Τούρκοι έκοβαν παιδιά, ήταν ο μπαμπούλας, και υπήρχε πάντα η Κωνσταντινούπολη, και αυτό ήταν πολύ πριν από τη διχοτόμηση της Κύπρου. Το μίσος είναι βαθύ και συχνά κρύβεται κάτω από ένα βράχο για να το πω έτσι. Τράβηξα το βράχο πάνω για να το θέσω έξω στο φως για να εξεταστεί. Είναι αρκετά έντονο το πώς ένιωσε και, υπό το φως, το είδα ως αυτό που ήταν, δυσαρέσκεια και πικρία από πολλή ιστορία. Έφυγε τώρα, ανάρπαστη με τον άνεμο, κανείς δεν πρέπει να μείνει στην ιστορία έτσι. Αλλά αυτή ήταν η ιστορία, ειπώθηκε και έγινε, και η Τουρκία και η Ελλάδα είχαν επιβεβαιώσει δημογραφικά αυτό από ένα μαζικό πρόγραμμα επανεγκατάστασης που πραγματοποιήθηκε στη δεκαετία του '20. Η Ελλάδα προφανώς γνώριζε, και δέχθηκε, ότι αυτά τα εδάφη χάθηκαν για πάντα, αλλά άφησε πολλούς Έλληνες απογόνους στην Τουρκία, και το αντίστροφο, έτσι επαναπατρίστηκαν από τη θρησκεία. Αυτό ήταν κάτι που προφανώς δεν είχε συμβεί ποτέ στην Κύπρο. Το σκληρό κομμάτι φάνηκε να είναι ότι το ελληνικό πραξικόπημα κατέρρευσε, και η Τουρκία κράτησε το βορρά μας. Αλλά φάνηκε επίσης να πούμε την αλήθεια ότι το ελληνικό πραξικόπημα ήταν τόσο πολύ να κατηγορήσει για την άσκηση των Τούρκων. Στη συνέχεια, λαμβάνοντας υπόψη το πολιτικό κλίμα, και τον φόβο που ζούσαν οι Κύπριοι, σκέφτηκα το περιστατικό με το κοντάρι της σημαίας, τον συλλέκτη σαλιγκαριών και τη νονά μου που μου έλεγε ότι τούρκοι συνοροφύλακες πέρασαν τη νύχτα παρενοχλώντας τους χωρικούς. Αυτό θα κρατούσε τους ανθρώπους σφιχτά στην Ελλάδα, τη μόνη χώρα που δηλώνει ανοιχτά ότι θα υποστηρίξει την Κύπρο, την οποία θεωρούσα περισσότερο μια χειρονομία παρά οτιδήποτε άλλο. Είχα αναρωτηθεί γιατί οι Βρετανοί δεν είχαν παρέμβει, αλλά φαντάστηκα ότι ήταν ευτυχείς μόνο με το να διατηρήσουν τις κυρίαρχες βάσεις τους και δεν ήθελαν να παρέμβουν. Είχα αναρωτηθεί πώς η Βασίλισσα είχε πάρει για να κρατήσει τις βάσεις τίτλου εκεί, αλλά οι Βρετανοί είχαν τη συνήθεια να ζητούν τη Βασίλισσα και τη χώρα.

Έτσι, θεωρητικά, αν μπορούσαμε να δείξουμε στην Τουρκία ότι είμαστε πρώτα και κύρια Κύπριοι, κάτι που θεωρούσα ότι πολλοί από εμάς είμαστε, θα μπορούσε να υπάρξει μια αλλαγή στάσης. Δεν είχα μόνο σκεφτεί μόνο το μπαρ με τα κορίτσια, αλλά μια-δυο φορές είχα ακούσει Ελληνοκύπρια παλικάρια ανοιχτά να καταριούνται τους Έλληνες. Ακουγόταν σαν απογοήτευση εκείνη την εποχή. Χαμογελούσα. Κατάλαβα πώς ένιωθαν. Υπάρχουν στιγμές που η Ελλάδα φαινόταν να έχει πάρα πολλή ανάμειξη στη χώρα μας, χωρίς να λαμβάνει υπόψη το τι σκέφτονται πολλοί για το πραξικόπημα, το οποίο προκάλεσε διχοτόμηση. Αλλά το πιο σημαντικό κομμάτι ήταν ότι πίστευα ακράδαντα ότι θεωρούσαν τους εαυτούς τους κύπριους πρώτα απ' όλα, όπως έκανα εγώ, και μάλιστα, όπως και τα κορίτσια μπαρ, θα απέκρουαν την ελληνική τους ταυτότητα πρώτα απ' όλα. Αυτό έδειχνε υπερηφάνεια για τη χώρα.

Τώρα μιλώντας ως Ελληνοκύπριος, είμαστε οι περισσότεροι άνθρωποι στο νησί αριθμητικά μιλώντας, και ήταν το ελληνικό κομμάτι που πίστευα ότι η Τουρκία φοβόταν περισσότερο. Όλα αυτά με έφεραν πίσω στο κομμάτι που είχα γράψει στην Κω, η απόλυτη συγχώρεση αντικατέστησε τη δυσαρέσκεια, μια μεγάλη αλλαγή σκέψης, αλλά αυτό είναι όλο, και αν ήμασταν σοβαροί για ένα ενοποιημένο νησί τότε θα πρέπει να αρχίσουμε να συγχωρούμε αργά ή γρήγορα, ή αλλιώς δεν θα μπορούσε να λειτουργήσει. Αυτό με οδήγησε στο συμπέρασμα ότι δεν μπορούσα να πιστέψω ότι οι Τουρκοκύπριοι ήταν λιγότερο απογοητευμένοι από εμάς. Υπήρχε μια ολοένα αυξανόμενη αίσθηση μέσα μου ότι οι Τουρκοκύπριοι υπέφεραν πράγματι όσο υπέφεραν σήμερα, και με την Κύπρο τότε σύντομα έτοιμη να εισέλθει στην ΕΕ τα οφέλη και για τις δύο πλευρές ήταν μεγάλα. Σκέφτηκα τη σημαία μας, ένα χρυσό περίγραμμα της χώρας του νησιού μας, με δύο κλαδιά ελιάς που συνδέονται κάτω από αυτήν για να συμβολίζουν τις δύο κοινότητες σε μια ενωμένη Κύπρο. Είμαι βέβαιος ότι δεν χρειάζεται να εξηγήσω τη σημασία της δικής σας σημαίας για εσάς, και η δική μας είναι κάτι που δεν είχαν μόνο αρχίσει να πιστεύουν, αλλά και φιλοδοξούσαν να επιτύχουν.

Σκέφτηκα τον οδηγό ταξί στη Λάρνακα, και το μίσος του, με τρόμαξε, αλλά δεν μπορούσα να πιστέψω ότι ο πόνος του δεν ήταν μεγαλύτερος από το μίσος του, και ήταν ο πόνος που χρειαζόταν θεραπεία, αντί να ταΐζουμε το μίσος. Ήμουν σίγουρος ότι κάπου στο βορρά υπήρχε ένας Τουρκοκύπριος που είχε χάσει τόσο πολλά. Δεν θα μπορούσα παρά να βρω ομοιότητες μεταξύ Κύπρου και Βόρειας Ιρλανδίας λόγω των μικτών κατοίκων της, και το βάθος του μίσους που θα μπορούσε να εκδηλωθεί φαινόταν παρόμοιο με εκείνο μεταξύ της Τουρκίας και της Ελλάδας, αν και θα έλεγα στους ανθρώπους ότι ήταν χειρότερο. Αλλά για να είμαστε σε θέση να κοιτάξουμε στο παρελθόν μας και πραγματικά να μάθουμε από αυτό, αντί να προσπαθήσουμε να χτίσουμε μια πλατφόρμα για να το δικαιολογήσουμε, που θα κάνει τους ανθρώπους, ανεξάρτητα από τη θρησκεία ή τη φυλή, ένα μεγάλο λαό από μόνους τους, που δεν μετριέται με βάση το μέγεθος, αλλά με τρόπους που σε αυτόν τον κόσμο σήμερα πολλοί θα μπορούσαν να πάρουν παράδειγμα από αυτούς.

Δεν μπορούσα παρά να στρέψω αυτό το συναίσθημα στον λαό μου, τους Κύπριους. Υπήρξαν τόσες πολλές αλλαγές στον εαυτό μου τα τελευταία δύο χρόνια. Γεννήθηκα και μεγάλωσα στην Αγγλία και πάντα έλεγα ότι είμαι περήφανος που είμαι Βρετανός, και ακόμα ήμουν. Ωστόσο, μπορεί να γεννήθηκα από έναν Άγγλο πατέρα, αλλά υπήρχε μια ανεξήγητη δύναμη που με τράβηξε στο παρελθόν μου, στο κυπριακό παρελθόν μου, και σε αυτή την κληρονομιά. Αλλά η εμπειρία στην Κω, και το ότι δεν είχα ξεχάσει την υπόθεση για τη Μακεδονία, είχε αναγκάσει τον Κύπριο να απομακρυνθεί από τον Έλληνα μέσα μου, και από τον κύκλο του μίσους μεταξύ Ελλάδας και Τουρκίας, ο μόνος τρόπος για ένα ενωμένο νησί.

Σκέφτηκα την υπόσχεση στη γιαγιά μου, τα συναισθήματά μου, και την προσωπική δέσμευση που ένιωσα ότι είχα κάνει σε μια χώρα που δεν είχα δει ποτέ πριν ήμουν είκοσι πέντε και δεν ήμουν καν σίγουρος αν κατάλαβα, αλλά είχα πάντα μαζί μου όπου κι αν πήγαινα, αν το ήθελα ή όχι. Το χρώμα του δέρματός μου, στα μάτια μου, μια συνεχής υπενθύμιση του ποιος είμαι, και τι είμαι, το τελικό προϊόν των γενεών των αγγλικών και ελληνοκυπρίων προγόνων, ναι, αλλά ήταν ελληνοκυπριακή καταγωγή μου των οποίων η κλήση ήταν ισχυρότερη, και όχι μόνο για το χρώμα του δέρματός μου. Δεν θα μπορούσα παρά να έλκομαι από αυτή την κληρονομιά, σαν σκώρος στη φλόγα, αν και δεν μιλάω ελληνικά, το οποίο δεν φαινόταν πλέον να έχει σημασία. Ένιωσα σαν να είχα αρχίσει να ανακαλύπτω μια ταυτότητα που με καλούσε για όσο καιρό μπορούσα να θυμηθώ, αλλά ποτέ πριν δεν την είχα αναγνωρίσει. Ένιωσα πολύ πιο περήφανος που ήμουν Κύπριος μετά την Κω. Χωρίς ντροπή να παραμερίσω τον τίτλο του να είμαι Βρετανός πρώτα απ' όλα και αυτό ήταν κάτι που δεν θα μπορούσα ποτέ να φανταστώ πριν. Είχα μεγαλώσει με τόση υπερηφάνεια που είμαι Βρετανός, και παρόλο που το ένιωθα ακόμα, διάλεγα ένα εναλλακτικό μέλλον, αλλά παίρνοντας μαζί μου όλα όσα είχα μάθει από το να είμαι Βρετανός, και ένιωσα ότι αυτό δεν είναι κάτι για να ντρέπεσαι.

Μέχρι τη στιγμή που το τρένο είχε φύγει συνειδητοποίησα την απογοήτευση να σύρεται και πάλι. Η γραμμή θα ήταν ακόμα εκεί. Η Τουρκία δεν ήταν έτοιμη να αποσυρθεί γιατί ένας Ελληνοκύπριος είχε αποφασίσει ότι δεν ήταν μόνο ευτυχής να εγκαταλείψει τον τίτλο του Έλληνα, αλλά να μοιραστεί τη γη του, και να τους συγχωρήσει για τον πόνο που είχαν περάσει για χάρη μιας ενωμένης Κύπρου. Αποφάσισα να βάλω αυτές τις σκέψεις μακριά και να προχωρήσουνε σε κάποια πραγματικότητα. Είχα φέρει το βιβλίο του Κώστα σπίτι μαζί μου και, όπως ξεπακετάριζα, εγώ απλά το πέταξα πάνω σε ένα σωρό από άλλα βιβλία και σύνεργα κάτω από το γραφείο μου.

Το μόνο πράγμα για το οποίο ήμουν τώρα σίγουρος ήταν το να επαναστατήσω ανοιχτά κατά της ελληνικής ταυτότητας, και ένιωσα ότι ήταν για καλό λόγο. Ήξερα ότι θα πλήγωνε κάποια μέλη της οικογένειας, αλλά δεν είχαν πει τι είχα ακούσει, και θα τους το έλεγα. Ήταν απλό. Είχα ακούσει δύο Έλληνες να δίνουν τη χώρα μου και έτσι τους δίνω πίσω τον τίτλο τους. Δεν είχα πρόβλημα με αυτό, και ούτως ή άλλως, δεν μιλάω ελληνικά.

Μετά ήρθαν τα νέα, και τι νέα ήταν! Πριν πάω στην Κω, ήξερα ότι η κυπριακή κυβέρνηση προσπαθούσε να αγοράσει αμερικανικούς πυραύλους εδάφους-αέρος. Αν και ήξερα επίσης ότι οι ΗΠΑ επρόκειτο να βάλουν ένα μπλοκ σε αυτούς, το οποίο και έκαναν, εξοργίζοντας εμένα τον ίδιο και τους άλλους, είμαι σίγουρος. Αλλά τι νέα άκουσα κατά την επιστροφή μου! Επιβεβαιώθηκε τώρα, ότι η Κύπρος επρόκειτο να παραλάβει τους ρωσικούς πυραύλους εδάφους-αέρος S-300. Το καλύτερο μέρος για τον εαυτό μου να πάρει πληροφορίες ήταν από το διαδίκτυο και ήταν εκεί που είχα διαβάσει την ομιλία του Μουράτοφ. Ο Μουράτοφ ήταν πρεσβευτής της Ρωσίας στην Κύπρο. Η Τουρκία είχε πει ότι θα κατέστρεφαν τους πυραύλους. Είχε προκαλέσει μια μικρή κρίση, αλλά ο Μουράτοφ την είχε περιγράψει ως τεχνητή. Ανέφερε ότι είναι βέβαιος ότι η Τουρκία δεν θα χτυπήσει, και είχε επίσης πει, «Σε οποιαδήποτε στρατιωτική περιπέτεια στο νησί, τα όπλα θα χτυπήσουν αυτόν που ξεκίνησε την διαδήλωση», ένα γεγονός, το οποίο φαινόταν διασκεδαστικό. Ποτέ δεν είχα ακούσει στρατιωτική σύγκρουση να περιγράφεται ως ένα γεγονός πιο πριν, αλλά κάτι που ακουγόταν σαν αλλαγή φαινόταν ευπρόσδεκτη. Είπε επίσης ότι, 'η Ρωσία τάχθηκε υπέρ μιας δίκαιης και διαρκούς ειρήνης στην Κύπρο και δεν θα μπορούσε να επιτρέψει την καταστροφή της ανεξαρτησίας και της εδαφικής ακεραιότητας της Κυπριακής Δημοκρατίας', τώρα αν αυτό δεν ήταν μουσική στα αυτιά μου καλύτερα να έρθει. Έχω μία φίλη, την Σάντι, της οποίας ο πατέρας είναι πρώην αξιωματικός του βρετανικού στρατού που εξακολουθεί να εργάζεται από αυτούς και να ζει στην Κύπρο. Είχε μόλις επιστρέψει από εκεί και είχε έρθει γύρω για μια επίσκεψη όταν αρχίσαμε να μιλάμε για το θέμα. Μου είπε ότι ενώ καθόταν στον κήπο του πατέρα της, ένα ρωσικό στρατιωτικό αεροπλάνο είχε πετάξει χαμηλά για να προσγειωθεί στο αεροδρόμιο της Λάρνακας.

«Τι είναι αυτό;» ρώτησε τον πατέρα της.

«Ω, είναι οι Ρώσοι», απάντησε.

«Ρώσοι!»

«Ναι, λένε συνέχεια ότι χάθηκαν». Αστειεύομαι μαζί της για τον έλεγχο στην καλύτερη στέγαση για τον εαυτό τους, αλλά αυτά που μου είπε, με έκαναν να σκεφτώ πόσοι Ρώσοι φαινόταν να επενδύουν στην Κύπρο. Δεν ήταν το γεγονός ότι τα αεροπλάνα ήταν εκεί, αλλά, τα αεροπλάνα που χάθηκαν δεν θα είχαν σχέδιο πτήσης και, αν δεν τα έβλεπαν, δεν είναι πραγματικά εκεί, έτσι δεν είναι; Αν η Ρωσία ήταν σοβαρή για την προσφορά της, ήξερα τι θα σκεφτόμουν αν διοικούσα την Κύπρο. Θα ήθελα να το κάνω δυνατό. Η Ελλάδα είπε, φυσικά, ότι θα υπερασπιστεί την Κύπρο, και είχαμε το σύμφωνο μας μαζί τους, αλλά η Ρωσία είναι ίσως η μόνη χώρα στην Ευρώπη που θα μπορούσε να χειριστεί την Τουρκία.

Κατά τη διάρκεια του ψυχρού πολέμου η Τουρκία λάμβανε μια πολύ μεγάλη πληρωμή από τις ΗΠΑ σε στρατιωτικό υλικό για να κρατήσει τα νότια σύνορα της Σοβιετικής Ένωσης. Αυτό είχε καταστήσει την Τουρκία ίσως το ισχυρότερο έθνος στην περιοχή, πολύ ισχυρότερο από την Ελλάδα, ακόμη ισχυρότερο από μεγάλο μέρος της Ευρώπης, αποκλείοντας φυσικά τη Ρωσία. Η Τουρκία είχε περίπου τριάντα χιλιάδες στρατεύματα στο νησί. Μετά την ανακοίνωση του πυραύλου, μετέφεραν άλλους 10.000 στρατιώτες εκεί. Αρκετά για να αντέξει σε περίπτωση επίθεσης μέχρι να έρθουν ενισχύσεις; Παρατήρησα ότι είχαν δημιουργήσει ένα νέο Στρατό Του Αιγαίου με περίπου διακόσια σκάφη προσγείωσης στην παραλία. Εάν επρόκειτο να είναι οι ενισχύσεις τους, τότε αναρωτήθηκα αν η αεροπορική υποστήριξη, που παρέχεται από τη Ρωσία, θα μπορούσε, ίσως, να τους σταματήσει. Ήξερα ότι ήμασταν ικανοί να βάλουμε ένα σπίρτο σ' αυτούς τους 40.000 στρατιώτες. Αν ήταν δυνατόν τότε θα μπορούσε επίσης να γίνει να είναι πιθανό. Σκέφτηκα πόσο καιρός θα μπορούσε να είναι πριν χρησιμοποιήσουν τους πυραύλους για να ρίξουν ένα τουρκικό αεροπλάνο, όχι πολύ καιρό αν είχα το δάχτυλό μου στο κουμπί σκέφτηκα.

Τώρα περισσότερο από ποτέ ένιωσα το κομμάτι που είχα γράψει στην Κω είχε μια χρησιμότητα όμως. Μπορούσα να δω το βιβλίο του Κώστα κάτω από το γραφείο μου, αλλά δεν μπορούσα να το δω, το ένιωσα, ζητώντας να χρησιμοποιηθεί. Το άνοιξα και άρχισα να πληκτρολογώ στον υπολογιστή τι είχα γράψει. Ένιωσα σαν να είχα κάτι να πω και το μήνυμα δεν ήταν μόνο για τους Ελληνοκύπριους, αλλά και τους Τούρκους. Αν μπορούσα να το πάρω στον υπολογιστή τότε θα μπορούσα να το στείλω με email σε όποιον ήθελα. Ένιωσα καλά που το είδα στην οθόνη, αλλά, μέχρι να τελειώσω, μου είχε μείνει μια ερώτηση, και δεν ήταν δική μου, ήταν του Τζιν. «Πώς και ο παππούς σου μιλούσε καλά αγγλικά;» Η απάντησή μου ήταν ότι ήταν ένας έξυπνος άνθρωπος, και δεν μπορούσα να θυμηθώ να μιλάμε τίποτα άλλο, πέρα από αγγλικά. Αλλά ακόμα κι αν ήταν έξυπνος, η ιδέα να μιλάει καλά αγγλικά ήταν παράξενη. Μπορεί να μην φαίνεται έτσι σε κάποιους, αλλά για να πάρετε μια ιδέα για το τι σήμαινε θα έπρεπε να πάτε σε μια πολύ αγροτική περιοχή της Κύπρου, ή την Ελλάδα για αυτό το θέμα, να βρείτε έναν βοσκό, και να προσπαθήσετε να κάνετε μια συνομιλία μαζί του. Δεν υπάρχουν πολλοί βοσκοί που μιλούν οτιδήποτε άλλο εκτός από την τοπική διάλεκτο τους. Ο παππούς μου είχε έρθει στην Αγγλία το '59 και είχε περάσει τη ζωή του σε μια αγροτική κοινότητα. Αυτό με έκανε να σκεφτώ. Δεν μπορούσα να θυμηθώ τον παππού να μου μιλάει ελληνικά και πάντα καταλαβαίναμε ο ένας τον άλλον. Χμμμ, αναμνήσεις από ένα εξάχρονο, 'Παππού μπορώ να έχω λίγο ψωμί και μαρμελάδα παρακαλώ;' κατάλαβε, και θα ήξερε τι ήθελα. Αλλά πόσα πρέπει να ξέρεις για να μιλήσεις σε ένα εξάχρονο, αλλά από την άλλη δεν ήμουν ένα ηλίθιο εξάχρονο. Τηλεφώνησα στη μητέρα μου. Της είχα ήδη πει ότι ήμουν τώρα Κύπριος πρώτα απ' όλα, και ήμουν λίγο αυταρχικός γι' αυτό, οπότε ήθελα να είμαι προσεκτικός με τον τρόπο που το διατύπωσα.

«Μαμά, θέλω να σε ρωτήσω κάτι για τον παππού».

«Τι θέλεις να μάθεις;»

«Θυμάμαι μόνο να μιλάω αγγλικά μαζί του».

«Ο παππούς σου δεν μιλούσε ποτέ αγγλικά», απάντησε.

«Μαμά, δεν θυμάμαι να μιλάω τίποτα άλλο εκτός από αγγλικά με τον παππού!»

«Λοιπόν, όλοι ήξεραν ότι επικοινωνούσες καλά μαζί του, αλλά ποτέ δεν μιλούσε αγγλικά».

«Τι εννοείς δεν μιλούσε ποτέ αγγλικά; Θυμάμαι που μίλησα μαζί του!»

«Έλεγε μόνο τρεις ή τέσσερις λέξεις, ήταν ένας αγρότης Τζιμ,» μου είπε. Άρχισα να νιώθω ενοχλημένος.

«Το ξέρω αυτό μαμά, αλλά θυμάμαι να μιλάω αγγλικά μαζί του! Μπορώ να το θυμηθώ!» Είπα προσθέτοντας.

«Του μιλούσα και καταλάβαινε!»

«Καταλάβαινε τα πάντα, απλά δεν μίλαγε ποτέ.»

«Τι εννοείς καταλάβαινε τα πάντα, αλλά δεν μίλαγε ποτέ;» Είπα έκπληκτος, αλλά ακούστηκε σκληρό.

«Καταλάβαινε τα πάντα καλά, αλλά μιλούσε ελάχιστα, δεν ξέρω Τζιμ ήταν τόσο πολύ καιρό πριν». Τώρα άκουγα τη μητέρα μου να αγχώνεται λίγο από την ανάκριση. Καθώς μεγάλωνα, είχα γίνει ακόμα πιο σκληρός μαζί της και υπήρχαν στιγμές που της είπα πράγματα που σκέφτηκα ότι θα πρέπει να ακούσει, αλλά δεν θα ήθελα. Είχα μια δυστυχισμένη παιδική ηλικία και ήταν η εκδίκησή μου υποθέτω, αλλά την αναστάτωσε, και δεν το είχα σκοπό να αυτή τη φορά.

«Εντάξει μαμά, είναι εντάξει, μίλα σύντομα».

«Αντίο».

«Αντίο». Ήμουν άναυδος, και μετά από πέντε λεπτά βαθιάς σκέψης πίσω στο τηλέφωνο, αλλά με γλυκό τρόπο.

«Μαμά, πες μου λίγα πράγματα για τη ζωή του παππού;»

«Λοιπόν, δεν υπάρχουν πολλά να πω, ήταν ένας πολύ σεβαστός άνθρωπος στην κοινότητά του, ένας πολύ ανεκτικός άνθρωπος», τα έχω ξανακούσει αυτά.

«Όχι, πες μου για τη ζωή του»

«Χμμμ όπως είπα και πριν δεν υπάρχουν πολλά να πω, τι θέλεις να μάθεις;» ρώτησε. Πρέπει να υπήρχε κάτι που σκέφτηκα, αυτή τη φορά κράτησα τον τόνο μου απαλό και ήρεμο,

«Οτιδήποτε μαμά, οτιδήποτε, ήταν ογδόντα έξι όταν πέθανε».

«Λοιπόν, παντρεύτηκε τρεις φορές».

«Τρεις φορές!» Το επανέλαβα, ο τόνος μου άλλαξε αμέσως. Αυτό ήταν έκπληξη. Ήξερα ότι η γιαγιά είχε ξαναπαντρευτεί, αλλά αυτό ήταν είδηση για μένα για τον παππού, η μητέρα μου ήταν ένα από τα τρία παιδιά του.

«Ναι».

«Τι απέγιναν οι άλλες γυναίκες του;» Ρώτησα γνωρίζοντας ότι τα διαζύγια ήταν εξαιρετικά σπάνια.

«Λοιπόν, δεν ξέρω πάρα πολλά, νομίζω ότι η μία πέθανε, και ξέρω ότι μία από αυτούς έπρεπε να πάει σε ένα ίδρυμα, δεν ήταν καλά».

«Ήταν σε κάποιο ίδρυμα;»

«Ναι».

«Καημένε παππού», μετά μια μικρή παύση.

«Τι άλλο μαμά, οτιδήποτε;»

«Ω, δεν υπάρχουν πολλά, πήγε κάπου με το βρετανικό στρατό».

«Ο βρετανικός στρατός τον πήρε μακριά!» Είπα πιο έκπληκτος.

«Λοιπόν έφυγε από το χωριό μαζί τους, αλλά αυτό ήταν πριν από πολύ καιρό, δεν ξέρω τίποτα γι' αυτό», είπε προσθέτοντας. «Δεν μίλησε ποτέ γι' αυτό».

«Ποιος ξέρει;»

«Προσπάθησε να ρωτήσεις τον θείο σου τον Σάββα».

«Θα το κάνω, ευχαριστώ μαμά».

«Παρακαλώ». Τι ήθελε ο βρετανικός στρατός με έναν βοσκό χωρικό; Η πρώτη μου σκέψη ήταν ότι ήταν μάγειρας ή κάτι ανόητο, η σκέψη αυτή είναι ανόητη από μόνη της, ήξερα ότι είχαν τους δικούς τους μάγειρες, οπότε, τι; Σκέφτηκα τα χρόνια. Ήταν ογδόντα έξι όταν πέθανε και αυτό ήταν στα εξήντα οκτώ. Πρέπει να έχει περάσει πολύς καιρός, πιθανότατα γύρω από τον Πρώτο Παγκόσμιο Πόλεμο. Αυτό θα τον έβαζε στα μέσα της δεκαετίας του '30. Αλλά αν ήταν κάτι σαν εμένα, ήξερα ότι θα είχε περάσει για να είναι στα μέσα της δεκαετίας του '20. Έπρεπε να τηλεφωνήσω στον θείο μου έτσι κι αλλιώς. Ο Σάββας, ή Στηβ, ο αδερφός της μητέρας μου, είναι αγαπητός μας θείος. Στα μέσα της δεκαετίας του '50 ή στις αρχές της δεκαετίας του '60, δεν είμαι σίγουρος από τότε που άρχισε να χρησιμοποιεί βαφή μαλλιών. Αυτό που θα αποκαλούσαμε στην Αγγλία, λίγο φαρδύ αγόρι, φαινόταν να έχει τα δάχτυλά του σε τόσες πολλές πίτες. Τον τηλεφώνησα στο κομμωτήριο του.

«Σάββα, πρώτα θέλω να σου πω ότι δεν θέλω πλέον να με αναφέρονται ως Ελληνοκύπριος, απλά Κύπριος, εντάξει!»

«Γιατί;» ακουγόταν μπερδεμένος.

«Είχα μια κακή εμπειρία στην Κω, και άκουσα δύο Έλληνες να μου λένε κάποια άσχημα πράγματα για το βορρά, είπαν ότι δεν είναι δικό μας πια».

«Τι είπαν;»

«Είπαν ότι δεν είναι δικός μας πια, έχει φύγει, έδωσαν τη χώρα μας, γι 'αυτό δώστε τους τον τίτλο τους».

«Ω, ήταν απλά ηλίθιες αγελάδες, μην τις ακούς».

«Ηλίθιοι ή όχι, τους άκουσα, και δεν μου άρεσε, ούτως ή άλλως, δεν μιλάω ελληνικά».

«Ω, μην νιώθεις έτσι», είπε προσπαθώντας να με φέρει γύρω.

«Το κάνω», απάντησα πριν από την αλλαγή του θέματος. «Θέλω να σου κάνω μερικές ερωτήσεις για τον παππού».

«Ο παππούς σου!» είπε έκπληκτος. «Τι θέλεις να μάθεις;»

«Η μαμά μου λέει ότι πήγε κάπου με το βρετανικό στρατό, ξέρεις τίποτα γι' αυτό;»

«Όχι, ήταν πριν από πολύ καιρό», ο θείος μου με ενημέρωσε. «Τον πήραν μακριά για λίγο».

«Πού τον πήγαν;» Εγώ ρώτησα.

«Στις ΗΠΑ», απάντησε ανέμελα.

«Τι, στις Ηνωμένες Πολιτείες............της Αμερικής;» Είπα ζαλισμένος.

«Ναι, Αμερική».

«Γιατί στο διάολο τον πήγαν εκεί;» Ξαφνιάστηκα.

«Δεν ξέρω Τζιμ, ήταν πριν πολύ καιρό».

«Δεν έχεις ιδέα για πόσο καιρό;»

«Όχι, δεν ξέρω τίποτα γι' αυτό, ήταν πριν από πολύ καιρό», είπε προσθέτοντας. «Δεν μίλησε ποτέ γι' αυτό».

«Πότε ήταν η ημερομηνία γέννησής του;» Ζήτησα σκεπτόμενος να κάνω έρευνες.

«Δεν ξέρω».

«Δεν ξέρεις;»

«Όχι, κανείς δεν ξέρει».

«Δεν υπάρχει πιστοποιητικό γέννησης ή κάτι τέτοιο;» Ρώτησα.

«Όχι, δεν υπήρχαν πιστοποιητικά γέννησης σε εκείνες τις ημέρες», ο θείος μου με ενημέρωσε.

«Πότε γιόρταζε τα γενέθλιά του;» Εγώ ρώτησα.

«Ποτέ», είπε ο Σάββας, παράξενο σκέφτηκα, ούτε κι εγώ.

«Εντάξει, επιτρέψτε μου να επιβεβαιώσω τα χρόνια τότε, ποια χρονιά γεννήθηκε;»

«Δεν ξέρω!»

«Ο Σάββας ήταν ογδόντα έξι όταν πέθανε!»

«Ω, ογδόντα έξι ή ογδόντα οκτώ νομίζω!»

«Όχι, ογδόντα έξι, θυμάμαι, και πέθανε σε..» Σταμάτησα περιμένοντας να αφήσω τον θείο μου να συμπληρώσει τη χρονιά.

«Πέθανε το εξήντα έξι», με πληροφόρησε ο θείος μου.

«Όχι, πέθανε το εξήντα οκτώ, ήμουν έξι, θυμάμαι!» Αυτό τώρα αισθάνθηκε κουραστικό.

«Ω, θυμάστε!» απάντησε έκπληκτος.

«Ναι, φυσικά και θυμάμαι».

«Ξέρεις τότε».

«Ευχαριστώ Σάββα!»

«Αυτό είναι εντάξει», είπε καθώς έκλεισε. Έβαλα το δέκτη κάτω και σκέφτηκα για μια στιγμή, στη συνέχεια, πήρε και πάλι, και επιστρέψαμε στην συζήτηση.

«Θείε, ποιο ήταν το πλήρες όνομα του παππού;» Εγώ ρώτησα.

«Το πλήρες όνομα του πατέρα μου;» ο θείος μου ακουγόταν πιο έκπληκτος.

«Ναι, και συλλαβίστε το», είπα θέλοντας να βεβαιωθείτε ότι πήρα το σωστό.

«Εντάξει, Δημήτρη, Δ», δεν χρειαζόμουν αυτή την ορθογραφία.

«Ναι, το ξέρω αυτό, ποιο είναι το επώνυμο;»

«Htenary, H T E N A R Y» Το έγραψα πίσω σε αυτόν, τότε λίγο περισσότερη σύγχυση.

«Αλλά άλλαξε το όνομά του», ο θείος μου με ενημέρωσε.

«Το άλλαξε», είπα νομίζοντας ότι αυτό θα γινόταν όλο και πιο δύσκολο.

«Ναι, δεν είναι ασυνήθιστο, πήρε το μεγάλο όνομα του αδελφού του».

«Και τι ήταν αυτό;» Εγώ ρώτησα.

«Αδάμου, Α Δ Α Μ Ο Υ»

«Ξέρω πώς να συλλαβίσω το Αδάμου», του είπα.

«Το ξέρεις;»

«Ναι ευχαριστώ», είπα αισθανόμενος λίγη σύγχυση. Απορροφούσα όσα είχα ακούσει. Πρώτα η μητέρα μου, μου είπε ότι ο παππούς μου δεν μίλησε ποτέ Αγγλικά, όπως τον θυμόμουν, αλλά το κατάλαβα καλά, και μετά από αυτό ο θείος μου μου είπε ότι οι Βρετανοί τον πήραν στις Ηνωμένες Πολιτείες. Αποφάσισα ότι ήταν πολλά για να τα διαχειριστώ και να προσπαθούσα να το αναλύσω εν μία νύχτα. Όλα αυτά έκαναν τα πράγματα να φαίνονται πολύ πιο ενδιαφέροντα. Είχα μια προσωπική θεωρία τώρα. Υπήρχαν και άλλες πιθανότητες, αλλά τα νέα για το ότι τον πήγαν στις Ηνωμένες Πολιτείες απλώς πήγαν να υποστηρίξουν τη θεωρία μου. Δεν ξέρω γιατί πήγε εκεί, αλλά το μόνο πράγμα που μπορούσα να σκεφτώ, και εξακολουθώ να πιστεύω, είναι κάποια μορφή εκπαίδευση νοημοσύνης, η οποία θα είχε τόσο πολύ νόημα.

Οι Βρετανοί ήταν σε πόλεμο με την Τουρκία γύρω από την συγκεκριμένη στιγμή, τον Πρώτο Παγκόσμιο Πόλεμο, και ο παππούς μου θα ήταν εξοικειωμένος με τους τρόπους τους, αλλά σε τι ήθελαν να χρησιμοποιήσουν τον παππού; Πραγματικά δεν ήξερα, αλλά θα μπορούσε να εξηγήσει ένα ή δύο πράγματα. Πάντα είχα την εντύπωση ότι ήξερε περισσότερα απ' όσα πίστευε ο κόσμος. Ο πατέρας μου τον περιγράφει ως πανούργο. Ο παππούς σίγουρα είχε διαφορετικούς τρόπους γι' αυτόν. Υπήρχε ένα πράγμα που ήξερα σίγουρα, και αυτό ήταν που έμαθα από τον εαυτό μου ότι το να ταξιδεύεις, μπορεί να ανοίξει και να επεκτείνει το μυαλό πολύ. Όλα εξαρτώνται από το πόση προσπάθεια βάζεις στην κατανόηση των διαφορετικών πολιτισμών. Βοηθά πολύ να ξεπεράσω κάποια μισαλλοδοξία, και όχι μόνο άρχισα να πιστεύω ότι επηρέασε τον τρόπο που δούλεψε αλλά το πολύ πιο σημαντικό για μένα, σκέφτηκα τώρα ότι ο παππούς μου όχι μόνο είδε το βάθος του μίσους που διαιωνίζει μεταξύ Ελλάδας και Τουρκίας, για το τι ήταν, αλλά ίσως ενήργησε σε αυτό για να χωριστεί από αυτούς. Πίστευα ότι θα μπορούσα να είμαι το τελικό αποτέλεσμα αυτών των ενεργειών. Αυτό μου φάνηκε σημαντικό.

Σίγουρα μου έδωσε κάτι να σκεφτώ και εν τω μεταξύ, τηλεφώνησα στον θεό αδελφό μου και στον ξάδελφο Τζίμ, στην Αυστραλία, όπου τώρα ζούσε ως προγραμματιστής υπολογιστών. Είχαμε μια καλή μακρά συζήτηση για τα πράγματα, αστειευόταν ότι πληρώνω για την κλήση, και μου είπε ότι επρόκειτο να επισκεφθεί την Κύπρο περίπου την ίδια στιγμή που οι γονείς και η αδελφή μου θα ήταν εκεί. Του είπα να μου το πει και ίσως συναντηθούμε. Η ιδέα να δω τον ξάδελφό μου και πάλι μετά για πάνω από δέκα χρόνια άξιζε την επίσκεψη. Του έστειλα ένα email με τη θεωρία μου για τη συσσώρευση όπλων και τη διαφορά που θα μπορούσε να κάνει η ρωσική βοήθεια. Έστειλα επίσης το κομμάτι που είχα γράψει στην Κω ως συνημμένο, και του είπα:

> Με όλα τα ταξίδια μου στην Κύπρο βρήκα πολλούς ανθρώπους να κάνουν πολλές δικαιολογίες για να μην κάνουν τίποτα, συμπεριλαμβανομένου και εμού, και παρακαλώ, μην είσαι κυνικός χωρίς πρακτική κριτική. Και πες μου όταν νομίζεις ότι θα είσαι στην Κύπρο, ίσως τα καταφέρω.
>
> Με αγάπη Τζίμ

Ένιωσα πραγματικά ότι είχα περισσότερα από ένα δοκίμια που είχα γράψει, γιατί ένας Έλληνας με έκανε να θυμώσω και το email μου φαινόταν υπέροχο, σχεδόν σαν να μπορούσα να ενοχλήσω οποιονδήποτε που ήταν στην φαντασία μου. Το επόμενο καθήκον μου δεν ήταν αυτό που περίμενα με ανυπομονησία, αλλά πίστευα σε αυτό που είχα γράψει, και όσο περισσότερο εξέταζα το μίσος μεταξύ Τουρκίας και Ελλάδας, και τη διαιώνισή του, όχι μόνο ήθελα να φύγω, αλλά ήθελα να δω τον κυπριακό λαό έξω από αυτό. Τώρα ένιωσα σίγουρος ότι και οι δύο κοινότητες δεν αισθάνονται πολύ καλύτερα από ό, τι οι άλλες για όλα αυτά, και αναρωτήθηκα για την εποχή που συνήθιζαν να ζουν εντάξει μαζί, ήθελα απλώς να επισημάνω έναν τρόπο πίσω σε αυτό. Τηλεφώνησα στη νονά μου.

«Γεια σας».

«Γεια σου, Ανδριάνα, πώς είσαι;» Εγώ ρώτησα.

«Είμαι εντάξει», είπε απαλά, αλλά ακουγόταν καθόλου εντάξει. Ήθελα να ξεπεράσω αυτό που έπρεπε να κάνω.

«Ανδριάνα, είχα μια κακή εμπειρία στην Κω με δύο Έλληνες», έμεινε σιωπηλή. «Ανδριάνα, δεν θέλω να με αναφέρουν πια ως Έλληνα».

«Όχι», η φωνή της ακουγόταν σιωπηλή, δεν μου αντιστάθηκε καν, αλλά ήξερα ότι θα πρέπει να την πλήγωνε πολύ περισσότερο από ό, τι με πλήγωνε, το οποίο με πλήγωσε ακόμα περισσότερο. Ταυτόχρονα, ήθελα να πω αυτό που ένιωσα,

«Όχι Ανδριάνα, άκουσα δύο Έλληνες να δίνουν τη Βόρεια Κύπρο μακριά, και δεν μου άρεσε, είσαι σίγουρη ότι είσαι καλά;» Ήθελα να αλλάξω θέμα.

«Χμμ, είμαι εντάξει», είπε ενώ ακουγόταν πεσμένη.

«Η μαμά θα βγει στο τέλος του μήνα, σκέφτηκα ότι ίσως θα ήθελα να τους συναντήσω», της είπα.

«Δεν είναι καλή στιγμή για να έρθεις», είπε νευρικά.

«Δεν είναι;» Ρώτησα έκπληκτος.

«Όχι», απάντησε. Συνειδητοποίησα αμέσως ότι οι πύραυλοι είχαν προγραμματιστεί να φτάσουν τον Αύγουστο, και με τις απειλές της Τουρκίας, θα ήταν νευρική.

«Ανδριάνα, όλα θα πάνε καλά!»

«Έτσι νομίζεις;» ρώτησε.

«Ναι, το νομίζω, μην ανησυχείτε, είναι εντάξει» είπα τόσο σίγουρα σαν να το εννοούσα.

«Εντάξει», είπαμε αντίο και κάθισα. Ο φόβος που ένιωσα στη νονά μου με αναστάτωσε, και οδήγησε στο σπίτι πόσο σοβαρό φαινόταν όλα, ή θα μπορούσε ακόμη και να είναι. Οι πύραυλοι τέθηκαν σύντομα πίσω τον Οκτώβριο, και στη συνέχεια πέρα. Πήρα σύντομα ένα email από τον Τζίμ, η οποία άρχισε να λειτουργεί ανασταλτικά για τις σκέψεις μου.

Γεια σου Τζίμι,

Συγγνώμη που δεν απάντησα νωρίτερα, αλλά ελέγχω το προσωπικό μου e-mail μόνο μία ή δύο φορές το δεκαπενθήμερο. Θεωρώ τα σχόλιά σχετικά με την κατάσταση του Κυπριακού λαού αφελή και υπερβολικά αισιόδοξα. Όσον αφορά τη ρωσική υποστήριξη, μην βασίζεστε σε αυτό. Πριν από την εισβολή του 1974, το Ηνωμένο Βασίλειο, η Ρωσία (ΕΣΣΔ) και οι ΗΠΑ προειδοποίησαν την Τουρκία να μην εισβάλει στην Κύπρο, αλλά δεν έκαναν τίποτα γι' αυτό όταν συνέβη ή από τότε.

Η κατάσταση τώρα είναι έτσι από διεφθαρμένους Τουρκοκύπριους ηγέτες και οικονομικά σκάνδαλα. Οι Τούρκοι πριν από την εισβολή, όταν υπήρχε σχετική ειρήνη, δεν μπορούσαν να επηρεάσουν την κατεύθυνση της πολιτικής ή της οικονομίας στην Κύπρο απλώς και μόνο επειδή ήταν μειοψηφία 17%. Ο Ντενκτάς δεν θα μπορούσε ποτέ να είναι πρόεδρος και αυτός και οι φίλοι του δεν θα είχαν ποτέ την επιρροή στους Τουρκοκύπριους που έχουν τώρα. Το μόνο που χρειάζεται είναι να κοιτάξουμε για τη μαζική αύξηση του σωματικού βάρους που έχει παρατηρηθεί στον Ντενκτάς από το 1974 για να δεις ότι ζει τη ζωή της πολυτέλειας και δεν θα το εγκαταλείψει. Ακόμα και τώρα που οι Τούρκοι πιστεύουν ότι η Κύπρος θα ενταχθεί στην ΕΕ, το αντιτίθενται επειδή οι Έλληνες θα έχουν καλύτερο οικονομικό μέλλον. Ένας άλλος λόγος για τον οποίο οι Τούρκοι δεν θα συμβιβαστούν είναι ότι θα πρέπει επίσης να εγκαταλείψουν τουλάχιστον μερικά από τα ακίνητα που έχουν κλέψει από τους Έλληνες. Όχι Τζιμμυ, δεν έχω πολλές ελπίδες για την Κύπρο, ενώ ο Ντενκτάς είναι εκεί και ενώ δεν υπάρχει καμία προσπάθεια από τον ΟΗΕ και το Συμβούλιο Ασφαλείας να ασκήσουν οποιαδήποτε πίεση στην Τουρκία. Το μόνο που χρειάζεται είναι να φέρουν οικονομικές κυρώσεις κατά της Τουρκίας για να στηρίξουν τα ψηφίσματά τους και μπορείτε να στοιχηματίσετε ότι θα υπάρξει λύση στην Κύπρο σε χρόνο μηδέν.

Εκτιμώ αυτό που προσπαθείς να πεις, αλλά δεν έχεις τη μνήμη, ή το 'ελληνικό' υπόβαθρο, να έχεις μια λαϊκή κατανόηση του πώς οι Έλληνες και οι Τούρκοι βλέπουν τον εαυτό τους και ο ένας τον άλλον. Κατά τη διάρκεια της Οθωμανικής Αυτοκρατορίας, οι Έλληνες απαγορεύτηκε να μιλούν ελληνικά και η γλώσσα παραλίγο να πεθάνει. Αυτός είναι ένας από τους λόγους που όλοι οι Έλληνες ενθαρρύνονται να το μιλήσουν και το να μην το κάνουν αυτό θεωρείται ως πράξη προδοσίας.

Τέλος πάντων, προσέξτε,

Τζίμ.

Του έστειλα άμεση απάντηση.

Κατανοώ τη σημασία της γλώσσας. Δεν είχα συνειδητοποιήσει ότι η Οθωμανική Αυτοκρατορία το απαγόρευσε. Αλλά αισθάνομαι ότι ανατράφηκα με μικρή κατανόηση για το πώς οι Τούρκοι και οι Έλληνες βλέπουν ο ένας τον άλλον, και για το πικρό μίσος που υπάρχει για τόσο πολύ καιρό, και αυτός είναι ένας λόγος για τον οποίο πιστεύω ότι πρέπει να αποσυρθούμε από αυτό. Δεν μιλάω για την άρνηση της ιστορίας μας, αλλά περισσότερο για ένα καλύτερο μέλλον, μαθαίνοντας από την ιστορία μας. Δεν θα τους εκδικηθούμε για ό,τι έκαναν στο παρελθόν. Αλλά αυτό που πιστεύω είναι ότι ως ενωμένη Κύπρος πρέπει να είμαστε σε θέση να δείξουμε ότι είμαστε διατεθειμένοι να συγχωρήσουμε. Όπως είπατε, το 17% του πληθυσμού είναι Τούρκοι, δεν θα ήταν πιο χρήσιμο αν αρχίσαμε να αναφερόμαστε σε αυτούς ως Κύπριους πρώτα, Τούρκους ίσως, αλλά αν σκοπεύουμε μόνο να τους αναφέρουμε ως Τούρκους πώς μπορούμε ποτέ να ελπίζουμε να ζήσουμε σε μια ενωμένη Κύπρο. Όσο για τον Ντενκτάς Ι (προσωπική άποψη) νομίζω ότι είναι ένας φοβισμένος χοντρός. Αυτός περισσότερο από τον καθένα θα τραβήξει τη γραμμή και να πει στον κόσμο ότι είμαστε Τούρκοι, και είναι Έλληνες, και αν κάποιος θέλει να τα βάλει μαζί μας, με τους Τούρκους, έχουμε πολλούς γιους της Τουρκίας εκεί για να μας βοηθήσουν. Πιστεύω ότι θα κάνει όσα και ο καθένας για να κρατήσει μια γραμμή μέσα από τη χώρα μας. Η Κύπρος είναι μια πλούσια χώρα και θα ευημερήσει περισσότερο στην ΕΕ και από ό,τι έχω διαβάσει για την κυβέρνηση Ντενκτάς, οικονομικά, δεν είναι σε πολύ καλή κατάσταση. Ίσως είμαι λίγο αφελής, αλλά εξακολουθώ να δυσκολεύομαι να πιστέψω ότι οι Τουρκοκύπριοι αισθάνονται άνετα με την κατάστασή τους, αλλά θα δυσκολεύονταν να στραφούν σε μια χώρα όπου το 83% του πληθυσμού φαίνεται να τους μισεί. Αφελής μπορεί να είμαι, αλλά δεν πιστεύω ότι πολλά καλά προέρχονται ποτέ από αυτό το είδος του μίσους. Αν θέλουμε να ονομάσουμε για πάντα τους Τουρκοκύπριους μας με το ίδιο πρόσωπο με την Τουρκία, η Κύπρος δεν θα είναι ποτέ ενωμένη χώρα. Ανεξάρτητα από το παρελθόν μας, θα πρέπει να τους δείξουμε ότι είμαστε πρόθυμοι να τους καλέσουμε να ενωθούν μαζί μας για ένα καλύτερο μέλλον.

Αλλά το επόμενο σημείο, καθώς όλα αυτά είναι ακαδημαϊκά, ενώ υπάρχει μια γραμμή μέσω του νησιού μας, αν και πιστεύω ότι είναι ένα μήνυμα τουρκόφωνων Κυπρίων που θα πρέπει να ακούσουν, και να ακούσουν καθαρά. Κάποιος από εμάς έχει πολλές ελπίδες για μια ενωμένη Κύπρο και δεν πρόκειται να τις αφήσω. Η μόνη μου απογοήτευση είναι να βρω λίγους που θα συμμερίζονται μια τόσο αισιόδοξη προσέγγιση. Δεν έχω κρύψει την επιθυμία μου να περάσω τα όρια, επίσημα ή όχι, και πιστεύω ότι θα έρθουν πολλές αλλαγές στην Κύπρο. Η Ρωσία έχει δείξει την προθυμία της να υπερασπιστεί την Κύπρο, ας την εκμεταλλευτούμε, και δεν νομίζω ότι το Συμβούλιο Ασφαλείας ή ο ΟΗΕ θα κάνουν, ή μπορούν, να κάνουν τίποτα. Το 74 η πολιτική κατάσταση μεταξύ της Ρωσίας και της Δύσης ήταν, όπως γνωρίζετε, μια εντελώς διαφορετική ιστορία. Η Ρωσία δεν μπορούσε να κάνει τίποτα, πριν, ακόμα κι αν πραγματικά ήθελε. Η ισχυρότερη άμυνα της Τουρκίας ήταν ένα Ν.Α.Τ.Ο. του οποίου η κύρια ανησυχία ήταν να κρατήσει το U.S.S.R. υπό έλεγχο. Πιστεύω ότι η Ρωσία είναι η μόνη δύναμη στην περιοχή που μπορεί να υπαγορεύσει ορισμένες πολιτικές στην Τουρκία, όπως ακριβώς κάνουν με τους πυραύλους S-300. Ας περιμένουμε να δούμε. Δεν νομίζω ότι θα είναι πολύ πριν αρχίσουν να εξελίσσονται τα πράγματα και, αν η επανένωση της Κύπρου δεν είναι στην ημερήσια διάταξή τους, νομίζω ότι υπάρχει ένας τρόπος να αλλάξουν γνώμη.

Πιστεύω ότι η πολιτική και η οικονομία καθώς και η στρατηγική οδηγούν τη Ρωσία στην Κύπρο, και πιστεύω ότι για αυτούς τους λόγους θα δουν, αν δεν την έχουν δει ακόμη, ότι, καθώς και όλοι, θα επωφεληθούν από μια ενοποιημένη Κύπρο.

Με αγάπη

Τζιμ

Έπρεπε να ομολογήσω βρήκα τα λόγια του λίγο θλιβερά, αλλά την ίδια στιγμή το βρήκα διασκεδαστικό. Η ιδέα ενός Έλληνα που δεν μιλάει ελληνικά είναι αστεία, όπως, γιατί ένας Έλληνας να μεγαλώσει μιλώντας οποιαδήποτε άλλη γλώσσα; Εκτός φυσικά από την οθωμανική κυριαρχία, αλλά αυτό ήταν ιστορία. Η συζήτηση που επρόκειτο να κάνω με την μεγαλύτερη αδερφή μου ήταν να τα σπρώξω όλα αυτά στο πίσω μέρος του μυαλού μου. Η Τζίνα είναι πέντε χρόνια μεγαλύτερη από μένα και πέρασε μερικά χρόνια ζώντας με τη γιαγιά μου στο Λονδίνο μετά το θάνατο του παππού μου, κατά τη διάρκεια της οποίας πήγε σε ελληνικό σχολείο.

«Μιλούσα στη μαμά για τον παππού».

«Ω ναι, τι γίνεται;» ρώτησε καθώς έβγαλε το πλύσιμο από το μηχάνημα.

«Της έλεγα ότι θυμάμαι τον παππού να μιλάει καλά αγγλικά».

«Ω, έλεγε μόνο τρεις ή τέσσερις λέξεις, αλλά εσείς οι δύο συνηθίζετε να επικοινωνείτε καλά», είπε, όπως τράβηξε το πλύσιμο έξω σε ένα καλάθι.

«Ναι, θυμάμαι, έχω σκεφτεί το παρελθόν πολύ τον τελευταίο καιρό», είπα προσθέτοντας.

«Πάντα θυμάμαι τον παππού να είναι τόσο χαρούμενος όταν ήταν κοντά μας, απλά παιχνιδιάρης, σαν να μην μπορούσες να κάνεις κανένα λάθος, όχι ότι το ήθελες». Η αδερφή μου χαμογελούσε, όταν είπε χωρίς να κοιτάξει ψηλά,

«Θυμάσαι που μας έμαθε να μετράμε;» Η μνήμη με χτύπησε και με ταρακούνησε την ίδια στιγμή. Ναι, το έκανα. Ήταν ο τρόπος που έπαιζε μαζί μας, ενώ δίδασκε ότι αναφερόταν. Τον θυμήθηκα να κάθεται στο κρεβάτι με την αδερφή μου μπροστά του, και έπαιζαν όπως δίδασκε. Τι σοκ να συνειδητοποιούμε, και να θυμόμαστε τις σκέψεις μου, όπως παίζαμε στο κρεβάτι, 'αλφάβητο πρώτα, οι αριθμοί μετά' και ο παππούς μου ήταν η διδασκαλία μου.

«Ναι, αλλά δεν το πρόσεχα. Δεν είχα τελειώσει το αλφάβητο», θυμήθηκα και πάλι σκεπτόμενος 'αλφάβητο πρώτα, αριθμούς μετά'. Ήμουν μέχρι το Ύψιλον και δεν μπορώ να μετρήσω ως το τρία στα ελληνικά. Παππού, ξέρω, λίγο μετά, θα πεθάνει. Ένιωθα τη θλίψη να συσσωρεύεται μέσα μου, αλλά δεν ήθελα να το δείξω. Δεν προσπάθησα καν να αναλύσω εκεί και τότε γιατί δεν μπορούσα να θυμηθώ κάτι τόσο σημαντικό, που μου δίδασκε ελληνικά. Έμεινα άναυδος όταν άκουσα μια αλήθεια που είχα ξεχάσει τόσο καιρό και γιατί; Γιατί δεν το θυμάμαι;

Μερικές ημέρες αργότερα ήμουν μακριά στο Ελσίνκι για να επισκεφθώ έναν φίλο για ένα μακρύ Σαββατοκύριακο. Στην επιστροφή οι γονείς μου και η μικρότερη αδελφή μου ήταν στο αεροδρόμιο Stansted για να με πάρουν. Ήταν μόνο μερικές ημέρες πριν από την πτήση τους για την Κύπρο. Ήταν ο πατέρας μου που μίλησε,

«Μιλήσαμε με τη νονά σου χθες», με πληροφόρησε.

«Πώς είναι;» Ρώτησα λίγο ανήσυχος.

«Ωραία, λέει ότι ο Τζιμ πετάει για Κύπρο».

«Πότε;» Φώναξα από το πίσω μέρος του αυτοκινήτου.

«Πρώτη του Αυγούστου, νομίζω ότι είναι το πρώτο ή το δεύτερο», ο μπαμπάς μου δεν ήταν σίγουρος, αλλά αυτό ήταν μια εβδομάδα μακριά.

«Γαμώτο! Του ζήτησα να μου το πει! Όταν πετάς έξω;»

«Την Τετάρτη».

«Θα κλείσω ένα εισιτήριο για να έρθω μαζί σας για μια εβδομάδα, μόλις φτάσω στο σπίτι», τους είπα.

Το εισιτήριό μου είχε κρατηθεί εκείνη την ημέρα για τη δεύτερη του Αυγούστου. Είχα ακόμα πολλή πίστη στην ιδέα του τι είχα γράψει στην Κω. Δεν μπορούσα να μην πιστέψω ότι υπήρχε κάτι χρήσιμο που θα μπορούσε να αντληθεί από αυτό. Δεν ήταν γραφτό να είναι αντι-ελληνικό, μάλλον φιλο-κυπριακό, αν και δύο Έλληνες στην Κω το είχαν σκεφτεί, αλλά ως Κύπριος έπρεπε να πιστεύω σε αυτό. Ήταν μια-δυο μέρες πριν φύγω όταν πήγα σε απευθείας σύνδεση για να ελέγξω το γραμματοκιβώτιό μου, και αποφάσισα να διαβάσω τις εφημερίδες. Τώρα πίστευα ήδη ότι τα πράγματα ήταν πιο ροζ για την Κύπρο, αλλά τα νέα μπροστά στο πρόσωπό μου ήταν κάτι για να γιορτάσουμε πραγματικά, αυτό θα ήταν ένα πραγματικό πλήγμα για την Τουρκία. Το Ευρωπαϊκό Δικαστήριο Ανθρωπίνων Δικαιωμάτων είχε αναθέσει σε μια Ελληνοκύπρια, την Τιτίνα Λοϊζίδου, πάνω από τριακόσιες χιλιάδες λίρες ως αποζημίωση κατά της Τουρκίας για την 'πρόληψη της απόλαυσης της περιουσίας της'. Ήταν η τελική απόφαση του δικαστηρίου για μια υπόθεση που είχαν ακούσει για πρώτη φορά πριν από εννέα χρόνια. Το δικαστήριο έκρινε την Τουρκία αποκλειστικά υπεύθυνη. Όχι μόνο άνοιξε την πόρτα σε χιλιάδες να μηνύσουν, αλλά μου φάνηκε ένα από τα πιο θετικά βήματα που έχει λάβει οποιαδήποτε δύναμη κατά της Τουρκίας και της Ευρωπαϊκής Ένωσης, αν και θεώρησα ότι δεν ήταν καθόλου τέλεια, είναι μια υπολογίσιμη δύναμη. Ταυτόχρονα, θεώρησα ότι οι όποιες ελπίδες για ένταξη της Τουρκίας σε αυτήν τη μεγάλη ένωση έχουν παρασυρθεί. Ήταν κάθε άλλο παρά έτοιμοι κατά τη γνώμη των περισσότερων και τώρα φαινόταν να παίρνουν ένα κτύπημα στο ευρωπαϊκό κύκλωμα.

Ξέρω τι έγραψα στην Κω, αλλά ένα από αυτά τα αποσπάσματα που είχα ακούσει ως παιδί ήταν ότι ο παππούς μου είχε αφήσει πραγματικά το αγρόκτημα για μένα, και την άμεση οικογένειά μου, όχι ότι ήξερα γιατί. Τα πράγματα επρόκειτο να αλλάξουν σύντομα, και στη συνέχεια μας είπαν ότι μια θεία το πρόσεχε, και στη συνέχεια ότι είχε αφεθεί στο θείο μου Σάββα, το οποίο τις περισσότερες φορές φαινόταν άσχετο λόγω της κατοχής. Πήγα για το τηλέφωνο γεμάτος ενθουσιασμό.

«Σάββα, παρακολουθείς τα κυπριακά νέα;» Ήξερα ότι θα άκουγε τον ενθουσιασμό στη φωνή μου.

«Ω ναι, προσπαθώ», είπε. «Γιατί, τι συμβαίνει;»

«Η δικαστική υπόθεση Λοϊζίδου», δεν είχα ιδέα για το πώς να προφέρω το δικαίωμα όνομα.

«Ότι τι;» ρώτησε όντας σε σύγχυση.

«Η Ελληνοκύπρια που μηνύει την Τουρκία για την κατοχή», ανέφερα.

«Ναι, το ξέρω», απάντησε. Κατάλαβα ότι δεν είχε ακούσει την τελική απόφαση.

«Καλά να πάρεις στο τηλέφωνο το δικηγόρο σας, και να μάθεις λίγο περισσότερο», του είπα ενθουσιασμένος. «Μόλις πέρασε!»

«Τι εννοείς;» ρώτησε.

«Το Ευρωπαϊκό Δικαστήριο Ανθρωπίνων Δικαιωμάτων έλαβε την τελική του απόφαση. Της απονεμήθηκαν πάνω από τριακόσιες χιλιάδες λίρες συν τα έξοδα, και δεν είναι αποζημίωση για τη γη». δεν έκρυβα τον ενθουσιασμό μου. «Είναι μόνο για μη πρόσβαση!» Σταμάτησα για μια στιγμή για να τον αφήσω να τα κατανοήσει.

«Έχει περάσει;» είπε πιάνοντας επάνω.

«Ναι, ναι, να Τελείωσε, έχεις τη θέληση, τα χαρτιά για τη γη;» Εγώ ρώτησα.

«Ναι, ναι, τα έχω», μου είπε.

«Καλά πάρε στο τηλέφωνο και να κάνεις μήνυση, και να πεις και στους άλλους να μηνύσουν, καθώς, αν ο καθένας μηνύει θα μπορούσε να τους κοστίσει δισεκατομμύρια, και το τηλέφωνο τον αδελφό σας στην Αυστραλία», είπα ενθουσιασμένος.

«Ο Τζιμ, έχει μόνο ένα μικρό μέρος στα βουνά, δεν είναι πολύ», ο θείος μου απάντησε.

«Το μέγεθος δεν έχει σημασία! Δεν έχει σημασία αν έχει μόνο μια τουαλέτα! Είναι για την πρόληψη της απόλαυσης της ιδιοκτησίας, μηνύστε τους! Θα μπορούσε να τους κοστίσει δισεκατομμύρια και τους χτυπά εκεί που πονάει!» Το απόλαυσα αυτό.

«Ναι, θα έρθω σε επαφή μαζί του», είπε, με ενθουσιασμό.

«Βεβαιώσου ότι θα το κάνεις, και οποιοσδήποτε άλλος ξέρεις», είπα προσθέτοντας. «Θα σας στείλω μια εκτύπωση της έκθεσης πριν πετάξω στην Κύπρο την Κυριακή, είναι στο διαδίκτυο», του είπα να αισθάνεται ότι είχα κάνει καλή δουλειά.

«Εντάξει, καλή πτήση, και δώσε την αγάπη μου σε όλους».

«Θα είναι, και να θυμάστε, μηνύστε τα καθάρματα!» Ήμουν ευτυχισμένος. Ένιωσα σαν ένα μεγάλο πλήγμα για την τουρκική κυβέρνηση.

«Ναι, ναι, εντάξει, θα Τζιμ», θα μπορούσα τώρα να ακούσω τον ενθουσιασμό στη φωνή του.

«Εντάξει, θα βάλω τα χαρτιά στο ταχυδρομείο πριν φύγω, να προσέχεις τώρα».

«Κι εσύ!» Ένιωσα σαν να ολοκληρώθηκε μια αποστολή. Ήμουν σαν να καβαλάω τα κύματα σε όλη τη διαδρομή προς το αεροδρόμιο Λούτον εκείνο το απόγευμα της Κυριακής. Αυτή η επίσκεψη στην Κύπρο θα ήταν διαφορετική.

8

Κεφάλαιο Οκτώ

Είναι 4,5 ώρες πτήση για Κύπρο. Όχι πολύ, αν βρεις κάτι για να γεμίσεις το χρόνο σου, οι σκέψεις μου μόνο ήταν αρκετές για να με κρατήσουν. Η επανένωση, για το μεγαλύτερο μέρος της ζωής μου, φαινόταν σαν ένα όνειρο, η πιθανότητά, και τώρα πραγματικά πίστευα ότι με την αλλαγή ήρθε αυτή η δυνατότητα, αλλά οι μεγαλύτερες αλλαγές που είδα ήταν στον εαυτό μου. Αναρωτήθηκα τι θα συνέβαινε στους Τουρκοκύπριους, στους Κύπριους της τουρκικής κληρονομιάς, καθώς τώρα μου άρεσε να το σκέφτομαι, και αυτό από μόνο του ήταν μια από τις μεγαλύτερες αλλαγές σε μένα. Τα γεγονότα στη ζωή μου με είχαν οδηγήσει να σκεφτώ ότι για να ευημερήσει πραγματικά η Κύπρος έπρεπε να βγούμε από το διαιωνισμένο μίσος που υπάρχει μεταξύ Ελλήνων και Τούρκων. Το νησί μας είναι πολύ μικρό για τέτοια πράγματα, και είχα αρχίσει να θεωρώ αυτούς τους Τούρκους ως Τούρκους μας. Ήταν όλα ένα όνειρο φυσικά, αλλά, οι Κύπριοι πρώτα απ' όλα, ως Κύπριοι, θα έπρεπε τώρα να φροντίζουμε ο ένας τον άλλον, και τους εαυτούς μας.

Ο παππούς πάντα έπαιζε κάπου στο μυαλό μου. Η προηγούμενη ζωή του και οι αποκαλύψεις που είχα ακούσει γι' αυτόν με έκαναν να σκεφτώ σοβαρά ότι μπορεί να υπήρχε κίνητρο για τις πράξεις του. Το να στείλει την οικογένεια στην Αγγλία, και να επιτρέψει το γάμο των γονιών μου ήταν ανάμεσά τους. Είχα σκεφτεί πολύ και για πολύ, το πώς θα μπορούσε να αντιληφθεί την κατάσταση αν είχε ταξιδέψει στο εξωτερικό, ακόμη και, πόσο μάλλον είχε πάει για εκπαίδευση νοημοσύνης. Αν ο παππούς μου έβλεπε αυτό που μπορούσα να δω, θα άρχιζε να βγάζει πολύ περισσότερο νόημα. Ανεξάρτητα από αυτό, είμαι πλέον πεπεισμένος ότι, λόγω του θανάτου του, είχα σταματήσει να μαθαίνω τη γλώσσα, η οποία με οδήγησε σε μια άλλη πιεστική ανησυχία, και τα νέα ότι η θεία μου Μαρία έχει καρκίνο. Μου είπαν ότι υπέφερε όταν την είδα τελευταία φορά, τον Οκτώβριο, αλλά δεν το είχε δείξει, ακόμα και στο χαμόγελό της. Σκέφτηκα αυτό το χαμόγελο. Ένιωσα ότι ήταν τόσο σημαντικό να μπορώ να της πω ότι θα το κουβαλάω μαζί μου για το υπόλοιπο της ζωής μου. Αλλά δεν ήξερα καν καμία από τις λέξεις πόσο μάλλον να δέσω μια πρόταση μαζί. Αυτό πόνεσε. Είχα βρει έναν καλό λόγο να βγω έξω για να μάθω τη γλώσσα για πρώτη φορά μετά από χρόνια, να πω σε κάποιον ότι τους αγαπούσα. Αυτή ήταν η μόνη θλίψη που είχα μαζί μου στην πτήση. Ένιωσα σαν να ήξερα γιατί είχα σταματήσει να λαμβάνει στα ελληνικά όμως και ένιωσα πραγματικά καλύτερα για την εκμάθηση, σαν να είχα ανακαλύψει ποιος ήμουν ως Κύπριος, πριν από τη λήψη της ελληνικής γλώσσας, η οποία τώρα είχε μόνο σημασία λόγω της Μαρίας. Ένιωσα περίεργα όταν σκέφτηκα το χρόνο μου μαζί της. Δεν είχα νιώσει τόση αγάπη από τη γιαγιά μου. Φαινόταν, λίγο, σαν την ίδια άνευ όρων αγάπη που είχε να προσφέρει ο παππούς, και το γεγονός ότι δεν μπορούσε να μιλήσει αγγλικά, όπως θυμήθηκα, ίσως ενθάρρυνε τον εαυτό μου να μάθει ελληνικά. Είχα ξεχάσει πόσο σήμαινε για μένα. Ακόμα τα σκεφτόμουν όλα, αυτές οι σκιές του παρελθόντος, αλλά έρχονταν πίσω σε μένα.

Προσγειώθηκα στο αεροδρόμιο της Λάρνακας γύρω στις 9:30 το βράδυ και γρήγορα εκκαθαρίζονται μετανάστευσης, που μεταφέρουν μόνο χειραποσκευές. Ήξερα ότι ο πατέρας μου, η μητέρα μου, και η πολύ μικρότερη αδερφή μου, η Αλέξις, θα περίμεναν στο αεροδρόμιο, και ήταν πραγματική χαρά να τους δω στην Κύπρο καθώς έμπαινα στο σαλόνι αφίξεων, με χαμόγελα που ακτινοβολούσαν. Ο πατέρας, μου πήρε την τσάντα μου και όλοι περπατήσαμε έξω στο χώρο στάθμευσης αυτοκινήτων, κουβεντιάζοντας μακριά σαν να ήταν πολύ περισσότερο από τέσσερις ημέρες που πέρασαν από την τελευταία φορά που τους είδα. Ένιωσα σαν να ήμουν σε διακοπές, καθώς, αυτή ήταν μια ωραία έκπληξη.

«Φαγητό!» Φώναξα δυνατά καθώς φτάσαμε στη Λεμεσό. «Πεθαίνω της πείνας!»

«Ω, υπάρχει ένα εστιατόριο κοντά στο διαμέρισμα», η μητέρα μου με ενημέρωσε προσθέτοντας. «Μπορούμε να πάμε εκεί». Παρκάραμε το αυτοκίνητο στο χώρο στάθμευσης του διαμερίσματος, και μετά την παράδοση της τσάντας, περπατήσαμε σε μικρή απόσταση από το εστιατόριο. Ήμουν ευτυχής όταν είδα ότι ήμασταν μόνο δέκα έως δεκαπέντε λεπτά από το αγαπημένο μου κοκτέιλ μπαρ.

«Πάω στοίχημα ότι δεν μπορώ να πάρω αυτό που θέλω όμως», είπα καθώς όλοι καθίσαμε στο εστιατόριο.

«Τι θέλεις;» ρώτησε η μητέρα μου.

«Θέλεις πραγματικά να μάθεις;»

«Ναι, θα δω αν μπορούν να το κάνουν».

«Εντάξει, θέλω κάπαρη», είπα, «Θέλω κουπέπια», στην Ελλάδα ονομάζεται ντολμάδες, κιμάς, μερικά μπαχαρικά, και το ρύζι τυλιγμένο σε αμπελόφυλλα.

«Και κλέφτικο», της είπα.

«Θέλεις κλέφτικο;» απάντησε η μητέρα μου.

«Ναι, αλλά μόνο με το κρέας, και τα υπόλοιπα». Φαινόταν λίγο αβέβαιη για τον εαυτό της, όπως παρήγγειλε στα ελληνικά. Ακουγόταν σύντομο παρόλο που έτρωγα μόνος.

«Τι παραγγείλατε, μαμά;»

«Ένα κλέφτικο».

«Με τι;»

«Μόλις ζήτησα έναν κλέφτικο». Μπορούσα να δω ότι δεν ήταν σίγουρη αν είχε κάνει το σωστό.

«Θα έρθει με πατατάκια», της είπα, κοιτάζοντας την έκπληκτος.

«Όχι!»

«Με τι νομίζεις ότι συνοδεύεται;»

«Λοιπόν, δεν ξέρω, σαλάτα ίσως, λίγο ψωμί», ένα ρολό ψωμί τοποθετήθηκε στο τραπέζι. Δεν ήταν το είδος του ψωμιού που προτιμώ να τρώω στην Κύπρο, και δεν είναι το είδος που περίμενα να δω. Κοίταξα τη μαμά μου και χαμογέλασα. Το κλέφτικο μου, τρυφερά κομμάτια αρνιού και τηγανιτές πατάτες, έφτασε λίγο αργότερα. Δεν θα άφηνα τη μαμά μου να ζητήσει συγγνώμη. Θα μπορούσα να παραγγείλω για τον εαυτό μου στα Αγγλικά.

Έφαγα το γεύμα μου, ήπια μια μπύρα, και μίλησα με τους γονείς μου, η αδελφή μου έμεινε ήσυχη όπως έκανε συχνά, μετά την οποία περπατήσαμε την πολύ μικρή απόσταση σε αυτό που ήταν τώρα το αγαπημένο σημείο συνάντησης τους, ένα εστιατόριο-μπαρ στην κύρια λωρίδα. Μετά από ένα ακόμη ποτό μαζί τους έκανα μια ευχάριστη βόλτα στο αγαπημένο μου μπαρ, λαμβάνοντας τη ζεστασιά, και την αίσθηση του τόπου και πάλι. Πέρασα από έναν άνδρα με ένα μεγάλο τηλεσκόπιο, σε ένα μικρό πάρκινγκ, χρεώνοντας με πενήντα σεντ για μια ματιά στο φεγγάρι. Κοίταξα στα αριστερά μου. Θα ήταν σύντομα πανσέληνος, ίσως τέσσερις ή πέντε ημέρες, που ήταν ακόμη πιο ευχάριστο. Πάντα ήθελα να κολυμπήσω γύρω από το βράχο της Αφροδίτης σύμφωνα με το μύθο. Ήμουν μαγεμένος από αυτό και μόνο η σκέψη ότι ίσως θα μπορούσα αυτή τη φορά ήταν αρκετό για να κάνει τη στιγμή που λίγο πιο φωτεινή. Όταν ήμουν εδώ τον προηγούμενο Οκτώβριο, το ανέφερα στον Μπιλ. Ήταν μια πανσέληνος, περίπου έντεκα το βράδυ, όταν του είπα ότι έπρεπε να πάμε για κολύμπι, αλλά ο κεραυνός που σχεδόν αμέσως έσπασε τον ορίζοντα, όπως ρώτησα, ήταν αρκετός για να μας πείσει διαφορετικά. Κοιτάξαμε ο ένας τον άλλο και κουνήσαμε τα κεφάλια μας. Έφτασα στο μπαρ για να βρω όλα τα φιλικά πρόσωπα που ήλπιζα να δω εκεί, έκατσα σε ένα παγκάκι δίπλα στο σχεδόν γεμάτο μπαρ, παρήγγειλα μια μπύρα, άναψα ένα τσιγάρο, πήρα μια βαθιά ευχαρίστηση και χαμογέλασα, ήταν καλό να είμαι πίσω.

Το κατάλυμα που είχαν κλείσει οι γονείς μου ήταν στον πρώτο όροφο μιας πολυκατοικίας. Ήταν παρόμοιο με αυτό που είχαμε νοικιάσει ο Άλεν κι εγώ, αλλά χωρίς την τηλεόραση, δύο υπνοδωμάτια, και μοιραζόμουν με τον πατέρα μου. Οι ανεμιστήρες ήταν απαραίτητοι. Ήταν ζεστό, πολύ ζεστό, σαράντα βαθμούς και παραπάνω κατά μέσο όρο κατά τη διάρκεια της ημέρας, και μονάχα έπεφτε μέχρι τους περίπου είκοσι οκτώ έως τριάντα βαθμούς τη νύχτα. Κοιμήθηκα καλά και ξύπνησα το επόμενο πρωί πρόθυμος να επισκεφθώ την οικογένεια, με την οικογένεια, για αλλαγή. Μέχρι τη στιγμή που φύγαμε από το διαμέρισμα, η θερμοκρασία ήταν πολύ υψηλή, σχεδόν σαράντα βαθμούς, και θα μπορούσα να το αισθανθώ. Είχα δεχτεί ευχάριστα το έργο της οδήγησης του αυτοκινήτου, ανακουφίζοντας τον πατέρα μου από μια δουλειά που είχε κάνει για το μεγαλύτερο μέρος της ζωής του, τώρα είναι συνταξιούχος οδηγός φορτηγού. Η συνταξιοδότηση των γονιών μου ήταν κάτι που επρόκειτο να έρθει αρκετές φορές στη συζήτηση, η μητέρα μου είχε άλλα δύο χρόνια εργασίας, και για πρώτη φορά ήταν ανοιχτή στην ιδέα της επιστροφής στην Κύπρο με τον πατέρα μου. Ήταν κάτι που ενθάρρυνα ανοιχτά, καθώς θα έδινε σε όλη την οικογένεια μια μόνιμη βάση εδώ. Ο ιδρώτας είχε αρχίσει να χύνεται πριν καν φτάσουμε στο αυτοκίνητο, ένα λευκό τετράθυρο σαλούν. Ξεκλείδωσα την πόρτα του οδηγού καθώς ερευνούσα τη γύρω περιοχή και, καθώς την άνοιξα, άκουσα έναν ευπρόσδεκτο ήχο. Κοίταξα προς την κατεύθυνση από όπου προήλθε, και απλά είπα,

«Θα επιστρέψω» και περπάτησα. Σε ένα μικρό παρακείμενο χώρο στάθμευσης αυτοκινήτων, και μέσα από ένα πολύ μικρό πάρκο, λιγότερο από εκατό μέτρα μακριά, κρυμμένο πίσω από μεταλλικό φράχτη δύο μέτρων και φυτά μπανάνας, ήταν η πηγή του φιλόξενου ήχου, μια πισίνα. Ήξερα ότι θα έκανε όλη τη διαφορά σε αυτή τη ζέστη. Γύρισα στο αυτοκίνητο με ένα χαμόγελο στο πρόσωπό μου. Κανείς δεν είχε μπει ακόμα, καθώς ήταν τόσο ζεστό.

«Αλέξις, πισίνα!» Έστριψα το κεφάλι μου προς την κατεύθυνση από την οποία είχα μόλις περπατήσει, με κοίταξε προς έκπληξη, και κούνησα το κεφάλι με ένα μεγάλο χαμόγελο στο πρόσωπό μου για να δείξω ότι δεν αστειευόμουν, και έκανε ένα μεγάλο χαμόγελο.

«Δεν ήξερες ότι ήταν εκεί;» Ρώτησα, απλά κούνησε το κεφάλι της χαμογελώντας ακόμα.

«Λοιπόν, ξέρεις τι θα κάνουμε σήμερα το απόγευμα», είπα, και το χαμόγελό της έγινε μεγαλύτερο. Μπήκαμε στο αυτοκίνητο και οδήγησα τα πέντε λεπτά περίπου στο σπίτι της νονάς μου γνωρίζοντας καλά το δρόμο. Ήξερα ήδη ότι μία από τις αδελφές θεός μου ήταν εδώ για διακοπές με τα παιδιά της, και με τον ξάδερφό μου τον Τζιμ εκεί, θα είναι μια ευχάριστη επανένωση. Πάρκαρα το αυτοκίνητο έξω από την πύλη, και όλοι βγήκαμε για να μας υποδεχτούν ο νονός μου και ο Τζιμ, που κάθονταν στη σκιά μιας ελιάς, ακριβώς μέσα στον κήπο. Ο Τζιμ φαινόταν άρρωστος, και πολύ μεγαλύτερος, αλλά είχα ακούσει ότι είχε μια κακή πτήση, η οποία θα ερμήνευε λίγο το ότι φαινόταν άρρωστος αλλά το γκρι ήταν σίγουρα κληρονομικό. Είχε πάρει την εμφάνιση του πατέρα του, όπως και ο Τζον, ο αδελφός του, αν και οι δύο έμοιαζαν διαφορετικοί μεταξύ τους, πολύ ελαφράς κατασκευής, αλλά ψηλότεροι από τον πατέρα τους. Είχαν ήδη δει τον πατέρα μου, τη μητέρα και την αδελφή μου, οι οποίοι αφού έδωσαν τους χαιρετισμούς τους συνέχισαν να το σπίτι. Πήρα μια από τις κενές καρέκλες κάτω από το καταφύγιο της ελιάς. Ήταν ένα πολύ ωραίο συναίσθημα που εκτείνεται στη σκιά. Έκανε τη ζέστη πολύ πιο ανεκτή. Ο Τζιμ είχε φύγει για να μου φέρει ένα κρύο ποτό. Κάθισα πίσω και μελέτησα ένα μεγάλο λευκό πλαστικό δοχείο, βλέποντας τα ελληνικά γράμματα σε αυτό στη λέξη ηλιοτρόπιο, επιτυχία σκέφτηκα. Ο νονός μου μόλις με βρήκε ξανά καθώς τελείωνα. Ήμουν ακόμα περίεργος, και είπα δυνατά,

«Αναρωτιέμαι γιατί έχω τόσο μεγάλο πρόβλημα να πιάσω τα ελληνικά;» Μιλούσα για το φαινομενικό μου μπλοκ.

«Είσαι πολύ τεμπέλης!» Ο θείος μου μου είπε πριν τελειώσει, «Δεν ενοχλείς!» Σκέφτηκα για την Ταϊλανδική και αραβική που είχα μάθει και εδώ και πολύ καιρό ξεχάσει.

«Ίσως», είπα, αλλά ήξερα ένα πράγμα στα σίγουρα. «Σταμάτησα όταν πέθανε ο παππούς μου», του είπα. «Σταμάτησα τελείως», τελείωσα.

«Θυμάσαι τον παππού σου;» ο θείος μου γύρισε πίσω. Είχε συχνά την τάση να ακούγεται σκληρός, και ακόμα θα μπορούσε να είναι, αν και αυτή τη φορά ήταν έκπληκτος.

«Φυσικά!» Απάντησα. Τώρα περισσότερο από ποτέ νόμιζα. Ο θείος μου έκανε ένα θόρυβο ή δύο, και ο ξάδελφός μου εμφανίστηκε με τα ποτά. Ο πατέρας μου ήρθε σε εμάς και μιλήσαμε για την επόμενη μισή ώρα. Ο Τζιμ ήταν ακόμη εξαντλημένος από την πτήση του, και δεν άργησε να επιστρέψει η αδερφή του στο σπίτι, μια από τις πολλές αδελφές του, ήταν όλα αγκαλιές και φιλιά. Αλλά δεν χρειάστηκε πολύς χρόνος για τα παιδιά να κάνουν το μέρος να νιώσει πολύ μικρότερο και μετά από μια συνομιλία με τη νονά μου, νόμιζα ότι ήταν καλή στιγμή να κατευθυνθώ στην πισίνα. Ειδικά επειδή ο Τζιμ, με την παραδοχή του, ένιωσε πολύ κουρασμένος, φύγαμε και κανονίσαμε να επιστρέψουμε για δείπνο την επόμενη μέρα.

Η πισίνα ήταν πολύ ωραία και όχι πολύ γεμάτη, κάτι που με εξέπληξε.

Υπήρχε ένα μπαρ, και αν και υπήρχε έλλειψη από ομπρέλες οι μπανανιές ήταν τέλειες, και ήταν κάτω από ένα από αυτά που έκατσαν, με το ραδιόφωνο walk-man μου συντονισμένο στο σταθμό των Βρετανικών Δυνάμεων και μια εφημερίδα. Λίγο πολύ ήμουν το ίδιο με όλους τους άλλους κυρίως Ολλανδούς και Βρετανούς τουρίστες, αλλά δεν μου πήρε πολύ πριν συνειδητοποιήσω ότι ήμουν ο μόνος με κυπριακή εφημερίδα. Το βρήκα δύσκολο να μιλήσω με τουρίστες όταν ήμουν τόσο απορροφημένος στις τοπικές υποθέσεις όπως ήμουν. Είναι η ώρα και ο προορισμός των διακοπών τους, οπότε θα μιλούσα για πράγματα που δεν με ενδιαφέρουν. Το τελευταίο πράγμα που κάποιος γύρω από την πισίνα ήθελε να ακούσει για θα ήταν οι πύραυλοι, ή τις δυνατότητες και τις πιθανότητες της θεωρία μου, οπότε ήμουν χαρούμενος που χάθηκα στην εφημερίδα μου και άκουσα το ραδιόφωνο. Είχαμε δείπνο στο διαμέρισμα εκείνο το βράδυ, πριν φύγω για να πάω στο αγαπημένο μου μπαρ, το οποίο ήταν πιο απασχολημένο από ποτέ γιατί ήταν στη μέση της σεζόν. Απλώς έχω την ευκαιρία να πω ένα γρήγορο γεια και μια σύντομη συνομιλία με την Κριστίν.

«Κριστίν, θυμάσαι την πρώτη φορά που σε γνώρισα και τι σου ζήτησα;» Είπα. Κατάλαβα ότι δεν μπορούσε, γι' αυτό την υπενθύμισα και τον τρόπο που απάντησε.

«Ω, μην πάρετε καμία ειδοποίηση για μένα!» Φάνηκε να νιώθει αμήχανα για αυτό, έτσι περπάτησε μακριά για να εξυπηρετήσει ορισμένους πελάτες.

«Όχι, χάρηκα που το άκουσα!» Είπα, και ανταλλάξαμε χαμόγελα, όπως γύρισα για την έρευνα της κύριας λωρίδας. Ένιωσα καλά που επέστρεψα. Δεν έμεινα πολύ καιρό και σύντομα ενώθηκα με τους γονείς και την αδελφή μου για ποτά, ενώ κάνουμε τα σχέδιά μας για την επόμενη μέρα.

Το επόμενο πρωί η Αλέξις και εγώ πήγαμε στην πισίνα για λίγες ώρες, ενώ οι γονείς μου πήγαν για ψώνια. Είχαμε κανονίσει με τον θείο μου να δούμε τη Μαρί πριν πάμε στις νονές μου για δείπνο, και θα πηγαίναμε γύρω στις τέσσερις. Ένιωσα απαίσια για την έλλειψη ελληνικών μου και με το να μην είμαι σε θέση να πω τουλάχιστον αντίο σε κάποιον που αγάπησα. Αποφάσισα ότι από τότε που συνειδητοποίησα γιατί σταμάτησα να μαθαίνω ελληνικά, από τότε θα μπορούσα ίσως να ανοίξω το μυαλό μου σε αυτό λίγο περισσότερο, και να αρχίσω να τα εξασκώ. Έτσι, όταν πήγαινα για ένα πακέτο τσιγάρων, σκέφτηκα ότι θα ήταν ένα καλό μέρος για να ξεκινήσω.

«Ένα Camel ελαφρύ παρακαλώ», ρώτησα. Εντάξει δεν ήταν πολλά, και ήταν μια προφανής προσπάθεια, αλλά προσπαθούσα. Η Κύπρια γύρισε και πέταξε τα τσιγάρα στον πάγκο.

«Μία λίρα και πενήντα σεντς!» ζήτησε στα Αγγλικά και δεν ήταν πολύ ευγενική για αυτό. Ένιωσα από τον τόνο της ότι ενοχλήθηκε μαζί μου γιατί προσπαθούσα να μιλήσω ελληνικά, ενώ ήξερε ότι δεν μπορούσα, και επιπλέον, και οι δύο γνωρίζαμε ότι δεν υπήρχε καμία απολύτως ανάγκη, καθώς τα Αγγλικά χρησιμοποιούνται ευρέως στην Κύπρο, αλλά δεν θέλω να νιώθω περιφρόνηση για την προσπάθεια. Ήμουν λίγο τραυματισμένος στην αρχή, αλλά δεν με ενοχλούσε, ήμουν περίεργος.

Ο Μπανάιι δεν ήταν ο εαυτός του όταν φτάσαμε, κάτι που ήταν κατανοητό. Μας χαιρέτησαν και περάσαμε από το σαλόνι από όπου το κατάστημα-μπροστά θα μπορούσε να παρακολουθείται, και καθίσαμε ενώ ο καφές γινόταν. Δεν ήταν μια άνετη στιγμή. Με κάλεσαν στην κρεβατοκάμαρα αφού ο θείος μου, τάισε τη Μαρί, και μου έδωσαν λίγα λεπτά μόνο μαζί της. Το θέαμα που μου παρουσιάστηκε δεν ήταν αυτό που περίμενα. Η Μαρία φαινόταν άρρωστη, το έδειξε με τον τρόπο που ξαπλώθηκε στο κρεβάτι και απ' τα μάτια της. Το πρόσωπό της είχε χάσει αυτό το χαμόγελο και δεν μπορούσα παρά να αισθάνομαι δακρυσμένος, ήταν μια έντονη υπενθύμιση της τελευταίας φορά που είδα τη γιαγιά μου μετά το εγκεφαλικό της. Δεν ξέρω καν αν ήξερε ότι ήμουν εκεί. Γονάτισα δίπλα στο κρεβάτι και πήρα το χέρι της. Το χαμόγελο που είχα συνηθίσει να βλέπω δεν θα εμφανιζόταν, δεν υπήρχε καν η δυνατότητα να με αναγνωρίσει. Ήξερα ότι έπαιρνε μορφίνη για τον πόνο και οι γιατροί δεν της είχαν δώσει πολύ χρόνο. Κράτησα το χέρι της και της μίλησα για ένα ή δύο λεπτά γνωρίζοντας ότι δεν θα ήταν σε θέση να με καταλάβει ακόμα κι αν μπορούσε να ακούσει τις λέξεις. Δεν πέρασε πολύς καιρός μέχρι το φαγητό που την τάισε ο θείος μου να αρχίσει να επανέρχεται. Του τηλεφώνησα, και προσπάθησα να βοηθήσω, αλλά ένιωσα πιο άχρηστος για την προσπάθεια, και λίγο μετά φύγαμε για τις νονές μου. Δεν με πείραζε να δείξω ότι ήμουν αναστατωμένος. Δεν ήταν τόσο για το γεγονός ότι η Μαρί πέθαινε. Ήταν ότι δεν μπορούσα να της μιλήσω, και δεν υπήρχε κανένας τρόπος που θα μπορούσα να της πω άμεσα πώς ένιωσα γι' αυτήν, και πώς είχε με άγγιξε με το χαμόγελό της.

Πηγαίναμε στο σπίτι της νονάς μου εκείνο το βράδυ και η συζήτηση αφορούσε την απαίτηση πρόσβασης στην γη εναντίον της Τουρκίας. Εγώ το ανέφερα. Η νονά μου δεν το πίστεψε όμως.

«Αντριάνα, έχει περάσει», της είπα.

«Το έχουμε ξανακούσει αυτό!» έσπασε με οργή. «Πριν από πολύ καιρό, αλλά τίποτα δεν συμβαίνει!»

«Ναι, αλλά αυτή τη φορά κάτι θα συμβεί, το Ευρωπαϊκό Δικαστήριο Ανθρωπίνων Δικαιωμάτων έχει αποφανθεί και η Ευρώπη θα είναι υποχρεωμένη να δράσει», της είπα τελειώνοντας. «Εάν η Τουρκία δεν πληρώσει, τα περιουσιακά στοιχεία της Τουρκίας στην Ευρώπη θα κατασχεθούν!» ο ξάδελφός μου Τζιμ συμμετείχε επιβεβαιώνοντας ότι η ενέργεια φαινόταν πιθανή. Φώτισα τη θεία μου ως προς τις δραστηριότητές μου στο σπίτι.

«Κάλεσα τον Σάββα πριν φύγω από την Αγγλία και του είπα». Ο πατέρας μου είχε κάποιες πληροφορίες για το κτήμα του παππού μου.

«Έχω ακούσει ότι ο Αζίλ Ναδίρ έχτισε ένα ξενοδοχείο στο αγρόκτημα», είπε. Αναρωτιόμουν ήδη πώς θα μπορούσα να πάω στο αγρόκτημα του παππού μου και να βρω ένα ξενοδοχείο. Είχα ακούσει τα νέα μόνο μια μέρα νωρίτερα, γι' αυτό το σκεφτόμουν ακόμα. Πάντα φανταζόμουν ότι θα το βρω εγκαταλελειμμένο, αλλά ήξερα ότι δεν ήταν κάτι που θα έπρεπε να θεωρώ δεδομένο. Ανεξάρτητα από αυτό, ένιωσα άνετα με την κατάσταση. Δεν είχα ξεχάσει το δοκίμιο μου και όλο το περιεχόμενο του. Ήξερα απλώς ότι αν έρθουν οι πύραυλοι, και ξεκινήσει μια σύγκρουση, και προχωρήσει μια εισβολή στον Βορρά, τότε θα ήταν μια πολύ εχθρική επιχείρηση, και θα μπορούσα να καταλάβω γιατί. Έπρεπε να είμαι ρεαλιστής και να θεωρήσω ότι θα είναι. Δεν περίμενα πολλοί Τουρκοκύπριοι να θέλουν να μείνουν. Ήξερα ότι οι Τούρκοι της ηπειρωτικής χώρας δεν θα ήταν ευπρόσδεκτοι με τη δυσαρέσκεια που είχαν για το διαχωρισμό του νησιού από εμάς για τόσο πολύ καιρό. Σκέφτηκα ξανά τον οδηγό ταξί που ήταν γεμάτος μίσος. Ήξερα ότι θα υπήρχαν μερικοί σαν αυτόν, και το μίσος αυτό όταν εξαπολύονταν σε έναν αβοήθητο άνθρωπο θα τους οδηγούσε μακριά ανεξάρτητα από το πώς ένιωθα. Μπορούσα να πω ότι ο ξάδερφός μου ήξερε τις σκέψεις μου. Αυτό, πίστευα, μια μέρα που λαχταρούσα ερχόταν και ένιωθα καλά. Η μόνη ανησυχία που είχα για την επανένωση του Βορρά ήταν πάνω στο γεγονός ότι τα ελληνικά στρατεύματα θα μπορούσαν να χρησιμοποιηθούν. Δεν πίστευα ότι ήταν απαραίτητα αν τα στοιχεία μας ήταν σωστά, και λαμβάνοντας υπόψη το λόγο που η Τουρκία είχε διχοτομήσει το νησί, σκέφτηκα ότι θα ήμασταν καλύτερα χωρίς αυτούς. Είχα ήδη αποφασίσει να πω στην Νίκη να μην μείνει στην Κω μετά τον Οκτώβριο, όταν οι S-300 επρόκειτο να φτάσουν στην Κύπρο, επειδή θεώρησα ότι η ομάδα των νησιών πρέπει να είναι πολύ κοντά στην Τουρκία για να μπορεί η Ελλάδα να την υπερασπιστεί καλύτερα. Όσο πιο πολύ το σκεφτόμουν, τόσο πιο πεπεισμένος ήμουν ότι η Τζιν και η Άντζι είχαν πει, αυτά που είχαν πει, από φόβο. Η ανησυχία μου ήταν ότι εάν συμμετείχαν ελληνικά στρατεύματα, η Τουρκία θα αντιδράσει με μια επίθεση στην Ελλάδα, και με τη σειρά της θα μπορούσε να σύρει την Ευρώπη σε μια σύγκρουση, η οποία ήξερα ότι θα ήταν ένα σοβαρό ζήτημα.

Την επόμενη μέρα υποσχέθηκα να οδηγήσω τους γονείς και την αδελφή μου γύρω από το νησί, πέρα από την Πάφο, και βόρεια στην Πόλη. Ανυπομονούσα να δείξω στη μητέρα μου τη χώρα της. Ήταν παράξενο, αλλά ένιωθα πιο κοντά της εδώ από ό,τι είχα οποιαδήποτε άλλη στιγμή, και δεν μπορούσα να καταλάβω γιατί. Φαινόταν να είναι η ίδια η χώρα. Σαν να γνωρίζαμε και οι δύο την Κύπρο μαζί και, ίσως, ο ένας τον άλλον. Ξεκινήσαμε αργά το πρωί κατά μήκος της κύριας εθνικής οδού δύο λωρίδων που τρέχει το ένα τρίτο του δρόμου μεταξύ Λεμεσού και Πάφου, το υπόλοιπο ήταν ακόμα υπό κατασκευή εκείνη την εποχή. Ήταν ένα καυτό πρωινό, αλλά έχει λιγότερη σημασία όταν έχεις κάποια ταχύτητα. Ο άνεμος φυσούσε μέσα από τα ανοιχτά παράθυρα, και η μουσική ήταν στο Βρετανικό Ραδιόφωνο Δυνάμεων, αλλά χαμηλή, έτσι μπορούσαμε να μιλήσουμε. Είχαμε κανονίσει να δούμε τη Μαρί το βράδυ, που ήταν στο πίσω μέρος του μυαλού μου, αλλά ένιωθα καλά. Ένιωθα σίγουρος ότι θα μπορούσα να πείσω τη μητέρα μου να αποσυρθεί εδώ, και ήξερα ότι ο πατέρας μου ήταν πρόθυμος για την ιδέα. Όσο περισσότερο χρόνο περνούσα μαζί τους εδώ, τόσο περισσότερο ήθελα να δημιουργήσω ισχυρότερους δεσμούς, με το νησί, και με τους εαυτούς τους. Παρατήρησα πόσο καλά επικοινωνούσαμε και ήταν ωραία. Άκουγα συνεχώς αυτοκίνητα και μικρά σκάφη προς πώληση στο ραδιόφωνο, σε καλές τιμές, και κοιτάζοντας τον πατέρα μου και λέγοντάς του ότι θα μπορούσα, αν είχα κάπου να τα παρκάρω.

Μετά από περίπου τριάντα λεπτά οδήγησης, αμέσως μετά από μια σήραγγα, ο αυτοκινητόδρομος δύο λωρίδων τελείωσε και παρακάμψαμε σε έναν πλευρικό δρόμο. Αφού στρίψαμε αριστερά, ο δρόμος ανέβηκε σε έναν λόφο προς μια διασταύρωση, όπου στρίψαμε δεξιά και πήραμε τον παλιό παραλιακό δρόμο. Πλησιάζαμε τον βράχο της Αφροδίτης. Ο δρόμος σπάει μέσα από την λευκή ακτογραμμή ασβεστόλιθου μερικά χιλιόμετρα νότια των βράχων, και καθώς τους πλησιάζετε, από κάποιο ύψος, μπορείτε να πάρετε μια καλή θέα τους να προεξέχουν στη θάλασσα. Ο δρόμος πέφτει, ακολουθώντας την ημισέληνο στο σχήμα ακτογραμμής, με τη θάλασσα στα αριστερά σας. Ο σχηματισμός βράχων είναι σαφώς δει και φαίνεται να είναι ό, τι έχει απομείνει από ένα σημείο στην ακτογραμμή που ωθεί έξω στη θάλασσα από τα βράχια στα δεξιά τους. Καθώς πλησιάζετε από αυτή την πλευρά είναι μια ήπια προσέγγιση μέχρι μια μικρή κλίση. Σαν ένα μεγάλο ανάχωμα όλο και μεγαλύτερο κατά την άποψή σας μέχρι ο δρόμος γυρίζει μια απότομη δεξιά, γύρω από το σημείο του γκρεμού, και ο βράχος είναι πίσω σας. Είχα ένα ζεστό συναίσθημα, απλά να πλησιάζει, όχι μόνο για τις ισχυρές αναμνήσεις της πρώτης επίσκεψής μου, αλλά και τα συναισθήματά μου. Δεν είχα πραγματικά πολύ χρόνο για να ρίξω μια καλή ματιά σε αυτό που νόμιζα ότι είδα στο μεγαλύτερο βράχο, όπως το περάσαμε στα αριστερά μας. Η στροφή είναι τόσο σφιχτή που πρέπει να προσέχεις προσεκτικά το δρόμο αν οδηγείς, και δεν μπορούσα καν να ελέγξω τον καθρέφτη μου σωστά. Το σκέφτηκα. Δεν θα μπορούσε να είναι αυτό που νόμιζα ότι ήταν, αλλά έμοιαζε με αυτό. Ο πατέρας μου είχε τη θέση του συνοδηγού. Τον κοίταξα γρήγορα και ρώτησα,

«Υπήρχε μια σημαία στον βράχο;»

«Δεν ξέρω, ήταν εκεί;»

«Είμαι βέβαιος ότι είδα μία», είπα προσθέτοντας. «Υπάρχει μια αιματηρή ελληνική σημαία στο βράχο! Ήταν στο μεγαλύτερο βράχο του σχηματισμού που βλέπει το δρόμο βόρεια», τον ενημέρωσα. Αλλά δεν το πίστευα πραγματικά,

«Όχι, δεν θα μπορούσε να είναι!» Ήξερα ότι υπήρχε κάτι εκεί, αλλά, καθώς δεν μπορούσα να είμαι σίγουρος για το τι, αποφάσισα να ρίξω μια ματιά στο ταξίδι επιστροφής μας, και επικεντρώθηκα στο δρόμο μπροστά ενώ αναρωτιόμουν ποια διαδρομή να λάβω από την Πάφο στην πόλη. Ήταν μια καλή μέρα και δεν θα άφηνα ένα πιθανό κόλπο του φωτός να την καταστρέψει.

Μέχρι τη στιγμή που σταθμεύσαμε το αυτοκίνητο στο χώρο στάθμευσης του στρατοπέδου, στην παραλία, η ραγδαία αύξηση της θερμότητας είχε δημιουργήσει μια δίψα σε όλους μας, και το beach bar φαινόταν ακόμα καλύτερα για να νιώσω εξοικείωση με τον τόπο. Ο άνεμος φυσούσε από τα βορειοδυτικά, οπότε ήταν αναζωογονητικό με θέα στη θάλασσα. Στη σκιά το αεράκι ήταν το πιο δροσερό που είχα από τότε που έφτασα στην Κύπρο, χωρίς το κεφάλι μου να βγαίνει από το παράθυρο του αυτοκινήτου. Έχω αράξει σε μερικές όμορφες παραλίες, και παρόλο που αυτή δεν ήταν μία από τις καλύτερες, ήταν ωραία, και όπως και η πόλη, αισθάνθηκα χαλαρά, η οποία είναι μια ευχάριστη αλλαγή μετά τη Λεμεσό. Η συζήτηση στην πορεία αφορούσε τη συνταξιοδότηση και τους γονείς μου που αναζητούσαν μέρος στην Κύπρο. Ακουγόταν σαν η μητέρα μου να είχε ψηθεί στην ιδέα. Ήρθε μαζί μας στο μπαρ αφού βρήκε τις τουαλέτες. Υπήρχε ένα καλό μείγμα παραθεριστών γύρω, τόσο ξένων όσο και Κυπρίων.

«Τι θέλεις, μαμά;» ρώτησα.

«Θα πάρω ένα shandy».

«Δεν είμαι σίγουρος αν έχουν shandy», είπα συνειδητοποιώντας αμέσως ότι έπρεπε να το έχουν, καθώς η μπύρα και η λεμονάδα πωλούνται ξεχωριστά. Σχεδόν αμέσως άκουσα μια γυναικεία φωνή με προφορά Λονδίνου από πίσω από το μπαρ.

«Shandy, φυσικά έχουμε shandy! Θέλεις shandy, κανένα πρόβλημα!» Κοίταξα πάνω από τον πάγκο για να δω την πηγή. Ήταν ένα Κύπριο κορίτσι, πιθανώς συγγενής του ανθρώπου που είχα γνωρίσει που διοικούν το μπαρ, και σε εκείνο το σημείο νόμιζα ότι αγαπώ αυτήν τη χώρα. Δεν υπήρχαν καταγγελίες για τη γλώσσα στην Κύπρο, όπως στην Ελλάδα. Ήταν μια μεγάλη διαφορά, και ένιωσα πολύ πιο κοντά στον τόπο γνωρίζοντας ότι δεν θα θεωρούμουν λιγότερο Κύπριος για την άγνοιά μου για την ελληνική γλώσσα, και κάθε μέρα φαινόταν να το επιβεβαιώνει για τον εαυτό μου. Μίλησα με τον νεαρό πίσω από το μπαρ, έναν ευχάριστο τύπο, ο οποίος με θυμήθηκε καλά από την προηγούμενη επίσκεψή μου.

«Αυτοί είναι οι γονείς σου;» ρώτησε, χαμογελώντας σε αυτούς.

«Ναι, είμαι το είδος της δείχνοντάς τους γύρω, και δεν θα μπορούσα να χάσω αυτό το μέρος έξω», τον ενημέρωσα προσθέτοντας. «Σκέφτονται να αποσυρθούν εδώ και ήθελα να τους δείξω την Πόλη πριν δεσμευτούν οπουδήποτε». Ο ιδιοκτήτης του μπαρ πήρε αυτή την είδηση θερμά και αμέσως έπιασε κουβέντα με τη μητέρα μου. Είναι φυσικό να νιώθεις κάποια υπερηφάνεια στην περιοχή σου και ήξερε πώς ένιωθα για την Πόλη. Μέρος του απογεύματος περνούσε στην παραλία ως οικογένεια, κάτι που ήταν πολύ σπάνιο για μένα, καθώς ένιωθα πάντα μακριά από αυτούς, ιδιαίτερα η μητέρα μου, αλλά όχι αυτή τη μέρα. Αργά το απόγευμα περπατήσαμε γύρω από την ίδια την Πόλη, και τι χαρά ήταν που έβλεπα ότι ενδιαφέρονται για τα μεσιτικά γραφεία, παίρνοντας κάποιες πληροφορίες και τιμές. Είπα στους γονείς μου ότι ένιωθα ότι η οικογένεια στο σύνολό της θα ωφελούταν από μια τέτοια επιλογή και θα κρατήσει τους νεότερους σε επαφή με την κυπριακή τους κληρονομιά. Είπα στη μητέρα μου ότι ήξερα ότι ήταν και για τον εαυτό μου και ενέκρινε. Περπατούσαμε γύρω από την πλατεία, μετά τα εστιατόρια και τα καταστήματα, όταν ένας τίτλος εφημερίδας τράβηξε την προσοχή μου, 'ΤΟΥΡΚΟΣ ΣΥΓΓΡΑΦΕΑΣ 25 ΧΡΟΝΙΑ'. Περπάτησα μέχρι το περίπτερο ειδήσεων και διάβασα ένα σύντομο κομμάτι του άρθρου που έλεγε για έναν Τούρκο δημοσιογράφο ο οποίος είχε καταδικαστεί σε είκοσι πέντε χρόνια φυλάκιση, στην Τουρκία, για τη σύνταξη υλικού που θεωρείται ανατρεπτικό από την κυβέρνηση και τον στρατό. Ωχ! Νόμιζα ότι, έστειλε ένα ρίγος μέσα μου. Οδηγήσαμε πίσω στην πιο βόρεια διαδρομή προς την Πάφο. Με αυτό τον τρόπο τα βουνά σας μεταφέρουν πολύ ψηλά ώστε να μπορείτε να δείτε την ακτογραμμή για μίλια. Είναι πραγματικά μια όμορφη θέα. Σταμάτησα το αυτοκίνητο για να βγω και να απολαύσω το τοπίο. Ήταν ένα θέαμα που μπορούσα να πάρω όλη μέρα, από τα κοντινά μικρά παραδοσιακά αγροκτήματα στην πλαγιά του βουνού, μέχρι την ακτή που έβλεπε πάνω από χίλια μέτρα κάτω από μας.

«Κοίτα, υπάρχει ένα φυτό κάππαρης!» Ήταν η μητέρα μου που έδειχνε ένα θάμνο.

«Αυτό είναι;» Απάντησα. Πήγα να ρίξω μια πιο προσεκτική ματιά. Ήταν, και όχι μόνο αυτό, αλλά όταν κοίταξα γύρω μου, είδα ότι μεγάλωναν σε αφθονία.

«Πω, αυτό είναι μεγάλη κάπαρη παντού, κοιτάξτε αυτό!» Τους είπα επισημαίνοντας ένα θάμνο τόσο μεγάλο όσο ένα αυτοκίνητο, και πολλούς άλλους. Ήμουν εκστασιασμένος. Ήταν μια λιχουδιά για μένα, αλλά εδώ, ήταν απλά ένας κοινός θάμνος. Με έκανε αμέσως να σκεφτώ τον ξάδελφό μου Τζιμ και τις καταγγελίες του ότι δεν ήταν ποτέ σε θέση να μεγαλώσει επιτυχώς ένα φυτό κάππαρης στην Αυστραλία. Κοίταξα το έδαφος, ήταν σχεδόν καθαρός ασβεστόλιθος, όπου το έδαφος δεν καλύφθηκε από φύλλωμα ήταν φωτεινό λευκό.

«Είναι ασβεστόλιθος!» Αναφώνησα.

«Τι;» μου απάντησε η μητέρα μου.

«Είναι ασβεστόλιθος. Πάω στοίχημα ότι γι' αυτό ο Τζιμ δεν είχε καμία επιτυχία την καλλιέργεια τους, φαίνονται ότι μεγαλώνουν σε σχεδόν καθαρό ασβέστη». Κοίταξα κάτω σε ένα μικρό φυτό όχι περισσότερο από δέκα εκατοστά καιρό αυξάνεται από τα πόδια μου, και στη συνέχεια πήρα μία από τις τρελές σκέψεις μου.

«Μαμά, έχετε ένα αρχείο νυχιών;»

«Ω, έτσι νομίζω, για ποιο λόγο;»

«Θα σου δείξω!» Η μητέρα μου έβγαλε ένα μεταλλικό αρχείο από την τσάντα της και μου το έδωσε. Πήγε αμέσως στο έδαφος και άρχισε να σκάβει μακριά στο ασβεστόλιθο γύρω από το μικρό φυτό.

«Τι κάνεις;» ρώτησε, ξαφνιασμένη, ανησυχώντας για τον φάκελό της.

«Λαμβάνω ένα δείγμα μαμά, είναι εντάξει, δεν θα καταστρέψω το αρχείο των νυχιών σου. Μπορείς να το βάλεις αυτό στην τσάντα σου;» Πέρασα στη μητέρα μου ένα κομμάτι ασβέστη 10 επί 5 εκατοστά. Το κοίταξε συγκλονισμένη,

«Τι θα κάνεις με αυτό;» ρώτησε εντελώς σαστισμένη.

«Λοιπόν, είστε καλοί στην καλλιέργεια πραγμάτων μαμά», είπα, όπως ήμουν ελευθερώνοντας το φυτό που έσκαβα γύρω.

«Και σκέφτηκα ότι θα βοηθούσε όταν φτάσουμε αυτό το σπίτι!» Της είπα καθώς σηκώθηκα με το μικροσκοπικό φυτό κάππαρης στο χέρι μου, νιώθοντας ευχαριστημένος με τον εαυτό μου.

Σύντομα ξεκινήσαμε και πάλι κάτω από τον ορεινό δρόμο προς την Πάφο. Επέμενα να τους οδηγήσω στην πόλη και να τους δείξω μερικά από τα αξιοθέατα χωρίς να βγω έξω. Ένιωσα τόσο χαρούμενος και άνετος. Συνεχίσαμε πίσω στη Λεμεσό και περάσαμε μέσα από τις φυτείες μπανάνας κατά μήκος του παραλιακού δρόμου νότια της Πάφου. Δεν υπάρχουν σημάδια που να σας επιτρέπουν να ξέρετε ότι πλησιάζετε το σχηματισμό βράχων της Αφροδίτης από τα βόρεια. Υπάρχει μια μικρή πτώση, μια δεξιά στροφή, και τα βράχια μπροστά σας υψώνονται πάνω από την κορυφή του δρόμου και, μετά από λίγο περισσότερα από εκατό μέτρα περίπου, ο δρόμος γυρίζει μια απότομη στροφή αριστερά γύρω από το σημείο, και είναι πίσω σας και πάλι. Αυτό που αντίκρισαν τα μάτια μου, όπως ακολούθησα το δρόμο γύρω από την στροφή στο δεξί μου χέρι θα με τρόμαζε. Κοίταξα με δυσπιστία. Ήταν χειρότερα απ' ό,τι φανταζόμουν. Ακριβώς μπροστά μου, ντυμένοι πάνω από το μεγαλύτερο βράχο του σχηματισμού, ήταν μια εξαιρετικά μεγάλη ελληνική εθνική σημαία, και για να κάνει τα πράγματα χειρότερα, ήταν τοποθετημένη έτσι ώστε όταν οι τουρίστες να παίρνουν φωτογραφίες από τα βράχια, έπαιρναν την ελληνική σημαία στις φωτογραφίες τους, λέγοντάς ότι ήταν στην Ελλάδα. Οδήγησα το αυτοκίνητο γύρω από την στροφή, μη βγάζοντας τη σημαία από τα μάτια, αλλά η φρίκη μου πάνω από το βράχο σύντομα μετατράπηκε σε θυμό.

«Καθάρματα! Γαμημένοι υποκριτές!» Ούρλιαξα. Σκέφτηκα τη σημαία μας και τη ζωή που χάθηκε προσπαθώντας να ρίξει μια τουρκική σημαία. Το υπόλοιπο αυτοκίνητο ήταν σιωπηλό. Δεν έκανα τίποτα για να κρύψω την οργή μου.

«Γαμημένοι υποκριτές! Δεν μπορώ να το πιστέψω! Απλά δεν το πιστεύω! Γαμημένοι Έλληνες!» Υπήρχε ακόμα σιωπή στο αυτοκίνητο. Κοίταξα τον πατέρα μου.

«Δεν θα έπρεπε να είναι εκεί πάνω!» Του είπα. Ο πατέρας μου κούνησε το κεφάλι, αλλά δεν είχα τελειώσει.

«Πέταξα εδώ πριν από δύο χρόνια προετοιμασμένος να κατεβάσω μια γαμημένη τουρκική σημαία και τώρα αυτό, απλά δεν το πιστεύω!» Συνεχίσαμε να οδηγούμε προς την Λεμεσό. Μέσα στο θυμό μου είχα αυξήσει την ταχύτητα πριν ξαναπάρω τον έλεγχο. Πολύ λίγα ειπώθηκαν για λίγο πριν συλλογιστούμε ορισμένες θεωρίες ως προς το ποιος την είχε βάλει εκεί πάνω. Ιδιώτης ή κυβέρνηση, δεν μπορούσα να πιστέψω, ήμουν εξοργισμένος.

Έπρεπε να καταπνίξω το θυμό μου γρήγορα και να βγάλω τη σημαία από το μυαλό μου για λίγο. Η πρώτη μας στάση όταν επιστρέψαμε στη Λεμεσό ήταν να δούμε τη Μαρία. Αυτή τη φορά καθόταν όταν πήγα, στην κρεβατοκάμαρα. Ο θείος μου κανόνισε το δωμάτιο λίγο με μερικές καρέκλες, και καθίσαμε όλοι εκεί μαζί, το οποίο φάνηκε σωστό. Η μητέρα μου ήξερε τι ήθελα να πω στη Μαρί και της είχα πει πως ένιωθα άσχημα που δεν μπορούσα να το πω ο ίδιος. Είδα μια σκιά ενός χαμόγελου στο πρόσωπό της και πάλι και, ήξερα, ότι θα ήταν η τελευταία φορά.

«Μαμά, πες στη Μαρί ότι θα κουβαλάω το χαμόγελό της μαζί μου για πάντα», μετέφρασε τα λόγια μου. Δεν ήξερα αν το άκουσε, ή το κατάλαβε, αλλά εύχομαι να ήξερα την κατάστασή της τον Οκτώβριο, οπότε θα μπορούσα να φροντίσω να της το πουν όταν ήταν πιο υγιής. Υποσχέθηκα στον εαυτό μου ότι από εκεί και μετά ότι δεν θα το άφηνα να ξανασυμβεί. Αλλά, πριν φύγουμε, θα συναντούσα έναν άλλο ξάδελφο, και τον γιο της, ένα όμορφο νεαρό αγόρι περίπου έξι ή επτά ετών. Είπα γεια και ένιωσα απαίσια, δεν μπορούσαν να με καταλάβουν. Οι συγγενείς μου κι εγώ δεν μπορούσαμε καν να επικοινωνήσουμε μαζί τους. Έφαγα στο διαμέρισμα εκείνο το βράδυ με τους γονείς μου. Δεν είχα τη διάθεση να πάω σε οποιοδήποτε μπαρ ή να κοινωνικοποιηθώ με οποιονδήποτε τρόπο. Πήγα για ύπνο νωρίς, αλλά αν κοιμόμουν ήταν μόνο για μικρό χρονικό διάστημα, ήμουν πιο αναστατωμένος από ό, τι νόμιζα με αυτό που είχε ξεκινήσει ως μια υπέροχη μέρα που μετατράπηκε σε θυμό και μετά υπέκυψα στη θλίψη και νομίζω αυτό που με ενόχλησε το περισσότερο ήταν ότι ο θυμός μου για την σημαία εμπόδισε κάθε πένθος που θα ήθελα να νιώσω.

Το πρωί το φως με βρήκε στο κρεβάτι κοιτάζοντας μέσα από το παράθυρο της μπαλκονόπορτας μία μικρή νυχτερίδα που είχε πέσει στο πάτωμα του μπαλκονιού, και τώρα καθόταν στο έντονο φως του ήλιου. Τράβηξα την κουρτίνα στην άκρη για να το δω. Προς έκπληξή μου η νυχτερίδα γύρισε το κεφάλι της και φάνηκε να με κοιτάζει, εντελώς ήρεμη, παρά το έντονο φως του πρωινού και την έντονη θερμότητα. Μόνο όταν πάτησα στο ίδιο το μπαλκόνι την έκανα να πετάξει μακριά. Το διαμέρισμα ήταν άδειο. Οι γονείς και η αδελφή μου είχαν πάει στις νονές μου για να τους συναντήσουν για μπάρμπεκιου στον ελαιώνα του ξαδέλφου μου. Σκέφτηκα να πάω, αλλά η έντονη ζέστη, και η έλλειψη ύπνου, είχε καταστήσει την πρόσκληση λιγότερο ελκυστική. Ετοίμασα στον εαυτό μου πρωινό πριν κάνω το μόνο λογικό πράγμα που θα μπορούσα να σκεφτώ υπό αυτές τις συνθήκες, και αυτό ήταν να κατευθυνθώ στην πισίνα. Ήμουν ενοχλημένος με την άγρυπνη νύχτα μου. Ήξερα ότι το θέαμα της ελληνικής εθνικής σημαίας που ήταν ντυμένη πάνω από τον εθνικό μας θησαυρό με εξόργισε, αλλά δεν πίστευα ότι θα είχα μια άγρυπνη νύχτα εξαιτίας αυτού. Δεν ήταν τόσο πολύ το ότι το σκεφτόμουν, όσο το να προσπαθώ να μην το σκέφτομαι που νόμιζα ότι πρέπει να με κράτησε ξύπνιο, γιατί δεν ήθελα να το σκεφτώ.

Πέρασα την ημέρα ευχάριστα δίπλα στην πισίνα στη σκιά μιας μπανανιάς, μεταξύ μιας ολλανδικής οικογένειας από τη μία πλευρά, και ενός ζεύγους Άγγλων από την άλλη. Αν εξαιρέσεις την εφημερίδα που διάβαζα θα μπορούσα να είμαι τουρίστας. Γι' αυτό και έβαλα την εφημερίδα μακριά και έκανα τουριστική συζήτηση με τους ανθρώπους γύρω μου, ενώ παρατηρώντας ένα τόπλες κορίτσι από την Ρωσία, ενώ μαύριζε, και περιστασιακά να βουτά για να δροσιστεί πριν επιστρέψει στην ξαπλώστρα της, και απαλά τοποθετήσει δύο μικρά φύλλα πάνω από τις θηλές της για να τα προστατεύσει από την καύση. Βρήκα τον εαυτό μου να μιλάει για οτιδήποτε εκτός από την Κύπρο, όπως μπορούσα. Αργά το απόγευμα οι γονείς και η αδελφή μου επέστρεψαν από την έξοδό τους και προς ανακούφιση μου ανακάλυψα ότι το καταφύγιο ήταν σπάνιο στον ελαιώνα, το οποίο για μένα δικαιολογούσε να μην παραστώ. Φύγαμε μια ώρα αργότερα για δείπνο στο σπίτι της νονάς μου. Καθώς φτάσαμε, μπορούσα να δω τον ξάδερφό μου Τζον να πλησιάζει. Άφησα τους γονείς μου να εισέλθουν, και τον περίμενα να βγει από το ποδήλατό του και να αφαιρέσει το κράνος του.

«Τι σου συνέβη σήμερα;» ρώτησε.

«Αχ, δεν μπορούσα να κοιμηθώ χθες το βράδυ, υπέφερα», του είπα προσθέτοντας.

«Συγγνώμη φίλε!»

«Δεν μπορούσες να κοιμηθείς, γιατί όχι;» Το ήξερα ότι ο Τζον θα το ζητούσε.

«Δεν ξέρω», είπα προσθέτοντας. «Είδα μια αιματηρή μεγάλη ελληνική σημαία τυλιγμένη πάνω στον βράχο της Αφροδίτης χθες και νομίζω ότι μπορεί να με αναστάτωσε λίγο», είδα το πρόσωπό του να σηκώνεται με αηδία.

«Τι είναι αυτό; Μπα!» Ήταν το μόνο που χρειαζόμουν για να ακούσω από αυτόν. Μουρμούρισε μερικά άλλα πράγματα, αλλά κατάλαβα ότι δεν ήταν χαρούμενος γι' αυτό. Τον ακολούθησα στο μονοπάτι του κήπου και εγκαταστάθηκα για δείπνο. Οι γυναίκες φρόντιζαν για το σερβίρισμα φαγητού και το καθάρισμα μετά. Δεν υπάρχει τίποτα σοβινιστικό σε αυτό, και δεν θα μας άφηναν να βοηθήσουμε αν δοκιμάζαμε, κάτι που αφήνει τους άντρες ελεύθερους να καπνίζουν και να μιλούν μετά το δείπνο, ενώ ο νονός μου χτυπούσε μύγες. Εξέφρασα ανοιχτά τις ιδέες μου σχετικά με τη δυνατότητα της ρωσικής βοήθειας, η οποία αρχικά απορρίφθηκε, πριν επιχειρηματολογήσω ότι το γεγονός ότι το πολιτικό κλίμα μεταξύ της Ρωσίας και Δύσης θα τους επέτρεπε τώρα να συμμετάσχουν σε μια τέτοια δραστηριότητα. Όπως επεσήμανα, καμία χώρα δεν αναγνωρίζει την τουρκική βόρεια Κύπρο και είχαμε την υποστήριξη των περισσότερων χωρών. Η Ρωσία όχι μόνο είχε καλό λόγο να μας βοηθήσει, με την ιστορική φιλία μας ευθυγραμμισμένη με τους ισχυρούς θρησκευτικούς δεσμούς μας, αλλά θα μπορούσε επίσης να διεκδικήσει το ανθρωπιστικό υψηλό έδαφος απλά βοηθώντας στην επανένωση της χώρας μας, όταν κανείς άλλος δεν μπορούσε να βοηθήσει, λόγω της στρατιωτικής δύναμης της Τουρκίας. Προσθέτοντας ότι δεν θα χαθεί καμία αγάπη μεταξύ Τουρκίας και Ρωσίας, καθώς δεν υπήρχε και πολλή. Το επιχείρημα ήταν ότι η Τουρκία θα λάβει υποστήριξη από τα αραβικά κράτη λόγω της θρησκείας, αλλά, όπως επεσήμανα, λίγα αραβικά κράτη έχουν μεγάλη αγάπη για την Τουρκία, καθώς υπέφεραν όσο κανένας υπό οθωμανική κυριαρχία. Σκέφτηκα τον Λόρενς και υπερηφανεύομαι για τις δραστηριότητές του κατά των Τούρκων στην Αραβία, οι οποίες ήταν, το σημαντικότερο, για τους Άραβες.

Η σημαία στο βράχο της Αφροδίτης δεν αναφέρθηκε στη συζήτηση, ούτε ήθελα να αναφερθεί. Δεν είχα μιλήσει με νονά μου ή οποιονδήποτε άλλο για την επιθυμία να αναφέρομαι ως Κύπριος πρώτα απ' όλα κατά τη διάρκεια της επίσκεψης. Δεν ήταν ότι ήθελα να το πάρω πίσω με οποιονδήποτε τρόπο.

Απλά ήξερα ότι θα ήταν ένα οδυνηρό θέμα, για τον εαυτό μου τουλάχιστον, και ιδιαίτερα για τη νονά μου. Φύγαμε από εκεί περίπου εννέα εκείνο το βράδυ για να επιστρέψουμε στο διαμέρισμά μας. Πήγα κατευθείαν στο κανονικό στέκι μου για ένα ποτό μόνο με σορτς και οι εκπαιδευτές μου, και οι γονείς μου πήγαν στο μπαρ τους. Μέχρι τότε προσπαθούσα συνεχώς να κρύψω από τον εαυτό μου πώς ένιωθα για τη σημαία. Ο ξάδερφός μου ο Τζον ήταν το πρώτο άτομο που το ανέφερα, και ένιωθα σίγουρος ότι ήθελα να το ξεχάσω. Αλλά κάτι δεν θα άφηνε να πάω και τώρα ήμουν να δοκιμάσω λίγο περισσότερο με τον μπάρμαν.

«Γεια σου Στέφαν! Χθες πέρασα από το βράχο της Αφροδίτης με τους γονείς μου και είδα κάποιον που είχε βάλει μια μεγάλη ελληνική σημαία πάνω από τον μεγαλύτερο βράχο». Το πρόσωπο του Στέφαν έδειξε μια αηδία καθώς άκουγε.

«Όχι!»

«Ναι, μία μεγάλη!» Του είπα προσθέτοντας. «Τουλάχιστον δεκαπέντε πόδια, πάνω από το βράχο, σαν να ήταν δικός τους ή κάτι τέτοιο», ο Στέφανος ήταν αηδιασμένος. Κούνησε το κεφάλι του καθώς γύρισε για να περπατήσει στο μήκος του μπαρ και είπε δυνατά,

«Είναι δικό τους!» έσπασε προσθέτοντας. «Μπορούν να το πάρουν πίσω!»

«Ναι, γαμώτο!» Συμφώνησα πριν αναρωτηθώ αν εννοούσε μόνο τη σημαία ή τη σημαία και το βράχο. Συνέχισα με το ποτό μου, ικανοποιημένος ότι υπήρχε κάτι παραπάνω από λίγη δυσαρέσκεια με την ιδέα να έχουμε ελληνική σημαία πάνω από τον εθνικό μας θησαυρό. Η Κριστίν αντικατέστησε τον Στέφαν στο μπαρ και σκέφτηκα να της το αναφέρω.

«Κρις, είδα μια ελληνική σημαία τυλιγμένη πάνω από το βράχο της Αφροδίτης». Καλά θα μπορούσε κάλλιστα να ήταν η πραγματική πέτρα. Έδειξε την απογοήτευσή της, αλλά δεν φαινόταν πολύ έκπληκτη, έσκυψε προς τα εμπρός και είπε ήσυχα,

«Ναι, αυτή η κυβέρνηση είναι κάπως έτσι, Ελληνική!»

«Είναι;» Απάντησα περισσότερο από λίγο έκπληκτος. Κούνησε το κεφάλι καθώς άρχισε να φεύγει. Δεν θα μπορούσαν να είναι τόσο Έλληνες νόμιζα. Όχι, δεν μπορούσα να πιστέψω ότι θα ήταν η κυβέρνηση.

«Κριστίν, αν πω ότι είμαι Ελληνοκύπριος, τότε είναι μόνο για να μάθει ο κόσμος ότι δεν είμαι Τούρκος».

«Κι εγώ», απάντησε, και ήταν με την τελευταία αυτή απάντηση στα αυτιά μου που περπάτησα πίσω στους γονείς μου. Ένιωσα περήφανος που είμαι Κύπριος και με υπονόμευε η σκέψη ότι η σημαία θα ήταν εκεί που ήταν. Έφτασα στο μπαρ όπου έπιναν οι γονείς μου. Ο πατέρας μου ήταν σε καλή διάθεση, είχαν γνωριστεί με τον ιδιοκτήτη του μπαρ, και τώρα απολάμβαναν τα προνόμια. Κάθισα και παρήγγειλα ένα μπράντι ξινό. Ο πατέρας μου μίλησε.

«Τζιμ, ο ιδιοκτήτης του μπαρ λέει ότι δεν θα ήταν η κυβέρνηση που έβαλε τη σημαία εκεί πάνω».

«Όχι, μόνο μερικοί γαμημένοι Έλληνες!»

«Τζιμ! Είμαι Ελληνίδα!» παρακάλεσε η μητέρα μου, απάντησα σταθερά αλλά απαλά.

«Μαμά, είσαι επίσης Κύπρια και οι καιροί έχουν αλλάξει, αυτή η σημαία δεν έχει θέση στα βράχια μας», της είπα. Ο πατέρας μου μίλησε,

«Τέλος πάντων, λέει ότι υπάρχουν πιθανώς μερικοί Έλληνες που παίζουν γύρω!» Δεν θα μπορούσε να επιλέξει έναν χειρότερο τρόπο να το περιγράψει. Πήρα ένα κοκτέιλ με μια μικροσκοπική κυπριακή σημαία στο χέρι μου, ενώ χωνεύω τα λόγια του, «μόνο λίγοι Έλληνες παίζουν γύρω». Ήξερα τι συνέβη την τελευταία φορά που οι Έλληνες έπαιζαν στη χώρα μας. Κοίταξα το φεγγάρι, ήταν γεμάτο, γύρισα στην αδερφή μου,

«Θέλεις να κολυμπήσουμε Αλέξις;» με κοίταξε σαν να είπε ότι πρέπει να αστειεύομαι. Κοίταξα τη μικρή κυπριακή σημαία, στο ραβδί της, στην παλάμη του χεριού μου, και την γύρισα πριν κλείσω τα δάχτυλά μου γύρω από αυτήν.

«Πηγαίνω για οδήγηση», είπα καθώς σηκώθηκα, με κοίταξαν με ανησυχία, «Μόνο για οδήγηση εντάξει, πίσω σύντομα».

Δεκαπέντε λεπτά αργότερα, και πήγαινα δυτικά με ένα γεμάτο ρεζερβουάρ βενζίνης, όχι ότι το χρειαζόμουν, και η μουσική χαμηλά για να με βοηθήσει να σκεφτώ. Το μυαλό μου πήγαινε πάνω από ό, τι είδα, όπως προσπαθούσα να εκτιμήσω πόσο ψηλά ήταν η σημαία, και να επεξεργαστώ για το πώς επρόκειτο να ασχοληθώ με αυτό. Καλύτερα να πας εκεί και να ρίξεις μια ματιά, σκέφτηκα, δεν ήμουν αφοσιωμένος σε τίποτα, απλά ρίξε μια ματιά, και ίσως να κάνεις μια βουτιά. Το φεγγάρι ήταν γεμάτο, και γιατί όχι; Δεν είχα πετσέτα μαζί μου, αλλά ήξερα ότι ήταν ήδη εκεί αν την χρειαζόμουν. Η κίνηση φαινόταν περισσότερη από το συνηθισμένο, και ήμουν ευτυχής όταν κατέβηκα από το διπλό οδόστρωμα, και στο μικρότερο δρόμο, ξετυλίγοντας μέσα από τα βράχια, θα ήμουν σύντομα εκεί. Καθώς πλησίαζα τα βράχια, ξεχώριζαν καθαρά στο φωτεινό φως του φεγγαριού και, όσο ωραία κι αν ήταν, έψαχνα για σημάδια ανθρώπων. Ό,τι κι αν έλεγα στον εαυτό μου, ήξερα τι θα έκανα. Αλλά δεν ήταν σαν να μπορούσα να βοηθήσω τον εαυτό μου, υπήρχε μια κινητήρια δύναμη πίσω από τις πράξεις μου εκείνο το βράδυ που απλά δεν μπορούσα να αντισταθώ. Καθώς πλησίαζα στα βράχια, συνέχισα να παρακολουθώ τι γίνεται έξω. Πέρασα ένα παρκαρισμένο φορτηγό στα δεξιά, περίπου ένα χιλιόμετρο πιο πριν, αλλά αυτό ήταν όλο. Οδήγησα παραπέρα και άρχισα όπως σταδιακά ανέβαινα στη στροφή να ανεβαίνω τον βράχο. Η σκοτεινή σκιά του αναδύθηκε πάνω από την κορυφή του δρόμου, όπως πήγα πιο κοντά, και στη συνέχεια πήρα τα μάτια όπως έπαιρνα την δεξιά στροφή. Γύρισα το αυτοκίνητο γύρω, και σιγά-σιγά πλησίασε τη στροφή και πάλι, αυτή τη φορά τραβώντας το αυτοκίνητο πάνω στο μακρύ χείλος του δρόμου, όπου οι τουρίστες είχαν σταθμεύσει την προηγούμενη ημέρα. Έκλεισα τη μηχανή πριν κάτσω εκεί για λίγο. Έλεγα στον εαυτό μου ότι ήμουν εδώ μόνο για να ρίξω μια ματιά. Πήρα ένα μπλουζάκι και βγήκα από το αυτοκίνητο, κλείδωσα την πόρτα και έβαλα τα κλειδιά πίσω από τον μπροστινό τροχό, ώστε να μην τα χάσω. Στη συνέχεια, περπάτησα απέναντι από το δρόμο, ανέβηκα το φράγμα σύγκρουσης, και γλίστρησα λίγα πόδια κάτω από την πλαγιά, η οποία οδηγούσε στην παραλία, και καθόμουν εκεί μελετώντας το βράχο και τη σημαία ενώ έβγαλα το κοντομάνικο μπλουζάκι μου. Θα μπορούσα να ακούσω τα κύματα να πέφτουν στα βράχια. Η σημαία φαινόταν πολύ μεγαλύτερη και ψηλότερη από ό, τι αρχικά νόμιζα. Μπορούσα να δω μια προεξοχή στο βράχο που φαινόταν να ξεκινά περίπου τρία ή τέσσερα μέτρα πάνω, και στη συνέχεια έτρεξα κατά μήκος της πλευράς του βράχου υπό γωνία σαράντα πέντε μοιρών, μέσα από μια μικρή θαμνώδη βλάστηση.

Σχηματισμός βράχου της Αφροδίτης - Το κέντρο της πινακίδας δείχνει πού ο συγγραφέας ανέβηκε

Η ίδια η ανάβαση δεν φαινόταν τόσο υψηλή, αλλά λίγο αποθαρρυντική κατά την κρίση των περιστάσεων. Ήξερα ότι θα μπορούσα να φτάσω στο περβάζι αρκετά εύκολα, και μετά στη σημαία. Πήγα κάτω στην παραλία, παίρνοντας μια έκπληξη από την πλαγιά που ήταν πιο απότομη απ' όσο νόμιζα αρχικά. Περπάτησα μέχρι την πλευρά του βράχου και κοίταξα ψηλά. Τα ύψη είναι πραγματικά ένας από τους μεγαλύτερους φόβους μου, και το νερό τη νύχτα για κάποιο λόγο. Κοίταξα την ανάβαση που σκεφτόμουν. Ενώ στεκόμουν δίπλα στο βράχο συνειδητοποίησα ότι είχε περίπου το ίδιο ύψος με έναν καταρράκτη που ανέβαινα στην Ταϊλάνδη, έξω στη ζούγκλα, πίσω από την παραλία όπου έμενα. Αν μπόρεσα να κατακτήσω τους φόβους μου για τον καταρράκτη και τις απολαύσεις του, όπως είχα κάνει πολλές φορές, τότε σίγουρα θα το έκανα, το ένιωθα σαν καθήκον. Με αυτή τη σκέψη ήμουν μέχρι τα πρώτα τρία ή τέσσερα μέτρα, και στο περβάζι που θα με ανέβαζε ψηλότερα μέχρι το βράχο. Οι απότομες οδοντωτές άκρες με βοήθησαν για ευκολότερη αναρρίχηση, αλλά ήταν επίσης αιχμηρές για τα χέρια και τα πόδια το οποίο μόλις αγνόησα. Είχα εξετάσει χειρότερα σενάρια της συγκεκριμένης περίπτωσης, και δυνατότητες, και το χειρότερο πράγμα που σκέφτηκα ότι θα μπορούσε να συμβεί θα ήταν να γλιστρήσω και να σπάσω κάτι στην παραλία με το σκληρό βότσαλο. Νόμιζα ότι κάποιος με είδε, αλλά αυτό που θα μπορούσε να πει, η σημαία δεν θα έπρεπε να είναι εκεί πάνω στην πρώτη θέση, όχι ότι ήξερα ότι θα είχε σημασία. Η επιλογή του να με πιάσουν δεν ήταν αυτό που ήθελα να σκεφτώ. Η Κύπρος είναι μια χώρα όπου το τράβηγμα της σημαίας λαμβάνεται με κάποια σοβαρότητα, και αυτή ήταν μια ελληνική σημαία. Παρόλο που ήμουν Ελληνοκύπριος, ήξερα ότι θα μπορούσα να πληρώσω αν με έπιαναν οι λάθος άνθρωποι. Αλλά και πάλι, έβγαλα αυτές τις σκέψεις από το μυαλό μου, για μένα το να πιαστώ και δεν επρόκειτο να είναι μια επιλογή. Από το περβάζι θα μπορούσα να δω να πλησιάζουν τα αυτοκίνητα σε μεγάλη απόσταση. Από το νότο μπορούσα να δω καθαρά καθώς οδηγούσαν γύρω από το μεγάλο κόλπο της ημισελήνου. Από τα βόρεια ήταν τα ίχνη των φώτων που θα μπορούσα να δω, αλλά για ένα δύο λεπτά, καθώς έλαμπε, και τρεμόπαιζε, μέχρι την τελική στροφή. Πλησίασαν τρία αυτοκίνητα που μπορούσαν να δω, δύο από το νότο, και ένα από το βορρά. Ήξερα ότι υπήρχε μικρή πιθανότητα να με δουν στο βράχο, κυρίως επειδή οι οδηγοί έπρεπε να παρακολουθούν το δρόμο. Ο μόνος τρόπος που κάποιος μπορούσε να με παρατηρήσει ήταν αν η σημαία τραβιόταν κατά μήκος της πέτρας καθώς περνούσαν, ή ο χειρότερος φόβος μου ήταν ένας περαστικός αστυνομικός να προσέξει το αυτοκίνητό μου και να κοιτάξει γύρω. Το περβάζι ήταν μεγαλύτερο απ' ό,τι περίμενα. Βρήκα ότι θα μπορούσα εύκολα να σταθώ σε αυτό με τα πόδια μέχρι την απότομη κλίση προς τη θαμνώδη βλάστηση και όταν έφτασα στην θαμνώδη βλάστηση, περίμενα για τα τρία αυτοκίνητα που ήξερα ότι ήταν κοντά για να περάσουν. Τα δοκάρια τους ίσα που άγγιξαν τον βράχο. Νιώθοντας πιο ασφαλής στη σκιά που σχηματιζόταν από τα φώτα του αυτοκινήτου, και το φράγμα σύγκρουσης, με έσπρωξα παραπέρα. Υπήρχαν δύο ακόμη αυτοκίνητα μακριά στο βάθος, αλλά δεν θα ήμουν εδώ για λίγα λεπτά, γι' αυτό έσπρωξα, αναρριχήθηκα τόσο ψηλά όσο το περβάζι με πήγαινε, πριν από παύση για αναπνοή και, μετά από να έκατσα καλά στο βράχο, σηκώθηκα για να δω πάνω από αυτό για να δω πόσο μακριά από τη σημαία ήμουν. Μου πήρε μερικές στιγμές να συνειδητοποιήσω ότι ήμουν πιο κοντά απ' όσο νόμιζα. Ήταν σχεδόν μπροστά μου. Η σημαία ήταν στο βράχο απ' όσο μπορούσα να δω. Φαινόταν να συνδυάζεται με το φως του φεγγαριού αλλά κάλυψε περισσότερο από το βράχο από ό,τι φανταζόμουν. Έπρεπε να σκύψω το σώμα μου όσο μπορούσα για να φτάσω στην άκρη της σημαίας και με τα δύο χέρια. Ήταν δύσκολο, αλλά θα γινόταν. Έπεσα στο βράχο για να αφήσω τα αυτοκίνητα που πλησιάζουν να περάσουν. Τότε σηκώθηκα ξανά, σύροντας τη σημαία όσο πιο σκληρά μπορούσα. Ήξερα ότι κάτι δεν πήγαινε καλά με τη δύναμη που έπρεπε να χρησιμοποιήσω για να το τραβήξω. Δεν πιάστηκε, αλλά για κάθε τράβηγμα που έκανα έπρεπε να τραβήξω τα χέρια μου πίσω, με το σωματικό μου βάρος, για να πάρω αρκετή δύναμη για να το μετακινήσω. Άρχισα να το τραβάω στο στήθος μου έως ότου υπήρχαν τόσα πολλά που έπρεπε να γυρίσω από την πλευρά μου, έστριψα πίσω προς τον βράχο για να το τραβήξω. Με κάποιο τρόπο, ήξερα ότι οι μετρήσεις μου είχαν πέσει λίγο έξω. Όταν είχα ολόκληρη τη σημαία, δεν μπορούσα να κρατήσω τα χέρια μου γύρω της, έτσι, με την πλάτη μου πάνω στο βράχο, την πέταξα από το περβάζι όσο πιο σκληρά μπορούσα. Δεν έπεσε μακριά. Σχημάτισε ένα σωρό κάτω, και άρχισα την κάθοδό μου από την σημαία, που συσσωρεύτηκε επάνω πάλι και ρίχνει το υπόλοιπο κάτω από το περβάζι. Είχε αρχίσει να γίνεται σκληρή δουλειά. Σε αυτό το σημείο ήταν τα δύο τρίτα της διαδρομής, έτσι έκατσα κάτω, έσπρωξα με τα πόδια μου από κάτω, και συγκεντρώθηκαν όσο μπορούσα πάνω από τα γόνατά μου. Όταν είχα το μεγαλύτερο μέρος της σημαίας κουβάρι, έδωσα μια τελευταία ώθηση με τα γόνατά μου, πάνω από την άκρη, πάνω στην παραλία, και χωρίς ούτε μια σκέψη σκαρφάλωσα προς τα κάτω, μαζεύτηκαν επάνω, και έσυρα τον εαυτό μου σε όλη την παραλία με τα βότσαλα. Ήμουν άπνοος και λαχανιασμένος σε μεγάλο βαθμό, αλλά δεν ήμουν έτοιμος να χαλαρώσω όταν ήμουν τόσο κοντά στο στόχο μου. Η σημαία ήταν κάτω και τώρα έπρεπε να εξασφαλίσω ότι δεν θα πάει πίσω πάνω, το οποίο σήμαινε να την πάρω μαζί μου. Είχα ξεχάσει εντελώς κάθε σκέψη να κολυμπήσω. Περπάτησα γύρω από την τράπεζα στο δρόμο όπου η ανάβαση δεν ήταν τόσο απότομη. Το θεώρησα ως το πιο επικίνδυνο σημείο. Απλά έπρεπε να μπω σε μια ασφαλέστερη κατάσταση πριν έρθει το επόμενο αυτοκίνητο, και τώρα δεν θα είχα καμία προειδοποίηση για εκείνους που πλησιάζουν από το βορρά. Ανάγκασα τον εαυτό μου να ανέβει στο τραπέζι, ρίχνοντας την σημαία για να μην γλιστρήσω προς τα κάτω. Ήταν τόσο μεγάλη που πήρε εύκολα το σωματικό μου βάρος με κάποια άνεση. Μέχρι τη στιγμή που είχα φτάσει στην κορυφή ήμουν εντελώς εξαντλημένος, ενώ γνώριζα ότι υπήρχε ένα αυτοκίνητο που ερχόταν από το βορρά. Έτρεξα πέρα από το δρόμο με τη σημαία κουβαριασμένη στα χέρια μου, και πήρα την αρχή του μεγάλου δρόμου όπου το αυτοκίνητό μου ήταν παρκαρισμένο, και τότε έριξα τη σημαία πίσω από έναν θάμνο. Το αυτοκίνητο γύρισε την τελική στροφή που με έπιανε στους προβολείς του, με το κεφάλι κάτω, και να περπατώ με άδεια χέρια, αλλά ήμουν απλά ένας άγνωστος αυτοκινητιστής εντελώς εξαντλημένο. Πήρα τα κλειδιά του αυτοκινήτου και κάθισα στο κάθισμα του οδηγού εξαντλημένος. Έκανα μια παύση για μια στιγμή πριν από να ξεκινήσω την οδήγηση, και αργά οδήγησα κατά μήκος της άκρης για να σταματήσω δίπλα στη σημαία. Άνοιξα την πόρτα του συνοδηγού και έσυρα τη σημαία στο αυτοκίνητο, το οποίο ήταν ένας αγώνας επειδή είχα ήδη κουραστεί. Έκλεισα την πόρτα, έβαλα το αυτοκίνητό μπρος, και οδήγησα. Κοίταξα τη σημαία που διογκώνεται στο πατάκι, και πήρα μια χούφτα του υφάσματος για να σκουπίσω τον ιδρώτα και τη βρωμιά από το πρόσωπό μου, και τα πέταξα προς τα κάτω έτσι ώστε να μην κολλήσει πάνω από το παράθυρο. Οδήγησα πίσω κατά μήκος του δρόμου χωρίς να σκέφτομαι πάρα πολύ για αυτό που είχα μόλις κάνει, ένιωθα μόνο ανακουφισμένος που το είχα κάνει. Ένα αστυνομικό αυτοκίνητο τέσσερα επί τέσσερα εμφανίστηκε μπροστά μου, με κατεύθυνση προς το μέρος μου με αργό ρυθμό, με τα μπλε φώτα του να αναβοσβήνουν. Ένιωσα ένα φόβο, ακούγοντας τα λόγια της μπαργούμαν για το ότι η κυβέρνηση είναι ελληνική, και σκέφτηκα πού θα μπορούσα να καταλήξω αν ήμουν πάνω στο βράχο όταν πέρασαν. Ακόμα δεν είχα αναρρώσει καθώς πλησίαζα στα περίχωρα της Λεμεσού. Μπορούσα να νιώσω το στομάχι μου να αρχίζει να γυρίζει και ήξερα ότι το δείπνο μου επρόκειτο να σκάσει. Σταμάτησα περίπου δέκα μέτρα από έναν κυκλικό κόμβο, μόλις άνοιξα την πόρτα και έκανα εμετό. Τα μακαρόνια ήταν στο μενού απόψε και τώρα ήταν ένας ωραίος σωρός, στο δρόμο, δίπλα στην πόρτα μου. Κάθισα για να δω αν θα μπορούσα να συνεχίσω και την ίδια στιγμή είδα έναν χώρο στάθμευσης περίπου είκοσι μέτρα μπροστά μου, πριν βάλω το κεφάλι μου κάτω για να είναι άρρωστος και πάλι. Ήξερα ότι αν ένα αυτοκίνητο της αστυνομίας περάσει τώρα, θα τραβήξει σίγουρα επάνω, από περίεργεια γιατί είχα παρκάρει στο δρόμο, όταν ένα χώρος στάθμευσης είναι τόσο κοντά, και ο σωρός των σπαγγέτι σίγουρα δεν επρόκειτο να βοηθήσει. Ανέκτησα όσες δυνάμεις μπορούσα και όσο πιο γρήγορα μπορούσα και δεν έχασα χρόνο, σκούπισα το πρόσωπό μου με το μπλουζάκι μου, ξεκίνησα το αυτοκίνητο και οδήγησα προς το διαμέρισμα. Δεν είχα σκεφτεί τι να κάνω με τη σημαία από αυτό το σημείο. Πάρκαρα το αυτοκίνητο και κοίταξα τριγύρω. Οι επιλογές μου φαίνονταν περιορισμένες. Υπήρχε η επιλογή των κάδων απορριμμάτων, αλλά δεν μπορούσα, μετά από όλα όσα είχα κάνει, συνειδητοποίησα ότι κρατούσα ακόμα μια σημαία που ήξερα ότι δεν θα μπορούσε να διαπράξω μια ασέβεια με αυτόν τον τρόπο. Υπήρχε μόνο ένα πράγμα που μπορούσα να το κάνω και το έφερα στο διαμέρισμα. Προσπαθούσα να βάλω το κλειδί μου στην πόρτα όταν άνοιξε με την αδερφή μου από την άλλη πλευρά, χαμογέλασε, δεν εκπλήσσεται εντελώς. Πήγα μέσα και η σημαία έπεσε στο πάτωμα πριν πέσω στον καναπέ και ζήτησα από την Αλεξις να μου φέρει λίγο νερό. Η μητέρα μου σοκαρίστηκε.

«Θεέ μου!» φώναξε. «Τι έκανες;»

«Χμμ, λοιπόν, φοβάμαι ότι είναι λίγο μεγαλύτερο από ό,τι νόμιζα μαμά», αναστενάζω.

«Γαμώτο!»

«Θα κάνει ένα ωραίο κάλυμμα παπλώματος», είπα προσπαθώντας να την κατευνάσω. Το ήξερα ότι αυτό ήταν πολύ πάνω από το κεφάλι της.

«Αλλά θα τους λείψει!» κλαψούρισε.

«Γιατί;»

«Επειδή είναι τόσο μεγάλη!»

«Μαμά, αν είναι η κυβέρνηση δεν θα το παραδεχτούν ποτέ», είπα, προσθέτοντας. «Έτσι, δεν υπάρχει καμία πιθανότητα να με συλλάβουν για αυτό και δεν θα φτάσει στο δικαστήριο ούτως ή άλλως, επειδή», έκανα παύση ελαφρώς. Δεν μπορούσα να πιστέψω το μέγεθός του. «Θα είναι μια δικαστική υπόθεση που κανείς δεν θέλει μαμά», είπα. Τότε παρατήρησα τη φωτεινότητα και πόσο καθαρή ήταν η σημαία.

«Κοίτα πόσο καθαρή είναι! Φαίνεται ολοκαίνουρια!» Είπα ενθουσιασμένος. «Δεν θα μπορούσε να είναι πάνω από μια εβδομάδα περίπου!» Αυτό ήταν καλό. Ξέροντας ότι περιόρισα τη ζημιά που μπορεί να έκανα. Με τη βοήθεια του πατέρα μου έβγαλα τη σημαία. Ήταν τεντωμένη έξι ή επτά μέτρα και ήταν αρκετά μεγάλη, αλλά υπήρχε κάτι που δεν ήθελα να αντιμετωπίσω τότε. Έμεινα άναυδος. Ο πατέρας μου μπορούσε να την δει. Επέμεινα εκεί και στη συνέχεια θα πρέπει να διπλωθεί και να τοποθετηθεί στην ντουλάπα, κρυμμένο από τη δημόσια θέα. Έκανα μπάνιο και πήγα για ύπνο. Καθώς ξάπλωνα για ύπνο εκείνο το βράδυ, παρά το γεγονός ότι είμαι περήφανος για τον εαυτό μου, ήταν με ένα δάκρυ στο μάτι μου. Σκέφτηκα το παιδί που κάποτε ήμουν, με τη λευκή ρόμπα και τη γαλάζια ζώνη της Ελληνικής Ορθόδοξης Εκκλησίας, και αναρωτήθηκα πώς, ή γιατί, έπρεπε να κάνω κάτι τέτοιο για να χαμηλώσω μια σημαία με την οποία μεγάλωσα. Το μόνο που ήξερα ήταν ότι είχα κάνει το σωστό.

Κοιμήθηκα καλύτερα εκείνο το βράδυ και ένιωσα πολύ πιο ευτυχισμένος την επόμενη μέρα γιατί γνωρίζω ότι τουλάχιστον οι τουρίστες δεν θα πρέπει να βγάζουν φωτογραφίες από το βράχο της Αφροδίτης, και να τους μείνει μια αιώνια εντύπωση ότι ήταν στην Ελλάδα. Η ημέρα επρόκειτο να εκτυλιχθεί σε μία από τις παραλίες της Λεμεσού, οι οποίες είναι εντάξει, δεν είναι χρυσή ή κάτι ιδιαίτερο με αυτή την έννοια, αλλά σε εξυπηρετεί καλά. Μόνο η οικογένειά μου και ο Τζιμ μας συνόδευαν. Ο Τζον θα έρθει αργότερα. Μιλήσαμε για οτιδήποτε, και τίποτα, συγκεκριμένα. Το θυμάμαι καλά, μόνο και μόνο για τις αμερικανικές πρεσβείες που βομβαρδίζονται στην Αφρική. Είχα το ραδιόφωνο στο walk-man μου και άκουσα να ανακοινώνονται οι ειδήσεις. Ο Τζιμ επευφημούσε στην αρχή, κάτι το οποίο σταμάτησε γρήγορα μετά από μια ενδοσκόπηση μου. Μπορούσα να ακούσω από τις αναφορές ότι οι απώλειες ήταν υψηλές. Το πήρε αμέσως πίσω, και νομίζω ότι μπορεί να αισθάνθηκε λίγο αμήχανα από την αρχική αντίδρασή του, αλλά κατάλαβα. Πίστευε από πάντα, ότι οι Αμερικανοί ενέκριναν την εισβολή και τη διχοτόμηση της Κύπρου από την Τουρκία. Είχα ακούσει ότι ήθελαν μια δική τους βάση στο νησί. Μετά την παραλία γευματίσαμε με τη νονά μου. Σκέφτηκα ότι ήταν καλύτερα να μην αναφέρω τη σημαία. Οι γονείς μου, με τη διασκέδαση μου, διατήρησαν μια συνεχή επαγρύπνηση στα νέα για καμία ιστορία μιας μεγάλης ελληνικής σημαίας που είχε παρθεί από τον βράχο της Αφροδίτης, την οποία τους είπα να ξεχάσουν. Αποφάσισαν ότι θα αγοράσουν ένα μπάρμπεκιου, ελληνικού στυλ, με περιστρεφόμενα σουβλάκια, και έτσι θα τα έφτιαχνα εγώ. Μόνο το δικό μας θα ταξίδευε στο σπίτι σε ένα κουτί με την εταιρεία. Έτσι εκείνο το βράδυ, καθώς οδηγούσαμε πίσω στο διαμέρισμά μας, σταματήσαμε στο παλιό τμήμα της πόλης, έτσι ώστε να μπορέσουμε να αγοράσουμε τα μπάρμπεκιου μας. Το πρώτο κατάστημα που πήγαμε πρέπει να ήταν τουρκικό, καθώς μπορούσα να ακούσω μουσουλμανικές προσευχές να λέγονται από πίσω, και ο τόπος φαινόταν έρημος. Ένας γέρος Κύπριος ήρθε τρέχοντας από ένα κατάστημα ακριβώς απέναντι, και μας οδήγησε πίσω σε αυτό. Οι γονείς μου διάλεξαν ένα μεγάλο μπάρμπεκιου, και πήρα το μικρότερο που ήταν προς πώληση, και τα δύο ήταν συσκευασμένα σε ένα μεγάλο κουτί περίπου εξήντα εκατοστά μήκος επί σαράντα εκατοστά πλάτος, και το ίδιο και πάλι ύψος. Ήξερα ότι θα ξεπακετάρω το κουτί μόλις ήταν στο διαμέρισμα, το οποίο και έκανα. Η σημαία τοποθετήθηκε μέσα με το μικρότερο μπάρμπεκιου. Το κουτί ήταν στη συνέχεια σφραγισμένο και με δεμένα σκοινιά γύρω από αυτό για να καταστεί ευκολότερο να μεταφερθεί. Ένιωσα λίγο παρανοϊκός να βγάλω τη σημαία από τη χώρα και δεν ήταν τα επίσημα αποτελέσματα όσο οι άτυποι κίνδυνοι που σχετίζονται με τις πράξεις μου. Το κουτί στη συνέχεια τοποθετήθηκε στην ντουλάπα, χωρίς θέα, για να το κρατήσω μακριά από τις σκέψεις μου. Εκείνο το βράδυ πήγα στο αγαπημένο μου μπαρ για μια ώρα περίπου. Δεν ήθελα καν να σκεφτώ τη σημαία, και μίλησα χαρούμενα για την μεταστροφή της μητέρας μου όσον αφορά τη συνταξιοδότηση στην Κύπρο, και επέστρεψα νωρίς στο διαμέρισμα για να πάρω έναν καλό ύπνο.

Η επόμενη μέρα ήταν ένα οικογενειακό ταξίδι με δύο αυτοκίνητα που ανεβήκαμε στο Τρόοδος για την ημέρα. Παρκάραμε στο χώρο στάθμευσης αυτοκινήτων, και όλοι περιπλανήθηκαν γύρω, ενώ μερικά από τα ξαδέρφια μου πήγαν για μια σύντομη βόλτα με πόνυ. Ο πατέρας μου είχε μείνει στην πόλη, και στο αυτοκίνητό μας ήταν ο Τζιμ, ο Τζον, η μητέρα μου και η αδερφή μου. Ένιωσα πολύ πιο ευτυχισμένος για το εαυτό μου καθώς περπατούσαμε από το χώρο στάθμευσης αυτοκινήτων. Επιβράδυνα για να συμβαδίσω με τον Τζον.

«Θυμάσαι την ελληνική σημαία που σου είπα ότι ήταν στο βράχο;»

«Ναι».

«Λοιπόν, δεν είναι εκεί πάνω πια», του είπα, με κοίταξε λίγο συγχυσμένος, παίρνοντας μια αστεία έκφραση.

«Πώς το ξέρεις;» ρώτησε.

«Επειδή την τράβηξα κάτω».

«Ποτέ!»

«Το έκανα».

«Οδήγησες τόσο δρόμο γι' αυτό, γιατί;»
«Νόμιζα ότι μια άγρυπνη νύχτα ήταν αρκετή».
«Είμαι περήφανος για σένα!» είπε.
«Ευχαριστώ!» Αυτό σήμαινε πολλά για μένα.
«Γεια σου Τζον», του φώναξα καθώς περπατούσε.
«Τι είναι αυτό;»
«Είναι μεγάλη», με κοίταξε περίεργα. Σημάδεψα από τη μια πλευρά του δρόμου στην άλλη. Δεν είχα συνειδητοποιήσει πόσο υποτιμητικό ήταν αυτό.
«Τουλάχιστον τόσο μεγάλο όσο αυτό!» πήρε μια από τις περίεργες εκφράσεις του, και με κοίταξε.
«Πρέπει να προσέχεις, ξέρεις».
«Ξέρω», χαμογέλασα και περπατήσαμε γύρω από τους τουριστικούς πάγκους, πριν καθίσουμε στη σκιά πίνοντας κρύα ποτά. Η θερμοκρασία, παρά το υψόμετρο, ήταν ακόμα πολύ ζεστή. Μετά από λίγο πήγαμε στο μοναστήρι του Κύκκου όπου ο Μακάριος μπήκε για πρώτη φορά στην εκκλησία αυτή, είναι η περιοχή του. Περνώντας καθ' οδόν μαζί με κάτι φορτηγά τσιμέντου που προσπερνούσαν και πηγαίνοντας προς τα εκεί που υπέθεσα ότι θα ήταν ο νέος σταθμός ραντάρ μας για τους αναμενόμενους πυραύλους, υπήρχε ο περιστασιακός ένοπλος φρουρός που στέκεται για να το προφυλάξει. Από το μοναστήρι πήγαμε στον τόπο ταφής, όπου ο Μακάριος βρίσκεται, και μετά από ένα πικνίκ στο πάρκινγκ, το μεγαλύτερο μέρος της οικογένειας ανέβηκε στον τάφο του Μακαρίου εκτός από τον Τζον, τον Τζιμ, τον εαυτό μου, και μερικά από τα παιδιά του ξαδέλφου μου. Σύρθηκα στην ανοιχτή πόρτα του αυτοκινήτου για να ξαπλώσω και να συλλογιστώ για τον Μακάριο, και αυτό που δεν μπορούσα να καταλάβω ήταν πώς και γιατί κράτησε την Κύπρο ανεξάρτητη για τόσο πολύ καιρό όταν ήταν τόσο Έλληνας. Ο Αρχιεπίσκοπος Μακάριος, γεννήθηκε ως Μιχάελ Μούσκος, στην Παναγιά, ένα χωριό στα βουνά του Τροόδου. Μπήκε στην εκκλησία σε ηλικία δεκατριών ετών στο μοναστήρι του Κύκκου. Σε ηλικία 37 ετών το 1950 εξελέγη Αρχιεπίσκοπος Κύπρου και Εθνάρχης του Ελληνοκυπριακού και έλαβε τον τίτλο του Μακαρίου του Τρίτου. Πέθανε σε 1977 σε ηλικία 64 ετών. Δεν μπορούσα να μην αισθανθώ ότι ήταν Έλληνας με την εθνικιστική έννοια, οπότε γιατί το πραξικόπημα; Ήταν όλα ένα αίνιγμα για μένα, αλλά έτσι ήταν πάντα, και πραγματικά δεν με ένοιαζε εκείνη τη στιγμή στο χρόνο.

Είχα ελευθερώσει ένα σημαντικό μέρος της Κύπρου σε αυτό το ταξίδι και θα πήγαινα σπίτι με τη σημαία. Ικανοποιημένος ότι αυτό ήταν το μόνο πράγμα που μπορούσα να κάνω με αυτό. Ήμουν σίγουρος ότι αν το άφηνα, θα πήγαινε κάπου αλλού.

Όλοι συγκεντρώθηκαν στα αυτοκίνητα και ξεκινήσαμε για το σπίτι. Ήταν μια καλή μέρα. Καθώς οδηγούσαμε, συνειδητοποίησα πόσος καιρός είχε περάσει από τότε που είχα δει πραγματικά τον Τζιμ και τον Τζον μαζί, και ένιωσα καλά να ακούω τους διαπληκτισμούς τους σαν να μην πέρασε μια μέρα. Ένα αυτοκίνητο μας προσπέρασε στην οδήγηση πολύ γρήγορα. Θα μπορούσε να είναι μόνο η φωνή του Τζον,

«Οι καταραμένοι άνθρωποι δεν μπορούν να περιμένουν, μόλις πριν από δέκα χρόνια ήταν σε ένα γάιδαρο, και τώρα σχεδόν αυτοκτονούν προσπαθώντας να φτάσουν εκεί που πηγαίνουν!»

«Δεν σε πιστεύω Τζον!» Ο Τζιμ τον χτύπησε. «Είστε τόσο φανατικοί και εναντίον των δικών σας ανθρώπων!»

«Δεν είμαι φανατικός! Είναι αλήθεια, έτσι δεν είναι;» Εγώ αμέσως ξέσπασα σε γέλια. Αφού επιστρέψαμε στη Λεμεσό, είχαμε δείπνο στις νονά μου, και ήταν η συνήθης, αλλά ευχάριστη ρουτίνα. Κανόνισα να πάρω τον Τζιμ από της μητέρας του το πρωί, ήταν η τελευταία μου μέρα, και θα ήταν αυτός που θα έβλεπα το λιγότερο όσο ζω στην Αυστραλία. Για τον εαυτό μου ήρθε η ώρα να καλύψουμε τη διαφορά με έναν αδελφό που σπάνια έβλεπα.

Το επόμενο πρωί οι γονείς και η αδελφή μου περπάτησαν για να κάνουν μερικά ψώνια, και τους είπα ότι θα τους συναντήσω πίσω στο διαμέρισμα αργότερα εκείνο το απόγευμα. Πήρα τον Τζιμ γύρω στις έντεκα. Ανυπομονούσα να περάσω χρόνο μαζί του, αλλά μόλις είχε αναρρώσει από την πτήση του, η οποία δεν ήταν πολύ ευχάριστη από όλες τις πλευρές. Όπως έχω ήδη γράψει είναι κάποιος του οποίου αισθανόμουν πολύ λάτρης, και πολύ κοντά. Με ρώτησε αν θα μπορούσα να βάλω την πτήση μου πίσω μια εβδομάδα περίπου, κάτι που δεν ήταν δυνατό για μένα. Του εξήγησα ότι αυτό το ταξίδι θα ερχόταν γρήγορα και σχεδίαζα να επιστρέψω το φθινόπωρο. Αποφάσισα να μην του πω για την περιπέτειά μου στο βράχο, όχι ότι ήμουν σίγουρος γιατί. Σκέφτηκα ότι κάποιοι από τους συγγενείς μου μπορεί να είναι θυμωμένοι που το είχα κάνει κυρίως λόγω του κινδύνου που ήξερα ότι είχα πάρει. Αν και πίστευα ότι κάποιοι μπορεί να διαφωνούν με την αρχή μου, απλά δεν ήξερα. Η πισίνα δεν ήταν πολύ γεμάτη, και βρήκαμε εύκολα μερικές ξαπλώστρες με πολύ χώρο γύρω τους σε μια γωνία. Κλείσαμε μερικές μεγάλες ομπρέλες προσπαθώντας να κρίνουμε την κίνηση του ήλιου, και τακτοποιηθήκαμε. Αυτή ήταν μια καλή στιγμή για μένα να μιλήσω με τον Τζιμ, όχι μόνο λόγω του χρονικού διαστήματος από τότε που είχαμε την τελευταία μας συνάντηση, αλλά, άγνωστο στον εαυτό μου ακόμη, για τις ερωτήσεις που ήθελα απαντήσεις σχετικά με τον παππού μου. Πρώτα μιλήσαμε για μία Τ.Β. μόλυνση που είχε πάρει σχεδόν τη ζωή μου δύο χρόνια νωρίτερα. Δεν ήξερα ότι το ήξερε, αλλά ήταν αρκετά σοβαρό, οπότε δεν πρέπει να εκπλαγώ που ενημερώθηκε. Του είπα για τον πόνο που ένιωθα όταν βρισκόμουν στη χειρότερη κατάσταση, και του είπα επίσης ότι είχα πλήρως αναρρώσει, κάτι που δεν ήταν απολύτως αληθινό. Στη συνέχεια μιλήσαμε για τη μητέρα του, και του είπα ότι πίστευα ότι η κατάσταση των πυραύλων την ανησυχούσε, αλλά σκέφτηκα ότι δεν υπήρχε τίποτα να ανησυχεί και, καθώς ήταν εδώ, σκέφτηκα ότι θα έπρεπε να είναι καθήκον του να την συμβουλεύσει. Στη συνέχεια πήγα να του πω, με λίγη ζεστασιά, πόσο καλά μίλησα με τη μητέρα μου, ενώ στην Κύπρο, λέγοντάς του να είναι ο εαυτός μου περισσότερο από οτιδήποτε άλλο. Είπα για το πώς ένιωσα, σαν να ανακαλύπτω την κυπριακή κληρονομιά μου, και ότι αισθάνομαι υπερήφανος γι' αυτό, στο οποίο έδειξε την έγκρισή του. Του αποκάλυψα πώς πίστευα ότι η πλήρης άγνοιά μου για την ελληνική γλώσσα ήταν ένα εμπόδιο, το οποίο πίστευα ότι θα με εμπόδιζε πάντα να αισθάνομαι έτσι, αλλά όχι πια. Μου είπε ότι η άγνοιά μου για τα ελληνικά δεν με έκανε λιγότερο Κύπριο, και επιβεβαίωσε για μένα πώς ένιωθα ήδη, αλλά η επιβεβαίωση αισθάνθηκε καλά. Στη συνέχεια πήγα για να του πω πώς η Μαρί είχε επηρεάσει τον εαυτό μου, και την πρόθεσή μου να ξεκινήσω μαθήματα ελληνικών, επειδή είχα βρει έναν καλό λόγο για να κάνω την προσπάθεια. Όπως φαίνεται, έκανα το μεγαλύτερο μέρος της ομιλίας. Έχοντας διαβάσει το δοκίμιό μου ο Τζιμ ήξερε πώς ένιωθα για την Κύπρο. Του είπα αυτό που είχα πει στη μητέρα του, ότι δεν ήθελα πλέον να αναφέρομαι ως Έλληνας, και ότι ήξερα, και μετάνιωσα, το γεγονός ότι την είχε αναστατώσει. Κούνησε το κεφάλι του, όσο μου επεσήμανε,

«Πρέπει να προσέχεις πώς μιλάς στους ανθρώπους όσο και αυτά που λες».

«Το ξέρω, δεν το έχω αναφέρει από τότε που ήρθα εδώ», του είπα. Ο Τζιμ στη συνέχεια άλλαξε το θέμα, το οποίο μου ταιριάζει.

«Όταν ήρθαν οι γονείς σου εδώ, μου είπαν ότι είσαι πολύ θυμωμένος μαζί μου», είπε, προσθέτοντας. «Δεν σου είπα ότι θα έρθω».

«Όχι Τζιμ», του είπα με ένα χαμόγελο. «Ορκίστηκα, αλλά δεν ήμουν θυμωμένος μαζί σου».

«Ήρθα εκτός γραμμής, δεν θα μπορούσα να σας ενημερώσω», είπε. Ένιωσα σαν να ζητούσε συγγνώμη, το οποίο δεν ήταν απαραίτητο.

«Μην απολογείσαι, είσαι εδώ, είμαι εδώ, σου είπα ότι μπορώ να τα καταφέρω σε σύντομο χρονικό διάστημα, δεν είναι πρόβλημα», τον διαβεβαίωσα.

«Ήταν απλά η ιδέα να είσαι θυμωμένος μαζί μου που με αναστάτωσε όταν την σκεφτόμουν, δεν μου άρεσε», μου αποκάλυψε. Το θεώρησα αυτό ως ένδειξη του πόσο κοντά ήμασταν.

«Σου είπα Τζιμ, αν ήμουν, ήταν μόνο στιγμιαία, ούτως ή άλλως!» Είπα αλλάζοντας τον τόνο. «Λίγος θυμός δεν είναι απαραίτητα κακό πράγμα, δεν είναι σαν το μίσος ή την πικρία», του είπα. Με κοίταξε λίγο μπερδεμένος. Είδα ότι δεν συμφωνούσε με την τελευταία μου δήλωση.

«Δεν ξέρω», απάντησε αμφίβολα. Σκέφτηκα να τον διαφωτίσω ως προς το νόημά μου με ένα χαμόγελο στο πρόσωπό μου.

«Ο θυμός μας προστατεύει από την επιρροή των άλλων», είπα καθώς τον κοίταξα για να δω αν κατάλαβε. Σκέφτηκε τη δήλωση και αποφάσισα να τον βοηθήσω είτε το χρειαζόταν είτε όχι.

«Όταν είσαι θυμωμένος με κάποιον που αγαπάς, μπορούν να σε επηρεάσουν;» συνειδητοποίησε τι εννοούσα και ένα μικρό χαμόγελο διέσχισε το πρόσωπό του, αλλά ακόμα δεν φαίνεται να συμφώνησε ως προς το αν θα πρέπει να χρησιμοποιηθεί έτσι, έτσι εξήγησα,

«Όταν κάποιος που αγαπάς σε έχει τσαντίσει, ή σε τσαντίζει, πρέπει να προστατέψεις τον εαυτό σου, σωστά;» κούνησε το κεφάλι συμφωνώντας και πριν μπορέσει να πει οτιδήποτε πρόσθεσα,

«Η αγάπη είναι ένα συναίσθημα, τα συναισθήματά μας είναι συχνά ελαττωματικά, πιθανώς επειδή είμαστε όλοι εγωιστές και ανέντιμοι σε διαφορετικούς βαθμούς, έτσι χρειαζόμαστε την προστασία μερικές φορές», με κοίταξε με έκπληξη που πήγα τόσο βαθιά, έτσι τον διαφώτισα ως προς την πηγή των γνώσεων μου.

«Κάποιος μου έδωσε ένα μάθημα για τις έννοιες της πραγματικότητας και της αλήθειας», του είπα. Τώρα φαινόταν πιο μπερδεμένος.

«Λοιπόν πήρα ψυχολογία στο κολέγιο, αλλά ποτέ δεν είχα ακούσει για αυτό να διδάσκεται ως έννοια».

«Ναι, ξέρω, κανείς δεν το έχει, αλλά ο Ντέιβ ήταν διαφορετικός», είπα προσθέτοντας.

«Ίσως το έμαθε επειδή δούλευε για τη Βρετανική Υπηρεσία Πληροφοριών κατά τη διάρκεια του ψυχρού πολέμου». Ήξερα ότι ο Τζιμ θα χρειαζόταν μια γρήγορη ενημέρωση για τη σχέση μου με αυτόν τον πρώην πράκτορα, οπότε του είπα τα πάντα για τον άντρα που γνώρισα σε μια παμπ του Λονδίνου, και έγινα στενός φίλος μαζί του. Μεγαλώσαμε πολύ πιο κοντά, ήμουν εκεί γι' αυτόν, όταν η γυναίκα του είχε προσβληθεί από καρκίνο, η ασθένεια πήγε μέχρι το τέρμα, και πέθανε. Θα ήμουν εκεί για να πάμε στην παμπ, περιστασιακά, όπου τελικά αποκάλυψε την προηγούμενη ζωή του σε μένα και μου έδωσε μια εικόνα για την ανθρώπινη φύση, εξ ου και οι έννοιες της πραγματικότητας και της αλήθειας. Μου είχε επίσης διδάξει λίγα πράγματα για το πώς να το χρησιμοποιώ μέσω συνομιλιών. Ο Τζιμ πήγε να μου πει για ένα μάθημα αλήθειας στην ψυχολογία, όταν έπρεπε να αποφασίσει αν ένας άνθρωπος έλεγε την αλήθεια για το πού είναι κάπου σε μια συγκεκριμένη στιγμή. Απέτυχε στο τεστ. Άκουσα προσεκτικά και όταν μου είπε ότι υπήρχε μια τάξη μια εβδομάδα πριν για την επικείμενη δοκιμή, του είπα πριν θα μπορούσε να φτάσει σε αυτό, ότι ποτέ δεν έδωσα προσοχή στις σχετικές πληροφορίες για το που ήταν, εν αγνοία του, να περάσει στην τάξη ανάλογα με τον προορισμό αυτού του ανθρώπου που θα τον πιάσει έξω. Απλά ήθελα να δείξω ότι ήξερα λίγα πράγματα γι' αυτό. Ο Τζιμ χαμογέλασε, και συμφώνησε ότι ποτέ δεν άκουσε, και ότι δεν ήταν τόσο καλός στην ψυχολογία. άλλαξα θέμα.

«Ξέρεις ότι σκεφτόμουν πολύ τον παππού τελευταία».

«Ο παππούς σου!» είπε έκπληκτος.

«Ναι, έχω μόλις αρχίσει να συνειδητοποιούν την επίδραση που είχε για μένα», είπα προσθέτοντας.

«Σταμάτησα να μαθαίνω ελληνικά όταν πέθανε! Το πιστεύεις αυτό;» Ο

Τζιμ φαινόταν λίγο έκπληκτος, και μετά μου είπε,

«Πέρασα πολλές ώρες μιλώντας μαζί του, συζητήσαμε πολύ». Και τι δεν θα έδινα για τις ίδιες συζητήσεις. Ο Τζιμ συνέχισε για να προσθέσει,

«Ξέρεις ότι δεν ήταν ο παππούς μου όμως, δεν θα ένιωθα τον ίδιο δεσμό».

«Το ξέρω», είπα πριν αποκαλύψει, «Έχω σκεφτεί μερικές από τις παράξενες αποφάσεις που έκανε στη ζωή του».

«Σαν τι;» ρώτησε.

«Όπως ότι επέτρεψε στη μητέρα μου να είναι παντρεμένη με τον πατέρα μου για αρχή», αυτός αμέσως ξεπήδησε στην υπεράσπιση του πατέρα μου.

«Ο πατέρας σου ήταν καλός σύζυγος για τη μητέρα σου!»

«Δεν λέω ότι δεν ήταν ο Τζιμ, καθόλου, αλλά είναι παράξενο, δεν είναι, εννοώ με τους θείους που ασχολούνται με την ΕΟΚΑ και ούτω καθεξής», είπα, κοιτάζοντας τον είτε για μια συμφωνία ή ένα λόγο. Κοίταξε μακριά στο βάθος για μια στιγμή, πριν σιωπηλά κουνώντας το κεφάλι του.

«Ναι, τώρα ήταν μόνο ένας ή δύο θείοι που εμπλέκονταν», Ο Τζιμ είπε προσθέτοντας, «Δεν νομίζω ότι ήταν ενεργοί, αλλά...» επιβεβαιώνοντας για μένα πόσο παράξενη ήταν μια τέτοια απόφαση και στη συνέχεια πρόσθεσε,

«Ο παππούς σου ήταν», υπήρχε μια μικρή παύση, «Συμπονετικός προς την ένωση», ο Τζιμ είπε. Αλλά αυτό που ήταν ποτέ δεν είχα ιδέα. Δεν είχα ξανακούσει τη λέξη ένωση. Σηκώθηκα και άρχισα να συσκευάζω τα πράγματα μας για να φύγω. Ένιωσα καλά για την τελευταία μου μέρα. Σκέφτηκα να αναφέρω τη σημαία για να μετρήσω μια απάντηση.

«Ξέρετε ότι υπήρχε μια αιματηρή μεγάλη ελληνική εθνική σημαία τυλιγμένη πάνω στο βράχο της Αφροδίτης όταν οδηγήσαμε τις προηγούμενες μέρες», με κοίταξε, δεν εντυπωσιάστηκε, τότε είπε, «Οι Έλληνες φαίνεται να πιστεύουν ότι τους χρωστάμε κάτι», αναστέναξα, ήταν περισσότερο ένας αναστεναγμός ανακούφισης πριν πω,

«Έχω την ίδια εντύπωση». Γιατί ποτέ δεν αποκάλυψα που βρίσκεται η σημαία εκείνη τη στιγμή δεν ξέρω.

«Ξέρετε ότι ξαναγράφουν την ιστορία καθώς πηγαίνει ο Αλέξανδρος». Μιλούσα για τον Μάικλ Γουντς και το βιβλίο του *Στα βήματα του Μεγάλου Αλεξάνδρου*. Ο Τζιμ με κοίταξε με περιέργεια. Λίγοι Έλληνες μπορούν να το βοηθήσουν όταν πρόκειται για τον Αλέξανδρο. Τον ενημέρωσα εν συντομία για το βιβλίο και τις πρόσφατες τηλεοπτικές σειρές, και περπατήσαμε αργά κατά μήκος της πισίνας μέχρι την πύλη. Ένιωσα σαν να επιπλέω και στράφηκα σε αυτόν δεν ενδιαφέρονται ποιος άκουσε,

«Ξέρετε, με τις αλλαγές που έρχονται, πραγματικά πιστεύω ότι υπάρχει μια καλή πιθανότητα να γιορτάσουμε στην Κερύνεια του χρόνου!»

«Βασίζομαι τα συμπεράσματά μου σε γεγονότα», απάντησε ψύχραιμα, αλλά κοιτάζοντας ικανοποιημένος με την ιδέα του.

«Ας περιμένουμε και βλέπουμε», είπα, προσθέτοντας. «Ξέρεις τι νομίζω». Ήμουν χαμογελαστός. Πιστεύω ακράδαντα ότι ήταν δυνατό. Κράτησα και τα δύο μου χέρια και έκανα κλικ στους αντίχειρές μου καθώς περπατούσαμε.

«Τι θαυμάσιο πάρτι στο δρόμο θα είναι», είπα. Τότε το πήρα πίσω στον παππού μου.

«Ξέρετε ότι ο βρετανικός στρατός πήρε τον παππού στις Ηνωμένες Πολιτείες κάποια στιγμή», ο Τζιμ έβαλε τα χέρια του και είπε σταθερά.

«Δεν θα πήγαινα να βάλω πάρα πολλά σε αυτό!» Μάντεψα την ανησυχία του.

«Μην ανησυχείς Τζιμ, δεν θα ναι Αγγλόφιλος μαζί σου, όχι όπου εμπλέκεται η Κύπρος», είπα, προσθέτοντας για να δείξω πώς ένιωσα.

«Προσωπικά, νομίζω ότι θα πρέπει να αρχίσουν να πληρώνουν για τα αιματηρά στρατόπεδα διακοπών τους, ή να φύγουν!»

Οι γονείς και η αδελφή μου ήταν στο διαμέρισμα όταν φτάσαμε, ετοιμάζονταν να πάνε στην πισίνα. Τους είπα ότι θα πήγαινα τον Τζιμ σπίτι πριν πάω μαζί τους. Περπατήσαμε μέχρι το αυτοκίνητο, και άρχισα να οδηγώ προς τις νονές μου, πριν συνεχίσω να του μιλάω για τον παππού μου.

«Ο λόγος που ανέφερα ότι ο παππούς πήγε στις Ηνωμένες Πολιτείες είναι περισσότερο λόγω της επίδρασης που ξέρω ότι πρέπει να είχε σε αυτόν», συμπλήρωσα.

«Κοίτα, το μόνο πράγμα που ξέρω στα σίγουρα για τον παππού είναι, ότι ήταν ένας πολύ ανεκτικός άνθρωπος, και, πήρε κάποιες παράξενες αποφάσεις».

«Ήταν ένας πολύ ανεκτικός άνθρωπος, και είδε τα πράγματα λίγο διαφορετικά», ο Τζιμ επιβεβαίωσε.

«Λοιπόν αυτό είναι που λέω, και αν ταξίδεψε θα είχε ανοίξει το μυαλό του επάνω, ήταν ένας έξυπνος άνθρωπος, θα είχε έρθει πίσω εδώ και να δει τι συνέβαινε, και να το δει για αυτό που ήταν», του είπα τελειώνοντας με,

«Εννοώ το βάθος του μίσους!»

«Ναι, τον αναστάτωσε, γι' αυτό μετακόμισε η οικογένεια του στην Αγγλία», είπε ανέμελα.

«Εξαιτίας του μίσους;» Ζήτησα να είμαι σίγουρος. «Του βάθος του;»

«Ναι», επιβεβαίωσε. Σκέφτηκα, ωραία. Αυτό ήταν το μόνο που ήθελα να μάθω. Ευχαριστώ, παππού, είπα στον εαυτό μου. Χαστούκισα το τιμόνι θριαμβευτικά σαν να έχω δίκιο. Ένιωσα ότι από τότε που είδα το βάθος του μίσους που υπάρχει μεταξύ Ελλήνων και Τούρκων, και την εκδήλωσή του στην Κύπρο, με τις πιθανές επιπτώσεις του, ότι αν το έβλεπε και ο παππούς, μπορεί να είχε ενεργήσει σε αυτό. Θεώρησα τις πράξεις του να αντικατοπτρίζουν το βάθος αυτού που είδα και ένιωσα σαν να βλέπαμε το ίδιο πράγμα, και μάλιστα σαν να καταλήξαμε στα ίδια συμπεράσματα.

Η νονά μου δεν ήταν στο σπίτι όταν φτάσαμε, έτσι ετοίμασα ένα ποτό για τον εαυτό μου, και κάθισα στον καναπέ για να δούμε τι είχε στην τηλεόραση όταν έφτασε στο σπίτι και εμφανίστηκε στην πόρτα αναστατωμένος. Με είδε και αμέσως έδωσε οδηγίες,

«Δημήτρη, πήγαινε τώρα στη θεία Μαρί! Τώρα!» με κοίταξε ανήσυχος. «Η θεία σου πήρε άσχημη τροπή, και οι γιατροί της έδωσαν μόνο 24 ώρες το πολύ. Τώρα πήγαινε να δεις τη Μαρί! Τότε πήγαινε να το πεις στη μητέρα σου! Τώρα!» Ενήργησα με τη βιασύνη που απαιτήθηκε, και καθώς έφευγα η θεία μου μου ζήτησε να επιβεβαιώσω ότι επρόκειτο να πάω κατευθείαν στης Μαρί, και μετά στους γονείς μου. Ο Τζιμ ήρθε μαζί μου και είδα τη Μαρί για λίγο. Αυτές οι στιγμές είναι αρκετά δύσκολες, όπως είναι χωρίς το γλωσσικό εμπόδιο, αλλά σε μια στιγμή μόνο μαζί της, στην κρεβατοκάμαρα, γονάτισα από το κρεβάτι και πήρα το χέρι της. Μετά από ένα λεπτό περίπου, και με ένα δάκρυ στο μάτι μου, της είπα ότι την αγαπούσα, και ότι θα ήταν μαζί μου για πάντα. Στη συνέχεια, όπως χάιδεψα τα μαλλιά της, είπα ένα ήσυχο αντίο, και απαλά την φίλησα στο μέτωπο πριν σηκωθώ και να φύγω από το δωμάτιο. Αν άφηνα τα συναισθήματά μου να εμφανιστούν στο δρόμο, θα ήταν μόνο στη σιωπή μου. Πήγα κατευθείαν στην πισίνα και είπα στους γονείς μου τα νέα. Πήραν τα υπάρχοντά τους μαζί τους και έφυγαν, αφήνοντας τον Τζιμ και εμένα στο διαμέρισμα όπου συνεχίσαμε να κουβεντιάζουμε καθώς έκανα ντους, ετοιμάζοντας τις τσάντες μου για την πτήση πίσω στο σπίτι. Οι γονείς μου δεν είχαν φύγει πολύ, και από τη στιγμή που επέστρεψαν είχα δώσει στον Τζιμ κάποια χαρτιά γι' αυτόν να γράψει τη διεύθυνση του σπιτιού του στην Αυστραλία. Είχα επίσης έξω το κομμάτι χαρτί για το οποίο είχα γράψει τα στοιχεία του παππού μου, το οποίο του έδειξα, λέγοντάς του για τις προθέσεις μου να κάνω κάποιες έρευνες γι' αυτόν. Το κοίταξε με έκπληξη.

«Ποιος σου έδωσε αυτό το όνομα;» ρώτησε.

«Ο Σάββας»

«Ο Σάββας το έκανε;» ρώτησε έκπληκτος.

«Ναι, γιατί, τι συμβαίνει;» είπα.

«Δεν γράφεται έτσι το όνομά του!» είπε προσθέτοντας. «Δεν το πιστεύω ότι σου έδωσε αυτό!»

«Τι εννοείς;»

«Δεν είναι ο Χτενάρι!»

«Δεν είναι;» Ρώτησα έκπληκτος.

«Όχι, είναι διαφορετικό, είναι...» το έγραψε όπως προφέρεται για μένα «Κτενάρι», και στη συνέχεια ήρθε άλλη μια έκπληξη.

«Ούτε αυτό γράφεται το μικρό του όνομά!»

«Δεν είναι;» Αυτό με εξέπληξε καθώς ήξερα ότι πήρα το όνομά του, οπότε σκέφτηκα να το κάνω σωστά.

«Δεν είναι Διμιτρι, είναι γραμμένος με η».

«Είναι;»

«Θα πρέπει να ξέρω, είναι το όνομά μου, καθώς, και είναι γραμμένο με η», είπε. Κοίταξα τους γονείς μου για να δω τι πήγε στραβά. Ο μπαμπάς μου φαινόταν λίγο κόκκινος.

«Πώς λοιπόν γράφεται το όνομά μου με το ι;» Ρώτησα, ο μπαμπάς μου με κοίταξε λίγο αμήχανα, αλλά θα μπορούσα ήδη να δω τη διασκέδαση που του προκαλούσε.

«Κατηγορήστε τον ληξίαρχο» είπε χαμογελώντας.

«Τι εννοείς;» Εγώ ρώτησα.

«Μόλις του δώσαμε το όνομά σου, το έγραψε λάθος».

«Και δεν το έλεγξες;» ο πατέρας μου κούνησε το κεφάλι του με ένα σφιχτό χαμόγελο. Χαμογέλασα. Φαινόταν χαρακτηριστικό των γονιών μου. Τελείωσα την βαλίτσα, άλλαξα για την πτήση προς το σπίτι, και ο πατέρας μου έφερε το αυτοκίνητο γύρω, ενώ ο Τζιμ με βοήθησε με το κουτί.

«Τι έχεις εδώ;» ρώτησε, δείχνοντας δυσκολία να το σηκώσει με το ένα χέρι.

«Απλά μια μικρή σχάρα τυλιγμένη σε μερικά λινά», του είπα. Σήκωσε ένα φρύδι, αλλά δεν έδειχνε να αμφιβάλλει για το τι του είπα, το οποίο ήταν περισσότερο ή λιγότερο αλήθεια. Φτάσαμε στις νονές μου και πήρα το τελευταίο γεύμα μου, απολαμβάνοντας τις τελευταίες δύο ώρες μου με την οικογένεια, πριν πω το αντίο μου. Είπα στη νονά μου ότι θα γυρίσω το φθινόπωρο, άφησα τον Τζιμ στα αδέρφια του, και του υποσχέθηκα ότι θα κρατήσω επαφή μέσω email. Και οι δύο δείξαμε τη λύπη μας για το γεγονός ότι έχει περάσει τόσος καιρός από την τελευταία μας συνάντηση, γνωρίζοντας ότι μπορεί να είναι εξίσου μέχρι την επόμενη, είπαμε τα αντίο μας, και στη συνέχεια οδήγησα με τους γονείς μου μέχρι το αεροδρόμιο της Λάρνακας. Ήταν πολύ περισσότερο ανήσυχοι για τη σημαία από ό, τι ήμουν, και ανησυχούσαν για μένα μην με σταματήσει κανείς με αυτό στο αεροδρόμιο, ήξερα όμως ότι υπήρχε μικρή πιθανότητα να συμβεί αυτό και τους παρηγορούσα

«Κοίτα αν βρουν τη σημαία τι μπορούν να πουν; Το χειρότερο πράγμα που μπορεί να συμβεί είναι ότι θα το πάρουν από μένα», είπα προσθέτοντας. «Αλλά με τίποτα δεν θα με συλλάβουν, απλά δεν θα το θέλουν το δικαστήριο μαμά». Και υπήρχε μια διασκεδαστική πλευρά στο μέγεθός της.

«Τέλος πάντων, ακόμα κι αν κάποιος κοιτάξει στο κουτί, δεν πρόκειται ποτέ να πιστέψει ότι είναι μια σημαία εκεί μέσα».

Υπήρχαν στιγμές που εύχομαι να είχα συλληφθεί, έστω και μόνο για μια μέρα στο δικαστήριο, το οποίο δεν θα με πείραζε, και το είπα στους γονείς μου εκείνη τη στιγμή. Αλλά ήξερα ότι οι αρχές δεν θα ήθελα να δημοσιοποιηθεί η δίκη αν ήταν μια σημαία της κυβέρνησης. Η ιδέα αυτή όμως ήταν κάτι που δεν θα μπορούσα να δεχτώ όμως. Ήμουν λίγο νευρικός κατά το τσεκ-ιν του εισιτηρίου, όπως έριξα το κουτί πάνω στην κλίμακα και παρακολούθησαν να σταματήσει τριάντα γραμμάρια λιγότερο από το όριο των είκοσι κιλών. Δεν ήθελα να απαντήσω σε ερωτήσεις σχετικά με το τι υπήρχε εκεί, και ανακουφίστηκα όταν είδα να εξαφανίζονται στη μεταφορική ταινία και μεγαλύτερη ανακούφιση καθώς περνούσα από τον χώρο αυτό και περπατούσα στο σαλόνι αναχώρησης. Το θέαμα μιας-δυο φωτογραφιών, που εμφανίζονται στο ύψος του κεφαλιού, ώστε τα παιδιά να μην μπορούν να τα δουν, σταμάτησε στα ίχνη μου. Ήταν μια φωτογραφία του Σολωμού Σολωμού, τη στιγμή που τον πυροβόλησαν στο λαιμό, ενώ προσπαθούσε να ανέβει στο κοντάρι της σημαίας. Πάνω από αυτό ήταν μια άλλη φωτογραφία του ξαδέλφου του, που ξυλοκοπήθηκε μέχρι θανάτου, από Τούρκους αστυνομικούς και πολίτες. Ήταν ένα άρρωστο θέαμα για να δείτε. Το γράψιμο κάλεσε τους Τούρκους βαρβάρους, και ήταν πράγματι βάρβαρες πράξεις, αλλά αυτές οι εικόνες ήταν καλές, πολύ καλές.

9

Κεφάλαιο Εννέα

Αγνόησα τη σημαία στο κουτί για τις πρώτες ημέρες μετά την άφιξή μου στο σπίτι. Ένιωσα σαν να είχα ένα κρυφό μυστικό εκεί μέσα περιμένοντας να αποκαλυφθεί, και ήξερα ήδη ποιο ήταν το μυστικό, αλλά δεν ήθελα ποτέ να το αντιμετωπίσω. Την Πέμπτη, αφού επέστρεψα, η Σάντι ήρθε να με δει και ήξερα από τις πολλές επισκέψεις και τις συνδέσεις της με την Κύπρο, η σημαία θα ήταν ενδιαφέρουσα για αυτήν.

«Εδώ, Σάντι, ρίξε μια ματιά σε αυτό που έφερα πίσω από την Κύπρο», είπα με ένα άγγιγμα ενθουσιασμού στη φωνή μου.

«Τι είναι;» μπορούσε να δει ότι ήταν κάτι ασυνήθιστο.

«Τι νομίζεις;» Ρώτησα, για μένα τα χρώματα είναι προφανή. Η σημαία ήταν πλέον εντελώς έξω από το κουτί και διπλώθηκε στο πάτωμα.

«Δεν ξέρω», απάντησε.

«Έλα, δεν μπορεί να είναι τόσο δύσκολο», είπα, προσθέτοντας, «Πάρε αυτό». Κράτησα το ένα άκρο της σημαίας για να τυλίξω πάνω από το χέρι της.

«Τώρα με τα πόδια κάτω από το διάδρομο», είπα καθώς χαμογέλασε με δυσπιστία, υπήρχε πολύ διπλωμένο ύφασμα μπροστά μας. Η Σάντι περπατούσε προς τα πίσω κάτω από το διάδρομο με το ένα άκρο της διπλωμένης σημαίας πάνω από το αντιβράχιο της καθώς περπατά.

«Συνέχισε μέχρι να βγει», της είπα. Περπάτησε πίσω έξι ή επτά μέτρα μέχρι να τραβηχτεί όλο το μήκος της σημαίας. Το μεγαλύτερο μέρος του ήταν σε μια γραμμή μεταξύ τριάντα εκατοστών, και ένα μέτρο πλάτος, στο χαλί.

«Τι είναι;» ρώτησε με ενθουσιασμό.

«Δεν μπορείς να το καταλάβεις;»

«Όχι, όχι, Τι είναι;»

«Κοίταξε τα χρώματα», της είπα προσθέτοντας. «Είναι ελληνική εθνική σημαία».

«Γαμώτο!» έκανε μια μικρή παύση. «Είναι τεράστια!» Την εξέτασα, σιγά-σιγά παίρνοντας αυτό που δεν ήθελα να δω στην Κύπρο.

«Σάντι ρίξε μια ματιά στις γραμμές σε αυτή», ο τόνος μου ήταν πιο συγκρατημένος.

«Τι γίνεται με αυτές;» ρώτησε περίεργως.

«Είναι οριζόντια, κρατάμε τη μικρή πλευρά», της είπα καθώς το μελέτησε για μια στιγμή.

«Θεέ μου! Από πού το πήρες;» ρώτησε.

«Ξέρεις τον βράχο της Αφροδίτης;»

«Ναι».

«Ήταν ντυμένο πάνω από το μεγαλύτερο βράχο του σχηματισμού, στη γραμμή όπου οι τουρίστες έπαιρναν φωτογραφίες».

«Όχι! Και το τράβηξες κάτω;» φαινόταν έκπληκτη. Δεν ένιωσα πολύ καυχησιάρης όμως.

«Έφυγα στη μέση της νύχτας και το τράβηξα κάτω. Δεν είχα συνειδητοποιήσει πόσο μεγάλη ήταν. Απλά δεν έπρεπε να είναι εκεί πάνω». Αναρωτιόμουν πώς θα μπορούσα να έχω παρεξηγήσει το μέγεθος τόσο πολύ.

«Ποιος νομίζεις ότι την έβαλε εκεί πάνω;» ρώτησε.

«Κοιτάξτε το μέγεθός της», της είπα προσθέτοντας «Σκέφτομαι ότι για το κόστος της και για το έργο που θα χρειαζόταν για να το τοποθετηθεί όπως ήταν». Το φανταζόμουν αυτό και δυσκολεύτηκα να φανταστώ ότι έγινε το βράδυ, ή από ένα μεμονωμένο άτομο. Πέρασα την υπόλοιπη εβδομάδα και αναρωτιόμουν για τα πάντα. Σε αυτό το σημείο θα πρέπει να εξηγήσω με σαφήνεια τη σημασία της κακής κρίσης μου ως προς το μέγεθος. Στην Κύπρο ήθελα να πιστεύω ότι τα έξι ή επτά μέτρα ήταν η οριζόντια, το οποίο θα είχε κάνει την επιφάνειά του είκοσι οκτώ ή είκοσι εννέα τετραγωνικά μέτρα, ή περίπου διακόσια εβδομήντα τετραγωνικά πόδια. Οι νέες εκτιμώμενες μετρήσεις του σήμαιναν ότι επρόκειτο να είναι πιο κοντά σε εξήντα τετραγωνικά μέτρα, ή περίπου εξακόσια τετραγωνικά πόδια. Νομίζω ότι είχα κάνει ένα πολύ λάθος μέγεθος όχι μόνο λόγω του ύψους του, αλλά πιθανότατα λόγω της πολύ χαμηλής γωνίας του βράχου όπου τοποθετήθηκε. Το κοντάρι της σημαίας που απαιτείται για αυτή τη σημαία θα πρέπει να είναι περίπου τριάντα πέντε μέτρα, ή εκατό πόδια υψηλό. Είχα δει σημαίες σαν αυτή πριν, αλλά ποτέ στην Κύπρο, και όχι στην Ελλάδα. Στη δυτική ακτογραμμή της Τουρκίας καθώς το παρακάμπτετε για να αποκτήσετε πρόσβαση στην Κω από τη Ρόδο με πλοίο. Υπήρχε μια τουρκική σημαία παρόμοιων διαστάσεων τυλιγμένη πάνω από ένα βράχο. Πάντα ένιωθα σαν να το έτριβαν στα μούτρα μας, για να μπορούμε να την δούμε από αρκετά μακριά, αλλά αυτό ήταν το όλο θέμα του μεγέθους της.

Σημαία που βρίσκεται μπροστά από γκαράζ και σημαία που κατέχει ο συγγραφέας.

Έτσι, είχα καταλήξει στο συμπέρασμα ότι ήταν κυβέρνηση που χρηματοδοτείται, ενδεχομένως από την Ελλάδα, ή τη δική μας κυβέρνηση, και αυτό με λύπησε πολύ. Ήταν η αιτία, και η ρίζα, πολλών από τα προβλήματά μας. Οι Έλληνες και Τούρκοι είχαν λίγα κοινά εκτός από την πικρία και το μίσος που πραγματοποιήθηκε από την ιστορία μας. Η Κύπρος ήταν ο μόνος κοινός παράγοντας τόσο για τους Τουρκοκύπριους όσο και για τους Ελληνοκύπριους, οπότε και οι δύο πλευρές, όπως έχω πει, έπρεπε να είναι εντελώς ανεπηρέαστες από τις πολιτικές μιας άλλης χώρας, ούτε ελληνικές, ούτε τουρκικές, αλλά κυπριακές. Άκουσα την επετειακή ομιλία του Προέδρου Κληρίδη να ζητά συμβιβασμό, και σεβασμό, αν και η σημαία που είχα φαινόταν μια πλήρη αντίφαση αυτού. Ο Ντενκτάς, στην ομιλία του Τουρκοκύπριου Προέδρου, φαινόταν τόσο αρνητικός και διαφορετικός, ευχαρίστησε την Τουρκία και είπε ότι μαζί τους βρίσκεται το μέλλον της χώρας του.

Την Κυριακή είχα πάει στο σπίτι της μητέρας μου για μπάρμπεκιου, φυσικά. Ο θείος μου ο Σάββας είχε έρθει από το Λονδίνο με την ανατολικοευρωπαία σύζυγό του, Εύα. Είναι μια πολύ όμορφη γυναίκα που μου άρεσε και ήμουν ευτυχής για τον θείο μου. Είναι τουλάχιστον είκοσι πέντε χρόνια μικρότερη από αυτόν, αλλά η ηλικία ποτέ δεν φάνηκε να έχει σημασία. Ήταν και οι δύο πολύ ευτυχισμένοι, και τα δύο παιδιά του από τον προηγούμενο γάμο φαινόταν άνετα μαζί της. Όλοι ήταν σε καλή διάθεση, ο θείος μου ειδικότερα, και μια ευθυμία ανάβλυζε από αυτόν, όπως μπήκα στον κήπο. Δεν πίστευα ότι θα μπορούσα να απολαύσω το απόγευμα. Ο θείος μου μίλησε καθώς τους πέρασα, κάθισε σε μια μεγάλη αιώρα στον κήπο.

«Γεια σου Δημήτρη, τι σκέφτεσαι;» ρώτησε με χαρά. Ήξερα ότι μιλούσε για την αγωγή για τη διεκδίκηση γης, αυτή ήταν η πρώτη φορά που τον είδα από τότε, και κατάλαβα ότι η δική του πήγαινε καλά. Κανείς δεν θα είχε ακούσει τα λόγια που μουρμούρισα, αλλά το βλέμμα στο πρόσωπό μου θα μπορούσε να δείξει πώς ένιωθα, 'όλα για τη δόξα της Ελλάδας'. Δεν είχα όρεξη να κάθομαι έξω, και πέρασα από τις μπαλκονόπορτες στο σαλόνι, και κάθισα στον καναπέ, κοιτάζοντας τίποτα. Δεν ήθελα να συμμετάσχω στους εορτασμούς τώρα και την ίδια στιγμή δεν ήθελα να τους καταστρέψω. Ο πατέρας μου μπορούσε να δει πως ένιωθα, νομίζω ότι πάντα αποδεχόταν ότι πρέπει να ήταν κυβερνητική σημαία. Προσπαθούσα να συμβιβαστώ με αυτό. Μπήκε στο σαλόνι.

«Είσαι καλά;» με ρώτησε.

«Ναι, είμαι ακόμα λίγο αναστατωμένος για τη Σημαία», είπα καθώς κοίταξα κάτω και κούνησα το κεφάλι μου.

«Εδώ, ο ξάδερφός σου μου είπε ότι άφησες αυτές τις εφημερίδες στο διαμέρισμα και τις έστειλες αφού επέστρεψε στο σπίτι», είπε. Καθώς μίλαγε, έβγαλε έναν μεγάλο καφέ φάκελο, τον οποίο πέταξε απαλά στον καναπέ. Το κοίταξα και χαμογέλασα με την ιδέα της αποστολής εφημερίδων που είχα ήδη διαβάσει, άνοιξα το αρχείο και υπήρχαν δύο αντίγραφα του Cyprus Mail. Καθώς άνοιξα τα χαρτιά, συνειδητοποίησα αμέσως ότι θα μπορούσαν να είχαν αγοραστεί, μόνο από τον πατέρα μου, καθώς χρονολογούσαν στις 11 και 12, και έφυγα από την Κύπρο στις 10 Αυγούστου. Κοίταξα την πρώτη σελίδα του αντιγράφου της Τρίτης. Οι πυρκαγιές του Μπους ξέσπασαν στην Κύπρο και το σπίτι του Βρετανού Διοικητή εκκενώθηκε. Γύρισα το εξώφυλλο, και τα περισσότερα από τη σελίδα τρία είχαν δοθεί σε μια άλλη συμμορία που σχετίζονταν με γυρίσματα που είχαν συμβεί την ημέρα που έφυγα. Διάβασα τη σχετική ιστορία πριν γυρίσω τη σελίδα ξανά. Πάγωσα με φρίκη στην πρώτη στήλη στη σελίδα τέσσερα. Ήμουν έτοιμος να πάθω σοκ για μια μέρα σε αυτή την είδηση. Ο τολμηρός τίτλος έγραφε ξεκάθαρα, **Μέλος του ελληνικού πραξικοπήματος μπήκε στην Κύπρο ελεύθερα ενώ ήταν απαγορευμένο**', κάτω από αυτό, και πριν από την ιστορία ήταν η ποινή, 'διέταξε έρευνα, το υπουργείο Δικαιοσύνης λέει ότι δόθηκε άδεια για επαγγελματικό ταξίδι'. Διάβασα το κομμάτι. Έγραφε για τον Ε.Ο.Κ.Α.Β. τον Βασίλη Βιντζιλάου, τον αρχηγό των μυστικών υπηρεσιών της ελληνικής χούντας, και εβδομήντα τέσσερις συνωμότες του πραξικοπήματος, που τους επιτρεπόταν κρυφά όχι μόνο να εισέλθουν στην Κύπρο, αλλά ήταν για πέντε ημέρες να περιπλανώνται ελεύθερα στο νησί, με μόνο το υπουργείο Δικαιοσύνης και τον πρόεδρό μας να γνωρίζουν και ασχολούνται με υποτιθέμενα οικονομικά θέματα. Ένιωσα σαν ένα μαχαίρι να πιέζεται στην πλάτη μου και να στρίβεται. Αυτός ο άντρας θα ήταν ένας από τους κορυφαίους Έλληνες του πραξικοπήματος του 1974. Ένας αξιωματικός πληροφοριών από το πραξικόπημα που έριξε τη χώρα μας σε αναταραχή είχε τη δυνατότητα να εισέλθει, όταν τέθηκε σε μια λίστα στάσης. Ήταν σαν να αφήνεις μια γάτα σε ένα κλουβί πουλιού και να την εμπιστεύεσαι να πίνει μόνο νερό. Το μυαλό μου άρχισε να επεξεργάζεται τις πληροφορίες που διάβαζα, και δεν μου πήρε πολύ καιρό για να συνειδητοποιήσω την πολύ πιθανή σύνδεση με τη σημαία που νομίζω ότι πρέπει να προέρχεται από την Αθήνα. Ο Έλληνας αξιωματικός του πραξικοπήματος εισέρχεται στη χώρα μας περίπου την ίδια στιγμή με την επέτειο του ελληνικού πραξικοπήματος, και ταυτόχρονα περνά μια ελληνική εθνική σημαία εξακόσια τετραγωνικών ποδιών πάνω από τον εθνικό μας θησαυρό, στη γραμμή όπου οι τουρίστες έβγαζαν φωτογραφίες, μύριζε κακό. Κάλεσα τον πατέρα μου πίσω στο σαλόνι, του έδωσα την εφημερίδα, και απλά του είπα,

«Η σημαία του νομίζω!» Για μένα το μυστήριο του ποιος και γιατί είχε πλέον τελειώσει, και με την παραδοχή του Προέδρου μας ότι ήξερε ότι ήταν στη χώρα, σήμαινε ότι ήταν επίσης εμπλεκόμενοι. Όλα είχαν νόημα. Τώρα περισσότερο από ποτέ δεν ήμουν μόνο χαρούμενος που την είχα τραβήξει, αλλά και πολύ ανακουφισμένος που δεν με έπιασαν ποτέ. Δίπλωσα τα χαρτιά και βγήκα έξω σε μια προσπάθεια να τα κοινωνικοποιηθώ λίγο πριν φύγω. Κάθισα δίπλα στην Εύα, είπα μερικά ευγενικά λόγια, και σιωπηλά έφαγε κάποιο επιδόρπιο ενώ οι αποκαλύψεις περνούσαν από το μυαλό μου. Δεν μπορούσα να το κρύψω και σύντομα έπρεπε να φύγω. Δεν άντεχα να κοιτάξω τίποτα άλλο πέραν του γεγονότος ότι ήμουν βαθιά διαταραγμένος. Σηκώθηκα και είπα αντίο, και κατευθύνθηκα στην πόρτα, μπορούσα να ακούσω τον θείο μου να αστειεύεται με τον πατέρα μου για την Εύα,

«Μάριο, ξέρεις ότι μιλάει καλύτερα ελληνικά από εμένα!

«Ναι!»

«Ναι, μαθαίνει γρήγορα». Πήγα κατ' ευθείαν στο σπίτι. Υπήρχαν περισσότερες ερωτήσεις που έπρεπε τώρα να απαντήσω. Μία από αυτές σχετίζεται με τη λέξη Ε.Ο.Κ.Α.Β. Μόλις έφτασα στο σπίτι, πήγα κατευθείαν στον υπολογιστή και μπήκα στο διαδίκτυο. Δεν είχα εισέλθει ποτέ σε καμία από τις τουρκικές ιστοσελίδες στο διαδίκτυο, μόνο οι Ελληνοκύπριοι. Όμως, εκείνη την εποχή, δεν είπαν ποτέ τίποτα για το Ε.Ο.Κ.Α., πόσο μάλλον το Ε.Ο.Κ.Α.Β. Στην πραγματικότητα, δεν ανέφεραν ποτέ τίποτα για τη ζωή στην Κύπρο πριν από την τουρκική διχοτόμηση. Οι ιστοσελίδες είχαν καλή απόδοση, αλλά όλες φαινόταν να λένε σχεδόν το ίδιο πράγμα, και υπήρχε λόγος για την άγνοιά μου. Είχα ήδη ένα πλήρες πολιτικό τμήμα για την Κύπρο με σήμανση βιβλίων, όχι ότι το χρησιμοποίησα πολύ, καθώς το βρήκα βαρετό. Θυμήθηκα να διαβάζω μια ενότητα σε μια από τις ιστοσελίδες που επιτίθονταν έντονα στην Τουρκία, και δηλώνει ποιες ενέργειες πρέπει να αναληφθούν αμέσως, σαν να γράφτηκε από κάποιον που έχει την εξουσία, μόνο για να διαπιστώσω ότι ήταν τόσο καλή όσο μια επιστολή από αναγνώστες. Ο καθένας είπε το ίδιο πράγμα, αλλά την ίδια στιγμή έλεγε πολύ λίγα. Αυτή η επίσκεψη στο Διαδίκτυο όμως ήταν διαφορετική. Υπήρχαν μια ολόκληρη σειρά από τουρκικές κατηγορίες για να διαλέξω, και ήταν ενημερωτικές για την ιστορία μας πριν από το 1974, πολύ ενημερωτικές.

Πρόσεξα μια ιστοσελίδα με τίτλο «Η Αλήθεια» οφείλεται στο γεγονός ότι είχε μια εικόνα του Μακάριου, με τον τίτλο 'Άγγελος του Θανάτου' κάτω από αυτήν, την οποία απλά δεν μπορούσα να περάσω. Είχα ήδη μια ιδέα για το ποιος, ή τι ήταν το Ε.Ο.Κ.Α.Β., αλλά τώρα θα καταλάβαινα το νόημα της λέξης ένωσης. Έμεινα άναυδος. Αυτή ήταν η πρώτη φορά που διάβασα λεπτομερώς κάτι για τα χρόνια μεταξύ της ανεξαρτησίας και της διχοτόμησης από την Τουρκία, και άκουσα την άλλη πλευρά της ιστορίας μας. Μετά την ανεξαρτησία, το 1960, αγνοήσαμε τη συνταγματική απαίτηση για ξεχωριστούς δήμους και αναγκάσαμε τους Τούρκους να εγκαταλείψουν την κυβερνητική διοίκηση. Τον Δεκέμβριο του 1963 οι Ελληνοκύπριοι επρόκειτο να εξεγερθούν ενάντια στην παρουσία των Τούρκων, που αναγκάστηκαν να εισέλθουν στις δικές τους προστατευόμενες περιοχές. Ακουγόταν βίαιο και σκέφτηκα ότι μπορούσα να φανταστώ. Δεν ήταν διατεθειμένοι να μοιραστούν τη νέα τους ελευθερία και οι διώξεις των Τούρκων είχαν αρχίσει. Θα μπορούσα μόνο να φανταστώ τις εχθροπραξίες εναντίον τους. Τα πράγματα φαίνονταν να έχουν βελτιωθεί δραματικά μεταξύ του '68 και του Ιουλίου του '74 όταν οι Έλληνες ήρθαν κατά χιλιάδες για να τελειώσει τη δουλειά. Γιατί ήταν στο όνομά τους οι Τούρκοι που έκαναν διώξεις. Καθ' όλη τη διάρκεια αυτής της περιόδου η Ε.Ο.Κ.Α.Β. παρέμεινε ενεργή για την επιβολή της ένωσης με την Ελλάδα. Δεν μπορούσα να το πιστέψω, αλλά ήξερα ότι ήταν αλήθεια. Είναι στο αίμα. Είχαμε την ανεξαρτησία μας, αλλά θέλαμε περισσότερα, ένωση με την Ελλάδα, και ήξερα από ό, τι διάβαζα τι σήμαινε αυτό για έναν Τούρκο. Θα μπορούσα να δω ότι όταν οι Έλληνες ήρθαν το 1974, σκότωσαν χιλιάδες Ελληνοκύπριους, ίσως επειδή δεν ήταν αρκετά Έλληνες, καθώς και οι Τούρκοι. Λεηλάτησαν και σκότωσαν, και μια μέρα σφαγιάστηκαν τρία ολόκληρα χωριά. Πυροβόλησαν ολόκληρο τον πληθυσμό προτού προσπαθήσουν να κρύψουν τα σώματά τους με μπουλντόζες πριν φτάσει ο τουρκικός στρατός. Οι ηλίθιοι μπάσταρδοι δεν μπορούσαν καν να το κάνουν σωστά, και τα πτώματα βρέθηκαν σε παραμορφωμένη κατάσταση. Αυτό περιέγραψε η σημερινή κυβέρνησή μας ως ανεύθυνα άτομα, αλλά αυτό σήμαινε η ένωση για έναν Τούρκο. Και τι έκπληξη, έχουν έρθει μέχρι σήμερα, για να ισχυριστούν ότι οι Ρώσοι ξεπλένουν τώρα ένα δισεκατομμύριο λίρες το μήνα μέσω κυπριακών τραπεζών. Οι μόνες θετικές πληροφορίες που μπορούσα να μαζέψω ήταν για τον Μακάριο. Ήταν μια ομιλία των

Ηνωμένων Εθνών που είχε κάνει σχετικά με τους φόβους του τόσο για τους Ελληνοκύπριους όσο και για τους Τουρκοκύπριους, αλλά ήταν αρκετό για τώρα. Ήμουν θυμωμένος, πολύ θυμωμένος, και ξέρω τι κάνω όταν είμαι τόσο αναστατωμένος, έγραψα, 'Η γη κλειδωμένη Νησί', ένα άλλο αφελές δοκίμιο, ο τίτλος λέει τόσα πολλά για το ίδιο το δοκίμιο.

Την επόμενη μέρα ξύπνησα θέλοντας να ενημερώσω κάποιον που ασχολείται με την πολιτική, στην Κύπρο, για τη σημαία. Ήξερα ότι οι Έλληνες είχαν δολοφονήσει πάνω από δύο χιλιάδες Ελληνοκύπριους κομμουνιστές υποστηρικτές στο πραξικόπημα. Αλλά πρώτα τηλεφώνησα στον ξάδερφό μου τον Τζιμ στην Κύπρο και τον ρώτησα για τα πολιτικά κόμματα, και ποια ήταν αυτά, μου είπε ότι δεν ήξερε, έτσι του είπα για τη σημαία.

«Δεν μπορούσες να την βάλεις σε άλλο βράχο;» είπε προς έκπληξή μου.

«Όχι, δεν μπορούσα, Τζιμ, δεν νομίζω ότι καταλαβαίνεις τι είδους σημαία είναι. Θα σε ξαναπάρω όταν γυρίσεις σπίτι», του είπα προσθέτοντας. «Μπορεί να χρειαστώ τη βοήθειά σου». Τότε ανακάλυψα το Α.Κ.Ε.Λ., που είναι το κομμουνιστικό κόμμα. Πήρα τον αριθμό τους και τους κάλεσα.

«Ναι!» η φωνή ακουγόταν χαμηλή και σκληρή.

«Γεια σας», είπα.

«Τι θέλεις;» ερχόταν μια σκληρότερη απάντηση.

«Ζητώ τον Βασίλη, αυτό το μέλος του πραξικοπήματος που ήρθε στη χώρα».

«Τι γίνεται με αυτόν;» Ήξερα αμέσως ότι αυτό θα ήταν δύσκολο.

«Λοιπόν, βρισκόμουν στη χώρα μια εβδομάδα μετά από αυτόν και τράβηξα μια σημαία από την κορυφή του βράχου της Αφροδίτης που νομίζω ότι ήταν δική του». Σε αυτό το σημείο ήξερα ήδη ότι δεν επρόκειτο να οδηγήσει πουθενά.

«Ποια σημαία;» ο άνθρωπος φώναξε σχεδόν γρυλίζοντας, ακουγόταν πραγματικά σαν να χρειάζεται κάποια θεραπεία για το στρες.

«Τίποτα», είπα νιώθοντας υποτονικός. Έβαλα το τηλέφωνο κάτω. Ήξερα τι ήθελα να κάνω με τη σημαία και αυτό ήταν να την επιστρέψω στην Αθήνα. Τότε έκανα κάτι που κάποτε νόμιζα ότι ήταν αδιανόητο. Κάλεσα την Πρεσβεία της Τουρκικής Δημοκρατίας της Βόρειας Κύπρου στο Λονδίνο, και μίλησα με μια Δεσποινίς Ντόρακ. Ήμουν νευρικός στην αρχή, και ένιωσα σαν να ήμουν προδότης, αλλά σύντομα έβαλα αυτές τις σκέψεις μακριά, όταν μίλησα με τον υπάλληλο της πρεσβείας. Ξεκίνησα τη συζήτηση λέγοντάς της για τον Βασίλη. Ακουγόταν έκπληκτη και φοβισμένη. Ο φόβος της με άγγιξε. Το άκουσα στη φωνή της όταν συνειδητοποίησε για ποιον μιλούσα, και άφησε το τηλέφωνο για μια στιγμή, πριν επιστρέψει για μια συνομιλία κατά τη διάρκεια της οποίας της είπα για τη σημαία. Στη συνέχεια, η συνομιλία ζωντάνεψε για την Κύπρο, και μου είπε πώς ήταν να μεγαλώνω εκεί πριν από το 1974, και αυτό ήταν κάτι που είχα ακούσει από πολλούς Τουρκοκύπριους. Άρχισαν να αισθάνονται σαν ξένοι στη χώρα τους. Μου είπε για ένα περιστατικό, όταν ήταν παιδί, στην παραλία, είχε υγρή άμμο που χυνόταν πάνω από το κεφάλι της, και είπε να πάει στο σπίτι. Θα μπορούσα να σχετίζομαι αυτή ακόμη και να μεγαλώνουμε στην Αγγλία, όμως με την προσωπική κακοποίηση που έλαβα ως αποτέλεσμα της ινδικής και πακιστανικής μετανάστευσης, οι φανατικοί σπάνια διαφοροποιούνται. Ένα θέμα που έθιξα και δεν βρήκα κανένα πρόβλημα υπεράσπισης ήταν ο Μακάριος. Μου είπε ότι εξέδιδε διαβατήρια στους Τουρκοκύπριους για να μπορέσουν να εγκαταλείψουν τη χώρα. Έπρεπε να είμαι ειλικρινής μαζί της, ότι από την αντίληψή μου για την κατάσταση εκείνη την εποχή, φαινόταν σαν μια ανθρωπιστική χειρονομία προερχόμενη από έναν Έλληνα, και τότε της ανέφερα την ομιλία του ΟΗΕ, που εξέφραζε τους φόβους του και για τους δύο πολιτισμούς της κοινότητας. Το πιο σημαντικό από τη συζήτηση, και έχω αισθανθεί το ίδιο από άλλους Τουρκοκύπριους, είναι η αγάπη τους για την Κύπρο. Μιλήσαμε εκτενώς για την κατάσταση, κατά τη διάρκεια της οποίας ανέφερε ότι η τηλεφωνική γραμμή δεν ήταν ασφαλής, κι αυτό έστειλε ένα ρίγος μέσα μου. Στη συνέχεια μου είπε για την πολύ μεγάλη τουρκοκυπριακή κοινότητα που ζει στο Λονδίνο, γεγονός που με έκανε να συνειδητοποιήσω ότι μεγάλο μέρος του κυπριακού πληθυσμού φαινόταν να ζει έξω από τη χώρα. Μετά από είκοσι λεπτά περίπου, έβαλα το τηλέφωνο κάτω αισθανόμενος λίγο πιο ενημερωμένος, αλλά ήμουν ακόμα αφελής ως προς το βάθος της σκληρότητας που είχε υπάρξει.

Αλλά σκέφτηκα να επιστρέψω τη σημαία και αποφάσισα ότι αν μπορούσα να έχω κάποια βρετανική δημοσιότητα θα το έκανα, στο κάτω κάτω, δεν ήταν μια συνηθισμένη σημαία. Τηλεφώνησα στο ξένο γραφείο στην εφημερίδα Independent στο Λονδίνο.

«Γεια σας, τηλεφωνώ για ένα περιστατικό που συνέβη πρόσφατα στην Κύπρο».

«Και;»

«Και, έβγαλα μια πολύ μεγάλη ελληνική σημαία από το βράχο της Αφροδίτης, την οποία πιστεύω ότι ένας από τους ηγέτες του πραξικοπήματος του '74 έφερε στη χώρα», προσπάθησα να διαφωτίσω τον δημοσιογράφο όσο πιο γρήγορα μπορούσα. «Νομίζω», με διέκοψε.

«Όχι, δεν μας ενδιαφέρουν οι ιστορίες με σημαίες», με αυτό η συζήτηση είχε τελειώσει. Αργότερα εκείνο το βράδυ μπήκα ξανά στο διαδίκτυο. Ήταν ο φόβος στη φωνή της Δεσποινίδος Ντόρακ όταν ανέφερα το μέλος του πραξικοπήματος, τον Βασίλη Βιντζιλαίο, που με έκανε να αναρωτιέμαι. Πήγα στον δικτυακό τόπο της Αλήθειας. Πέρασα από την εικόνα του Μακάριου, στην ενότητα με την ένδειξη, 'Αρχεία Γενοκτονίας'. Υποθέτω ότι ο καλύτερος τρόπος για να περιγράψει τον αντίκτυπο για μένα θα ήταν να γράψω για τη δεύτερη επίσκεψή μου στην ιστοσελίδα. Η πρώτη επίσκεψη είχε μεγάλο αντίκτυπο σε μένα και, τώρα ξέρω, έφυγα από την ιστοσελίδα σοκαρισμένος. Το επόμενο βράδυ, επέστρεψα στην ίδια σελίδα και στην ίδια ενότητα. Ο υπολογιστής μου ήταν λίγο αργός εκείνη τη στιγμή, ακόμη και οι πιο απλές εικόνες χρειάστηκαν χρόνο για να εμφανιστούν στην οθόνη. Καθώς οι λέξεις εμφανίστηκαν στη σελίδα, ήξερα ποια εικόνα επρόκειτο να εμφανιστεί και αμέσως ένιωσα τα συναισθήματά μου να συσσωρεύονται μέσα μου. Θυμάμαι ξεκάθαρα τη φωτογραφία από την πρώτη μου επίσκεψη. Όταν εμφανίστηκε στην οθόνη κοίταζα κάτω. Τα δάκρυα άρχισαν να ρέουν ήδη. Κάθισα εκεί τρέμοντας στην καρέκλα μου. Αν ένιωθα ότι είχα ανακαλύψει την κυπριακή μου ταυτότητα, τότε έπρεπε να πληρώσω το τίμημα. Μέσα από τη συνείδησή μας πρέπει όλοι να φέρουμε τις αμαρτίες, καθώς και τις δόξες, των εθνών μας, και είχα πάει πάρα πολύ μακριά για να επιστρέψω στον Αγγλόφιλο εαυτό μου. Έκλαψα ανοιχτά. Δεν με ένοιαζε. Δεν με ένοιαζε τίποτα εκείνη τη στιγμή. Αυτή η εικόνα δεν μπορεί και δεν θα τα πει όλα, αλλά είναι ένα καλό παράδειγμα για το τι σήμαινε η ένωση για μεγάλο αριθμό Κυπρίων. Η μητέρα δεν μπορούσε να δει τη φωτογραφία, καθώς τα δολοφονημένα παιδιά της ήταν πάνω της σε μια μπανιέρα, και ήταν η θέα αυτών των κάποτε όμορφων παιδιών που έσκιζαν την καρδιά μου. Πυροβολήθηκαν με πολυβόλο. Το αίμα ήταν παντού και αυτά τα τρία παιδιά ήταν σαν να κοιμόντουσαν. Θυμάμαι ότι μόλις μουρμούρισα κάτι μέσα από τα δάκρυα,

«Θεέ μου όχι! Καθάρματα, καθάρματα, καθάρματα!» Ήταν μια από τις πιο συναισθηματικές στιγμές της ζωής μου. Αλλά εκεί μπροστά στα μάτια μου ήταν τα αποτελέσματα της πιο σκοτεινής πλευράς της φύσης κάθε ανθρώπου. Πράγματι, το αποτέλεσμα αυτού που ήξερα ήταν κάποτε να καλλιεργηθεί μέσα μου. Το μίσος είχε εκδηλωθεί στην πιο κακή του μορφή. Υπήρχαν μερικές άλλες βωμολοχίες, όλες με στόχο μια φυλή, τους Έλληνες. Αυτά τα παιδιά, και πολλά άλλα που σφαγιάστηκαν το 1963, σφαγιάστηκαν για έναν λόγο, την ένωση. Είναι μια λέξη που πρέπει να είναι στο κόκκινο, κόκκινο αίμα, για αυτούς τους ανθρώπους.

Η φωτογραφία που με αναστάτωσε τόσο πολύ. Η οικογένεια Ιλχάν.

Δεν ξέρω αν μπορέσατε να κατανοήσετε το απόλυτο βάθος του ελληνικού μίσους για τους Τούρκους. Ξέρω πόσο βαθύ είναι, γεννήθηκα με αυτό, ακόμα κι αν γεννήθηκα στην Αγγλία. Εμφυτεύτηκε σε πολύ νεαρή ηλικία, και αναπτύχθηκε και γαλουχήθηκε. Αλλά εδώ είχε απελευθερωθεί και τώρα ήμουν μάρτυρας των αποτελεσμάτων. Πήραν όλο αυτό το μίσος και το εξέφρασαν στη μόνη περιοχή που μπορούσαν, την Κύπρο. Ακόμα δεν μπορώ να πιστέψω όπως μπορείτε να φανταστείτε την έκταση της σφαγής που προέκυψε από αυτό το μίσος, και το χειρότερο, αυτό που συνέβη το 1963, αυτά τα φτωχά παιδιά μεταξύ των πρώτων. Δέκα ή δεκαπέντε λεπτά αργότερα, τα δάκρυα έτρεχαν ακόμα καθώς απλώς απενεργοποίησα τον υπολογιστή χωρίς να τον κλείσω.

Την επόμενη μέρα κάλεσα έναν φίλο που ήταν στη χώρα για ένα διάλειμμα ενός μήνα από την εθελοντική εργασία του στην Ταϊλάνδη. Το όνομά του είναι Ντέιβιντ, και είχαμε συνηθίσει να πετάμε θεωρίες συνωμοσίας ο ένας στον άλλο μόνο και μόνο για να τις γκρεμίζει ο άλλος εποικοδομητικά. Σταμάτησα στο αυτοκίνητό μου έξω από το σπίτι των γονιών του, και χτύπησα την κόρνα. Σύντομα εμφανίστηκε. Ήταν η πρώτη φορά που είχαμε να δούμε ο ένας τον άλλον για διάστημα πάνω από ένα χρόνο, αλλά δεν επρόκειτο να χάσει χρόνο, μπήκε στο αυτοκίνητο, και έκλεισε την πόρτα.

«Έχω κάτι για σας!» είπε ενθουσιασμένος.

«Έχω κάτι καλύτερο!» Ανταπάντησα με αυτοπεποίθηση.

«Στοίχημα ότι δεν έχεις!»

«Στοίχημα ότι έχω!»

«Πώς τα πας;» ρώτησε με ένα μεγάλο χαμόγελο στο πρόσωπό του.

«Ωραία, εσύ;»

«Ωραία, αλλά έχω κάτι μεγάλο για σένα!»

«Είμαι σίγουρος ότι έχω κάτι μεγαλύτερο για σας», είπα. «Αλλά εσύ πρώτα, σε παρακαλώ», του είπα. Μου έκανε ένα νεύμα για να είμαι ευγενικός, δεν είχαμε προχωρήσει ούτε εκατό μέτρα. Μέχρι το σπίτι μου, μου έδωσε μια σύνοψη της προσωπικής του θεωρίας σχετικά με το ΔΝΤ που ελέγχεται από τις ΗΠΑ και την ικανότητά του να κινεί τα νήματα ανάλογα με το πού πήγαν τα δάνεια, χωρίς να χρειάζεται να αντιμετωπίσουμε κάποια από τις συνέπειες, ενώ καταναλώνουν περισσότερους κατά κεφαλήν φυσικούς πόρους από οποιαδήποτε άλλη χώρα στον κόσμο.

«Και;» Ρώτησα, καθώς μπήκαμε στην μπροστινή πόρτα μου.

«Και δεν είναι σωστό!» αναφώνησε.

«Και τι θα κάνεις γι' αυτό;» Ρώτησα με χαμόγελο.

«Δεν ξέρω!»

«Δεν μπορείς να κάνεις πολλά αν πληρώνουν τους λογαριασμούς, είναι χάλια, αλλά τα χρήματα μιλούν», είπε καθώς καθόταν στον καναπέ.

«Αλλά με τσαντίζει!» απάντησε γνωρίζοντας ότι δεν μπορούσε να κάνει πολλά. Θα πήγαινα κατευθείαν στη θεορία μου.

«Η Κύπρος!» Είπα να φτιάξω τη διάθεση με τον τόνο μου, με κοίταξε και κούνησε το κεφάλι.

«Πέρασαν από μία περίοδο με μια μεγάλη συσσώρευση όπλων, και φέτος παίρνουν πυραύλους εδάφους-αέρος», ήξερα ότι μπορούσε να συμβαδίσει. Του έδωσα μια περίληψη των τελευταίων ειδήσεων, και τη ρωσική σύνδεση, πριν μπουν στη φρίκη του 1963, για την οποία τώρα πίστευα ότι η Τουρκία είχε χωρίσει το νησί και επέστρεψε στο πιθανό μέλλον.

«Και έτσι για όλες τις προθέσεις και τους σκοπούς η Τουρκία θα πιστέψει ότι έχει ηθικά δίκιο στην υπεράσπιση της Βόρειας Κύπρου», ανέφερα.

«Εντάξει, αλλά τι σε πυροδότησε για όλα αυτά;» Ρώτησε περίεργος καθώς καθόταν πίσω στον καναπέ.

«Η ψυχή μου ψάχνει για την κυπριακή μου ταυτότητα», του είπα καθώς έφυγα από το δωμάτιο.

«Και ένωσα ότι την βρήκα», είπα καθώς επέστρεψα με τη σημαία τυλιγμένη στα χέρια μου.

«Λίγο πριν βρήκα αυτήν τη σημαία!» Την άφησα να πέσει στο πάτωμα μπροστά του και στάθηκα πίσω της, με τα χέρια ακόμα τεντωμένα. Ο Ντέιβιντ το κοίταξε με έκπληξη, και μετά γύρισε σε μένα.

«Από πού στο διάολο το πήρες αυτό;» ρώτησε.

«Ο βράχος της Αφροδίτης, στην Κύπρο, είναι εθνικός θησαυρός. Ήταν στον μεγαλύτερο βράχο», του είπα. «Στη γραμμή όπου οι τουρίστες έπαιρναν φωτογραφίες, νομίζοντας ότι είναι στην Ελλάδα!»

«Δεν το πιστεύω! Ξέρεις ποιος το έβαλε;»

«Ω, έχω κάτι παραπάνω από μια καλή υποψία», του πέταξα την εφημερίδα.

«Έχω τη σημαία του!» Πρόσθεσα με χαρά. Διάβασε το άρθρο της εφημερίδας στο τέλος του οποίου λαχάνιασε.

«Σκατά!»

«Ναι, σκατά», επανέλαβα.

«Τι σκοπεύεις να κάνεις γι' αυτό;» ρώτησε.

«Δεν ξέρω, έχω γράψει», του το έδωσα 'Η γη κλειδωμένη Νησί' από το γραφείο μου.

«Θα ήθελα να το επιστρέψω στην ελληνική πρεσβεία, αλλά θέλω να βρω κάποιον να γράψει γι' αυτό πρώτα», του είπα. Ο Ντέιβιντ δεν απάντησε, όπως ήταν ήδη απορροφημένος στο δοκίμιο γι' αυτό πήγα στην κουζίνα, έβαλα το βραστήρα, και έκανα λίγο τσάι. Όταν επέστρεψα, είχε τελειώσει την ανάγνωση.

«Τι είπες;» ρώτησε.

«Είπα ότι θα ήθελα να την επιστρέψω στην ελληνική πρεσβεία, αλλά θα ήθελα να βρω κάποιον να γράψει γι' αυτό πρώτα, νομίζω ότι είναι αρκετά ενδιαφέρον».

«Ποιον;»

«Έναν δημοσιογράφο ή κάτι τέτοιο, όχι μόνο για τη σημαία, αλλά νομίζω ότι έχω ένα κομμάτι μιας ιστορίας να πω, θα ήταν ένα πραγματικά καλό βιβλίο!»

«Και τι θα πεις σε αυτόν τον δημοσιογράφο;» ρώτησε χλευαστικά.

«Ότι τράβηξα τη σημαία από το βράχο, και αυτό το κάθαρμα την έβαλε επάνω».

«Πώς μπορείς να το αποδείξεις αυτό;»

«Είναι λίγο υπερβολικό να πιστεύεις ότι είναι σύμπτωση».

«Τι εννοείς πάρα πολύ για σύμπτωση, γιατί;» φάνηκε να το απολαμβάνει.

«Συσσώρευση όπλων, εκστρατεία προπαγάνδας, πιθανό πόλεμο ίσως», αυτό δεν ήταν η απόδειξη μου, ήταν μόνο το παρασκήνιο, συνέχισα.

«Έτσι, κατά σύμπτωση, ο Έλληνας αξιωματικός πληροφοριών από το πραξικόπημα του 1974 έχει το δικαίωμα κρυφά να περιπλανιέται στη χώρα μας για πέντε ημέρες, και μόνο η κυβέρνησή μας το γνωρίζει», είπα τελειώνοντας με. «Γύρω από την επέτειο του πραξικοπήματος!»

«Έχω μια καλύτερη ιδέα για σένα Τζιμ!»

«Τι είναι αυτό;»

«Εσύ να το γράψεις!»

«Να γράψω τι;» Ρώτησα λίγο μπερδεμένος.

«Το βιβλίο!» είπε. Τον κοίταξα έκπληκτο.

«Δεν μπορώ να το κάνω αυτό».

«Γιατί όχι;»

«Δεν έχω γράψει!»
«Τι είναι αυτό;» ρώτησε κρατώντας ψηλά το 'Η γη κλειδωμένη Νησί'.

10

Κεφάλαιο Δέκα

Σκέφτηκα τι είπε ο Ντέιβιντ, και φυσικά ξέρετε πού οδήγησαν αυτές οι σκέψεις και εδώ θα έρθετε μαζί μου. Είχα σκεφτεί να γράψω για την Κύπρο, αλλά ποτέ δεν ένιωθα ότι ήξερα αρκετά για να γράψω ένα βιβλίο για την πολιτική του νησιού. Ταυτόχρονα, ήμουν τόσο θυμωμένος με αυτό που είδα να συμβαίνει με την πολιτική πραγματικότητα, που έπρεπε απλώς να κάνω κάτι, και το γράψιμο είναι, όπως έχω ανακαλύψει, μια υπέροχη διαδικασία. Κάθισα στον υπολογιστή μια μέρα μετά τη συνομιλία μου με τον Ντέιβιντ και άρχισα να γράφω. Υπήρχε μια πύρινη οργή μέσα μου που έπρεπε να απελευθερωθεί με τον ένα ή τον άλλο τρόπο. Στα βιβλία ιστορίας μας, καθώς και στα βιβλία των περισσότερων άλλων χωρών, αυτές οι σφαγές δεν αναφέρθηκαν ποτέ με κανέναν τρόπο. Είχα διαβάσει ότι κατά τη διάρκεια του 1963 έως το 1964 είχαμε κάποια εμφύλια σύγκρουση. Αλλά διάβαζα για σφαγές που δεν είχαν αναγνωριστεί ποτέ, αλλά ήξερα ότι ήταν αλήθεια, έστω και μόνο από τις μαρτυρίες αυτός του δημοσιογράφου από την ιστοσελίδα.

Σύμφωνα με αυτόν τον δημοσιογράφο, όλα ξεκίνησαν δέκα λεπτά μετά τις δύο το πρωί του Σαββάτου στις 21 Δεκεμβρίου 1963. Δύο αυτοκίνητα που μετέφεραν δέκα Τουρκοκύπριους, έξι άνδρες και τέσσερις γυναίκες, πέρασαν από την ελληνική συνοικία της Λευκωσίας, την κυπριακή πρωτεύουσα, με κατεύθυνση προς τα σπίτια τους στην τουρκική συνοικία. Επέστρεφαν από την Κερύνεια μετά από ένα βραδινό γεύμα, και σχεδόν στον προορισμό τους, μέσα στην τουρκική συνοικία, όταν μια ομάδα οπλισμένων, Ελλήνων πολιτών εμφανίστηκε στους προβολείς του ηγετικού αυτοκινήτου, και τους έκανε σήμα να σταματήσουν, και τα δύο αυτοκίνητα σταμάτησαν. Οι ένοπλοι τους διέταξαν όλους να αφήσουν τα αυτοκίνητά τους. Πλήθος Τουρκοκυπρίων από τα σπίτια τριγύρω εμφανίστηκαν, ξύπνησαν από το θόρυβο. Σχεδόν αμέσως μια φάλαγγα αυτοκινήτων φορτωμένη με Ελληνοκύπριους αστυνομικούς με στολή, δείχνοντας τα όπλα τους από τα ανοιχτά παράθυρα του αυτοκινήτου, έστριψε στην γωνία μπροστά και οδήγησε προς αυτά. Η πρώτη έκρηξη των πολυβόλων σκότωσε δύο από τις γυναίκες και τραυμάτισε τρεις άλλους Τούρκους. Το πλήθος έφυγε, ουρλιάζοντας. Οι ένοπλοι πήδηξαν στα περιπολικά και έφυγαν. Τα Χριστούγεννα του 1963 για τους Τουρκοκύπριους θα μείνουν αξέχαστα για πάντα. Η είδηση των πυροβολισμών διαδόθηκε και οι συμμορίες βγήκαν στους δρόμους της Λευκωσίας προφανώς, είχαν αποφασίσει ότι ήταν «ανοιχτή εποχή» για τους πυροβολισμούς Τούρκων, και μέχρι τις τέσσερις η ώρα έσκιζαν πάνω-κάτω στους δρόμους πυροβολώντας από τα ανοιχτά παράθυρα των αυτοκινήτων τους. Στον τουρκικό τομέα Ορμαφίτα, βόρειο προάστιο της Λευκωσίας, το ίδιο πρωί, η ένοπλη ελληνική αστυνομία εθεάθη να περιπολεί στους δρόμους. Πολλοί από αυτούς αναγνωρίστηκαν αμέσως ως μέλη του Ε.Ο.Κ.Α. που δεν ήταν αστυνομικοί.. Ομάδα της ελληνικής αστυνομίας, και πολίτες, εμφανίστηκαν στο κοντινό ελληνικό δημοτικό σχολείο στον Τραχώνα, ένα μεγάλο κτίριο σε ανοιχτούς χώρους που αγνόησαν το τουρκικό τμήμα της Ορμαφίτα. Άρχισαν να ξεφορτώνουν κιβώτια από τα φορτηγά τους και να τα μεταφέρουν στο σχολείο. Ήταν το Σαββατοκύριακο πριν τα Χριστούγεννα και το σχολείο θα ήταν άδειο από παιδιά. Δύο Τούρκοι αστυνομικοί από την Ομόρφιτα πήγαν στο σχολείο για να ερευνήσουν και τους είπαν ότι τα κουτιά περιείχαν εξοπλισμό και κοστούμια για μια θεατρική παράσταση. Οι αστυνομικοί επέστρεψαν στο σταθμό τους για να κάνουν μια αναφορά, λίγο μετά τα όπλα του Μπρεν εμφανίστηκαν στα παράθυρα του σχολείου. Μέχρι το βράδυ της Κυριακής, αυτά τα πυροβόλα όπλα θα πυροβολούσαν στα προάστια. Η πολιορκία της Ορμαφίτας και των πέντε χιλιάδων Τουρκοκυπρίων της είχε αρχίσει. Κατά τη διάρκεια της περιόδου των Χριστουγέννων επτακόσιοι Τουρκοκύπριοι ήταν γνωστό ότι είχαν κρατηθεί όμηροι, και κρατήθηκαν στο

Δεν Μιλάω Ελληνικά - 177

Σχολείο Κύκκου, από τους οποίους μόνο πεντακόσιοι πενήντα επιστράφηκαν. Διάβασα για τους κατοίκους του Αγίου Βασιλείου, αλλά και για τους είκοσι έναν ασθενείς του νοσοκομείου που αγνοούνταν από το Γενικό Νοσοκομείο Λευκωσίας, και το κομμάτι από την έκθεση Packard που δημοσιεύθηκε σε βρετανική εφημερίδα, περίπου δεκαέξι χρόνια αργότερα, αποκάλυψε τι είχε συμβεί στους ασθενείς. Αυτή ήταν μια αναφορά που θυμάμαι να διαβάζω.

Ακόμα και αυτό, το φαινομενικά ασήμαντο, περιστατικό με άγγιξε, νιώθοντας ότι ήξερα τη μισαλλοδοξία από την οποία προήλθε. Υπήρχε ένας ηλικιωμένος βοσκός που τον έλεγαν Κόσσε και ζούσε κοντά στο ξενοδοχείο Cornaro, σε ένα κάμπινγκ που είχε φτιάξει σε μια ξηρά κοίτη ποταμού. Όταν ξεκίνησαν τα προβλήματα, οι κόρες του τον είχαν παρακαλέσει να αναζητήσει ασφάλεια σε μια τουρκική περιοχή, αλλά επέμενε ότι θα ήταν ασφαλής, λέγοντάς τους ότι οι Έλληνες δεν θα του έκαναν κακό. Το προσωπικό της Βρετανικής Ύπατης Αρμοστείας παρακολουθούσε καθώς αρκετοί οπλισμένοι τον κυνήγησαν, πριν τον πυροβολήσουν, γεμίζοντας το σώμα του με σφαίρες, αφού πέφτει σε δρόμο εξαντλημένο. Η Λευκωσία φαίνεται να είχε κυριευθεί από βία. Έμοιαζε περισσότερο σαν τη δική μας εκδοχή της κρυστάλλινης νύχτας μόνο που δεν χρειάζονταν σώματα στρατιωτικών.

Από τα επακόλουθα οι δημοσιογράφοι έγραψαν μερικά τρομερά πράγματα, όλα απορρίφθηκαν από τις ελληνικές αρχές ως αβάσιμα. Αλλά το είδα διαφορετικά, ήξερα το μίσος που το συνοδεύει, αυτό για τον εαυτό μου ήταν η μυστική ιστορία της Κύπρου. Τα παιδιά των οποίων η φωτογραφία με λυπεί τόσο πολύ, ήταν από το Κουμσάλ, ένα άλλο προάστιο της βόρειας Λευκωσίας, όπου πολλά έχασαν τη ζωή τους, και εκατό πενήντα απήχθησαν και κρατήθηκαν όμηροι στη Σχολή Κύκκου. Πώς θα μπορούσαμε να αρχίσουμε να επανορθώνουμε ή να περιμένουμε από τους ανθρώπους του Βορρά να μας εμπιστευτούν ξανά αν δεν εκπαιδεύσαμε ποτέ τα παιδιά μας σχετικά με αυτό; Τώρα ένιωσα πραγματικά αφελής στο να είμαι αυτός που προσφέρει συγχώρεση. Μετά από πεντακόσιες λέξεις περίπου, διάβασα ό,τι είχα γράψει μετά την απόφαση ότι δεν ήθελα μόνο να εκθέσω την υποκρισία, και τη μισαλλοδοξία, αλλά πάνω απ' όλα την εκδήλωση και τη διαιώνιση του μίσους, στο νησί της αγάπης. Αυτό που είδα προς έκπληξή μου ήταν ότι είχα γράψει ένα σκληρό πρόλογο για ένα βιβλίο με τίτλο *Δεν μιλάω ελληνικά* και γιατί θα μπορούσα να είμαι υπερήφανος να το πω αυτό στην Κύπρο.

Ακόμα δεν είχα ιδέα από ποια γωνία επρόκειτο να γράψω το βιβλίο, αλλά ήταν μια αρχή. Το διάβασα και μετά έγραψα ένα γράμμα στον ξάδερφό μου Τζιμ πριν φύγει από τη Λεμεσό. Η επιστολή ήταν θυμωμένη ανά μέρη, και συναισθηματική σε άλλα, και εξέφραζε την προδοσία που ένιωθα.

Αν οι Έλληνες ένιωθαν τόσα πολλά για την Κύπρο, γιατί μας ντρόπιασαν τόσο πολύ;

Τελευταίο αλλά κάθε άλλο παρά ασήμαντο, μπορείς σε παρακαλώ να προσπαθήσεις να εξηγήσεις στη μητέρα σου. Ξέρω ότι μπορεί να πληγώθηκε λίγο όταν της είπα ότι δεν ήθελα να γίνω γνωστός ως Ελληνοκύπριος. Όσο κι αν αγαπώ την Κύπρο δεν είμαι αρκετά Έλληνας γι' αυτούς και έχω δει τι έχουν κάνει στους Ελληνοκύπριους στο παρελθόν επειδή δεν είναι αρκετά Έλληνες. Μπορείς να πιστέψεις ότι φοβάμαι τους δικούς μου ανθρώπους ξέροντας πως έτσι νιώθω, να γράψω σύντομα,
Με αγάπη Τζιμ

Η παράνοια μου εκείνη την εποχή άρχισε να εμφανίζεται, αλλά αντανακλούσε αυτό που διάβαζα, καθώς και τον φόβο μου, και όλη την ώρα είχα την παρουσία της σημαίας στο όνομα της οποίας είχαν γίνει όλες αυτές οι σφαγές στον διάδρομο μου, σε ένα κουτί από χαρτόνι. Ήμουν στην κορυφή ενός κύματος, όσο συνέχιζα το γράψιμο. Αρχικά, δεν ήμουν σίγουρος για το τι θα γράψω. Αλλά αν οι αναφορές μερικών από τις σφαγές του 1963 και ο θυμός μέσα μου, δεν ήταν αρκετά για να με ενθαρρύνουν, υπήρχε μια υπερισχύουσα αίσθηση επείγοντος σε αυτό που έκανα λόγω της αναμενόμενης άφιξης των πυραύλων. Κάθισα και πληκτρολόγησα χωρίς να ξέρω πού πήγαινε. Μετά από τριάντα λεπτά περίπου, σταμάτησα και διάβασα όσα είχα γράψει. Κανείς δεν θα εκπλαγεί περισσότερο από εμένα. Αυτά τα έγραψα για να εκθέσω όχι μόνο τη μισαλλοδοξία και τους υποκριτές, αλλά και τη διαιώνιση του μίσους στην Κύπρο, τον εαυτό μου, τη δική μου ιστορία, με εξέπληξε. Περίπου μια εβδομάδα αργότερα, είδα τον Δαβίδ ξανά, δεν εξεπλάγη από το βιβλίο που ήταν σε εξέλιξη, και αφού διάβασε τα αρχικά κεφάλαια μου έδωσε την εμπιστοσύνη κάτι που θα με ενθάρρυνε περαιτέρω. Ήμουν ευχαριστημένος με τον εαυτό μου, ευχαριστημένος και ορμητικός. Την επόμενη ή δύο εβδομάδες έγραψα έντονα, με πάθος. Δεν ήταν εύκολο για μένα με τόσα συναισθήματα να βράζουν. Ήμουν σίγουρος ότι ο ξάδερφός μου θα εντυπωσιάστηκε με τα αποτελέσματα και θα έπαιρνα πολύ καλά σχόλια από τους φίλους μου. Σύντομα θα τηλεφωνούσα στη νονά μου για να δω πώς ήταν και να μάθω πού ήταν το Τζιμ. Με έκπληξη μου είπε ότι μόλις τηλεφώνησε από την Αυστραλία για να πει ότι έφτασε στο σπίτι. Πήγα κατευθείαν on-line και του έστειλα email που του έλεγα πόσο σκληρά δούλευα.

Ήταν μια ασυνήθιστη στιγμή για μένα. Είχα μπει στον κόπο να μάθω πότε επρόκειτο να ξεκινήσει το μάθημα ελληνικών για αρχάριους στο τοπικό περιφερειακό κολέγιο μας. Παρά το βιβλίο, και τον τίτλο, ένιωσα πραγματικά πολύ πιο ανοικτός στην ιδέα της εκμάθησης της γλώσσας, και πίστευα ακράδαντα ότι ένα μεγάλο μέρος του μπλοκ που είχα πάθει είχε αρχίσει να μου φεύγει. Λες και δεν μιλάω ελληνικά, αλλά μαθαίνω, αλλά για τους δικούς μου λόγους. Το κύριο πράγμα για μένα ήταν να είμαι σε θέση να μιλήσω με τον θείο μου Μπανάιι, και τα ξαδέρφια μου από την ύπαιθρο. Υποσχέθηκα στον εαυτό μου ότι δεν θα άφηνα ποτέ ξανά να ξανασυμβεί κάτι τέτοιο με αυτό που είχε συμβεί με τη Μαρί. Δεν θα άφηνα ποτέ άλλο συγγενή να φύγει απ' την ζωή χωρίς να μπορώ να πω προσωπικά πώς ένιωθα γι' αυτούς. Σύντομα έλαβα μια απάντηση από τον ξάδερφό μου.

Γεια σου Τζιμ,
Μόλις επέστρεψα χθες και έχω μια τρομερή γρίπη ή κάποια εξωτική ασθένεια, οπότε δεν θα πω πολλά τώρα. Αφού διάβασα τις σημειώσεις σου που μου 'στειλες στην Κύπρο, δεν μπορώ παρά να απογοητευτώ. Σε γενικές γραμμές, επαναλαμβάνεις την ίδια παλιά προπαγάνδα που φώναζαν οι Βρετανοί και οι Τούρκοι για γενιές. Πριν αρχίσεις σοβαρά να γράφεις το βιβλίο σου, θα πρέπει να δεις την ιστορία της κατοχής της Κύπρου και ποιες ήταν οι αιτίες της τρέχουσας κατάστασης. Θα προσπαθήσω να είμαι πιο σαφής όταν αισθάνομαι καλύτερα, ελπίζω σε μια-δυο μέρες.

Χαιρετισμούς
Τζιμ

Πριν σκεφτώ σοβαρά να γράψω ένα βιβλίο! Ήξερα ότι δεν είχε ιδέα πόσο σοβαρός ήμουν. Του έστειλα άμεση απάντηση. Ήμουν λίγο τσαντισμένος, όπως νόμιζα ότι αντιμετώπιζε τα αίτια της παρούσας κατάστασης. Πραγματικά δεν μπορούσα να δω κανένα λόγο για τον οποίο οι Κύπριοι δεν θα μπορούσαν να ζήσουν μαζί αν θεωρούσαν τους εαυτούς τους Κύπριους πρώτα απ' όλα. Φαινόταν να είναι οι Έλληνες και οι Τούρκοι που είχαν πρόβλημα. Έχω μια καλή ιδέα για το πώς ο Τζιμ αντέδρασε σε αυτό, αλλά το σχόλιό του ότι οι Έλληνες πιστεύουν ότι τους χρωστάμε είναι κάτι που έχω κολλήσει στο μυαλό μου. Απάντησα στο email του, λέγοντάς του ότι είμαι άρρωστος τον τελευταίο καιρό και τελείωσα ενημερώνοντάς τον για το τι σκέφτηκα σχετικά με το απόσπασμα προπαγάνδας.

> Έφυγα τον Οκτώβριο του 1996 επειδή ήμουν θυμωμένος με τους Τούρκους και ήθελα να διαμαρτυρηθώ, η μητέρα σου δεν θα το επέτρεπε. Της είπα τα συναισθήματά μου και έγινε πιο ανένδοτη και δεν μπορούσα να καταλάβω. Δεν θα πήγαινα με τη μητέρα σου, όχι με αυτά που είχα στο μυαλό μου, ίσως μια από τις λίγες φορές που είχα μια μοιρολατρική προσέγγιση στη ζωή. Είπα στη μητέρα σου ότι αν με πλήγωναν, αυτό θα διαδιδόταν στα παγκόσμια νέα. Σοβαρολογούσα, το ήξερα ότι θα συνέβαινε. Ίσως πρέπει να πετάξω έξω και να ρωτήσω τη μητέρα σου γιατί όχι, αλλά υπάρχει ανάγκη; Αυτό θα έκανε μια όμορφη εικόνα για να βλέπει κάθε φορά που έφευγε από το αεροδρόμιο της Λάρνακας, μαζί με τον Σολομώντα και τον ξάδελφό του.

> Προπαγάνδα; Οργανωμένη διάδοση ενός δόγματος με τη χρήση της δημοσιότητας, επιλεγμένες πληροφορίες κτλ, συγγνώμη, αλλά νομίζω ότι πρέπει να μετρήσει, και ποια μέρη της προπαγάνδας τους δεν σας αρέσει; Θα ήταν το παιδί τραβηγμένο από έναν ρηχό τάφο με τα χέρια του δεμένα πίσω από την πλάτη του ή τα τρία χωριά που δεν μπορούσαμε να ξεφορτωθούμε σωστά;

Ρώτησα πρόσφατα μερικούς έξυπνους και αμερόληπτους ανθρώπους, οι οποίοι θυμόντουσαν το '74 καλά, τι πραγματικά σκέφτονταν για τους Ελληνοκύπριους και δεν θέλω να προχωρήσω με τα υποκριτικά σημάδια που θα μας δώσει η Αθήνα. Αν γράφω ως Κύπριος, είναι πρώτα απ' όλα επειδή είμαι Κύπριος. Όταν είστε έτοιμοι, θα αρχίσω να στέλνω κομμάτια του βιβλίου, θα πρέπει να το κάνεις μια καλή ανάγνωση'.
Με αγάπη
Τζιμ.

Δεν περίμενα πολύ για την απάντησή του, με τίτλο, 'Η ιστορία είναι ο οδηγός'.

Γεια σου Τζίμι,
Ελπίζω να αισθάνεσαι καλύτερα. Είμαι ακόμα αρκετά αδύναμος. Η διαμονή μου στην Μπανγκόκ ήταν μια μεγάλη απογοήτευση καθώς δεν ήμουν σε θέση να κάνω αυτό που ήθελα. Το μέρος ήταν πλημμυρισμένο τις περισσότερες φορές όσο ήμουν εκεί. Τώρα, ας μιλήσουμε για την Ιστορία: Για περισσότερα από 5 χιλιάδες χρόνια η Κύπρος είναι κυρίως ΕΛΛΗΝΙΚΗ. Σε όλες τις διάφορες καταλήψεις της Κύπρου από τους Φοίνικες, τους Ασσύριους, τους Αιγύπτιους, τους Πέρσες, τους Έλληνες, τους Ρωμαίους, τους Βυζαντινούς, τους Ενετούς, τους Τούρκους και τους Βρετανούς, η Κύπρος έχει κατοικηθεί κυρίως από Έλληνες. Κατά τη διάρκεια της Οθωμανικής Αυτοκρατορίας, Έλληνες και άλλες εθνικότητες αναγκάστηκαν να μιλούν τουρκικά και σε 300 χρόνια η ελληνική γλώσσα σχεδόν εξαφανίστηκε. Το 1878, το Κογκρέσο του Βερολίνου έθεσε την Κύπρο υπό βρετανική διοίκηση και το 1914 η Βρετανία την προσάρτησε παράνομα. Υπάρχουν βασικά δύο πράγματα που πρέπει να ληφθούν υπόψη για να κατανοήσουμε τη σημερινή κατάσταση της Ελλάδας, του ελληνικού λαού και της Κύπρου:

1. Η συνεχής διάβρωση του Ελληνικού Πολιτισμού και Γης, όπως μαρτυρούν οι εδαφικές διεκδικήσεις των Τούρκων, των Σλαβομακεδόνων, των Αλβανών, των Βουλγάρων και των Βρετανών.

2. Η παρέμβαση της Βρετανίας και των ΗΠΑ με τα πολιτικά τους παιχνίδια.

Ο ελληνιστικός εθνικισμός δεν είναι έννοια κατάκτησης ή δύναμης, αλλά ένωση της ελληνικής γλώσσας και κληρονομιάς. Είναι εκεί για να αντιμετωπίσει τις δυνάμεις που προσπαθούν να μας υπονομεύσουν και να πάρουν ό,τι μας ανήκει.

Καθώς είμαι περήφανος που είμαι Κύπριος, είμαι περήφανος που είμαι Έλληνας. Το ένα δεν με κάνει λιγότερο από το άλλο. Φυσικά, πολλοί Έλληνες στην ηπειρωτική χώρα πιστεύουν ότι η Κύπρος είναι μέρος της Ελλάδας και ιστορικά έχουν δίκιο. Μόνο μέσω της στάσης «διαίρει και βασίλευε» των Βρετανών απέρριψε την Κυπριακή ένωση. Μία από τις τακτικές που χρησιμοποίησαν οι Βρετανοί κατά την κατοχή τους ήταν να εισβάλουν σε Τουρκοκυπριακά σπίτια και χωριά που μεταμφιέζονται ως Έλληνες και να σκοτώσουν εκατοντάδες. Αυτό ήταν για να βάλει τον Τούρκο ενάντια στους Έλληνες και να αποτρέψει την ένωση. Ποιοι Τούρκοι θα ζούσαν υπό την ελληνική κυριαρχία αν πίστευαν ότι οι Έλληνες θα τους σκότωναν; Μέχρι τότε, η ένωση ήταν ένα καθορισμένο συμπέρασμα (ο μικρός τουρκικός πληθυσμός δεν είχε αντίρρηση), αλλά οι Βρετανοί δεν ήθελαν να παραιτηθούν από τον έλεγχο και μέχρι σήμερα συνεχίζουν να καταλαμβάνουν τις λεγόμενες 'Κυρίαρχες Βάσεις' στην Κύπρο. Οι Βρετανοί συνέταξαν και σχεδίασαν την τρέχουσα διαίρεση της Κύπρου κατά τη διάρκεια του αγώνα της δεκαετίας του 1950 για την ένωση

Υπάρχουν πολλά ακόμη στοιχεία που πρέπει να λάβεις υπόψη πριν χτυπήσεις τους Έλληνες, αλλά είμαι πολύ κουρασμένος για να απαριθμήσω τα γεγονότα χρονολογικά. Πολλά από τα γεγονότα έχουν τεκμηριωθεί και επαληθευτεί σε πολλά βιβλία και ταινίες. Η προσέγγιση που νομίζω ότι πρέπει να ακολουθήσετε είναι η ουδετερότητα και κοιτάξτε την παρέμβαση της Βρετανίας και των ΗΠΑ, οι Κύπριοι έχουν προδοθεί από τα πολιτικά τους παιχνίδια.

Χαιρετισμούς

Τζιμ

Ένιωσα ουδέτερος. Περίμενα το μέρος της ιστορίας των 5000 ετών, το οποίο έπρεπε να πω ότι τώρα νόμιζα ότι ήταν κακό για διάφορους λόγους, ένας που θα μπορούσα να σκεφτώ, ήταν ότι πολλές φορές που οι αρχαίοι Έλληνες είχαν σφαγιάσει άλλους αρχαίους Έλληνες. Αλλά ο κύριος λόγος ήταν ότι κάναμε πολύ διαφορετικές διαδρομές πριν από χίλια χρόνια. Ήξερα τι μας συνέδεσε μετά από 5000 χρόνια. Λοιπόν, υπήρχε η προφανής, η γλώσσα, η σημασία της οποίας δεν πρέπει να υποτιμηθεί. Αλλά για να είμαι ειλικρινής, εκτός από αυτό και η θρησκευτική σχέση δεν μπορούσα να φτάσω ακριβώς στο σημείο του Τζιμ, είχαμε ακόμα μια διαφορά πληθυσμού, και αυτό είναι γεγονός. Έπρεπε να τους συναντήσουμε σε αυτό το ζήτημα μίσους λόγω της κοινής μας γλώσσας, της κληρονομιάς και μιας ιστορίας 5000 ετών. Ένιωσα σαν να έσκισα τις ελληνιστικές μας ρίζες, τις ρίζες μου ακόμα, το πως ήμουν, αλλά ταυτόχρονα όταν κοίταξα την ιστορία και τους καιρούς που μας απασχολούν ήταν η ελληνική γραμμή, η ελληνική μας γραμμή, που πέρασε την καρδιά της Κύπρου για αυτά τα χιλιάδες χρόνια. Δεν μπορούσα παρά να νιώσω ότι έσκισα στον εαυτό μου όσο κανέναν. Ήταν μια πολύ οδυνηρή στιγμή για μένα.

Αυτά που είπε με έκανε να αναρωτιέμαι όμως. Σε αντίθεση με τον Τζιμ πήγαινα στην εκκλησία περιστασιακά, ακόμη και αν δεν ήμουν θρησκευόμενος, και ίσως τράβηξα λίγο περισσότερο την προσοχή τους, και ήξερα ότι ποτέ δεν είχα δει μια εκκλησία να καταστρέφεται στην Ελλάδα ή την Κύπρο, εκτός από τους αρχαίους ναούς φυσικά. Αλλά είχα δει πραγματικά μία ή δύο εκκλησίες σε πολύ καλή κατάσταση από την προ-οθωμανική περίοδο. Θυμήθηκα μια, μια στενή μικρή εκκλησία, όχι μεγαλύτερη από την κρεβατοκάμαρά μου. Αυτό το κομμάτι της ιστορίας του Τζιμ ήταν λίγο παραπλανητικό. Αν ήξερα κάτι για την Οθωμανική Αυτοκρατορία, ήταν ότι ήταν μέσω των περιφερειακών θρησκειών που διοικούσαν την αυτοκρατορία τους, ήταν ένας περίεργος τρόπος και λειτούργησε καλά. Πράγμα που προφανώς θα σήμαινε ότι το γλωσσικό κομμάτι δεν ήταν απολύτως αληθές, αν και η γλώσσα υποβαθμίστηκε πολύ υπό τουρκική κυριαρχία, καθώς ήταν περισσότερο η διοικητική πτυχή της εκκλησίας που ασχολούνταν με τους Τούρκους.

Όσο για τη συνεχή διάβρωση του ελληνικού πολιτισμού και της γης, όπως αποδεικνύεται από τους Σλαβομακεδόνες, τους Αλβανούς, τους Βούλγαρους και τους Βρετανούς. Εδώ λοιπόν νόμιζα ότι προσπαθούσε να δικαιολογήσει την υπόθεση εναντίον των Σλαβομακεδόνων. Δεν πίστευα ότι έκαναν αξιώσεις γης. Ήθελαν απλώς να αυτοαποκαλούνται όπως ένιωθαν, Μακεδόνες. Είχε γράψει επίσης, 'ο ελληνιστικός εθνικισμός δεν είναι μια έννοια κατάκτησης ή δύναμης αλλά μια ένωση της ελληνικής γλώσσας και κληρονομιάς. Είναι εκεί για να αντιμετωπίσει τις δυνάμεις που προσπαθούν να μας υπονομεύσουν και να μας απομακρύνουν από ό,τι μας ανήκει.' Έπρεπε να γελάσω μ' αυτό. Φαινόταν λίγο παρανοϊκό. Αλλά η επόμενη παράγραφος κατέστησε σαφές ότι υπήρχε μια πολύ μεγάλη διαφορά μεταξύ αυτού και εμού. Όπως είμαι περήφανος που είμαι Κύπριος, είμαι περήφανος που είμαι Έλληνας. Το ένα δεν με κάνει λιγότερο από το άλλο. Δεν αποτελεί έκπληξη ότι οι Έλληνες αισθάνθηκαν σαν να τους χρωστάμε κάτι, που ήταν η αναγνώρισή αυτού που είχαμε εδώ και πολύ καιρό, ανεξάρτητα από τους λόγους, που ακολουθούνται πολύ διαφορετικές διαδρομές σκέφτηκα.

Περίπου εκείνη την εποχή είχα αναβαθμίσει τον υπολογιστή μου. Δεν με εμπόδισε από το γράψιμο, αλλά σταμάτησε τα ηλεκτρονικά ταχυδρομεία για μια εβδομάδα ή δύο. Πραγματικά ένιωσα ότι ο Τζιμ απέφευγε το κύριο θέμα. Μέχρι τότε, είχα βρει ένα μακροσκελές γράμμα που στάλθηκε από τον Μακάριο στον Έλληνα πρόεδρο μερικές εβδομάδες πριν το πραξικόπημα του '74. Η επιστολή αυτή ανέδειξε τις αλλαγές στον ίδιο τον άνθρωπο, οι οποίες θα αντικατοπτρίζονταν επίσης στη χώρα. Δεν χρειαζόταν να είμαι εκεί για να καταλάβω την αναταραχή που περνούσε ο κυπριακός λαός. Ο Μακάριος ήταν κάποτε ο πιο ένθερμος υποστηρικτής της ένωσης αλλά, με τις πράξεις του και αυτή την επιστολή, ο άνθρωπος είχε αλλάξει δραματικά όπως και η χώρα. Είχε αλλάξει για τη χώρα. Η επιστολή εστάλη στον πρόεδρο της Χούντας και αυτό μου έδωσε πολύ περισσότερη ελευθερία να γράψω αυτό που ένιωσα. Ήταν μια θλιβερή επιστολή για να διαβάσει κανείς και έχει αναπτυχθεί σε τέσσερις μόνο σχετικές παραγράφους.

Με λύπη μου λέω, κύριε Πρόεδρε, ότι η ρίζα του κακού είναι πολύ βαθιά και φτάνει μέχρι την Αθήνα. Από εκεί τρέφεται και από εκεί διατηρείται και εξαπλώνεται σε ένα δέντρο του κακού, τον πικρό καρπό του οποίου οι Ελληνοκύπριοι δοκιμάζουν σήμερα. Και για να είμαι πιο συγκεκριμένος δηλώνω ότι τα μέλη του στρατιωτικού καθεστώτος της Ελλάδας στηρίζουν και κατευθύνουν τις δραστηριότητες της τρομοκρατικής οργάνωσης «ΕΟΚΑ Β». Αυτό εξηγεί την εμπλοκή Ελλήνων αξιωματικών της Εθνικής Φρουράς στις παράνομες ενέργειες, συνωμοσίες και άλλες απαράδεκτες καταστάσεις.

Αυτό απεδείκνυε ότι ήξερε από πού προήλθε το κακό και, φυσικά, ήξερε πώς εκδηλώνεται στη χώρα μας.

Η Εθνική Φρουρά, με τον τρόπο που συντίθεται και επισημοποιείται σήμερα, έχει εκτραπεί από τον σκοπό της και έχει γίνει ένας τόπος ανερχόμενης παρανομίας, ένα κέντρο συνομωσιών κατά του κράτους και πηγή προμηθειών για την «ΕΟΚΑ Β». Αρκεί να πούμε ότι τα οχήματα της Εθνικής Φρουράς στις πρόσφατα αυξημένες δραστηριότητες της «ΕΟΚΑ Β» μετέφεραν όπλα και μετέφεραν μέλη της οργάνωσης, η σύλληψη των οποίων βρίσκεται, σε ασφαλές σημείο. Η απόλυτη ευθύνη για αυτήν την απόκλιση της Εθνικής Φρουράς βαρύνει Έλληνες αξιωματικούς, μερικοί από τους οποίους είναι από το κεφάλι μέχρι τα δάχτυλα αναμειγμένοι και συμμετέχοντες στο «ΕΟΚΑ Β».

Και σε αυτό το τελευταίο τμήμα από την επιστολή, μου έδειξε ότι κατάλαβε, όπως και εγώ, ότι για να είμαστε Κύπριοι έπρεπε να είμαστε διαφορετικοί γιατί έπρεπε να ζήσουμε με τους Τούρκους, αποδεχόμενοι ότι οι δύο χώρες μας είχαν πάρει τόσο διαφορετικούς δρόμους. Ήμουν γεμάτος θλίψη και θυμό ταυτόχρονα. Είχα θλίψη για το γεγονός ότι τώρα ήξερα πόσο καταρρακωμένος πρέπει να ήταν ένας άνθρωπος όπως ο Μακάριος όταν πέθανε, και θυμωμένος γιατί ήξερα ότι με την ηγεσία του, δεν είχαμε μόνο μια ευκαιρία, αλλά είχαμε μετατρέψει ένα πικρό μίσος σε κάτι πιο θετικό.

Η Εθνοφρουρά είναι ένα όργανο του κράτους της Κύπρου και πρέπει να ελέγχεται από αυτήν και όχι από την Αθήνα. Η θεωρία μιας ενιαίας αμυντικής περιοχής Ελλάδας-Κύπρου έχει τη συναισθηματική της πλευρά, αλλά στην πραγματικότητα η κατάσταση είναι διαφορετική.

Έστειλα ένα email στον ξάδερφό μου. Μέχρι αυτή τη στιγμή, ήμουν μέχρι το κεφάλαιο έξι όσον αφορά τη σύνταξη του βιβλίου, αλλά συνειδητοποίησα ότι το κεφάλαιο τέσσερα είχε επίδραση σε μένα, με τις αναμνήσεις μου από την εκκλησία.

Εκτιμώ την απάντησή σας ήμουν εκτός λειτουργίας για μια εβδομάδα. Το βιβλίο μου συνεχίζεται, 30.000 λέξεις συν. Τώρα καταλαβαίνω τι λες και ήδη γράφοντας το βιβλίο έχω ανακαλύψει το βάθος του. Αλλά αυτές τις μέρες πρέπει να ομολογήσω ότι αν δηλώσω ότι είμαι Ελληνοκύπριος τότε θα ήταν μόνο για να επιβάλω ότι δεν είμαι Τούρκος. Δεν ξέρω ως Κύπριος αν αυτό είναι κακό ή όχι. Δεν μιλάω ελληνικά, αλλά θα τονίσω ότι αν είχα παιδιά, θα μπορούσα να εξασφαλίσω ότι θα διδάσκονταν ελληνικά, όπως θα μπορούσα επίσης να τα ενθαρρύνω να μάθουν τουρκικά. Οι Κύπριοι μιλούν πολλές γλώσσες τώρα.

Πήγα να πω στον Τζιμ για τα αισθήματά μου για τη Μακεδονία και πώς με επηρέασε. Πριν επιστρέψω σε αυτό που ένιωθα ότι ήταν η καρδιά του θέματος.

Εδώ είναι μία αλήθεια και εξακολουθώ να το βρίσκω αυτό το εκπληκτικό, δεν ήξερα τίποτα για την ένωση μέχρι που ανέφερες για πρώτη φορά τη λέξη στην Κύπρο. Ποτέ δεν θα το είχα ψάξει, και αυτό θα το επισημάνω, ότι ίσως υπάρχει ένα μέρος της ιστορίας μας, και ένα πολύ σημαντικό μέρος, που έχει κρυφτεί αν θες από πολλούς, και μένα ακόμα. Τόσο μεγάλη ζημιά έγινε το 74, επειδή δεν μπορούσαν να το αφήσουν εκεί, παρακαλώ πιστέψτε με αυτό δεν ήταν ένα εύκολο μονοπάτι για μένα. Ως πλειοψηφία σε μια ανεξάρτητη χώρα θα ήμασταν λιγότερο Έλληνες; Ακούω τι είπες για τους Βρετανούς και βλέπω ότι κάποια από αυτά μπορεί να ήταν που έκανε η Βρετανία. Αλλά ακόμα κι αν το μοιραστούμε 50-50, έχεις ακόμα ένα πολύ θλιβερό γράμμα από τον Μακάριο να σκεφτείς. Μπορεί να έχουμε συγχωρήσει τους Τουρκοκύπριους μας για τη μεταχείριση των Ελλήνων υπό τους Οθωμανούς, η επόμενη ερώτησή μου είναι, και η Ελλάδα; Ένας Έλληνας στην Κω μου είπε να ξεχάσω το βορρά μας, από εκεί που αισθάνομαι ότι είναι οι ρίζες μου, γιατί έχει φύγει, πάει τον χάσαμε. Το κάναμε αυτό Τζιμ;

Δεν είναι η αρχαία ιστορία μας που με αφορά τώρα, αλλά το παρόν μας, και το μέλλον μας. Εξακολουθώ να πιστεύω ότι θα είμαι σε θέση να περπατήσω πέρα από τη γραμμή ελεύθερα. Δεν ξέρω πόσο περήφανος θα αισθάνομαι γι' αυτό όμως. Όσο για το βιβλίο θα το στείλω στην πλήρη μορφή του αφού τελειώσει και όπως είπα το μόνο που μπορώ ειλικρινά να γράψω είναι να πω πώς αυτό με έχει επηρεάσει όλα, και είναι αυτό που θα κάνω. Είναι κάτι που όλοι πρέπει να έχουμε την ελευθερία να το κάνουμε, ονομάζεται αυτο-έκφραση.

Με αγάπη
Τζιμ

Σύντομα θα έβρισκα το περίφημο Σχέδιο Ακρίτας (ανατύπωση - πίσω μέρος του βιβλίου) και ο τρόπος που ένιωθα εκείνη τη στιγμή δεν μου άρεσε καθόλου. Δεν μπορούσα να το πιστέψω και έπρεπε να το επιβεβαιώσω. Ήταν λίγο μπερδεμένο. Αν και φαινόταν σαν μια προσπάθεια να κινητοποιηθεί ο γενικός πληθυσμός κάνοντας το να φαίνεται σαν να υπήρχε πραγματική ανάγκη, υπήρχαν πολύ περισσότερα σε αυτό από αυτό. Φαίνεται σαν να μην είναι μόνο ένα μακροπρόθεσμο σχέδιο, αλλά αφήνει κάποιον να αναρωτιέται ποιος το διάβασε, και ποιοι πραγματικά το ζουν αυτό. Πράγματι, βρήκα ακόμη και εγώ ο ίδιος να αναρωτιέμαι αν πρέπει να ζουν σε αυτό. Η πρώτη μου εντύπωση για το σχέδιο Ακρίτας ήταν ότι λάμβανε υπόψη τα πάντα ακόμη και το χώρισμα του νησιού μας, στο δρόμο προς την ένωση. Το διάβασα και πέρασα ένα μεγάλο χρονικό διάστημα συγκεχυμένος από αυτό. Το πέταξα στον καναπέ, κάθισα στην άλλη άκρη, και απλά το κοίταξα. Όχι μόνο συγκεχυμένος, αλλά και λίγο μπερδεμένος ως προς το πώς κάποιος θα μπορούσε να γράψει ένα τέτοιο κομμάτι. Όχι τόσο για οποιαδήποτε απειλητική πτυχή που μπορεί να έχει, αλλά φαίνεται ανοικτό, και δεν λαμβάνει υπόψη οποιαδήποτε πρόοδο από πλευράς των Κυπρίων πρώτα και κύρια. Δημοσιεύθηκε σε ελληνοκυπριακή εφημερίδα για να το διαβάσει ο κόσμος του 1966. Φαντάζομαι ότι το Σχέδιο Ακρίτας θα μπορούσε να θεωρηθεί φόρμουλα γενοκτονίας αν ήσουν Τούρκος, από όσα έχω διαβάσει. Δεν δόθηκε ημερομηνία για αυτό, αλλά μπορούσα να δω ότι ο στόχος του ήταν να διασφαλιστεί η σύναψη της ένωσης. Αργότερα ανακάλυψα ότι ειπώθηκε ότι γι' αυτό έπρεπε να εργαστούν οι Ελληνοκύπριοι το 1963.

Ήμουν στο κρεβάτι σκεπτόμενος τι είχε γράψει ο Τζιμ για τον Βρετανικό Στρατό. Τώρα, ακόμα κι αν είχε δίκιο για το τμήμα διαίρει και βασίλευε, το οποίο ήξερα ότι ήταν πιθανό, όχι ότι θα είχαν πολύ πρόβλημα να χωρίσουν τις δύο κοινότητες, ειδικά από αυτό που διάβαζα. Αλλά η ιδέα να σκοτώσεις εκατοντάδες στην Κύπρο; Δεν θα είχε νόημα με τις πράξεις του παππού, όχι ότι υπέθεσα ότι θα το ήξερε, αλλά με έκανε να σκεφτώ κάποια διασκεδαστικά πράγματα, για το email του και πάλι. Δεν μπορούσα να μην γελάσω με την ιδέα μου για το πώς έμοιαζε ο στερεοτυπικός Έλληνας. Παρακαλώ μην προσβληθείς, αυτό το ταξίδι θα είναι καλύτερο για τους Έλληνες πριν το τέλος.

    Τζιμ

    Αν όπως λέτε οι Βρετανοί τριγυρνούσαν στην Κύπρο ντυμένοι Έλληνες σκοτώνοντας Τούρκους, έτσι ώστε οι Έλληνες να πάρουν την ευθύνη. Τότε επειδή ο παππούς μου ήταν ένας έξυπνος άνθρωπος, επέτρεψε στη μοναχοκόρη του να παντρευτεί, και μου είπαν ότι ήταν με την ευλογία του, στον πατέρα μου; Ο οποίος, περίπου αυτή την εποχή, ήταν στρατιώτης στην Κύπρο και είχε ως εκ τούτου μια πιθανή συμμετοχή σε αυτές τις ενέργειες, ακούγεται δύσκολο να το καταπιούν. Δεν μπορώ να σταματήσω (παρακαλώ συγχώρησέ με) να γελώ στη σκέψη του να ζητήσω από τον μπαμπά μου να μου πει τα πάντα για τις πιθανές νυχτερινές δραστηριότητές του στην Κύπρο,

«Μπαμπά, θυμάσαι όταν ήσουν στην Κύπρο;»

«Ναι»

«Λοιπόν, εσείς ή κάποιος γνωστός σου είχε βγει τη νύχτα με χοντρά θαμνώδη μουστάκια και φαρδιά παντελόνια και ίσως μεγάλα χαλαρά μαύρα γιλέκα και λίγο χρωματισμό στο πρόσωπό του, να σκοτώσει εκατοντάδες αθώους Τούρκους, ακριβώς έτσι ώστε οι Έλληνες να πάρουν την ευθύνη;»

Σε αυτό το σημείο είχα πρόβλημα στο να πληκτρολογήσω από το τόσο πολύ γέλιο.

Ίσως οι Βρετανοί χρησιμοποιούσαν ειδικές δυνάμεις για να προσπαθήσουν να τα κρατήσουν όλα λίγο πιο ήσυχα, αλλιώς νομίζω ότι ο μπαμπάς μου μπορεί να είχε ακούσει κάτι, αλλά εγώ θα ρωτήσω και άλλους.

Εδώ ξαφνικά έχασα την επαφή με την αστεία πλευρά.

Λυπάμαι Τζιμ, αλλά αυτό που λες φαίνεται λίγο εξωπραγματικό δεν ξέρω πόσο άνετα κάποιος της τουρκικής κληρονομιάς θα μπορούσε να είναι με την ιδέα της ένωσης. Εμείς οι Έλληνες και ξέρω τι λέω σε αυτό, νομίζω ότι δεν έχουμε αγάπη για την Τουρκία ή οτιδήποτε έχει γεννηθεί από αυτήν, τα ζώα από την Ανατολή, γιατί ήταν η αιτία της δυστυχίας μας και νομίζουμε ότι έτσι κάνουμε τους προγόνους μας περήφανους. Αλλά πού είναι ο Αλέξανδρος; Και πού ήταν οι Σπαρτιάτες όταν τους χρειαζόμασταν; Είναι μια ιστορία, είναι μια ολόκληρη ιστορία, μια υπέροχη ιστορία, μια πολύ μεγάλη ιστορία, αλλά μόνο μία ιστορία. Δεν μπορούμε πλέον να ισχυριζόμαστε ότι είμαστε το λίκνο της δημοκρατίας που κάποτε ήμασταν. Υπάρχει μια πικρία, μια πικρία σε ό,τι είχαμε και ό,τι έχουμε, και οι δύο γνωρίζουμε ότι θα έπρεπε να είχαμε πάρει τη δυτική Τουρκία πίσω. Φαίνεται τόσο πρόσφατο. Ακόμα και να πάω στην Κωνσταντινούπολη, αν και δεν θα έμενα, θα ένιωθα σαν μια μικρή σκύλα όταν αισθάνεσαι πάντα ότι αν η δικαιοσύνη είχε επέλθει θα μπορούσε να εξακολουθεί να είναι Κωνσταντινούπολη, τι ένα υπέροχο όνομα. Πάντα ένιωθα εξαπατημένος από την Τουρκία, αλλά είναι η διαιώνιση του μίσους, είναι η διαιώνιση, ο χρόνος να πω καλύτερα.

Σκεφτόμουν την καλή δουλειά που έκανε ο Μακάριος. Πίστευα ότι και αυτός, μαζί με πολλούς άλλους Ελληνοκύπριους, είχε δει το μίσος και έχτισαν από τις στάχτες κάτι θετικό, όπως ήθελα να κάνουμε, για άλλη μια φορά.

Πάρα πολλή δυστυχία έχει προκληθεί στις πλατφόρμες οικοδόμησης για να δικαιολογήσει την ιστορία, όπως είπατε αφήστε την ιστορία να είναι ο οδηγός μας, αλλά ας είμαστε προσεκτικοί για το πού μας οδηγεί, να μην τυφλωθεί από αυτό. Από την αντίληψή μου, το να μετατρέψει κανείς ένα τέτοιο μίσος σε κάτι θετικό είναι ένα από τα μεγαλύτερα πράγματα που οι άνθρωποι μπορούν να επιτύχουν. Νομίζω ότι ξέρω τι σημαίνει να είσαι Ελληνοκύπριος.

Με αγάπη

Τζιμ

Η απάντησή του ήρθε γρήγορα.

Τζιμ

Αν όπως λέτε οι Βρετανοί τριγυρνούσαν στην Κύπρο ντυμένοι Έλληνες σκοτώνοντας Τούρκους, έτσι ώστε οι Έλληνες να πάρουν την ευθύνη,

*

Πώς ντύθηκαν οι Έλληνες και οι Τούρκοι; Δεν διαφέρει πολύ ο ένας από τον άλλο: άφηναν πιο πολλά ίχνη πίσω τους, μιλώντας ελληνικά και φορώντας σταυρούς κλπ. Μερικοί Τούρκοι βοήθησαν τους Βρετανούς να σκοτώσουν τους δικούς τους ανθρώπους.

*

Γιατί ο παππούς μου, ένας έξυπνος άνθρωπος επέτρεψε στη μοναχοκόρη του που ξέρω να παντρευτεί και μου είπαν ότι ήταν με την ευλογία του.

*

Δεν είμαι σίγουρος ότι αυτό είναι αλήθεια, γιαγιά έδωσε μια διαφορετική ιστορία.

*

στον πατέρα μου που ήταν στρατιώτης στην Κύπρο και ως εκ τούτου πιθανή συμμετοχή σε αυτές τις ενέργειες

*

Αν ο μπαμπάς σου ήταν στην Κύπρο εκείνη την εποχή, σίγουρα δεν ήταν αρκετά μυημένος για να ξέρει τι συνέβαινε. Ο Ντενκτάς ο ίδιος παραδέχθηκε σε ένα πρόγραμμα που μεταδόθηκε από το BBC (ή ITV) περίπου 15 χρόνια πριν και επαναλαμβάνεται εδώ από το 1989 ή το 1990, ότι είχε εμπλακεί με άλλους (υπονοώντας τους Βρετανούς) στην τρομοκρατία κατά του λαού του. Βομβάρδισε προσωπικά μια πύλη προς την ΠΑΛΙΑ ΛΕΥΚΩΣΙΑ σκοτώνοντας 30-35 Τούρκους. Αυτές οι λεπτομέρειες δεν ήταν για δημόσια κατανάλωση, αλλιώς θα υπήρχε κατακραυγή από όλο τον κόσμο, ιδιαίτερα από τους Τούρκους.

*

ακούγεται δύσκολο να το καταπιώ, δεν μπορώ να το καταλάβω (παρακαλώ συγχώρησέ με), αλλά γελάω με τη σκέψη να ζητήσω από τον μπαμπά μου να μου πει τα πάντα για τις πιθανές δραστηριότητές του τη νύχτα στην Κύπρο,
«Μπαμπά, ξέρεις πότε ήσουν στην Κύπρο;»
«Ναί»

*

Αυτές ήταν μυστικές επιχειρήσεις αν ένας απλός στρατιώτης γνώριζε, τότε θα υπήρχε κίνδυνος διαρροής και η επιχείρηση θα είχε αποτύχει.

*

και να σκοτώσει εκατοντάδες αθώους Τούρκους μόνο και μόνο για να πάρουν την ευθύνη οι Έλληνες. Ίσως οι Βρετανοί χρησιμοποιούσαν τις Ειδικές Δυνάμεις για να τα κρατήσουν όλα λίγο πιο ήσυχα, πιθανά.

*

ΔΕΝ είναι μόνο πιθανό, αλλά αποδεδειγμένο.

*

αλλιώς νομίζω ότι ο μπαμπάς μου μπορεί να έχει ακούσει κάτι, αλλά εγώ θα ρωτήσω κάποιους άλλους μόνο σε περίπτωση που κάποιος γνώριζε κάτι περισσότερο.

*

ΟΠΩΣ ΠΡΟΑΝΑΦΕΡΘΗΚΕ.

*

Καλά εσείς ή κάποιος που ξέρετε βγαίνει έξω τη νύχτα με παχιά θαμνώδη μουστάκια και φαρδιά παντελόνια και ίσως με μεγάλα χαλαρά μαύρα γιλέκα και λίγο χρωματισμό στο πρόσωπό τους;

*

Αυτό ακούγεται λίγο στερεοτυπικό, αν όχι ρατσιστικό σχόλιο. Πρώτον, πολλοί Βρετανοί εκείνη την εποχή μιλούσαν ελληνικά και σχεδόν όλοι οι Τούρκοι επίσης. Δεύτερον, θα πρέπει να είναι ακραία αφελής κανείς αν νομίζεις ότι οι συνήθεις διμοιρίες (ακόμη και Στρατηγοί ή τακτική ανώτερο στρατιωτικό προσωπικό) θα το γνωρίζουν.

*

Λυπάμαι Τζιμ, αλλά αυτό που λες φαίνεται λίγο εξωπραγματικό δεν ξέρω πόσο άνετα κάποιος της τουρκικής κληρονομιάς θα μπορούσε να είναι με την ιδέα της ένωσης.

*

Πριν από τον 2ο παγκόσμιο πόλεμο, οι Βρετανοί διαπραγματεύονταν με τους Κύπριους ηγέτες, για να διευκολύνουν την ένωση, μερικοί από αυτούς τους ηγέτες ήταν Τούρκοι. Οι διαπραγματεύσεις προχωρούσαν στο σημείο των λεπτομερειών της εφαρμογής όταν ξεκίνησε ο 2ος Παγκόσμιος Πόλεμος. Στη συνέχεια, οι Βρετανοί ζήτησαν από τους Κύπριους να συνεργαστούν (να βοηθήσουν) εναντίον των Γερμανών. Κατά τη διάρκεια του Β΄ Παγκοσμίου Πολέμου, ένα μεγάλο ποσοστό Κυπρίων πέθανε βοηθώντας τους Βρετανούς. Η προϋπόθεση που έδωσαν οι Κύπριοι για τη βοήθεια αυτή ήταν η επιτυχής εφαρμογή της ένωσης μετά τον Πόλεμο. Οι Βρετανοί καθυστέρησαν και στη συνέχεια αναίρεσαν τη συμφωνία βλέποντας τα προβλήματα που αναπτύσσονταν στην Παλαιστίνη και το Σουέζ. Τότε η ΕΟΚΑ άρχισε να αγωνίζεται για την ένωση και γι' αυτό οι Βρετανοί έκαναν τα πάντα για να διατηρήσουν την παρουσία τους στην Κύπρο: Θέτοντας τα ελληνικά, ένα στοιχείο εναντίον των Τούρκων, η Βρετανία ανάγκασε μια κατάσταση όπου ο κυπριακός λαός (Ελληνικά και Τουρκικά) δεν θα ενωνόταν ποτέ ενάντια στη βρετανική κατοχή. Όταν η Κύπρος ανεξαρτητοποιήθηκε, η Βρετανία επέβαλε ένα ανεφάρμοστο σύνταγμα και σύστημα διακυβέρνησης, και διεκδίκησε δύο περιοχές της Κύπρου ως «κυρίαρχες βάσεις».

Στις αρχές της δεκαετίας του 1970 η Κύπρος ήταν να πάρει την πράξη της μαζί και οι Βρετανοί είδαν αυτό ως απειλή. Οι Αμερικανοί ήθελαν μια Βάση στην Κύπρο και ζήτησαν από τον Μακάριο 5 φορές να του επιτραπεί να βάλει μια βάση εκεί και 5 φορές ο Μακάριος αρνήθηκε. Στη συνέχεια, οι Βρετανοί και οι Αμερικανοί συνεργάστηκαν και ζήτησαν από το ελληνικό στρατιωτικό καθεστώς να στείλει τον Σάμπσον να ανατρέψει τον Μακάριο. Τα υπόλοιπα είναι ιστορία. Οι Αμερικανοί έχουν (δήθεν) μυστική βάση στο βόρειο τμήμα της Κύπρου. Οι φωτογραφίες κυκλοφορούσαν σε όλο τον κόσμο εκείνη την εποχή και πολλές χώρες αμφισβήτησαν τη συμμετοχή των ΗΠΑ στην ανατροπή του Μακαρίου.

Στις αρχές του έτους, ο Αμερικανός υπουργός Εξωτερικών και ο ειδικός εκπρόσωπος (επίτροπος) για την Κύπρο ζήτησαν συγγνώμη από την κυπριακή κυβέρνηση για τα λάθη και τη συμμετοχή τους στο παρελθόν, αναφερόμενος στην ανατροπή του Μακαρίου από τον Σάμπσον.

Ο ξάδερφος μου είναι αναμφίβολα μια εξαιρετική πηγή πληροφοριών. Μου άρεσε αυτό για τον Ντενκτάς και έπρεπε να το πιστέψω, καθώς προήλθε από το στόμα του αλόγου. Έγραψε έπειτα:

Δεν θέλω να επαναληφθεί άλλος Αλέξανδρος ή η μεγάλη αρχαία ιστορία, αλλά η ιστορία πρέπει να είναι γνωστή και κατανοητή πριν μπορέσει να επιλυθεί η κρίση. Η Ελλάδα είναι το λίκνο της δημοκρατίας. τίποτα δεν μπορεί να το αλλάξει, αλλά η δημοκρατία μας εξαρτάται πλέον από άλλους.

Προσθέτοντας αυτό.

Η πικρία δεν είναι χρήσιμη, μόνο ο συμβιβασμός και η κατανόηση μπορούν να είναι η σωτηρία μας, αλλά χρειαζόμαστε περισσότερα για να συμβιβαστούμε. Μην συγχέετε την αρχαία ελληνική ιστορία με τη σύγχρονη κυπριακή ιστορία.

Τότε τελείωσε με ένα σχόλιο που θα έμενε στο μυαλό μου.

Αν ρωτήσει κανείς αν ήμουν Έλληνας ή Ελληνοκύπριος, δεν λέω ότι είμαι Ελληνοκύπριος, λέω ότι μιλάω ελληνικά.
Χαιρετισμούς.
Τζιμ

Αυτά ήταν πολλά για να τα λάβεις υπόψη. Ρώτησα γύρω και ανακάλυψα ότι θα μπορούσε να ήταν πολύ πιθανό, οι Ειδικές Δυνάμεις θα μπορούσαν, και πιθανότατα θα είχαν χρησιμοποιηθεί σε τέτοιες επιχειρήσεις, αφού είχαν την έδρα τους εκεί για μεγάλο μέρος του χρόνου, και η Λευκωσία ήταν όπου το περιφερειακό γραφείο της ΜΙ6 ήταν τοποθετημένη. Η τακτική διαίρει και βασίλευε της Βρετανίας είναι κάτι που κανείς που είχα συναντήσει δεν θα αρνηθεί, πράγματι, ιστορικά, είναι ένα βρετανικό χαρακτηριστικό. Έστειλα email στον ξάδερφό μου και του είπα ότι είδα ότι ήταν δυνατόν. Απλά ποτέ δεν είδα πώς θα μπορούσαμε να το αποδείξουμε. Οι Βρετανοί, όπως έχω μάθει, είχαν πάρει μερικές απαίσιες αποφάσεις στην Κύπρο. Αλλά ένιωσα ότι προσπαθούσε να υπονοήσει ότι ήταν η κύρια αιτία των σημερινών προβλημάτων. Με την προ υπάρχουσα δυσαρέσκεια αναρωτήθηκα αν θα ήταν απαραίτητο, αλλά δεν σκέφτηκα ποτέ ότι σήμαινε ότι δεν το χρησιμοποίησαν ποτέ. Όσο για τα στοιχεία ένωσης, δεν ξέρω αν φορώντας ένα σταυρό ή μιλώντας μια γλώσσα μπορεί να περιγράφεται ως ένδειξη ενότητας, μπορεί να είναι ενδείξεις, αλλά τίποτα δεν είχε απομείνει πραγματικά. Εκτός από αυτό, εγώ ακόμα δεν αισθάνομαι τη στιγμή που θα έρθω κοντά στο να κατανοήσω πλήρως πως έχει η τρέχουσα κατάστασή μας. Φαίνεται να μου αφήνει περισσότερες ερωτήσεις. Οι απαντήσεις που θα ανακάλυπτα για τον εαυτό μου. Όσο για το λίκνο της δημοκρατίας θεωρώ το λίκνο ως υποστήριξη, όσο και ως τη γενέτειρα. Απλά δεν μπορούσα να θεωρήσω την Ελλάδα ως αυτή την υποστήριξη, ενώ πολλοί Ελληνοκύπριοι είναι τόσο αδαείς για το πρόσφατο παρελθόν τους. Όσο για το σχόλιο για το γάμο των γονιών μου, είχε προέλθει από τη γιαγιά μου. Είχα ήδη αρχίσει να σκέφτομαι τις μεγάλες διαφορές μεταξύ των παππούδων μου, και ήταν αυτό να με βάλει σε μια μικρή αποστολή. Ένιωθα μια πίεση μεταξύ του ξαδέλφου μου και του εαυτού μου και δεν ήταν κάτι που ήθελα.

Όσο για τους Βρετανούς άρχισα να θυμάμαι ένα τηλεοπτικό ντοκιμαντέρ που μπορούσα να θυμηθώ και ήταν όλα σχετικά με την Ε.Ο.Κ.Α. (Εθνικός Οργανισμός Κυπρίων Μαχητών). Η Ε.Ο.Κ.Α. δεν αγωνιζόταν για την ανεξαρτησία, αλλά για την ένωση με την Ελλάδα. Εν αγνοία μου συνέχισαν μετά την ανεξαρτησία με το όνομα Ε.Ο.Κ.Α.Β. Όταν σκέφτομαι την εποχή, είναι τόσο λογικό. Η εκστρατεία κατά τη διάρκεια της εποχής του Ε.Ο.Κ.Α.Β. ήταν κατά των Τούρκων, που θεωρούνταν μετά την ανεξαρτησία ως το μοναδικό εμπόδιο για την ένωση. Από το 1955-59 ήταν μια έντονη εκστρατεία κατά των Βρετανών και κατά τη διάρκεια αυτής της περιόδου συνδέθηκε με αυτό το τηλεοπτικό ντοκιμαντέρ. Ξεκίνησε μιλώντας για μερικές από τις τακτικές που χρησιμοποίησαν και έδειξε μερικές έξυπνες μικρές εξειδικευμένες βόμβες, και διάφορα άλλα καλούδια, που χρησιμοποίησε ο Ε.Ο.Κ.Α.. Μεγάλο μέρος της εκστρατείας τους ήταν ενάντια στον βρετανικό στρατό και σε οποιονδήποτε εργάστηκε γι' αυτούς. Τώρα εδώ πρέπει να πω ότι ακόμη πρόσφατα που συνειδητοποίησα ότι ορισμένα ντοκιμαντέρ μπορούν να παραμορφώσουν την αλήθεια σε φρικτό βαθμό, αλλά δεν αμφιβάλλω για μια στιγμή για την αλήθεια πίσω από την μαρτυρία που επρόκειτο να θυμηθώ από αυτό το ντοκιμαντέρ. Ο συνταγματάρχης Γρίβας, όπως ήταν γνωστός, ήταν ο κορυφαίος στρατιώτης του Ε.Ο.Κ.Α. Όταν άκουσα για πρώτη φορά το όνομά του από συγγενείς, ήταν ήρωας στον αγώνα για ανεξαρτησία, αλλά η φήμη του έγινε ξινή για πολλούς στα τέλη της δεκαετίας του εξήντα, και τώρα ήξερα γιατί. Ήταν επειδή συνέχισε τις ιδέες του μέσω του Ε.Ο.Κ.Α.Β. Ήταν ένας από τους πιο καταζητούμενους άντρες στην Κύπρο στα τέλη της δεκαετίας του 1950, όσον αφορά τους περισσότερους Βρετανούς, αλλά μόνο τους περισσότερους. Εδώ, με τη μνήμη του προγράμματος, η δυσπιστία μου στις ενέργειες του βρετανικού στρατού στην Κύπρο αυξήθηκε δραματικά. Αφού είδα τα αποτελέσματα κάποιων από τα έργα του Γρίβα, το πρόγραμμα έδειξε μια συνέντευξη με έναν πρώην Βρετανό Αξιωματικό Πληροφοριών για την Κύπρο κατά τη διάρκεια αυτής της περιόδου. Το θυμήθηκα καλά, ο άνθρωπος πήρε όλο και περισσότερο αναστατωμένος, όπως ο ίδιος περιέγραψε πώς ξανά και ξανά, θα εντοπίσει Γρίβας, και ξανά και ξανά θα υποβάλει αίτηση για την άδεια είτε να τον πάρει ή να τον πάρει έξω. Του αρνήθηκε την άδεια να το πράξει. Την επόμενη μέρα ο Γρίβας θα είναι ελεύθερος να επιτεθεί σε περισσότερους Βρετανούς στρατιώτες. Αυτός και οι σκηνοθέτες ντοκιμαντέρ υπέθεσαν ότι η άρνηση ήταν για να διασφαλίσει ότι δεν θα γίνει νεκρός ήρωας, αλλά αυτό θα συνέβαινε μόνο εάν σκοτώθηκε, αυτός ο αξιωματικός ήταν σίγουρος ότι θα μπορούσε να τον έχει νεκρό ή ζωντανό. Ο άντρας ήταν σε δάκρυα ενώ περιγράφει την απογοήτευσή του. Ο Γρίβας επρόκειτο να εξοριστεί από την Κύπρο μετά την ανεξαρτησία, ως ένας από τους όρους που τέθηκαν, αλλά θα επέστρεφε στις αρχές του 1964.

Εδώ νομίζω ότι πρέπει να γράψω λίγο για τον άνδρα Νίκο Σάμπσον, γεννημένος Νίκος Γεωργιάδης στην Αμμόχωστο το 1935. Κατά τη διάρκεια του 1955-59 ήταν εκτελεστής του Ε.Ο.Κ.Α. Το 1953 πήρε μαθήματα δημοσιογραφίας στο Λονδίνο. Φαίνεται να είναι ένας περιφρονητικός άνθρωπος, όπως λέγεται πυροβόλησε τα θύματά του στην πλάτη, και στη συνέχεια ήταν ο πρώτος που ανέφερε σχετικά με αυτό, στον τόπο του φόνου. Συνελήφθη το 1957, καταδικάστηκε σε ισόβια κάθειρξη και απελευθερώθηκε το 1960 με αμνηστία που ήρθε με την ανεξαρτησία. Ήταν περήφανος για τις δολοφονίες του και έγραψε για αυτά στη δική του εφημερίδα, 'Μάχη'. Δεν είναι πραγματικά ζήτημα που αξίζει να γράψουμε μόνο για να πούμε ότι του άρεσε να σκοτώνει, όχι μόνο τους Βρετανούς, αλλά και τους Τούρκους και τους Ελληνοκύπριους.

Αυτό που είχε πει ο Τζιμ για τον παππού μου ήταν εντελώς αντίθετα με όλα όσα πίστευα για περισσότερους από έναν λόγους. Το πιο σημαντικό για μένα ήταν η προσωπική μου σχέση μαζί του. Η αγάπη που υπήρχε μεταξύ αυτού και εμού ήταν το δυνατότερο πράγμα που μπορούσα να θυμηθώ για τον παππού. Ότι πάντα ένιωθα ότι ήμουν η αδυναμία του, ακόμα και όταν ήταν περιτριγυρισμένος από εγγόνια, και ποτέ δεν ήξερα πραγματικά γιατί. Δεν μπορούσα να πιστέψω ότι ήμουν το αποτέλεσμα ενός ανεπιθύμητου γάμου, όπως σκέφτηκε ο Τζιμ, και ερχόταν τώρα, σε αντίθεση με αυτό που μου είχε επιβεβαιώσει στην Κύπρο στην πισίνα. Το μόνο που μπορούσα να πιστέψω ήταν ότι είτε ο Τζιμ ήταν λίγο ανειλικρινής, είτε η γιαγιά μου ήταν. Ήμουν στο σπίτι των γονιών μου λίγο μετά, όπου είχα μια διασκεδαστική συζήτηση με τον πατέρα μου για το γάμο του με τη μητέρα μου.

«Μπαμπά, τι σε έκανε να αποφασίσεις να παντρευτείς τη μαμά;» Ο πατέρας μου μόλις έσκυψε τους ώμους του.

«Την είδα και είπα ότι μου κάνει», μου είπε.

«Αυτό είναι;»

«Ναι», είπε δείχνοντας λίγο ντροπιασμένος.

«Και ο παππούς ενέκρινε;» Εγώ ρώτησα.

«Απ' όσο ξέρω, δεν μου είπαν το αντίθετο».

«Ο Τζιμ λέει ότι η γιαγιά του είπε ότι ο παππούς δεν ήταν πραγματικά χαρούμενος γι' αυτό».

«Μήπως αυτός;» ο πατέρας μου φαινόταν πραγματικά έκπληκτος.

«Μπορείς να σκεφτείς κάποιο λόγο για τον οποίο θα μπορούσε να το έχει πει;» ο πατέρας μου κούνησε το κεφάλι του.

«Όχι».

«Απ' όσο ξέρεις ο παππούς ήταν πολύ χαρούμενος για το γάμο;» Εγώ ρώτησα.

«Απ' όσο ξέρω, φαινόταν πολύ χαρούμενος», είπε ο πατέρας μου με κάποια βεβαιότητα.

«Ποτέ δεν ένιωσες εχθρότητα ή κάτι τέτοιο την πρώτη φορά που συναντηθήκατε;» Ήθελα να βεβαιωθώ.

«Όχι, καθόλου».

«Δεν το πίστευα, ο Τζιμ υπαινίσσεται ότι υπήρχε, αλλά είπε ότι προέρχεται από τη γιαγιά». Σκεφτόμουν τις διαφορές μεταξύ γιαγιάς και παππού. «Ήταν πολύ διαφορετικοί, έτσι δεν είναι;» Είπα. Ο πατέρας μου κούνησε το κεφάλι του με έμφαση σε απάντηση. Ναι, πολύ διαφορετικοί σκέφτηκα. Ένιωσα σαν ο Τζιμ να με έσπρωξε σε αυτό και ήμουν αποφασισμένος να του αποδείξω ότι έκανε λάθος. Πήγα να δω την αδερφή μου την Τζίνα για τσάι αυτή τη φορά, και το θέμα της συζήτησης, φυσικά, το πήγα εκεί.

«Ξέρεις ότι επικοινωνώ με τον Τζιμ γι' αυτό το βιβλίο;» Της είχα πει τα πάντα για το έργο του βιβλίου μου αν και δεν νομίζω ότι το πήρε στα σοβαρά.

«Λέει ότι η γιαγιά του είπε ότι ο παππούς δεν ήταν χαρούμενος για το γάμο της μαμάς και του μπαμπά». Η Τζίνα με κοίταξε έκπληκτη.

«Αλήθεια;»

«Ναι, δεν το πιστεύω όμως», πρόσθεσα.

«Όχι, ούτε κι εγώ», μου είπε.

«Υπήρχαν πολλές διαφορές μεταξύ αυτού και της γιαγιάς, δεν ήταν εκεί», είπα. Η Τζίνα με κοίταξε συμφωνώντας και μετά ρώτησε,

«Θυμάσαι τα επιχειρήματα που είχαν;»

«Το κάνω τώρα», είπα, προσπαθώντας να στύψω την μνήμη μου.

«Γαμώτο! Ήταν κακοί, έτσι δεν είναι;» Πρόσθεσα. Η Τζίνα κούνησε το κεφάλι της καθώς μοίρασε φαγητό. Αν τους θυμόταν όπως εγώ, τότε ήταν σκληροί. Αναρωτήθηκα πόσο μεγάλη αυτή η διαφορά είχε να κάνει με την πολιτική τους, γιαγιά, ήξερα, ήταν οπαδός Γρίβας, κρατώντας μια φωτογραφία του στον τοίχο της. Αν ο παππούς και η γιαγιά ήταν στο διαμέρισμα μαζί, θα ήμουν σε ένα δωμάτιο με τον παππού. Υπήρχε συχνά τόσο μεγάλη πικρία στον αέρα που θα έμεναν όσο το δυνατόν πιο μακριά ο ένας από τον άλλο.

11

Κεφάλαιο Έντεκα

Από αυτό το σημείο ήμουν σε αναταραχή και σε ένα μεγάλο μέρος, αυτό οφειλόταν στον παππού μου και τις αναμνήσεις μου από αυτόν. Η τελευταία μου συζήτηση με την αδερφή μου μου θύμισε τον θυμό μεταξύ των παππούδων μου. Θα με έκανε επίσης να σκεφτώ τι είχα σκεφτεί γι' αυτόν. Αναρωτήθηκα πόσο του άρεσε η ζωή τότε, όντας στα μέσα της δεκαετίας του '80, με αυτά που ήξερα ότι συνέβαινε στην Κύπρο, ευθυγραμμισμένα με τους λόγους που έφυγε. Δεν μπορούσα να τον φανταστώ να είναι πολύ ευτυχισμένος. Νόμιζα ότι είδα ό,τι μπορούσα, όσο το μίσος συνεχιζόταν δεν έχει σημασία το ότι προσπάθησαν να ξεφύγουν από την ιδέα, δεν θα βοηθούσε, αλλά νομίζω ότι θα μπορούσε να ήξερε ότι αν με είχε διδάξει ελληνικά και πέθανε όταν ήμουν νέος, θα είχα αφεθεί να πέσω εντελώς υπό την επήρεια της γιαγιάς μου. Σκέφτηκα τη μητέρα μου και μερικές από τις ιστορίες τρόμου που μου είπε, ήξερα ότι προήλθαν από τη γιαγιά μου. Το να μεγαλώνεις ως Έλληνας συνεπάγεται να μισείς τους Τούρκους και ο παππούς μου ήταν ένα πολύ ανεκτικό άτομο, και αυτό ίσχυε και απέναντι στους Τούρκους, τόσο διαφορετικός από τους ανθρώπους που είχα διαβάσει. Ήξερα ότι δεν θα μπορούσε πάντα να είναι αλήθεια. Ή δεν θα είχε κάνει αυτό που έκανε. Γνωρίζω λοιπόν ότι οι δύο κοινότητες πρέπει να έχουν ζήσει καλά κάποια στιγμή τα τελευταία χρόνια.

Τότε ήταν ο βρετανικός στρατός που τον πήγε στις Ηνωμένες Πολιτείες. Δεν μπορούσα να σκεφτώ τίποτα άλλο εκτός από μυστική εκπαίδευση, και ακόμα δεν μπορώ. Είχα ζητήσει τα Αρχεία του Βρετανικού Στρατού, αλλά είπαν ότι, λόγω των καιρών που εμπλέκονται, κατά πάσα πιθανότητα θα είναι μια άκαρπη έρευνα και από τότε το επιβεβαίωσαν. Αλλά δεν υπάρχει άλλο είδος εκπαίδευσης που θα μπορούσα να σκεφτώ που θα απαιτούσε να φύγει από τη χώρα εντελώς. Η εκπαίδευση των μυστικών υπηρεσιών θα σήμαινε μια πλήρη αλλαγή προοπτικής. Το ήξερα από τη φιλία μου με τον πρώην πράκτορα. Σκέφτηκα τι μου έμαθε και πώς θα μπορούσε να χρησιμοποιηθεί. Μπορεί να άλλαξε όλο τον τρόπο σκέψης μου, και με κάποιους πολύ παράξενους τρόπους που μπορεί να μην ξέρω καν. Άρχισα να σκέφτομαι να γίνω ανάδοχος γονιός για ένα παιδί που το έχει ανάγκη. Ζήτησα ένα ορφανό για συγκεκριμένο λόγο, και να είναι έξι χρονών. Μέσα από τα δώρα και τα μηνύματά μου προς αυτόν θα μάθει την αγάπη και αυτό είναι σημαντικό για κάθε παιδί. Μπορεί να είναι η μόνη αληθινή αγάπη που μπορεί να νιώσει, αν και ελπίζω όχι. Ανεξάρτητα από αυτό, εδώ έχω τη δυνατότητα να επηρεάσω αυτό το παιδί, ακόμη και από απόσταση. Η αγάπη είναι δυνατή. Για τα Χριστούγεννα θα του στείλω ένα φλάουτο, και μια μαριονέτα, μαζί με τα εργαλεία γραφής του και, φυσικά, την αγάπη μου. Είναι η αγάπη που θα θυμάται όλη του τη ζωή, και ναι, ελπίζω να τον επηρεάσει με πολλούς τρόπους. Είναι θετικό, είναι καλό.

Έγραφα ένα βράδυ όταν σκέφτηκα τον ξάδερφό μου. Πίστευα ότι, όπως και η κυπριακή κυβέρνηση, δεν αναγνώριζε τις χριστουγεννιάτικες σφαγές του 1963 και ένιωσα ότι υπήρχε πίεση στη σχέση μας. Ένιωσα ήδη αποσυνδεδεμένος από αυτόν, και υπήρχαν τόσα πολλά στο μυαλό μου για το παρελθόν μου, ταυτόχρονα. Είχα περάσει σχεδόν δύο χρόνια στην Αυστραλία και στη Νέα Ζηλανδία, και το πιο ενοχλητικό μέρος για τη στάση του ήταν ότι ήταν στην άλλη πλευρά του κόσμου. Ήταν ένα πολύ συναισθηματικό email.

G'day
Ξέρεις ότι αυτός είναι ένας άλλος όρος που χρησιμοποιώ με πολλή στοργή. Προσπαθώ να μην σκέφτομαι τον Οζ αυτές τις μέρες, πραγματικά

δεν ξέρω αν θα επιστρέψω ποτέ. Αλλά είναι ωραίο να αισθάνομαι σαν να είδα μερικά από τα καλύτερα μέρη του, αν και ποτέ δεν πήργα να δω το Ayers Rock. Έκλαψα την τελευταία φορά που έφυγα από το Σίδνεϊ, είχα το κεφάλι μου στο παράθυρο για να κρύψω τα δάκρυα. Ελπίζω να εκτιμάς τη χώρα και τον λαό. Δεν τους κατάλαβα μέχρι που βρέθηκα σε ένα σταθμό προβάτων αγέλη πρόβατων. Grubben Gullen, το λένε χωριό, αλλά είναι απλά μια παμπ και ένα σπίτι. Και στα χιονισμένα βουνά, αυτά τα Brumbies είναι καλά άλογα αν και έπρεπε να κρατήσω ένα ραβδί για να πάμε καλύτερα, αυτό δεν σημαίνει ότι το χρησιμοποιείς, το άλογο το βλέπει και ξέρει. Και δεν ανέφερα καν τον Ωκεανό ή τη Νέα Ζηλανδία. Αυτά τα ακτινίδια ξέρουν τι έχουν, και έχουν δίκιο να είναι υπερήφανοι για αυτό, πάντα σας λένε ότι ο Θεός έκανε τον κόσμο σε έξι ημέρες και το έβδομο δημιούργησε τη Νέα Ζηλανδία. Και εξερευνώντας μια τόσο όμορφη χώρα και βλέποντας φάλαινες να κολυμπούν στα ανοικτά της ακτής, ενώ το άλμπατρος γλιστράει πάνω από το κεφάλι, θα μπορούσε κανείς σχεδόν να το πιστέψει. Φύση, την αποκαλώ την πραγματική μου μητέρα, και έχει τόσα πολλά, ανέγγιχτα, και μου λείπει. Ίσως επειδή ήταν το μόνο μέρος που μπορούσα πραγματικά να ξεφύγω από τους ανθρώπους, μόνο εγώ και η φύση, αλλά τουλάχιστον η φύση δίνει σε κάποιον την ευκαιρία να βρει την ειρήνη. Πρέπει να αλλάξω θέμα, μου 'φύγε ένα δάκρυ, θα επιστρέψω.

Εδώ μπορούσα να αισθανθώ την πίεση μέσα μου και αναρωτήθηκα πώς τα διαφορετικά συναισθήματά μας για το ότι είμαστε Κύπριοι θα επηρεάζαν την προσωπική μας σχέση, και όσο κι αν ήμουν θυμωμένος μαζί του, είχα επίσης αρχίσει να τον φοβάμαι, γιατί ήξερε ότι έγραφα το βιβλίο. Πήγα πίσω στο email και τον ρώτησα.

Τζιμ, είμαστε ακόμα αδελφοί; Έχω μερικά δάκρυα στα μάτια μου τώρα.

Έσπασα κάτω από την πίεση και άφησα το email για λίγο, μπορούσα να αισθανθώ την διαφορά μεταξύ μας, και σκέφτηκα ότι ήταν οι ίδιες διαφορές που οι Κύπριοι πρέπει να αισθάνονται το 1974, πήγα πίσω σε αυτό λίγα λεπτά αργότερα ακόμα στενοχωρημένος.

Σκοπεύω να πετάξω στην Κύπρο σύντομα για να δω τη μητέρα σου, και ελπίζω να φέρω τον αδελφό μου καθώς δείχνει περισσότερο ενδιαφέρον για την Κύπρο. Ίσως επειδή έχει μια ηλικία που κάποιος θα μπορούσε να ρωτήσει, ποιος είμαι; Και θα του δείξω την απάντηση. Είναι Κύπριος, παρόλο που γεννηθήκαμε και μεγαλώσαμε στην Αγγλία από έναν Άγγλο πατέρα, η μόνη οικογένεια που γνωρίζουμε πραγματικά είναι Κύπριοι, όχι μόνο Κύπριοι, αλλά και Ελληνοκύπριοι, και ελπίζω ότι θα μπορέσω να του το μεταφέρω.

Θα πάω στο νυχτερινό σχολείο αύριο για να αρχίσω να μαθαίνω ελληνικά, γιατί; Δεν είναι μόνο μέρος της κληρονομιάς μου, αλλά το πιο σημαντικό, για πρώτη φορά μετά από χρόνια έχασα κάποιον που αγαπούσα τόσο πολύ, και δεν μπορούσα ποτέ να της το πω, γιατί η Μαρία δεν μιλούσε αγγλικά και δεν μιλούσα ελληνικά. Δεν θα το ξέρατε, αλλά ένιωσα πολύ κοντά στη Μαρία και πρέπει να είμαι ειλικρινής, για λίγο ένιωσα περισσότερη αγάπη στην συζήτηση μας από ό, τι ένιωσα από πολλούς άλλους ανθρώπους σε μια ολόκληρη ζωή. Θα μπορούσε να έχει μεγάλο αποτέλεσμα, Τζιμ, το ξέρω. Δεν ξέρω ποιος θα με πιστέψει και δεν με νοιάζει, γιατί τους τελευταίους μήνες κατάλαβα γιατί έβαλα ένα μπλοκ στην ελληνική γλώσσα. Είναι η αγάπη. Θυμάμαι τη γιαγιά μου στα νεότερα μου χρόνια, και θυμάμαι επίσης ότι αυτή και ο παππούς μου ήταν πολύ διαφορετικοί, σκατά, δάκρυα ξανά.

Δεν μπορούσα να σταματήσω να πληκτρολογώ, και με δάκρυα έπρεπε να το τελειώσω.

Δεν είχα μια ευτυχισμένη παιδική ηλικία Τζιμ, στην πραγματικότητα, ήταν πολύ άθλια. Μπορώ να θυμηθώ ως παιδί να μετράω τις ώρες της ευτυχίας μου ως τις ώρες που μπορούσα να είμαι μακριά από το σπίτι. Ποτέ δεν ένιωσα ότι κάποιος άλλος φαινόταν να μου λείπει όσο ο παππούς και μπορώ να θυμηθώ να δυσανασχετώ για το γεγονός. Ναι, αν θυμηθώ το παρελθόν μου, το μισούσα, και θα μπορούσες να με σύρεις στην εκκλησία εκατό φορές, ή να μου πεις τι ήθελαν όλοι, αλλά ό,τι κι αν γίνει, δεν θα συγχωρούσα κανέναν που δεν έβλεπε πόσο πολύ με πλήγωνε. Ήμουν παιδί, και τα παιδιά πρέπει να αισθάνονται αγάπη, άνευ όρων αγάπη, και εκείνη τη στιγμή την ένιωσα μόνο από ένα άτομο, και ήταν νεκρός, και κανείς δεν φάνηκε να νοιάζεται, είτε είναι αλήθεια είτε όχι, είναι το πώς το θυμάμαι.

Λένε ότι τα γονίδια παρακάμπτουν μια γενιά και είμαστε τα προϊόντα των παππούδων μας. Ξέρω επίσης ότι κρατάμε συχνά πράγματα που ακούμε και μας αρέσουν. Κάποιος μου είπε κάποτε ότι είχα μια πολύ ισχυρή ομοιότητα με τον παππού μου, μια τόσο ισχυρή επιρροή. Νιώθω σαν να έχω συγκρουστεί μαζί σου, και δεν θέλω. Το σκάκι θα ήταν πιο εύκολο. Θα σου γράψω.
Αγάπη Τζιμ

Πριν ήξερα μόνο πότε σταμάτησα να μαθαίνω ελληνικά. Τώρα, ήξερα γιατί. Ποτέ δεν έλαβα απάντηση σε αυτό το email και ότι θα ήταν η τελευταία φορά που είχα επικοινωνήσει με τον Τζιμ για λίγο διάστημα. Έκλεισα το P.C., πήγα για ύπνο, και συλλογίστηκα αυτό το ερώτημα, «είμαστε ακόμα αδελφοί;» Δεν μπορούσα να πιστέψω ότι ήταν όλα τόσο σημαντικά.

Πέρασα δύο χρόνια στην Αυστραλία και δεν πίστευα ότι ο Τζιμ θα δει αυτό που είδα από τη χώρα και ίσως ποτέ δεν περιπλανηθεί μακριά από ένα P.C. λόγω της δουλειάς του. Το λέω αυτό απλώς και μόνο επειδή υπάρχει μεγάλη χαρά που μπορεί κανείς να αντλήσει από τη φύση. Όταν βρεθείτε περιτριγυρισμένοι από τίποτα άλλο, παρά τη φύση, ίσως για τον εαυτό μου ήταν η ευχαρίστηση να αισθάνομαι άνετα μαζί της. Μπορεί να είναι δύσκολο, μπορεί συχνά να φαίνεται άδικο, αλλά ποτέ δεν είναι μοχθηρή, ποτέ πικρή, δεν έχει καμία υπερηφάνεια, είναι απλή, και εκεί έχουν τόσο πολύ από αυτό, και είναι μια γη που πιστεύω κάνει τους Αυστραλούς αυτό που είναι.

Παρ' όλα όσα ήμουν ενθουσιασμένος από το πρώτο μου μάθημα στα ελληνικά, ένιωσα σαν μια νέα εποχή για μένα. Ήταν επίσης πολύ δύσκολο. Αλλά έφυγα αποφασισμένος, αν και μπερδεμένος, μπερδεμένος ως προς το αν θα χρησιμοποιούσα ποτέ αυτό που επρόκειτο να μάθω. Ήταν αυτή τη στιγμή που συνειδητοποίησα τι επίδραση γράφοντας αυτό το βιβλίο θα μπορούσε να έχει στη ζωή μου. Έφερα το βιβλίο μου όμως, και θυμήθηκα γιατί το έκανα, να μιλήσω στους συγγενείς μου, και στον εαυτό μου, αν δεν ήταν αρκετά καλοί λόγοι τότε υπήρχε και ένας άλλος. Για όλες τις εποχές που η Κύπρος έζησε, για χιλιάδες χρόνια, το κύριο πράγμα που μας συνέδεσε με το παρελθόν μας, ήταν η γλώσσα.

Ήταν περίπου αυτή τη φορά που κάποιος με ρώτησε τι πραγματικά ήλπιζα να επιτευχθεί γράφοντας το βιβλίο μου. Είπα ό,τι είχα γράψει, αλλά με πίεσε και με ρώτησε ποιες είναι οι καλύτερες ελπίδες μου. Του είπα ότι θα ήθελα να δώσω στον λαό της Κύπρου ένα βιβλίο με το οποίο θα μπορούσαν να ταυτιστούν, αλλά, άθελά μου, έθεσα τις διαιρέσεις μεταξύ των ίδιων των Κυπρίων, και του ξαδέλφου μου και ήμουν εξίσου καλό παράδειγμα.

Επέστρεψα στο γράψιμο μου με αίσθημα ενοχής για τη μη αναγνώριση της Τουρκικής Δημοκρατίας της Βόρειας Κύπρου, αλλά, όσο διάβαζα και έγραφα εγώ ακόμα δεν μπορούσα να αποδεχθώ τη διχοτόμηση της χώρας μας. Το θεώρησα πρόβλημα που πρέπει να αντιμετωπίσω. Ενώ εγγράφως αν και είχα πληγεί από μια συνειδητοποίηση του γιατί είναι 'καλύτερα να πούμε ότι είστε Έλληνες'. Ήμουν ακόμη πιο θυμωμένος που μόνο οι Έλληνες και οι Τούρκοι το γνώριζαν, και περισσότερο έτσι ώστε να είχε ήδη επηρεάσει τη ζωή μου κατά την επίσκεψή μου στην Κωνσταντινούπολη. Ήταν ο μόνος λόγος που μπορούσα να φανταστώ ότι υπάρχει διαφορά, και ήταν ότι οι Ελληνοκύπριοι ήταν οι μόνοι που θεωρούνταν υπεύθυνοι για τις σφαγές στην Κύπρο. Ήμουν εξοργισμένος από την ιδέα ότι αυτό είχε συμβεί, αλλά διαπίστωσα ότι είναι ο μόνος πιθανός λόγος για τον οποίο είναι καλύτερα να πούμε ότι είστε Έλληνες, είναι αν πήγατε στην Τουρκία. Αυτό που πραγματικά δεν μπορούσα να καταλάβω όμως ήταν, γιατί; Μεγάλο μέρος της ήταν ελληνική και όχι καθαρά ελληνοκυπριακή δυσαρέσκεια με τους Τουρκοκύπριους που σχημάτιζαν ένα μπλοκ για την ένωση. Πώς, λοιπόν, και γιατί, οι Ελληνοκύπριοι πήραν όλη την ευθύνη; Ένιωσα τους παρόμοιους του εαυτού μου, την νονά μου, και ακόμη και τον Μπανάη και την Μαρία, είχαν επισημανθεί ως χασάπηδες για τις ενέργειες των άλλων. Ήμουν θυμωμένος, πολύ θυμωμένος. Έστειλα ένα σύντομο σημείωμα με κάποιες υποσχόμενες φωτογραφίες στον Τζιμ και του είπα ότι ήμουν θυμωμένος, αλλά όχι τόσο πολύ μαζί του, απλά θυμωμένος με τη διαφορά, και στο πώς καθορίστηκε.

Πήγα να επισκεφτώ τους γονείς μου αυτή τη φορά. Η μητέρα μου με είχε συνηθίσει να γράφω το βιβλίο. Όχι ότι ήξερα αν κατάλαβε τι συνέβαινε, καθώς έφυγε από την Κύπρο όταν ήταν περίπου δεκατέσσερα, και από την ηλικία των δεκαπέντε, ήταν παντρεμένη με τον πατέρα μου, οπότε κατά μία έννοια είχε μια πολύ προστατευμένη ύπαρξη. Εδώ θέλω να πω ότι οι γονείς μου είναι πολύ χαρούμενοι παντρεμένοι αν και υπήρχε μια εποχή που δεν φαινόταν τόσο χαρούμενη. Είχα πάντα την εντύπωση, και σκεφτόμουν, ότι η μητέρα μου είχε δυσανεξία στο γεγονός ότι μόλις παντρεύτηκε έναν Άγγλο. Πιστεύει πραγματικά ότι κανείς δεν νοιάζεται πού πήγε και ένιωσα ότι ήταν μια δυσαρέσκεια που θα μεγάλωνε και θα ζούσε με αυτή. Ήταν 21 όταν με απέκτησε, τον τέταρτο των επτά παιδιών. Με βάση αυτά που διάβασα και άκουσα, πίστευα ακράδαντα ότι ο πατέρας μου ταιριάζει καλά στην σκέψη με τον παππού μου. Το ονομάζω σχέδιο, αλλά ίσως περισσότερο ιδέα. Νόμιζα ότι θα μπορούσα να είμαι το αποτέλεσμα μιας μικρής ιδέας που είχε ο παππούς μου. Είναι το βάθος όλων αυτών. Είναι πραγματικά τόσο βαθύ και από τη στιγμή που η ιδέα του παππού μου θα μπορούσε να είχε εκφράσει τη δεκαετία του '50 ότι το μίσος θα είχε αρχίσει να εκδηλώνεται σοβαρά, ακόμη και σύμφωνα με τα γεγονότα του ξαδέλφου μου, στο μόνο μέρος που θα μπορούσε, την Κύπρο. Με σχεδόν το ένα πέμπτο του πληθυσμού, τουρκικής καταγωγής, αρκετό για να θεωρηθεί απειλή, αλλά ποτέ δεν είναι αρκετό για να είναι πραγματικός κίνδυνος, αλλά αν υπήρχαν εκείνοι που ήθελαν να τους θεωρήσουν απειλή, θα ήταν πολλοί να ακούσουν, επιπλέον ήταν οι μόνοι που τώρα εμποδίζουν την ένωση. Η δυσαρέσκεια αρχίζει να εξαπλώνεται, ο παππούς μου συνειδητοποιεί τις πιθανές συνέπειές της, και ενεργεί αναλόγως, μετακινώντας πρώτα την οικογένειά του στην Αγγλία. Τώρα θα μπορούσε να βρει έναν Έλληνα σύζυγο για τη μητέρα μου, είχε προίκα, αντίθετα όμως, επέτρεψε το γάμο της μητέρας μου με τον πατέρα μου, και τώρα ένιωσα ότι ήμουν σίγουρος για το γιατί. Ήταν, φυσικά, όλα απλά μια προσωπική θεωρία που βασίζεται σε αυτό που μου είχαν πει, αλλά ήταν η μόνη εξήγηση που θα μπορούσα να σκεφτώ για την άδεια του γάμου. Ήταν πραγματικά τόσο ασυνήθιστο. Κανένας από τους γονείς μου δεν θα μπορούσε να χαρακτηριστεί ως μορφωμένος, αλλά θα τους θεωρούσα ανθρώπους της εποχή τους. Ο πατέρας μου ήταν παιδί κατά τη διάρκεια του Β΄ Παγκοσμίου Πολέμου και η μητέρα μου είχε πάρει πολύ λίγη εκπαίδευση στην κυπριακή ανατροφή της. Στα παλαιότερα μου χρόνια διάβαζα για λογαριασμό της. Κάθισα στον καναπέ δίπλα στη μητέρα μου που έτρωγε κάποια ελληνική κοτόσουπα, και βλέποντας τηλεόραση, ο πατέρας μου καθόταν απέναντι από το σαλόνι.

«Μαμά, θέλω να σου μιλήσω για τον παππού», της είπα, καθισμένος άνετα, αλλά αυτό ήταν ένα ευαίσθητο θέμα.

«Τι θα γίνει μ' αυτόν;» ρώτησε, χωρίς να βγάλει τα μάτια της από την τηλεόραση.

«Ξέρεις ότι γράφω ένα βιβλίο, και ξέρεις έχω καταλήξει σε κάποια συμπεράσματα γι' αυτόν», έκανα παύση λίγο πριν συνεχίσω.

«Και μέχρι στιγμής έχουν περίπου δίκιο».

«Ναι», είπε, ενώ έτρωγε και εξακολουθούσε να παρακολουθεί τηλεόραση.

«Μαμά, πιστεύεις πραγματικά ότι ο παππούς δεν νοιαζόταν για το ποιον παντρεύτηκες;»

«Δεν τον ένοιαζε ποιον παντρεύτηκα!» αυτή ξέσπασε τότε έχασε την ψυχραιμία της,

«Έναν μαύρο! Έναν κίτρινο άντρα! Έναν καταραμένο κόκκινο άντρα! Δεν τον ένοιαζε!»

«Μαμά, αυτό είναι ένα μάτσο σκατά! Κοίτα, απλά δεν ταιριάζει με το ποιος ήταν ο παππούς», είπα, προσθέτοντας, «Ξέρω ότι μπορεί να ακούγεται παράξενο, αλλά νομίζω ότι δεν θα ήταν μόνο χαρούμενος για τον μπαμπά, αλλά ενθουσιασμένος με την ιδέα», η μητέρα μου φαινόταν σε σύγχυση από όλα αυτά. Νόμιζα ότι η διαθήκη του ήταν ο τελευταίος μάρτυρας.

«Θα ήθελα πολύ να ρίξω μια ματιά στη διαθήκη του», είπα ανοιχτά. Αυτό ήταν κακό για τη μητέρα μου. Αφού πέθανε και μας είπαν ότι είχε αφήσει τη γη του σε μένα, και τους αδελφούς και τις αδελφές μου, κάποιοι συγγενείς κατέβηκαν από το Λονδίνο αμέσως μετά. Η μεγαλύτερη αδελφή μου ήταν ξύπνια για να ακούσει τη μητέρα μου προφανώς να πιέζεται να υπογράψει κάποια έγγραφα; Ήταν μετά από αυτό όταν μας είπαν ότι όλα ήταν ένα λάθος. Ήταν κάτι που θα ανέφερα μερικές φορές μέσα στα χρόνια, αλλά θα αναστατωνόταν και θα έλεγε ότι δεν υπάρχει τίποτα να πει. Ίσως σκέφτηκε να το πάρει πίσω.

«Δεν με νοιάζει για την αιματηρή γη Τζιμ!» είπε με οργή, στη συνέχεια, πρόσθεσε κάτι που θα με φίμωνε.

«Δεν υπάρχει διαθήκη! Δεν έκανε καμία αιματηρή διαθήκη!» τότε έφτυσε κάποια τρόφιμα, όπως ούρλιαζε.

«Ο παππούς σου τα έδωσε όλα στον Σάββα πριν πεθάνει!» Υποψιάστηκα ότι κάποιος ήταν λιγότερο ειλικρινής μαζί μου και για την διαθήκη του παππού μου για όλα τα πράγματα. Ο Σάββας επιβεβαίωσε ότι είχε τη διαθήκη, και η μητέρα μου αρνήθηκε ότι έκανε γενικά μία. Νόμιζα ότι συμφώνησε ότι έχει τα χαρτιά. Κοίταξα τον πατέρα μου. Θα μπορούσα να πω ότι δεν ήμουν σίγουρος τι να κάνω με όλα αυτά, αλλά είχα μια καλή ιδέα. Έμεινα μακριά από το θέμα της διαθήκης και τους είπα τα πάντα για το τι συνέβαινε στην Κύπρο και την επίδραση που πρέπει να είχε στον παππού μου. Τελείωσα με ένα σχόλιο για το 1974, όπως έφευγα, και ο πατέρας μου είπε κάτι πίσω, αλλά για κάποιο λόγο ποτέ δεν το πήρα πραγματικά μέσα μου, αν και άκουσα τι είπε. Σκεφτόμουν την αντίφαση που είχα ακούσει για τη διαθήκη. Ήταν πάρα πολύ για μένα. Πήγα σπίτι και εγκαταστάθηκα μπροστά από την τηλεόραση για λίγο βλέποντας το τηλεπαιχνίδι του Σαββατόβραδου. Κάποια πράγματα έρχονταν πίσω σε μένα, και δεν τα ήθελα. Σε ένα συναισθηματικό ξέσπασμα, πήγα στον υπολογιστή και έγραψα. Ποτέ δεν ήξερα τι είχα γράψει τότε. Ήμουν πολύ αναστατωμένος. Το πιο ανησυχητικό πράγμα στο μυαλό μου ήταν η πικρία που υπήρχε μεταξύ των παππούδων μου και πόσο δυσαρεστημένος θα ήταν με τα πάντα. Γύρισα στην τηλεόραση το Σάββατο το βράδυ. Φαινόταν να υπάρχουν τόσα πολλά που ήθελα να βγάλω από το μυαλό μου.

Πέρασα εκείνο το βράδυ της Κυριακής με φίλους στο Λονδίνο, και τη Δευτέρα το πρωί βρέθηκα στην πόρτα της τουρκικής πρεσβείας στη Βόρεια Κύπρο, και ήξερα τι θα έκανα. Έπρεπε να το κάνω. Ξαφνιάστηκα που είχαν πρεσβεία. Το σύνταγμα του T.R.N.C. εγκρίθηκε από αυτούς τον Μάιο του 1985, αλλά ως διοίκηση, το Δεκέμβριο του 1968. Το καθεστώς του T.R.N.C. αναγνωρίζεται μόνο από την Τουρκία. Το κτίριο είναι ένα μεγάλο γεωργιανό σπίτι, η πόρτα ήταν κλειδωμένη. Είδα το κουδούνι με την κάμερα παρακολούθησης και χτύπησα. Σε αυτό το σημείο πρέπει να σχολιάσω ότι ήμουν παράξενα ανήσυχος, και εξαιρετικά παρανοϊκός, όχι μόνο για τη σύνταξη του βιβλίου, αλλά και έχοντας επιχειρήσεις με το T.R.N.C. Χτύπησα το κουδούνι και πάλι, και αισθάνθηκα ενοχλημένος που με κρατούσαν σε αναμονή. Κοίταξα τα πόδια μου, και δίπλα στο αριστερό πόδι μου είδα ένα μικρό κουμπί-καμπανάκι, πιθανώς για να εξυπηρετούν το προσωπικό της πρεσβείας. Πάτησα το πόδι μου ενάντια στο κουμπί δύο ή τρεις φορές με την άκρη του δαχτύλου μου για δέκα δευτερόλεπτα. Δεν μπορούσα να πιστέψω ότι ήμουν τόσο ενοχλημένος. Μια γριά γυναίκα άνοιξε την πόρτα και χωρίς να πει λέξη με άφησε να μπω. Την ακολούθησα σε μια αίθουσα αναμονής κατά μήκος του διαδρόμου και προς τα δεξιά. Το δωμάτιο θα ήταν περίπου οκτώ ή εννέα τετραγωνικά μέτρα, με μερικούς χώρους εργασίας που χωρίζονται από τα παράθυρα όπου η γυναίκα επέστρεψε στο χώρο της. Μπήκα στο δωμάτιο και στεκόμουν στο κέντρο όταν μια νεαρή, λαμπερά ντυμένη γυναίκα μπήκε και ρώτησε αν μπορούσε να βοηθήσει.

«Θα ήθελα να δω την Δεσποινίς Ντόρακ παρακαλώ», της είπα.

«Η Δεσποινίς Ντόρακ δεν είναι ακόμα μέσα, αλλά δεν πρέπει να αργήσει πολύ», η γυναίκα ευγενικά με ενημέρωσε.

«Θα περιμένω», είπα.

«Θα θέλατε λίγο τσάι ή καφέ όσο περιμένετε;» ρώτησε.

«Καφέ παρακαλώ», απάντησα. Δεν έκανα καν ραντεβού. Συνειδητοποίησα ότι ήμουν λίγο αλαζόνας. Η γυναίκα έφυγε, και με άφησε να σταθώ στη μέση του δωματίου, κοιτάζοντας αφίσες διακοπών της Βόρειας Κύπρου, ήμουν σε δέος.

«Πού είναι αυτό;» Ρώτησα επισημαίνοντας μια αφίσα που δείχνει μίλια χρυσής άμμου. Η μεσήλικας γυναίκα κοίταξε έξω από το χώρο εργασίας της.

«Είναι η χερσόνησος της Καρπασίας», απάντησε. Ήταν ακριβώς όπως το φανταζόμουν. Είναι πραγματικά το καλύτερο μέρος του νησιού. Τότε είδα μια αφίσα της Κερύνειας με τα βουνά στο βάθος.

«Είναι όμορφο», είπα τόσα πολλά στον εαυτό μου. «Είναι πραγματικά αυτό το χρώμα», εξέφρασα. Τα βουνά της Κερύνειας έχουν ένα χρωματισμό στην ελαιογραφία μας που ήταν δύσκολο να πιστέψει κανείς, αλλά η αφίσα το επιβεβαίωσε. Περπάτησα πιο κοντά σε μια άλλη αφίσα του λιμανιού της Κερύνειας, φαινόταν απασχολημένη, αλλά φαινόταν να έχει χάσει κάποιο από το χαρακτήρα της. Αναστέναξα. Επιστρέφοντας στην καρέκλα μου όταν έφτασε ο καφές μου. Κάθισα σε έναν καναπέ, και αναρωτήθηκα ξανά, γιατί;

Μέσα σε λίγα λεπτά, η γυναίκα που έφερε τον καφέ μου, επέστρεψε και ανακοίνωσε,

«Η Δεσποινίς Ντόρακ είναι εδώ τώρα, θα θέλατε να με ακολουθήσετε παρακαλώ;». Τότε με συνόδευσε σε αυτό που μπορώ να υποθέσω μόνο ότι ήταν το γραφείο του πρέσβη. Αν αυτό ήταν το γραφείο του πρέσβη, τότε θα μπορούσα μόνο να υποθέσω ότι ο γέρος που καθόταν πίσω από το μεγάλο γραφείο κοσκινίζοντας τα έγγραφα της ημέρας ήταν ο πρέσβης. Υπήρχαν δύο μεγάλες σημαίες, σε στύλους, και στις δύο πλευρές του, η τουρκική εθνική σημαία και η σημαία του T.R.N.C..

«Συγχώρησέ με, είσαι Τούρκος ή Τουρκοκύπριος;» Ρώτησα, ο πρέσβης φαινόταν έκπληκτος από την ερώτηση.

«Κύπριος», απάντησε. Κούνησα το κεφάλι μου επιβεβαιωτικά και σκέφτηκα πόσο ανίδεος ήταν αυτός ο βλάκας, αλλά ήξερα ότι δεν μπορούσα να κάνω διαφορετικά. Η Δεσποινίς Ντόρακ έφτασε λίγο αργότερα. Ήταν μια ελκυστική γυναίκα στις αρχές των τριάντα, με πολύ ίσια μακριά σκούρα μαλλιά και φορούσε γκρι φούστα. Με έβαλαν ευγενικά σε ένα διπλανό γραφείο. Ήταν ένα ωραίο ευρύχωρο δωμάτιο, και ένιωσα αμέσως πιο άνετα, ελαφρώς αμήχανα για τη συμπεριφορά μου ίσως, σίγουρα λίγο παρανοϊκός, και το άγχος ήταν εν αγνοία μου ακόμα εκεί. Ο σημερινός οικοδεσπότης μου θα με έκανε σύντομα να νιώσω πιο χαλαρός όταν έβγαλε μερικά τσιγάρα, τουλάχιστον θα μπορούσα να καπνίσω. Ο καθένας μας άναψε ένα και στη συνέχεια αρχίσαμε μια βαθιά και μακρά συζήτηση για ένα θέμα που άγγιζε τις καρδιές μας, την Κύπρο. Ήξερε ήδη για την απόδραση μου στο βράχο, και θίξαμε σχεδόν όλα τα θέματα εκτός από τα δικαιώματα της γης, αλλά αυτό με τη θεωρία των πυραύλων μου φαινόταν άσχετο. Σηκώθηκα και περπατούσα λίγο γύρω από το δωμάτιο, προς το παράθυρο, κοιτώντας έξω από την πλατεία μέσα από τις καθαρές κουρτίνες. Η Κύπρος φαινόταν τόσο μακριά, αλλά όλα τα προβλήματά της ήταν τόσο κοντά μου, ακόμα και αν ήταν δύο χιλιάδες μίλια μακριά. Κατά τη διάρκεια της συνομιλίας μας το τηλέφωνο χτύπησε, μίλησε για λίγα λεπτά απαντώντας σε μερικές ερωτήσεις, ενώ επέστρεψα στη θέση μου. Όταν έβαλε το ακουστικό κάτω, μου είπε ότι ήταν κάποιος που ρωτούσε για την αγορά ακινήτων στη Βόρεια Κύπρο και ήταν πολύ προσεκτικός λόγω της εθνικής υπηρεσίας. Ένιωθα λυπημένος. Ήταν μια ισχυρή υπενθύμιση της μεγάλης, αλλά πρόσφατης, μετανάστευσης από την τουρκική ηπειρωτική χώρα. Κάτι που ξέρω είναι ότι οι Κύπριοι και στις δύο πλευρές της κοινότητας είναι μισαλλόδοξοι. Σε αυτό το σημείο ήθελα να μιλήσω για αξιώσεις γης, αλλά πώς θα μπορούσα όταν νόμιζα ότι υπήρχαν πολλά ζητήματα που δεν είχαμε ακόμα αποδεχτεί. Κάθε φορά που ρίχνω τη Ρωσία στην εξίσωση, η Δεσποινίς Ντόρακ ενθουσιάζεται.

«Εάν η Ρωσία τα βάλει με την Τουρκία, η Τουρκία θα εισβάλει σε αυτήν!» είπε με ένα μείγμα φόβου και εχθρότητας στη φωνή της. Το ήξερα ότι ήταν με ύφος παρατήρησης. Χαμογέλασα,

«Δεν νομίζω ότι η Τουρκία πρόκειται να εισβάλει στη Ρωσία, η Τουρκία δεν είναι τόσο ηλίθια». Δεν ειπώθηκε χλευαστικά, αν και μπορούσε να δει ότι ήξερα ότι δεν υπήρχε καμία πιθανότητα. Σκέφτηκα τα κατορθώματα του Ναπολέοντα, και του Χίτλερ, και στη συνέχεια θεώρησα ότι κάποιοι στη Ρωσία θα μπορούσαν να το καλωσορίσουν. Ένας πόλεμος που ξέρουν ότι θα κερδίσουν. Ήξερα επίσης ότι η Ρωσία θα λάβει παγκόσμια υποστήριξη. Αντιλήψεις, κατάλαβα ότι η Δεσποινίς Ντόρακ είχε ένα βιβλίο στο γραφείο της με αυτόν τον τίτλο.

«Γνωρίζετε το χειρότερο πράγμα που έχουν οι Τουρκοκύπριοι για αυτούς;» Εγώ ρώτησα.

«Τι είναι αυτό;»

«Είναι το όνομα Τούρκος», είπα καθώς με κοιτούσε. Ήξερα ότι ήξερε τι εννοούσα. Το ιστορικό τους στα ανθρώπινα δικαιώματα δεν είναι καθόλου καλό, στην πραγματικότητα είναι απαίσιο, αλλά σκέφτηκα να την διευκολύνω.

«Είναι το όνομα... Τούρκος, όλοι έχουν δει το μεσάνυχτα εξπρές».

«Αλλά έχουν φυλακές όπως αυτή στην Αμερική!» έριξε στην συζήτηση αμυντικά.

«Ίσως έχουν», απάντησα. Μιλήσαμε και μου έδωσε μερικά βιβλία για την κατάσταση. Το ένα είναι στην τουρκική θέση σύμφωνα με το διεθνές δίκαιο, και το άλλο ήταν ένα αντίγραφο των *Αρχείων Γενοκτονίας* από τον Χάρι Σκοτ Γκίμπονς, καθώς πήρα το τελευταίο, το παράξενο άγχος που ένιωσα εξατμίστηκε. Εξεπλάγην που υπήρχε ένα πραγματικό βιβλίο με αυτό τον τίτλο. Ο Μακάριος αναφέρθηκε ξανά όταν η Δεσποινίς Ντόρακ περιέγραψε τις πράξεις του ως εθνική εκκαθάριση, στην οποία έριξα μια ματιά για να δείξω πώς ένιωθα για την επιλογή των λέξεων της για να περιγράψω έναν άνθρωπο που δίνει διαβατήρια. Κοίταξα τα βιβλία που μου είχε δώσει πριν διαβάσω ο Γκίμπονς όπως μιλήσαμε.

Τον Απρίλιο του 1966 η τοπική ελληνοκυπριακή εφημερίδα *Πατρίς* εκδίδει το Σχέδιο Ακρίτας. Κράτησα ένα αντίγραφο στο χέρι μου. Αναρωτιόμουν πόσο καιρό θα έπαιρνε μέχρι να το διαβάσει ο παππούς μου. Το ήξερα ότι θα του ράγισε την καρδιά. Ο κύριος αρχιτέκτονας και ο επικεφαλής των επιχειρήσεων, Ακρίτας, ήταν ένας άνθρωπος που ονομάζεται Γεωργιάδης, ο οποίος είναι τώρα νεκρός, αλλά σύντομα θα εξοργιζόμουν με ένα από τους πιο μικρούς, εμφανείς αρχιτέκτονες της, τον τωρινό μας Πρόεδρο τον Γλαύκο Κληρίδη. Κοίταξα τη Δεσποινίς Ντόρακ.

«Μπορεί ακόμα να δουλέψει με αυτό;» ποτέ δεν απάντησε. Τα πράγματα ήταν σχετικά ήρεμα και σταθερά μεταξύ 1968 και 1974, όπου οι δυνάμεις της ελληνικής χούντας έδρασαν. Ο Μακάριος πρέπει να το γνώριζε. Έστειλε την επιστολή για να τοποθετηθεί στο αρχείο, ακολουθούμενη από τη διεύθυνση του ΟΗΕ. Θυμήθηκα να λέω δυνατά σε μια στιγμή σιωπής, «Είκοσι χιλιάδες!», ήταν ο αριθμός των Ελλήνων και των Ελληνοκυπρίων που συγκεντρώθηκαν εκ μέρους της ένωση στη χώρα μας το 1974, η οποία ήταν επικεντρωμένη εκεί που ήμουν τώρα. Κατά τη διάρκεια της νύχτας της 14ης Ιουλίου εκατοντάδες Έλληνες αξιωματικοί της ηπειρωτικής χώρας μεταφέρονται κρυφά στη Λευκωσία, και οδηγούνται μακριά από την Εθνική Φρουρά που αριθμούσε πάνω από δέκα χιλιάδες, με την ενίσχυση χιλιάδων μελών του Ε.Ο.Κ.Α.Β., και του Ελληνικού Στρατού που βασίζεται στο νησί. Είναι εξοπλισμένοι με τριάντα δύο ρωσικά άρματα μάχης, και πυροβολικό με τη μορφή όπλων 25 λιβρών, και πάνω από εκατό θωρακισμένα οχήματα. Συνολικά, λέγεται ότι είναι πάνω από είκοσι χιλιάδες.

15^{Ιουλίου} 1974
Κωδική Ονομασία - Ηφαίστειο

Στις 8 π.μ. η Εθνική Φρουρά επιτέθηκε στο Προεδρικό Μέγαρο, στα γραφεία του Κυπριακού Ραδιοφώνου και Τηλεόρασης, στο Διεθνές Αεροδρόμιο Λευκωσίας και στην Αρχιεπισκοπή εντός των τειχών της πόλης. Το Προεδρικό Μέγαρο υπερασπίζεται. Οι υποστηρικτές του Μακαρίου πυροβολούσαν στους δρόμους και άλλοι αγωνίζονταν για τη ζωή τους. Το Προεδρικό Μέγαρο καταστράφηκε, αλλά ο Μακάριος δραπέτευσε.

Έντεκα π.μ. το Κρατικό Ραδιόφωνο Κύπρου ανακοίνωσε το θάνατο του Μακαρίου. Χωρίς να δώσει λεπτομέρειες ο εκφωνητής φώναξε, «Ζήτω η Εθνική Φρουρά». Η Εθνική Φρουρά με το σώμα Ελλήνων αξιωματικών της ηπειρωτικής χώρας να υποστηρίζεται από χιλιάδες Ε.Ο.Κ.Α. πολέμησε εναντίον των υποστηρικτών του Μακαρίου. Το μεσημέρι ο Νίκος Σάμσον ανακηρύσσεται πρόεδρος. Κάτι που νόμιζα ότι πρέπει να έσπειρε το φόβο σε κάθε πολίτη καθόδου, ειδικά σε κάθε Τούρκο. Πολλές τουρκικές κοινότητες είναι περικυκλωμένες, και εξαπολύονται χλευασμοί, ο Μακάριος είναι νεκρός και είστε οι επόμενοι! Αλλά πριν βγει η μέρα η φωνή του Μακαρίου ακούγεται στο Κυπριακό Ελεύθερο Ραδιόφωνο καλώντας τους υποστηρικτές του να πολεμήσουν. Το κάλεσμα απαντήθηκε και οι Κύπριοι, σε όλο το νησί, συσπειρώθηκαν υπό το κάλεσμα του ηγέτη τους, δίνοντας αιματηρές μάχες με τους Έλληνες.

Ήταν σπαρακτική για να το διαβάσετε, αλλά τώρα καταλαβαίνω γιατί Μακαρίου είναι όπου είναι, δεκατέσσερα χρόνια μετά τη γέννηση του έθνους μας αυτός και οι υποστηρικτές του αγωνίζονται τώρα κατά της ένωσης μέχρι θανάτου. Η Washington Post ανέφερε φοιτητή του Ελληνικού Πανεπιστημίου που είχε δει τα πτώματα των υποστηρικτών του Μακαρίου να πέφτουν σε μαζικούς τάφους. Στο Κύκκο, οι υποστηρικτές του συγκεντρώθηκαν και σφαγιάστηκαν, επρόκειτο για μια φρικτή ανάγνωση.

Το πρωί της 24ης Ιουλίου, τα τουρκικά πολεμικά αεροσκάφη επιτίθενται σε προκαθορισμένους στόχους. Οι τουρκικές αμφίβιες δυνάμεις προσγειώνονται στην παραλία των πέντε μιλίων περίπου πέντε μίλια δυτικά της Κερύνειας. Οι αλεξιπτωτιστές και οι κομάντο μεταφέρονται αεροπορικώς. Στις δύο το απόγευμα, οι Έλληνες ξεκίνησαν μια αντεπίθεση εναντίον των τουρκικών δυνάμεων από την Κερύνεια στα ανατολικά και τη Λάπιθο στα δυτικά, τρία Τ-34 καταστράφηκαν και οι Έλληνες υποχώρησαν. Οι Τούρκοι προσγειώθηκαν με επιτυχία και οδήγησαν έναν διάδρομο στη Λευκωσία. Οι μάχες συνεχίζονται, αλλά μετά την προσγείωση από την Τουρκία τα πράγματα γίνονται άσχημα για τους Τουρκοκύπριους. Όμηροι συνελήφθησαν σε όλο το νησί και η Εθνική Φρουρά έκαψε την τουρκική συνοικία της Λεμεσού. Στις 14 Αυγούστου, αφού είχαν προσγειωθεί περισσότερες δυνάμεις, ο τουρκικός στρατός μετακινήθηκε σε όλο το νησί. Ορισμένα μέλη του Ε.Ο.Κ.Α.Β έσφαξαν τα τρία χωριά Μάραθα, Σαντλάρ και Ατιλάρντ, πριν την άφιξη των τουρκικών στρατευμάτων. Σύμφωνα με πηγές της Ελληνοκυπριακής Εθνικής Φρουράς, τα έγγραφα που συγκεντρώθηκαν τις επόμενες εβδομάδες, αποκάλυπταν σχέδια εξόντωσης ολόκληρου του τουρκικού πληθυσμού του νησιού.

Τα τελευταία είκοσι λεπτά περίπου είχα αρχίσει να νιώθω όλο και πιο άβολα. Σκεφτόμουν την επίδραση που θα μπορούσε να έχει το Σχέδιο Ακρίτας στον παππού μου. Πρέπει να του ράγισε την καρδιά, και να δημιούργησε την πικρία ανάμεσα σ' αυτόν και τη γιαγιά μου. Θυμόμουν επίσης τι είχε πει ο πατέρας μου το Σάββατο καθώς έφυγε από το σπίτι των γονιών μου. Μου το θύμιζε, αλλά πώς θα μπορούσα να ξεχάσω. Ο ξάδερφός μου Τζιμ και ο νονός μου βρισκόταν ταυτόχρονα στην Κερύνεια τον Ιούλιο του 1974. Ακουγόταν σαν εμπόλεμη ζώνη πριν εισβάλουν οι Τούρκοι, πόσο μάλλον μετά, αλλά δεν μου είχε πει τίποτα γι' αυτό. Σκεφτόμουν τις διαφορές μεταξύ των παππούδων μου, τον τρόπο που πολέμησαν, και σκεφτόμουν πόσο διαφορετικό άτομο θα ήμουν ενδεχομένως με την επιρροή της γιαγιάς μου αν μιλούσα ελληνικά. Σκεφτόμουν όλο το μίσος με το οποίο είχαμε ανατραφεί, που μόλις εξαπολύθηκε στην Κύπρο και πάλι, και την ασχήμια του. Οι δύο χιλιάδες κομμουνιστές που δολοφονήθηκαν ήταν όλοι υποστηρικτές του Μακαρίου, όπως θα τολμούσα να πω ότι ήταν και η πλειοψηφία των θυμάτων. Δεν μπορούσα να πιστέψω ότι οι συγγενείς μου με είχαν αφήσει να φτάσω σε μια τέτοια ηλικία χωρίς να με ενημερώσουν για το βάθος του. Δεν μπορούσα να πιστέψω ότι μέσα σε όλες τις πληροφορίες που είχα πάρει από τον ξάδελφό μου, δεν μου είχε πει τίποτα για αυτό, αλλά στη συνέχεια τα λόγια του, «λέω ότι μιλάω ελληνικά» πέρασε από μένα ένα ρίγος. Σκεφτόμουν πολύ έντονα τώρα ότι οι χειρότεροι φόβοι μου μπορεί να είναι αληθινοί. Χάρηκα που έφυγα από εκεί. Έπρεπε να φύγω. Είχα κάποιες δυνατότητες που δεν ήθελα να αντιμετωπίσω. Ταυτόχρονα, ένιωσα επείγουσα ανάγκη να διαβάσω αυτά που είχα γράψει στη συναισθηματική μου έκρηξη το Σάββατο το βράδυ. Όταν έφτασα στο σπίτι λίγες ώρες αργότερα, ακόμα αναστατωμένος, κάθισα εκεί έκπληκτος και λίγο συγχυσμένος με αυτό που είδα, τολμηρά γραμμένο, κάτω από τον τίτλο των προσωπικών σημειώσεων.

Έχασα κάποιον που κάποτε που ήξερε πώς να αγαπήσει ένα παιδί και ένα φως έφυγε από τη ζωή μου, ενώ ο κόσμος συνέχιζε. Νοιαζόταν κανείς άλλος; Δεν το πίστευα τότε και έβαλα ένα μπλοκ σε όλα αυτά που αυτοί οι άνθρωποι θα μου έδιναν. Γιατί ποτέ δεν είδα καμία απώλεια σε αυτά την ημέρα που ο παππούς μου έφυγε από τη ζωή μου και η αγάπη είχε φύγει από μένα για πολλά χρόνια. Έχουν περάσει πάνω από δύο χρόνια από τότε που ξάπλωσα σε ένα δικό μου νεκροκρέβατο. Ένα επώδυνο κρεβάτι γεμάτο αγκάθια και μέσα από τόσο πόνο που παρακαλούσα να φύγω αλλά δεν ήταν να είναι η ώρα μου και επέστρεψα γνωρίζοντας το ένα μάθημα που θα μπορούσα να μάθω από μια τέτοια εμπειρία. Ότι αν υπάρχει ένα πράγμα χειρότερο από το να ζω με λύπη, είναι σίγουρο ότι θα πεθάνω με αυτό, και μπήκα σε μία αναζήτηση του τι έχασα κάποτε, δεν γνωρίζω γιατί έβαλα ένα τέτοιο μπλοκ σε όλα όσα είμαι και ποιος είμαι. Επέστρεψα στην Κύπρο αναζητώντας το πνεύμα αυτού που με αγάπησε περισσότερο, μόνο για να βρω ξανά την αγάπη, και ταυτόχρονα να ανακαλύψω το λόγο για τον οποίο έβαλα αυτό το μπλοκ. Η αγάπη καταπνίγεται στην Κύπρο, καταπνίγεται από τα μυστικά της και έφερα πίσω μαζί μου αυτό που καταπνίγει την αγάπη στην Κύπρο. Από μια πέτρα που αγαπώ, σε ένα κουτί στο καθαρτήριο.

Είναι το ίδιο χρώμα με αυτό που αρνήθηκα να πάρω όλα αυτά τα χρόνια, ο Έλληνας χωρίς την αγάπη. Γιατί έτσι μεγάλωσα ως ο Έλληνας, χωρίς την αγάπη, και αυτός που με δίδαξε ήταν χωρίς αγάπη και όταν τον χάσαμε, έχασα περισσότερα και τώρα ξέρω το λόγο. Το έχω σε ένα κουτί και η σκέψη μου έλεγε ότι είναι καλύτερα σε ένα κουτί από ό,τι σε ένα βράχο στην Κύπρο.

Άκουσα το μήνυμά σου, παππού, έψαξα για το ποιος ήσουν, άκουσα το μήνυμά σου και πίστεψα, και αναρωτιέμαι αν ήξερες ότι θα ήμουν ο ένας, ή αναρωτήθηκες ποτέ αν θα τα πήγαινα τόσο καλά. Μήπως ο διακόπτης αερίου γλίστρησε ή γύρισε, γιατί θυμάμαι τη μέρα που έμαθες στην αδερφή μου να μετράει, μου είπες το αλφάβητο πρώτα και τους αριθμούς μετά και είπες αυτό δεν είναι για σένα, έτσι έπαιξα μόνος και περίμενα τη σειρά μου που δεν ήρθε ποτέ. Γνώριζες ότι όσο ήσουν ζωντανός θα με μόρφωνες με αυτό που νομίζω ότι σε πλήγωνε περισσότερο, θα μου μάθαινες πως να βρω τον Έλληνα μέσα στον Κύπριο.

12

Κεφάλαιο Δώδεκα

Τώρα ένιωσα τη σημαία και τη γλώσσα να συνδέονται με τον εαυτό μου με έναν τρόπο που ποτέ δεν είχα σκεφτεί. Ήξερα επίσης ότι η εμπειρία μου με τον Τ.Β. είχε μεγαλύτερο αποτέλεσμα από ό,τι είχα φανταστεί. Την Τετάρτη ήξερα ότι δεν μπορούσα να αντιμετωπίσω τα μαθήματα ελληνικών. Υπήρχε μια τρομερή πιθανότητα σε αυτό που σκεφτόμουν που δεν ήθελα να αντιμετωπίσω. Τηλεφώνησα στη Σούζι, την Ελληνίδα δασκάλα μου, στο σπίτι της, και της είπα ότι δεν πίστευα ότι θα μπορούσα να παρακολουθήσω την υπόλοιπη ομάδα αρχαρίων. Ήμουν πολύ αναστατωμένος.

«Σούζι;»

«Ναι».

«Γεια σου, είμαι ο Δημήτρης, ξεκίνησα το μάθημα των Ελληνικών για αρχάριους την περασμένη εβδομάδα, και απλά τηλεφωνώ για να ρωτήσω αν υπάρχει άλλη σειρά μαθημάτων που αρχίζει αργότερα μέσα στο χρόνο ίσως;»

«Όχι, δεν υπάρχει, υπάρχει πρόβλημα;» Δεν ήθελα να εξηγήσω τίποτα.

«Είχα μόλις μια κακή στιγμή πρόσφατα», της είπα.

«Τι συμβαίνει αγαπητέ μου, τι σου συμβαίνει;» ρώτησε.

«Ήθελα να μάθω ελληνικά για να μιλήσω στους συγγενείς μου», είπα κρατώντας τα δάκρυα μου.

«Και γιατί δεν μπορείς; Τι συμβαίνει;»

«Απλά δεν μπορώ αυτή τη στιγμή, είμαι πολύ αναστατωμένος», της είπα.

Ήξερα ότι δεν θα μπορούσα να κρατηθώ για πολύ ακόμα.

«Ανοησίες! Φυσικά και μπορείς!» απάντησε.

«Δεν μπορώ Να Σούζι, όχι αυτή τη στιγμή, νομίζω ότι ο παππούς μου μπορεί να έχει αυτοκτονήσει», της είπα, ενώ τα δάκρυα μου έτρεχαν στα μάγουλα μου.

«Όχι, δεν πρέπει να λες κάτι τέτοιο».

«Δεν μπορώ να κάνω αλλιώς, απλά δεν μπορώ, όχι τώρα, είναι η εξαπάτηση», ήταν για την δασκάλα των ελληνικών μου που δεν ήξερα σχεδόν καθόλου. Τώρα έκλαιγα ανοιχτά.

«Τι είναι αυτό για τον Δημήτρη;» ρώτησε, πήρα μια βαθιά ανάσα.

«Η Κύπρος!» Λαχάνιασα καθώς προσπαθούσα να συνέλθω, και της είπα, «Απλά δεν μπορώ, όχι αυτή τη στιγμή».

«Θέλετε να έρθετε και να μιλήσετε γι' αυτό;» είπε, προσθέτοντας. «Έχω μια κοπέλα που είναι Κύπρια, μπορώ να την καλέσω;»

«Ίσως», σταμάτησα.

«Αν θέλετε να μιλήσετε, ελάτε και θα μιλήσουμε», μου είπε πριν με αποχαιρετήσει.

Αν ο παππούς μου αυτοκτόνησε πραγματικά δεν θα το μάθω ποτέ, αλλά, πρέπει να πω, πιστεύω ότι υπάρχει μια ισχυρή πιθανότητα ότι θα μπορούσε να έχει αυτοκτονήσει. Απλά φαντάστηκα πόσο δυστυχισμένος πρέπει να ήταν. Ήταν η γλώσσα. Είχα πάει πολύ μακριά για να γυρίσω πίσω τώρα. Βρήκα τον εαυτό μου στα μισά ενός βιβλίου που θα προτιμούσα να μην έχω αρχίσει, αλλά ήξερα ότι έπρεπε να τελειώσω. Τώρα θυμήθηκα το λόγο που έπαιζα όταν ο παππούς μου δίδασκε την αδερφή μου και εγώ να μετράμε. Ήταν επειδή είχε αρχίσει να μου διδάσκει το αλφάβητο πρώτα, όπως συμφωνήσαμε. Το αλφάβητο πρώτα, τους αριθμούς μετά. Ήθελα να τελειώσω το αλφάβητο εκείνη τη μέρα, αλλά αντ' αυτού άρχισε να μας μαθαίνει να μετράμε, που δεν ήταν αυτό που συμφωνήσαμε. Μέχρι τώρα ένιωθα ότι είχα διαβάσει τα μηνύματα του παππού μου, όπως τα έλεγα, με μεγάλη ακρίβεια, και ακόμη και τώρα αυτό προσπαθώ να διώξω μακριά, αν και ξέρω ότι υπάρχει μια καλή πιθανότητα να είναι αλήθεια.

Η γλώσσα μας ενώνει. Ίσως ο παππούς μου έριξε μια ματιά σε αυτό που έκανε, και τι συνέβαινε στην Κύπρο, και ενδεχομένως συνειδητοποίησε ότι στα ογδόντα έξι δεν θα μπορούσε να ήταν σε θέση να μου διδάξει τη γλώσσα όπως ήταν παλιότερα. Αλλά με τι εγγύηση θα το έκανε μέχρι τα 90 του, ώστε να με διδάξει πώς να το χρησιμοποιήσω, να με τραβήξει στην άκρη μια μέρα και να μου πει να μην μισώ κανέναν, ούτε καν έναν Τούρκο. Η συνειδητοποίηση ότι ο ξάδελφός μου ήταν στην Κερύνεια κατά τη διάρκεια του ελληνικού πραξικοπήματος με έκανε να δω τη διαφορά που θα μπορούσε να έχει κάνει την προσωπικότητα του σοφή. Μεγάλωσα κατά τη διάρκεια του πολέμου του Βιετνάμ και θυμάμαι τις εικόνες έντονα. Το μόνο που μου είπε ο ξάδερφός μου ήταν ότι είδε τουρκικά F-4 Phantoms να βομβαρδίζουν τα χωριά μας. Μίλησε για τον μαύρο καπνό που βγάζει το ναπάλμ και μισούσα αυτούς που θεωρούσα υπεύθυνους και οι σπόροι του μίσους είχαν ένα καλό κρεβάτι για να μεγαλώσουν. Τίποτα δεν μου είπε για τους Ελληνοκύπριους που σφάζονται από Έλληνες, και άλλους Ελληνοκύπριους, αλλά γιατί να το κάνει; Γιατί από τη δική του παραδοχή, είναι Έλληνας, και αυτή είναι μια γλώσσα που απλά δεν μιλάω.

Εάν έχετε υποτιμήσει το βάθος του μίσους, επιτρέψτε μου να σας πω, ναι, είναι τόσο βαθύ που αν κοιτάξω τις άλλες ενέργειες του παππού μου, τότε νομίζω ότι είναι δυνατόν. Αυτό φαινόταν πολύ μακριά από το συνηθισμένο άτομο σε πολλές από τις συνήθεις συνθήκες. Το 1966 το Σχέδιο Ακρίτας δημοσιεύθηκε σε ελληνοκυπριακή εφημερίδα. Μετά το 1963 ήξερα ότι θα έσπαζε την καρδιά του. Ειδικά αν λάβω υπόψη τις ειδήσεις που θα διάβαζε. Η Κύπρος παρέμεινε σε αναταραχή μέχρι το 1968. Μέχρι τότε, νομίζω ότι αν ο παππούς μου είχε αποφασίσει να το κάνει, θα είχε ήδη αποφασίσει και δεν θα είχε δει ποτέ τις αλλαγές που ήρθαν μετά το θάνατό του.

Το μόνο πράγμα που θα μπορούσα να πω ειλικρινά είναι ότι αν είχε ζήσει άλλα τρία ή τέσσερα χρόνια, τότε ξέρω ότι θα είχα λάβει αρκετά από τη γλώσσα για να μην επιστρέψω. Αναρωτιόμουν ακόμα αν ήξερε πώς θα αντιδρούσα στο θάνατό του. Θα ήμουν πιθανώς μέλος της Εθνικής Φρουράς σύμφωνα με τις επιθυμίες της γιαγιάς μου και τολμώ να πω ότι δεν θα ήμουν το ίδιο άτομο που είμαι σήμερα. Οι άνθρωποι μπορεί να χλευάζουν, αλλά ξέρω ότι μπορεί να είναι αλήθεια, ξέρω την έννοια της γλώσσας. Τώρα συνειδητοποίησα ότι θα δυσκολευόμουν να μάθω ελληνικά, γνωρίζοντας το συμβολισμό τους για την Κύπρο, και αυτή είναι μια από τις πιο θλιβερές πτυχές της κατάστασης στην οποία βρίσκομαι τώρα. Ήθελα να μάθω ελληνικά για να μιλήσω στους συγγενείς μου, αλλά βρήκα το μίσος γύρω από τη γλώσσα πάρα πολύ για να την απορροφήσω. Σε αυτό το σημείο ήμουν βυθισμένος στην τουρκική προπαγάνδα. Συμμετείχα βαθιά στην ανάγνωση του πραξικοπήματος του 1974, ενώ ταυτόχρονα προσπαθούσα να αναλύσω τι συνέβη γύρω από τα Χριστούγεννα - από το 1963 έως τις αρχές του 64. Έτσι ένιωσα ότι προσπαθούσα πολύ σκληρά να ξαναζήσω και τις δύο περιόδους, ειδικά το 63. Ήταν ένα μακελειό που με ενοχλούσε και το βιβλίο του Γκίμπονς ήταν πολύ ενημερωτικό. Ήξερα ότι είχαν διαπραχθεί από μια πολύ μικρή μειοψηφία, οπότε προσπαθούσα να καταλάβω τι πρέπει να είχε αισθανθεί η πλειοψηφία, όλα από τις σημειώσεις ενός αυτόπτη μάρτυρα, και τον μεγαλύτερο κριτή μας.

Δεν μπορούσα παρά να αισθάνομαι ότι η γλώσσα είχε πέσει από την πρώτη θέση της καρδιάς μου, λόγω δυσαρέσκειας, και ακριβώς όπως ήμουν, ανακάλυψα το πιο σημαντικό λόγο για να την μάθω και πάλι, την αγάπη για τους συγγενείς μου, και ένιωσα το φράγμα που ανεγέρθηκε πολύ παλιά ως παιδί θα ήταν ακόμα εκεί, που υπήρχε όπως ήμουν στη δουλειά μου. Δεν μπορούσα να μην αισθανθώ δυσαρέσκεια για αυτό που ένιωθα ότι μου προσφέρεται με τη γλώσσα, και σύντομα, ήξερα, ότι θα επιστρέψω στην Κύπρο και θα αντιμετωπίσω αυτούς που αγαπούσα, για να τους το πω.

Πήγα να επισκεφτώ την Ελληνίδα δασκάλα μου. Ένιωσα ότι έπρεπε. Έπρεπε να μάθω πώς θα μπορούσαν να συμβούν όλα αυτά. Δεν μπορούσα, και δεν σκέφτηκα, ότι εν γνώσει μας ήμασταν τόσο γεμάτοι μίσος με τόσο τρομερές συνέπειες, και μιλώντας της θα μπορούσα να καταλάβω πώς όλα έγιναν τόσο άσχημα. Αν με ρωτούσατε για τη βρετανική ιστορία, θα μπορούσα να σας δώσω μια δίκαιη περιγραφή, τόσο του πρόσφατου όσο και του μακρινού παρελθόντος της. Όσο για την κυπριακή και την ελληνική ιστορία, καλά εκεί ήξερα μόνο τα βασικά γεγονότα, αλλά είχα μια πολύ αξιόπιστη πηγή από τις σχετικές ως υπόβαθρο για τον εαυτό μου, η οποία ήταν ο παππούς μου. Ο παππούς μου γεννήθηκε μόλις τρία χρόνια μετά το τέλος της Οθωμανικής κυριαρχίας στην Κύπρο, και από την ανοχή του και μόνο, χωρίς τις πράξεις του, δεν πιστεύω ότι μεγάλωσε μισώντας τους Τούρκους για οποιονδήποτε εκδικητικό λόγο. Αν είχε ανατραφεί με το μίσος, ήξερα, δεν θα ήταν ο άνθρωπος που ήταν. Πότε ήταν λοιπόν το επόμενο μεγάλο γεγονός στην ιστορία της Κύπρου; Λοιπόν, έπειτα έρχεται ο Πρώτος Παγκόσμιος Πόλεμος, ο παππούς θα ήταν ακόμα στην ακμή του, και η Βρετανία ήταν σε πόλεμο με την Τουρκία, έτσι η Κύπρος προσαρτήθηκε από αυτούς. Κλέφτηκε σύμφωνα με τον ξάδερφό μου, εξαιτίας κατανοητών λόγων. Αυτή είναι η μόνη φορά που μπορώ να σκεφτώ ότι η εκπαίδευση του παππού μου, υποθέτοντας ότι τώρα που εκπαιδεύτηκε σε αυτόν τον τομέα, θα μπορούσε να έχει υπηρετήσει τον βρετανικό στρατό. Εκτός φυσικά αν υπάρχουν αυτοί που θα μπορούσαν να τον θεωρήσουν προδότη. Αλλά, εκτός από το ταξίδι του στις ΗΠΑ, θα ήταν ακριβώς όπως ένας από τους πολλούς Έλληνες που υπηρέτησαν με το βρετανικό στρατό τότε, και ο διαχωρισμός και η διακυβέρνηση δεν ήταν απαραίτητη αυτή τη στιγμή, οι Κύπριοι θα ήταν εύκολο να κυβερνήσουν.

Έφτασα στο σπίτι της Ελληνίδας δασκάλας μου και χτύπησα το κουδούνι. Σκεπτόμενος πίσω, φαινόταν τόσο πολύ καιρός τώρα, αλλά ήταν μόνο ένας μήνας περίπου. Η Σούζι με άφησε να μπω και περάσαμε και καθίσαμε στο ωδείο όπου μας έφερε καφέ.

«Πρώτα απ' όλα, επιτρέψτε μου να πω ότι πιστεύω ότι ο Κυπριακός λαός πρέπει να είναι ελεύθερος να αποφασίζει για το μέλλον του», είπε.

«Ξέρω Σούζι, δεν είσαι έτσι εσύ, αλλά υπάρχουν πολλοί άλλοι που απλά δεν μας επιτρέπουν να κάνουμε τις δικές μας επιλογές», της είπα προσθέτοντας. «Μας λένε ψέματα Σούζι, κοίτα αυτό, βγήκε πέρυσι, πώς υποτίθεται ότι πρέπει να κοιτάξω τους συγγενείς μου κατάμουτρα γνωρίζοντας ότι μπορεί να υπάρχει ένα κόμμα που θα τα κρατήσει όλα αυτά κρυμμένα;» Είπα καθώς της έδωσα το αντίγραφο του βιβλίου του Γκίμπονς. Δεν το είχε ξαναδεί. Της είπα για το Σχέδιο Ακρίτας και για τις άλλες αποκαλύψεις μου, μετά της είπα για τον παππού μου και τα συμπεράσματά μου, συμπεριλαμβανομένου και αυτού που δεν ήθελα ποτέ να αντιμετωπίσω.

«Ξέρω ότι αυτό που σου είπα στο τηλέφωνο ακούγεται απίστευτο, αλλά πραγματικά πιστεύω ότι θα μπορούσε να είναι αλήθεια, πραγματικά το πιστεύω». Χάρηκα που κάποιος μίλησε γι' αυτό. Συνέχισα να της λέω,

«Ποτέ δεν μισούσε τους Τούρκους Σούζι, και ήταν τόσο διαφορετικός από την υπόλοιπη οικογένειά μου, εντελώς διαφορετικός. Είναι η χρονική στιγμή των πάντων, έχει τόσο πολύ νόημα τώρα», είπα, ήμουν αναστατωμένος και το κάπνισμά μου είχε αυξηθεί. Άναψα άλλο ένα τσιγάρο πριν συνεχίσω.

«Πραγματικά πιστεύω ότι μπορεί να αυτοκτόνησε», έκανα μια μικρή παύση. «Οι σφαγές θα του ράγισαν την καρδιά, και δεν νομίζω ότι θα μπορούσε παρά να μου διδάξει αυτό που ξέρω ότι πρέπει να τον πλήγωσε περισσότερο». Σκεφτόμουν τις προσωπικές μου σημειώσεις. Βγήκα από τη συναισθηματική διαφάνεια που ήμουν.

«Όχι, δεν πρέπει να το πεις αυτό», είπε η Σούζι προσπαθώντας να με καθησυχάσει ότι δεν θα το έκανε.

«Ξέρετε η μητέρα μου νομίζει ότι δεν τον ένοιαζε καθόλου για το ποιον παντρεύτηκε», ήθελα να ακούσω τη γνώμη της σχετικά με αυτό, το οποίο έσπασε πίσω αμέσως.

«Όχι, όχι, όχι! Δεν πιστεύω ότι είναι αλήθεια για τον Δημήτρη!» είπε σταθερά. «Όχι, δεν μπορώ να το πιστέψω καθόλου! Δεν είναι ο τρόπος τους!»

«Το ξέρω, αυτό της έλεγα». Σκέφτηκα να πω στη Σούζι περισσότερα.

«Επιτρέψτε μου να σας πω τι ξέρω γι' αυτόν». Πήγα για να της πω τι ήξερα για τη ζωή του, και για το πώς, πίστευα, ότι ήταν ευχαριστημένος με έναν Άγγλο σύζυγο για να βρει η μητέρα μου έναν τρόπο ζωής διαφορετικό από τον δικό του ή για τουλάχιστον μερικά από τα εγγόνια του. Στη συνέχεια πήγα να της πω για τη σχέση του, και τις μεγάλες διαφορές μεταξύ, αυτού και της γιαγιάς μου. Της είπα επίσης πως νομίζω ότι ήξερε ότι η γλώσσα μπορεί να έκανε τη διαφορά, και χρησιμοποίησα τον ξάδελφό μου ως παράδειγμα. Η Σούζι γνώριζε για τη σφαγή ελληνοκυπρίων από Έλληνες και άλλους Ελληνοκύπριους.

«Το μόνο που μου είπε ήταν ότι οι Τούρκοι ρίχνουν ναπάλμ στα χωριά μας, ποτέ δεν μου είπε τίποτα για αυτό, κανείς δεν έχει ποτέ», της είπα. «Μπορείς να φανταστείς τι μου προκάλεσε αυτό; Και πόσο πολύ τους μισούσα γι' αυτό, τους Τούρκους».

«Οι Έλληνες ανατράφηκαν μισώντας τους Τούρκους», απάντησε, κάνοντας χειρονομίες με τα χέρια της ότι η ίδια ήταν, στη συνέχεια πρόσθεσε.

«Να η Κωνσταντινούπολη!» Η Σούζι μου επιβεβαίωσε αυτό που ήξερα ήδη.

«Ναι, ναι, να αυτό λέω, το '23 η Ελλάδα και Τουρκία είχαν μια μεγάλη πληθυσμιακή μετατόπιση, ορθόδοξων προς την Ελλάδα και μουσουλμάνων στην Τουρκία», έστριψε λίγο το κεφάλι. Υποθέτω ότι κανένας Έλληνας δεν θέλει να θυμηθεί αυτή την υπόθεση αν και θα μπορούσε να έχει επηρεαστεί προσωπικά από αυτό.

«Ποτέ, ζούσαμε ακόμα με Τους Τούρκους, τα μονοπάτια μας πήραν μια πολύ διαφορετική διαδρομή», της είπα. Η Σούζι στη συνέχεια άρχισε να μου λέει για τα σχολικά της χρόνια, είναι περίπου δεκαπέντε έως είκοσι χρόνια μεγαλύτερη μου.

«Όταν ήμουν στο σχολείο στην Ελλάδα, κάθε πρωί, λέγαμε μια προσευχή για την Κύπρο», έβαλε τα χέρια της μαζί, μιμούμενη αυτές τις προσευχές, και στη συνέχεια πρόσθεσε.

«Προσευχόμασταν για το μαργαριτάρι». Την κοίταξα γεμάτος με μια αίσθηση τρόμου και ταυτόχρονα νομίζω ότι μπορεί να είχε συνειδητοποιήσει όπως εγώ, ότι, εν αγνοία τους, προσεύχονταν να μας απαλλάξουν από την τουρκική κοινότητα με την οποία ζούσαμε ειρηνικά και, ταυτόχρονα, να συνειδητοποιούν πού θα μπορούσαν να οδηγήσουν τέτοια συναισθήματα.

«Αυτό εννοώ, Σούζι!»

Κάτω από την οθωμανική κυριαρχία οι Έλληνες υπέφεραν όπως όλοι οι άλλοι. Μετά τον Α΄ Παγκόσμιο Πόλεμο, ο Κωνσταντίνος επέστρεψε στο θρόνο, αλλά η Κωνσταντινούπολη, η έδρα του Πατριάρχη της Ανατολικής Ορθόδοξης Εκκλησίας, δεν επέστρεψε, ούτε θα επέστρεφε. Λίγα χρόνια νωρίτερα, το 1915, η Κύπρος θα είχε παραχωρηθεί στην Ελλάδα εάν είχε εισέλθει στον πόλεμο για λογαριασμό των συμμάχων, αλλά αρνήθηκε. Τώρα, παρόλο που αυτό το μέρος της ιστορίας μπορεί να φαίνεται να έχει μικρή σημασία για την Κύπρο, πρέπει να αναφερθεί για τον αντίκτυπό του στον ελληνικό λαό για έναν, αλλά ίσως τον πιο σημαντικό λόγο είναι ότι ιστορικά μόλις αναγνωρίστηκε από ορισμένες χώρες ως τη γενοκτονία του πρώτου εικοστού αιώνα, αν και φαίνεται συνέχεια του προηγούμενου αιώνα. Θα ήταν επίσης πηγή έμπνευσης για τους Γερμανούς αξιωματικούς που είδαν τη γενοκτονία τους. Μεταξύ 1915 και 1923 περίπου ενάμισι εκατομμύριο χριστιανοί Αρμένιοι και πάνω από μισό εκατομμύριο Έλληνες Ορθόδοξοι χριστιανοί δολοφονήθηκαν από τους Τούρκους στη Μικρά Ασία, τη νέα τους πατρίδα.

Το 1919 οι Έλληνες εισέβαλαν στην Τουρκία από την πόλη που επέστρεψαν τη Σμύρνη και από τη γύρω περιοχή της Λυδίας. Τα πήγαιναν καλά στην αρχή και χτύπησαν βαθιά σε μεγάλο μέρος της Ανατολής, αλλά ήταν πολύ βαθιά. Οι τουρκικές δυνάμεις υποχώρησαν με τακτική, επιτρέποντας την αποδυνάμωση των ελληνικών γραμμών. Όταν ήρθε η ώρα, ο Μουσταφά Κεμάλ επιτέθηκε, χωρίζοντας τις ελληνικές δυνάμεις και σπρώχνοντάς τους πίσω στη Σμύρνη, την οποία οι Τούρκοι λεηλάτησαν και έκαψαν, σκοτώνοντας περίπου τριάντα χιλιάδες ανθρώπους. Πολλοί αναγκάστηκαν να κολυμπήσουν για τη ζωή τους σε αγκυροβολημένα πλοία από τα οποία είδαν τη Σμύρνη να καίγεται. Η Τουρκία σύντομα θα εκδιώξει όλους τους Έλληνες από αυτήν την περιοχή στην Ελλάδα, τους περισσότερους από τους οποίους εκδίωξε το 1923. Πάνω από ενάμισι εκατομμύριο άνθρωποι φύγανε στην ανταλλαγή πληθυσμών, λόγω θρησκείας, με περίπου μισό εκατομμύριο μουσουλμάνους να πηγαίνουν στην Τουρκία από την Ελλάδα. Το αποτέλεσμα αυτού δεν πρέπει να υποτιμάται και για τους δύο λαούς. Για τους Έλληνες, ήταν μια απόλυτη τραγωδία, με μεγάλο ποσοστό του πληθυσμού να απομακρύνεται από αυτό, που για πολύ καιρό ήταν ένα πολύτιμο μέρος της Ελλάδας. Αυτή τη στιγμή, όπως και κάθε άλλη, μέσω της θρησκείας, της γλώσσας και της ιστορίας μας, αυτοί οι Έλληνες της ηπειρωτικής χώρας ήταν ακόμα οι άνθρωποι μας. Η βρετανική κυβέρνηση πιθανότατα ήξερε ότι το 1923, με την ανταλλαγή πληθυσμού, είχαν έναν δυναμίτη που περίμενε να ανάψει. Άναψε το μπλε χαρτί και όλο αυτό το μίσος θα είχε κυκλοφορήσει.

Εδώ πρέπει να είμαι ειλικρινής για κάτι που πιστεύω ότι είναι μάλλον σημαντικό. Δεν ήξερα ποτέ για την αποτυχημένη εισβολή στην Τουρκία μέχρι αυτή τη χρονική στιγμή. Δεν είναι κάτι που διδάσκεται είτε στο Ηνωμένο Βασίλειο είτε, όπως καταλαβαίνω στην Ελλάδα, και ποτέ δεν έχω μελετήσει ή διαβάσει τη Νέα Ελληνική Ιστορία σε βάθος. Θα μπορούσα να δω τώρα, πώς, είχε η κατάσταση σχετικά με την κυπριακή ιστορία. Όταν συνειδητοποίησα τι συνέβη απλά σκέφτηκα, σκατά! Λίγο αργότερα πήγα στο P.C. και κοίταξα την εν λόγω περιοχή. Προσπαθούσα να φανταστώ πώς θα ένιωθε. Δεν πήραν πίσω την Κωνσταντινούπολη, αλλά έχοντας τη Σμύρνη, μόνο για να την χάσει μετά την έναρξη μιας επίθεσης εναντίον μιας χώρας του οποίου ο πληθυσμός ήταν καλά ικανός να αντιμετωπίσει την κατάσταση. Δεν μπορούσα να το πιστέψω. Απορροφούσα την ιστορία μας εκεί, σύγχρονη και αρχαία, συνειδητοποιώντας ότι η περιοχή αυτή θα διατηρούσε την ελληνική καρδιά της καθ' όλη τη διάρκεια της κατοχής από τους Οθωμανούς. Ήταν ελληνική από πολύ καιρό πριν από τον Χριστό. Τότε δεν θα μπορούσα παρά να έλκομαι από τη σχετική ιστορία μας στην περιοχή και την εκστρατεία του Αλεξάνδρου κατά των Περσών. Αυτή η εκστρατεία θα έφερνε Έλληνες από όλα τα αρχαία κράτη μαζί, και οι Έλληνες της Κύπρου είχαν κερδίσει την ελευθερία τους από τους Πέρσες μετά την παροχή βοήθειας στην εκστρατεία στον Tyre και τον Issus. Μετά από αυτό, πολλοί περισσότεροι θα τον είχαν ενωθεί για να συνεχίσουν την εκστρατεία ενάντια στην Περσία. Αλλά πήγε πολύ πέρα από αυτό. Ήταν το βάθος της ιστορίας μας εκεί. Έσκυψα στο γραφείο με τους αγκώνες μου, για να ξεκουραστεί το κεφάλι μου στα χέρια μου, και απλά τα κοίταξα όλα, απορροφώντας πόσο καιρό και πόσο πίσω ελληνική ιστορία πήγε σε αυτόν τον τομέα, και σκεπτόμενος τι καταστροφική που ήταν η κίνηση της εισβολής. Μου πήρε μερικά λεπτά πριν πω στον εαυτό μου αρκετά καθαρά και βαθιά.

«Ηλίθιοι μπάσταρδοι».

Πίσω στην κυπριακή ιστορία, τη δεκαετία του 1930 οι Ελληνοκύπριοι εξεγέρθηκαν κατά των άδικων φόρων. Η τουρκική κοινότητα δεν συμμετείχε ποτέ. Αυτές οι ταραχές ήταν εξαιρετικά σοβαρές εκείνη την εποχή και έγιναν πολλές ζημιές, με τα βρετανικά στρατεύματα να ανακαλούνται για να αντιμετωπίσουν την κατάσταση. Είχα ακούσει μερικούς ανθρώπους να λένε ότι αυτή ήταν η αρχή των ταραχών μεταξύ Ελληνοκυπρίων και Τουρκοκυπρίων, αλλά όταν έκανα κάποια βασική έρευνα δεν ήταν δύσκολο να ανακαλύψω ότι οι Κύπριοι επαναστατούσαν ενάντια σε μια υψηλή φορολογική εισφορά που τους επιβλήθηκε από τους Βρετανούς, για να πληρώσουν για τη δική τους κατοχή. Μου θύμισε τις φορολογικές εξεγέρσεις στην Αγγλία, και ο Αμερικανικός Πόλεμος της Ανεξαρτησίας ήταν κάτι που έχει να κάνει με μια φορολογική εξέγερση. Λοιπόν, φαίνεται να είναι τα πιο σοβαρά είδη της πολιτικής διαταραχής και όλο αυτό το διάστημα πρέπει ακόμα να θυμόμαστε την αυξανόμενη πικρία που είχε γίνει αισθητή για όχι μόνο να χάσει την Σμύρνη η Τουρκία. Αλλά η δυσαρέσκεια με την πλήρη απομάκρυνση σχεδόν ενάμισι εκατομμυρίου ανθρώπων από μια χώρα στην οποία είχαν ζήσει για χιλιάδες χρόνια. Πολλοί από αυτούς τους μετανάστες θα ένιωθαν δυσαρεστημένοι στη χώρα.

Ο Ελληνοκυπριακός λαός είναι ένας πολύ θρησκευτικός λαός και η εκκλησία μας, όπως και η Ελληνική Εκκλησία, έχει τον δικό της χαρακτήρα. Αυτό θα ενισχυθεί από τη φύση της οθωμανικής κυριαρχίας. Γι' αυτό διαπίστωσα ότι δεν υπάρχει τίποτα ασυνήθιστο για τον πρώτο μας Πρόεδρο να είναι Αρχιεπίσκοπος. Φαίνεται εντελώς φυσικό. Θα μπορούσα επίσης να καταλάβω τι συνέβη το 1963 και το 1964. Τόσο άσχημα όσο φαινόταν, που μπορούσα να το καταλάβω. Θα μπορούσα επίσης να δω πόσο περισσότεροι άνθρωποι είχαν τυλιχτεί σε αυτό.

Από τις 1955 έως το 1959, το Ε.Ο.Κ.Α. αγωνιζόταν για την ένωση με την Ελλάδα, και τίποτα λιγότερο από αυτό. Ήταν ένας αγώνας που πίστευαν οι άνθρωποι. Τα παιδιά στην Κύπρο, καθώς και στην Ελλάδα, μεγάλωναν πιστεύοντας ότι δεν ήταν μόνο το πεπρωμένο μας, αλλά και το δικαίωμά μας. Αγωνιζόμασταν όχι μόνο για την ελευθερία μας, αλλά και για το δικαίωμα να ενοποιηθεί και πάλι με τους ανθρώπους με τους οποίους είχαμε μια τόσο μακρά ιστορία. Κανείς δεν θα μπορούσε, ή θα είχε εξετάσει τις συνέπειες μιας τέτοιας αιτίας παράλληλα με τη δυσαρέσκεια που θα είχε δημιουργηθεί στον ελληνικό λαό για τη Σμύρνη, και ήμασταν με τον ελληνικού λαού, εκτός από τους Βρετανούς. Ακόμα και κατά τη διάρκεια του Ψυχρού Πολέμου, οι ΗΠΑ ενδέχεται να ήταν καλοί στη συλλογή πληροφοριών, αρκετά συχνά όταν πρόκειται για παγκόσμιες υποθέσεις, που τις έφερε στους Βρετανούς για ανάλυση με βάση την εμπειρία τους από αιώνες αποικιοκρατίας. Και δεν μπορούσα να πιστέψω ότι δεν θα μελετούσαν τις πιθανές συνέπειες.

Φαινόταν να υπάρχει μεγάλη αλήθεια σε όσα είπε ο ξάδερφος μου για τα βρετανικά παιχνίδια και ποια παιχνίδια θα ήταν αυτά. Θα ήξεραν ότι μια μέρα θα κάναμε και το κάλεσμα για την ένωση. Στα τέλη της δεκαετίας του 1950 η τρομοκρατική εκστρατεία ήταν έντονη και οι Βρετανοί γνώριζαν ότι έπρεπε να γίνουν παραχωρήσεις. Η εκστρατεία θα είχε ξεπεράσει την ανεξαρτησία, καθώς δεν ήταν αυτό του Ε.Ο.Κ.Α. που αγωνιζόταν. Ήταν η ένωση και τίποτα λιγότερο. Υπήρχε όμως το εμπόδιο της τουρκικής μας κοινότητας. Τώρα θα την αποκλείσουν με οποιονδήποτε τρόπο μπορούσαν. Αλλά υπήρχε ένα σημαντικό σημείο που μας πήρε λίγο χρόνο για να συνειδητοποιήσουμε. Δεν ήταν μόνο Τούρκοι. Αυτοί ήταν Τουρκοκύπριοι, και ήταν σπίτι τους, και όσο κι αν τους πολεμήσαμε στον αγώνα, κάτι που θα μπορούσα να καταλάβω τώρα, δεν πρόκειται να φύγουν. Αυτό σήμαινε ότι πρέπει να ενσωματωθεί μια εντελώς νέα ιδέα, αυτή μιας ανεξάρτητης Κύπρου και με τις δύο κοινότητες. Ο παππούς μου δεν θα ήξερε ότι τα πράγματα βελτιώθηκαν τόσο πολύ το 1968, το έτος του θανάτου του. Μπορούσα πραγματικά να καταλάβω γιατί ο Μακάριος βρίσκεται στην κορυφή του βουνού. Θα ήταν τόσο δύσκολο να μας βγάλεις από αυτό, ειδικά μετά τα Χριστούγεννα του 1963. Μέχρι το τέλος της δεκαετίας του '60 πιστεύω ότι το Ε.Ο.Κ.Α.Β. έγινε η αιτία της δυσαρέσκειας, όχι μόνο από τους Τούρκους, αλλά και, πιθανώς περισσότερο, από τους Ελληνοκύπριους. Και εκεί αυτά τα λίγα χρόνια είδα κάτι που με έκανε να είμαι περήφανος. Ήμασταν λαοί που προσπαθούσαν να μειώσουν τη μισαλλοδοξία και το μίσος που είχε απελευθερωθεί για να επιτρέψουν στην Κύπρο να αναπτυχθεί. Κοίταξα τα επακόλουθα του πραξικοπήματος του 1974, και αναρωτήθηκα αν ήταν τόσο πολύ το φταίξιμο των ανθρώπων που δεν μιλούσαν για κανένα από αυτά. Το γεγονός ότι η Τουρκία χώρισε το νησί μας ήταν ένα πικρό πλήγμα για τους περισσότερους Κύπριους και θα προσελκύσει όλους τους ανθρώπους μαζί. Ένιωσα ότι ήταν δύσκολο γι' αυτούς να πουν το λιγότερο μετά την προσπάθεια και την αλλαγή των τελευταίων έντεκα ετών. Σκέφτηκα πόσο βαρύ είναι αυτό το βάρος για ορισμένους Κύπριους και το μίσος που διαρκεί.

Άφησα την Ελληνίδα δασκάλα μου περήφανη για την συζήτηση. Τώρα μπορούσα να καταλάβω πώς όλα ήταν τόσο εκτός ελέγχου, όχι ότι μου άρεσε πια. Από την αντίληψή μου η ένωση έπρεπε να έχει γίνει τόσο δυνατή όσο ήταν από τα μέσα έως τα τέλη της δεκαετίας του πενήντα και μετά. Δεν λέω ότι η ιδέα δεν υπήρχε ποτέ πριν, γιατί το έκανε, αλλά όχι όπως το

1955. Εκείνη την εποχή το Ε.Ο.Κ.Α. δεν απασχολούταν με την ένωση με την Ελλάδα. Ήταν αυτό που είχε φέρει τόσο μίσος. Δεν έχει σημασία πώς το έβλεπα, ήταν όλα ιστορία, και τόσο καιρό πριν. Μπορούσα να καταλάβω λίγο περισσότερο για το πώς η πικρία θα υπήρχε φυσικά εκεί από την απώλεια της Σμύρνης, και θα μπορούσα επίσης να δω τη σημασία του θρησκευτικού συνδέσμου. Έπρεπε τώρα να σκεφτώ τη φύση της θρησκείας μας.

Η εκκλησία, όπως και κάθε θεσμός στην Κύπρο, είναι αντι-τουρκική, και με τον τρόπο της λίγο μαχητική, το οποίο βρίσκω λίγο πιο ανησυχητικό αν και το κατάλαβα. Η Κρήτη πήρε την απελευθέρωσή της από την Οθωμανική κυριαρχία αμέσως μετά την ανάληψη της διοίκησης της Κύπρου από τους Βρετανούς, αφού είχαν δώσει έναν άγριο αγώνα για την ελευθερία, η οποία κατεστάλη βάναυσα από τους Τούρκους. Οι Κρητικοί και Κύπριοι, γνώριζα ότι ήταν πολύ στενά συνδεδεμένοι με το αρχαίο παρελθόν μας. Μετά τον σεισμό που πιστεύεται ότι έχει πλήξει σοβαρά τον μινωικό πολιτισμό στην Κρήτη, πολλοί μετανάστευσαν στην Κύπρο και ήταν μέρος της ιστορίας μας. Αυτοί οι ισχυροί δεσμοί είχαν παγιωθεί ξανά και ξανά και είχαν ενισχυθεί μέχρι σήμερα από μια μακροχρόνια πολιτιστική ένωση. Πράγματι, η ιστορία μας βαδίζει χέρι-χέρι με αυτή της Ελλάδας. Ο ισχυρότερος κρίκος κατά τη διάρκεια αυτής της περιόδου μέχρι σήμερα θα ήταν η γλώσσα μας, και η θρησκεία, παρά το γεγονός ότι η εκκλησία μας είναι εκκλησιαστικά αυτόνομη.

Τώρα μπορούσα να δω τη σχέση μεταξύ όλων αυτών και των τωρινών μας προβλημάτων. Ο δεσμός μας ήταν πολύ δυνατός και με την ένωση πιστεύω ότι είχε φτάσει σε ορισμένους η επιθυμία για εκδίκηση, όχι μόνο για τη Σμύρνη, και για τα εκατοντάδες χρόνια κατασταλτικής οθωμανικής κυριαρχίας, αλλά και για ό, τι είχε κάθε Έλληνας εναντίον Τούρκου. Η Ελλάδα υπέστη πλήγμα όσον αφορά την ακεραιότητά της. Είχα ακούσει την Κύπρο να καλείται το μαργαριτάρι της Ελλάδας στο παρελθόν. Ως παιδί κοίταζα έναν άτλαντα και έβλεπα πόσο μακριά ήταν από την σύγχρονη Ελλάδα. Σε μια καθαρή μέρα ο παππούς μου μπορούσε να δει τα βουνά της Τουρκίας, τα οποία για μεγάλο μέρος της ζωής του θα τα κατοικούσαν Έλληνες. Ήξερα ότι ως παιδί υπήρχαν προβλήματα στην Κύπρο, αλλά δεν θα μπορούσα να κάνω λίγα πράγματα, αν και μεταξύ του 1968 και του 1974 τα πράγματα ήταν σχετικά ειρηνικά, γι' αυτό το 74 προκάλεσε σοκ. Ίσως ήξερα ότι ήμασταν ανεξάρτητοι, αλλά ήξερα ότι πολλοί ακόμη και εδώ στην Αγγλία την θεωρούσαν Ελληνική. Μια τυπική συζήτηση που θυμάμαι ως πολύ μικρό παιδί.

«Από που είσαι;»

«Κύπρος».

«Αυτό είναι ένα από τα ελληνικά νησιά, έτσι δεν είναι;»

«Είναι;» Ρωτούσα.

«Ναι, είναι ελληνική, έτσι δεν είναι;» Θα ήξερα ότι ήταν ελληνική, αλλά δεν ήταν ελληνικό νησί με την ίδια έννοια όπως η Κρήτη, όπως ένιωθα ότι είχε προταθεί.

«Ναι, αλλά είναι πολύ μακριά από την Ελλάδα», θα έλεγα, προσπαθώντας να επισημάνω το προφανές.

«Αλλά είσαι Έλληνας, έτσι δεν είναι;»

«Ναι».

«Ναι, αυτό σκέφτηκα, είναι ελληνική». Μπορώ να σκεφτώ μόνο την άνεση που αποκτήθηκε από αυτήν τη συζήτηση εκείνη τη στιγμή, ένιωθα ότι ήταν το σωστό.

Τώρα αυτή την ίδια στιγμή είχα οικοδομήσει μια σειρά από εικόνες στο μυαλό μου για την κατάσταση τόσο του 1963, και του '74, και ενός ανθρώπου συγκεκριμένα, του Μακαρίου. Ένα από τα προβλήματα που είχα είναι ότι ο συγγραφέας της πλειοψηφίας του υλικού που χρησιμοποιούσα ήταν τόσο προκατειλημμένος εναντίον του Μακαρίου, στις περισσότερες περιπτώσεις το θεωρούσα τυφλή προκατάληψη. Τότε γιατί το χρησιμοποιούσα; Για το πρώτο, ο συγγραφέας Harry Γκίμπονς ήταν πάρα πολύ ενεργός στη πολιτική σκηνή το 1963 και έγραψε περίπου το '74. Μεγάλο μέρος του έργου του είναι πληροφορίες που είναι είτε πολύ δύσκολο να φτάσει κανείς ή είναι απρόσιτες αλλού. Αλλά η απεικόνιση του Μακαρίου το '63 και το '64 με μπέρδεψε, ενώ η απεικόνιση του Μακαρίου το 1974 με αηδίαζε. Περίμενε πραγματικά από τον αναγνώστη να πιστέψει ότι ο Μακάριος και η ελληνική χούντα πολεμούσαν ο ένας τον άλλον για να δουν ποιος θα πήγαινε να εξολοθρεύσει τους Τουρκοκύπριους και να ηγηθεί μιας νέας Βυζαντινής Αυτοκρατορίας.

Θα ήταν εξαιρετικά τρομακτικό να διαβάζουμε για τους Τουρκοκύπριους γνωρίζοντας ότι ο Γκίμπονς θεωρούσε την καταστροφή της φυλής τους τόσο σημαντική. Αν αυτό δεν ήταν αρκετά γελοίο, πρότεινε ακόμη ότι ο τελικός σκοπός όλων αυτών ήταν να εισβάλουν στην Τουρκία και να ξαναπάρουν την Κωνσταντινούπολη. Δεν έχω διαβάσει ποτέ κάτι τόσο αξιολύπητο. Οι μάχες το 74 ήταν μεταξύ Ελλήνων και Ελληνοκυπρίων. Κανένας Τούρκος δεν άγγιξε πριν από τις προσγειώσεις, και ακόμα και αφού φάνηκε ότι οι δυνάμεις του Ε.Ο.Κ.Α.Β. έπαιρναν ομήρους, αν και μπορούσα να φανταστώ άλλους να το κάνουν με φόβο. Αφού ο τουρκικός στρατός έσπρωξε σε όλο το νησί ένοπλους άνδρες να εξοντώσουν τα τρία χωριά, αν και η άποψη που έθεσε ο συγγραφέας ήταν αποκρουστική. Ταυτόχρονα, ήμουν σε θέση να αισθάνομαι πολλά πράγματα σχετικά με αυτή την άποψη, όπως και τώρα με την ένωση, και τα συναισθήματα, και ακόμη και ο φόβος που το περιβάλλουν. Κατάλαβα επίσης πολλά από αυτά που συνέβησαν το 1963.

Αν ένιωθα πράγματα για κάποιον, αυτός ήταν ο Μακάριος. Οι αλλαγές σε αυτόν μεταξύ της δεκαετίας του 1960, όταν ήταν ο πιο ένθερμος υποστηρικτής της ένωσης, και του 74, όταν ήταν το κύριο εμπόδιο της ήταν αρκετά απίστευτες. Ωστόσο, καθ' όλη τη διάρκεια αυτής της περιόδου καταδικάστηκε από τους επικριτές του να είναι υπεύθυνος για όλα όσα συνέβησαν. Κάτι που ένιωσα ότι είχα καταφέρει να καταλάβω ήταν μερικά από τα συναισθήματα που περιβάλλουν την ένωση, ο φόβος είναι ένα από αυτά. Ήταν ο ίδιος φόβος που ένιωσα για τον ξάδερφό μου και τον νονό μου, γνωρίζοντας ότι έγραφα αυτό το βιβλίο και θα επιστρέψω στην Κύπρο. Ένας τεχνητός φόβος ίσως, από τη στιγμή που απορροφήθηκα από την πιο σκοτεινή περίοδό μας, αλλά ήταν ένας πραγματικός φόβος. Άρχισα να έχω προαίσθημα για τον Μακάριο τώρα και πρέπει να πίστευα ότι το ένιωθε επίσης. Επιτρέψτε μου να σας πω για το φόβο. Όταν ξεκίνησα αυτό το βιβλίο το πιο κυρίαρχο συναίσθημα ήταν ο θυμός και κάπου στην πορεία άγγιξα το φόβο. Είναι ο φόβος που πολλοί ζουν με αυτόν τόσα χρόνια, αλλά λίγοι μπορούν να αγγίξουν, αλλά μόλις τον αγγίξουν, ξέρουν τον φόβο. Συνήθιζα να λέω στους ανθρώπους ότι δεν ήμουν αντισημιτικός, αλλά κατά του ισραηλινού κράτους για την κατάχρηση του παλαιστινιακού λαού. Ενώ γράφω αυτό το βιβλίο αν και άγγιξα αυτόν τον φόβο από τον οποίο μπορώ μόνο να φανταστώ ότι γεννήθηκε το Ισραήλ, και μπορεί να είμαι ακόμα αντίθετος στις συνεχιζόμενες καταχρήσεις, αλλά τώρα, καταλαβαίνω. Είναι ο φόβος του γείτονά σου, ο φόβος του άγνωστου ξένου που μπορεί να στέκεται δίπλα σου. Είναι ο φόβος που νιώθεις όταν ξέρεις ότι η ζωή σου δεν έχει νόημα για κάποιους. Σε εκείνους που μπορεί να αισθάνονται ότι η αιτία τους είναι τόσο μεγάλη που η ζωή τους έχει χάσει κάθε σημασία συγκριτικά. Τώρα κατάλαβα πραγματικά τι σημαίνει να είσαι Κύπριος. Αυτό είναι το είδος του φόβου που επικαλέστηκε το Ε.Ο.Κ.Α. όχι μόνο στην τουρκοκυπριακή κοινότητα, αλλά και, εξίσου, στον ελληνοκυπριακό λαό. Οι στατιστικές τα είπαν όλα. Ο Χάρι Γκίμπονς ήταν πολύ προκατειλημμένος εναντίον του Μακαρίου για να πλησιάσει την αλήθεια. Αυτό ήταν σημαντικό για μένα για περισσότερους από έναν λόγους. Φαινόταν να βρίζει τον άνθρωπο εντελώς, για πάντα, έναν άνθρωπο που ούτε ήξερε ούτε μπορούσε να καταλάβει, και που είχε πολύ χειρότερες συνέπειες. Ακόμα και η κατάσταση, ήξερα, θα ήταν πέρα από την κατανόηση του Γκίμπονς. Ούτε κατάλαβε τον ελληνοκυπριακό λαό, ούτε πώς θα αντιδρούσε ακόμη και στην ιδέα μιας τουρκικής εξέγερσης. Ούτε η επίδραση που θα είχε ένωση, ή τα συναισθήματα που περιβάλλουν την ένωση για έναν Έλληνα, ή Ελληνοκύπριο. Ο πιο σημαντικός λόγος που το βιβλίο του Γκίμπονς είχε σημασία όμως, είναι επειδή ο Μακάριος είναι όπου είναι, στο βουνό, και όσον αφορά τους περισσότερους Κύπριους, είναι πατριάρχης του νησιού, και μπορούσα να καταλάβω γιατί. Είχα επίσης αρχίσει να συνειδητοποιώ ότι ένα αποτέλεσμα του βιβλίου του θα ήταν να καταστεί εντελώς απαράδεκτο για κάθε Τούρκο να εξετάζει την Κύπρο ως ένα ενιαίο νησί. Ο Μακάριος, εκπροσωπούσε, όπως υποστήριζε εντελώς λανθασμένα η ιστοσελίδα της αλήθειας, έναν άγγελο του θανάτου.

Καθ' όλη τη διάρκεια αυτής της περιόδου, συνέχισα να γράφω απλά για να φέρω το βιβλίο μέχρι την κατάσταση που είναι σήμερα, και να βάλω σε αυτό όπως διέρχεται από το μυαλό μου, την δική μου οικογένεια και τον παππού μου ακόμα. Αποφάσισα να τηλεφωνήσω στον πατέρα μου για να του μιλήσω για τη μητέρα μου και να ρωτήσω πώς ένιωθε. Με άφησε να μιλήσω περισσότερο.

«Πώς είναι η μαμά;» Εγώ ρώτησα.

«Είναι καλά».

«Μπαμπά, ξέρω μερικά από τα πράγματα που έχω κάνει και πει τον τελευταίο καιρό μπορεί να φαίνονται παράξενα, και ξέρω ότι αυτό αναστάτωσε τη μαμά λίγο, αλλά προσπάθησα να καταλάβω μερικά πράγματα», ο μπαμπάς μου απλά άκουγε.

«Μπορείς να φανταστείς τη χαμηλή αυτοεκτίμηση που πρέπει να έχει η μαμά, νομίζοντας ότι ο παππούς πραγματικά δεν νοιαζόταν», του είπα. «Έκανε αυτό που έπρεπε να κάνει, και μετά νόμιζε ότι ήταν παντρεμένη με οποιονδήποτε. Ξέρω τι λέω ακούγεται παράξενο, αλλά νομίζω ότι ταιριάζει καλά με τις σκέψεις του παππού εκείνη την εποχή, πραγματικά το κάνω», ο πατέρας μου συνέχισε ακόμα να ακούει.

«Ξέρεις, νομίζω ότι θα μπορούσε να έχει γυρίσει τη βρύση αερίου ο ίδιος», είπα.

«Όχι, δεν θα το πίστευα, φαινόταν εντάξει», είπε ο πατέρας μου, διαβεβαιώνοντάς με.

«Δεν είναι αυτό που λέω, είναι ακριβώς ο τρόπος που τα πράγματα ήταν στην Κύπρο στις αρχές της δεκαετίας του εξήντα, και στη συνέχεια το Σχέδιο Ακρίτας είχε ήδη δημοσιευθεί», αναστέναξα. «Θα του έσπαγε την καρδιά».

«Ναι, αλλά πώς θα το ήξερε;» ρώτησε ο πατέρας μου. Μετά από όλα τα άλλα που έκανε ήταν δύσκολο να πιστέψει κανείς ότι δεν ήταν σε επαφή με την κατάσταση στο σπίτι. Απάντησα κυνικά στην πρότασή του.

«Δεν ξέρω μπαμπά, ο βρετανικός Τύπος θα ήταν γεμάτος από αυτό», σκεφτόμουν πώς είχε συχνά εξαφανιστεί τα πρωινά. «Πες μου, πού πήγαινε για λίγες ώρες τα περισσότερα πρωινά;»

«Για μια βόλτα!» ο πατέρας μου απάντησε. Βρήκα αυτή την ιδέα διασκεδαστική.

«Μπαμπά, οι 80χρονοι άντρες δεν πάνε βόλτες για 2-3 ώρες». Ένιωθα σίγουρος ότι χαμογελούσε.

«Ήταν ένας πολύ έξυπνος άνθρωπος», μουρμούρισε ο πατέρας μου.

«Έπρεπε να είναι», χαμογέλασα τώρα. «Μπαμπά ένα τελευταίο σημείο, η μαμά λέει ο παππούς ποτέ δεν έκανε μια διαθήκη, και όταν ρώτησα τον Σάββα αν είχε την διαθήκη και τα έγγραφα του, μου είπε ότι έκανε», έκανα παύση. «Ένας από αυτούς έπρεπε να είναι λιγότερο ειλικρινής μαζί μου», απλά έπρεπε να ρωτήσω. «Μπορείς να μου πεις ποιο;»

«Το τελευταίο», απάντησε ο πατέρας μου.

«Εντάξει, ευχαριστώ», έβαλα το τηλέφωνο κάτω και συλλογίστηκα τι μου είπε για μια στιγμή. Είπε ο πατέρας μου ότι δεν υπάρχει διαθήκη; Δεν ήμουν σίγουρος. Τηλεφώνησα πίσω.

«Μπαμπά στην τελευταία ερώτηση δεν απάντησες τίποτα για μένα», ήμουν έτοιμος να είμαι πιο άμεσος.

«Κοίτα, ξέρω τι συνέβη, αλλά ξέρουμε ότι κάποιοι συγγενείς ήρθαν από το Λονδίνο μετά το θάνατο του παππού και η μαμά έπρεπε να υπογράψει κάποια χαρτιά, τι χαρτιά ήταν;»

«Δεν ξέρω», απάντησε.

«Γιατί έπρεπε να τα υπογράψει;»

«Έτσι θα μπορούσαν να πάρουν τη γη», είπε απλά.

«Τι εννοείς;» Ρώτησα να θέλω περισσότερα τώρα.

«Δεν ξέρω, δεν υπήρχε διαθήκη και είπαν ότι ήταν ο νεότερος θα έπαιρνε τα πάντα». Η μητέρα μου ήταν το μικρότερο παιδί.

«Δεν ξέρω, έτσι;»

«Λοιπόν, είναι αυτό που μου είπαν», απάντησε.

«Θεωρώ δεδομένο ότι έμεινες έξω από αυτό;»

«Ναι».

«Μπαμπά, δεν βρίσκω κανένα λόγο γιατί πρέπει να πάει στον νεότερο». Δεν ήξερα αν το κάλυπτε ο κυπριακός νόμος. Ήξερα ότι σύμφωνα με το βρετανικό δίκαιο δεν ήταν αλήθεια.

«Δεν ξέρω, είναι αυτό που μου είπαν», είπε.

«Ίσως στην Κύπρο, αλλά όχι εδώ, δεν ξέρω, είτε έτσι είτε αλλιώς δεν είναι ωραίο να το σκεφτόμαστε». Είπα αντίο και άφησα κάτω το τηλέφωνο. Η συνειδητοποίηση βυθίστηκε στον εαυτό μου ότι η μητέρα μου θα είχε υπογράψει τουλάχιστον για το αγρόκτημα του παππού μου, αν όχι το σπίτι του, ή και τα δύο, εκείνο το βράδυ. Κάτι που δεν θα μπορούσε ποτέ να μας παραδεχτεί. Δεν ήξερα ποια, ούτε καν η μητέρα μου θα ήξερε, καθώς δεν μπορούσε ούτε να διαβάσει ούτε να γράψει τότε. Τώρα ένιωσα πολύ λυπημένος για τον παππού μου.

Ενώ όλα αυτά συνέβαινε, σκεφτόμουν ακόμα την ερμηνεία των ανθρώπων και των γεγονότων του Γκίμπονς και, το πιο σημαντικό, ο συμβολισμός που συνδεόταν με αυτό. Ο Μακάριος βρίσκεται ψηλά στο βουνό, ως σύμβολο για το νησί, και τώρα ήξερα ότι του άξιζε να είναι εκεί. Αλλά ο Γκίμπονς έχει βάλει μια φωτογραφία του και στα δύο στο 63, και πάλι στο 74, σαν ένα είδος δαίμονα, σαν κάποιο είδος Αντίχριστου. Έγραψα ένα γράμμα αμέσως στην πρεσβεία του T.R.N.C. Ήμουν θυμωμένος για την ιστοσελίδα «Αλήθεια» και έγραψα προσωπικά στη Δεσποινίς Ντόρακ. Ήταν αυτοί που παρείχαν το βιβλίο και τους θεώρησα ως επιρροή, και υπεύθυνους, για την ιστοσελίδα. Της είπα ότι πήρα προσβλήθηκα ακραία με τον τίτλο που δόθηκε στον Μακάριο, και την ίδια στιγμή θεώρησα ότι ο άνθρωπος ήταν πολύ παρεξηγημένος από αυτούς.

Δεν ήταν ένα βιβλίο που είχα γραφτεί κυρίως για εμένα, το ήξερα, αλλά περισσότερο για τον θυμό για τη διαιώνιση του μίσους από τους Ελληνοκύπριους και τους Έλληνες, και όμως, το μόνο που μπορούσα να αισθανθώ για τους Έλληνες δεν ήταν τίποτα περισσότερο από ενόχληση. Ειδικά για εκείνους που συμμετείχαν στο πραξικόπημα του 74, το οποίο σκέφτηκα τώρα θα μπορούσε κάλλιστα να περιλαμβάνει τον ξάδελφό μου και τον νονό. Αναρωτήθηκα πόσοι από τους αγνοούμενους 1600 άνδρες που χάθηκαν το 1974, χάθηκαν από ελληνικά χέρια. Ήρωες στο νησί μας, και η σημαία μας ακόμα να ξεκουραστεί σε αμαρκάριστους τάφους, γιατί οι υπεύθυνοι θα ντρέπονται πολύ. Ήταν δύσκολο να δικαιολογήσει κανείς αυτό που έκαναν, αλλά ήταν μια πίστη σε μια διαφορετική Κύπρο, μια ελληνική Κύπρο, όπως ίσως η Κρήτη. Πολεμώντας τόσους πολλούς Κύπριους πρώτα απ' όλα. Θα πολεμούσα τον ξάδερφό μου για αυτή τη διαφορά στις πεποιθήσεις, μέχρι θανάτου αν έπρεπε. Ωστόσο, θα ήταν πάντα δική μας περίπτωση, και το χειρότερο πράγμα που θα μπορούσα να αισθανθώ προς οποιοδήποτε από αυτά ήταν ακόμα, απλά, ενοχλημένος. Άρχισα να καταλαβαίνω πώς αισθάνονται οι περισσότεροι Έλληνες για την Κύπρο, και ένιωσα ότι θα μπορούσα επίσης να καταλάβω τι πέρασε η πλειοψηφία στην Κύπρο το 1963. Δεν λέω ότι οι σφαγές δεν έγιναν ποτέ, αλλά ήξερα ότι σχεδόν όλοι οι Ελληνοκύπριοι δεν τις γνώριζαν. Για τους περισσότερους υποθέτω ότι θα ήταν μια τελευταία ρίξη για ένωση και, για πολλούς, μια συγκέντρωση της εξουσίας κατά των επαναστατικών τοπικών Τούρκων. Όταν διάβασα για τις τουρκικές σημαίες που ανεβαίνουν, έπρεπε να χαμογελάσω. Θα μπορούσα να φανταστώ τον εαυτό μου στη Λευκωσία το 1963, υπάρχουν άνθρωποι που πολεμούν Τούρκους γύρω μου, δεν θα γνώριζα τις σφαγές, αλλά να θυμάστε ότι είχαμε μόνο τρία χρόνια αδιάσπαστης ειρήνης και ξαφνικά υπάρχουν μάχες. Όλα αυτά συμβαίνουν και κάποιος ηλίθιος πηγαίνει και βάζει μια κόκκινη τουρκική σημαία στις ιστορικές μας τοποθεσίες. Ελπίζω να είμαι ο πιο ήπιος από τους άνδρες, αλλά ξέρω ότι βλέποντας αυτή τη σημαία να ανεβαίνει θα με κάνει να φτάσω για ένα όπλο. Δεν ξέρω τι είναι, αλλά ήξερα ότι οι περισσότεροι άνθρωποι θα αισθάνονταν το ίδιο, και μόλις ήξερα ότι υψώθηκαν τουρκικές σημαίες, πάνω από ιστορικά βυζαντινά μνημεία, λίγο μετά την έναρξη των ταραχών, ήξερα ότι πολλοί, όπως εγώ, θα είχαν φτάσει για ένα όπλο. Δεν το βρήκα παράξενο που έγινε τόσο κακό όσο έκανε, ειδικά με τα ελληνικά στρατεύματα στην ηπειρωτική χώρα να εμπλέκονται. Σταμάτησα να δείχνω με το δάχτυλο της ευθύνης. Ακόμα και το ίδιο το ελληνικό μίσος, ήξερα, τώρα, είναι περισσότερο μια τρομερή πικρία που γεννήθηκε από μια βαθιά δυσαρέσκεια που είχαμε για τους Τούρκους. Αυτό που με αναστάτωσε περισσότερο ήταν ότι ο Μακάριος φαινόταν να παίρνει κακώς την ευθύνη για σχεδόν τα πάντα όταν ήταν αυτός που ακολουθούσε ο λαός. Ωστόσο, παρά το 1974, και τις αλλαγές που οδήγησαν σε αυτό, θα μπορούσα να πω μέχρι στιγμής ότι ήμασταν διχασμένοι σχετικά με το τι συνέβη το 1963 και, ίσως, για την αποτυχία μας να αναγνωρίσουμε τα τρομερά γεγονότα που συνέβησαν. Γι' αυτό ένιωσα πιο ενοχλημένος.

Σύντομα κάλεσα τον εκδότη των Αρχείων Γενοκτονίας, τον Τσαρλς Μπράβο. Είχα ήδη επικοινωνήσει μαζί τους για να ζητήσω άδεια χρήσης υλικού για αναφορά, και μίλησα με τον Ζέκι, έναν Τουρκοκύπριο που εργαζόταν εκεί. Ήμουν εξοικειωμένος μαζί του, και ήξερε τη δουλειά μου γραπτώς.

«Γεια σας Δημήτρη, πέρασα το αίτημά σας», μιλούσε για το αίτημα πνευματικών δικαιωμάτων. Τώρα μου αρέσει ο Ζέκι, είναι ευγενικός και, όσο θυμωμένος κι αν ήμουν εγώ, ποτέ δεν ήθελα να του ρίξω τίποτα.

«Ευχαριστώ Ζέκι, καλούσα γι' αυτό», είπα πριν του πω τι ένιωθα.

«Ζέκι, δεν συμφωνώ με την ερμηνεία του Χάρι Γκίμπονς για τους ανθρώπους και τα γεγονότα σε εβδομήντα τέσσερα».

«Δεν χρειάζεται», απάντησε. Το ήξερα ήδη αυτό, αλλά υποθέτω ότι ήθελα κάποια ανατροφοδότηση σχετικά με αυτό.

«Είναι η απεικόνιση του Μακαρίου», του είπα. «Σαν αυτός και ο Ιωαννίδης να πάλευαν πραγματικά για να ηγηθούν μιας νέας βυζαντινής αυτοκρατορίας, αυτά είναι μαλακίες! Ήταν ο λαός του που πολέμησε την ένωση, για τον λαό μου, για τον λαό μας ακόμη!» Είπα προσθέτοντας. «Οι άνθρωποί σου τραυματίστηκαν μετά τις προσγειώσεις».

«Το ξέρω, το ξέρω». Κανένας Τούρκος δεν τραυματίστηκε πριν προσγειωθεί ο τουρκικός στρατός, και αυτό είναι γεγονός.

Λίγο αργότερα πήγα να δω τους γονείς μου, για να μην αναφέρω τη συζήτηση με τον πατέρα μου, ή οτιδήποτε σχετικά με τη διαθήκη. Απλά ήθελα να είμαι κοντά στην οικογένειά μου για λίγο. Πέρασα λίγο χρόνο εκεί και ενώ έφευγα από την αδελφή μου έφτασε. Σταμάτησα το αυτοκίνητό μου και άφησε το παράθυρο κάτω για να της μιλήσω, όπως έφτασε στο σπίτι.

«Γεια Τζίνα, έχω μιλήσει με τον μπαμπά για τη γη», ήξερε τι εννοούσα.

«Ω ναι».

«Μου είπε ότι η μαμά έπρεπε να υπογράψει χαρτιά για να πάρει τη γη, μην το αναφέρω όμως, αυτή κατά πάσα πιθανότητα θα είναι αναστατωμένη γι' αυτό».

«Εντάξει», απάντησε.

«Ξέρετε, όσον αφορά τον παππού, ποτέ δεν θα μάθω γιατί δεν τελείωσε το αλφάβητο μακριά μαζί μου εκείνη τη φορά», της είπα προσθέτοντας. «Υποθέτω ότι νόμιζε ότι θα το τελειώσεις μαζί μου», είπα νομίζοντας ότι θα θέσει τουλάχιστον το μυαλό μου σε ηρεμία. Η αδερφή μου με κοίταξε. Ξαφνιάστηκε.

«Δεν θα μπορούσα».

«Γιατί;» Εγώ ρώτησα.

«Δεν το ήξερα!»

13
~

Κεφάλαιο Δεκατρία

Γράφοντας αυτό το βιβλίο ήταν μια καταπληκτική εμπειρία για τον εαυτό μου, μια έκπληξη και μάλιστα επώδυνη. Μεγάλο μέρος του πόνου το έχω κρατήσει για τον εαυτό μου, συχνά πιστεύοντας ότι έγραφα ένα βιβλίο που επρόκειτο να είναι τόσο επικριτικό για τους δικούς μου ανθρώπους, όταν το μόνο που πραγματικά αναζητούσα ήταν ένα τέλος στην πικρία, και το μίσος, για αυτούς τους ίδιους ανθρώπους. Ποτέ δεν συνειδητοποίησα τη δύναμη, ή τη σημασία, του πρώτου βιβλίου των *Αρχείων Γενοκτονίας*, με τίτλο *Ειρήνη χωρίς Τιμή*, που δημοσιεύθηκε εκ νέου σε αυτή την τριλογία το Δεκέμβριο του 1997, και έχω δοκιμάσει την έναρξη αυτού του κεφαλαίου πολλές φορές γιατί τέτοια είναι τα συναισθήματα που επικαλέστηκα. Υποθέτω ότι ο μόνος τρόπος για να το κάνω είναι όσο πιο ειλικρινά μπορώ, όπως έχω προσπαθήσει να είναι κάθε βήμα μου στο πέρασμα μου, χωρίς να ενδιαφέρομαι για το σε ποιον θα πρέπει να γράψω εναντίον, αρκεί να μην ήταν βλαβερό για το καθεστώς του Μακαρίου. Πραγματικά ένιωσα σίγουρος ότι θα έπρεπε να γράψω τουλάχιστον μερικά κακά πράγματα γι' αυτόν, αλλά, παρά τα τυχόντα ελαττώματα που μπορεί να είχε ως άνθρωπος, έρχομαι μέσα από αυτό για να είναι ο πιο ένθερμος υποστηρικτής του. Τώρα εδώ πρέπει να επισημάνω ότι όσο και αν ξέρω ότι έρχομαι σε επαφή με πολλή προπαγάνδα, και ότι τόσα πολλά για την Κύπρο είναι προπαγάνδα, δεν θεωρώ αυτή την ιστορία ως προπαγάνδα κανενός, αυτό είναι ένα ταξίδι για τον εαυτό μου, και έχω γράψει αυτό το βιβλίο για αυτό στο μεγαλύτερο μέρος του.

Σε αυτό το σημείο αν και πραγματικά δεν μπορούσα να καταλάβω γιατί το είχα γράψει, έφτασα στο κεφάλαιο δώδεκα και το μόνο που ένιωσα ήταν ενόχληση, αλλά νόμιζα ότι το βιβλίο μου είχε έναν σκοπό, αλλά ποτέ δεν ήξερα ποιος ήταν. Έτσι πήγα πίσω στην ανάγνωση του πρώτου μέρους της τριλογίας Γκίμπονς, «*Ειρήνη χωρίς τιμή*», για δεύτερη φορά. Αν και πρέπει να προσθέσω ότι η πρώτη φορά ήταν βιαστική, και σαφώς, ο άνθρωπος είχε αρχίσει να με ενοχλεί. Θέλω να πω, πραγματικά άρχιζε να με ενοχλεί, όλο και περισσότερο. Αλλά περιέχονταν στο βιβλίο του ήταν τόσα πολλά ενδιαφέροντα γεγονότα που ποτέ δεν είχα ακούσει, ή να εξετάσει, ούτε και κάποιος άλλος που ήξερα. Όπως έγραψα, αυτός ο άνθρωπος ήταν στη σκηνή το '63 και ήταν αυτές οι λεπτομέρειες που με ενδιέφεραν. Για τον εαυτό μου είχα αρχίσει να οδηγούμαι σε κάτι. Δεν ήμουν σίγουρος στην αρχή πού πήγαιναν όλα, αλλά, όπως είπα, υπήρχαν μερικά πολύ ενδιαφέροντα αποσπάσματα εκεί, ακόμα αποκαλυπτικά. Το τελευταίο του βιβλίου της τριλογίας, «*Πόλεμος και Ειρήνη και η Τελική Λύση*», ήξερα ότι ήταν τόσο εκτός ορίων που είχα γράψει στο T.R.N.C. λέγοντάς τους τι σκέφτηκα γι' αυτό. Στο πρώτο βιβλίο όμως, του Γκίμπονς, η ερμηνεία του Μακαρίου εξακολουθεί να είναι τυφλά προκατειλημμένη τουλάχιστον, αλλά τα γεγονότα με οδήγησαν σε μια ενδιαφέρουσα πιθανότητα, και ξέρετε πώς είμαι για τις δυνατότητες. Πριν πάω εκεί, πήγα κάπου αλλού. Κάποιος καθόριζε τη διαφορά ανάμεσα σε έναν Έλληνα και έναν Ελληνοκύπριο, και δεν μου άρεσε πολύ η διαφορά. Το να πω ότι με αναστάτωσε είναι μια πλήρως συγκρατημένη εκτίμηση. Ένιωσα σαν να κλωτσάω το S.O.B. μέχρι να είναι νεκρό! Έχω ηρεμήσει λίγο τώρα, αν και μπορώ ακόμα να αισθάνομαι σαν να δίνω μια καλή κλωτσιά κατά καιρούς. Αλλά εδώ είναι το ειρωνικό μέρος. Έγραψα στον Γκίμπονς μέσω των εκδοτών του. Ένα ωραίο γράμμα, ευχαριστώντας τον για τις τόσες πολλές λεπτομέρειες, αλλά ήταν το κεφάλι μου κάπου αλλού. Δεν είχα συνειδητοποιήσει σε εκείνο το σημείο τι έκανε, και τι είδους βιβλίο διάβαζα.

Αυτό είναι για τον Χάρι Σκοτ Γκίμπονς! Δεν μπορούσες να επιστρέψεις την επιστολή μου, κ. Γκίμπονς, γιατί, σύμφωνα με το βιβλίο σας, δεν υπάρχω! Είμαι χασάπης! Ένας χασάπης γυναικών και παιδιών! Ένας βασανιστής Τούρκων ανδρών, γυναικών και παιδιών! Μπορώ να κάνω μόνο άσχημα πράγματα σε αυτούς τους ίδιους ανθρώπους και αυτό είναι το μόνο που θα κάνω ποτέ, όπως τα παιδιά μου, και τα παιδιά τους, σύμφωνα με τον Χάρι Σκοτ Γκίμπονς. Το βιβλίο του καταράστηκε όλους τους ανθρώπους μου, και εμένα, για πάντα. Μπορεί να μην είναι σημαντικό αυτές τις μέρες, όταν φαίνεται τίποτα μπορεί να δημοσιευθεί, αλλά ήταν πολύ σημαντικό όταν Γκίμπονς είχε δημοσιεύσει το βιβλίο του. Θύμωσα τόσο πολύ, που πήγα κατευθείαν στην πίσω σελίδα, και τι φρίκη. Το βιβλίο του, «*Ειρήνη χωρίς τιμή*», απορρίφθηκε από τη Βρετανία στα τέλη της δεκαετίας του 1960, όταν το πήγε στην Τουρκία, όπου, συμπωματικά, είχε εργαστεί τα τελευταία χρόνια. Χάρι Σκοτ Γκίμπονς, το όνομά σας μπορεί να είναι καταραμένο στην Κύπρο για πάντα, καθώς έχετε καταραστεί τον λαό μου σε κάθε τουρκική καρδιά που διαβάζει το βιβλίο σας, στα τέλη της δεκαετίας του εξήντα και μετά.

Σχεδόν τρεις μήνες από την τελευταία μου επίσκεψη βρέθηκα να επιστρέφω στην Κύπρο στις 17 Νοεμβρίου. Σκέφτηκα στην αρχή να τελειώσω το βιβλίο με τους δικούς μου ανθρώπους, αλλά, φυσικά, δεν ήταν καθόλου για να γράψω. Επέστρεψα στην Κύπρο για να ζήσω αυτά τα τελευταία κεφάλαια, μέχρι το τελικό μου συμπέρασμα, και μέχρι το τέλος του προσωπικού μου περάσματος, όχι μόνο στην ιστορία μας αλλά, επίσης, μέσα μου.

Πέταξα έξω σε μια προγραμματισμένη πτήση της Air Malta με ένα αξιοπρεπές σε μέγεθος μαύρο σάκο Kipling, αλλά τα μόνα ρούχα που περιείχε ήταν ένα πουκάμισο, μερικά ζευγάρια κάλτσες, μερικά εσώρουχα, και ένα βιβλίο. Δεν υπήρχε χώρος για τίποτα άλλο. Η σημαία με την οποία έφυγα από τη χώρα σε ένα κουτί τον Αύγουστο επέστρεφε μαζί μου σε μια τσάντα. Η πτήση έφυγε από το Χίθροου γύρω στα μέσα της ημέρας. Πήρα την πτήση της Μάλτας στην Κύπρο και βρέθηκα δίπλα σε έναν ηλικιωμένο κύριο από την πτήση Χίθροου. Τώρα ήταν ασφαλές να υποθέσουμε ότι ήταν Κύπριος, την ίδια στιγμή θα έκανε την ίδια υπόθεση, μετά από αυτό ήταν πιο εύκολο να ξεκινήσουμε μια συνομιλία. Του είπα για το βιβλίο μου και, όσο κι αν έγραφα για τον εαυτό μου, έγραφα και για την Κύπρο. Μέχρι τώρα ποτέ δεν είχα σκεφτεί ότι η έλλειψη της ελληνικής μου, και το γεγονός ότι τα αγγλικά ήταν μητρική μου γλώσσα, θα μπορούσε να αποθαρρύνει τους ανθρώπους από το να λένε ό, τι αισθάνονται για τα προβλήματά μας, και τις απόψεις τους.

«Ξέρετε ότι οι Βρετανοί ευθύνονται για το χάσμα και για την κυριαρχία τους», είπε με αγανακτισμένο τρόπο, χωρίς τον θυμό, μόνο με τη βία, κάτι που δεν ήταν απαραίτητο.

«Το ξέρω», του είπα. Αυτό είναι ένα πράγμα που έχει γίνει σαφές. Τώρα, περισσότερο από τους περισσότερους, ξέρω σε τι μπελάδες έχουν πάει, βοηθώντας στη διχοτόμηση της Κύπρου.

Προσγειώθηκα στη Λάρνακα γύρω στις οκτώ το βράδυ και περίμενα νευρικά την τσάντα μου. Μόλις πρόσφατα δύο Ισραηλινοί κατάσκοποι είχαν συλληφθεί σε μια πολύ ευαίσθητη στρατιωτική περιοχή της Κύπρου. Το Ισραήλ είχε ένα αμυντικό σύμφωνο με την Τουρκία, το οποίο περιλάμβανε επίσης την ανταλλαγή πληροφοριών, και προπαγάνδα. Η αίθουσα αφίξεων ήταν έρημη και, με την πτήση μου που έφτασε από τη Μάλτα, έκανε τη δυνατότητα μιας στάσης και αναζήτησης στο τελωνείο πολύ πιο πιθανό. Η τσάντα μου εμφανίστηκε στο στροβιλοδρόμιο. Τράβηξα τη βαριά τσάντα σε ένα καροτσάκι που χρησιμοποιούσα. Τότε πήγα στα έθιμα και καθώς γύρισα τη γωνία δεν θα μπορούσε να ήταν πολύ χειρότερο. Ήξερα ότι τουλάχιστον θα σταματούσε. Κανονικά μπορεί να υπάρχει ένας τελωνειακός υπάλληλος που κάθεται πίσω σε μια καρέκλα, οι τουριστικές πτήσεις από την Αγγλία δεν θα προσέλκυαν μεγάλη προσοχή. Αυτή τη φορά υπήρχαν τρεις ένστολοι αξιωματικοί, δύο από τους οποίους άδειασαν το περιεχόμενο ενός χαρτοφύλακα που ανήκε σε έναν σεβαστό μεσήλικα. Ο τρίτος αξιωματικός με πλησίασε αμέσως με τρόπο που με έκανε να σκεφτώ, σκατά!

«Από πού πέταξες;» ρώτησε αυστηρά.

«Μάλτα», συνειδητοποίησα γρήγορα ότι ήταν η λάθος απάντηση. «Λονδίνο μέσω Μάλτας».

«Διαβατήριο παρακαλώ». Όσο κι αν δεν ήθελα να μπλέξω, δεν μπορούσα παρά να το διασκεδάσω. Φανταζόμουν την έκφρασή του αν ανακάλυπτε ότι σχεδόν το μόνο που κουβαλούσα στη μεγάλη τσάντα μου ήταν μια ελληνική εθνική σημαία. Κοίταξε το διαβατήριό μου πιάνοντας το μικρό μου όνομα.

«Από πού είσαι;» ρώτησε.

«Άγιος Αμβρόσιος».

«Άγιος Αμβρόσιος ε;»

«Ναι», απάντησα και συνέχισε την ανάκριση του στα ελληνικά. Αμέσως, αλλά ευγενικά διέκοψα,

«Δεν μιλάω ελληνικά».

«Πού μένετε στην Κύπρο;»

«Στη Λεμεσό, με συγγενείς».

«Εντάξει», είπε καθώς παρέδωσε το διαβατήριό μου πίσω την ίδια στιγμή. Το πήρα, και με χαρά προχώρησα μέσα από το διάδρομο, η διάθεση μου ήταν στα ύψη,

«Θεέ μου, αγαπώ την Κύπρο», είπα καθώς μπήκα στο ταξί.

Έφτασα στη Λεμεσό νωρίτερα από το αναμενόμενο και ήταν όλο αγκαλιές και φιλιά από τους νονούς μου. Ο νονός μου φαινόταν πολύ φιλικός. Αναρωτήθηκα στην αρχή αν ήξερε για το βιβλίο μου ή αν ήταν το 12 ετών Σκωτίας ουίσκι που του έφερα, αν και νομίζω ότι χάρηκε που με είδε. Δεν φαινόταν να έχει σημασία όμως. Το βιβλίο είχε αλλάξει κατεύθυνση. Η κύρια ανησυχία μου ήταν τώρα η αλήθεια και ένιωσα ότι ήμουν ανελέητος για το πού, και πώς, έψαχνα. Αλλά τώρα ήξερα την κατεύθυνση που έπαιρνε, τόσο σίγουρος όσο ένιωθα ότι ήξερα το σκοπό του. Είπα στη νονά μου ότι θα ήθελα να νοικιάσω ένα αυτοκίνητο την επόμενη μέρα και να πάω στην Πόλη για λίγες μέρες, επιστρέφοντας την Κυριακή για να δω τον ξάδελφό μου Τζον. Η νύχτα ήταν μεγάλη και κάθισα μέχρι αργά στο μπαλκόνι μετά το φαγητό, ένα γεύμα που νονά μου είχε ετοιμάσει. Ήταν μια όμορφη έναστρη νύχτα. Νόμιζα ότι θα με διασκέδαζε μια αναμενόμενη βροχή μετεωριτών, αλλά δεν την είδα ποτέ. Πήγα για ύπνο αργά, και όταν κοιμήθηκα, ήταν βαθιά, απλά μου πήρε πολύ καιρό για να φτάσω εκεί. Είχα τόσα πολλά στο μυαλό μου.

Ξεκίνησα αυτό το βιβλίο από θυμό για τη διαιώνιση του μίσους στην Κύπρο και τώρα βρέθηκα θύμα αυτού. Ενώ ήμουν θυμωμένος, έφερα μαζί μου το βιβλίο του Γκίμπονς και συνέχισα να κάνω τη δική μου προσωπική ανάλυση της σεζόν 63/64. Ένιωσα ότι είχα έρθει σε κάποιο είδος κατανόησης, όχι μόνο πολλών γεγονότων εκείνης της εποχής, αλλά, για τους ανθρώπους και την κατάσταση ακόμη. Η πλειοψηφία των ανθρώπων που αγωνίζονταν το 1963 θα αγωνίζονταν για αυτό που θεωρούσαν έναν ευγενή σκοπό. Τώρα αυτό μπορεί να ακούγεται πάρα πολύ για ορισμένους και το καταλαβαίνω. Αλλά καταλαβαίνω επίσης γιατί το 1960 ο Μακάριος εξακολουθούσε να κατέχει το ιδανικό της ένωσης με την Ελλάδα. Έχω αρχίσει να καταλαβαίνω αυτό το κάλεσμα, το έχω νιώσει. Ήταν κατά το δεύτερο μισό της δεκαετίας του 1950 η καμπάνια έγινε βίαιη. Αυτή η βία αυτούς με απευθυνόταν στους Βρετανούς και σε όποιον ήταν γνωστό ότι συνεργάζεται με οποιονδήποτε τρόπο. Αυτό θα περιλαμβάνει το πλύσιμο των δαπέδων για αυτούς. Αυτό θα ήταν αρκετό για να θεωρηθεί νόμιμος στόχος, και όσο σκληρός κι αν ακούγεται, ήταν μια τρομοκρατική εκστρατεία. Είχε ήδη αποδειχθεί επιτυχής αλλού στον κόσμο, και τώρα ήταν η σειρά μας.

Ήξερα τι ήθελαν τώρα οι Τούρκοι πολιτικοί και ξέρω πώς είναι η βρετανική συμπεριφορά όταν πρόκειται να εγκαταλείψουν ορισμένα από τα υπάρχοντά τους. Οι δύο κύριες βάσεις στην Κύπρο δεν είναι μόνο στρατιωτικές εγκαταστάσεις. Για τις Βρετανικές Δυνάμεις είναι ένα μέρος του θεσμού τους, ως κατοχή, σχεδόν τριακόσια τετραγωνικά χιλιόμετρα της Κύπρου και δεν θα ήθελαν να τα παρατήσουν. Μέχρι το 1960, ακόμη και το 1974, περισσότεροι Ελληνοκύπριοι σκοτώθηκαν κατά τη διάρκεια του Ε.Ο.Κ.Α. και στη συνέχεια, αργότερα, η εκστρατεία του Ε.Ο.Κ.Α.Β., τότε ο αριθμός των Βρετανών ή Τούρκων μαζί, αυτή ήταν η εκτίμηση για το πού πήγαινα. Αλλά, εκ των υστέρων, σκέφτομαι τις επιλογές της Βρετανίας όταν έπεσε το Σουέζ, και δεδομένης της σχέσης Ρωσίας-Αιγύπτου τότε, Η Κύπρος και η βάση του Τρόοδος θα ήταν ακόμη πιο σημαντική για τους Βρετανούς. Τώρα διεξάγουν εμφύλιο πόλεμο στην τελευταία τους θέση σε ολόκληρη την περιοχή. Ο Γκίμπονς αναφέρει στο βιβλίο του ότι η Κύπρος έχασε τη στρατηγική της αξία από τους Βρετανούς μετά την πτώση του Σουέζ. Υπέθεσα μόνο ότι ο πατέρας μου ήταν στην Κύπρο, επειδή ήξερα ότι ήταν στο Σουέζ, ποτέ δεν πέρασε από την Κύπρο όμως. Πολύ πριν από αυτή την περίοδο η Βρετανία θα είχε ήδη επιστρέψει αρκετά ελληνικά νησιά στην Ελλάδα και, με τη δική τους εμπειρία στην Κύπρο, θα είχαν κάτι περισσότερο από μια καλή κατανόηση τόσο των Ελλήνων όσο και των Τούρκων.

Έτσι, διεξάγουν εμφύλιο πόλεμο που ξέρουν ότι τελικά θα χάσουν. Ήταν αναπόφευκτο. Ένας άντρας θα το έκανε αυτό, ο Μακάριος. Μπορεί να ήταν φανατικός κληρικός για κάποιους, αλλά ο ίδιος κληρικός θα ήταν η πραγματική δύναμη πίσω από τους Ελληνοκύπριους για πάνω από 1500 χρόνια. Ανεξάρτητα από το ποιος πίστευε ότι είχε τον έλεγχο του νησιού, από το Βυζάντιο, η πραγματική δύναμη πίσω από το λαό θα ήταν πάντα η εκκλησία, και ότι η εξουσία θα ενισχυθεί μόνο από την οθωμανική κυριαρχία. Έτσι, ειδικά μετά την εκστρατεία του Ε.Ο.Κ.Α., ο ρόλος του ως ηγέτη της Κύπρου θα ήταν φυσικός για τον λαό. Τούτου είπε, πιστεύω ότι ο Μακάριος ήταν τόσο καλός πολιτικός όσο θα μπορούσε κανείς να βρει στην παγκόσμια αρένα και, δεδομένης της δύναμης της θρησκείας στην Κύπρο, ποιος θα ήταν σε καλύτερη θέση να μας οδηγήσει; Ήταν άνθρωπος της εποχής του. Αλλά νομίζω ότι εξαπατήθηκε, όπως και οι περισσότεροι άλλοι Κύπριοι, συμπεριλαμβανομένου και εμού.

Εντάξει, το Μάρτιο του 1956 οι Βρετανοί εξορίζουν τον Μακάριο από το νησί στις Σεϋχέλλες για ένα χρόνο, χωρίς αποτέλεσμα. Αλλά ενώ είναι μακριά ο Δρ Φαζίλ Κουτσούκ, ο οποίος ήταν αυτή τη στιγμή ο Τουρκοκύπριος ηγέτης, υποβάλλει ένα σχέδιο για τη διαίρεση της Κύπρου το 1956 και στη συνέχεια το 1957 το Τ.Μ.Τ. (Τούρκος Mukavemet Teshkilati ή Τουρκικό Αντιστασιακό Κίνημα) είχε καθιερωθεί στην Κύπρο. Τώρα δεν ήξερα πάρα πολλά για αυτό πριν, αλλά ο σκοπός τους από τουρκικές πηγές ήταν:

(1) Για να καλύψει το κενό στην τουρκική άμυνα.
(2) Να ενοποιήσει όλες τις τουρκικές υπόγειες δυνάμεις.
(3) Συντονίστε τις δραστηριότητές τους και δημιουργήστε συνδέσμους με τους υποστηρικτές τους στην Τουρκία. Και όλα αυτά ήταν για (4) για να εμπνεύσουν την εμπιστοσύνη στους Τουρκοκύπριους. Αυτοί οι άνδρες έγιναν γνωστοί ως μαχητές, και επίσης για να ενταχθούν σε αυτές τις τάξεις ήταν Βρετανοί εκπαιδευμένοι Τούρκοι, που χρησιμοποιήθηκαν εναντίον των Ελλήνων στην εκστρατεία του Ε.Ο.Κ.Α. Η κραυγή τους ήταν «Ταξίμ» που σημαίνει διχοτόμηση του νησιού. Είχα αρχίσει να καταλαβαίνω τη δυσαρέσκεια για τους μαχητές, όπως ονομάζονταν. Αυτοί οι άνδρες περιγράφονται από το 1963 ως οι Τούρκοι σωτήρες. Δεν μπορώ να μην σκεφτώ τώρα που το έφεραν στους δικούς τους ανθρώπους.

Εδώ είναι η σκηνή, η Κύπρος το 1957 και ο Ε.Ο.Κ.Α. πολέμησαν τους Βρετανούς για να πάρουν την ελευθερία τους, και έτσι θεωρήθηκε η ένωση. Οι Τούρκοι κλήθηκαν απλά να κάνουν στην άκρη και να μείνουν έξω από αυτό. Αλλά κοιτάτε απέναντι από το δρόμο, και ένα χρόνο μετά ο Κουτσούκ υπέβαλε το σχέδιό του για τη διχοτόμηση Κύπρος, υπάρχουν οι Τούρκοι, ξεκινώντας τη δική τους πολιτοφυλακή, χωρίς λόγο, εκτός από τα τέσσερα που αναφέρονται παραπάνω ίσως. Αλλά όταν δεν τους έχετε προκαλέσει προβλήματα και δεδομένης της φύσης της καμπάνιας σας, νομίζω ότι η διαίρεση έχει ξεκινήσει. Το χειρότερο είναι ότι ήθελαν να χωρίσουν το νησί μόνοι τους, και αυτό θα ήταν τόσο εξωφρενικό, αλλά ταυτόχρονα τρομακτικό, δεδομένης της δύναμης των Τούρκων συγγενών τους. Όλο αυτό το διάστημα οι Βρετανοί εργάζονται στη δική τους ατζέντα.

Έτσι, η Βρετανία πολεμά έναν χαμένο πόλεμο. Τι να κάνουνε για να ασφαλίσετε αυτές τις βάσεις; Τότε λοιπόν ήρθε, 'Το Σχέδιο Μακμίλαν.' Τον Ιούνιο του 1958, ο Βρετανός πρωθυπουργός Χάρολντ Μακμίλαν πρότεινε ένα επταετές πρόγραμμα συνεργασίας μεταξύ ξεχωριστών δήμων, το οποίο οι Έλληνες απέρριψαν, υποστηρίζοντας ότι ισοδυναμούσε με διχοτόμηση. Αλλά μέχρι το Δεκέμβριο του 1958 ήταν να οδηγήσει Έλληνες και Τούρκους (όχι Κύπριους) σε μία ανεξάρτητη Κύπρο για πρώτη φορά. Ο Μακάριος επανήλθε στις συνομιλίες, οι οποίες τελικά θα οδηγούσαν στη Συνθήκη συμμαχίας και εγγυήσεων και για τους Βρετανούς, τη Συνθήκη Ίδρυσης με την οποία θα κρατούσαν τις βάσεις τους. Ο Μακάριος συμφώνησε μόνο με αυτές τις συνομιλίες με αντάλλαγμα την εγκατάλειψη του σχεδίου Μακμίλαν. Αυτό μπορεί να κάνει για αρχή, αλλά το μόνο πρόβλημα με τις συμφωνίες είναι ότι μπορούν να σπάσουν και να μην εγγυηθούν τίποτα. Έτσι, μια λύση και μια πιθανότητα που βλέπω ότι θα προκύψει θα ήταν να κάνουμε μια συμφωνία, και να διατυπώσουμε ένα σχέδιο με βάση αυτό που είναι γνωστό.

Με τι δουλεύουμε εδώ; Έχουμε περίπου ογδόντα τρία τοις εκατό του πληθυσμού που ισχυρίζεται κάτι που οι Βρετανοί γνώριζαν τώρα ότι το άλλο δεκαεπτά τοις εκατό ήταν αντίθετο. Αλλά επίσης να θυμάστε ότι αυτή η μειονότητα δεκαεπτά τοις εκατό έχει έναν πολύ ισχυρό σύμμαχο, φυσικά, την Τουρκία, μόλις ογδόντα χιλιόμετρα μακριά.

Ο Μακάριος δέχεται τώρα κριτική επειδή καθώς περνά από τη διαδικασία υπογραφής αυτής της συνθήκης, δηλώνει επίσης ότι όχι μόνο ο στόχος του, αλλά και η επιθυμία των Ελληνοκυπρίων, ήταν ακόμα η ένωση. Φωνάζει δυνατά και καθαρά, και αυτό είναι γεγονός. Η κυβέρνηση του Μακαρίου από την πρώτη μέρα καταδίκασε αυτήν τη συνθήκη ως ανεφάρμοστη. Τότε γιατί το υπέγραψε; Αργότερα δηλώνει για να σταματήσει την αιματοχυσία. Εάν κάποιος θεωρήσει ότι το μεγαλύτερο μέρος του αίματος που χύθηκε από το 1955 έως το 1959 ήταν στην πραγματικότητα ελληνοκυπριακό αίμα, θα μπορούσε να είναι ένας πολύ καλός λόγος. Τα δεδομένα που έχω από μια αξιόπιστη πηγή, δηλαδή τον Γκίμπονς, είναι στην πραγματικότητα ότι 278 Έλληνες σκοτώθηκαν σε αντίθεση με 142 Βρετανοί και 84 Τούρκους. Τώρα, όταν κοίταξα την κατάσταση πιο κοντά, μπορούσα να δω ότι θα μπορούσε να είναι ανεφάρμοστη. Οι περισσότερες από τις τουρκικές θέσεις στους δήμους δεν μπόρεσαν να καλυφθούν λόγω έλλειψης εκπαίδευσης, και το δικαίωμα αρνησικυρίας θα μπορούσε να είναι ένας αρκετά καλός λόγος για να θεωρήσουμε τη συνθήκη εντελώς ανεφάρμοστη. Η συνθήκη επέτρεπε σε έναν Έλληνα πρόεδρο, και έναν Τούρκο αντιπρόεδρο, οι οποίοι είχαν βέτο. Η Συνθήκη Εγγυήσεων επέτρεψε σε οποιοδήποτε από τα τρία συμμετέχοντα κράτη, την Ελλάδα, την Τουρκία ή τη Βρετανία, να ενεργήσει για να διασφαλίσει την ανεξαρτησία, την εδαφική ακεραιότητα και την ασφάλεια της Κυπριακής Δημοκρατίας, αποτρέποντας την άμεση ή έμμεση προσάρτηση από οποιοδήποτε από τα τρία εγγυήτρια κράτη, και τη διχοτόμηση. Σημειώστε, δεν υποχρεώνει ένα κράτος να ενεργήσει, επιτρέπει μόνο για αυτούς να δράσουν.

Προσπαθώ να καταλάβω την κατάσταση. Το 1963 τα πράγματα έγιναν άσχημα, απ' όσο μπορώ να πω τότε, τα πράγματα έγιναν πολύ άσχημα. Οι περισσότεροι Ελληνοκύπριοι δεν θα είχαν ιδέα για τις θηριωδίες, αλλά κάτι συνέβαινε, και όλα φαίνονταν να είναι υπό βρετανική αιγίδα. Ήξεραν, ήξεραν τα πάντα για τις σφαγές. Τα τρία χρόνια απόλυτης ειρήνης εκ των προτέρων με έκανε να αναρωτιέμαι αν είχαν καταλήξει σε συμφωνία το 1960 με τον

Μακάριο που του επέτρεψε να ενεργήσει το 1963. Ο στόχος τους θα ήταν να διατηρήσουν τις κυρίαρχες βάσεις βάσει της ίδιας συνθήκης. Αυτό θα ήταν λιγότερο πιθανό εάν η ένωση είχε επιτευχθεί ποτέ, τόσο απίθανο όσο είναι τώρα, ή, πιο πιθανό, και όπως νομίζω ότι θα ήταν προτίμηση για τους Βρετανούς, εάν η Τουρκία είχε χωρίσει το νησί.

Τώρα, τον Οκτώβριο του 1960, ο Μακάριος ήθελε έναν πλήρως ενσωματωμένο κυπριακό στρατό, αλλά ο Κουτσουκ, ο οποίος ήταν τώρα αντιπρόεδρος, αρνήθηκε και χρησιμοποίησε τη συνταγματική ψήφο του για να το πράξει, καθώς ευνοούσε τις ξεχωριστές στρατιωτικές εταιρείες, οι οποίες δεν ευνοούν ένα ενωμένο νησί. Μετά από αυτό το διάστημα το τουρκικό Τ.Μ.Τ. και το Ε.Ο.Κ.Α. έπρεπε να επιστρέψουν στην εκπαίδευση, κατά τη διάρκεια της οποίας οι Τούρκοι ήταν γνωστό ότι εισάγουν όπλα για αυτό που σκόπευαν. Είτε είναι αλήθεια είτε όχι, δεν ξέρω, αλλά, από το Πάσχα 63, υποστηρίζεται ότι ο Μακάριος έχει ξεκινήσει την προπόνηση για τα Χριστούγεννα. Υποτίθεται ότι θα αρχίσουν να εκπαιδεύονται και να προετοιμάζονται για τα Χριστούγεννα ήδη από το Πάσχα, αλλά οι Βρετανοί δεν δείχνουν κανένα σημάδι αναγνώρισης του τι συμβαίνει, και ένας λόγος για τον οποίο δεν μπορώ να πιστέψω ότι οι Βρετανοί δεν ήξεραν ποτέ αν ήταν αλήθεια είναι λόγω των στενών δεσμών τους με την ελληνοκυπριακή κοινότητα. Το Νοέμβριο του 1963, ο Μακάριος παρουσίασε το σχέδιο 13 σημείων για την τροποποίηση του συντάγματος, το οποίο σύντομα απορρίφθηκε. Μια άλλη μεγάλη εκτίμηση ήταν η Ελλάδα. Στις 23 Νοεμβρίου, ο Πρωθυπουργός της Ελλάδος ο Παπανδρέου δήλωσε ότι η κυβέρνησή του δεν έχει πρόθεση να ανατρέψει τη συμφωνία Ζυρίχης και Λονδίνου (Συνθήκη Συμμαχίας και Εγγυήσεων). Αν και αυτό φαίνεται εντελώς αντιφατικό με αυτό που έκανε μετά τα Χριστούγεννα, όταν έριξε στρατεύματα στη χώρα. Τα πράγματα με ενοχλούν. Οι δυνατότητες που έπρεπε να εξετάσουμε. Είναι το πράγμα που με κράτησε ξύπνιο. Ένιωσα σαν να κοσκινίζομαι τόσο πολύ.

Το επόμενο πρωί ξύπνησα αργά, και πήγε κατ' ευθείαν έξω για ένα τσιγάρο, η νονά μου ήταν στην κουζίνα.

«Καλημέρα», είπα έντονα καθώς περπατούσα.

«Πού πας;» ρώτησε.

«Για ένα τσιγάρο», απάντησα.

«Όχι, δεν θα πας!» Η νονά μου ήταν αδίστακτη. «Μπες μέσα και πλύσου πρώτα! Μετά θα πάρεις πρωινό! Και τότε μπορείς να κάνεις ένα τσιγάρο!» Είχα ένα μεγάλο χαμόγελο στο πρόσωπό μου σε όλη τη διαδρομή προς το μπάνιο. Επέστρεψα μετά το πλύσιμο και έφαγα λίγο τοστ με καφέ, πριν χαμογελάσει στη νονά μου και της πω,

«Τώρα πάω για ένα τσιγάρο». Η νονά μου μου έφερε λίγο καφέ έξω και αρχίσαμε να κουβεντιάζουμε. Το αρκετά αστείο πρώτο θέμα της συνομιλίας ήταν ο θείος μου στην Αυστραλία. Αυτός είναι ο αδερφός της μητέρας μου, και ένας από τους συγγενείς που ήρθαν από το Λονδίνο, μετά το θάνατο του παππού μου, για να ενθαρρύνει τη μητέρα μου να υπογράψει ό,τι ήταν αυτό που υπέγραψε. Είχα ήδη αποφασίσει ότι αν υπήρχε ένα λάθος στο που πήγε η κληρονομιά, δεν ήμουν πάρα πολύ ανήσυχος, φαινόταν ασήμαντο εκείνη την εποχή, αν και δεν είχε ξεχαστεί. Της είπα για το βιβλίο μου, και προς απογοήτευσή μου, ποτέ δεν φάνηκε έκπληκτη.

«Τι γράφεις;» ρώτησε.

«Εγώ, η Κύπρος...», δεν ήξερα ακριβώς πώς να το εξηγήσω.

«Έχει να κάνει με τον εαυτό σου;»

«Ναι», απάντησα, η νονά μου δεν δείχνει τα συναισθήματά της είτε έτσι είτε αλλιώς.

«Γιατί γύρισες τόσο σύντομα;» ρώτησε περίεργως.

«Είπα ότι θα επανέλθω τώρα, ούτως ή άλλως, μου αρέσει εδώ εκτός εποχής», της είπα. Η συζήτηση προχώρησε περισσότερο. Είχα τηλεφωνήσει στη νονά μου πριν φτάσω και της είπα ότι ήθελα να επισκεφτώ τον τάφο του Μακαρίου. Δεν είχα εξετάσει την επόμενη πρόταση, αλλά ήταν να με κάνει να σκεφτώ να μείνω εκεί λίγο περισσότερο.

«Αν θέλετε, μπορώ να τηλεφωνήσω στο μοναστήρι και να σας κλείσω ένα δωμάτιο για μερικές ημέρες;» ρώτησε. Είναι φυσιολογικό για τους ανθρώπους να μείνουν στον Κύκκο με τον αέρα του βουνού.

«Ίσως» της είπα. «Είναι καλή ιδέα, αλλά αν το κάνω, θα πάω τη Δευτέρα, οπότε θα αποφασίσω την Κυριακή», δεν υπήρχε ανάγκη να δεσμευτούμε τόσο νωρίς.

«Εντάξει, θέλεις να κουρευτείς πριν φύγεις;» ρώτησε ξαφνικά.

«Όχι», είπα λίγο έκπληκτος. Δεν ήταν τόσο το κούρεμα που με

απασχολούσε. Το σκεφτόμουν, αλλά η προοπτική του να κουρευτώ στην Κύπρο δεν ήταν κάτι για να με συναρπάσει.

«Γιατί όχι;» ρώτησε.

«Δεν με πειράζει να κουρευτώ, αλλά το κορίτσι που κάνει τα μαλλιά μου είναι στην Αγγλία», της είπα. Η Νίκη είχε επιστρέψει σπίτι πριν φύγει για την Ασία. Νομίζω ότι η νονά μου το πήρε ως υπαινιγμό ότι δεν θα άφηνα σε κανέναν να κόψει τα μαλλιά μου.

«Μπορώ να το κάνω τώρα!» είπε με ενθουσιασμό. Άνοιξε τα χέρια της σαν να λέει γιατί όχι. Δεν την έχω δει ποτέ έτσι, και το βρήκα διασκεδαστικό.

«Το ξέρω, το σκεφτόμουν, αλλά όχι τώρα», είπα, αλλά όχι αρκετά αυστηρά.

«Αλλά πρέπει, εάν πρόκειται να οδηγήσεις γύρω από την Κύπρο, οι άνθρωποι θα νομίζουν ότι είστε κατάσκοπος, ή λαθρέμπορος ναρκωτικών, ή κάτι τέτοιο», είπε. Τώρα ήξερα ότι η νονά μου ήταν σοβαρή εδώ, αλλά δεν το σκέφτηκα για πολύ. Δεν κουβαλούσα παράνομες ουσίες, και δεν θα έβρισκες πολλούς κατασκόπους να κινούνται χωρίς τίποτα στην τσάντα τους, αλλά με μια ελληνική εθνική σημαία αρκετά μεγάλη για να καλύψει την περιοχή ποινής ενός γηπέδου ποδοσφαίρου, χαμογελούσα, αλλά το μυαλό μου ήταν έτοιμο.

«Δεν το νομίζω», είπα, προσθέτοντας σταθερά. «Όχι!» Η Νονά μου φάνηκε να διασκεδάζει με την απάντησή μου. Ήξερε ότι μπορούσε να με πιέσει εκεί που δεν θα επέτρεπα σε άλλους.

«Γιατί δεν παντρεύτηκες ακόμα;» ρώτησε. Πραγματικά δεν το περίμενα αυτό.

«Δεν ξέρω», είπα. «Υποθέτω ότι δεν έχω γνωρίσει ποτέ το σωστό άτομο την κατάλληλη στιγμή».

«Δεν έχεις συναντήσει ποτέ το σωστό άτομο μέχρι τώρα;» ρώτησε έκπληκτη.

«Ίσως γνώρισα το σωστό άτομο», είπα με ένα χαμόγελο. «Όχι την κατάλληλη στιγμή. Δεν θα ήταν σωστό», με είδε να σκέφτομαι μια στιγμή.

«Εντάξει!» είπε καθώς σήκωσε τους ώμους της. Απόλαυσα αυτή την πλευρά της σχέσης με τη νονά μου. Όσο μεγάλος κι αν ήμουν, ήταν ωραίο να ξέρω ότι θα εξακολουθεί να ασχολείται με πράγματα όπως τα μαλλιά μου, το κάπνισμα μου, και φυσικά, ο γάμος. Πήγα μακριά εκείνο το απόγευμα για να πάρω ένα αυτοκίνητο ενοικίασης, το οποίο μου κόστισε πενήντα λίρες την εβδομάδα, επιστρέφοντας λίγο μετά, και περνώντας καθ' οδόν από το αγαπημένο μου μπαρ, το οποίο έκανε μια επισκευή, όπως πολλά μαγαζιά φαίνονταν να κάνουν εκείνη τη στιγμή. Ήμουν πολύ ευχαριστημένος με τα σχέδιά μου να πάω κατευθείαν στην Πόλη. Το υπόλοιπο της ημέρας το πέρασα γύρω από το σπίτι και στη βεράντα. Ο καιρός ήταν ωραίος για την εποχή του χρόνου, όντας γύρω στους 20 βαθμούς κάθε μέρα. Εκείνο το βράδυ κοιμήθηκα λίγο νωρίτερα και ξύπνησα πρόθυμος να πάρω το δρόμο μου, αλλά με καμία βιασύνη να φύγω. Πλύθηκα πριν εμφανιστώ για πρωινό, το οποίο έφαγα, πριν πάρω άδεια για το τσιγάρο μου στη βεράντα.

«Αυτό είναι καλύτερο για εσένα δεν είναι;» η νονά μου ρώτησε, σχολιάζοντας την προ-τσιγάρου ρουτίνα. Κούνησα το κεφάλι μου, έπρεπε να συμφωνήσω μαζί της, το κάπνισμά μου είχε αυξηθεί δραματικά ενώ έγραφα στο σπίτι.

«Πού πας σήμερα;» ρώτησε, γνωρίζοντας ήδη την απάντηση.

«Πόλη», απάντησα.

«Α, σου αρέσει η Πόλη;» είπε εν γνώσει της. Η νονά μου σήκωσε το δάχτυλό της και εξαφανίστηκε για μια στιγμή επιστρέφοντας με έναν παλιό χάρτη της Κύπρου. Μπορούσα να δω την ημερομηνία που ήταν το 1974. Έψαξε για την Πόλη, η οποία βρέθηκε γρήγορα, και έβαλε τον χάρτη στο τραπέζι και αμέσως άρχισε να αναπολεί μια περιήγηση στο νησί που έκανε η ίδια πριν από τη διχοτόμηση, περνώντας από την Κερύνεια, και τη Λευκωσία, πριν πάει για την Πάφο.

«Ήταν υπέροχο», είπε, «σαν όνειρο». Έπιασε απαλά τα χέρια της καθώς συνέχισε την ιστορία της. «Ένιωθα τόσο νεαρή και ελεύθερη, ήταν πολύ όμορφα», μου είπε καθώς μίλησε για τους ξένους που γνώρισε στην πορεία, οι οποίοι σύντομα έγιναν φίλοι και μου άρεσε να την ακούω να θυμάται με αγαπημένες αναμνήσεις τόσο των ανθρώπων όσο και της γης. Γύρισε το χάρτη και άρχισε να διαβάζει κάποια ελληνική λογοτεχνία. Φαινόταν έκπληκτη από αυτό που διάβαζε.

«Δεν ήξερα ότι έλεγε την ιστορία της Κύπρου στο πίσω μέρος!» είπε, διαβάζοντας μικρά κομμάτια για τον εαυτό της στο δρόμο της.

«Ξέρετε στην Κρήτη μιλούν την ίδια διάλεκτο της ελληνικής με την Κύπρο!» είπε με έκπληξη.

«Δεν με εκπλήσσει», χαμογέλασα, κουνώντας το κεφάλι μου, μέχρι τώρα στεκόμουν και έσκυψα πίσω στον χαμηλό τοίχο.

«Ξέρετε ότι αν θες να πας βόρεια στο Δημήτρη, μπορείς», είπε, καταλήγοντας, «Έχετε βρετανικό διαβατήριο». Δεν το περίμενα αυτό, αλλά είχα αποφασίσει.

«Όχι Αντριάνα, ξέρεις ότι θέλω να πάω», της είπα. «Αλλά θα περιμένω. Δεν θα υπογράψω τη συμφωνία Ντενκτάς, ούτε τώρα ούτε ποτέ». Τώρα ήξερα γιατί οι θείοι μου ήταν τόσο αναστατωμένοι με τον Ντενκτάς. Όχι μόνο γιατί ήταν μια σημαντική δύναμη πίσω από το Τ.Μ.Τ. αλλά εξορίστηκε από το νησί το 64 για να επιστρέψει λίγα χρόνια αργότερα για να βοηθήσει στη διαμόρφωση της διοίκησης που τώρα αποκαλούν T.R.N.C. Ήξερα τι σκεφτόμουν, οπότε της το είπα.

«Ίσως θα δοκιμάσω να πάω στη Δέκελια την άνοιξη», φάνηκε πιο συγκεχυμένη παρά έκπληκτη από αυτό. Τα σύνορα με τη Βρετανική Κυρίαρχη Βάση δεν περιπολούν όπως τη γραμμή.

«Αλλά θα συλληφθείς. Θα φυλακιστείς!»

«Ξέρω, δεν με νοιάζει», σηκώθηκα. «Δεν θα ήταν για πολύ», είπα.

«Δεν καταλαβαίνω, πώς θα δεις το οτιδήποτε εάν συλληφθείς;» ρώτησε.

«Θα δω αρκετά», χαμογέλασα. «Θα κοιτάξω νότια προς τα βουνά και βόρεια προς τη θάλασσα, αυτό θα είναι αρκετό για τώρα», σκέφτηκα για μια στιγμή, τότε είπε.

«Εντάξει, περισσότερο καφέ!»

«Έναν ακόμη πριν φύγω», της είπα. Ήπινα τον τελευταίο μου καφέ και έφυγα με την τσάντα μου.

Σταμάτησα από τον θείο μου Μπανάη. Δεν φαινόταν πολύ καλά, δεν ήταν αδιάθετος, όπως θα περιμένατε να βρείτε κάποιον αφού είχαν πει αντίο στην σύντροφο της ζωής τους. Έχουν περάσει τρεις μήνες από τότε που πέθανε η Μαρί και η απουσία της ήταν φανερή. Σκέφτηκα τις ιστορίες που είχα ακούσει, για τις φάλαινες, τους κύκνους και τα άλμπατρος, για το ζευγάρι, για τη ζωή και όταν οι συνεργάτες τους χάθηκαν, συχνά βρέθηκαν χαμένοι, και σύντομα επιδεινώθηκαν, ίσως σε μια προσπάθεια να ξανασυναντήσουν τα αγαπημένα τους πρόσωπα. Φαίνεται φυσικό σε μένα, θλιβερό αλλά φυσικό. Τότε ήμουν στο δρόμο μου γύρω από την ακτή στην Πάφο, και φυσικά το ροκ παρελθόν της Αφροδίτης. Ήταν μια τόσο ευχάριστη μέρα και ένιωσα αρκετά τυχερός για τον ήλιο, και τη ζεστασιά, αλλά είχα ένα ακόμη θερμότερο συναίσθημα για ακριβώς ότι ήμουν πίσω στην Κύπρο. Πάρκαρα στο δρόμο κοντά στο βράχο και περπάτησα με την κάμερά μου. Νόμιζα ότι θα το σκαρφάλωνα, αλλά αποφάσισα να μην το κάνω. Θα ήταν αρκετά εύκολο, αλλά ήμουν ευτυχής να περπατήσω γύρω από τη βάση. Η ιδέα της σημαίας να είναι εκεί δεν με ενοχλούσε καθόλου τώρα.

«Ελληνική πέτρα» είπα δυνατά καθώς κοίταξα ψηλά. Υποθέτω ότι είναι ένα σημάδι του πόσο τουρκική προπαγάνδα με έχει αλλάξει. Την ίδια στιγμή, βρήκα τον εαυτό μου ζητώντας αν θα το έκανα ξανά, και ήξερα ότι θα το έκανα. Μπορεί να είναι στην ιστορία μας, αλλά δεν μπορούσα παρά να σκεφτώ τις ελληνικές σημαίες πάνω από την Κύπρο ως εμπόδιο για το μέλλον μας. Ο Γκίμπονς πήγαινε παντού. Ένα πράγμα που είδα από νωρίς, ωστόσο, ήταν ότι οι Βρετανοί ήταν συνένοχοι στην απόκρυψη τουλάχιστον μίας από τις σφαγές του 1963, γεγονός που με οδήγησε να τους θέσω πιο σοβαρά ερωτήματα. Ένας Βρετανός δάσκαλος που ήταν μάρτυρας της σφαγής στο Σχολείο του Κύκκου, όπου 150 από τους 700 ομήρους πυροβολήθηκαν την ημέρα των Χριστουγέννων, έφυγε αμέσως από τη χώρα από τη Βρετανική Ύπατη Αρμοστεία. Ο Γκίμπονς φαίνεται να μην βρήκε τίποτα λάθος ζητώντας της να έρθει προς τα εμπρός, όπως έκανε, μέσα από το βιβλίο του, και στην ιστοσελίδα «Αλήθεια». Το ερώτημα που θέτω είναι γιατί η Βρετανική Ύπατη Αρμοστεία δεν έχει τις απαραίτητες λεπτομέρειες να παράσχει; Πήραν μια αναφορά, και πέταξαν τη γυναίκα έξω αφού είχε δει τη σφαγή και απομάκρυναν τα πτώματα. Ωστόσο, δεν έχουν αρχεία για να μπορέσουν να εντοπίσουν αυτή τη γυναίκα;

Αυτό το πράγμα θα έχει τρομερές συνέπειες και πρέπει να το γράψω σωστά. Λοιπόν, επιτρέψτε μου να σας πω τι ξέρω γι' αυτούς, τους 150 από τους ομήρους που ήταν από το Κουμσάλ και τους 550 από το Ορμαφίτα, οι οποίοι μεταφέρθηκαν στο Σχολείο Κύκκος. Την ημέρα των Χριστουγέννων, 150 από αυτούς πυροβολήθηκαν, και τα πτώματα αφαιρέθηκαν και κρύφτηκαν. Εάν οι σφαγές αυτής της χώρας είχαν τη δυνατότητα να μην αμφισβητηθούν από εμάς ως δημοκρατία, δεν θα μπορούσαμε ποτέ να το θεωρήσουμε αυτό ένα ποσοστό αυτού που τώρα δεχόμαστε να είναι μέρος του πληθυσμού της Κύπρου, των Τουρκοκυπρίων. Ναι, δεν παραιτούμαι από αυτό το κυπριακό κομμάτι. Καταστέλλω έναν πολύ θυμωμένο Έλληνα, αλλά δεν παραιτούμαι. Ήξερα ότι οι Βρετανοί θα το έπαιρναν αυτό υπόψη όταν αποφάσισαν να κρύψουν την αλήθεια. Μπορώ μόνο να πιστέψω, ωστόσο, ότι αν συνέβαινε αυτό, και τα γεγονότα είναι γεγονότα, τότε τι άλλο θα έκαναν για να κάνουν την κατάσταση να φανεί χειρότερη;

Την ίδια ημέρα που έγινε η σφαγή, ο Οσμάν Ορέκ, ο τότε Κύπριος υπουργός Άμυνας, ο οποίος εκπροσώπησε τους Τούρκους, συναντήθηκε με τον Κληρίδη στη Βρετανική Ύπατη Επιτροπή για να συζητήσει την κατάπαυση του πυρός, και σύντομα θα συνοδευόταν από τον Μακάριο και τον Επίτροπο, και αποκαλύφθηκε ότι οι όμηροι βρίσκονταν στη Σχολή Κύκκου. Στη συνέχεια ανακοινώθηκε ότι ο τουρκικός στρατός της ηπειρωτικής χώρας που ήταν μόνιμα τοποθετημένος στο νησί είχε απομακρυνθεί από τους στρατώνες, στον δρόμο Λευκωσίας-Κερύνειας. Όλα αυτά μπορούν να ταρακουνήσουν λίγο τους Έλληνες, και έχει συμφωνηθεί εκεχειρία εδώ, αλλά μόνο στην αρχή, γιατί ο Ορέκ πρέπει να το επιβεβαιώσει με τον Κουτσούκ. Τώρα εδώ είναι ένα άλλο κομμάτι ενδιαφέρουσας γνώσης. Όταν ο Ορέκ και ο Κουτσούκ το συζήτησαν την ίδια μέρα, αποφάσισαν να αναβάλουν την κατάπαυση του πυρός μέχρι να επιστρέψουν οι όμηροι. Δεν είναι σωστό. Σκέφτηκα ότι υπάρχουν μάχες σε όλη την περιοχή και δεν πρόκειται να καλέσουν εκεχειρία έως ότου επιστρέψουν οι όμηροι. Θα είναι πολύ πιο δύσκολο να ελευθερώσουμε τους ομήρους, ενώ όλοι παλεύουν γύρω τους, σε αντίθεση με το κάλεσμα για κατάπαυση του πυρός και την εξορία τους, κάτι δεν πάει καλά.

Αμέσως μετά από εκείνη τη συνεδρίαση στη βρετανική Ύπατη Αρμοστεία, ο ραδιοφωνικός σταθμός της Άγκυρας (Τουρκία) κάνει λόγο για κατάπαυση του πυρός. Προσθέτοντας ότι, τα τουρκικά και ελληνικά ηπειρωτικά στρατεύματα θα τεθούν υπό τον έλεγχο του στρατηγού Πίτερ Γιανγκ από τις Βρετανικές Κυρίαρχες Βάσεις και θα επιβλέπουν από κοινού την κατάπαυση του πυρός. Τώρα, προφανώς, το BBC είχε κάνει ανακοινώσεις κατάπαυσης του πυρός κατά τη διάρκεια της περιόδου των Χριστουγέννων, το BBC είναι ένα τόσο σημαντικό εργαλείο όσο κάθε άλλο.

Δεν φαίνεται σωστό ότι όλος ο τόπος ανεβαίνει και όχι μόνο οι Τούρκοι καθυστερούν την κατάπαυση του πυρός, αλλά οι Βρετανοί το ανακοινώνουν συνεχώς. Αυτό που παρατηρώ τώρα είναι ότι οι μόνοι άνθρωποι που κάνουν αυτό που πρέπει να κάνουν είναι οι Έλληνες. Ξέρω ότι αυτό που έκαναν κάποιοι δεν είναι πολύ ωραίο, αλλά τουλάχιστον κάνουν αυτό που όλοι ξέρουν ότι κάνουν. Δεν μπορώ να το πω αυτό για τους Τούρκους πολιτικούς ή στους Βρετανούς.

Ο Μακάριος κάνει κάτι παράξενο. Πήγε στο Γενικό Νοσοκομείο Λευκωσίας και παρακάλεσε 29 Τούρκους νοσηλευτές να επιστρέψουν στην πατρίδα τους στην αρχιεπισκοπή για τη δική τους ασφάλεια. Πήγαν μαζί του, μετά από πολλές εκκλήσεις, κατά τη διάρκεια των οποίων είχε επιβεβαιώσει τον προορισμό τους με τη Βρετανική Ύπατη Αρμοστεία. Ήταν νύχτα Χριστουγέννων, 1963, και σε όλη τη Λευκωσία οι άνθρωποι πέθαιναν, πολλοί Τούρκοι, 59 άτομα σε Κουμσάλ, και Ορμαφίτα ήταν υπό πολιορκία. Έγραψα στον εαυτό μου ότι ακουγόταν σαν τη δική μας εκδοχή της κρυστάλλινης νύχτας. Ωστόσο, ενώ όλα αυτά συμβαίνουν Μακαρίου πηγαίνει στο νοσοκομείο και πείθει ένα μεγάλο αριθμό τούρκων νοσοκόμων να επιστρέψουν στο παλάτι μαζί του, λέγοντάς τους: «Υπάρχουν κάποιοι ανεύθυνοι ένοπλοι εκεί έξω», τα πρώτα του λόγια όταν φθάνουν είναι, «Είμαστε ασφαλείς εδώ τώρα», και «Κανείς δεν μπορεί να μας βλάψει», μπορεί να φαίνεται να είναι εξίσου φοβισμένος με τον καθένα.

Τώρα τίποτα δεν φαινόταν σωστό. Έχω το BBC να ανακοινώνει την κατάπαυση του πυρός, ενώ η κατάσταση όχι μόνο επιδεινώθηκε, και δεν μπορούσε να απέχει περισσότερο από την αλήθεια, και δεν έχουν συμφωνηθεί. Αλλά ενώ το κάνουν αυτό οι Βρετανοί γνωρίζουν τις χειρότερες σφαγές των ταραχών και δεν κάνουν τίποτα εκτός από την καταστολή των πληροφοριών σχετικά με αυτό. Τότε έχουμε τους Τούρκους που δεν θα συμφωνήσουν σε κατάπαυση του πυρός μέχρι να πάρουν πίσω αυτό που ήταν τότε ένας μεγάλος άγνωστος αριθμός ομήρων. Τώρα, αν αυτό δεν βγάζει νόημα, έχουμε τον Μακάριο, τον οποίο οι Τούρκοι διαλαλούν ως τον άγγελο του θανάτου, που πηγαίνει στο Γενικό Νοσοκομείο για να σώσει Τούρκους νοσηλευτές. Γίνεται πιο ενδιαφέρον. Ο Γκίμπονς έχει κάποια αποκαλυπτικά γεγονότα, γεγονότα και ενδιαφέρουσες συζητήσεις που ποτέ δεν θα ήταν σε θέση να πάρει αλλού, και το γεγονός ότι είναι ο μεγαλύτερος κριτικός μας, και ήταν εκεί, σημαίνει, είναι γεγονότα θα βασιστώ. Δεν είμαι έκπληκτος που το βιβλίο του δεν επετράπη να δημοσιευθεί στη Βρετανία στη δεκαετία του εξήντα όμως. Υπάρχουν μερικές πολύ σοβαρές ερωτήσεις που θα είχαν τεθεί.

Εδώ είναι ένα σημαντικό μέρος. Την ίδια νύχτα ο Μακάριος πηγαίνει σε διάσκεψη με τους εκπροσώπους της Βρετανίας, της Τουρκίας, της Ελλάδας και των ΗΠΑ και στις τρεις το πρωί επιστρέφει την Κύπρο στους Βρετανούς, τα λόγια του αργότερα εκείνο το πρωί στον Γκίμπονς ήταν τα εξής :
«Αυτό το νησί ανήκει στη Βρετανία!» όταν ρωτήθηκε τι εννοούσε είπε.
«Ζήτησα από τους Βρετανούς να αναλάβουν. Η Κύπρος είναι για άλλη μια φορά Βρετανική», όταν του ζητήθηκαν περισσότερα, αποκάλυψε :
«Από τις τρεις το πρωί παρέδωσα την Κύπρο στους Βρετανούς. Το νησί δεν είναι πλέον δική μου ευθύνη». Ένιωθα σίγουρος ότι προσπαθούσε να γλυτώσει τον εαυτό του, και τον λαό, από τις σφαγές, μερικές από τις οποίες πρέπει να γνώριζε. Ο Ιωαννίδης, το 1974 ο Έλληνας ηγέτης της χούντας, και ο Σάμσον ο ψυχωτικός ηγέτης μας συναντήθηκαν για πρώτη φορά κατά τη διάρκεια της διαμάχης του 1963. Ο Ιωαννίδης υπηρετούσε στην ελληνική ηπειρωτική χώρα. Ήταν κατά τη διάρκεια αυτής της περιόδου που και οι δύο λέγεται ότι έχουν θέσει ένα σχέδιο στον Μακάριο για να εξολοθρεύσουν όλους τους Τούρκους της Κύπρου. Ο Μακάριος το απέρριψε.

Λίγοι γνωρίζουν για τον Μακάριο ότι επέστρεψε την Κύπρο στους Βρετανούς εκείνο το βράδυ. Ακόμα κι αν μπορεί να το δέχτηκαν κατά πρόσωπο, το απέρριψαν, έχοντας πλήρη επίγνωση της κατάστασης. Οι Βρετανοί, οι μόνοι που είναι ικανοί να φέρουν την κατάσταση υπό κάποια μορφή ελέγχου, την απέρριψαν με δόλο. Αποφάσισαν να το πουν λίγο διαφορετικά στο δελτίο τύπου αργότερα εκείνη την ημέρα.

'Η κυβέρνηση της Κύπρου αποδέχθηκε μια προσφορά όπου οι βρετανικές, ελληνικές και οι τουρκικές δυνάμεις που σταθμεύουν στην Κύπρο, οι οποίες έχουν τεθεί υπό βρετανική διοίκηση, βοηθούν τις προσπάθειές της για τη διασφάλιση της διατήρησης της κατάπαυσης του πυρός και την αποκατάσταση της ειρήνης.'

Ακούγεται λίγο πολύ σαν την ίδια γραμμή που τροφοδοτήθηκε από το Ραδιόφωνο της Άγκυρας, πιθανώς από το BBC, μια ημέρα νωρίτερα. Τώρα υπάρχει κάτι που δεν είναι καθόλου σωστό εδώ, Και ακόμη πιο ενδιαφέρον είναι ότι οι Τούρκοι πολιτικοί ήταν παρόντες και ήξεραν ότι ο Μακάριος είχε επιστρέψει την Κύπρο στους Βρετανούς. Ήξεραν και ποτέ δεν άρχισαν μια φασαρία όταν αναδιατυπώθηκε. Βασικά, δεν λένε τίποτα. Τώρα, αν ήμουν Τούρκος εκείνη την εποχή, νομίζω ότι θα είχα μια ισχυρή προτίμηση, μια πολύ ισχυρή προτίμηση.

Αναρωτιέμαι για τους Βρετανούς, γιατί αρχικά χρειάζονταν οι ψεύτικες ανακοινώσεις κατάπαυσης του πυρός ; Και γιατί να κρύψουν τη σφαγή της Σχολής Κύκκου; Και, το πιο σημαντικό, γιατί να μην δεχτούμε την επιστροφή της Κύπρου; Και από τους Τούρκους πώς θα μπορούσαν ο Όρεκ και ο Κουτσούκ να ισχυριστούν ότι φρόντιζαν τους ανθρώπους τους όταν το μόνο που κάνουν είναι να καθυστερούν τις εκεχειρίες, αναβάλλοντας την απελευθέρωση των όμηροι, ενώ γνωρίζουν ότι οι δικοί τους δέχονται επίθεση. Και γιατί, όταν πρέπει να ήξεραν ότι ο Μακάριος είχε επιστρέψει εντελώς την Κύπρο στα βρετανικά χέρια, δεν φαίνεται να τους ενοχλεί να απορρίψουν την προσφορά; Κάποιος θα πίστευε ότι θα απαιτούσαν να επιστρέψουν τη βρετανική σημαία! Κύπριοι, Έλληνες και Τούρκοι πεθαίνουν σε όλη την πόλη!

Μπορούσα να καταλάβω ότι ο Μακάριος ήταν τόσο σκεπτικός για τους Βρετανούς μετά το 1963, γνωρίζοντας ότι η κατάσταση δεν θα είχε γίνει ποτέ τόσο άσχημη αν είχαν πάρει τον έλεγχο, όπως ζητήθηκε. Ο Γκίμπονς φαινόταν να πηγαίνει παντού. Συνάντησε τον Μακάριο στη Βρετανική Ύπατη Αρμοστεία αφήνοντας τις Τουρκικές νοσοκόμες που έσωσε, και είπε στον Γκίμπονς τι είχε κάνει νωρίτερα εκείνο το πρωί, εξ ου και τα αποσπάσματα. Είναι μια πραγματική συζήτηση που είχε ο Γκίμπονς μαζί του. Οι Βρετανοί δεν είπαν ποτέ στον Μακάριο στο πρόσωπό του ότι επρόκειτο να απορρίψουν την προσφορά του, με τους Τούρκους δίπλα τους. Το δέχτηκαν, πράγμα που σίγουρα σήμαινε ότι έπρεπε να το συζητήσουν με τους Τούρκους πριν πάρουν την απόφασή τους. Μετά θα έκαναν μεγάλη φασαρία για να πάρουν τους ομήρους πίσω όταν θα μπορούσαν απλά να καλέσουν τους Βρετανούς στρατιώτες εκεί. Μείον 150 που ήξεραν ήδη ότι ήταν νεκροί, φυσικά. Ξέρω σίγουρα ότι υπήρχαν αρκετές Ειδικές Δυνάμεις στο νησί αν ήθελαν να τις χρησιμοποιήσουν για το σκοπό αυτό. Αλλά υποψιάζομαι ότι ήταν απασχολημένοι. Δεν μπορούσα να πιστέψω την εξαπάτηση των Τουρκοκυπρίων πολιτικών, γνωρίζοντας όλα όσα συνέβαιναν γύρω τους, διότι αν και γνώριζαν ότι ο Μακάριος είχε προσπαθήσει να επιστρέψει την Κύπρο προς όφελός τους, όσο και το δικό του, κράτησαν το στόμα τους κλειστό, ενώ οι δικοί τους άνθρωποι συνέχισαν να υποφέρουν.

Μετά το δελτίο τύπου, ο Γκίμπονς πλησιάζει τον Sir Arthur Clarke, εκπρόσωπο της Βρετανικής Ύπατης Αρμοστείας, και τον αντιμετωπίζει για όσα είχε πει ο Μακάριος. Φαίνεται λίγο ντροπιασμένος από αυτό. Επιβεβαίωσε ότι ο Μακάριος είπε την αλήθεια, και στη συνέχεια είπε, και παραθέτω,

«Λοιπόν, αυτός είναι ο τρόπος που έχουμε αποφασίσει να λεχθεί η δήλωση», παρά την ερώτησή του. Ο Γκίμπονς χρησιμοποιεί αυτό το σχόλιο εναντίον του Μακαρίου, παίρνοντας το «εμείς» ως το νόημα του Μακάριου. Απλά έπρεπε να σας δώσω ένα παράδειγμα για το πόσο τυφλά προκατειλημμένος ήταν ο Γκίμπονς. Δεν μπορούσα να πιστέψω τα πάντα.

Οδήγησα στην Πόλη, έφτασα νωρίς για τσάι, και πήρα το ίδιο δωμάτιο με πέρυσι όταν έμενα με τον Μπιλ. Η Κάλο, η φιλική, Κύπρια γριά, με αναγνώρισε αμέσως και μου έκανε καφέ, τον οποίο έπινα πριν οδηγήσω στην παραλία για να δω τον ήλιο να δύει πίσω από τους μακρινούς λόφους στα δυτικά. Ο ιδιοκτήτης του beach bar ήταν εκεί ως συνήθως, και πήρα έναν άλλο καφέ, ενώ κάναμε μια μικρή συνομιλία, και χάζευα τη θέα.

Εκείνο το βράδυ πήρα το δείπνο μου σε ένα εστιατόριο ψαριών στην πόλη πριν από μια βόλτα και επέστρεψα στον δρόμο μου. Καθώς περπατούσα είδα κάτι που είχα παρατηρήσει στο παρελθόν, αλλά με ενδιέφερε λίγο, ένα καμπαρέ, και αυτή ήταν η Κύπρος. Κοίταξα τις σκάλες που οδηγούσαν στη σκοτεινή είσοδο, φαινόταν ήσυχα. Όχι, δεν θα μπορούσε να είναι, είπα στον εαυτό μου, και συνέχισα στο δρόμο μου πριν επιστρέψω στο δωμάτιό μου για έναν πολύ ξεκούραστο ύπνο. Ένιωσα πολύ καλύτερα μέσα μου. Ο ύπνος μου είχε υποστεί μεγάλη αλλαγή και ήξερα ότι είχα γράψει πάρα πολύ κυρίως από το πάθος μου.

Παρασκευή πρωί, ξύπνησα αργά με ένα αίσθημα φρεσκάδας γιατί έκανα έναν καλό ύπνο τη νύχτα, και έκανα ένα ντους πριν πάω στη μικρή πλατεία, και φάω ένα πλήρες αγγλικό πρωινό. Στη συνέχεια οδήγησα κάτω στην παραλία και έκανα μια χαλαρή βόλτα στο Λάτσι. Ήταν μια ευχάριστη, ήρεμη βόλτα, και δεν μπορούσα παρά να μαζέψω τα σκουπίδια, αν και ήμουν ευτυχής να δω ότι υπήρχαν πολύ λίγα για τη συλλογή. Το Λάτσι είναι το σπίτι των λουτρών της Αφροδίτης, το είχα δει πολλά χρόνια πριν, αλλά ήταν η παραλία που με συνεπήρε σήμερα το πρωί. Είναι μια καθαρή, φυσική, γαλάζια σημαία παραλία, χτισμένη με κανέναν άλλο τρόπο από τα απρόσβλητα μπαρ και εστιατόρια στο δυτικό άκρο και, παρά τον καλό καιρό, οι άνθρωποι ήταν πολύ λίγοι.

Σταμάτησα για έναν καφέ πριν περπατήσω πίσω κατά μήκος της παραλίας, να κάνω ένα διάλειμμα στην μέση της διαδρομής για μια ώρα ή κάπου εκεί, για να περάσω τον χρόνο μου και να απολαύσω απλά αυτό που ζούσα. Οι τελευταίοι τρεις μήνες ήταν τόσο δύσκολοι για μένα και ανακουφίστηκα όταν σκέφτηκα ότι είχα περάσει το χειρότερο, αλλά ανεξάρτητα από το πόσο δύσκολο ήταν, χαίρομαι που όλα συνέβησαν. Σύντομα επέστρεψα στο beach bar για να συνομιλήσω με τον Κύπριο ιδιοκτήτη του μπαρ που είχα γνωρίσει. Ποτέ δεν περίμενα να μπορέσω να μιλήσω ανοιχτά για αυτό το βιβλίο με τους Ελληνοκύπριους, αλλά το έκανα, και μίλησα για πολύ ώρα ευτυχώς μαζί του.

«Γράφετε ένα βιβλίο εε!» επιβεβαίωσε.

«Φαίνεται να γράφω», είπα. «Πρόκειται για μένα και την Κύπρο, ένα είδος προσωπικού περάσματος, κάτι τέτοιο». Ποτέ δεν ήμουν σίγουρος για το πώς να το περιγράψω αυτό.

«Όταν άρχισα να γράφω αυτό το βιβλίο, ρώτησα μια Αγγλίδα αν νόμιζε ότι είμαστε υποκριτές», του είπα συνεχίζοντας. «Είπε ναι, και τώρα, έχω πει στον ξάδερφό μου ότι έχω ένα βιβλίο που μπορώ να της δώσω». Είναι μια πραγματική συζήτηση που είχα. Νόμιζα επίσης ότι ήμασταν υποκριτές που φέρουμε τόσες πολλές ελληνικές σημαίες, μόνο για να ανακαλύψω ότι, δεν είναι ότι είμαστε υποκριτές, αλλά ότι είμαστε αναγκασμένοι να ζούμε στην υποκρισία.

«Υποκριτές!» ήταν αηδιασμένος με την ιδέα.

«Ναι, καταραμένοι Άγγλοι ε!» Είπα, απολαμβάνοντας το.

«Επιστρέφω στις χειρότερες στιγμές μας από το '63 στο '64 και μετά στο '74», έψαχνε με ενδιαφέρον. «Γνωρίζω λοιπόν ότι το '74 ήταν εσωτερική υπόθεση», είπα αποκαλύπτοντας. «για τη δική μου οικογένεια», του είπα καθώς έβαλα τα χέρια μου μακριά. Χαμογέλασα αυτή τη φορά, δεν ήταν ότι βρήκα την ιδέα διασκεδαστική, αλλά, ας πούμε, τώρα καταλαβαίνω για όλα αυτά. Χαμογέλασε, κουνώντας το κεφάλι ταυτόχρονα, υποθέτω, όπως πολλές οικογένειες στην Κύπρο, έχει το δικό της μέλος, ή θα έπρεπε να πω ένα πρώην μέλος.

Επέστρεψα στην πόλη, και το δωμάτιό μου, όπου διάβασα λίγο πριν το φαγητό στην ίδια ψαροταβέρνα όπως το προηγούμενο βράδυ. Μετά από εκεί πήρα μια σύντομη βόλτα σε ένα τοπικό μπαρ όπου κάθισα με έναν Κύπριο και μίλησα καθώς παρακολουθούσαμε τηλεόραση. Ένιωσα περίεργα βλέποντας τους δρόμους, και την πλατεία, τόσο ήσυχα. Μιλήσαμε για την τρέχουσα κατάσταση πριν τελειώσω ένα ουίσκι και μια μπύρα. Εκείνο το βράδυ ξάπλωσα ξύπνιος για λίγο πριν κοιμηθώ, και ήξερα τότε ότι δεν θα επιστρέψω στη Λεμεσό την επόμενη μέρα.

Φυσικά, μετά την εκεχειρία των Χριστουγέννων, η κατάσταση δεν βελτιώθηκε ποτέ. Δεν υπήρχαν άλλες σφαγές όπως στη Σχολή Κύκκου, αλλά οι μάχες συνεχίστηκαν. Εδώ είναι ένα παράδειγμα των Βρετανών που βοηθούν στη διατήρηση της ειρήνης. Ήξεραν την κατάσταση, ήξεραν τα πράγματα που συνέβαιναν, αλλά, την ημέρα που ανακοινώθηκε η κατάπαυση του πυρός, οι Έλληνες επιτέθηκαν στο χωριό Άγκουρντα στο βορρά. Οι Τούρκοι ενημέρωσαν τον στρατηγό Young. Η αναφερόμενη απάντησή του, «Λυπάμαι, δεν έχω καμία εξουσία εκτός Λευκωσίας». Το χαρτί ασφαλείας ήταν στη θέση του και θα έβλεπε την επίδειξη πυροτεχνημάτων. Ο Μακάριος τους είχε καταστήσει σαφές ότι θα μπορούσαν να έχουν τη δύναμη να κάνουν ό,τι ήθελαν. Αλλά οι Βρετανοί, οι παλιοί φίλοι των Κυπρίων, ένιωθαν ότι δεν είχαν καμία εξουσία, τι σκουπίδια! Δεν θα είναι έκπληξη για σας να ακούσετε ότι οι μάχες θα αυξηθούν έξω από τη Λευκωσία. Κοιμήθηκα όχι ευτυχής, απλά πιο άνετα, γνωρίζοντας ότι δεν είναι μόνο η ελληνική δυσαρέσκεια με τους Τούρκους. Δεν ήταν τόσο απλό.

Το επόμενο πρωί, έπινα καφέ, και απολαμβάνοντας τη στιγμή, με την ηλικιωμένη αλλά ευτυχισμένη, οικοδέσποινα, όταν ένα νεαρό ζευγάρι που είχε μείνει τη νύχτα κατέβηκε φορτωμένο με τις τσάντες τους. Η Κάλο προσπάθησε να τους δελεάσει με έναν καφέ, τον οποίο αρνήθηκαν καθώς ήθελαν να πάνε νωρίς στο Τρόοδος, τον επόμενο προορισμό τους. Είχα μιλήσει μαζί τους για λίγο το προηγούμενο βράδυ, και με ενδιέφερε, γιατί το κορίτσι μιλούσε αγγλικά με κάτι που ακουγόταν σαν μια αμερικανική προφορά, αλλά ήξερα επίσης ότι ήταν Κυπριακή.

«Πού μένεις;» Εγώ την ρώτησα.

«Λάρνακα, κι εσύ;»

«Αγγλία». Η Κάλο ήρθε και άρχισε να μου μιλάει στα ελληνικά, όπως έκανε συχνά. Χαμογέλασα και ενημέρωσα την κυρία ότι δεν μιλούσα ποτέ ελληνικά, φαινόταν έκπληκτη.

«Δεν μιλάς ελληνικά;» είπε με έναν διερευνητικό τρόπο, υποθέτω ότι ένιωσα υποχρεωμένος να απαντήσω, όχι ότι με ένοιαζε πια.

«Όχι, πραγματικά γράφω ένα βιβλίο γι' αυτό», της είπα. «Νομίζω ότι θα μπορούσε να έχει κάτι να κάνει με τα προβλήματα εδώ τη δεκαετία του εξήντα», αποκάλυψα. «Φαίνεται ότι σταμάτησα να μαθαίνω ελληνικά όταν πέθανε ο παππούς μου, και μετά από αυτό απλά δεν θα έπαιρνα τη γλώσσα χωρίς αγάπη». Δεν νομίζω ότι κάποιος θα μπορούσε να περιμένει μια τέτοια απάντηση. Ήξερα επίσης πόσο θλιβερό ακούγεται και δεν με εξέπληξε το γεγονός ότι η συνομιλία άλλαξε.

«Αυτό είναι ένα ωραίο κολιέ», είπε. Φορούσα το κομμάτι που μου έφτιαξε η Μαρί στην Κω.

«Ευχαριστώ».

«Όχι, πραγματικά, είναι ωραίο, το ξέρω, φτιάχνω τα δικά μου κοσμήματα», έλεγε αυτό καθώς έφευγε με τον σύντροφό της.

«Ξέρω», συμφώνησα καθώς είπα αντίο ταυτόχρονα. Υπήρχε ένα στοργικό χαμόγελο στο πρόσωπό μου που σκεφτόμουν το κολιέ. Το ωραιότερο πράγμα γι' αυτό είναι ότι πάντα ένιωθα ότι ήταν φτιαγμένο με αγάπη. Η Μαρί κι εγώ επικοινωνούμε πολύ λίγο λόγω του γλωσσικού φραγμού, αλλά το είπαμε με χαμόγελα.

Έφαγα πρωινό, και μετά τηλεφώνησα στη νονά μου για να της πω ότι θα μείνω άλλη μια μέρα πριν πάω στο αυτοκίνητο. Σκέφτηκα ότι θα κατευθυνόμουν στην Πάφο μέχρι που κοίταξα το χάρτη, και αποφάσισα να κατευθυνθώ ανατολικά προς τον Κάτω Πύργο, που είναι όσο το δυνατόν πιο ανατολικά κατά μήκος της βόρειας ακτής. Γέμισα το αυτοκίνητο με βενζίνη και οδήγησα. Δεν ήταν πολύ πριν συνειδητοποιήσω ότι η γη εδώ έχει αλλάξει δραματικά, όπως ο ασβεστόλιθος δίνει τη θέση του στους καφέ λόφους ψαμμίτη ανατολικά της πόλης. Ήξερα ότι ήμουν μέσα για μια άλλη απόλαυση καθώς το τοπίο συνέχιζε, και δεν ήμουν απογοητευμένος. Αυτό είναι το βόρειο άκρο της οροσειράς του Τροόδου. Υποθέτω ότι είναι εύκολο να σκεφτείς ότι τα έχεις δει όλα. Συμβαίνει συνήθως να μαθαίνεις πόσο λάθος είσαι όταν κάτι νέο και απροσδόκητο συμβαίνει. Η διαδρομή ακολουθεί την ακτή για περίπου είκοσι χιλιόμετρα ή περισσότερο πριν χάσει τον καλό ώμο δρόμο, και μετατράπηκε σε λίγο περισσότερο από μια πίστα ασφάλτου. Ανεπηρέαστος από αυτή την απροσδόκητη αλλαγή οδήγησα κατά μήκος των λόφων και των χαμηλών βουνών. Η πρόσφατη βροχή είχε ενθαρρύνει ένα επίστρωμα των τρυφερών βλαστών χλόης ως τάπητα για το τοπίο. Για μένα, ήταν όμορφα. Σύντομα θα ενημερωνόμουν για το αγροτικό υπόβαθρο της περιοχής από την έλλειψη ανθρώπων, και τις κατσίκες που είδα διάσπαρτες κατά μήκος των λόφων, και περιστασιακά στο δρόμο. Υπάρχει μια άλλη πτυχή σε αυτόν τον τομέα που σύντομα γίνεται διαδεδομένη, και αυτός είναι ο αριθμός των θέσεων του ελληνοκυπριακού στρατού κατά μήκος της διαδρομής, μαζί με μια διασπορά εγκαταλελειμμένων και ερειπωμένων σπιτιών. Ήξερα ότι οδηγούσα στη γραμμή, αλλά ήξερα ότι ήταν μια δίκαιη διέξοδος από αυτό. Ο δρόμος ακολούθησε τη γραμμή ενός λόφου στα αριστερά μου, γύρω και προς τη θάλασσα, όταν ήμουν αντιμέτωπος με ένα θέαμα που δεν περίμενα. Ακριβώς μπροστά μου, σε μια κοιλάδα, περίπου 400 μέτρα μακριά ήταν η κόκκινη σημαία της Τουρκίας, και η σημαία T.R.N.C., που φέρουν από ένα παρατηρητήριο. Τώρα δεν είχα δει κανένα σημάδι, αλλά πραγματικά δεν ήθελα να πάρω κανένα ρίσκο, ειδικά αφού είχα στο κεφάλι μου βαθιά την προπαγάνδα τους για τους τελευταίους δύο μήνες, και τα γεγονότα είναι γεγονότα. Ο συλλέκτης σαλιγκαριών μάζευε σαλιγκάρια, και αυτό ήταν. Μπορεί να ήταν στην περιοχή των συνόρων, αλλά ήταν μόλις δύο ή τρία μέτρα μέσα, και τον χτύπησαν στην πλάτη. Πρόκειται συχνά για Τουρκικά στρατεύματα από την ηπειρωτική χώρα που διαχειρίζονται αυτές τις θέσεις. Δεν σέβονται τους Ελληνοκύπριους. Σταμάτησα το αυτοκίνητο και κοίταξα στα δεξιά μου, όπου υπήρχε μια ελληνοκυπριακή στρατιωτική θέση και, στα αριστερά μου, όπου υπήρχε ένα παρατηρητήριο των Ηνωμένων Εθνών. Θα μπορούσα να δω έναν στρατιώτη των Ηνωμένων Εθνών να με παρακολουθεί μέσα από ένα ζευγάρι από μεγάλα κιάλια. Ήξερα ότι είχε μια σαφή άποψη για μένα, ακόμη και στο αυτοκίνητο, γι' αυτό ακριβώς κράτησα τα δύο χέρια έξω σαν να ρωτούσα πού είναι τώρα. Μπορούσα να τον δω να κάνει κάποιες κινήσεις με τα χέρια του, αλλά δεν ήταν αρκετά καλές για μένα. Οδήγησα πάνω στο μικρό στρατόπεδο των Ηνωμένων Εθνών και πάρκαρα το αυτοκίνητο ακριβώς μέσα, γνωρίζοντας ότι κάποιος θα έρθει να μου δώσει συμβουλές για το δρόμο μπροστά. Δύο στρατιώτες σύντομα βγήκαν από κάποια κτίρια, ακριβώς κάτω από το αυτοκίνητο, και έτρεξαν κατά πάνω μου.

«Πηγαίνω στον Κάτω Πύργο και τα είδα αυτά», είπα καθώς κοίταγα τις τουρκικές σημαίες που φέρουν.

«Όχι, είναι εντάξει, απλά ακολουθήστε το δρόμο», ένας από τους στρατιώτες με ενημέρωσε. Κοίταξα την διαδρομή και παρατήρησα ότι ακολουθούσε ένας άλλος λόφο προς τα δεξιά.

«Το βλέπω», τους είπα, αν και ακόμα δεν ήμουν σίγουρος πού ήμουν, «Απλά μην βγεις έξω και περπατήσεις ε;» Είπα, όχι ότι σκόπευα.

«Όχι, δεν πειράζει, συνέχισε να οδηγείς».

«Ευχαριστώ». Αντέστρεψα το αυτοκίνητο, γύρισα στην πίστα, και σιγά-σιγά ακολούθησα το δρόμο γύρω από τα δεξιά. Συνειδητοποιώντας ότι όπως έκανε θα μπορούσε να είναι μόνο ο Τούρκος φύλακας της Κοκκίνα. Είδα περισσότερα εγκαταλελειμμένα σπίτια από τούβλα λάσπης, ένα ολόκληρο χωριό ακόμα. Αυτό το μέρος ήταν για να δούμε το κύριο βάρος του προβλήματος το καλοκαίρι του 1964. Αύξησα την ταχύτητά μου και συνέχισα κατά μήκος του δρόμου, μέσω της Μανσούρας και προς τον Κάτω

Πύργο. Στη ζέστη, έμοιαζε με καλοκαίρι. Καλύτερα από το περασμένο βρετανικό καλοκαίρι, αυτό είναι σίγουρο, αλλά ήταν γύρω στο μεσημέρι, και ο Κάτω Πύργος ήταν ήσυχος. Δεν ήξερα πραγματικά πόσο μακριά κατά μήκος του δρόμου επρόκειτο να πάω όταν έφυγα από την πόλη αν και ήξερα ότι αυτό ήταν όπου ήμουν επικεφαλής. Δεν θα έλεγα ότι ο Κάτω Πύργος είναι το πιο φιλόξενο μέρος με την πρώτη ματιά, αλλά μόλις φτάσετε στο ανατολικό άκρο του χωριού είναι ίσως ο λόγος. Ο δρόμος τελείωσε απότομα με μια φυλασσόμενη πύλη. Το χέρι του δεν ήταν απαραίτητο, στο τέλος του δρόμου νόμιζα. Θα μπορούσα να καταλάβω το όνομα Κερύνεια στα ελληνικά, στην πύλη, αλλά ήξερα ότι ήταν ακόμα το τέλος του δρόμου για μένα.

Έκανα μια στροφή, πριν κατευθυνθώ αργά μέσα από το κέντρο της πόλης παρελθόν το μεγαλύτερο βελανιδιά που έχω δει ποτέ στην Κύπρο, η οποία κράτησε αυτό το μέρος του δρόμου καλά σκιασμένο. Το πιο σημαντικό πράγμα στο μυαλό μου ήταν ο καιρός. Ήταν τόσο πολύ καλύτερος από τον προηγούμενο Οκτώβριο, η θερμοκρασία παραμένει γύρω στους 25 βαθμούς κελσίου. Καθώς παρασύρθηκα μέσα από τη μικρή πόλη, έψαχνα για κάπου να πάρω ένα ποτό, και ίσως, κάποια συζήτηση. Σκέφτηκα να μιλήσω στη νονά μου, και δεν νομίζω ότι θα τα πάω πολύ καλά με τους ντόπιους. Επιτάχυνα, αποφασίζοντας να δοκιμάσω ένα από τα τουριστικά εστιατόρια λίγο έξω από την πόλη.

Τώρα, έχουν συμβεί τόσα πολλά που φάνηκε να ναι γραφτό, και αν συμβαίνει αυτό, δεν μπορώ να πιστέψω ότι το επόμενο μέρος που σταμάτησα δεν ήταν κι αυτό γραφτό. Ήμουν στο Μανσούρα και ένα εστιατόριο με ψάρια δίπλα στην παραλία. Δεν το πρόσεξα καθόλου όταν το προσπέρασα για πρώτη φορά. Είδα την πινακίδα της Coca Cola από το δρόμο, αλλά όχι το κτίριο, το οποίο από τα ανατολικά μπορεί κανείς να το δει καθαρά, με το μεγάλο φύλλο φοίνικα καλυμμένο στο μπαλκόνι που χρησιμεύει ως τραπεζαρία. Είδα ότι θα ήταν ακόμα ανοιχτό καθώς οι καρέκλες ήταν στη θέση τους, και οδήγησα το αυτοκίνητο πάνω από το χωματόδρομο που κλίνει προς την παραλία. Ήταν μια απότομη πλαγιά, αλλά δεν μπήκα στον κόπο να στρίψω δίπλα στο άλλο αυτοκίνητο που ήταν σταθμευμένο εκεί, και σταμάτησα στην πλαγιά, με θέα προς τη θάλασσα. Καθώς έκλισα τον κινητήρα του αυτοκινήτου συνειδητοποίησα ξαφνικά πόσο όμορφο ήταν ολόκληρο το μέρος. Έφυγα από το αυτοκίνητο και μπήκα στο κτίριο του εστιατορίου, όπου είδα μια μεσήλικα γυναίκα να κάθεται μόνη της.

«Γεια», είπα, υποθέτω ότι μιλούσε αγγλικά.

«Γεια σας», απάντησε.

«Μπορώ να έχω μια λεμονάδα παρακαλώ;»

«Σίγουρα».

«Σ 'ευχαριστώ».

«Παρακαλώ», απάντησε σε άπταιστα αγγλικά.

«Είναι ωραία εδώ», είπα, η γυναίκα κούνησε το κεφάλι της για να συμφωνήσει. Κοίταξα έξω από τις γυάλινες πόρτες. Έβαλα τη λεμονάδα στο τραπέζι, και βγήκα στο μπαλκόνι για να δω το τοπίο. Ένιωσα να έλκομαι από αυτό που έβλεπα. Όπως έγραψα πριν έχω δει μερικές όμορφες παραλίες στην εποχή μου και πολλές με χρυσή άμμο και δέντρα καρύδας, αλλά ούτε ήταν όλες έτσι. Η παραλία είναι περίπου επτά ή οκτώ μέτρα κάτω από το ύψος του δρόμου, ο οποίος οδηγείται σε γκρεμό. Η ίδια η παραλία ήταν βοτσαλωτή, και η θάλασσα έκανε περισσότερο από αρκετό θόρυβο για να καλύψει τον ήχο οποιουδήποτε διερχόμενου αυτοκινήτου, τόσο ηχηρή ήταν. Περπάτησα ανατολικά κοιτάζοντας πάνω από τον κόλπο του Μόρφου, εστιάζοντας στην κοντινή ακτογραμμή, το μέρος ήταν μαγικό, και δεν ήμουν σίγουρος γιατί. Η ακτογραμμή ήταν τόσο διαφορετική από οτιδήποτε άλλο είχα βιώσει στην Κύπρο. Κοίταξα πάνω-κάτω πριν περάσω μπροστά από ένα ανοικτό μπλε, φρεσκοβαμμένο, αναποδογυρισμένο σκάφος. Το μπλε ήταν σε μια απόχρωση που ήμουν εξοικειωμένος με αυτή, και ένιωσα καλά να το κοιτάζω. Συνέχισα το περπάτημα στην παραλία, υπήρχε κάτι το ιδιαίτερο σ' αυτό, και δεν ήμουν αρκετά σίγουρος τι ήταν. Ένιωσα περισσότερο γοητευμένος κυρίως από την απόλυτη ομορφιά του. Περπατούσα αργά κατά μήκος της ακτής, περνώντας από βραχώδεις προεξοχές, μαζεύοντας πέτρες ή βότσαλα που τραβούσαν την προσοχή μου. Ένιωθα μια γαλήνη που έλειπα τόσο καιρό. Δεν άκουσα το περιστασιακό όχημα να περνάει πίσω μου καθώς καθόμουν στην παραλία, και απόλαυσα το μεγαλείο αυτού του πρόσφατα ανακαλυφθέν μέρους.

Δεν Μιλάω Ελληνικά - 263

Παραλία στη Μανσούρα

Συνειδητοποίησα ότι ήταν απομόνωση. Κοίταξα αριστερά, μόνο φύση, κοίταξα δεξιά, και ήταν το ίδιο, τίποτα εκτός από φύση. Δεν μπορούσα να δω το δρόμο, ούτε το σπίτι, ούτε καν τους ανθρώπους. Δεν υπήρχε τίποτα εκεί για να με ενοχλήσει. Έκλεισα τα μάτια μου, τον ήχο της μουσικής της θάλασσας στα αυτιά μου, ξάπλωσα και ένιωσα εντελώς άνετα. Ήταν τότε που συνειδητοποίησα ότι από την αρχή αυτού του βιβλίου δεν είχα αισθανθεί να είμαι σε τέτοια ειρήνη με τον εαυτό μου μέχρι αυτή τη στιγμή, και αυτό γιατί το αγαπούσα για αυτό που ήταν, μια πολύτιμη στιγμή στο χρόνο. Δεν πήρα καν τα τσιγάρα μου μαζί μου, δεν τα χρειαζόμουν. Ο ήλιος ήταν ζεστός στο πρόσωπό μου, το αεράκι φρέσκο, ένιωσα χαλαρά, και για πρώτη φορά για μήνες θα μπορούσα να αισθανθώ όλη τη θλίψη που είχα τυλιχθεί σε αυτή να φεύγει μακριά στον αέρα, όπως η γύρη στον άνεμο, αφήνοντας με σε μια κατάσταση απόλυτης ηρεμίας.

Όταν συνειδητοποίησα τι είχε κάνει ο Γκίμπονς, τρελάθηκα. Μια οργή που με έσκισε τόσο βαθιά μέσα μου, ήξερα ότι θα μπορούσε εύκολα να με οδηγήσει στο βουνό με ένα τουφέκι. Ένας Τούρκος συνοροφύλακας θα ήταν τέλειος. Αλλά με τη σειρά του, και κοιτάζοντας προς τα κάτω ένα όπλο, ένας στόχος είναι ένας στόχος. Δεν χρειάστηκε να κοιτάξω προσεκτικά το πτώμα και να δω τη ζημιά που έγινε. Ούτε για να αντιμετωπίσω συγγενείς που θρηνούσαν για να τους πω ότι δεν ήμουν εγώ, ήταν η οργή. Το βιβλίο του Γκίμπονς και αυτό που νομίζω ότι οι Βρετανοί είχαν κάνει πραγματικά είχε αυτή την επίδραση σε μένα. Για πρώτη φορά από τότε που ένιωσα αυτή την οργή, είχα βρει ένα μέρος, και μια εποχή όπου θα μπορούσα να ρίξω ένα δάκρυ για να ξέρω ότι και εγώ, θα μπορούσα, και μπορεί ακόμα να είμαι, ένα θύμα του μίσους. Αλλά είχα κάνει πολύ δρόμο τους τελευταίους μήνες, και το μόνο πράγμα που με κράτησε μακριά από αυτό το βουνό ήταν αυτό το βιβλίο. Ξαπλώνω μόνος μου στην άνεση της φύσης, και έριξα δάκρυ για τον άντρα που ήξερα ότι θα είχαν δημιουργήσει.

Μετά από τριάντα λεπτά ή κάπου εκεί, περπάτησα πίσω κατά μήκος της παραλίας στο εστιατόριο και παρήγγειλα μία μερίδα καλαμαράκια και σαλάτα για να φάω, τουλάχιστον η διατροφή μου είχε βελτιωθεί. Μέχρι τότε, η μεσήλικας Κύπρια, η Γκούλα, είχε ενωθεί με τον σύζυγό της Ανδρέα, με τον οποίο έπινα καφέ και συνομιλούσα πριν ο Τζον, ο μικρότερος γιος τους, ο οποίος ήταν περίπου δεκατριών, φτάσει στο σπίτι. Είχαν επιστρέψει στην Κύπρο αφού ζούσαν στο Λονδίνο για μερικά χρόνια και είχαν δημιουργήσει μια οικογενειακή επιχείρηση σε μια εγκαταλελειμμένη τουρκική κατοικία. Δεν υπήρχε τίποτα ασυνήθιστο σε αυτό. Ο θείος μου είχε κάνει το ίδιο από τότε που έγινε πρόσφυγας από το χωριό μας. Η Γκούλα μου είπε για τις ανησυχίες της, ότι αισθανόταν ανασφαλής για την κατάσταση, αλλά την διαβεβαίωσα ότι το ίδιο πράγμα συνέβαινε και στις δύο πλευρές, και ότι κανείς δεν θα επιστρέψει για αυτό το ακίνητο χωρίς να επιστρέψει στο δικό της. Δεν πίστευα ότι ήταν μια συμβουλή που θα έπρεπε να ήταν απαραίτητη, αλλά φάνηκε να μπορεί να βοηθήσει. Μίλησα με τον Ανδρέα πίνοντας καφέ, και ήξερα τότε ότι αν υπήρχε κάπου που ήθελα να περάσω τον υπόλοιπο χρόνο μου σε αυτή την επίσκεψη, θα ήταν εδώ. Αποφάσισα εκεί και στη συνέχεια και τους είπα πριν φύγω ότι θα ήμουν πίσω το πρωί.

Τώρα θα μπορούσα να παραλείψω το νυχτερινό μονοπάτι στην πόλη εδώ, αλλά....Πήγα πίσω και έφαγα στο ίδιο εστιατόριο όπως πριν, ήταν ένα καλό γεύμα, περίπου μισό κιλό φρέσκο ψάρι και σαλάτα. Σε ένα τραπέζι η άλλη πλευρά του εστιατορίου ήταν ένας ζωντανός, ηλικιωμένος Κύπριος κύριος.

Γελάω όταν τον σκέφτομαι. Ένας υπέροχος τύπος, ίσως στα μέσα έως τα τέλη της δεκαετίας των 70, με ένα μπουκάλι Ζιβινίρ, να κουβεντιάζει με δύο Γερμανίδες που γνώριζε για μερικά χρόνια, που ήταν περίπου στα μισά της ηλικίας του. Είχαμε μιλήσει αφού μου έδωσε ένα ποτήρι Ζιβινίρ. Μετά το ποτό, μπορώ κανονικά να περπατήσω, και μπορώ να μιλήσω, είμαι πολύ χαρούμενος, και εγώ σχεδόν ποτέ δεν αρρωσταίνω με αυτό, αλλά μετά από μερικά ποτήρια αυτό είναι το μόνο που μπορώ να κάνω. Λοιπόν, ποιος ήμουν εγώ για να διαφωνήσω με τους μεγαλύτερους μου όταν οι Γερμανίδες μας άφησαν μόνους μας και με πήγε στο τοπικό καμπαρέ; Λοιπόν εδώ, είμαι στην ευχάριστη θέση να πω ότι το περπάτημα ενώ μιλούσαμε με έκανε ευτυχισμένο γιατί ήταν το μόνο που ήμουν σε θέση να κάνω. Μου κόστισε πενήντα κυπριακές λίρες μιλώντας σε μια Ρουμάνα και, ναι, το σεξ θα ήταν φθηνότερο, αλλά δεν με ένοιαζε. Ένιωθα πολύ κυνικός για τον κόσμο που ζω και αυτό φαινόταν ειλικρινές σε σύγκριση με το πώς συμπεριφέρονται μερικοί άνθρωποι στη ζωή. Ήξερα το τίμημα και ήμουν ευτυχής να το πληρώσει, απλά σήμαινε ότι θα έκανα έναν αυστηρότερο προϋπολογισμό για το υπόλοιπο του ταξιδιού.

Το επόμενο πρωί, ξύπνησα νωρίς. Ναι! Η Ζιβινίρ μπορεί να είναι τόσο καλή. Έκανα ένα ντους και έφτιαξα καφέ. Ήταν άλλο ένα ευχάριστο πρωινό. Έβαλα πίσω το πρωινό μου τσιγάρο. Στο δρόμο για το ντους, που ήταν σε έναν πολύ μικρό εξωτερικό διάδρομο, είδα έναν γνωστό ντόπιο άντρα να περπατά πάνω στις σκάλες με ένα μακρύ ξύλο πάνω από τον ώμο του. Είχε φύγει όταν βγήκα. Άκουσα μερικές προσκρούσεις καθώς στέγνωσα, και ντύθηκα, πριν πάρω τον καφέ μου από το μπαλκόνι για να βγω στον αέρα.

«Λυπάμαι αν σε ξύπνησα», άκουσα από ψηλά. Κοίταξα ψηλά και είδα τον ντόπιο στην ηλικία μου να γέρνει πάνω από την οροφή με ένα τσιγάρο στο χέρι του.

«Όχι, καθόλου, ήμουν ήδη ξύπνιος», του είπα. Συνέχισε για να μου πει πώς έκανε κάποια δουλειά για την Κάλο, και μιλήσαμε για λίγο για το τι έκανα. Ήταν μια ευχάριστη συζήτηση και δεν μπορούσα να καταλάβω γιατί ένιωσα τόσο παράξενα, μέχρι που συνειδητοποίησα αργότερα ότι είχαμε λίγο πολύ την ίδια συζήτηση υπό παρόμοιες συνθήκες πέρυσι. Είναι ωραίο όταν αισθάνεσαι τόσο εξοικειωμένος με τους ανθρώπους όσο και το μέρος.

Είχα παρατηρήσει ακόμη και την περιφρονητική Κύπρια, με την οποία είχα μιλήσει για την εθνική υπηρεσία, αλλά ποτέ δεν φάνηκε να με αναγνωρίζει, όχι ότι ήθελα να. Ήπια έναν τελευταίο καφέ με την Κάλο λέγοντάς της τον προορισμό μου, και αφού πήρα τις καλύτερες ευχές της ξεκίνησα για τον Κάτω Πύργο.

Σταμάτησα πάλι στο Μανσούρα, τον προορισμό μου, και συνάντησα τον Ανδρέα και τον μεγαλύτερο γιο της Γκούλας, τον Άντυ, ο οποίος εργαζόταν εκεί στο αυτοκίνητο ενός φίλου στο εργαστήριό του. Όλοι ήταν τόσο φιλικοί και όλοι μιλούσαν καλά αγγλικά, αν και η απουσία μου από τα ελληνικά με ενοχλούσε ακόμα. Έκανα μια βόλτα στην παραλία λέγοντας στον εαυτό μου ότι θα επέστρεφα το πρωί και λίγα θα άλλαζαν. Ήταν μια μικρή βόλτα, καθώς ήθελα να περάσω λίγο περισσότερο χρόνο με τον Άντυ πριν φύγω. Συνειδητοποίησα ότι ο Γκούλα δεν είχε ακούσει να διεκδικεί την πρόσβαση στη γη εναντίον της Τουρκίας, γι' αυτό έδωσα στον Άντυ τις λεπτομέρειες και έφυγα από το εστιατόριο υποσχόμενος σε όλους ότι θα επέστρεφα την επόμενη μέρα πριν φύγω για να φτάσω στο Κύκκο, Τρόοδος και στη Λεμεσό.

Η νονά μου με προειδοποίησε να θυμηθώ να μπιπ στις γωνίες αυτών των ορεινών δρόμων, και είπα ότι θα το έκανα, αλλά δεν είχα πάει ποτέ σε αυτό το δρόμο πριν, στην περιοχή της Τιλίρια. Βλέπεις δρόμους στο χάρτη και νομίζεις ότι θα είναι καλοί. Λοιπόν, ήταν περίπου πέντε χιλιόμετρα πριν κατάλαβα τι είδους δρόμος ήταν. Ήμουν τρομοκρατημένος. Ήταν στενά, αλλά ήταν μια πολύ νέα επιφάνεια και ο δρόμος ήταν ομαλός, με ένα στρώμα άμμου ανά μέρη, καθιστώντας τον ολισθηρό, και τα εμπόδια συντριβής έπρεπε να τοποθετηθούν. Οδήγησα το μεγαλύτερο μέρος της διαδρομής με το να κλίνω πάνω από τον τροχό οδήγησης και στις δύο πλευρές του δρόμου. Δεν φορούσα τη ζώνη μου σε περίπτωση που οδηγούσα στο πλάι. Σκέφτηκα ακόμη και για τη στροφή γύρω και είχα έναν ίλιγγο σε ένα σημείο, αλλά με φανταστική θέα όμως. Μου πήρε λίγο λιγότερο από δύο ώρες για να οδηγήσω τα πενήντα περίπου χιλιόμετρα στο Κύκκο, και ήμουν απλά ευτυχής να επιστρέψω σε έναν κεντρικό δρόμο. Όταν έφτασα στο μοναστήρι, πήγα στον τάφο του Μακαρίου, πάρκαρα το αυτοκίνητο στον κεντρικό χώρο στάθμευσης αυτοκινήτων, πήρα την κάμερά μου και ανέβηκα το λόφο. Δεν ένιωθα δακρύβρεχτος, και δεν περίμενα να το κάνω. Υπήρχαν δύο νεαροί Γερμανοί τουρίστες πίσω μου και τραβούσαν μερικές φωτογραφίες. Περίμενα να φύγουν πριν πάω στα γόνατα, είπα μια σύντομη προσευχή, και έκανα τον σταυρό μου. Τώρα ξέρω ότι είπα ότι δεν είμαι θρήσκος, αλλά δεν εμπιστεύομαι καμία θρησκεία με την ψυχή μου, όπως και ιδρύματα, που διοικούνται από ανθρώπους. Δεν σημαίνει ότι δεν πιστεύω. Άφησα τον τάφο, και περπατούσα στη μικρή κοντινή εκκλησία, με θέα νότια του Ολύμπου, όπου μπορείτε να δείτε τη βάση των Βρετανικών Δυνάμεων στο υψηλότερο σημείο της Κύπρου. Επέστρεψα στο χώρο του τάφου και, κάνοντας ένα βήμα, περπάτησα στο ανάχωμα ακριβώς πάνω από τον τάφο. Από εκεί κοίταξα βόρεια πέρα από τα βουνά στη Μόρφου στην κατεχόμενη περιοχή. Μπορούσα σχεδόν να δω ολόκληρο τον κόλπο της Μόρφου από τα μάτια μου, και πίσω από τα βουνά θα ήταν η Κερύνεια. Κοιτούσα εκεί με ένα δάκρυ που μου γέμιζε το μάτι.

Η διαδρομή στα βουνά είχε πάρει το μυαλό μου από τα πράγματα για λίγο. Μετά την εξέγερση των Χριστουγέννων του 63, και τα ακόλουθα γεγονότα, ο Γρίβας επιστρέφει, με μια επιτροπή στον ελληνικό στρατό, μόνο που αυτή τη φορά είναι κάθε άλλο παρά φίλος του Μακαρίου. Και οι δύο εξακολουθούν να θέλουν ένωση, αλλά έχουν μια διαφορά απόψεων ως προς το πώς να την κάνουν. Ο Μακάριος θέλει απλώς να ξαναγράψει το σύνταγμα με τη συναίνεση της πλειοψηφίας. Αυτό θα ήταν περίπου η στιγμή που έδινε τα διαβατήρια έξω. Ο Γρίβας δεν ήταν γραφειοκρατικός τύπος. Ο Μακάριος δεν μπήκε στον κόπο να παραστεί στις ειρηνευτικές συνομιλίες που επρόκειτο να ξεκινήσουν στο Λονδίνο στα μέσα Ιανουαρίου. Έστειλε τον Κληρίδη, και έναν άνδρα που ονομάζεται Κυπριανό, οι οποίοι ήταν ακόμα πολιτικοί στην Κύπρο, αλλά τίποτα δεν επρόκειτο να επιλυθεί. Τώρα δεν είναι το αίτημα για ένωση, αλλά απλά, ότι η κυπριακή κυβέρνηση ήθελε η Κύπρος να κυβερνάται από την πλειοψηφία του πληθυσμού, και θα παραθέσω τα λόγια του Μακαρίου εδώ, «Η κύρια αιτία της τριβής μεταξύ των Ελλήνων και των Τούρκων και η ρίζα του κακού είναι στις Συνθήκες Εγγυήσεων και Συμμαχιών. Οι συνθήκες δεν ήταν αποτέλεσμα της ελεύθερης βούλησης από όλα τα μέρη». Εδώ δηλώνει ότι υπέγραψε τη συνθήκη για να τερματίσει την αιματοχυσία. Θυμηθείτε πόσο μικρή είναι η Κύπρος, και λαμβάνοντας υπόψη την ιστορία της, το ογδόντα τρία τοις εκατό του λαού, μια καλή πλειοψηφία, απλά ήθελε κάτι που θα θεωρούσαν πάντα ως το τελικό δικαίωμά τους, την αυτοδιάθεση. Αρχές Ιανουαρίου ο Μακάριος ζητάει παρουσία των Ηνωμένων Εθνών, αλλά μέχρι τα τέλη Ιανουαρίου προτείνεται μια δύναμη του Ν.Α.Τ.Ο. Ο Μακάριος το απέρριψε κατηγορηματικά και είπε ότι η βρετανική ειρηνευτική δύναμη συμβάλλει στη δημιουργία συνθηκών που ευνοούν το τουρκικό αίτημα για διχοτόμηση. Ενώ όλα αυτά συμβαίνουν ο Έλληνας στρατηγός Παντελίδης ανακοινώνει στη Λευκωσία την ίδρυση της Εθνικής Φρουράς. Η ελληνική κυβέρνηση είχε πλέον εμπλακεί σε μεγάλο βαθμό. Επιτρέψτε μου να σας δώσω μια ιδέα για την κατάσταση του ιδιώτη στην Κύπρο την περίοδο περίπου των Χριστουγέννων και μετά, από τη δική μου οπτική γωνία. Τώρα θυμηθείτε, μέχρι στιγμής, πολλοί Τούρκοι φαίνεται να είχαν εξεγερθεί με τον έναν ή τον άλλο τρόπο, λέω ότι φαίνεται, αλλά πολλοί είχαν εξεγερθεί στην πραγματικότητα. Το Τ.Μ.Τ. δεν έφυγε απλώς. Ο Γκίμπονς έτρεχε συνεχώς προς τους Έλληνες ενώ ήταν στη σταυροφορία του γύρω από τη Λευκωσία, και παρόλο που εξακολουθεί να υπονοεί ότι το μόνο που ήθελαν οι Έλληνες ήταν να σκοτώσουν τους Τούρκους, βλέπει συνεχώς φοβισμένους Έλληνες, κρυμμένους στις πόρτες των καταστημάτων. Είναι τόσο προκατειλημμένος. Φέρουν τουρκική σημαία πάνω από το κάστρο του Αγίου Ιλαρίωνα για αρχή. Αυτό είναι ένα αρχαίο βυζαντινό μνημείο, ένα από τα πιο διάσημα στην Κύπρο, και το δικό μας, μέρος της ιστορίας μας. Ο Γκίμπονς δεν εκτιμά τη συμβολική σημασία πίσω από κάτι τέτοιο.

Οι Βρετανοί μπορεί να έχουν βγάλει τις ξιφολόγχες στη Λευκωσία, αλλά ήταν όλα για επίδειξη. Η ελληνική κοινότητα κατούρησε πάνω τους. Ο βρετανικός στρατός ερχόταν, συχνά για να εκφοβιστεί, και είχε πράγματα όπως τα συνθήματα ένωσης που χρωματίζονται στα θωρακισμένα αυτοκίνητά τους. Βρήκα ότι ήταν διασκεδαστικό, είναι το είδος του πράγματος που θα μπορούσα να έχω απολαύσει, η ζωγραφική με γκράφιτι σε ένα θωρακισμένο αυτοκίνητο. Θυμηθείτε, οι Ελληνοκύπριοι θα γνώριζαν ότι υπήρχε τουλάχιστον μία πρόθεση από την πλευρά των Τούρκων πριν από αυτή να διχάσουν την Κύπρο και, μετά τα Χριστούγεννα του 63, ο Μακάριος κατάλαβε πόσο πραγματική ήταν αυτή η απειλή διχασμού. Πολλοί Έλληνες και Ελληνοκύπριοι απλά δεν το ήξεραν ποτέ. Τα πράγματα προχωρούν τώρα όμως, στις 4 Φεβρουαρίου, θυμωμένοι άνθρωποι συγκεντρώνονται στην πρεσβεία των ΗΠΑ, λόγω των προτάσεων του Ν.Α.Τ.Ο., λίγο μετά βομβαρδίστηκε, και φαίνεται ότι ένας νέος σύμμαχος έχει περπατήσει στη σκηνή, η Ρωσία. Ο Ρώσος βουλευτής στη Λευκωσία διαβεβαιώνει τα πλήθη για τη σοβιετική υποστήριξη για τον Κυπριακό «Αγώνα για την Ανεξαρτησία», υπέροχο, έχω τη Ρωσία πίσω στη σκηνή και πάλι. Έτσι, είμαστε στο 1964, ο Μακάριος βγάζει έξω τους Βρετανούς και αναπτύσσει την φιλία του με τη Ρωσία. Είναι μόνο στη μέση του ψυχρού πολέμου, γιατί όχι;

Ακούγεται σαν χάος, αλλά μέχρι τα τέλη Φεβρουαρίου ο Μακάριος χτίζει τη δική του αστυνομική δύναμη 5000 ανθρώπων, και ρωσικά όπλα εισέρχονται στη χώρα. Σε αυτό το σημείο πρέπει να πω ότι εάν ο Μακάριος είχε τον πλήρη έλεγχο αυτής της αστυνομικής δύναμης, τότε θα ήταν η μόνη του δύναμη, εκτός από τους οπαδούς του. Ο λόγος που το λέω αυτό είναι εξαιτίας του χάσματος μεταξύ αυτού και του Γκρίβα. Στις 4 Μαρτίου, ο ΟΗΕ συμφώνησε σε ένα ψήφισμα σχετικά με μια δύναμη στην Κύπρο, αλλά αυτό ήταν το μόνο που έκαναν. Αυτά είναι πολύ πιο αποδεκτά από μια δύναμη του Ν.Α.Τ.Ο., και ο Μακάριος δεν ήξερε πόσο άχρηστα θα μπορούσαν να είναι τα Ηνωμένα Έθνη.

Στην Κύπρο τίποτα δεν αλλάζει, έτσι μέχρι τα μέσα Μαρτίου η Τουρκία προετοιμάζει έναν στόλο εισβολής και φαίνεται έτοιμη να εισβάλει στην Κύπρο εάν δεν ανακοινωθεί κατάπαυση του πυρός, ή ο ΟΗΕ κάνει μια κίνηση για το θέμα. Ο ΟΗΕ θα πάει σε μια συνάντηση για να συζητήσουν την κρίση και η εισβολή ματαιώθηκε την τελευταία στιγμή από μια ανακοίνωση ότι θα στείλει σε καναδικά στρατεύματα.

Τώρα εδώ είναι μια άλλη παράξενη στροφή. Ενώ ο τουρκικός στόλος εισβολής είναι προετοιμασμένος, ο 6ος Στόλος των ΗΠΑ κινείται προς την περιοχή. Όταν η είδηση της ματαιωμένης εισβολής χτύπησε τις εφημερίδες, φαίνεται ότι οι Βρετανοί υποστήριξαν έναν εντελώς αναληθή ισχυρισμό ότι ρωσικά υποβρύχια κατευθύνονταν προς την περιοχή. Κάνοντας να φανεί ότι τα στρατεύματα των Ηνωμένων Εθνών στάλθηκαν στην Κύπρο για να αποτρέψουν μια αντιπαράθεση Ανατολής-Δύσης. Στην αρχή, αναρωτιόμουν τι συνέβαινε, φαινόταν ότι οι Ηνωμένες Πολιτείες τώρα φαίνεται να προστατεύουν την Κύπρο από τη διαίρεση. Δεν ήταν για την Κύπρο όμως. Ήταν επειδή το ισχυρό ελληνικό λόμπι στις ΗΠΑ και ο αντίκτυπός τους στον πρόεδρο, ο οποίος είχε το δικό του πόλεμο στο Βιετνάμ. Αυτό, φαίνεται, θα ήταν αρκετό για να ασκήσει πίεση όπου θα μπορούσαν να αποτρέψουν μια τουρκική εισβολή. Ο ισχυρισμός του σοβιετικού υποβρυχίου θα έδινε επίσης σε οποιονδήποτε την εντύπωση ότι ο Μακάριος είχε κάποια πραγματική επιρροή με τους Σοβιετικούς, και αντίστροφα, να θυμάστε ότι αυτό είναι το 1964, και τα μέσα του ψυχρού πολέμου.

Γύρισα, πήρα ένα κουκουνάρι από ένα από τα δέντρα που βρισκόταν πάνω από τον τάφο, και περπάτησα πίσω στο αυτοκίνητο, καθόμουν στο κάθισμα του οδηγού και ήπια λίγο νερό πριν καπνίσω τσιγάρο. Πέντε λεπτά αργότερα οδηγούσα πίσω στο μοναστήρι και κάτω για να ενταχθώ στον κεντρικό δρόμο. Στο κάτω μέρος του λόφου από τον Κύκκο ο δρόμος φτάνει σε κόμβο Τ, είναι μια δεξιά στροφή προς Τον Πεδουλά, και αριστερά προς το Τρόοδο, αλλά κοιτούσα το βραχώδες μονοπάτι που ξεκινούσε αμέσως πάνω από την άλλη πλευρά του δρόμου, που χαρακτηρίζεται σαφώς από μια τουριστική πινακίδα που έγραφε 'Έδρα ΕΟΚΑ 1955-59'. Οδήγησα κατ' ευθείαν απέναντι από το δρόμο, και ακολούθησα το βαριά δασώδες κομμάτι δύο χιλιομέτρων, πίσω από ένα μοναχικό κοντάρι σημαίας από την οποία η ελληνική εθνική σημαία και ένα κίτρινο σημαιοφόρο με το δικέφαλο αετό του Βυζαντίου να πετά. Στο τέλος του δρόμου, πάρκαρα το αυτοκίνητο και βγήκα πριν ρίξω μια γρήγορη ματιά γύρω για να ερευνήσω το περιβάλλον μου. Μπορούσα να βρω το μονοπάτι για το κρησφύγετο, σαφώς θα ήταν σημαδεμένο, μέσα από τα δέντρα μιας βαριάς δασώδους πλαγιάς. Έκλεισα την πόρτα του αυτοκινήτου, και το κλείδωσα πριν πάω μια απότομη βόλτα με φόρα στο κρησφύγετο. Ήμουν λίγο απογοητευμένος στην αρχή όταν έφτασα εκεί. Ανακάλυψα πόσο μικρό ήταν, ή φαινόταν να είναι. Υπήρχε μια γκρίζα πέτρινη είσοδος στο υπόγειο λαγούμι, το οποίο θα αποτελούσε επίσης τους τοίχους του. Φαινόταν σαν να ήταν κούφιο έξω το έδαφος πριν από την οικοδόμηση του γύρω χώρου, σαν να είχε εγκατασταθεί μια στέγη, και το κάλυψαν και πάλι. Όλα φαίνονταν τόσο, όχι λυπημένα, αλλά, μοναχικά.

Είσοδος στο Κρησφύγετο

Φαντάστηκα ότι το μέρος ήταν μια κυψέλη δραστηριότητας στο αποκορύφωμά της και θυμήθηκα μερικές από τις φωτογραφίες που είχα δει. Στον Ε.Ο.Κ.Α. μαχητές κάθονταν γύρω από αυτές τις δασικές περιοχές, κρατώντας τα όπλα τους και χαμογελούσαν. Γονάτισα, και σύρθηκα μέσα από την είσοδο αρκετά μακριά για να επιτρέψω στα μάτια μου να προσαρμοστούν στο σκοτάδι, και να δουν τι ήταν εκεί. Ήταν γεμάτο μούχλα, ξηρασία και σκονισμένα. Η μύτη μου με γαργάλησε μερικές φορές ενώ προσπαθούσα να συγκρατήσω ένα φτάρνισμα. Μπορούσα να δω τον πίσω τοίχο περίπου ενάμισι μέτρο μπροστά μου. Η είσοδος ήταν στο ένα άκρο του λαγουμιού, και όταν κοίταξα προς τα αριστερά, νόμιζα ότι μπορούσα να δω έναν τοίχο περίπου δύο μέτρα μακριά. Έριξα μια καλή ματιά και στη συνέχεια σύρθηκα πίσω προς τα έξω. Σηκώθηκα, και έκανα ένα βήμα πίσω, σκέφτηκα για μια στιγμή, στη συνέχεια επέστρεψα στο αυτοκίνητο. Δεν έχασα χρόνο όταν γύρισα. Άνοιξα τη μπότα, γύρισα την τσάντα ώστε να μπορώ να την αποσυμπιέσω, και έβγαλα τυχόν επιπλέον περιεχόμενα στο πάτωμα του αυτοκινήτου πριν κλείσω ξανά το φερμουάρ. Έριξα στη συνέχεια μια γρήγορη ματιά κάτω από τον δρόμο και τράβηξα την τσάντα επάνω, και πάνω από τον ώμο μου πέρασα τους ιμάντες, έτσι ώστε το βαρύ βάρος να είναι κοντά στο σώμα μου και το σήκωσα από το πάνω μέρος του βραχίονα μου. Δεν έχασα χρόνο, αύξησα ταχύτητα και ξέπνοος και καταϊδρωμένος επέστρεψα στο στρατόπεδο και έριξα την τσάντα στην είσοδο του λαγουμιού, και σπρώχτηκα με τα γόνατα μου όλη τη διαδρομή μέσα από αυτό. Καθισμένος στα γόνατά μου στη μέση του σκοτεινού λαγουμιού επαναφέροντας την αναπνοή μου, τα μάτια μου προσαρμόστηκαν πολύ καλύτερα. Μπορούσα να δω ότι η πρώτη μου εκτίμηση ήταν περίπου σωστή. Τράβηξα την τσάντα μπροστά μου, και άνοιξα το φερμουάρ εντελώς, αποκαλύπτοντας τη φωτεινή μπλε και λευκή σημαία που ξεκίνησε αυτό για μένα. Όπως και με την τελετή, έσπρωξα τα χέρια μου κάτω από αυτό και το έβαλα πίσω από την τσάντα, την οποία στη συνέχεια τράβηξα στην άκρη. Δεν το σχεδίασα ποτέ, αλλά φαινόταν τόσο καλό. Γύρισα τη σημαία για να την ξεδιπλώσω από τη μία πλευρά, σαν κρεβάτι, το οποίο και έκανα. Φαινόταν ωραίο, το ήμισυ αυτού του νέου κρεβατιού ήταν μπλε και το άλλο μισό λευκό, τέλεια χωρισμένο κατά μήκος του κέντρου. Έβγαλα για ένα κρεβάτι και είχα εύκολα αρκετό ύφασμα για να σχηματίσω ένα άνετο μαξιλάρι. Βούρτσισα τις παλάμες μου σε αυτό χωρίς ιδιαίτερο λόγο, του έδωσα ένα νεύμα της έγκρισης, και σύρθηκε προς τα πίσω μέσα από την είσοδο, σταματώντας για λίγο για μια τελική ματιά πριν τραβηχτώ πίσω, αρπάζοντας την ίδια τσάντα μου, όπως έκανα.

Έβγαλα τον εαυτό μου καθώς σηκώθηκα ξανά, έριξα την τσάντα πάνω από τον ώμο μου όπως πριν και, χωρίς σπατάλη χρόνου, κατέβηκα στο λόφο. Δεν με ενοχλούσαν οι απότομες στροφές του δρόμου, αλλά αποφάσισα να ακολουθήσω την πιο άμεση διαδρομή. Κρατήθηκα από τα πόδια μου για να μην πέσω στην

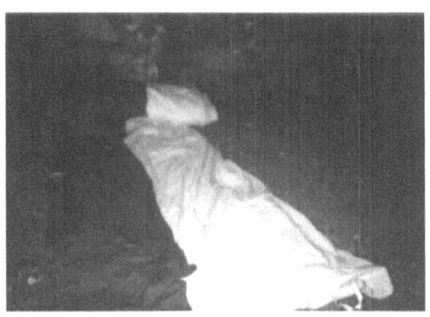

Σημαία ρυθμισμένη για ανάπαυση

διαδρομή πριν πιαστώ από ένα δέντρο κοντά στο κάτω μέρος της απότομης πλαγιάς, και το χρησιμοποιήσω ως φρένο για να επιβραδύνω την κατάβαση μου καθώς περνούσα. Πήγα στο αυτοκίνητο, πήρα τα κλειδιά από την τσέπη μου και τα έσπρωξα στην κλειδαριά της πόρτας. Σε αυτό το σημείο συνειδητοποίησα ότι ανεξάρτητα από το ποιος ήταν ο παππούς μου, ή ποιες ήταν οι σκέψεις του σε όλα αυτά, ποτέ δεν ήξερε τι ήξερα και δεν είμαι ο παππούς μου και το ήξερα τότε ότι αυτό ήταν όχι η ιστορία του, όπως πίστευα τόσο συχνά, ήταν δική μου. Κοίταζα το λόφο, στο αόρατο στρατόπεδο, σκεφτόμουν πώς θα έπρεπε να νιώθουν όταν αγωνίζονταν για την ένωση...στιγμές ελευθερίας; Σκέφτηκα πόσο λυπηρό ήταν ότι η σημαία για την οποία πολέμησαν τόσο περήφανα, είχε κακοποιηθεί από τόσους πολλούς να ακολουθήσουν. Απελευθέρωσα τα κλειδιά, πήγα ένα βήμα πίσω, στάθηκα σε στρατιωτικό στυλ και σήκωσα το δεξί μου χέρι για να χαιρετήσω έναν στρατιώτη. Δεν μπορούσα να πιστέψω ότι το έκανα, αλλά το έκανα!

«Για τις εποχές του παρελθόντος!» Το είπα δυνατά και περήφανα. Ας ξεκαθαρίσουμε κάτι. Δεν ήταν μια ένωση με τους Έλληνες για τους οποίους πολεμούσαν αυτοί οι άντρες και οι γυναίκες. Ήταν μια επανένωση.

Μπήκα στο αυτοκίνητό μου, έκανα αναστροφή και επέστρεψα στο βραχώδες μονοπάτι και ξεκίνησα ένα δρόμο. Δεν ένιωσα ότι έπρεπε να εξηγήσω τις πράξεις μου σε κανέναν σε αυτό το σημείο. Ο παππούς μου μπορεί να ήταν αναστατωμένος για την κατάσταση στην Κύπρο, αλλά ήξερα ότι δεν ήξερα την αλήθεια σχετικά με ότι ήξερα γι' αυτό. Έφτασα στο Τρόοδος λίγο αργότερα από το αναμενόμενο και δεν ήμουν σίγουρος τι ώρα θα φτάσω, αλλά, από τότε, η κυκλοφορία ήταν καλή σε όλη τη διαδρομή προς την πόλη, και πέντε λεπτά μετά περπάτησα μέσα από την πόρτα, έτρωγα δείπνο. Είχα μια υπέροχη μέρα. Προβληματίστηκα για να μην καλέσω, κάτι που ήταν διασκεδαστικό, ακόμη και όταν προσπάθησα να εξηγήσω ότι κανένα από τα δημόσια τηλέφωνα στο Τρόοδος δεν λειτούργησε. Μου είπαν ότι έπρεπε να ρωτήσω έναν καταστηματάρχη. Μετά το δείπνο καθίσαμε στο μπαλκόνι, καπνίσαμε τσιγάρα, ήπιαμε καφέ και μιλήσαμε. Ο ξάδερφός μου είπε για τη νέα του βιντεοκάμερα, η οποία δεν είχε καταφέρει ποτέ να δουλέψει. Ήταν διασκεδαστικό να ρίχνω το μερίδιό μου από πειράγματα πάνω από αυτό. Το είχε για τρεις μήνες και ακόμα δεν μπορούσε να επεξεργαστεί τις οδηγίες. Η σοβαρή συζήτηση θα έρθει αργότερα. Είχα καθίσει μόνος με την νονά μου για περίπου μισή ώρα περίπου βλέποντας τηλεόραση, όταν τελικά της ζήτησα αυτό που ήθελα να μάθω. Όχι ότι είχα προσπαθήσει νωρίτερα, απλά φαινόταν να είναι η κατάλληλη στιγμή.

«Ανδριάνα, μπορώ να σε ρωτήσω για τον παππού μου;»

«Τι θέλεις να μάθεις;» ρώτησε διστακτικά.

«Οτιδήποτε», της είπα.

«Δεν είμαι πραγματικά το καλύτερο πρόσωπο για να ρωτήσεις», είπε. Ένιωσα τότε ότι θα απογοητευόμουν, αλλά ήξερα ότι μόνο έτσι θα μάθαινα τις λεπτομέρειες που ήθελα.

«Γιατί όχι;» Ρώτησα. Η νονά μου τραύλισε λίγο, και σιγά είπε,

«Δεν μου αρέσει να μιλάω για τον παππού σου, με αναστατώνει». Ήξερα τότε ότι δεν θα μου άρεσε αυτό που θα άκουγα, αλλά είχα πάει πολύ μακριά για να γυρίσω πίσω. Η νονά μου τότε μου είπε για έναν βάναυσο πατριό που δυσανασχέτησε τα παιδιά της γιαγιάς μου από τον προηγούμενο γάμο της, πράγμα που σήμαινε ότι αυτή και οι περισσότεροι από τους θείους που ήξερα, συμπεριλαμβανομένου και του Μπανάιι. Μου είπε για το πώς τους έβαζε να τρώνε ελιές αντί για τυρί, ενώ διαμαρτυρόταν ότι είναι τα παιδιά κάποιου άλλου. Μου είπε για τις δύσκολες ώρες της εργασίας στο αγρόκτημα, που την έστελνε μακριά στη δουλειά όποτε θα μπορούσε να την στείλει και, ένα βράδυ ειδικότερα, όταν εργαζόταν πολύ και σκληρά. Ήταν ώρα συγκομιδής, ήταν πολύ νέα, και δεν είχε κοιμηθεί πολύ καθόλου όταν στάλθηκε πίσω για να πάρει κάποια πράγματα από την αγροικία, κατέρρευσε από την εξάντληση όταν έφτασε, μόνο για να ξυπνήσει από το σκούντημα ενός μουλαριού σε όλη την πλάτη της. Μπορούσα να δω ότι ήταν οδυνηρό για τη νονά μου να μου θυμάται τις λεπτομέρειες. Μου είπε για το πώς συνήθιζε να ξαπλώνει ξύπνιος με πονοκέφαλο ημικρανίας, και να ακούει τον παππού μου να κακοποιεί τη γιαγιά μου, και τόσα πολλά πράγματα άρχισαν να μπαίνουν στη θέση τους. Όταν ρώτησα γιατί παντρεύτηκαν η νονά μου είπε ότι ήταν για τη γη της γιαγιάς μου, εκεί έγινα αμυντικός.

«Αλλά είχε τη δική του γη!»

«Υποθέτω ότι πρέπει να αγαπούσαν ο ένας τον άλλον όταν συναντήθηκαν», αναστέναξε.

«Πάντα τον θυμάμαι τόσο διαφορετικό», της είπα καθώς έβαζα τα δύο δάχτυλά μου μαζί, και την κοίταξα, «θυμάμαι να είμαι τόσο κοντά του».

«Ω, ο παππούς σου!»

«Ναι», είπα, κουνώντας το κεφάλι μου.

«Ναι, ναι, ήσουν δικός του! Το εγγόνι του!» είπε χαμογελώντας. Ήξερα τότε ότι τα περισσότερα από αυτά που θυμήθηκα γι' αυτόν, και από την εποχή, και τους λόγους μου για να μην λάβει τη γλώσσα ήταν σωστό. Η λογική για τις διαφορές μεταξύ των παππούδες μου ήταν η εικασία μου, η οποία δεν ήταν να πω ότι ήμουν εντελώς λάθος, και όσο για τη θεωρία της αυτοκτονίας; Ακόμα δεν θα μπορούσα να αποκλείσω ότι λαμβάνοντας υπόψη την κύρια πηγή πληροφοριών του εκείνη την εποχή ήταν ο βρετανικός Τύπος του οποίου ο Γκίμπονς ήταν ένα πολύ ενεργό μέλος. Ο παππούς το είχε διαβάσει με τον ίδιο τρόπο όπως έκανα για πρώτη φορά όταν ήμουν εξοργισμένος αρκετά για να εισέλθω στην ιστοσελίδα αλήθεια. Δεν θα ήξερα ποτέ την αλήθεια που ήξερα. Η επόμενη ερώτησή μου ήρθε λίγο πιο δύσκολα. Δεν ήμουν σίγουρος πώς να ρωτήσω, αλλά έπρεπε να ξέρω.

«Εμ», έκανα μια παύση λίγο. «Ο οποιοδήποτε τονίζει πόσο ανεκτικός ήταν», είπα. Η νονά μου με κοίταξε λίγο μπερδεμένη. Μπορούσα να δω ότι δεν ήταν σίγουρη για το τι εννοούσα.

«Λοιπόν, ήταν ανεκτικός», ένιωσα σαν να έπρεπε να το φτύσω έξω.

«Ήταν για τους Τούρκους», είπα. Η θεία μου φαινόταν λίγο έκπληκτη, αλλά νομίζω ότι ήταν περισσότερο επειδή ρώτησα.

«Όλα ήταν τόσο διαφορετικά τότε, δεν ήταν όπως σήμερα, όλοι απλά συνεχίσαμε τη ζωή μας, κανείς δεν νοιαζόταν», μου είπε. Μου φάνηκε τότε ότι ο παππούς μου ήταν ακριβώς όπως πολλοί άλλοι, ή ήταν αυτός;

«Ναι, αλλά έχω την εντύπωση ότι καλά...» Ακούγεται ανόητο, αλλά δεν ήμουν σίγουρος πώς να το πω αυτό, και δεν μπορώ να μην αισθάνομαι ότι είναι μια αντανάκλαση της ζημίας που έχει γίνει.

«Είχα την εντύπωση ότι συμπαθούσε τους Τούρκους», γέλασε λίγο η νονά μου, όχι ένα χλευαστικό γέλιο.

«Όπως είπα, ήταν πολύ διαφορετικά τότε», μου είπε πριν σκεφτεί για μια στιγμή και κουνώντας το κεφάλι της.

«Ναι, ο παππούς σου είχε πολλούς Τούρκους φίλους», είπε, προσθέτοντας.

«Δεν είχαμε ποτέ Τούρκους που ζούσαν στο χωριό μας, αλλά πάντα τους έφερνε σπίτι από άλλα χωριά». Ειπώθηκε σαν να ήταν ιδιαίτερα φιλικός.

«Τούρκους φίλους», είπα, απλά θέλοντας να επιβεβαιωθώ.

«Ναι, Τούρκους φίλους». Τώρα ήξερα ότι μπορεί να υπάρχει μια πιθανότητα για κάποια, ή ακόμα και πολλή αλήθεια για την κερδοσκοπία μου, αλλά, από εκείνη την ημέρα, ήταν απλά ήλπιζα να αναπαυτεί. Πρέπει να προσθέσω εδώ ότι ο παππούς μου θα μπορούσε να είναι όπως πολλοί άλλοι κατά μία έννοια, δεν ήταν ασυνήθιστο για τους Τουρκοκύπριους να είναι νονοί για τα ελληνόπουλα, και το αντίστροφο, όπως συμβαίνει με ένα ζευγάρι των ξαδέλφων μου. Η κύρια διαφορά με τον παππού μου θα ήταν η εκπαίδευση του στη νοημοσύνη, και εγώ. Η μητέρα μου μου είπε μια ενδιαφέρουσα ιστορία ως προς το γιατί δεν υπήρχαν Τούρκοι που ζουν στον Άγιο Αμβρόσιο. Η πρώτη μου σκέψη ήταν κάτι απειλητικό, αλλά δεν μοιάζει έτσι. Ένας Τούρκος σταμάτησε ένα βράδυ, κοιμήθηκε στην πόρτα σε ένα από τα δημοτικά κτίρια, και είχε ένα κακό όνειρο. Αυτό ήταν, είχε ένα όνειρο που του λέγε να αφήσει τον Άγιο Αμβρόσιο για πάντα, και να μην επιστρέψει, και μετά από εκείνη τη νύχτα κανένας Τούρκος δεν ήρθε ποτέ να ζήσει στο χωριό. Η επόμενη ερώτηση ήταν για τους γονείς μου.

«Και ο γάμος της μητέρας και του πατέρα μου;» Ρώτησα, «Πώς συνέβη αυτό;» Η νονά μου το σκέφτηκε μόνο για μια στιγμή, πριν χαμογελάσει και μου είπε τη διασκεδαστική ιστορία μιας μικρότερης αδελφής που δεν μπορούσε να πειθαρχήσει. Στάλθηκε στην Αγγλία όταν ήταν δεκατεσσάρων για να ζήσει με τη νονά μου και το έσκαβε συνεχώς έτσι, υπό αυτές τις περιστάσεις, και λαμβάνοντας υπόψη τη μητέρα μου ακόμη και θεωρείται ο γάμος ως κάποια μορφή ελευθερίας, ο πατέρας μου βρέθηκε ως ο πρώτος ισχυρός μνηστήρας. Τα έγγραφά της τροποποιήθηκαν, και η μητέρα μου ήταν παντρεμένη για να εξασφαλίσει ότι τίποτα χειρότερο δεν θα μπορούσε να της συμβεί, όπως θα μπορούσε να είναι δυνατό, δεδομένης της ηλικίας της, και της άγνοιας του περιβάλλοντός της. Ήταν τόσο απλό. Δεν μπορούσα να μην το βρω διασκεδαστικό. Αν και οι παππούδες μου ήταν σε κάποια διαφωνία γι' αυτό στην αρχή, ήξεραν ότι δεν υπήρχε τίποτα άλλο που θα μπορούσε να γίνει και, στη συνέχεια, όχι, ο παππούς μου δεν είχε κανένα μυαλό απολύτως. Αλλά το ήξερα ήδη αυτό. Έτσι φαίνεται ότι η μητέρα μου ήταν πολύ λιγότερο από ειλικρινής για τα νεότερα χρόνια της, και με τη σειρά για τον παππού μου, το οποίο βρήκα εξαιρετικά λυπηρό λαμβάνοντας υπόψη ότι είναι η μητέρα μου. Χαμογέλασα. Σκέφτηκα να της πω για τη σημαία.

«Αντριάνα, θέλω να σου δείξω κάτι», είπα καθώς σηκώθηκα και πήγα στο δωμάτιό μου και επέστρεψα με μια φωτογραφία της σημαίας. Άρχισα να εξηγώ τις πράξεις μου καθώς περνούσα από αυτούς, η νονά μου δεν εξεπλάγη.

«Ποιος το πήρε;» ρώτησε ήρεμα μια φωτογραφία του εαυτού μου που κρατάει μια γωνία της σημαίας.

«Ένας φίλος», είπα, δεν περίμενα αυτή την απάντηση.

«Ήταν στο βράχο της Αφροδίτη όταν βγήκα τον Αύγουστο, το πήρα κάτω και στη συνέχεια το πήρα σπίτι».

«Το ξέρω», είπε ήρεμα.

«Ξέρεις!»

«Ο πατέρας σου μου το είπε», έπρεπε να το ξέρω. Στη συνέχεια πήγα να της πω πώς άρχισα να γράφω ένα βιβλίο, με θυμό στην αρχή, στη σημαία και κάποιες αποκαλύψεις, αφού της είπα ότι δεν ήθελα πλέον να αναφέρεται ως ελληνική. Ένα βιβλίο για τον εαυτό μου, αλλά, την ίδια στιγμή, για την Κύπρο, και πώς μέσα από αυτό ένιωσα σαν να ανακάλυψα πραγματικά ελληνική κληρονομιά μου. Με ρώτησε πώς έπαιρνα τις βασικές πληροφορίες μου για το Κυπριακό πρόβλημα.

«Έχω μερικά βιβλία να διαβάσω».

«Τι βιβλία;» ρώτησε.

«Ω, μόνο βιβλία, το ένα είναι μια πολύ καλή πηγή, απευθείας από έναν αυτόπτη μάρτυρα», της είπα.

«Ποιος αυτόπτης μάρτυρας;»

«Δεν έχει σημασία Αντριάνα, κοίτα, ο τρόπος που το βλέπω, ο Ντενκτάς έχει ό, τι θέλει», είπα προσθέτοντας. «Οι Βρετανοί έχουν αυτό που θέλουν και νομίζουν ότι θα είμαστε ευχαριστημένοι με αυτό που μας άφησαν», την κοίταξα για να τονίσω το τελευταίο σημείο μου.

«Δεν το νομίζω!» Της το είπα, και έδειξε την έγκρισή της. Δεν θα μιλούσαμε για πολύ ακόμα. Ζήτησα συγγνώμη από τη νονά μου που ρώτησα για τον παππού μου, και πήγα στο νεροχύτη για να πάρω ένα νερό, πριν πάω πίσω στον καναπέ και πήρα τη φωτογραφία της ελληνικής σημαίας. Καθώς έφτασα στην πόρτα του διαδρόμου, σταμάτησα και στράφηκα στη νονά μου, η οποία τώρα στεκόταν κοντά στο νεροχύτη της κουζίνας.

«Ξέρεις Ανδριάνα, μέχρι δεκαεννέα εξήντα», κράτησα τη φωτογραφία της σημαίας. «Αυτή ήταν η μόνη σημαία που είχαν οι περισσότεροι Κύπριοι», φαινόταν λίγο μπερδεμένη και τραύλιζε ελαφρώς όταν μιλούσε.

«Υπήρχε η βρετανική σημαία.............Η Ένωση Τζακ», είπε.

«Όχι», απάντησα. «Αυτή ήταν μια σημαία της κατοχής». Τότε συνειδητοποίησα ότι κάποτε θεωρούσα τη βρετανική κατοχή μεταβατική περίοδο, όπως είμαι βέβαιος ότι κάνουν και άλλοι. Όταν για πολλούς, όπως ο ξάδελφός μου, και πράγματι εγώ τώρα, ήταν εξίσου μια στρατιωτική κατοχή όπως οποιαδήποτε που είχε έρθει πριν, αλλά οι μακροπρόθεσμες συνέπειες ήταν πολύ χειρότερες.

Το επόμενο πρωί, πήγα με τους νονούς μου για πρωινό. Ένιωσα ακτινοβόλος και χαρούμενος και ανυπομονούσα να επιστρέψω στον Κάτω Πύργο. Είχαμε ήδη πει τους χαιρετισμούς μας, και έτρωγα ένα μπολ με δημητριακά όταν, μέσω της σιωπής, η νονά μου μίλησε, αργά και καθαρά.

«Τζιμ, μετά την ανεξαρτησία της Κύπρου, το εοκα έγινε εοκα β». Κοίταξα τη νονά μου καθώς έπινα αργά το τελευταίο γάλα μου απευθείας από το μπολ. Της είπα με τα ίδια μου τα μάτια να συνεχίσει.

«Και, ήταν έως και δεκαεννέα εβδομήντα-τέσσερα, και τώρα μερικοί από αυτούς είναι στην κυβέρνηση», μου είπε. Της χαμογέλασα.

«Το ξέρω», είπα ενώ σηκώνομαι για να βάλω το μπολ μου στο νεροχύτη, χαμογελώντας ακόμα καθώς έπαιρνα τον καφέ μου, χωρίς να κοιτάζω τον θείο μου.

«Πάω για το πρωινό μου τσιγάρο», τους είπα. Δεν υπήρχε λόγος να ρωτήσω γιατί πολεμούσαν. Υποθέτω ότι πρέπει να είχαν μιλήσει κάποια στιγμή το βράδυ και αποφάσισαν να μου μιλήσουν το πρωί. Ήταν ανοιχτοί σε ερωτήσεις, αλλά ένιωθα ότι ήξερα οποιεσδήποτε απαντήσεις θα μπορούσαν να μου δώσουν και, φυσικά, κανείς από αυτούς δεν ήταν εδώ το '63, οπότε θα είχαν διαβάσει μόνο τον βρετανικό τύπο.

Οδήγησα τη νονά μου στο φούρνο πριν φύγω, όταν έφερε το θέμα με τις τόσες πολλές υψωμένες ελληνικές σημαίες. Είναι μια συνομιλία που κόλλησε οδυνηρά στο μυαλό μου.

«Ξέρετε μερικές φορές μπερδεύομαι σχετικά με το γιατί υπάρχουν τόσες πολλές ελληνικές σημαίες», είπε, αυτό με εξέπληξε πραγματικά.

«Εννοείς εξαιτίας του Μακαρίου και όλα αυτά;»

«Ναι, ναι, μιλάω στους ανθρώπους γι' αυτό και λένε ότι είναι όπως θα πρέπει να είναι, ενώ η σημαία μας είναι σπασμένη», μου είπε. Αυτό ακούστηκε τόσο θλιβερό.

«Καταλαβαίνω», είπα, το οποίο όντως κάνω. Σπασμένη, πόσο αληθινό είναι. Αλλά δεν μπορούσα να μην σκεφτώ ότι μας δόθηκε μια σημαία, ενώ εκείνοι που μας την έδωσαν ήταν στη διαδικασία καταστροφής της ιδεολογίας πίσω από αυτή. Σκέφτηκα να κάνω μια ερώτηση στην οποία ήξερα ήδη την απάντηση.

«Αυτό το βιβλίο που διαβάζω Αντριάνα, ο άνθρωπος λέει ότι είμαστε μια φυλή διαφορετικοί από τους Έλληνες», της είπα, μιλούσα για το βιβλίο του Γκίμπονς.

«Είμαστε», απάντησε χωρίς δισταγμό. Αυτό είναι κάτι που οι περισσότεροι Έλληνες και Ελληνοκύπριοι αναγνωρίζουν.

«Όχι τι σημαίνει αυτός ο άνθρωπος..», είπα ήσυχα. Δεν μπορούσα να της πω, με ποιο τρόπο, ο Γκίμπονς μας είχε καθορίσει σε αντίθεση με τους Έλληνες. Ήπια έναν καφέ με τη νονά μου πριν την αναχώρηση, ενώ πήρε τον ίδιο χάρτη της Κύπρου για να δει πού ήταν ο Κάτω Πύργος.

«Εκεί είναι», είπα επισημαίνοντας, τα μάτια της φωτίστηκαν αμέσως.

«Λατρεύω αυτή την περιοχή!» είπε καθώς έβαλε ένα δάχτυλο σε αυτό το σημείο στο χάρτη. «Ακριβώς απέναντι από εδώ και προς τα βόρεια είναι το αγαπημένο μου μέρος του νησιού», μου είπε καθώς γλίστρησε το δάχτυλό της κατά μήκος των ίδιων γραμμών με τα σύνορα με τις κατεχόμενες περιοχές. Ήταν μια θλιβερή σιωπηλή στιγμή για μένα. Σύντομα είπα αντίο μου, και αναχώρησα για τον Κάτω Πύργο, μέσω Πάφου και Πόλις, σταματώντας στην Πάφο για κάποιες προμήθειες τροφίμων.

Μου πήρε στην καλύτερη τρεις ώρες για να φτάσω στη Μανσούρα. Όταν σταμάτησα στο εστιατόριο δίπλα στην παραλία όλα ήταν τόσο ήσυχα για μένα και πάλι. Ο τόπος φαινόταν έρημος ανάμεσα στο σκηνικό των λόφων, γεμάτος με τα ερείπια του παρελθόντος. Ωστόσο, για τον εαυτό μου ένιωσα σαν παράδεισος, και ξέρω πού είναι ο παράδεισος, στην καρδιά. Η Γκούλα ήταν η πρώτη που με καλωσόρισε πίσω. Φαινόταν έκπληκτη που εμφανίστηκα.

«Γύρισες πίσω!»

«Υποσχέθηκα ότι θα το κάνω», είπα χαρούμενα καθώς καθόμουν. Σχεδόν αμέσως ένας καφές έφερε για μένα, τον οποίο ήπια ενώ συνομιλούσα με τον Ανδρέα και τον Τζον. Μου είχαν ήδη πει ότι θα μπορούσαν να βρουν κατάλυμα για μένα στην περιοχή, όχι ότι σκέφτηκα ότι θα ήταν ένα πρόβλημα. Ο Τζον με ρώτησε αν ήθελα να πάω για ψάρεμα μαζί του και με τον πατέρα του, με τον οποίο συμφώνησα, μόλις κανόνισα ένα δωμάτιο. Σύντομα ξεκινήσαμε για τον κοντινό Κάτω Πύργο, και το 'The E.J. Pyrgos Bay Hotel', με τον εαυτό μου να τους ακολουθεί με το αυτοκίνητο. Μόλις σταμάτησα στο ξενοδοχείο οι ιδιοκτήτες εμφανίστηκαν από τη ρεσεψιόν. Με σύστησαν στο ηλικιωμένο ζευγάρι που διοικούν το ξενοδοχείο και, αμέσως, ένιωσα αδαής για την έλλειψη ελληνικών μου και πάλι, αλλά ο Τζον βοηθούσε.

«Θέλει να μάθει από πού είσαι;» Ο Τζον ρώτησε εκ μέρους της Μαρίας, της ηλικιωμένης κυρίας που διευθύνει το ξενοδοχείο.

«Άγιος Αμβρόσιος», είπα, και τα μάτια της έλαμψαν καθώς μίλησα στα ελληνικά.

«Λέει ότι είναι όμορφα εκεί!» Ο Τζον με ενημέρωσε με ενθουσιασμό.

«Άκουσα», είπα με ένα μικρό χαμόγελο. Πήρα τα κλειδιά για το δωμάτιό μου, αλλά ποτέ δεν ασχολήθηκα καν να το κοιτάξω, επιλέγοντας αντ' αυτού να πάω για ψάρεμα με τον Τζον και τον πατέρα του. Τους ακολούθησα στο αυτοκίνητό μου μερικά χιλιόμετρα πίσω προς Μανσούρα όπου αφήσαμε το δρόμο και πήρα ένα χωματόδρομο που οδηγούσε σε ένα χαμηλό σημείο, κάτω στην παραλία. Εδώ ένα στρώμα του επίπεδου υποστρώματος σχηματίζεται από πολλές μικρά βαθουλώματα βράχων, το οποίο περιβάλλει την παραλία γύρω από το σημείο, πιο έξω τα κύματα έσκαγαν πάνω από την άκρη του υποστρώματος διατηρώντας ολόκληρο το σύστημα των λιμνών που τρέφεται από φρέσκο θαλασσινό νερό. Πριν μπορέσουμε να ψαρέψουμε, έπρεπε να πιάσουμε το φαγητό μας για τα ψάρια, τα οποία αποδείχθηκαν μικρά καβούρια ή θαλασσινά σαλιγκάρια, όσα περισσότερα μπορούσαμε να βρούμε. Στη συνέχεια καθίσαμε όλοι στην παραλία, ενώ άρπαξαν ό τι ψάρι πήρε το δόλωμα. Δεν ζυγίζουν, δεν επιπλέουν, μόνο μια ράβδος, μια σταθερή γραμμή, ένας γάντζος και φυσικά ένα καβούρι ερημίτη στο τέλος, και κάθε ψάρι κρατήθηκε για φαγητό, μεγάλο ή μικρό, από το μέγεθος του δακτύλου μου στο μήκος του χεριού μου.

Ήταν ένα ευχάριστο απόγευμα. Κάθισα πίσω και αποφάσισα ότι είχα κάνει τη σωστή επιλογή. Καθώς ο ήλιος έσβηνε, ο Τζον ανακοίνωσε ότι θα πήγαιναν στο Λάτση για να δειπνήσουν με τον αδελφό του Δήμητρα, ο οποίος εργαζόταν σε ένα ξενοδοχείο εκεί. Του είπα ότι θα τους δω την επόμενη μέρα και θα γυρίσω στο ξενοδοχείο μου. Δεν ήταν απαραίτητο να εισέλθω στον χώρο υποδοχής για να φτάσω στο δωμάτιό μου, του οποίου η πόρτα άνοιγε σε ένα στενό μπαλκόνι, και πήδηξα στο μικρό χώρο στάθμευσης αυτοκινήτων στο μπροστινό μέρος. Πήρα αυτό που νόμιζα ότι χρειαζόμουν για τις δύο νύχτες που έζησα και βρήκα τον εαυτό μου πολύ ευχαριστημένο πράγματι με το δωμάτιο. Το ξενοδοχείο, είχε ίσως μια ντουζίνα δωμάτια και βρισκόταν στην ανατολική πλευρά του κόλπου του Πύργου. Η περιοχή ήταν υπανάπτυκτη, και από το δωμάτιό μου είχα μια όμορφη θέα στον κόλπο, ο οποίος ξεκίνησε ακριβώς κάτω από το ξενοδοχείο. Μπορούσα να δω ένα μεγάλο μπαλκόνι από κάτω μου, το οποίο θα οδηγούσε από την τραπεζαρία. Η ίδια η παραλία είχε σχήμα ημισελήνου και χωριζόταν στο κέντρο με ένα μακρύ δάχτυλο από επίπεδη πέτρα που δείχνει προς τη θάλασσα. Σχεδόν στο ίδιο μέρος, στα αριστερά, υπήρχε ένα εστιατόριο στην παραλία που βρίσκεται πάνω σε έναν χαμηλό αμμώδη βράχο που περιβάλλει τον κόλπο, και από εκεί υπήρχε μια διαφάνεια προς την παραλία. Θα μπορούσα να δω μια καρέκλα ναυαγοσώστη, όχι ότι χρειαζόταν πια, καθώς ήταν εκτός εποχής, όλα ήταν ερημικά και το εστιατόριο έκλεισε. Για μένα δεν θα μπορούσε να είναι καλύτερο. Πήρα ένα ντους και ξυρίστηκα πριν ετοιμάσω κάτι για φαγητό από τις προμήθειες μου, και διάβασα προσεκτικά ένα ενδιαφέρον βιβλίο για μερικές ώρες.

Μέχρι τον Ιούνιο του 1964, είχαν επιβληθεί προσλήψεις στην Κύπρο, συγκεντρώνοντας μεγάλο αριθμό νεαρών στρατιωτών για τη νέα Εθνική Φρουρά. Ο Κούτσουκ έκανε αμέσως νέο αίτημα για διχοτόμηση του νησιού. Ο τουρκικός στρατός θα είχε προσγειωθεί στην Κύπρο στις 5 Ιουνίου, αλλά οι ΗΠΑ τους πίεζαν να μην αναλάβουν δράση. Η Ελλάδα αναλαμβάνει πιο ενεργό ρόλο στις υποθέσεις της Κύπρου, ρίχνοντας χιλιάδες στρατεύματα μέσα, και ο Γρίβας είναι μαζί τους, με το βαθμό του Ταξίαρχου στον ελληνικό στρατό. Ο ΟΗΕ δεν μπόρεσε να κάνει τίποτα για να αντιμετωπίσει την κατάσταση· Φυσικά, δεν είχαν ποτέ την κατάλληλη εντολή. Οι επιθέσεις συνεχίστηκαν. Τώρα εκεί είναι όπου Γκίμπονς αποκαλύπτει περισσότερα από την πλοκή. Ήταν περίπου αυτή την εποχή που καταρτίστηκε ένα αγγλοαμερικανικό «Σχέδιο Δράσης» και ευνοήθηκε ως βάση για την επίλυση του κυπριακού προβλήματος. Υποστήριξε ότι η συνέχιση της ανεξαρτησίας της Κύπρου δεν ήταν πλέον δυνατή λόγω των πρωτοβουλιών που ανέλαβε ο Μακάριος, καταστρέφοντας τις σχέσεις μεταξύ του Ηνωμένου Βασιλείου και των ΗΠΑ με την Ελλάδα και την Τουρκία, και θέτοντας σε κίνδυνο τη νοτιοανατολική πλευρά του Ν.Α.Τ.Ο., ενισχύοντας παράλληλα τις κομμουνιστικές φιλοδοξίες στην περιοχή, σε βαθμό που έθεσε σε σοβαρό κίνδυνο την πιθανότητα η Κύπρος να γίνει η Μεσογειακή Κούβα.

Νομίζω ότι δείχνει πού είναι οι κύριες εκτιμήσεις τους· δεν υπήρχε κανένας τρόπος ο Μακάριος να ήταν σε πλήρη έλεγχο αυτή τη στιγμή, αλλά φάνηκε ότι οι ΗΠΑ λένε ότι δεν θέλουν πλέον να δουν μια ανεξάρτητη Κύπρος μόνο και μόνο επειδή έχει κάνει φίλους με τη Ρωσία. Ως εκ τούτου, το σχέδιο δράσης ζητούσε μια «θεμελιώδη λύση βασισμένη στην ένωση». Σε αντάλλαγμα για την παράδοση της Κύπρου στην Ελλάδα, με πιθανό αποτέλεσμα τον τερματισμό της απειλής να γίνει μια Μεσογειακή Κούβα, εδαφική αποζημίωση θα δοθεί στην Τουρκία με τη μορφή διαφόρων ελληνικών νησιών όπως η Χίος, η Σάμος ή η Μυτιλήνη, ή μέρος της Δυτικής Θράκης. Θα υπάρξει επίσης δύναμη των Ηνωμένων Εθνών 'για τη διασφάλιση των δικαιωμάτων των Τουρκοκυπρίων, πιθανότατα κατά τη διάρκεια μεταβατικής περιόδου 5 ή 10 ετών.' Προφανώς, το σχέδιο ανέφερε ότι οι Τούρκοι πρέπει να πειστούν ότι μια λύση βασισμένη στα αιτήματά τους, για ομοσπονδία ή διχοτόμηση είναι απίθανη.

Λίγους μήνες αργότερα, οι ΗΠΑ θα ανανεώσουν την έκκλησή τους για μια λύση βασισμένη στην ένωση. Αλλά τα ακόλουθα γεγονότα πάνε μόνο για να επιβεβαιώσουν στον εαυτό μου ότι ο Μακάριος δεν είχε τον πλήρη έλεγχο εκείνη την εποχή. Μέχρι τον Ιούλιο η κύρια περιοχή της αντιπαράθεσης είχε μετακινηθεί σε αυτή την περιοχή της Τιλιρίας, όπου τα τουρκικά χωριά Μανσούρα και Κοκκίνα, και κάποια άλλα, επρόκειτο να περάσουν μέρος του καλοκαιριού υπό πολιορκία. Αν και μπορεί να φάνηκε ότι τα ελληνικά στρατεύματα ήταν εδώ κατόπιν αιτήματος της κυπριακής κυβέρνησης, φαίνεται ότι είχαν πάρα πολύ τη δική τους ατζέντα, όπως και οι ΗΠΑ. Μέχρι τον Αύγουστο η συσσώρευση στρατευμάτων είναι στο αποκορύφωμά της, και υπάρχει φημισμένο για να είναι κοντά σε 20,000 ελληνικά στρατεύματα ηπειρωτική χώρα στο νησί, και πολύ υλικό με τη μορφή 25-λιβρών όπλα, και Oerlikon 20 χιλιοστά όπλα, όλμους και θωρακισμένα αυτοκίνητα. Πολλές από τις θέσεις των Ηνωμένων Εθνών στην περιοχή δέχθηκαν επίθεση και, αμέσως μετά, περισσότεροι από 2.000 από αυτούς τους Έλληνες άνδρες πυροβολούσαν στη Μανσούρα και τα γύρω τουρκικά χωριά. Στις 7 Αυγούστου η τουρκική πολεμική αεροπορία πέταξε τέσσερα F-100 πάνω από την περιοχή, εκτοξεύοντας προειδοποιητικούς πυραύλους στη θάλασσα, χωρίς αποτέλεσμα. Ο Μακάριος δεν μπορεί να σταματήσει να παλεύει γιατί δεν το έχει υπό έλεγχο. Το χάσμα ανάμεσα σ' αυτόν και τον Γρίβα είναι τέτοιο γι' αυτό τώρα είναι σε τόσο πολύ, σε ανταγωνισμό μεταξύ τους. Κατά τη διάρκεια των επακόλουθων επιθέσεων από την Τουρκία, ο Μακάριος απειλεί να καλέσει τους Ελληνοκύπριους να επιτεθούν στους Τούρκους σε όλο το νησί σε περίπτωση που η Τουρκία επιτεθεί ξανά. Έχει αυτή τη δύναμη πάνω στο λαό. Αλλά μόνο στην Τιλίρια, όπου βρίσκεται ο ελληνικός στρατός, οι Τούρκοι δέχονται επίθεση, και ο Μακάριος δεν έχει, κατά τη γνώμη μου, τον έλεγχο. Ο Μακάριος μπορεί να κέρδισε την εκστρατεία για να κυβερνήσει τις καρδιές των Κυπρίων, αλλά ο Γρίβας έχει ένα αιματηρό μεγάλο κομμάτι του ελληνικού στρατού κάτω από αυτόν, πολλοί από τους οποίους τώρα πολεμούσαν στην περιοχή αυτή. Στις πρώτες πρωινές ώρες της 8ης Αυγούστου, περίπου 200 Τουρκοκύπριες γυναίκες και παιδιά κατέφυγαν στο στρατόπεδο του ΟΗΕ εδώ στον Κάτω Πύργο. Την ίδια ημέρα η τουρκική πολεμική αεροπορία χτύπησε, ανατίναξε ελληνικές θέσεις στους λόφους και κατέστρεψε ένα ελληνικό περιπολικό σκάφος καθώς έφευγε από το σημείο. Η κατάσταση σύντομα τέθηκε υπό κάποιο είδος ελέγχου. Αλλά εδώ είναι μερικά ενδιαφέροντα υπομνήματα που είχαν περάσει γύρω από εκείνη την εποχή. Αυτό είναι όπου Γκίμπονς είναι για άλλη μια φορά τόσο χρήσιμη, σας ευχαριστώ Χάρι.

Στις 18 Αυγούστου ο Ραλφ Μάρεϊ, ο Βρετανός Πρεσβευτής στην Αθήνα, δήλωσε στο υπουργείο Εξωτερικών ότι ο Έλληνας πρωθυπουργός Γιώργος Παπανδρέου είχε προτείνει στις Ηνωμένες Πολιτείες, μέσω του Αμερικανού πρεσβευτή στην Ελλάδα, ότι η χώρα πρέπει να προκαλέσει πραξικόπημα στην Κύπρο πριν από τη συμφωνία με την Τουρκία, και ότι αυτό θα πρέπει να περιλαμβάνει άμεση δήλωση του ένωση. Προτείνοντας ότι οι ΗΠΑ και η Βρετανία θα πρέπει να περιορίσουν μια τουρκική απάντηση και ότι μετά από αυτή την ένωση, η Ελλάδα θα πρέπει να συμβιβαστεί με την Τουρκία.

Το ίδιο βράδυ, το βρετανικό υπουργικό συμβούλιο κάθισε για να συζητήσει τις προτάσεις, ένα σημείωμα από τη συνάντηση έλεγε ότι η απομάκρυνση του Μακαρίου θα μπορούσε να αποτελέσει προϋπόθεση για οποιαδήποτε διευθέτηση του Κυπριακού, προσθέτοντας ότι είναι πιθανό οι Έλληνες να κάνουν τον Συνταγματάρχη Γρίβα ως διάδοχό του, και προτείνοντας να οικοδομήσουν δεσμούς μαζί του ώστε να μπορέσουν να αποκτήσουν μια σαφέστερη κατανόηση των σκέψεις του.

Λες και δεν ήξεραν πώς ήταν. Μικρά πράγματα όπως αυτό θα κάνουν πάντα τους Έλληνες να σκέφτονται ότι οι Βρετανοί ήταν μαζί τους σε αυτό το πράγμα, την ένωση. Αλλά ο Μακάριος ξέρει πολύ καλά τι θα κάνουν οι Τούρκοι, και ξέρει, ότι οι Βρετανοί δεν θα τους σταματήσουν.

Τώρα η πλοκή γίνεται πιο περίπλοκη, ένα τηλεγράφημα που στάλθηκε από τη βρετανική πρεσβεία στην Ουάσινγκτον στο Λονδίνο στις 25 Αυγούστου αποκάλυψε ότι η κυβέρνηση των ΗΠΑ θα ήταν ευχαριστημένη εάν ο Παπανδρέου μετακινηθεί στην ένωση λόγω της ενεργού πίεσης των Ελληνοαμερικανών. Πρόσθεσε ότι ενώ δεν θα έκαναν τίποτα για να εμποδίσουν τους Έλληνες να ενεργούν μόνοι τους, δεν θα μπορούσαν να αποτρέψουν μια τουρκική στρατιωτική απάντηση, αν και για γενικούς λόγους θα ενεργούσαν με τη μορφή περικοπών βοήθειας εάν χρησιμοποιούσαν αμερικανικό εξοπλισμό.

Σε αυτό το σημείο πιστεύω ότι το μόνο πράγμα που διατηρεί τον Μακάριο στην εξουσία είναι η απειλή μιας τουρκικής επίθεσης. Τώρα έχουμε τις ΗΠΑ μια υπέρ της ένωσης για να ευχαριστήσουμε το ελληνικό λόμπι τους, αλλά και να ξεφορτωθούμε τον Μακάριο, ο οποίος έχει δημιουργήσει δεσμούς με τη Ρωσία. Το μόνο πράγμα που οι Αμερικανοί δεν γνωρίζουν είναι ότι ό, τι αυτοί ή οποιοσδήποτε άλλος, αν επιβληθεί στην Κύπρο, τίποτα δεν θα σταματήσει μια τουρκική εισβολή εκτός από την άμεση στρατιωτική εισβολή. Στη συνέχεια ήρθε η βρετανική προειδοποίηση στον Υπουργό Εξωτερικών των ΗΠΑ, ο οποίος τον ενημέρωσε ότι είδαν «σοβαρούς κινδύνους να ασκήσει πίεση στην Ένωση χωρίς προηγούμενη τουρκική έγκριση» και ότι «η κυβέρνηση του Μεγαλειότατου δεν μπορούσε να εμπλακεί σε μια τέτοια κίνηση ή να συμμετάσχει σε μια προσπάθεια να πείσει την Τουρκία να χορηγήσει μια τέτοια έγκριση».

Ο Τζορτζ Μπάλ ήταν τότε Υπουργός Εξωτερικών των ΗΠΑ. Η Βρετανία θα γνώριζε, από την άλλη πλευρά, ότι η Τουρκία δεν θα δίσταζε να χωρίσει το νησί, καθώς πιστεύω ότι ήταν η επιθυμία τους. Φυσικά, η βρετανική κυβέρνηση δεν μπορούσε να δει την Κύπρο διχασμένη εκείνη τη στιγμή λόγω της δέσμευσης της Βρετανίας στις Ηνωμένες Πολιτείες και της δέσμευσής της προς το Βιετνάμ. Ο Πρόεδρος των ΗΠΑ Τζόνσον δεν θα κινδύνευε να χάσει αυτή την ισχυρή ελληνική ψήφο σε μια τέτοια στιγμή για εκείνον. Το Βιετνάμ ήταν το μόνο πράγμα που μας έσωσε, όμως. Οι Βρετανοί ήταν υπέρ του Γρίβας και ήξεραν πώς ήταν. Η βρετανική κυβέρνηση προφανώς συμπαθεί τον Γρίβας πολύ περισσότερο από τον Μακάριο. Κλείδωσαν τον Μακάριο και τον έδιωξαν επειδή οδήγησε τον λαό του, επειδή ανέλαβε το ρόλο του, αλλά ο Γρίβας σκότωνε όποιον θέλει. Οι διαφορές μεταξύ του και του Μακαρίου από το 1964 φαίνονται σχεδόν ίδιες με τον ξάδερφό μου και εμένα. Μπορώ να δω τώρα πώς οι Βρετανοί έκαναν καλή δουλειά διαχωρίζοντας τους Ελληνοκύπριους επίσης.

Να τι ένιωσα ότι έκανε ο Βρετανικός Στρατός. Σχεδίαζαν να διατηρήσουν τις βάσεις τους μέσω διχασμού και δεν μπορώ να πιστέψω ότι δεν έκαναν ποτέ συμφωνία με τους Τουρκοκύπριους. Όπως πιστεύω ότι έκαναν μια συμφωνία με τον Μακάριο για να τον ενθαρρύνουν να δράσει πρώτος και να εξασφαλίσει τη βάση του συντάγματος. Η τουρκική κυβέρνηση επέδειξε μεγάλη αυτοσυγκράτηση και εμπιστοσύνη στον βρετανικό στρατό στην αρχή, και ποτέ δεν ενήργησε με τον τρόπο που θα μπορούσαν, ή αναμένεται να κατά τη διάρκεια των Χριστουγέννων 63. Ο Γκίμπονς μας ενημερώνει ότι η RAF πετούσε αναγνωριστικές επιχειρήσεις πάνω από τις τουρκικές ακτές παρακολουθώντας για μια δύναμη εισβολής εκείνη την εποχή. Αλλά ο Μακάριος δεν ήταν ο αιμοδιψής διάβολος, και προσπάθησε να επιστρέψει την Κύπρο στη Βρετανία, εντελώς, πράγμα που σημαίνει ότι θα έπρεπε να αντιμετωπίσουν την κατάσταση. Αλλά το χαρτί αφής είχε ανάψει και ήταν μια επίδειξη που ο βρετανικός στρατός σκόπευε να παρακολουθήσει. Τα πράγματα δεν βελτιώθηκαν ποτέ για την Κύπρο υπό τον έλεγχό τους, κάτι που ακούγεται σαν αρρωστημένο αστείο, ούτε καν εντός του ΟΗΕ. Τώρα εδώ είναι το τελευταίο απόσπασμα από εκείνο το καλοκαίρι, ο Alec Douglas Home, τότε, ο Βρετανός πρωθυπουργός, είπε ότι «φαινόταν σαν το παρόν σύνταγμα είναι ανεφάρμοστο», προσθέτοντας ότι κάθε διάσκεψη θα μπορούσε να καταλήξει σε αδιέξοδο, και ότι η μόνη λύση θα ήταν διχοτόμηση, «στην οποία περίπτωση δεν θα υπήρχε ανάγκη για εγγυητές, και η παρουσία μας στο νησί θα ήταν περιττή».

Ως εγγυητές ήταν άχρηστοι από την αρχή. Ο Alec Douglas Home δεν σκέφτεται προς την ίδια κατεύθυνση με το βρετανικό στρατό όμως. Αυτοί, σε αντίθεση με αυτόν, δεν ήθελαν να αφήσουν τα κυπριακά στρατιωτικά τους περιουσιακά στοιχεία να φύγουν. Το λιμάνι, και η αεροπορική βάση στο Ακρωτήρι, η Δέκελια, και όλα τα σημαντικά θέση στον Όλυμπο. Έτσι, με την πρόσθετη ανησυχία τους για τον Πρόεδρο Τζόνσον, υπάρχει περισσότερο από αρκετός λόγος για να αναβάλουν τα πράγματα. Αλλά έχουν αυτή την πολυτέλεια. Ξέρουν την ιστορία μας. Θα ήξεραν ότι αν ήμασταν χωρισμένοι, δεν θα παραχωρούσαμε ποτέ τη γη μας στην Τουρκία, εννοώ ποτέ, απολύτως ποτέ. Αυτό ήταν το αντικείμενο της αποτυχημένης εισβολής της Μικράς Ασίας. Η ιστορία μας είναι με τη γη μας. Ήξεραν ότι δεν θα ξαναγράψουμε ποτέ το σύνταγμά μας αν αυτό σήμαινε αποδοχή της διαίρεσης, έτσι ώστε να κρατήσουν τις βάσεις μέσω του αρχικού συντάγματος, το οποίο ήταν, πιστεύω ακράδαντα, η όλη ιδέα από την αρχή.

Έτσι, δεν προκαλεί έκπληξη ότι μετά την ομιλία, η κατάσταση ήταν χαλαρή και ο Μακάριος μπορούσε να το κάνει. Όμως το σχέδιο Ακρίτας παραδόθηκε σε μια αντι- Μακάριου εφημερίδα, καταδικάζοντας όλους μας σαν να μην είχαμε σταματήσει ποτέ τον αγώνα μας για την ένωση.

Δεν μπορώ να βρω τον αρχιτέκτονα για τον Ακρίτα. Ξέρω ποιος υποτίθεται ότι είναι, αλλά δεν πιστεύω ότι το έγραψε ούτε ένας άνθρωπος, και ο Γλαύκος Κληρίδης το αναγνώρισε μόνο ως γνήσιο. Βλέπετε, μετά τη δημοσίευση, η τουρκική κυβέρνηση θα πίστευε ότι αυτό που κάναμε, όπως κάναμε, θα μπορούσε απλώς να ερμηνευθεί ως συμμόρφωση με το σχέδιο Ακρίτας. Έτσι λειτουργεί το σχέδιο, δεν τελειώνει ποτέ. Αν δεν υπήρχε ένα βρετανικό χέρι στο γράψιμο αυτό, το οποίο βρίσκω πολύ δύσκολο να πιστέψει κανείς, ήξερα ότι έπρεπε να είναι ένα βρετανικό χέρι που διέρχεται από το χαρτί, εξ ου και οι παραλείψεις σε αυτό. Υπάρχουν παραληφθέντα τμήματα που πιθανότατα θα αποκάλυπταν ημερομηνίες, ή λεπτομέρειες, που θα το δείξει για αυτό που είναι, ένα λείψανο του παρελθόντος. Αντ' αυτού, ακόμη και σήμερα, θα μπορούσαν να εργάζονται για το έργο, αν δεν είχα γράψει γι' αυτό. Το τελευταίο τμήμα χρησιμοποιεί το φόβο ότι η Ε.Ο.Κ.Α. θα επικαλεστεί εντός των Ελληνοκυπρίων εναντίον τους, σε όποιον αποκαλύπτει λεπτομέρειες του σχεδίου. Σε αυτό το σημείο, ο Μακάριος προσπαθούσε να κάνει το μεγαλύτερο μέρος ενός συντάγματος που ακόμη και ο Βρετανός πρωθυπουργός έλεγε τώρα ότι ήταν ανεφάρμοστο.

Μετά την ανάγνωση για δύο ή τρεις ώρες κάθισα έξω στο μπαλκόνι και παρακολούθησα τον όμορφο νυχτερινό ουρανό, αμόλυντος από οποιαδήποτε αφύσικα φώτα. Τα αστέρια εμφανίστηκαν πιο φωτεινά και καθαρά από όσο θα μπορούσα να τα φανταστώ. Φορούσα ένα σορτσάκι και κάθισα έξω με μια κουβέρτα τυλιγμένη γύρω μου, και αισθανόμουν τόσο λυπημένος για όλα αυτά. Ήξερα ότι δεν υπήρχε τίποτα που θα μπορούσε να γίνει για να μας σώσει μετά από ό, τι είχα διαβάσει. Οι ΗΠΑ θα είχαν δώσει έγκριση για το πραξικόπημα του '74 μόνο για να κρατήσουν το ελληνικό λόμπι τους χαρούμενο, πόσο μάλλον τη στρατιωτική πτυχή. Γι' αυτούς, η συμμαχία Ν.Α.Τ.Ο. και ο ψυχρός πόλεμος ήταν το πρωταρχικό τους μέλημα. Ο βρετανικός στρατός, από την άλλη πλευρά, θα ήξερε ότι η διχοτόμηση θα ακολουθούσε αναπόφευκτα οποιαδήποτε προσπάθεια επιβολής της ένωση. Μετά από όλα, ήξεραν πολύ περισσότερα για την κατάσταση από τους Αμερικανούς. Η μόνη διαφορά που δεν θα είχαν λάβει υπόψη είναι ότι η Κύπρος μπορεί τώρα να δεχτεί ρωσική βοήθεια.

Μπορούσα να δω ένα αυτοκίνητο να σταματάει στο πάρκινγκ του εστιατορίου. Ήταν πολύ πιο αισθητό λόγω του γεγονότος ότι τα φώτα του ήταν το μόνο ανώμαλο φως ορατό. Είδα μερικούς άντρες να βγαίνουν και να ανάβουν φανάρι αερίου. Τότε κατάλαβα ότι ήταν τρεις. Τους είδα να πηγαίνουν στην παραλία και να ακολουθούν την ίσαλο γραμμή στο ξενοδοχείο μου. Σηκώθηκα καθώς πλησίαζαν, έτσι ώστε να μπορώ να τους δω μέσα από τα δέντρα με κουβάδες και τα δίχτυα τους, διασχίζοντας πάνω από την παραλία πάνω στο κρεβάτι βράχου, όπου άρχισαν να ψάχνουν γύρω, και έχασα το ενδιαφέρον. Ο Τζον μου είχε πει ότι τα μεγάλα χταπόδια και καβούρια ήταν εύκολα να αλιευτούν στα βαθουλώματα των βράχων τη νύχτα. Κάθισα πίσω για ένα λεπτό περίπου, και αποφάσισε να το ονομάσουμε μια μέρα.

Ο Κόλπος Κάτω Πύργος πριν το πρωινό και ο περίπατος στην παραλία

Το επόμενο πρωί ξύπνησα φωτεινά και όχι πολύ νωρίς, με τον ήχο της θάλασσας, που ήταν μια ευδαιμονία για μένα. Ο ήλιος έλαμπε και η θέα φαινόταν ακόμα πιο θεαματικά στο πρωινό φως. Δεν ήταν ότι ήταν κάποιο είδος Εδέμ. Οι λόφοι που μπορούσα να δω, που έχουν λίγα δέντρα, είχαν μόνο μια νύξη πράσινου μέσα τους. Αλλά αυτό που το έκανε τόσο ελκυστικό ήταν η έλλειψη αστικής ανάπτυξης. Ήταν τόσο φυσικό. Πήρα το χρόνο μου να ντυθώ και βγήκα στη ρεσεψιόν για πρωινό. Ο ηλικιωμένος Κύπριος με χαιρέτησε και μου είπε να κατέβω τις σκάλες στο εστιατόριο. Ήμουν λίγο έκπληκτος να έχω πρωινό, καθώς ήμουν σίγουρος ότι ήμουν το μόνο άτομο που έμενε στο ξενοδοχείο. Κάθισα εκεί και πήρα ένα γεύμα με χαλούμι και τοστ, ήπια έναν καφέ, και αφού έφαγα σύντομα το πρωινό μου αποφάσισα να κάνω μια βόλτα στην παραλία, και δεν επέστρεψα ποτέ στο δωμάτιο. Έφυγα από το ξενοδοχείο και ακολούθησα το δρόμο γύρω από το εστιατόριο με θέα στον κόλπο, και περπάτησα στον γκρεμό προς την παραλία, ακολουθώντας μια παρόμοια γραμμή με τους άνδρες το προηγούμενο βράδυ, τα ίχνη τους βέβαια ήταν μονάχα ορατά σε μερικά σημεία, είτε επειδή μαλάκωσαν από τον άνεμο είτε ξεπλύθηκαν από την παλίρροια. Καθώς πλησίαζα το ξενοδοχείο, είδα μερικά βήματα που οδηγούν από το μπαλκόνι του ξενοδοχείου στην παραλία. Συνειδητοποίησα ότι μπορούσα να φτάσω κατευθείαν εκεί, αν και υποθέτω ότι η πόρτα του μπαλκονιού θα μπορούσε να είναι κλειδωμένη. Κοίταξα να μετρήσω πόσα δωμάτια υπήρχαν και παρατήρησα ότι όλα τα δωμάτια είχαν κλειστές κουρτίνες. Μου έδωσε την εντύπωση ότι το ξενοδοχείο ήταν πραγματικά άδειο εκτός από μένα. Περιπλανήθηκα στα βράχια και σύντομα θα έχανα τον εαυτό μου ανάμεσα στις σκέψεις μου και τις πισίνες. Βρήκα αυτό το μέρος καταπληκτικό, και θα μπορούσα μόνο να πω ότι πρέπει να ήταν για την ειρήνη του μυαλού.

Κοίταξα γύρω από τα βαθουλώματα των βράχων, κάνοντας το δρόμο μου κατά μήκος της παραλίας. Καβούρια και γαρίδες, και πολλά σαλιγκάρια της θάλασσας, των οποίων τα κοχύλια τρώνε συχνά τα καβούρια. Αν και, δεν υπήρχαν τόσα πολλά να βρω, συνειδητοποίησα ότι ήταν η πρώτη φορά που το έκανα αυτό στην Κύπρο, να ψάχνω στις φυσικές λιμνούλες που σχηματίζουν τα βαθουλώματα των βράχων. Μέχρι τότε, είχα περιπλανηθεί περαιτέρω κατά μήκος της ανατολικής άκρης. Θα μπορούσα να δω την παιδική χαρά του σχολείου και στη συνέχεια παρατήρησα ότι ήμουν πολύ κοντά σε μια σούβλα που κόλλησε λίγο εδώ έξω, όταν είδα κάποια μορφή να σκάβει στο ανάχωμα. Καθώς πλησίαζα, είδα ένα ξύλινο άνοιγμα κλείστρου, περίπου πενήντα εκατοστά μήκος, και περίπου δεκαπέντε εκατοστά ύψος, από την πλευρά ενός χαμηλού αναχώματος υποδεικνύοντας ότι είχε χρησιμοποιηθεί ως κάποια μορφή ενός παρατηρητηρίου. Η σούβλα της άμμου δεν ήταν καθόλου αιχμηρή και ανέβηκε εύκολα από την κατεύθυνση που περπατούσα και είχα μια πολύ καλή ιδέα για το τι θα έβρισκα πριν φτάσω στη μικρή τάφρο, η οποία εκτείνεται μεταξύ δύο σημείων παρατήρησης που βλέπουν στον κόλπο στην Μανσούρα.

Το καλοκαίρι του 1964, μάχες έλαβαν χώρα εδώ και γύρω από την Κοκκίνα. Ο Κάτω Πύργος μου έδινε την εντύπωση μιας ταραγμένης πόλης όταν οδήγησα μέσα από αυτόν, και τώρα ήξερα ότι είχαν δει το μερίδιό τους από τα προβλήματα. Η πλειονότητα των οποίων θα καταλήξει σε αυτές τις παραλίες τον Αύγουστο του 64, μετά τις αεροπορικές επιδρομές της Τουρκίας. Κάτι που έμαθαν οι Έλληνες όταν έχασαν τη Σμύρνη όταν η Τουρκία πήρε την γη μόνιμα, και πολύ συχνά είναι ελληνική γη. Θα απομακρύνει τους περισσότερους Έλληνες από την ιδέα της επιβολής της ένωση στην Κύπρο, αλλά ο Γρίβας έμεινε μέχρι το Νοέμβριο του 1967, όταν πέταξε στην Αθήνα στην εξορία. Έκτοτε υπάρχει μια άλλη απειλή εισβολής στην Τουρκία, αλλά, μπροστά στις πιέσεις που του άσκησε και πάλι ο Τζόνσον, υπήρξε μια σημαντική πολιτική αλλαγή στην Ελλάδα. Τώρα εδώ είναι το πρόβλημα που έχω αυτή τη στιγμή και είναι ότι δεν πιστεύω την αμερικανική εκδοχή της ιστορίας για την Κύπρο. Μπροστά μου δηλώνουν ότι ο Γρίβας είναι εδώ στην υπηρεσία του Μακαρίου. Δεν το πιστεύω καθόλου αυτό. Ήδη από το 1964 διακήρυξαν τις διαφορές τους, και ήξερα από τότε, ακόμη και πριν από τις ΗΠΑ και τη Βρετανία υπομνήματα σχετικά με την ανατροπή του Μακαρίου για λογαριασμό του Γρίβα. Ήξερα ότι αυτές οι διαφορές θα ήταν οι ίδιες με εκείνες μεταξύ των Ελληνοκυπρίων το 1974, όπως και μεταξύ του ξαδέλφου μου και εμού. Ο Ελληνοκύπριος Γρίβας μπορεί να ήταν, αλλά ο Έλληνας τρέχει βαθύτερα μέσα από τον Κύπριο. Ξεκίνησε τη δική του τρομοκρατική εκστρατεία εναντίον των Τούρκων. Οι συνολικές απώλειες για τους Τουρκοκύπριους μεταξύ των Χριστουγέννων του 1963 και του '68 από πηγή των Ηνωμένων Εθνών, 205 λείπουν, πιθανώς νεκροί και 273 νεκροί. Αν και άλλοι 32 Τούρκοι όμηροι είχαν συλληφθεί και δεν είχαν επιστρέψει ποτέ μετά από σποραδικές μάχες στην περιοχή της Αμμοχώστου στις 11 Μαΐου 1964, φάνηκε ότι η σφαγή της Σχολής Κύκκου ήταν λίγο εκτός ελέγχου. Λυπήθηκα που δεν το αντιμετωπίσαμε. Αλλά εδώ πρέπει να σημειώσω ότι δεν δίνω τις ελληνικές απώλειες κατά τη διάρκεια των ταραχών, και υπήρχαν πολλοί Έλληνες που σκοτώθηκαν, καθώς και Τούρκοι. Θα τολμούσα να πω ότι ο Γρίβας πρέπει να έμοιαζε με αστείο σε πολλούς Τούρκους, αλλά είχε ακόμα μια πολύ σοβαρή τρέλα. Θα ήταν στα τέλη της δεκαετίας του εξήντα, ένα πικρό απομεινάρι από το παρελθόν. Συμμετείχε μάλιστα στην αποτυχημένη ελληνική εισβολή στην Τουρκία το 1920. Ο Γρίβας θα επέστρεφε στην Κύπρο τον Σεπτέμβριο του 1971 για να ιδρύσει τον Οργανισμό Ε.Ο.Κ.Α.Β., και ένα από τα ονόματα στον κατάλογο των νεκρών του θα ήταν αυτό του Αρχιεπισκόπου Μακαρίου. Ακόμη και στις αρχές του 1964, ωστόσο, το μόνο που ήθελε ο Μακάριος ήταν να είναι σε θέση να κάνει τις συνταγματικές αλλαγές που κρίθηκαν απαραίτητες για να λειτουργήσει. Αν αυτό ακούγεται σαν ένωση με άλλο όνομα, ίσως να είναι. Αλλά ήθελε να επιτύχει τους στόχους του δημοκρατικά. Έτσι, αν οι άνθρωποι αποφάσισαν για ένωση τότε ας είναι. Νομίζω ότι ήξερε ότι η Κύπρος δεν θα επιστρέψει ποτέ στην Ελλάδα μετά τα Χριστούγεννα του '63 όμως. Το οποίο τον άφησε παγιδευμένο ανάμεσα στη βρετανική εξαπάτηση, και έναν αγώνα που ακόμα και αυτός, ο ίδιος, θα ερχόταν τώρα να φοβάται. Έκανα το δρόμο μου από το ανάχωμα σκέψης για το πόση ζημιά είχε γίνει σε τόσο σύντομο χρονικό διάστημα. Δεν θα έλεγα ότι δεν υπήρχε δυσαρέσκεια μετά από αυτό, λίγη μισαλλοδοξία στην παραλία ίσως.

Μακριά στο βάθος παρατήρησα μια μικρή γκρίζα εκτόξευση κινητήρα, ακολουθούμενη από ένα άλλο μερικές εκατοντάδες μέτρα από την ακτή, που προέρχονται από την κατεύθυνση της Κοκκίνα. Περπάτησα αργά κατά μήκος του επίπεδου υποστρώματος, πίσω προς την παραλία βαθιά στη σκέψη. Το λυπηρό για μένα ήταν ότι ήξερα ότι οι περισσότεροι Ελληνοκύπριοι πραγματικά θεωρούν τους εαυτούς τους ως μια φυλή εκτός από τους Έλληνες. Θέλω να πιστεύω ότι είναι επειδή απλά πρέπει να είμαστε διαφορετικοί. Ήξερα, φυσικά, ότι ο ελληνοκυπριακός λαός δεν είχε πραγματική δυσαρέσκεια για τους Τουρκοκύπριους. Δεν υπήρξε βία μεταξύ των δύο κοινοτήτων πριν αναστατωθούν, και ίσως, εντελώς λανθασμένα νομίζω, κατηγορούμε τους Τούρκους για τον διχασμό, όχι για Τουρκοκύπριους, παρόλο που ορισμένοι από τους πολιτικούς τους πρέπει να επωμιστούν την ευθύνη. Ήξερα ότι οι περισσότεροι Ελληνοκύπριοι ήταν πρόθυμοι να κάνουν μια προσπάθεια. Απλά ήξερα ότι θα ήταν δύσκολο να εδραιωθεί οποιαδήποτε εμπιστοσύνη μεταξύ των δύο κοινοτήτων τώρα. Ακόμα και γράφοντας αυτό το βιβλίο, δεν μπορούσα να δω πολλούς Τούρκους να με πιστεύουν. Ωστόσο, θα μπορούσα μόνο να ελπίζω. Είμαστε εύθραυστοι σαν άνθρωποι, και φαινόταν να υπάρχει τόση ζημιά. Οι Κύπριοι, απ' ό,τι φαίνεται, δεν είναι τίποτα περισσότερο από μια αδύναμη πλειοψηφία. Συνεχίζω να πιστεύω ακράδαντα ότι εμείς οι Κύπριοι είμαστε η πλειοψηφία και των δύο πλευρών, αλλά και από τις δύο πλευρές, μας ελκύει ή μας πιέζει να πάρουμε θέση. Θα μπορούσα να δω ένα από τα πραγματικά προβλήματα που θα υπήρχαν τότε, και εξακολουθούν να κάνουν σήμερα, είναι μια παρεξήγηση μεταξύ τους ως λαός. Πόσο ισχυρή μπορεί να είναι η αίσθηση της ιστορίας μας, και πόσο αδύναμοι είμαστε σε αυτό. Ο Γκίμπονς λέει ότι όταν οι Ελληνοκύπριοι τα έβαλαν με τους Τούρκους της Κύπρου, μόλις βγήκαν από την τάξη τους. Είναι τόσο ανόητος. Γνωρίζω ότι οι περισσότεροι Τουρκοκύπριοι θα έλεγαν απλώς ότι η Κύπρος ήταν το σπίτι τους. Αναρωτήθηκα πώς πρέπει να ξεκινήσουμε να παίρνουμε πρωτοβουλίες με τους Τουρκοκύπριους, και εννοούσα τον λαό, όχι τους πολιτικούς. Η κατοχή παρέμεινε, για μένα, μια απαράδεκτη κατάσταση. Θυμήθηκα μια ιδέα που εξέφρασε ένας Ελληνοκύπριος, τη δημιουργία μιας νέας τουρκοκυπριακής πόλης στο βορρά, και ότι ορισμένα τουρκικά στρατεύματα θα μπορούσαν να παραμείνουν για να ενθαρρύνουν την εμπιστοσύνη. Ακουγόταν καλό, αλλά ήξερα ότι δεν είχε ιδέα πώς θα αισθάνονταν οι Τουρκοκύπριοι πολιτικοί γι' αυτό. Πιο διασκεδαστική για μένα ήταν η απάντηση της κυβέρνησής μας ότι οποιαδήποτε διευθέτηση πρέπει να γίνει σύμφωνα με τα ψηφίσματα των Ηνωμένα Έθνη για το θέμα. Η πλήρης αδυναμία των Ηνωμένων Εθνών να δράσουν στην Κύπρο ήταν μέρος του προβλήματός μας από όσο μπορούσα να δω.

Βρήκα τον εαυτό μου τυλιγμένο στο δικό μου μικρό όνειρο καθώς περπατούσα στην παραλία, κάτω από το μπαλκόνι του ξενοδοχείου, κάτω από την σκιά ενός μεγάλου δέντρου λαμπερνούμ. Έριξα μια γρήγορη ματιά στις δύο γκρίζες βάρκες που ήταν ακριβώς δυτικά του κόλπου, όταν παρατήρησα κάτι που με έπιασε εντελώς εξ' απήνης. Περπατούσα κατά πάνω τους, όταν τους είδα να οδηγούν προς τις φυσικές λιμνούλες στα βαθουλώματα των βράχων. Πατημασιές. Κάποιος ήταν στην παραλία όσο ήμουν στα βράχια. Μόλις τους είδα, σκέφτηκα να βγάλω τα παπούτσια μου, όπως είχε κάνει αυτή η γυναίκα, περίπου την ίδια στιγμή που είδα τον σπειροειδή κύκλο, τα αποτυπώματα είχαν σχηματιστεί περίπου είκοσι μέτρα κατά μήκος της παραλίας, περίπου έξι ή επτά μέτρα πάνω από τη γραμμή νερού. Η πρώτη μου σκέψη ήταν «σωστά, θα σας πιάσω έξω!» και κοίταξα τα κοντινά σκαλοπάτια του ξενοδοχείου, σημειώνοντας ότι δεν είχαν έρθει από αυτή την κατεύθυνση. Περπάτησα προσεκτικά δίπλα τους, ελέγχοντας το οτιδήποτε κάθε σημάδι της διαταραχής από τότε που έγινε για πρώτη φορά. Παραδόξως, δεν είδα κανένα. Όταν έφτασα στον ίδιο τον κύκλο του σπιράλ, έκανα τον τρόπο μου γύρω από λίγο, παρατηρώντας ακόμα, και σταμάτησα. Σήκωσα λίγο το κεφάλι μου για να ερευνήσω την κατάσταση. Ο σπειροειδής κύκλος είχε διάμετρο περίπου τέσσερα έως πέντε μέτρων, και η γυναίκα είχε κάνει τρεις έως τέσσερις περιστροφές για να φτάσει στο κέντρο. Ήξερα ότι δεν υπήρχαν πατημασιές πίσω μου, έτσι κανείς δεν είχε πηδήξει από εκεί, αλλά αυτό που πραγματικά έψαχνα ήταν ένα δεύτερο πρόσωπο. Κοιτάζοντας τις κεντρικές πατημασιές είχα ήδη παρατηρήσει ότι όποιος κι αν ήταν δεν είχε κάνει ένα μεγάλο άλμα οποιουδήποτε είδους. Τα αποτυπώματα σταμάτησαν στη μέση του κύκλου, όπου η γυναίκα στεκόταν στα δάχτυλα των ποδιών της, και τα ίχνη της είχαν τελειώσει, και η άμμος δεν ενοχλήθηκε από το σχήμα που αρχικά έκαναν. Ήμουν ήδη σίγουρος ότι δεν είχε περπατήσει πίσω. Προς έκπληξή μου δεν υπήρχαν ίχνη στην παραλία εκτός από τα δικά μου, και αυτά. Το ήξερα τότε ότι θα μπορούσαν να είχαν πάει μόνο πίσω, κάτι που πραγματικά δεν περίμενα. Κοίταξα ψηλά για να δω ότι φαινόταν να προέρχεται από την κατεύθυνση του ξενοδοχείου, το οποίο ήταν περίπου είκοσι έως τριάντα μέτρα μακριά. Εμφανίστηκε, ωστόσο, καθώς είχε περπατήσει από το επίπεδο υπόστρωμα, όπου συνάντησε την παραλία, και δεν υπήρχαν πατημασιές μεταξύ των βημάτων του ξενοδοχείου και της ακτογραμμής. Έσκυψα προς τα εμπρός με τα χέρια μου στα γόνατά μου και μελέτησα τα αποτυπώματα. Κοίταξαν περίπου πέντε ή έξι σε μέγεθος (Ηνωμένο Βασίλειο) και φάνηκε να είναι γυναίκες, και πιθανώς σε νεαρή ηλικία, λόγω του τρόπου που έβαλε το μεγαλύτερο μέρος του βάρους της στα δάχτυλα των ποδιών της, αφήνοντας ως επί το κυρίως αχνές γραμμές που δείχνουν πού είχε πάει η φτέρνα. Είχε κάνει τόσο μικρά βήματα, και ο τρόπος που τα είχε κάνει, με πολύ βάρος στα δάχτυλα των ποδιών της, αλλά υπήρχε και κάτι άλλο πάνω τους. Οι γωνίες που έπεσαν μερικοί από αυτούς μου έδωσαν την εντύπωση ότι χόρευε ή κάτι τέτοιο. Όλο αυτό το διάστημα συνειδητοποιούσα ότι κάθε εκτύπωση που έψαχνα ήταν τέλεια στο ότι κανείς δεν έδειξε κανένα σημάδι της διαταραχής, αφού είχαν γίνει για πρώτη φορά. Τώρα έπρεπε να σκεφτώ το χρόνο που θα έπαιρνε κάποιος. Ήξερα ότι υπήρχε μόνο μία ευκαιρία, και αποφάσισα να προσεγγίσω το πρόβλημα μεθοδικά. Περπάτησα γύρω, και διανοητικά χωρίζεται το ένα τέταρτο του κύκλου μακριά, το τέταρτο που έπρεπε να χρησιμοποιήσει για να πάει πίσω στον εαυτό της, και άρχισα να μετράει, τον έλεγχο, όπως μέτρησα. Σταμάτησα στα 50, περίπου στα 2/3. Κανένα από τα πολλά κομμάτια που κοίταξα δεν έδειχνε σημάδια διαταραχής. Η άμμος είχε μια υγρασία που κράτησε το αποτύπωμα σαφές, και όσο πιο σκληρά τους κοίταξα, τόσο πιο προφανές ήταν ότι δεν είχε περπατήσει πίσω, αλλά δεν μπορούσα να δεχτώ κανένα άλλο συμπέρασμα. Έφτασα κάτω για να αγγίξω ένα, συνειδητοποιώντας ότι ήμουν σε δυσπιστία για αυτό που έβλεπα, και τράβηξα το χέρι μου πίσω. Μπορούσα να αισθανθώ μια αίσθηση πανικού να αναπτύσσεται βαθιά μέσα μου. Το μυαλό μου δεν μπορούσε να δεχτεί αυτό που έλεγαν τα μάτια μου και ήμουν απολύτως σίγουρος τι έβλεπα. Ποιο είναι το νόημα; Σκέφτηκα, ποιο είναι το νόημα; Σηκώθηκα, κοίταξα πίσω, και μέχρι τον ουρανό, προς το ξενοδοχείο, έτσι κανείς δεν θα με σκεφτόταν τρελό, και φώναξε δυνατά σε όποιον μπορούσε να ακούσει,

«Κάποιος γελάει!» παρατήρησα όπως έκανα ότι τα δύο πλοία, που μόλις με είχαν περάσει, δεν φέρουν σημαίες οποιασδήποτε περιγραφής. Νόμιζα ότι ήταν ασφαλές να υποθέσουμε ότι ήταν Τούρκοι.

Πήγα πίσω στο δωμάτιο του ξενοδοχείου, πήρα τα κλειδιά του αυτοκινήτου μου και πήγα να δω τους νέους μου φίλους στη Μανσούρα. Όταν έφτασα, πάρκαρα το αυτοκίνητο, χαιρέτησα τον Ανδρέα και κάποια άτομα από την οικογένειά του από το πάρκινγκ, και πήγα κατευθείαν στην παραλία. Εισέπνευσα βαθιά, και ένιωσα σαν να ήμουν στον ουρανό και πάλι. Πήρα το χρόνο μου περπατώντας κατά μήκος της παραλίας, μελετώντας πέτρες και βότσαλα καθώς περπατούσα, και κουνώντας ένα μακρύ άχυρο από ξηρό γρασίδι στο δεξί μου χέρι, σταματώντας περιστασιακά, για να το αφήσω να πιάσει το αεράκι και να αυξηθεί. Αν ο ήχος της θάλασσας στα αυτιά μου, ένα ζεστό και απαλό φως του ήλιου στο πρόσωπό μου, και ένα φρέσκο αεράκι που θα μπορούσα να μυρίσω, καθώς και το να αισθάνομαι πάνω από γυμνό δέρμα μου, δεν ήταν αρκετό για να γεμίσει τις αισθήσεις μου, ήταν και θέα που έβρισκα τόσο όμορφη. Καθώς περπατούσα κατά μήκος της παραλίας με τη θάλασσα στα αριστερά μου, τους λόφους στα δεξιά μου, και το δρόμο αόρατο πάνω από το περβάζι του, ένιωσα εντελώς και ευχάριστα πνιγμένος από τη φύση. Ανεξάρτητα από το πώς ένιωθα ότι αυτό ήταν να είναι, για τον εαυτό μου, μια από τις πιο ευχάριστες ημέρες που είχα στην Κύπρο. Νομίζω ότι όσο περισσότερο περνούσε η μέρα, τόσο πιο ευχάριστη ήταν. Ξεκίνησα σήμερα το απόγευμα με ένα πολύ μεγάλο φλιτζάνι καφέ που μου είχε φέρει ο Ανδρέας και θα ξόδευα πολλά σε συζητήσεις με τον Άντυ και τον Δήμητρη, τους δύο μεγαλύτερους γιους της Γκούλα. Αν έλεγα ότι ο Άντι ήταν στα μέσα της δεκαετίας των 20, αν και ίσως λίγο μεγαλύτερος, με μια κόρη δύο ή τριών ετών, και τη σύζυγό του Στέλλα, που ήταν και οι δύο παρόντες, τότε ο

Δημήτρης θα ήταν στις αρχές της δεκαετίας των 20. Η Γκούλα ήταν παρών και ο Τζον ήταν στο σχολείο για περίπου μία ώρα.

«Τι γνώμη έχεις για το ξενοδοχείο σου;» ρώτησε ο Άντυ.

«Ω, είναι υπέροχο», είπα δείχνοντας την έγκρισή μου με ένα χαμόγελο και προσθέτοντας.

«Η θέα από το δωμάτιό μου είναι φανταστική, η παραλία φαίνεται όμορφη, και μπορώ να ακούσω τη θάλασσα, κάτι που μου αρέσει».

«Είσαι ο μόνος που μένει εκεί;» ρώτησε.

«Απ' όσο ξέρω, καλά δεν έχω δει κανέναν άλλο», σκέφτηκα για τα ίχνη στην άμμο, και αποφάσισα να μην τους αναφέρω.

«Είναι ήσυχα;» ρώτησε ο Δημήτρης σαν να ήταν ένα πρόβλημα.

«Είναι», είπα με ένα μεγάλο χαμόγελο στο πρόσωπό μου.

«Το προτιμάς τότε;» ρώτησε. Ήξερα ότι ήταν μια περιττή ερώτηση, αλλά πήρα πολλή ευχαρίστηση από την απάντηση.

«Είναι ευδαιμονία!»

«Αλλά τι έκανες χθες το βράδυ;» ρώτησε.

«Διάβασα ένα βιβλίο για λίγο», δεν επρόκειτο να τους πω ποιο. «Μου άρεσε πραγματικά να κάθομαι στο μπαλκόνι και να παρακολουθώ τα αστέρια, αυτό ήταν ωραίο, σκέφτομαι ότι έχουν περάσει χρόνια από τότε που τα είδα τόσο καθαρά».

«Χωρίς φώτα».

«Όχι, όχι φώτα», επιβεβαίωσα με ένα χαμόγελο. Άντυ, ο οποίος έχει ένα πρόβλημα με τα μαλλιά, μου είπε πώς όλα ξεκίνησαν μετά την επιστροφή του στην Κύπρο, και πώς ανακάλυψε μια πιθανή αιτία.

«Αυτό το κορίτσι που γνώρισα μου είπε ότι είναι ο ασβέστης στο νερό», αποκάλυψε. «Και μην χρησιμοποιείτε μαλακτικό», είπε σχετικά με τα μαλλιά του.

«Σωστά», είπα, ο Άντυ είχε προφανώς πάρει αυτές τις πληροφορίες λίγο αργά, είχα παρατηρήσει το ορυχείο να φαίνεται πιο εύθραυστο. Η Γκούλα κάθισε μαζί μας και είπα στον Άντυ μπροστά της να εξασφαλίσει ότι επικοινώνησε με έναν δικηγόρο για να ρωτήσει σχετικά με την κατάθεση αγωγή κατά της Τουρκίας για τη μη πρόσβαση στη γη της. Ένιωσα υπέροχα να τους το πω. Νόμιζα ότι θα ρωτούσα για τον τουρκικό θύλακα της Κοκκίνα, καθώς είχα περάσει μέρος της νύχτας διαβάζοντας γι' αυτό.

«Πόσοι άνθρωποι ζουν εκεί τώρα;»

«Νομίζω ότι είναι μόνο ο στρατός τώρα», ο Άντυ κοίταξε τον αδελφό του, «Υπάρχουν μόνο στρατιώτες στην Κοκκίνα τώρα, έτσι δεν είναι;»

«Ναι, μόνο στρατιώτες», επιβεβαίωσε ο Δημήτρης. Φαινόταν εξοικειωμένος με το θέμα, καθώς είχε υπηρετήσει πρόσφατα μια μακρά θητεία στην Εθνική Φρουρά

«Πώς πηγαίνουν εκεί;»

«Με βάρκα, δύο ή τρεις φορές την εβδομάδα, την Τρίτη και την Πέμπτη νομίζω», είπε.

«Δεν είμαι σίγουρος για τις προάλλες», κοίταξε τον αδελφό του, «Κυριακή, νομίζω».

«Έτσι υποθέτω ότι ήταν αυτοί που είδα σήμερα το πρωί», τους ενημέρωσα, «Έχω δει δύο που δεν φέρουν σημαίες».

«Ναι, είναι», και οι δύο επιβεβαίωσαν την ίδια στιγμή. Τότε ο Άντυ μου είπε για τα κατορθώματά του στις καλοκαιρινές πυρκαγιές που έπληξαν την Κύπρο.

«Λοιπόν, έρχονται γύρω ψάχνει για εθελοντές, και σκέφτηκα ότι θα ήταν ένα γέλιο, αλλά δεν είναι ένα γέλιο, ξέρετε τι εννοώ», είπε ελαφρώς αμηχανία από την επιλογή των λέξεων του.

«Σαν μια νέα εμπειρία», πρόσθεσα.

«Ναι», συμφώνησε πριν συνεχίσει, «Δεν είχα ιδέα ότι επρόκειτο να καταπολεμήσουμε τις πυρκαγιές στη νεκρή ζώνη», αποκάλυψε. Έδειχνα το ενδιαφέρον μου.

«Έτσι σταματήσαμε με τα πυροσβεστικά οχήματά μας, και όλο τον εξοπλισμό μας, και τα πάντα, και περίπου την ίδια ώρα που φτάσαμε εκεί, πυροσβεστικά οχήματα και άνδρες από την άλλη πλευρά άρχισαν να φθάνουν», μου είπε, εκφράζοντας την έκπληξή του εκείνη την εποχή.

«Από το Βορρά; Τι συμβαίνει;»

«Περάσαμε υπέροχα», είπε, «Όλοι μιλήσαμε, γελάσαμε, αστειευόντουσαν μαζί μας, ήταν υπέροχο», ακουγόταν ενθουσιασμένος καθώς μιλούσε.

«Πραγματικά», απάντησα θέλοντας να ακούσω περισσότερα. Μετά από αυτό που διάβαζα, ακουγόταν μια χαρά. Μου άρεσε η σκέψη τους. Πολεμώντας τις φωτιές, δίπλα-δίπλα, στο μόνο μέρος που μπορούσαν. Φάνηκε να έχει απολαύσει την εμπειρία, αλλά αυτό που μου είπε στη συνέχεια ήταν να μου θυμίσει ίσως τη χειρότερη πτυχή της κατάστασής μας.

«Ναι, αλλά κάθε φορά», έκανε κινήσεις των χεριών που δείχνουν στρατιωτικά πέτο, «Δεν ξέρω στρατηγούς ή κάτι τέτοιο, είχαν αυτά τα φανταχτερά πέτο», ήξερα ότι μιλούσε για το στρατό.

«Κάθε φορά που ένας από αυτούς έρχεται σε εμάς, οι Τουρκοκύπριοι απλά σκάνε!»

«Όχι!» Είπα έκπληκτος.

«Ναι, απλά έμειναν σιωπηλοί», με ενημέρωσε, προσθέτοντας, «Λοιπόν, όταν άρχισαν να μιλούν και πάλι, τους ρώτησα, γιατί πήγαν ήσυχο;»

«Τι είπαν;»

«Είπε ότι τους αντιμετωπίζουν σαν ηλίθιοι, κοιτάζουν κάτω», με αυτά τα λόγια η καρδιά μου βυθίστηκε. Αυτό οδήγησε στο σπίτι μια σκληρή πραγματικότητα για την κατάσταση στο βορρά. Η κύρια απειλή για τους Τουρκοκύπριους προέρχεται τώρα από τους μετανάστες στην τουρκική ηπειρωτική χώρα, οι οποίοι είναι απλώς Τούρκοι, και αυτό είναι όλο. Αυτό είναι αρκετά κακό, και ξέρω πόσοι από αυτούς τους Τούρκους αισθάνονται για εμάς.

Ο Τζον έφτασε στο σπίτι από το σχολείο και μπορούσα να δω το φαγητό που μαγειρευόταν για δείπνο, για τον λόγο αυτό έκανα μια παραγγελία για μερικές χοιρινές μπριζόλες. Μετά το δείπνο ο Άντυ έφυγε με τη γυναίκα και το παιδί του, και κάθισα και μίλησα με τον Δημήτρη για τη ζωή. Ο πατέρας του είχε επισημάνει μερικές φωτογραφίες από μεγάλα ψάρια που είχαν αλιευθεί, και Ο Δημήτρης μου είπε για το πόσο του άρεσε το ψάρεμα, και να είναι σε βάρκες, λέγοντας ότι γεννήθηκε για αυτό, ενώ ο Τζον με ρώτησε αν ήθελα να πάω για ψάρεμα και πάλι εκείνο το απόγευμα. Έδωσα στο κεφάλι μου μερικά σύντομα κατηγορηματικά νεύματα που τον ενημέρωναν για το τι σκεφτόμουν για το ψάρεμα, και του είπα ότι θα τον ακολουθήσω, και τον πατέρα του, στο αυτοκίνητό μου. Στον Τζον άρεσε να μιλάει, πράγμα που δεν με πείραζε καθόλου. Είχε μεγαλώσει στο Χάιμπερι του Λονδίνου, και είχαμε πολλά κοινά. Τελείωσα τη συνομιλία μου με τον Δημήτρη και φύγαμε και οι δύο, με τα δικά μας αυτοκίνητα, για να πάμε στο σημείο αλιείας, το οποίο ήταν σε διαφορετική παραλία. Ήξερα ήδη προς τα πού να πάω, αλλά ποτέ δεν ήξερα πόσο μακριά θα μπορούσα να πάω. Έτσι, όταν άρχισα να οδηγώ νοικιασμένο αυτοκινητό μου, ένα Subaru, κάτω από ένα τραχύ χωματόδρομο, το οποίο ήξερα ότι θα με πάρει στην παραλία περίπου έξι ή επτά μέτρα κάτω, δεν εξεπλάγην όταν άκουσα τον Δημήτρη να φυσάει την κόρνα του για να με προειδοποιήσει να μην προχωρήσουμε περαιτέρω. Πάτησα αμέσως τα φρένα, έβαλα το αυτοκίνητο στην όπισθεν, και προσπάθησα με τη μέγιστη ισχύ του κινητήρα. Αλλά ακόμη και με το Δημήτρη να πιέζει, δεν ήταν αρκετό. Νομίζω ότι είχαμε την ίδια ιδέα ταυτόχρονα, και έφυγε στην άκρη επιτρέποντάς μου να προχωρήσω λίγο πιο πέρα κατά μήκος της πίστας, έτσι θα μπορούσα να κερδίσω περισσότερη ταχύτητα πριν ανέβω στην απότομη ράμπα, κάτι που έκανα. Πάρκαρα μπροστά από το αυτοκίνητο του Δημήτρη και γέλασα καθώς μου έδειξε πόσο τραχιά ήταν η διαδρομή καθώς περπατούσαμε κάτω για να ενωθούμε τον Ανδρέα και τον Τζον στην παραλία.

Πέρασα λίγο χρόνο ερευνώντας τις κοντινές πισίνες βράχων. Ο Δημήτρης ποτέ δεν έμεινε, φώναξα αντίο, και δεν ήταν πολύ πριν επέστρεψα για να καθίσω και να παρακολουθήσω το ψάρεμα. Όπως έκατσα, καθιστώντας τον εαυτό μου άνετα στον βράχο ψαμμίτη διατηρώντας παράλληλα μια μικρή ελαφριά συνομιλία με τον Τζον, σκέφτηκα πόσο χαρούμενος ήμουν αυτή τη στιγμή. Είχα φτάσει στο τέλος της αναζήτησής μου για τον παππού μου. Απογοητεύτηκα με τη μητέρα μου που ήταν λιγότερο από ειλικρινής μαζί μου. Ήξερα ήδη γιατί είχα βάλει ένα μπλοκ στη γλώσσα και ένιωσα ότι αυτό επιβεβαιώθηκε κατά τη διάρκεια της συνομιλίας μου με την νονά μου. Απλά ήξερα ότι η θεωρία της αυτοκτονίας ήταν δική μου. Δεν μπορούσα να μην αισθάνομαι ότι η ζωή μου ήταν η επιτομή της Κύπρου με κάποιο τρόπο, αλλά, καθώς καθόμουν εκεί απορροφώντας την ομορφιά της ακτογραμμής, κοιτάζοντας ανατολικά το φως που ξεθωριάζει, άφησα όλα τα προβλήματά μου να παρασυρθούν και πάλι. Η ακτή είχε έναν υπέροχο πορτοκαλί υπαινιγμό σε αυτό. Ένιωσα κακομαθημένος. Άρχισα να νιώθω μια άλλη από αυτές τις τέλειες στιγμές που φαίνονται τόσο σπάνιες στη ζωή. Είδα τον Τζον και την Ανδρέα να επικοινωνούν με έναν τρόπο που δεν είχα ποτέ με τον ίδιο μου τον πατέρα. Είχα μάθει τόσα πολλά για τον εαυτό μου, και την Κύπρο, τους τελευταίους μήνες, και αν λυπόμουν κάποιον, εκείνη τη στιγμή, ήταν εκείνο το εξάχρονο αγόρι που έχασε τόσα πολλά, που πέρασε απαρατήρητο.

14

Κεφάλαιο Δεκατέσσερα

Υποθέτω ότι αυτό είναι λίγο πολύ το ταξίδι για το σπίτι. Ξύπνησα ενώ ήταν φωτεινά και νωρίς, σε αυτό το τελευταίο πρωινό μου, ετοίμασα τα πράγματά μου στο αυτοκίνητο πριν πληρώσω το λογαριασμό και φύγω από το ξενοδοχείο με ένα ευχάριστο συναίσθημα να γυρίσω στο σπίτι και να τελειώσω αυτό το βιβλίο. Καθώς έφευγα από το ξενοδοχείο, είδα έναν στρατιώτη να κάνει ωτοστόπ και σκέφτηκα, γιατί όχι; Σταμάτησα το αυτοκίνητο και του είπα ότι θα πήγαινα στην Πόλη, πήδηξε μέσα και φύγαμε από τον Κάτω Πύργο. Σταμάτησα στο πρόσφατα ανακαλυφθέν εστιατόριο των φίλων μου, και άφησα ένα σημείωμα λέγοντάς τους ότι θα ήμουν πίσω την άνοιξη. Ήταν μια υπέροχη μέρα. Ο αέρας ήταν φρέσκος και καθαρός, πολύ καθαρός. Ο νέος μου σύντροφος κάθισε όρθιος στο κάθισμά του, πολύ δύσκαμπτος, κοιτάζοντας ευθεία μπροστά. Με έκανε να νιώθω λίγο άβολα. Τώρα προσφέρω ωτοστόπ σε περιπατητές, για τον ίδιο λόγο που το επιλέγουν οι περισσότεροι, να κάνουν μία ευχάριστη κουβέντα την ώρα του ταξιδιού.

«Πόσο καιρό είσαι στο στρατό;»

«Δεκαέξι μήνες», απάντησε. Η φωνή του ήταν αυστηρή, αργή και πολύ άμεση, και τα αγγλικά του φαίνονταν αχρησιμοποίητα. Αυτή τη στιγμή συνειδητοποίησα ότι μπορεί να νομίζει ότι είμαι κατάσκοπος ή κάτι τέτοιο. Μίλαγα σοβαρά, για την Κύπρο και δεν ήξερε καν ότι ήμουν Κύπριος.

«Η νονά μου ζει στη Λεμεσό, μου είπε ότι πρέπει να κόψω τα μαλλιά μου αλλιώς οι άνθρωποι θα νομίζουν ότι είμαι κατάσκοπος ή κάτι τέτοιο», Του είπα για να τον ενημερώσω ότι ήμουν Κύπριος. Ήθελα απλώς να κουβεντιάσω.

«Οι άνθρωποι με μακριά μαλλιά είναι μια μειονότητα στην Κύπρο! Είναι αλήθεια!» Δεν ήμουν άνετα με τον τρόπο που το είπε αυτό, αλλά κατάλαβα.

«Πώς σου φαίνεται εδώ;»

«Το μισώ, είναι άγονα!» απάντησε. Όσο παθιασμένα κι αν αγαπούσα αυτό το μέρος, φαινόταν να το μισεί.

«Δεν ξέρω...δεν υπάρχουν πολλά δέντρα, αλλά...υπάρχει ένα άγγιγμα του πράσινου μετά τη βροχή και νομίζω ότι είναι όμορφο», είπα. Έπρεπε να υπερασπιστώ το μέρος. Φαινόταν να βρίσκει την ιδέα μου διασκεδαστική, και παρατήρησα ότι χαμογελούσε λίγο καθώς γύρισε το κεφάλι του πάνω μου για πρώτη φορά, και είπε,

«Δεν υπάρχει τίποτα εδώ!»

«Το ξέρω!» Είπα πολύ χαρούμενος. Τότε του είπα ότι έγραφα ένα βιβλίο για την Κύπρο και τον εαυτό μου, και καθώς περνούσαμε ένα από τα πολλά σιντριβάνια που ο βρετανικός στρατός είχε χτίσει κατά μήκος του δρόμου, στολισμένο με το Βρετανικό Στέμμα, του είπα,

«Είναι αυτοί που έχουν κάνει τη μεγαλύτερη ζημιά στην Κύπρο όμως!»

«Ναι, οι Βρετανοί ήταν η αιτία πολλής δυστυχίας για τον ελληνικό λαό», απάντησε. Πρέπει να γνωρίσεις τον ξάδερφό μου, σκέφτηκα.

Όταν πρωτοήρθα στην ιστοσελίδα της *Αλήθειας*, πραγματικά κάθισα σε αυτή την καρέκλα σε κατάσταση σοκ. Τη δεύτερη φορά, έγραψα για αυτό. Ήμουν σε χάος και έτρεμα νομίζοντας ότι κοιτούσα την εκδήλωση της δυσαρέσκειάς μας. Αυτά τα τρία παιδιά και η μητέρα τους στρυμωγμένα σε μια αιματοβαμμένη μπανιέρα. Με έσκισε τόσο βαθιά. Πήρα την εντύπωση ότι η περιγραφή που δίνεται στο βιβλίο «Γενοκτονία Αρχεία Ένα, Ειρήνη χωρίς τιμή», φαίνεται να είναι το αρχικό κείμενο του Γκίμπονς. Δεδομένου ότι το πρόγραμμα Word που χρησιμοποιήθηκε για την αναθεωρημένη έκδοση του βιβλίου του Γκίμπονς, δεν είχε χρησιμοποιηθεί και για το πρωτότυπο, κάποιος που έχει χρησιμοποιήσει τέτοια προγράμματα επεξεργασίας κειμένου γνωρίζει την σπουδαιότητα τους. Η σφαγή του Ιλχάν ήταν διαφορετική από ό,τι διάβασα. Ο λογαριασμός του Γκίμπονς δεν φαινόταν ποτέ σωστός. Αν το έλεγα εκτός πλαισίου με αυτό που διάβαζα, μπορεί να μην το καταλάβαινες, αλλά ήταν. Πρέπει να πω, ότι φαινόταν επαγγελματικό. Υποτίθεται ότι διαβάζω για έναν οπλισμένο όχλο. Δεν μπορούσα να το καταλάβω. Η κα Ιλχάν, η σύζυγος τούρκου αξιωματικού του στρατού, δειπνούσε εκείνο το βράδυ με τα τρία παιδιά της, και τους πέντε φίλους της οικογένειας, ο σύζυγός της ήταν σε υπηρεσία. Ζούσαν στο Κουμσάλ, ένα προάστιο της Λευκωσίας, το οποίο υποτίθεται ότι θα δεχθεί επίθεση από Έλληνες εκείνο το βράδυ της παραμονής των Χριστουγέννων το 1963. Αλλά πάντα αναρωτιόμουν αν ήταν οι Έλληνες που σκότωσαν αυτούς τους ανθρώπους. Ο αυτόπτης μάρτυρας αυτής της δολοφονίας εμφανίστηκε τόσο στα Αρχεία Αλήθειας όσο και της Γενοκτονίας στο κάτω μέρος της σελίδας 123. Θα προσθέσω επίσης την αρχική αγγλική μαρτυρία σε περίπτωση που κάτι χαθεί στη μετάφραση.

Εκείνο το βράδυ, ο Χασάν Γιουσούφ Γκουντούμ, ένας ηλικιωμένος Τούρκος ιδιοκτήτης γης, επισκεπτόταν έναν από τους πελάτες του στο Κουμσάλ.

Μαζί του ήταν η σύζυγός του, Φερίντα, η γειτόνισσά του κα Άισε Μόρα με την ενός έτους κόρη της, Ισίν, και τη παντρεμένη αδελφή της, Νόμπερ.

Κάλεσαν την οικογένεια του Ταγματάρχη Νιχάτ Ιλχάν, του επικεφαλής ιατρικού αξιωματικού του τουρκικού σώματος στρατού στη χώρα. Ο ταγματάρχης ήταν σε υπηρεσία εκείνο το βράδυ με τη μονάδα του. Η σύζυγός του, Μουρουββέτ, ήταν με τα τρία παιδιά τους, Murat, Κούτσι και Hakan, ηλικίας επτά, τεσσάρων και έξι μηνών.

Οι εννέα δείπνησαν στην τραπεζαρία όταν ένας από τους ελληνικούς ιδιωτικούς στρατούς, που ανατράφηκε από τους εργαζομένους από το αλευρόμυλο Σεβέρης που είχαν - πρόθυμα ή υπό πίεση – ενώσει τις τάξεις τους, διέσχισε την ξηρά κλίνη του ποταμού Πεντίος.

Η συζήτηση γύρω από το τραπέζι σταμάτησε απότομα όταν οι σφαίρες άρχισαν να σπάνε τους εξωτερικούς τοίχους, ακουγόταν σαν δυνατή βροχή.

Η ομάδα σηκώθηκε βιαστικά, οι γυναίκες έσυραν τα παιδιά, και ο Γκούντουμ τα έφερε στο πίσω μέρος του σπιτιού.

Έπειτα οι τέσσερις γυναίκες, τα τέσσερα παιδιά και ένας άντρας πήγαν στο μπάνιο και έκλεισαν την πόρτα.

Η γυναίκα του γαιοκτήμονα άλλαξε ξαφνικά γνώμη, έφυγε από το μπάνιο και πήγε στην ξεχωριστή τουαλέτα όπου κλειδώθηκε μέσα.

Η κα Ιλχάν, η σύζυγος του ταγματάρχη, μπήκε στο μπάνιο, και κρατώντας το μωρό της στάθηκε απέναντι από την πόρτα, στην μπανιέρα, τα άλλα δύο παιδιά της προσκολλήθηκαν στα πόδια της.

Οι άλλες δύο γυναίκες και ο Γκούντουμ κρύφτηκαν με τρόμο στο πάτωμα στη γωνία. Η κα Άισε Μόρα κρατούσε το μωρό της.

Υπήρξε μια συντριβή, όταν η μπροστινή πόρτα άνοιξε ξαφνικά και ένας σταθερός βρυχηθμός από σφαίρες πολυβόλου άρχισαν να γεμίζουν μέσα από το σπίτι.

Βήματα ποδιών ήρθαν στο κλειδωμένο λουτρό, και ένα άγνωστο χέρι που έσφιγγε μια σκανδάλη και μια φωνή που έλεγε στα ελληνικά, «Πώς θα θέλατε την ένωση;»

Στη συνέχεια, ένα χαλάζι από σφαίρες τρύπησαν το ξύλο και η κ. Ιλχάν και τα παιδιά της, που πιάστηκαν στον δρόμο του, σηκώθηκαν στα πόδια τους και ξεχύθηκαν στο κάτω μέρος του λουτρού.

Οι δολοφόνοι έσπασαν την κλειδαριά της πόρτας και πήδηξαν μέσα. Ένα από τα μεγαλύτερα παιδιά του ταγματάρχη φώναξε δυνατά και ύστερα σίγησε μετά από μια σύντομη έκρηξη των πολυβόλων. Τότε οι επιδρομείς είδαν τους άλλους στρυμωγμένους στο πάτωμα. Στην συνέχεια έπαιξαν τα πολυβόλα τους σε τους σαν τα ανυπόμονα παιδιά που έχουν βαλθεί με το ζόρι να ποτίσουν τα λουλούδια του κήπου. Οι τρεις Τούρκοι τραυματίστηκαν όλοι, κάποιοι σοβαρά. Μια σφαίρα χτύπησε το πόδι του μωρού Ισίν.

Στα πρωτότυπα αγγλικά

That evening, Hasan Yusuf Gudum, an elderly Turkish landlord, was visiting one of his clients in Kumsal.

With him was his wife, Ferideh, his neighbor Mrs. Ayshe Mora with her one-year-old daughter, Ishin, and her married sister, Novber.

They were paying a call on the family of Major Nihat Ilhan, the chief medical officer with the mainland Turkish army contingent. The major was on duty that night with his unit. His wife, Muruvvet, was with their three children, Murat, Kutsi and Hakan, aged seven, four and six months.

The nine were having supper in the dining room when one of the Greek private armies, augmented by workers from the Severis flour mill who had – willingly or under coercion – joined their ranks, crossed the dry Pedieos river bed.

The conversation around the dining table cut off abruptly when bullets began to spatter the outside walls, sounding like heavy rain.

The group rose hurriedly, the women dragging the children, and Gudum ushered them to the back part of the house.

They all, four women, four children and one man, went into the bathroom and closed the door.

The landlord's wife suddenly changed her mind, left the bathroom and went into the separate toilet where she locked herself in.

Mrs. Ilhan, the major's wife, stepped into the bath, and holding her baby stood facing the door, her other two children clinging onto her legs.

The two other women and Gudum crawled terrified into the corner beside the door. Mrs. Ayshe Mora held her baby close.

There was a crash as the front door burst open and a continuous roar as machinegun bullets spewed through the house.

Footsteps came to the locked bathroom, an unknown hand impatiently rattled the knob, and a voice called in Greek, "How would you like enosis?"

Then a hail of bullets tore through the wood and Mrs. Ilhan and her children, caught directly in its path, were lifted off their feet and dumped on to the bottom of the bath.

The killers smashed the door lock and jumped inside. One of the major's children moaned and was scolded into permanent silence by a short peremptory burst. Then the raiders saw the others huddled on the floor. They played their guns on them like impatient children forced to water the garden flowers. The three Turks were all wounded, some seriously. A bullet struck the foot of the baby Ishin.

Ήταν αυτοί που επέζησαν, απλά δεν φαινόταν σωστό. Ένας από αυτούς, τουλάχιστον, δεν τραυματίστηκε καν σοβαρά, και ούτε από τόσο κοντινή απόσταση. Όταν λέω ότι αυτά τα παιδιά είναι καλά όμως, είναι επειδή φαίνονται πολύ επαγγελματίες και η καταγραφή των γεγονότων από τον Γκίμπονς είναι πολύ καλή, είναι απλά πολύ προκατειλημμένη. Τώρα, όταν λέω ότι αυτοί οι τύποι φαίνονται πολύ επαγγελματίες, να θυμάστε ότι αυτός ήταν αυτόπτης μάρτυρας των καταστάσεων. Θα συνεχίσω.

Η κλειδωμένη πόρτα της τουαλέτας τράβηξε την προσοχή του δράστη

στη γυναίκα του γαιοκτήμονα. Η πόρτα χτυπήθηκε από πολυβόλα και η γυναίκα σύρθηκε έξω κλαψουρίζοντας. Ένα πιστόλι τοποθετήθηκε στο κεφάλι της, ένας πυροβολισμός εκπυρσοκροτήθηκε, και έπεσε στο πάτωμα, νεκρή. Οι επιτιθέμενοι γδέρνοντας και χλευάζοντας την, όρμησαν μέσα στο σπίτι, πυροβολώντας με τα πολυβόλα τα ντουλάπια, σπάζοντας έπιπλα, ενώ έπεφταν και γλιστρούσαν στο σκούρο κόκκινο αίμα που χυνόταν έξω από το μπάνιο.

Στα πρωτότυπα αγγλικά

The locked door of the toilet drew the gunmen's attention to the landlord's wife. The door was beaten in by machinegun butts and the woman dragged out whimpering. A pistol was placed to her head, one shot was fired, and she slumped to the floor, dead. The killers whooping and jeering, charged through the house, machinegunning cupboards, smashing furniture, slipping and sliding on the dark red blood that crept out of the bathroom.

Σε αυτή την έκθεση, ακόμη και η ιδέα ενός Έλληνα να φωνάζει, «Πώς θα θέλατε την ένωση;» πριν από το γάζωμα με ένα πολυβόλο πάλι δεν ακουγόταν σωστό. Το φώναξε στα ελληνικά εντάξει, αλλά, «Πώς θα θέλατε την ένωση;» ; Τουρκικά σκυλιά ίσως, αλλά όχι πώς θα θέλατε την ένωση. Νόμιζα ότι στην αρχή ήταν ελληνικά στρατεύματα της ηπειρωτικής χώρας με την αποτελεσματικότητά τους, αλλά δεν ήταν. Οι Τούρκοι μπορούν να διαφοροποιηθούν, όπως συμβαίνει συχνά στο βιβλίο του Γκίμπονς, η διάλεκτος είναι διαφορετική και οι Τούρκοι ήθελαν να πουν όταν άκουσαν την ηπειρωτική Ελλάδα, και ούτως ή άλλως ήξερα ότι το ελληνικό σώμα ήταν στην Ορμαφίτα εκείνο το βράδυ. Αλλά το πιο παράξενο πράγμα για μένα ήταν η σιωπή πριν πυροβοληθεί η γυναίκα. Απλά έσυραν μια γυναίκα που έκλαιγε γοερά έξω από την τουαλέτα, μετά σιωπηλά, και θα τονίσω ότι, «σιωπηλά», έβαλαν ένα όπλο στο κεφάλι της, και την πυροβόλησαν. Πού είναι ο θυμός; Πού είναι το μίσος;

Υπήρχαν επιζώντες, εξ ου και το σχόλιο. Τρεις άνθρωποι επέζησαν μετά αυτό. Σκότωσαν γυναίκες και παιδιά, αλλά άφησαν έναν άντρα ζωντανό. Με προβλημάτισαν που αυτοί οι άντρες υποτίθεται ότι ήταν όχλος. Αλλού, δεν φαίνεται να γνωρίζουν τα βυζιά τους από τα δάχτυλα των ποδιών τους, σύμφωνα με τον Γκίμπονς, αλλά αυτοί οι τύποι ήταν καλοί. Ξέρεις πως η απλή θέα της κυρίας Ιλχάν και των παιδιών της στη φωτογραφία, που τραβήχτηκε τρεις μέρες μετά τη σφαγή, με επηρέασε, αλλά κάτι πάντα με προβλημάτιζε με αυτή την αναφορά. Ήξερα ότι 150 όμηροι σφαγιάστηκαν στο Σχολείο Κύκκου, αλλά δεν μπορώ παρά να θεωρήσω τα προβλήματα των Χριστουγέννων ως εξέγερση. Το πιο χαρακτηριστικό ήταν η Ορμαφίτα, όπου πέντε χιλιάδες Τούρκοι ήταν υπό πολιορκία και οι απώλειες ήταν αρκετά χαμηλές, μόνο δύο κατά τη διάρκεια εκείνης της νύχτας. Δεν ήταν εντελώς υπό πολιορκία όμως. Υπήρχε μια έξοδος αριστερά προς Μάνδρες, ή Χάμιτ Κόι όπως το αποκαλούν οι Τούρκοι, το οποίο εκμεταλλεύτηκαν, και οι περισσότεροι από τους 5,000 δραπέτευσαν, ενώ 550 που έμειναν ήταν εκείνοι που λήφθηκαν όμηροι στο Σχολείο του Κύκκου. Οι Τούρκοι φάνηκαν έκπληκτοι που οι Έλληνες δεν κυνηγούσαν ποτέ τους ανίσχυρους πρόσφυγες, εγώ δεν ήμουν. Έφευγαν, και ήξερα από αυτό που διάβαζα, ότι αυτό ήταν το όλο θέμα της πολιορκίας. Δεν επρόκειτο να φύγουν από την Κύπρο όμως. Όπως είπα, προσπάθησα να φανταστώ τον εαυτό μου σε αυτή τη σφαγή δεκάδες φορές. Ήταν το περιεχόμενο της κραυγής, και η σιωπή πριν από το πλάνο, και ο τρόπος που εκτέλεσαν ολόκληρο το πρόγραμμα. Ήμουν ήδη πεπεισμένος ότι αυτά δεν ήταν μέρος κανενός ελληνικού όχλου.

Λοιπόν, καθόμουν στο P.C. μου χθες το βράδυ και μόλις έκλεισα για να πάω για ύπνο κοιτάζοντας το βιβλίο του Γκίμπονς. Ω, είναι ένα καλό βιβλίο αυτό του Γκίμπονς και είμαι πραγματικά τόσο ευχαριστημένος που το έχω. Χθες το βράδυ το κοίταζα και σκεφτόμουν πώς δεν μπορούσα να πιστέψω πόσο ηλίθιος είναι ο Γκίμπονς, με την ερμηνεία του για την εποχή, έτσι σκέφτηκα ότι θα το πάρει και πάλι μόνο για να επιβεβαιώσει αυτό που είχα γράψει. Πρέπει να ήταν η μοίρα. Άνοιξα το βιβλίο στη σελίδα 150 και διάβασα.

Ο Πίτερ Μπόστοκ ήρθε προς εμένα. Ο Πέτρος ήταν ο

υπεύθυνος πληροφοριών της R.A.F. στη Λευκωσία. Κατά τη διάρκεια των χριστουγεννιάτικων μαχών, έκανα πλήρη χρήση του ασυνήθιστου χαρακτηριστικού του- ότι ήταν υπεύθυνος πληροφοριών, δηλαδή. Στην πραγματικότητα χάρηκε που έδωσε πληροφορίες στους δημοσιογράφους, από το τμήμα της Λευκωσίας όπου ζούσε. Είχα ενημερωθεί για τις κινήσεις των ελληνικών ιδιωτικών στρατών, της αστυνομίας, του κυπριακού στρατού και της ηπειρωτικής χώρας, καθώς και για το τι έκανε η R.A.F.

Ο Πίτερ μου έδωσε μια φωτογραφία. Έδειχνε μια γυναίκα και τρία παιδιά σε ένα μπάνιο, με αίμα να έχει πιτσιλιστεί πάνω από τα λευκά πλακάκια. Ήταν η σκηνή της σφαγής του Κουμσάλ. Πώς το πήρε ο Πίτερ αρνήθηκε να πει. Το μόνο που ήξερα ήταν ότι είχε συμβεί κάπου στην τουρκική συνοικία.

Υποψιάζομαι ότι η φωτογραφία τραβήχτηκε από έναν από τους κατοίκους της R.A.F. στην περιοχή, αρκετοί από τους οποίους δήλωσαν αργότερα ότι είδαν Έλληνες να εισέρχονται στο σπίτι και άκουσαν τους πυροβολισμούς.

Αλλά με τίποτα δεν θα μπορούσα να τις στείλω στην εφημερίδα μου για να προσδιορίσει τις εικόνες με τα ονόματα, το χρόνο ή τον τόπο. Θα απαιτούσαν μια λεζάντα για να το κάνουν, και ο Πίτερ απλά δεν ήξερε τίποτα. Δύο μέρες αργότερα ο συνάδελφός μου στην Daily Express, Stan Meagher, φωτογράφισε ο ίδιος τη σκηνή του θανάτου. Η εικόνα του διαδόθηκε σε όλο τον κόσμο και δεν έκανε τίποτα για να ενισχύσει την ελληνοκυπριακή αιτία.

Στα πρωτότυπα αγγλικά

Peter Bostock walked up to me. Peter was the R.A.F. information officer in Nicosia. During the Christmas fighting, I made full use of his unusual attribute--for an information officer, that is. He actually delighted in giving reporters information, from the part of Nicosia where he lived. I had kept up to date on the movements of the Greek private armies, the police, the Cyprus army and the mainland contingent, as well as what the R.A.F. was doing.

Peter gave me a photograph. It showed a woman and three children in a bath, blood splashed over the white tiles. It was the scene of the Κουμσάλ massacre. How Peter got it he refused to say. All I knew was that it had happened somewhere in the Turkish quarter.

I suspect that the photo was taken by one of the R.A.F. residents in the area, several of whom stated later they had seen Greeks entering the house and heard the shots.

But with nothing to identify the pictures by names, time or place, I could not, send it to my newspaper. They would have demanded a caption to go with it, and Peter just didn't know anything. Two days later my Daily Express colleague, Stan Meagher, photographed the death scene himself. His picture was syndicated around the world and did nothing to enhance the Greek Cypriot cause.

Μπορώ να σκεφτώ μια λεζάντα. Ο Γκίμπονς γράφει τόσα πολλά στο μεταξύ που ποτέ δεν συνειδητοποίησα εγώ ο ίδιος πριν διαβάσω το βιβλίο του, αλλά αυτή ήταν η ημέρα των Χριστουγέννων στη Βρετανική Ὑπατη Αρμοστεία. Αμέσως μετά τις συνομιλίες κατάπαυσης του πυρός, όπου οι Τούρκοι αποφάσισαν ότι θα ήταν καλύτερο να μην προκηρύξουν κατάπαυση του πυρός μέχρι να επιστρέψουν οι όμηροί τους. Αλλά μέχρι τώρα είμαι εξοικειωμένος με την ιστορία έτσι ήξερα ότι αυτό ήταν το ίδιο απόγευμα μετά τις σφαγές που συνέβησαν. Ο Γκίμπονς φαίνεται να πιστεύει ότι, κατά τη διάρκεια της νύχτας, ένας από τους κοντινούς κατοίκους του R.A.F. στην κα Ιλχάν, πήγε στο σπίτι της, και έβγαλε μια φωτογραφία αυτήν και τα παιδιά της στο μπάνιο, ενώ ο τόπος βρισκόταν για μεγάλο μέρος της νύχτας υπό επίθεση. Λυπάμαι αν φαίνομαι αδίστακτος, αλλά είχα το μυαλό μου σε αυτό τους τελευταίους μήνες. Δεν ανησυχούσαν μήπως μπερδευτούν με κάποιον Τούρκο και πληγωθούν; 150 ομήρους πήραν εκείνο το βράδυ από το Κουμσάλ, τόσο διακριτικοί γείτονες. Πόσο γενναίοι ήταν, αλλά τυχεροί πήραν μαζί τους φλας, και να βγάζουν γρήγορα φωτογραφίες. Μόνο οι Βρετανοί θα μπορούσαν να βγάλουν φωτογραφίες τόσο γρήγορα, στη Λευκωσία, την ημέρα των Χριστουγέννων του 1963, σας ευχαριστώ Χάρι. Φυσικά, αυτά είναι τα πράγματα που είπα στον ξάδερφό μου που δεν θα μπορούσαμε ποτέ να αποδείξουμε. Εδώ είναι το μέρος που βρίσκω διασκεδαστικό όμως, ο Γκίμπονς δίνει την εντύπωση ότι όλα αυτά τα μικρά γεγονότα, που έχει αναλύσει, όταν μας μισεί τόσο πολύ, τα κάνει από την προκατάληψη του που τον έχει τυφλώσει. Είναι καλός με τις λεπτομέρειες, αλλά του αρέσει να καυχιέται για το πώς ξέρει τους πάντες, φαίνεται να έχει βάλει την μύτη του σε πολλούς από αυτούς.

Το R.A.F. αξιωματικός πληροφοριών στην Κύπρο, για τις Χριστουγεννιάτικες μάχες, προσπαθεί να φτάσει στο Γκίμπονς, μια φωτογραφία που ο παγκόσμιος Τύπος θα χρειαστεί άλλες δύο ημέρες για να τραβήξει. Τυχερός Γκίμπονς έβαλε τον Πίτερ να τον κρατήσει ενήμερο. Ο καλοπροαίρετος Πίτερ, ο αξιωματικός πληροφοριών της R.A.F., είναι ο άνθρωπος, που σου δίνει κάποιου είδους βοήθεια, η οποία χρειάζεται για το περιστασιακό αλκοόλ. Ο Γκίμπονς δεν σκέφτεται τις ψυχολογικές πτυχές. Αυτοί οι ένοπλοι άφησαν επιζώντες. «Πώς θα θέλατε την ένωση;» θα πρέπει να είναι περισσότερο σαν, «εδώ είμαστε, εδώ είμαστε!» και στη συνέχεια ο Πίτερ βγαίνει από το σκοτεινό δωμάτιό του με τα δικά του τελευταία στιγμιότυπα, καλή δουλειά Πίτερ!

Ήταν η κραυγή της ένωσης και η σιωπηλή βολή της γυναίκας στην αρχή, αλλά αυτό το επιβεβαιώνει για μένα. Οι Βρετανικές Ειδικές Δυνάμεις θα είχαν τη δική τους φυλή ψυχοπαθών για αυτού του είδους τη δουλειά. Ο τύπος που θα μπορούσε να βρει κάποια ευχαρίστηση βάζοντας ένα όπλο στο κεφάλι μιας γυναίκας και τραβώντας τη σκανδάλη, και ο τύπος που θα ζητήσει πιθανώς αυτά τα φτωχά παιδιά να «χαμόγελο παρακαλώ» πριν από τη λήψη φωτογραφίας τους για να παραδώσει σε έναν αξιωματικό πληροφοριών. Είχα αυτό το πρόβλημα, όπως και άλλοι, νομίζοντας ότι οι Βρετανοί δεν θα το κάνουν αυτό, αν και πάντα ήξερα ότι θα το έκαναν.

Αλλά τώρα αφήνοντας κατά μέρος αυτό που οι Βρετανοί έχουν ήδη κάνει εδώ, κάτι πολύ πιο απειλητικό έχει συμβεί. Σήμερα (1999) στην Κύπρο έχω ενημερωθεί από μια αξιόπιστη πηγή ότι οι Τούρκοι ισχυρίζονται τώρα ότι η φωτογραφία ήταν προϊόν μοντάζ, το οποίο υποδηλώνει ακατάλληλη συμπεριφορά από τον Τύπο, αλλά αυτό δεν ισχύει καθόλου και κρύβουν κάτι. Ο Ταγματάρχης Ιλχάν δεν ήξερε ποτέ για τη σφαγή. Οι Τούρκοι φίλοι και γείτονές του άφησαν τα πτώματα εκεί για το μεγαλύτερο μέρος της εβδομάδας, όταν οι Μουσουλμάνοι συνήθως θάβουν τους νεκρούς τους μέσα σε λίγες ώρες, ανεξάρτητα από τις περιστάσεις. Δεν μπορούσε να γνωρίζει ή να είχε ιδέα τι είχε συμβεί στον Κουμσάλ, ούτε θα το έκανε για αρκετές ημέρες μετά τη σφαγή. Διαφορετικά, όπως κάθε άντρας, θα επέστρεφε για να φροντίσει τη γυναίκα και τα παιδιά του. Πράγμα που σήμαινε ότι η τουρκοκυπριακή διοίκηση, και ο λαός της, δεν τον είχε ενημερώσει, και πολύ χειρότερα πιστεύω ότι οι πολιτικοί του είχαν κρατήσει την τουρκική ηπειρωτική στρατιωτική δύναμη με την οποία ήταν συνδεδεμένος με το κίνημα έξω από τη Λευκωσία, μακριά από τις μάχες, έτσι ώστε να μην το γνωρίζει. Ο Γκίμπονς λέει ότι ποτέ δεν πήρε τη φωτογραφία του Ιλχάν όπως ο Πίτερ θα μπορούσε να θέλει, αλλά είτε έτσι είτε αλλιώς επρόκειτο να εξασφαλίσει ότι ένα από τα καλύτερα σχέδια προπαγάνδας τους δεν θα σπαταληθεί. Που σήμαινε ότι έπρεπε να σιγουρευτούν ότι όλα τα πτώματα, συμπεριλαμβανομένης της γυναίκας που πυροβολήθηκε στο κεφάλι, ήταν εκεί που πέθαναν παρά τους επιζώντες αυτόπτες μάρτυρες, μέχρι που ο Τύπος θα μπορούσε να τα βρει, ή να τα δείξει, άλλες δύο ημέρες αργότερα, όπως συνέβη με τον Τζον Starr της Daily Mail. Τα πτώματα ήταν σίγουρα ακόμα εκεί, όπως τα είδαν και άλλοι δημοσιογράφοι την ίδια στιγμή, και αυτό θα σήμαινε τη διατήρηση του Ταγματάρχη Ιλχάν, του επικεφαλής ιατρικού συμβούλου του τουρκικού σώματος, μακριά. Αυτό θα ήταν δυνατό με την πρώτη κίνηση της τουρκικής δύναμης με την οποία ήταν δεμένος, έξω από τους στρατώνες, στον κεντρικό δρόμο Λευκωσίας-Κερύνειας, που έλαβε χώρα την επομένη της δολοφονίας της συζύγου και των παιδιών του. Στη συνέχεια, την επόμενη μέρα στο Ορτάκοι, όχι περισσότερο από λίγα χιλιόμετρα βόρεια της πόλης, όπου είχαν κατασκηνώσει, υποθέτω, τέθηκαν υπό βρετανικό έλεγχο. Αυτό πρέπει να είναι ένα από τα πιο άρρωστα και απειλητικά κομμάτια της προπαγάνδας βιτρίνα που έχω ακούσει ποτέ. Οι κινήσεις των τουρκικών στρατευμάτων είναι ευγενική προσφορά του Χάρι Σκοτ Γκίμπονς, και ζητώ συγγνώμη από τον τότε ταγματάρχη Ιλχάν, παρόλο που γίνατε Στρατηγός, για το τι ένιωσα για σας από την πρώτη στιγμή που είδα τη φωτογραφία, Αλλά μπορώ μόνο να πιστέψω ότι οι Τουρκοκύπριοι πολιτικοί σας είχαν την οικογένειά σας στο στόχαστρο με τους Βρετανούς για αυτό το μέρος της άρρωστης εκστρατείας τους.

Τώρα βρίσκω τον εαυτό μου να διερωτάται σχετικά με την 150η βολή στο Σχολείο Κύκκου. Ο βρετανικός στρατός φαίνεται τώρα να εμπλέκεται στην επίθεση του Κουμσάλ και τίποτα δεν θα με πείσει για το αντίθετο. Τώρα υπάρχει μια άλλη σύμπτωση που πρέπει να ληφθεί υπόψη. Είχα εξετάσει τους αριθμούς πριν, αλλά δεν υπήρχε τίποτα που να τους συνδέει. Υπάρχουν τώρα, οι Βρετανοί, 150 που λήφθηκαν από τον Κουμσάλ στη Σχολείο Κύκκου για να ενωθούν με τους 550 από την Ορμάφιτα. Εκεί 150 είτε χωρίστηκαν, ή μπορεί κάλλιστα να κρατήθηκαν χωριστά από τους άλλους, και πυροβόλησε, μετά από αυτό τα σώματα ήταν κρυμμένα. Αυτό ήταν περισσότερο από μια σύμπτωση εκεί νομίζω, λαμβάνοντας υπόψη ότι οι Βρετανοί γνώριζαν γι' αυτό, και το απέκρυψαν. Μπορώ μόνο να πιστέψω τώρα ότι ήταν ύπουλοι οι Άγγλοι που πυροβόλησαν αυτούς τους ανθρώπους, και έκρυψαν το γεγονός, γνωρίζοντας το μελλοντικό αντίκτυπο που θα έχει σε εμάς ως έθνος, και φαίνεται πολύ πιο πιθανό τώρα. Θα το έκαναν, το ξέρω.

Έτσι, νομίζω ότι αυτός ο στρατιώτης θα τα πήγαινε καλά με τον ξάδελφό μου, και θα ήταν κάπου τότε που παρατήρησα ότι πάρα πολύ στο βάθος, στο βορρά, μπορούσα να δω τις ακτές της Τουρκίας. Ήταν η πρώτη φορά που το είδα από την Κύπρο. Συνέχισα να του πετάω τα μάτια μέχρι που ο δρόμος είχε μια στροφή, και κατευθυνόταν βόρεια πάνω στον οποίο κοιτούσα στα δεξιά μου.

«Σκατά!» Αναφωνώ δυνατά. «Πρέπει να σταματήσω!» ήταν η οροσειρά της Κερύνειας. Σχεδόν αμέσως είδα ένα μέρος για να σταματήσω, στα δεξιά, όπου πάρκαρα το αυτοκίνητο και βγήκα να κάνω μερικά βήματα πιο κοντά, σαν να θα βοηθούσε. Τα βουνά φαινόταν να διαφαίνονται με έναν σαφή και απότομο τρόπο που δεν είχα δει ποτέ πριν, οι κορυφογραμμές φαίνονταν πεντακάθαρες στο καθαρό φως.

«Δεν τις έχω ξαναδεί τόσο καθαρά!» Είπα. Ο στρατιώτης απάντησε.

«Πέρα από αυτά τα βουνά είναι η Κερύνεια», είπε με τα παχιά αγγλικά του.

«Το ξέρω», απάντησα. Κοίταξα ακριβώς με δέος για λίγα λεπτά πριν σιωπηλά επιστρέψω στο αυτοκίνητο, και ενώ είχα συνδέσει την ζώνη ασφαλείας μου, πήρα μια τελευταία ματιά πριν προχωρήσουμε. Δεν πέρασε πολύς καιρός από αυτά τα λόγια μου.

«Η νονά μου είπε ότι θα μπορούσα να πάω εκεί αν το ήθελα, αλλά δεν θα υπέγραφα τη συμφωνία Ντενκτάς».

«Αυτό είναι καλό», είπε ο στρατιώτης. Σκέφτηκα να αλλάξω θέμα.

«Έτσι, η Κύπρος θα είναι στην Ευρώπη σύντομα!»

«Δεν ξέρω», απάντησε.

«Ω, σίγουρα», επιβεβαίωσα.

«Πιστεύω ότι η Ευρώπη είναι πολύ όμορφη», είπε. Χαμογέλασα. Το είπε με λίγη ζεστασιά.

«Είναι», απάντησα. Κι εγώ νομίζω ότι είναι τόσο μεγάλος τώρα. Πήρα τον στρατιώτη σε μια διασταύρωση, και οδήγησα μέχρι το κέντρο της πόλης, όπου πάρκαρα, και περπάτησε στην κεντρική πλατεία για να πάρω ένα πρωινό.

Καθόμουν στο ίδιο εστιατόριο όπως πριν από λίγες ημέρες, τρώγοντας το ίδιο πρωινό όταν παρατήρησα κάτι που φαινόταν να είχε ξεφύγει από την προσοχή μου πριν. Κάποιος είχε ζωγραφίσει ένα κεντρικό κτίριο με μπλε και άσπρο με έναν τρόπο που με έκανε να συνδέομαι με την Ελλάδα. Δεν το είχα προσέξει πριν και, οφείλω να ομολογήσω, μου άρεσε να το βλέπω. Νομίζω ότι ήταν ένα throwback όταν οι Ιταλοί ήλεγχαν πολλά ελληνικά νησιά, οι ντόπιοι είχαν ζωγραφίσει τα σπίτια τους για να δείξουν δυνατά και καθαρά ποιοι ήταν. Ένιωσα ότι το τραυματικό μας παρελθόν είχε προκαλέσει κάποιου είδους κρίση ταυτότητας σε πολλούς Κύπριους. Αν γράψω από προσωπική άποψη, τότε πρέπει να πω ότι τα ίδια χρώματα σε οποιοδήποτε κυπριακό κτίριο θα μπορούσαν να είχαν προκαλέσει κάποια προσβολή σε μένα μόλις πριν από λίγους μήνες. Ο συμβολισμός φαίνεται τόσο σημαντικός στον κόσμο που ζούμε. Δεν μπορώ να μην αισθάνομαι ότι αν δεν συμφιλιωθούμε με το παρελθόν μας, τότε άλλοι, μετά από μένα, θα κάνουν τις ίδιες ερωτήσεις που ξέρω ότι ρώταγα τον εαυτό μου, το οποίο με άφησε όχι μόνο να αμφισβητήσω τον Μακάριο, αλλά και τη χώρα μου. Ο Γκίμπονς λέει ότι όταν είδε ελληνικές σημαίες στην Κύπρο η σβάστικα θα ήταν πιο κατάλληλη, με τον τρόπο που εξελίχθηκαν τα γεγονότα το 1963, και το 1974, κατά καιρούς με βρέθηκα να συμφωνώ μαζί του. Στο όνομα αυτής της σημαίας, ο Μακάριος κυνηγήθηκε στην Κύπρο το 1974 και οι υποστηρικτές του σφαγιάστηκαν. Υπάρχουν πολλοί από εμάς που θεωρούμε τους εαυτούς μας Κύπριους. Ξέρω ότι δεν είμαι μόνος. Ακόμα κι αν η σημαία μας είναι σπασμένη, εξακολουθεί να είναι η σημαία μας και, για μένα, είναι καθήκον μας να αποκαταστήσουμε τη ζημιά. Αυτό το ταξίδι με έκανε να νιώθω διαφορετικά για την Ελληνική σημαία, πιο στοργικά, είναι μέρος της ιστορίας μου.

Ξέρω ότι πολλοί Έλληνες θα καταλάβουν πώς αισθάνομαι και ξέρω ότι δεν είμαι μόνος. Γιορτάζουμε την ημέρα του «Όχι» με την Ελλάδα, σαν να ήταν, πραγματικά κάτι σημαντικό για τους Κύπριους. Σε όσους χρειάζονται πληροφορίες η ημέρα του «Όχι» είναι όταν Έλληνες και μερικοί Ελληνοκύπριοι, φαίνεται, γιορτάζουν τον Οκτώβριο του 1940, όταν η Ιταλία απαίτησε από την Ελλάδα να επιτρέψει την κατάληψη στρατηγικών χώρων στην ελληνική επικράτεια. Η έντονη άρνηση της Ελλάδας την βύθισε στον Δεύτερο Παγκόσμιο Πόλεμο, αλλά βελτίωσε και την αυτοεκτίμησή της. Τώρα που είναι ελληνική ιστορία και όχι ελληνοκυπριακή ιστορία, υπάρχουν διαφορές. Δεν μπορώ παρά να σκεφτώ ότι η ημέρα του «Όχι» και είναι μια μέρα στην ιστορία που συνέβη. Είναι επίσης μια μέρα που κάθε Κύπριος θα διαβάσει αν ενδιαφερόταν πραγματικά για την ιστορία μας. Αυτή ήταν η ημέρα του 1915 που η Ελλάδα είπε όχι στην αποδοχή της Κύπρου με αντάλλαγμα τη συμμετοχή της στον Πρώτο Παγκόσμιο Πόλεμο. Λίγα χρόνια πριν από την απόφασή της να ξεκινήσει τη δική της θανατηφόρα εισβολή στην Τουρκία, οι συνέπειες της οποίας πιστεύω ότι έκτοτε ένιωσε η Κύπρος με τρομερούς τρόπους.

Ήξερα ότι δεν ήταν λάθος της Ελλάδας που απελευθερώθηκε τόση δυσαρέσκεια στο νησί μας το 1963 και το 1964. Η διαίρεση των Ελληνοκυπρίων είχε ήδη αρχίσει. Δεν μπορούσα να μην αισθάνομαι ότι η Βρετανία επέβαλε κρίση ταυτότητας στους Ελληνοκυπρίους και στη συνέχεια πέσαμε σε ένα μεγαλύτερο λάκκο, ο οποίος θα ταίριαζε, με το να μην μιλάμε ανοιχτά για το πρόσφατο παρελθόν μας. Τα μυστικά που καταπνίγουν την αγάπη στην Κύπρο καθιστούν επίσης πολύ πιο δύσκολο το να αποκαλυφθεί η αλήθεια. Παρόλο που ήμασταν, και εξακολουθούμε να είμαστε, μέρος του ελληνικού λαού, ήμασταν πάντα οι Έλληνες της Κύπρου, καθώς η Κύπρος ήταν πάντα Ελληνική. Μέχρι το 1964 ο κόσμος είχε έναν ορισμό της κυπριακής αυτοδιάθεσης, γνώριζε ιστορίες τρόμου από τους παρόμοιος του Γκίμπονς, και σφαγές όπως αυτές στο Κουμσάλ και στην Σχολή του Κύκκου για να βοηθήσει να καθορίσει την 'ένωση'. Ήξερα ότι θα επιβάρυνε για πάντα τη χώρα μας με την απειλή του διχασμού αν, ποτέ, προσπαθούσαμε να προχωρήσουμε από ένα σύνταγμα που έδωσε τη μισή εξουσία στο 17% του λαού, το οποίο δεν είχε δείξει κανένα ενδιαφέρον για τις συνταγματικές υποθέσεις του κράτους, μόλις 30 χρόνια νωρίτερα.

Μετά το πρωινό οδήγησα μέσα από το Λάτσι ψάχνοντας για το αυτοκίνητο του Δημήτρη στο ξενοδοχείο όπου εργαζόταν. Νομίζω ότι θα περάσω να πω ένα γεια αντί να πω αντίο. Δεν μπορούσα να το δω, αλλά υπήρχε ένας άλλος προορισμός στον ίδιο δρόμο που δεν είχε προγραμματιστεί, δεν μπορούσα να αντισταθώ, και δεν απογοητεύτηκα όταν έφτασα, τα λουτρά της Αφροδίτης.

Η Αφροδίτη, η Ελληνίδα θεά της αγάπης, της ομορφιάς και της σεξουαλικής απόλαυσης, και για μένα, περισσότερο από ποτέ, ένας από τους πιο πολύτιμους εθνικούς θησαυρούς του νησιού μας. Η Αφροδίτη αγαπούσε, και αγαπήθηκε από όλους, θνητούς και θεούς, τι γυναίκα! Ξαφνιάστηκα όταν έφτασα στα λουτρά. Παρατήρησα κάποιους εργάτες να βάζουν ένα μπαρ υποστήριξης στο μονοπάτι που οδηγούσε εκεί και μετά έφτασα στην πισίνα. Θυμήθηκα ότι το έβλεπα σε πιο σκοτεινές μέρες. Ήταν πολύ όμορφο. Η πισίνα είναι φυσική, τροφοδοτείται από ένα ελατήριο γλυκού νερού, σε μια μικρή ανοιχτή σπηλιά με προεξέχοντα φυλλώματα. Το νερό ήταν καθαρό και δελεαστικό, ακόμα και τώρα φαινόταν ελκυστικό. Υπήρχε μια ειδοποίηση που ζητούσε από τους ανθρώπους να μην κάνουν μπάνιο στο νερό, και μια άλλη ζητώντας από τους ανθρώπους να μην κοσμούν τα κλαδιά, σκέφτηκα ότι η περιοχή φαινόταν τακτοποιημένη. Ξέρω ότι μπορεί να ακούγεται ανόητο σε κάποιους, αλλά εξακολουθούμε να αποτίνουμε φόρο τιμής στην Αφροδίτη στην Κύπρο. Ποτέ δεν το είχα σκεφτεί πολύ πριν έτσι, υποθέτω ότι μπορεί να το έχω πάρει ως δεδομένο. Θα της αποτίνουμε συνεχώς φόρο τιμής για πάνω από 3.000 χρόνια. Είναι η συνέχεια, η δύναμη της πίστης που σκεφτόμουν.

Στιγμές τρέλας, έχω νιώσει κάποιες από τότε που ξεκίνησα αυτό το βιβλίο. Κοιτούσα την πισίνα και, για πρώτη φορά μετά τη συνομιλία μου με τον Andy και τον Δημήτρη, σκέφτηκα τα βήματα στην άμμο στον Κάτω Πύργο. Ήταν αδύνατο να το κάνουμε. Σκέφτηκα να γυρίσω να τους βγάλω φωτογραφία. Ήταν τα βήματα στην άμμο όμως. Ήξερα ότι ακόμα και μια φωτογραφία δεν θα αποδείκνυε αυτό που έβλεπα. Κάποιος είχε χορέψει στο κέντρο του κύκλου σε μικρά σκαλοπάτια πριν σταθεί στα δάχτυλα των ποδιών του, σαν να ήθελε να φτάσει επάνω, και εκεί ήταν όπου όλα τα ίχνη του εξαφανίστηκαν. Ένιωσα μια αίσθηση πανικού όταν συνειδητοποίησα ότι ακόμη και αυτός που είχε περπατήσει πίσω, θα μπορούσε να πάει μόνο στα βράχια που είχα περπατήσει από εκεί, και ήξερα, δεν είχα δει κανέναν.

Σύντομα άρχισα και πάλι να παίρνω τον υψηλό βόρειο δρόμο προς την Πάφο. Ήξερα πού θα ήταν η επόμενη στάση μου και ναι, ήταν προγραμματισμένη, για το βιβλίο, και για τον εαυτό μου. Εξοικειώνομαι εκ νέου με την κληρονομιά μου και μου αρέσει. Ο Τάφος των Βασιλέων και δεν ήταν μόνο βασιλιάδες θαμμένοι εδώ. Δεν είχε σημασία ότι οι Ρωμαίοι ήταν βρίσκονταν εδώ, θα μας κυβερνούσαν όπως οι Βρετανοί. Θα χαρεί να μας αφήσει να ζήσουμε τη ζωή μας με μικρές παρεμβάσεις, εκτός από τη φορολογία. Ήρθα για να είμαι κοντά στους προγόνους μου. Μετά από όλα όσα είχα περάσει τους τελευταίους μήνες, ήξερα ποιος ήμουν, και περιπλανήθηκα ανάμεσα στις κατακόμβες περήφανος για το ποιος είμαι. Μπήκα σε έναν από τους μερικώς κλειστούς τάφους, κάθισα στη σκιά, και κάπνισα ένα τσιγάρο ενώ σκεφτόμουν τι είχα διαβάσει, εγώ και ο ξάδερφος μου.

Οι Συνταγματάρχες της Ελλάδας ανέλαβαν την εξουσία στις 21 Απριλίου 1967, για να απαλλαγούν από τη διεφθαρμένη κυβέρνησή τους. Ο Γκίμπονς αφιερώνει το δεύτερο βιβλίο της τριλογίας του εντελώς σε αυτούς. Πολλά από τα ελληνικά στρατεύματα στην ηπειρωτική χώρα ανακλήθηκαν από την Κύπρο, και μέχρι το Νοέμβριο ο Γρίβας είχε φύγει, και ο Μακάριος μπορούσε να αναπνεύσει πιο εύκολα. Ο Μακάριος ήξερε πόσο πραγματική ήταν η απειλή από την Τουρκία από το 1964, αν όχι μια εβδομάδα νωρίτερα, πολλοί άλλοι απλά δεν την θεωρούσαν πραγματική. Αλλά δεν θα μπορούσα να τους κατηγορήσω αν ορισμένες χώρες τους ενθάρρυναν να δράσουν. Το 1964 ήταν η ελληνική κυβέρνηση με βρετανική ενθάρρυνση, και το 1974 αυτές οι ίδιες κυβερνήσεις έκαναν το ίδιο πράγμα και πάλι, αλλά η τουρκική απειλή θα ήταν μεγαλύτερη από ποτέ. Ένας από τους λόγους που νόμιζα ότι ήταν μεγαλύτερη ήταν λόγω της δημοσίευσης του Σχεδίου Ακρίτας και λόγω κάποιων περιστατικών όπως η Σφαγή της Σχολής Κύκκου. Γι' αυτό ήμουν τόσο αναστατωμένος που οι Βρετανοί φάνηκαν να κρύβουν την αλήθεια γι' αυτό, και ακόμη πιο αναστατωμένος που μπορεί να έχουν περισσότερη σχέση με αυτό. Θα ήξεραν τη σημασία της συμφιλίωσης, με άλλο όνομα, λέγεται συγχώρεση.

Το πραξικόπημα του 1974 ήταν εσωτερική υπόθεση. Αυτό ήταν το χειρότερο. Ο ξάδερφός μου άρχισε να επικοινωνεί μαζί μου ξανά τώρα. Του έγραψα ότι η μόνη ρεαλιστική προσέγγιση είναι να δείξουμε πλήρη και απόλυτη ενότητα μέχρι να μπορέσουμε να επιστρέψουμε στη γη των προγόνων μας. Κάθισα πίσω με το τσιγάρο μου, και προσπάθησα να φανταστώ τον εαυτό μου να είναι δέκα χρόνια μεγαλύτερος, στην Κύπρο, το 1974. Αυτή ήταν ίσως η πιο θλιβερή πτυχή εκείνης της εποχής. Ήξερα ότι αν ήμουν εδώ σε αυτή την ηλικία, θα ήμουν σε σύγκρουση με τον αδελφό μου, μέχρι θανάτου. Το σκέφτηκα και ήξερα ότι η διαφορά που πιστεύαμε ότι θα ήταν αρκετή για πολλούς για να υπερασπιστούν την ηγεσία της χώρας τους ενάντια στους ξένους, που οι Έλληνες ήταν τότε, ανεξάρτητα από την ιστορία μας. Θα πολεμούσα τον ίδιο μου τον αδερφό με τόσο τρομερές συνέπειες. Κάθισα πίσω, και ένα δάκρυ γέμισε το μάτι μου. Θα σταματούσαμε να πολεμάμε ο ένας τον άλλο μόλις ξέραμε ότι οι Τούρκοι είχαν προσγειωθεί, αλλά αυτό θα ήταν πολύ αργά. Ήρθαν με αλεξιπτωτιστές κρακ και κομάντος. Ενώ ο αερομεταφορέας HMS Hermes αγκυροβόλησε στο βορρά για να προστατεύσει τους Βρετανούς πολίτες, μόλις λίγα μίλια μακριά οι Τούρκοι προσγειώθηκαν στρατεύματα σε μια αμφίβια εισβολή πλήρους κλίμακας. Μας άφησαν μόνους για να υπερασπιστούμε τους εαυτούς μας από τη δύναμη του τουρκικού στρατού. Ξέραμε ότι δεν είχαμε την ευκαιρία.

Ο ξάδερφός μου, μου λέει 5,000 χρόνια, και ιστορικά θα μπορούσε να είναι πολύ περισσότερο. Αλλά για μένα προσωπικά θα μπορούσα να πω 3,000 με 3,500 χρόνια, αλλά είναι κάπου στο μεταξύ, και θα μπορούσα να είμαι πιο ακριβής, το οποίο ακούγεται τρελό, αλλά το αισθάνομαι. Δεν ξέρω αν αυτό είναι αρκετό για να κάνει τη διαφορά, αλλά διαβάζοντας το βιβλίο του Γκίμπονς, συνειδητοποίησα τα παιχνίδια που οι Βρετανοί είχαν παίξει, μαζί με Τουρκοκύπριους πολιτικούς, χρησιμοποιώντας την ελληνική δυσαρέσκεια για να αναγκάσουν την Τουρκία να διαιρέσει το νησί μας για πάντα. Να συνειδητοποιήσουμε ότι το 1974 ήταν η επίτευξη αυτού του στόχου. Κοίταξα πίσω. Ήταν τόσο παράξενο. Ήμουν σε τέτοια αναταραχή. Δεν μπορούσα να περιγράψω τα συναισθήματά μου. Κοίταξα πίσω με τη φρίκη που της άξιζε. Πριν, ένιωθα ότι ο παππούς μου με κοιτούσε. Αλλά όταν κοίταξα πίσω, τότε, με αυτόν τον τρόμο, αφού συνειδητοποίησα τι είχαν κάνει, και πώς νόμιζαν ότι θα ήταν, τους είδα όλους, μια συγκέντρωση ανδρών και γυναικών. Ο παππούς μου στεκόταν μπροστά τους, κοιτάζοντας κάτω από τη γη, και πίσω του ήταν τρεισήμισι χιλιάδες χρόνια καταγωγής, η καταγωγή μου. Υπήρχαν πολλοί, ήταν τόσοι πολλοί, και τόσοι πολλοί από αυτούς ήταν θυμωμένοι. Τους κοίταξα, τα ένιωσα όλα, ο παππούς μου στάθηκε ασήμαντος πριν από τη συγκέντρωση. Οι πολεμιστές ανάμεσά τους ήταν απαιτητικοί, δεν μπορούσα να ακούσω λόγια, αλλά ένιωθα τον θυμό τους. Ήταν τρομερό και τόσο αληθινό. Κάποιοι κοίταξαν κάτω σαν να μην ήξεραν τι να μου πουν, ένιωσα αβοήθητος. Πέρασα μανιωδώς μέσα από το βιβλίο σβήνοντας μεγάλα κομμάτια κειμένου όπου είχα γράψει άσχημα πράγματα για τους δικούς μου ανθρώπους. Αλλά μια γυναίκα με κοίταξε μέσα από την αναταραχή, όχι με το θυμό πολλών, ούτε την απελπισία των λίγων, με κοίταξε με μια ματιά που ξέρει, και καταπραΰνει την αγωνία που ένιωσα, ενθαρρύνοντας με να προχωρήσουμε. Μίλησα με τον Ζέκι σήμερα. Ακόμα περιμένω την άδεια πνευματικής ιδιοκτησίας από τον Γκίμπονς. Ρώτησα τον Ζέκι αν είναι Κύπριος ή Τούρκος πρώτα απ' όλα, και φαινόταν μπερδεμένος από την ερώτηση. Μου είπε για τη φρίκη της Λευκωσίας το 1963 εν μέσω της οποίας έζησε. Είπα ότι θα μιλήσω για τις ίδιες φρικαλεότητες. Αλλά του είπα ότι δεν θα μπορούσα ποτέ να δεχτώ μια διαιρεμένη χώρα, και τον ρώτησα ξανά πώς ένιωθε ως Κύπριος. Μου είπε ότι Κύπριος θα ήταν για το μέλλον και στη συνέχεια μου είπε περήφανα για τους προγόνους του που ήρθαν στην

Κύπρο από την Ανατολία πριν από 200 χρόνια. Τον λυπήθηκα πολύ. Τόσο νέος, και δεν καταλαβαίνει την κλίση που έχουν αυτά τα ίδια εδάφη για μας. Μιλήσαμε για τα Χριστούγεννα του 1963 και του είπα για τη βρετανική απάτη που ανακάλυψα, και συμφώνησε ότι όντως υπήρχε και μετά είπε κάτι που δεν περίμενα.

«Ξέρεις πότε οι Βρετανοί έκαναν λάθος;»

«Πότε;»

«Το 1923», μου είπε. Μιλούσε για την ανταλλαγή πληθυσμών. Δεν μπορούσα παρά να κρατήσω την πρώτη σκέψη μου για τον εαυτό μου, μου είπε ότι πίστευε ότι ο λαός του θα έπρεπε να είχε επιστραφεί στην Τουρκία. Θα μας έσωζε όλους από τη δυστυχία. Τον ρώτησα,

«Ζέκι, ξέρεις ποια είναι η διαφορά με τη ρωσική βοήθεια;»

«Επίτρεψέ μου να σας πω κάτι για τη Ρωσία», είπε. «Με τη Ρωσία, αν της δώσεις ένα δάχτυλο, θα πάρει όλο το χέρι». Χαμογέλασα. Κοίταξα τις συνθήκες σήμερα, και είπα,

«Αυτό ακούγεται πολύ καλύτερο από την τρέχουσα κατάσταση». Δεν μπορώ να σταματήσω να σκέφτομαι αν το χέρι είναι αρκετό για να μας σηκώσει αρκετά ψηλά, ποιος είναι αυτός που λέει όχι; Η Αφροδίτη δεν απαντάει σε κανέναν, και θα τεντωθεί εκεί που θέλει!

Ο Γκίμπονς γράφει σαν να ήταν Άγγλος, αν και γεννήθηκε στη Σκωτία και ισχυρίζεται ότι είναι ιρλανδικής καταγωγής. Δεν ξέρει από πού είναι, αλλά ξέρω για έναν Άγγλο. Είσαι τυχερός αν μπορείς να πεις ότι ένας από τους προγόνους σου πολέμησε στο Βατερλό, ή σε οποιαδήποτε διάσημη μάχη. Ήταν πάντα κάτι που θεωρούσα δεδομένο, αλλά ποτέ δεν σκέφτηκα έτσι πριν. Όλοι γνωρίζουμε τις διάσημες μάχες ως συγκεντρώσεις για τους προγόνους μας. Φαντάζομαι ότι είχα προγόνους στη Σαλαμίνα, ακριβώς που περπάτησαν δίπλα στον Αλέξανδρο στον Ίσο και την Τύρο, και κατέστρεψαν τους Πέρσες και όλους εκείνους που στάθηκαν στο δρόμο τους. Αυτοί οι ίδιοι πρόγονοι θα στέκονταν στη συγκέντρωση, μαζί με τον βοσκό. Είπα στον Ζέκι τι θα έλεγα στον Γκίμπονς. Ο ξάδερφός μου μπορεί να λέει για 5,000 χρόνια, αλλά ξέρω από μόνος μου ότι οι πρόγονοί μου είναι σε αυτή τη γη για πάνω από 3,000 χρόνια. 3,000 χρόνια και δεν θα αφήσω καμία μελλοντική γενιά να περάσει χωρίς να το θυμάται αυτό.

Σήμερα είναι 15 Δεκεμβρίου 1998. Λέγεται ότι οι πύραυλοι εγκαταλείπουν τη Ρωσία σήμερα, αλλά τίποτα δεν επιβεβαιώνεται. Φέτος, του χρόνου, θα έρθουν. Πρέπει.

Επόμενη στάση μου ήταν να είναι το Βυζαντινό Μουσείο στην Πάφο, και πάλι ήταν για το δρομολόγιο για το βιβλίο, και για τον εαυτό μου. Πέρασα το Park Mansion Hotel, και οδήγησα γύρω από το κέντρο της πόλης, πίσω από το ξενοδοχείο, πριν σταθμεύσω σε έναν ήσυχο δρόμο, γνωρίζοντας ότι το μουσείο ήταν κοντά. Αλλά πριν βρήκα, ένα άλλο μουσείο διαφορετικού είδους που τράβηξε την προσοχή μου. Το Εθνογραφικό Μουσείο, όπως ονομάζεται, αλλά ίσως το Μουσείο Λαϊκής Παράδοσης και Πολιτιστικής Κληρονομιάς είναι πιο κατάλληλο, και δεν μπορούσα να αντισταθώ. Το μουσείο φάνηκε να ήταν σε μια παράξενη κατοικία για ένα παραδοσιακό κυπριακό μουσείο, το κτίριο φαίνεται πιο μεξικάνικο, αλλά νομίζω ότι αυτό οφείλεται στην έλλειψη γνώσης της κυπριακής αρχιτεκτονικής. Είναι, όπως επρόκειτο σύντομα να ανακαλύψω, στην πραγματικότητα για ένα παράδειγμα της αστικής αρχιτεκτονικής της Πάφου στα τέλη του 19ου αιώνα. Πρόκειται για ένα μεγάλο σπίτι τύπου βίλα, με κόκκινη κεραμοσκεπή, και ένα πολύ μεγάλο χαμηλότερο επίπεδο που δεν μπορεί να δει κανείς από έξω. Οι τρεις καμάρες του, οι οποίες είχαν ένα ξεθωριασμένο κοκκινωπό χρώμα, με το υψηλό μεταλλικό κιγκλίδωμα φράχτη κατά μήκος της βεράντας του έδινε μεξικάνικη εμφάνιση κατά την άποψή μου. Η κύρια είσοδος ήταν μέσω μιας πύλης επεξεργασμένου σιδήρου και επτά βήματα επάνω οδηγούν άμεσα στον κύριο διάδρομο. Μόλις μπήκα μέσα ήξερα ότι αυτό ήταν ένα μουσείο με μια διαφορά, και ενώ στεκόμουν στον κεντρικό διάδρομο απέκτησα αμέσως μια απροσδόκητη εντύπωση του μεγαλείου που το σπίτι μπορεί να είχε δει κάποτε, με πολλά μεγάλα περίτεχνα έπιπλα, και ένα κόκκινο βελούδο γύρω στον χώρο, φαινόταν αρκετά γνήσιο. Υπήρχε ένα τραπέζι στα δεξιά μου. Στα αριστερά μου μπροστά, υπήρχε μια μεγάλη καρέκλα στην οποία μια Κύπρια στα τέλη της δεκαετίας του '50 κάθισε για να μιλήσει στην κόρη της καθώς έφευγε. Είπαν αντίο και δεν έχασαν χρόνο να υποπέσουν στην αντίληψή μου.

«Καλησπέρα κύριε, θα θέλατε να κοιτάξετε γύρω;» ήταν ειλικρινής, και πολύ ευγενική.

«Ναι, πόσο κάνει;»

«Το εισιτήριο της εισόδου δύο λίρες και δύο λίρες για το φυλλάδιο», είπε καθώς περπατούσε στο τραπέζι. Είχα ήδη πάρει τα χρήματα από το πορτοφόλι μου τη στιγμή που επέστρεψε για να μου δώσει ένα βιβλιαράκι, μετά το οποίο, άρχισε αμέσως μια εξαιρετικά γρήγορη, αλλά απροσδόκητη, λεκτική περιήγηση στο μουσείο.

«Το μουσείο χωρίζεται σε δύο επίπεδα», την έπιασε τέτοια όρεξη για κουβέντα και μίλαγε τόσο γρήγορα, και τόσο άμεσα, δυσκολεύτηκα να ακολουθήσω αυτά που έλεγε καθώς κοίταξα το φυλλάδιο. Έδειξα ενδιαφέρον για αυτό που μου έλεγε, πού ήταν τι, και μου περιέγραψε πλήρως πάνω από μισή ντουζίνα διαφορετικά δωμάτια, τα μικτά περιεχόμενα τους, και διάφορες πτυχές του μουσείου, μια ομιλία που ήταν τόσο γρήγορη που με άφησε εξαντλημένο προσπαθώντας να συμβαδίσω.

«Άρα αν κατεβείτε πρώτα στο κατώτερο επίπεδο, τότε θα σας δείξω τι υπάρχει γύρω από το ανώτερο επίπεδο», είπε, κρατώντας τα χέρια της.

«Οι σκάλες κάτω είναι έξω και κατά μήκος του μπαλκονιού», με πληροφόρησε.

«Τέλεια, ευχαριστώ», είπα.

«Είστε σίγουροι ότι θα είστε εντάξει;» φώναξε καθώς έφυγα.

«Θα είμαι καλά», απάντησα με χαμόγελο. Πήρα τον δρόμο μου κάτω από τις σκάλες στην πλευρά του κτιρίου στην πίσω αυλή, και τα κάτω δωμάτια, και περπάτησα μέσα από ένα διάδρομο κοιτάζοντας το περιεχόμενο των δωματίων, όπως περνούσα. Η κρεβατοκάμαρα των χωρικών, με σιδερένιο κρεβάτι με ουρανό, και μια καρέκλα κουρέα, και το απέναντι δωμάτιο, γεμάτο με εργαλεία εργασίας όπως ο μύλος, και το βαμβάκι. Οι τοίχοι σε ορισμένα δωμάτια ήταν διακοσμημένοι με κοστούμια, και σε άλλα, με εργαλεία βοσκού και δερμάτινες τσάντες που θα είχαν χρησιμοποιηθεί από τους ίδιους βοσκούς. Βγήκα από την πίσω αυλή για να εξερευνήσω έξω. Δεν υπήρχε κανείς άλλος γύρω και ο ήλιος ήταν ζεστός, όπως εγώ περιπλανιόμουν, παρατηρώντας τα πάντα, η αυλή είχε μια τέτοια μακρά ιστορία, από αρχαία γεωργικά εργαλεία, ένα μικρό τάφο σαν σπηλιά στον εξωτερικό τοίχο από την ίδια περίοδο με τον Τάφο των Βασιλέων, και ένα πολύ μικρό αρχαίο παρεκκλήσι που βρίσκεται σε μια σπηλιά, με αρχαία αγγεία, και άλλες διάφορες αντίκες. Έμοιαζε πολύ με ζωντανό μουσείο. Πήρα αργά το δρόμο μου πίσω στο διάδρομο και μέσα από το δωμάτιο που είχα αφήσει για το τέλος, «το υπνοδωμάτιο των χωρικών», το οποίο είχε ένα σιδερένιο κρεβάτι με ουρανό, που ήταν ραμμένος με βελονάκι, και μια κουνουπιέρα κρεμόταν πάνω από τη μία πλευρά. Πριν πάω για ύπνο, πέρασα από την καρέκλα του κουρέα, αλλά όχι χωρίς να καθίσω πάνω της. Κάθισα όρθιος και έσκυψα πίσω για να εξερευνήσω το τραπέζι μπροστά μου με τα εργαλεία του κουρέα του, πριν δω την ανάκλαση μου στον μεγάλο καθρέφτη. Οι τελευταίοι μήνες ήταν ένα τέτοιο συναισθηματικό roller coaster με τόσες πολλές ανατροπές και στροφές. Σκεφτόμουν τον Κόσσε τον βοσκό. Αναρωτιόμουν αν είχε πραγματικά πέσει θύμα της ελληνικής δυσαρέσκειας, ή απλά είχε κατασκηνώσει σε ένα κατάλληλο μέρος για να τον παρακολουθεί το προσωπικό της Βρετανικής Ύπατης Επιτροπής οι οποίοι τον είδαν να τον κυνηγούν άνδρες, οι οποίοι, το ήξερα τώρα, θα μπορούσαν κάλλιστα να ήταν Βρετανοί. Σκέφτηκα για το πώς χειρίστηκαν τα μέσα ενημέρωσης, και άρχισα να αναρωτιέμαι πόσο χάος είχαν προκαλέσει κατά τη διάρκεια των Χριστουγέννων. Όλη η προδοσία και η εξαπάτηση που ένιωσα καλύπτονταν από τη δυσαρέσκειά μας. Κατάλαβα γιατί δεν μπορούσαμε να λάβουμε υπόψη τα τόσα εγκλήματα. Δεν τους πιστέψαμε. Ποτέ δεν μας είπαν οι δικές μας πηγές ή οι Βρετανοί στην Κύπρο. Ωστόσο, μπορούσα να δω ότι οι Τούρκοι θα ζούσαν μαζί τους κάθε μέρα και ποτέ δεν θα δούμε τι είδαν. Ήμουν σε τέτοια αναταραχή. Κάθισα όρθιος στην καρέκλα, με το κεφάλι μου επάνω, και πήρα μερικές βαθιές ανάσες, για να εξετάσω τον άνθρωπο που ήμουν τώρα κοιτάζοντας στον καθρέφτη. Ένιωσα σαν να είχε περάσει τόσος καιρός από τότε που είχα μελετήσει τα δικά μου χαρακτηριστικά. Εξερεύνησα το πρόσωπό μου πρώτα. Δεν φάνηκε να υπάρχουν σημάδια από το άγχος που ένιωθα. Κοιτώ τα μάτια μου για να δω τον προβληματισμό τους. Αν φαινόταν κάπου τι περνούσα εκείνη την εποχή, ήταν στα μάτια μου. Τα έκλεισα απαλά, και άφησα να γλιστρήσει ένα δάκρυ, πριν τα ανοίξω αργά και πάλι, ατενίζοντας σε όλη την επιφάνεια του τραπεζιού, ένα αίσθημα τόσο μακρινό. Έφερα τον εαυτό μου πάλι γύρω και κοίταξα πέρα από το δωμάτιο, πάνω από το κρεβάτι, πριν αφήσω πάλι τα μάτια μου να χαζέψουν τα κοστούμια των αγροτών και τα έπιπλα δωματίου. Όπως το ζωντανό μουσείο, αυτό έμοιαζε με σαλόνι. Συνειδητοποίησα ότι τα περισσότερα από τα αντικείμενα που τοποθετούνται γύρω από το δωμάτιο θα είναι εξοικειωμένα και με τους δύο πολιτισμούς στην Κύπρο.

Το κρεβάτι είχε καλυφθεί με δαντέλα και αυτό το έκανε ακόμα πιο ελκυστικό. Μέρος μου είχε εξαντληθεί εντελώς. Γλίστρησα από την καρέκλα, και πρώτα, κάθισα στο κρεβάτι, χαϊδεύοντας απαλά το δαντελένιο σεντόνι για λίγο, πριν να ξεκουράσω αργά το κεφάλι μου στο μαξιλάρι. Μου πήρε πολύ ώρα να σηκώσω τα πόδια μου και να τινάξω τη σκόνη μακριά, ξάπλωσα με τα χέρια μου πίσω από το κεφάλι μου και εξερεύνησα αυτό που θα μπορούσα μόνο να φανταστώ να είναι τα εργαλεία και των δύο κοινοτήτων. Ένιωσα τόσο λυπημένος γνωρίζοντας τη ζημιά που είχε γίνει και κανείς δεν ξέρει ποτέ πώς. Ωστόσο, ήμουν κάπως πιο ήρεμος με τη γνώση ότι έψαχνα για κειμήλια από μια εποχή που ήμασταν όλοι τόσο αθώοι από αυτό. Όπως κοίταξα, άρχισα να αισθάνομαι ότι ο τουρκοκυπριακός λαός δεν μπορούσε ποτέ να δει αυτό που είδαμε στους πολιτικούς του. Ούτε θα μπορούσαν ποτέ να μάθουν πώς θα αντιδρούσαμε, και το είδος των δυνάμεων που επικαλείται όταν πρόκειται για την υπεράσπιση της γης μας. Δεν μπορούσα παρά να σκεφτώ τις παρατηρήσεις του Γκίμπονς σχετικά με τον τρόπο συμπεριφοράς των Τουρκοκυπρίων όσο και των Άγγλων και πώς οι Ελληνοκύπριοι ήταν πιο Βρετανοί, πριν μας επαναπροσδιορίσει, και τολμώ να πω ότι ορισμένες στάσεις μπορεί να έχουν υιοθετηθεί υπό την αποικιοκρατία. Αλλά ο Γκίμπονς δεν σέβεται ακόμα ούτε τη βρετανική κληρονομιά του. Είχα ξεχάσει τον Αγγλόφιλο μέσα μου. Αλλά θυμήθηκα πώς είναι να αισθάνομαι υπερήφανος που είμαι Βρετανός και, για τον εαυτό μου, και όντας στην εργατική τάξη, προήλθε από την αίσθηση ότι λίγοι άνθρωποι είχαν υποφέρει περισσότερο στα χέρια της βρετανικής κυβέρνησης από τις κατώτερες τάξεις του λαού τους, για να το κάνουν ένα τόσο μεγάλο έθνος. Γιατί να περιμένουμε να έχουμε περισσότερο σεβασμό για εμάς; Ένιωσα σιγά-σιγά το κυπριακό όνειρό μου να διαλύεται με την άγνοια του Γκίμπονς και την εξαπάτηση των Βρετανών, μέχρι που το μόνο που μας είχε απομείνει ήταν ο φόβος και η απέχθεια. Πήρα στα πόδια μου και ξεσκόνισα τη δαντέλα με το χέρι μου πριν ατενίσω γύρω από το δωμάτιο για άλλη μια φορά. Έφυγα με μια ματιά στον καθρέφτη καθώς τον προσπέρασα, πήγα κατευθείαν στις σκάλες, και σκαρφάλωσα στη βεράντα, όπου μπήκα στον κεντρικό διάδρομο προς το μουσείο για να εξερευνήσω τα ανώτερα δωμάτια. Η γυναίκα που μου είχε κάνει την λεκτική ξενάγηση ήταν έτοιμη να διασκεδάσει έναν τουρίστα με τα ίδια λόγια αφήνοντας μου την ελευθερία να περιπλανηθώ. Τα τρία δωμάτια ήταν άψογα τοποθετημένα, ένα ως γραφείο, και δύο σαλόνια, με περίτεχνα έπιπλα και διακοσμητικά. Υπήρχε ένας ηλικιωμένος Κύπριος που περπατούσε και υποτίθεται ότι ζούσε με τη γυναίκα στα δύο μπροστινά δωμάτια του σπιτιού. Στο διάδρομο υπήρχαν μερικά ξύλινα βάζα, και βιτρίνες με κάποια λαϊκή τέχνη, και μια αποθήκη γεμάτη νομίσματα και τραπεζογραμμάτια, στα οποία αφιέρωσα λίγο χρόνο, πριν πάρω το δρόμο μου προς την είσοδο, όπου η γυναίκα συνέχιζε να κάνει σε έναν άλλο επισκέπτη μια λεκτική ξενάγηση. Ήμουν τόσο χαρούμενος που είχα λίγο χρόνο μόνος κάτω. Πριν φτάσω στην είσοδο, ακούω,

«Απολαύσατε την περιήγηση σας στο μουσείο μας;» Σταμάτησα να περπατάω και επέστρεψα.

«Ναι», απάντησα. «Ήταν πολύ ευχάριστο», της το είπα ενώ σκεφτόμουν το χρόνο μου στο κρεβάτι.

«Θα θέλατε να γράψετε κάτι στο βιβλίο επισκεπτών μας;» ρώτησε. Το να γράψω ήταν το τελευταίο πράγμα που ήθελα να κάνω εκείνη την εποχή.

«Όχι, είμαι καλά σας ευχαριστώ», είπα. «Ήμουν εδώ και πιο πριν», είπα ψέματα.

«Πότε;» ρώτησε.

«Περίπου πριν από δέκα χρόνια», απάντησα, δεν γνωρίζω γιατί είπα ψέματα στην αρχή.

«Έχετε παρατηρήσει μια μεγάλη διαφορά;» πρόσθεσε. Σκέφτηκα ότι πρέπει να υπάρχει διαφορά αλλιώς δεν θα την ζητούσε, και την ίδια στιγμή δεν ήμουν σίγουρος αν ήξερε ότι είχα πει ψέματα. Έχω μια εικασία ότι το φυλλάδιο είναι πάνω από δέκα ετών.

«Όχι πολλές», είπα.

«Ω, υπάρχουν πολλές περισσότερες, πολλές περισσότερες», είπε περήφανα πριν ρωτήσει, «Είστε σε διακοπές;»

«Όχι, δεν είμαι», ποτέ δεν ένιωσα σαν να ήταν διακοπές. «Όχι, έχω έρθει για ένα βιβλίο που έχω γράψει», της είπα καθώς ο σύζυγός της περπάτησε στο πλευρό της.

«Είστε Κύπριος;» ρώτησε, με ένα χαμόγελο.

«Ναι», είπα.

«Φυσικά και είσαι, μόλις πέρασες την πόρτα και σε είδα, σκέφτηκα ότι αυτός ο άνθρωπος είναι Κύπριος στα σίγουρα, ξέρω ότι είσαι Κύπριος, αλλά σου μιλάω στα αγγλικά», είπε φαινομενικά έκπληκτη από τις πράξεις της.

«Δεν πειράζει», είπα. «Δεν μιλάω ελληνικά, γράφω έναν βιβλίο γι' αυτό».

«Γράφεις ένα βιβλίο για τον εαυτό σου;» ρώτησε.

«Κατά κάποιο τρόπο, ο παππούς μου ευθύνεται σε ένα μέρος για αυτή την επιρροή», εγώ ακόμα δεν ήμουν σίγουρος πώς να το εξηγήσω.

«Ανακάλυψα ότι έβαλα ένα μπλοκ στην ελληνική γλώσσα μετά το θάνατό του, και νομίζω ότι θα μπορούσε να έχει να κάνει αρκετά με τα προβλήματα εδώ στη δεκαετία του '60», της είπα. Περισσότερο από ποτέ, νομίζω ότι ο Τύπος τον επηρέασε.

«Από πού είναι ο παππούς σου;» ρώτησε.

«Άγιος Αμβρόσιος».

«Άγιος Αμβρόσιος, αα! Είναι όμορφα εκεί!» στράφηκε προς τον σύζυγό της.

«Δεν είναι όμορφα εκεί;» Κούνησε το κεφάλι του και χαμογέλασε.

«Το ξέρω», είπα ήσυχα.

«Έχεις πάει εκεί;» ρώτησε.

«Όχι», απάντησα με ένα ζοφερό χαμόγελο, μπορεί να συνειδητοποίησε ότι ήταν ένα ευαίσθητο θέμα, και γρήγορα με διέκοψε,

«Και το βιβλίο σου! Έχει να κάνει με τον παππού σου;»

«Κατά κάποιο τρόπο», είπα αργά. «Εγώ και η Κύπρος».

«Και πώς σε λένε;» ρώτησε.

«Δημήτρη Τζόρνταν», την ενημέρωσα καθώς άρχισα ευγενικά να κάνω ένα βήμα πίσω από το δωμάτιο.

«Και το βιβλίο σου, πώς θα λέγεται;» ρώτησε. Εξεπλάγην από το ενδιαφέρον.

«Δεν μιλάω ελληνικά», απάντησα, φάνηκε να εγκρίνει και να κουνάει το κεφάλι της.

«Όντως, δεν μιλάτε», είπε για να κάνει τον τίτλο να φαίνεται φυσικός.

«Όχι», είπα ήσυχα καθώς γύρισα να φύγω.

«Ξέρεις ότι αν ο παππούς σου ήταν μαζί σου, θα ήξερες!» φώναξε με αυτοπεποίθηση.

«Και άλλον ένα», είπα γυρίζοντας γύρω, και κρατώντας ένα δάχτυλο επάνω, «Για αυτό είμαι σίγουρος», και με την ίδια ανάσα είπα αντίο.

Είπα ένα ψέμα, ένα άσκοπο ψέμα και δεν μπορούσα να καταλάβω γιατί. Δεν έχω πάει ποτέ σε αυτό το μουσείο. Νομίζω ότι έχει περάσει πολύς καιρός από τότε που έπρεπε να πω ψέματα σε κάποιον. Σπάνια θα το κάνω για να σώσω τα συναισθήματα των άλλων.

Περπάτησα σε μικρή απόσταση προς το Βυζαντινό Μουσείο, το οποίο βρίσκεται στην αρχαία επισκοπή της Πάφου. Το κτίριο στεγάζει μια υπέροχη συλλογή από εικόνες, τοιχογραφίες, μανδύες επισκόπων, χειρόγραφα και βιβλία. Πολλή θρησκευτική ιστορία, ίσως, αλλά νομίζω ότι λέει κάτι για τους ανθρώπους. Το κτίριο είναι, όπως έγραψα, στην αρχαία επισκοπή. Ένα καλοδιατηρημένο κτίριο που ήταν πάντα υψίστης σημασίας. Αν κοιτάξετε στα βιβλία της κυπριακής ιστορίας λέει για την βυζαντινή περίοδος από το 330 μ.Χ. έως 1191 μ.Χ. Είχα ήδη αρχίσει να βλέπω τα πράγματα διαφορετικά πριν πετάξω έξω. Ο Γκίμπονς θεωρεί την Περίοδο των Λουσινγκάν ως την πιο ένδοξη περίοδο στην Κύπρο, όταν το διάβασα, απλά σκέφτηκα, μαλάκα! Δεν είναι ότι δεν το ήξερα ποτέ, αλλά ποτέ δεν ένιωσα έτσι για την ιστορία μας, για τον εαυτό μου. Μέσω του Βυζαντίου, θα συνεχίζαμε τους δεσμούς μας με το παρελθόν μας. Είναι η συνέχεια μας που συνδέεται με αυτό. Δεν μπορούσα παρά να το αισθανθώ, τη συνέχεια που μέσα από τις βάρβαρες εισβολές κρατούσε πάντα αυτό το σταθερό νήμα που μας συνδέει, από αυτό που ήμασταν, στο ποιοι είμαστε σήμερα. Οι Φράγκοι ή Λουσινγκάν είναι εδώ σχεδόν 300 χρόνια. Αυτοί, όπως και οι Βενετοί μετά από αυτούς, προσπάθησαν να μας μετατρέψουν σε καθολικούς αι δεν θα το δεχόμαστε. Δεν ήταν αυτό που ήμασταν. Για τον εαυτό μου, τώρα περισσότερο από ποτέ, η εκκλησία δεν είναι απλώς ένας θρησκευτικός θεσμός στην Κύπρο, αλλά περισσότερο το νήμα που με πηγαίνει πίσω στο μακρινό παρελθόν μου.

Έχουν ήδη αρχίσει να ξαναγράφουν την ιστορία μας. Μόνο είκοσι τέσσερα χρόνια από τη διχοτόμηση και ο Γκίμπονς, μεταξύ άλλων, ξαναγράφει την κυπριακή ιστορία για τους Τούρκους. Ο Γκίμπονς φαίνεται να πιστεύει ότι υπήρχε μια Τουρκία, ακόμη και ένας τουρκικός λαός, περίπου 7,000 χρόνια π.Χ. από την οποία να πω ότι μερικοί από τους πρώτους αποίκους έφτασαν, με ένα νέο κύμα Τούρκων μεταναστών γύρω στο 2,500 π.Χ.. Οι

Κρητικοί συγγενείς μου δεν είναι τίποτα περισσότερο από πρόσφυγες και θύματα καταπίεσης που έφτασαν τον 9ο αιώνα π.Χ., ασήμαντο, φαίνεται. Ο Γκίμπονς δεν είχε καν ασχοληθεί με την Ελλάδα μέχρι να μιλήσει για την άρνηση της Ελλάδας να συμφωνήσει στη βρετανική συμφωνία του 1915. Ο Γκίμπονς δεν έχει ιδέα ποιος είναι ο λαός της Κύπρου. Τώρα περισσότερο από ποτέ καταλαβαίνω την εχθρική στάση της εκκλησίας μας απέναντι στους Τούρκους. Η χώρα μας, και ο λαός μας, υποβαθμίστηκαν κάτω από τους Οθωμανούς Τούρκους και τώρα θέλουν τη γη μας, αλλά αφήνουν τη θρησκεία μας να ανθίσει. Μελέτησα τις τοιχογραφίες, και τις εικόνες για λίγο, αλλά πρέπει να είμαι ειλικρινής και να πω, ότι η κατοχή μιας θρησκευτικής ανατροφής δεν φάνηκε ποτέ στην ιστορία.

Οι Έλληνες συνταγματάρχες έχασαν την εξουσία στις 25 Νοεμβρίου 1973 και η χούντα ανέλαβε τον έλεγχο. Ακόμη και αυτοί οι συνταγματάρχες, φαίνεται, ήταν πρόθυμοι να διαιρέσουν την Κύπρο, και να κάνουν μια συμφωνία με την Τουρκία για να μας απαλλάξουν από τον Μακάριο, το βρήκα δύσκολο να πιστέψω για οποιονδήποτε Έλληνα. Ο Γιώργος Γρίβας πέθανε από καρδιακή ανεπάρκεια σε ένα κρησφύγετο της Λεμεσού στις 27 Ιανουαρίου 1974 σε ηλικία 75 ετών, εξαντλημένος και δήθεν άρρωστος από καρκίνο. Αυτό θα έδινε στον Μακάριο μια ανάπαυλα. Είχε ήδη γίνει μια αποτυχημένη απόπειρα δολοφονίας στην ζωή του, και τον Απρίλιο απαγόρευσε το Ε.Ο.Κ.Α.Β. Δεν μπορούσε να κάνει αυτό το βήμα όσο ζούσε ο Γρίβας. Και οι δύο θεωρούνταν ιδιαίτεροι από τους οπαδούς τους. Εκατοντάδες θα περικυκλώνονταν σύντομα και την 1η Ιουλίου, μείωσε τη διάρκεια της εθνικής υπηρεσίας από δύο χρόνια σε δεκατέσσερις μήνες, στις 2 Ιουλίου απέστειλε την επιστολή του στον Πρόεδρο της χούντας τον Στρατηγό Δημήτριο Ιωαννίδη. Δεν έχει σημασία τι έκανε ο Μακάριος όμως, θα ήταν μάταιο. Η Κύπρος είπε όχι στις ΗΠΑ και το Βιετνάμ ήταν στα τελικά στάδια. Δεν υπάρχει αμφιβολία ότι το ελληνικό λόμπι εκεί θα είχε ασκήσει μεγαλύτερη πίεση και το πραξικόπημα ήταν σε εξέλιξη, τώρα τίποτα δεν θα μπορούσε να μας σώσει. Ο Μακάριος άφησε τη μοίρα μας στα χέρια του Συμβουλίου Ασφαλείας των Ηνωμένων Εθνών, γνωρίζοντας ότι δεν μπορούσε να κάνει πολλά γι' αυτό.

Δεν νομίζω ότι οι Βρετανοί είχαν τελειώσει. Λοιπόν, λίγο μετά την τουρκική διχοτόμηση, βρίσκουν Γκίμπονς «Αρχεία Γενοκτονίας» από την οποία ονόμασε το βιβλίο του. Αυτά τα γελοία αρχεία μαζί με το Σχέδιο Ακρίτας είναι η κύρια υπεράσπιση των Τούρκων για την διαίρεση. Ακόμα και σήμερα, εξακολουθούν να χρησιμοποιούν αυτά τα αρχεία εναντίον μας σαν να είναι αξιόπιστα. Ας ρίξουμε τη δική μας ματιά σε αυτά τα λεγόμενα αρχεία γενοκτονίας από τους λογαριασμούς του Γκίμπονς. Ο Αριθμός αρχείου 216/5/296. Με ημερομηνία 7 Μαρτίου 1974. Ο αριθμός αρχείου δίνει την εντύπωση ότι υπήρχαν πολλά από αυτά. Τώρα ο Γκίμπονς είχε μόνο ένα πολύ μικρό σύνολο αυτών των υποτιθέμενων αρχείων γενοκτονίας που είχαν 'συλληφθεί', έτσι δεν θα μάθουμε ποτέ τι λέει το αρχείο 000/00/001. Χαμογελάω, γιατί μετά από όσα ξέρω ότι έχουν ήδη κάνει οι Βρετανοί, μπορώ μόνο να πιστέψω ότι αυτά τα αρχεία φυτεύτηκαν για την τουρκική μηχανή προπαγάνδας. Υποτίθεται ότι θα 'συλληφθούν' τις εβδομάδες μετά το αποτυχημένο πραξικόπημα. Πολύ ασαφή. Όχι, δεν βρέθηκαν σε κανένα. Τα ίδια τα αρχεία είχαν απλά 'συλληφθεί'. Εμπλέκουν την κυπριακή κυβέρνηση και υποτίθεται ότι είναι λίγο πολύ σύμφωνα με το Σχέδιο Ακρίτας, όπως αναφέρεται σε αυτόν το φάκελο, ότι 'ο ελληνοκυπριακός πληθυσμός επρόκειτο να οργανωθεί για να βοηθήσει την Ελληνοκυπριακή Εθνική Φρουρά να καθαρίσει τους Τούρκους κατοίκους της'. Βλέπεις το σχέδιο πίσω από αυτά τα αρχεία γενοκτονίας ήταν ότι αφού οι Έλληνες πάρουν την εξουσία, και ανατρέψουν την κυβέρνησή μας, θα κινητοποιούσαν ολόκληρο τον ελληνοκυπριακό πληθυσμό για να συμμετάσχουν σε αυτό, την τελική λύση. Έτσι, οι Έλληνες θα έρθουν στη χώρα μας και, μετά την ανατροπή και τη δολοφονία του Αρχιεπισκόπου Μακαρίου, θα ενοποιήσουν τους Ελληνοκύπριους ως λαό, για το αγαπημένο μας άθλημα, γιατί όπως λέει ο Γκίμπονς, θέλουμε απλώς να σκοτώσουμε τους Τούρκους. Ναι, αυτό είναι το μόνο που θέλω να κάνω στη ζωή, Χάρι. Είναι Χριστούγεννα και ονειρεύομαι του 1963. Θα μπορούσα να βρω τον νέο μου φίλο τον Τόνι τον Τούρκο και να του δώσω τους χαιρετισμούς μου. Αυτό είναι ένα τόσο άρρωστο παιχνίδι και δεν μου αρέσει. Οι ίδιοι οι φάκελοι προχωρούν σε ακόμη πιο αξιολύπητες κατευθύνσεις, γιατί μόλις οι Έλληνες πάρουν την κυβέρνησή μας και ενοποιηθούν ο λαός μας, επειδή θα πρέπει να ενωθούν αφού τους πολεμήσουν, ο άμαχος πληθυσμός επρόκειτο να προετοιμαστεί από τις πολιτικές μονάδες για να «συνεργαστεί πλήρως» με αυτό που ο Χάρι αποκαλεί την τελική λύση για μας, την «κάθαρση» των Τουρκοκυπρίων. Έχω πολλά προβλήματα με αυτό που έχει προταθεί. Πρώτον, οι αναμνήσεις του Ολοκαυτώματος θα ήταν ακόμα νωπές στο μυαλό όλων. Κανείς με την παραμικρή αίσθηση δεν θα φανταζόταν ότι θα μπορούσε να επιτύχει ένα τόσο τρομακτικό κατόρθωμα, όπως η εξόντωση μιας φυλής, και να ξεφύγει με αυτό. Οι όροι και οι τακτικές θυμίζουν πολύ εκείνους που θα είχαν συνδεθεί με τη ναζιστική ιδεολογία. Κανένας λογικός άνθρωπος δεν θα είχε γράψει αυτά τα σχέδια, ύπουλος, ίσως. Αυτό που μας προσφέρει ο Γκίμπονς εδώ δεν βγάζει νόημα. Ισχυρίζεται ότι αυτά τα αρχεία δείχνουν πόσο καιρό, και πόση δουλειά, αφιερώθηκε στο σχεδιασμό της προτεινόμενης γενοκτονίας. Ο ισχυρισμός ότι ήταν στην κλίμακα των εκφορτώσεων της Νορμανδίας. Εάν συνέβαινε αυτό, θα μπορούσα να ρωτήσω γιατί αυτά τα σχέδια περιλάμβαναν μια περιγραφή της κατάρτισης των συντονιστών που συμμετείχαν στο πραξικόπημα; Αυτός ήταν ο αριθμός αρχείου 330/110/43287 με ημερομηνία 7 Αυγούστου 1973, τώρα που είναι ένας μεγάλος αριθμός. Γιατί να μεταφέρετε εκπαιδευτικά αρχεία στη μάχη; Και ακόμη και οι ίδιοι οι αριθμοί φαίνονται μπερδεμένοι, δεδομένης της ημερομηνίας τους. Όσο αξιολύπητα κι αν φαίνονται τα αρχεία, ανησυχώ, όπως μπορώ μόνο να πιστέψω ότι φυτεύτηκαν, όχι ότι δεν ξέρω γιατί.

Σύντομα θα φτάσω στο βράχο της Αφροδίτης. Πάρκαρα το αυτοκίνητο στο κοντινό εστιατόριο πάνω από το δρόμο, και περπάτησα μέσα από το τούνελ που σε μεταφέρει στην παραλία. Ήθελα να το σκαρφαλώσω αυτή τη φορά. Ήταν πολύ πιο εύκολο από ό,τι νόμιζα, αν και πρέπει να θυμηθώ πώς να επιστρέψω, σκέφτηκα, καθώς είδα ένα ζευγάρι που κατηφόριζε να μπερδεύεται όταν ανέβηκα για πρώτη φορά. Πήγα δύο φορές γιατί ξέχασα την φωτογραφική μηχανή μου, και αυτό με έκανε τόσο χαρούμενο. Στο βιβλίο του, ο Γκίμπονς χρησιμοποιεί συνομιλίες για να παγιδεύσει και να οδηγήσει τους ανθρώπους, ο οποίος ήταν ένας από τους λόγους που το πρώτο του βιβλίο Ειρήνη χωρίς τιμή ήταν τόσο καταδικαστέο από εμάς, χρησιμοποίησε αυτό το είδος της τακτικής κατά του Μακαρίου επίσης. Ο Γκίμπονς είχε ακούσει μια φήμη ότι δεν ήταν σε πλήρη έλεγχο της κατάστασης το 1963, έτσι τον ρώτησε αν είχε τον έλεγχο του λαού του. Τώρα μιλάμε για τον αρχηγό μιας χώρας και έναν δημοσιογράφο εφημερίδας. Φυσικά, λέει στον Γκίμπονς ότι έχει τον έλεγχο. Εδώ, μπράβο Γκίμπονς, κάρφωσες τον Μακάριο στο σταυρό για τους Τούρκους αναγνώστες σου. Καταραμένος για όλα όσα συνέβησαν επειδή είπε ότι ήταν υπεύθυνος. Αν μου αρέσει να τονίζω το πρώτο του βιβλίο, είναι, επειδή είναι τόσο σημαντικό, και όποιος διαβάζει ολόκληρη την τριλογία του θα ξέρει ότι οι Τούρκοι στρατιωτικοί που πήδηξαν από τα κρεβάτια των νοσοκομείων τους για να φτάσουν στην Κύπρο για να σώσουν τους Τούρκους συγγενείς τους, το 1974, γνώριζαν τον ορισμό του Γκίμπονς. Σελίδα είκοσι δύο από το πρώτο του βιβλίο, αφηγείται την ιστορία της Φερχάν, της κόρης του Φερρού Τζαμπάζ. Η Φερχάν ήταν 5 ετών όταν είδε τον πατέρα της να σκοτώνεται από έναν ένοπλο της Ε.Ο.Κ.Α., και είναι τα λεγόμενα της που διαβάζει ο Τούρκος αναγνώστης. Υπάρχουν μερικές σελίδες ρητορικής από αυτή τη γυναίκα που περιγράφει το θάνατο του πατέρα της. Μπορεί να πει στον αναγνώστη ότι δεν θα ξαναζήσει ποτέ με τους Έλληνες, και τι ψέματα λέμε ακόμα, και δεν είχαμε ζήσει ποτέ καλά μαζί. Ο πατέρας της βγήκε από το σπίτι του το 1958, και ένας ένοπλος περπάτησε πίσω του, και τον πυροβόλησε ήρεμα στο κεφάλι πριν φύγει, και γιατί πυροβολήθηκε; Για να δούμε, σύμφωνα με τα ίδια τα λόγια της Φερχάν.

> 'Πρώτα, ήταν Τούρκος, και οι Ελληνοκύπριοι μισούσαν τους Τούρκους και το έκαναν ακόμα. Δεύτερον, δούλευε για τους Βρετανούς, και οι Ελληνοκύπριοι μισούσαν τους Βρετανούς, και ίσως εξακολουθούν να το κάνουν. Και υπήρχε και κάτι ακόμα. Κατά τη διάρκεια της ημέρας ο πατέρας μου υπηρέτησε τους Βρετανούς. Τη νύχτα εργάστηκε για το ΤΜΤ, μεταφέροντας όπλα σε μικρούς θύλακες Τούρκων, ώστε να μπορούν να αμυνθούν ενάντια στην ΕΟΚΑ. Οι Έλληνες το ανακάλυψαν και το εκτέλεσαν.'

Έχεις τη συμπάθειά μου, Φερχάν, αλλά η εκτέλεση είναι η λέξη, δίκαιο παιχνίδι για τους θείους μου, νομίζω. Αυτό ήταν το 1958, ο πατέρας σου πολεμούσε ενάντια στο Ε.Ο.Κ.Α. Τι ήθελε;

Έτσι, πάω πίσω στην κορυφή του βράχου της Αφροδίτης και δεν μπορούσα να βοηθήσω αλλά κοίτα που σκαρφάλωσα, μόλις τρεις μήνες νωρίτερα, εκείνο το βράδυ του Αυγούστου. Στεκόμουν στο περβάζι κοιτάζοντας το θάμνο που πέρασα και σκεφτόμουν, σκατά. Ήξερα ότι δεν είχα σύρει τη σημαία πάνω από το θάμνο, αλλά είχε περάσει από αυτό, έτσι δεν μπορούσα να πιστέψω πού έψαχνα. Μια ολίσθηση και ήταν μια πτώση δέκα μέτρων κατ' ευθείαν κάτω στην παραλία με βότσαλα. Στάθηκα εκεί για λίγα λεπτά εξετάζοντας τον περιττό κίνδυνο που είχα πάρει. Κούνησα το κεφάλι μου και είπα στον εαυτό μου με ένα αχνό χαμόγελο.

«Ηλίθιο κάθαρμα». Τι όμορφη μέρα ήταν, ο ήλιος έλαμπε και ο άνεμος ήταν φρέσκος. Κοίταξα κάτω στο βράχο της Αφροδίτης, με τα κύματα να σπάνε και να χορεύουν γύρω από τη βάση της, ακόμα να σκέφτονται, μια μέρα. Υπήρχαν δύο τουρίστες στη σύνοδο κορυφής, ένας πατέρας με την έφηβη κόρη του, έτσι σκέφτηκα να τους ρωτήσω αν θα μπορούσαν να βγάλουν μια φωτογραφία με το βράχο στο παρασκήνιο.

«Μιλάς αγγλικά;» Ρώτησα το κορίτσι.

«Ναι», απάντησε με αγγλική προφορά.

«Θα σε πείραζε να με φωτογραφίσεις με την κάμερά μου;» Εγώ την ρώτησα.

«Σίγουρα», απάντησε.

«Θέλω να βγάλω μία με το βράχο της Αφροδίτης στο παρασκήνιο», του είπα.

«Αυτός είναι ο βράχος, έτσι δεν είναι;»

«Όχι, είναι εκεί έξω», είπα δείχνοντας το βράχο έξω στη θάλασσα.

«Είμαι σίγουρος ότι αυτός είναι ο βράχος», απάντησε.

«Όχι, αυτός είναι, είμαι σίγουρος ότι είναι. Γράφω ένα βιβλίο για αυτόν τον τόπο», είπα, το οποίο ήταν εν μέρει αλήθεια. Τότε σκέφτηκα για το μύθο, και σε αυτόν που στεκόμασταν δεν θα μπορούσε να κολυμπήσει γύρω.

«Υπάρχει ένας μύθος ότι αν κολυμπήσετε γύρω από το βράχο τρεις φορές κάτω από μια πανσέληνο τα μεσάνυχτα», διέκοψε.

«Θα γνωρίσεις την αληθινή σου αγάπη».

«Όχι, νομίζω ότι λέγεται ότι θα ζήσεις για πάντα», της είπα. Η αποδοκιμασία της για την ερμηνεία μου του μύθου ήταν εμφανής.

«Δεν ξέρω αν θα ήθελα να ζήσω για πάντα», είπε κοιτάζοντας πέρα από την άκρη.

«Δεν ξέρω», απάντησα, καθώς κοίταξα την άκρη ο ίδιος. «Υπό τις σωστές συνθήκες μπορεί να είναι ωραία». Σκέφτηκα την ερμηνεία του μύθου και αποφάσισα ότι δεν φαινόταν σωστό, καθώς η Αφροδίτη δεν ήταν μονογαμική. Ο πατέρας της σύντομα ήρθε μαζί μας, και ανακάλυψα ότι ήταν με το R.A.F. στην Κύπρο, και σύντομα αρχίσαμε μια συζήτηση για το βράχο.

«Ήμουν εδώ τον Αύγουστο και έβγαλα μια ελληνική εθνική σημαία 600 τετραγωνικών ποδιών από αυτόν», του είπα.

«Το είδα αυτό», είπε.

«Το είδες;»

«Ναι, σταμάτησα, ακριβώς εκεί πάνω», έδειξε εκεί όπου είχα δει τουρίστες να βγάζουν φωτογραφίες.

«Έβγαλα μια φωτογραφία του για την άλλη κόρη μου, είναι ενδιαφέρον», είπε.

«Μπορεί να ήσουν ένας από τους τουρίστες που είδα», είπα, δεν ήμουν σίγουρος για το αν έπρεπε να τον αποκαλέσω τουρίστα.

«Απλά σκέφτηκα ότι ήταν λίγο παράξενο», απάντησε, αναφερόμενη στη σημαία.

«Νόμιζες ότι ήταν παράξενο, ήμουν τρομερά εξαγριωμένος γι' αυτό», του είπα. «Και έτσι ένιωθαν και μερικοί άλλοι, οδήγησα έξω στη μέση της νύχτας και την τράβηξα κάτω», κοίταξε το βράχο για λίγο στη συνέχεια κοίταξε πίσω.

«Να ένας πιο γενναίος άνθρωπος από μένα», μουρμούρισε.

«Όχι, απλά θυμωμένος», του είπα πριν από την αποκάλυψη.

«Την πήρα σπίτι και έγραψα ένα βιβλίο γι' αυτή». Τότε κατάλαβα πως θα ακουγόταν αυτό, και πρόσθεσα, «Την έφερα πίσω και την έβαλα κάπου λιγότερο υποκριτικά».

«Πού την έβαλες;» ρώτησε.

«Σε ένα από τα παλιά κρησφύγετα της eoka», του είπα.

«Ω, ω! Ποιο από τα δύο;» ρώτησε λίγο απότομα.

«Γιατί ρωτάς; Δεν θα την βγάλεις, έτσι;»

«Όχι, μας λένε να μείνουμε έξω από τις κυπριακές υποθέσεις», είπε, καθώς τον κοίταξα γνωρίζοντας ότι μπορούσε να μου το πει αυτό, αλλά οι Βρετανοί είχαν το λάθος χέρι στις κυπριακές υποθέσεις για πάρα πολύ καιρό.

«Είναι στα παλιά κεντρικά γραφεία στον Κύκκου», αποκάλυψα, χωρίς να εμπιστεύομαι τον λόγο που ρώτησε. Όσο για μένα αυτή η σημαία είναι τοποθετημένη στην καρδιά της Κύπρου, και είναι ελληνική, δεν είναι ακριβώς η σημαία μας πια. Ήδη ένιωσα ότι οι Βρετανοί προσπάθησαν να πνίξουν τον Έλληνα από τον Ελληνοκυπριακό λαό. Ας δούμε πώς συνέχισαν μετά τη διαίρεση της Κύπρου.

Να πάμε στην αναφορά του Πάκαρντ; Θυμάμαι την αναφορά. Οι Βρετανοί δεν θα το είχαν κυκλοφορήσει ποτέ όσο ο Μακάριος ήταν ζωντανός. Η έκθεση αυτή δημοσιεύθηκε στην Guardian, μια σεβαστή αγγλική εφημερίδα, τον Μάιο του 1979, δύο χρόνια μετά το θάνατό του και, περίπου δεκαέξι χρόνια μετά την υποτιθέμενη εξαφάνιση είκοσι ενός νοσοκομειακών ασθενών από το Γενικό Νοσοκομείο Λευκωσίας. Δεν υπήρχαν τεκμηριωμένες πληροφορίες στην παρούσα έκθεση για μια τέτοια καταδικαστική δήλωση. Δεν υπήρχαν πρωτοσέλιδα για να το συνοδεύει. Μόλις ανέφερε μια "μέχρι στιγμής μυστική αναφορά" και δήλωσε ότι ο Διοικητής του Ναυτικού Μάρτιν Πάκαρντ, ο οποίος είχε την έδρα του στη Μάλτα, είχε σταλεί στην Κύπρο για να εντοπίσει αγνοούμενους από τα Χριστούγεννα του 1963.

Ένα από τα πρώτα καθήκοντα του Πάκαρντ ήταν να προσπαθήσει να ανακαλύψει τι είχε συμβεί στους Τούρκους ασθενείς του νοσοκομείου. Μυστικές συζητήσεις πραγματοποιήθηκαν με τον Έλληνα υπουργό.....φαίνεται ότι το ελληνικό ιατρικό προσωπικό είχε κόψει τους λαιμούς των Τούρκων ασθενών όσο ήταν ξαπλωμένοι στα κρεβάτια τους. Τα σώματά τους φορτώθηκαν σε ένα φορτηγό και μεταφέρθηκαν σε ένα αγρόκτημα βόρεια της πόλης όπου έβαλαν τα σώματα τους σε μια μηχανή και τα έριξαν στο χώμα.

Στα αρχικά αγγλικά

One of Packards first tasks was to try to find out what had happened to the Turkish hospital patients. Secret discussions took place with a Greek minister.....it appeared that the Greek medical staff had slit the Turkish patients Throats as they lay in their beds. Their bodies were loaded on to a truck and driven to a farm north of the city where they were fed into mechanical choppers and ground into the earth.

Τώρα, σύμφωνα με τον Γκίμπονς, αυτό ήταν σύμφωνα με το Σχέδιο Ακρίτας. Το Σχέδιο Ακρίτας δεν λέει τίποτα ούτε για τη δολοφονία των Τούρκων, πόσο μάλλον για την παραγωγή λιπασμάτων από αυτούς. Δεν μπορώ παρά να το γελοιοποιήσω γιατί μια αναφορά είναι το μόνο που υπάρχει, μερικά εκατοστά σε μια αγγλική εφημερίδα. Θεέ μου, πως αρέσει στους Βρετανούς να χρησιμοποιούν τον Τύπο, φαίνεται ότι το μεγαλύτερο μέρος της τουρκικής προπαγάνδας προέρχεται από αυτούς. Κάντε μια άλλη ανάγνωση του. Δεν είναι μόνο ένα μεγάλο απόσπασμα, όπως είμαι βέβαιος ότι υπάρχουν συχνά, αλλά τι βάρβαρο πράγμα για να κάνει κανείς τον αγώνα του. Ωστόσο, ας δούμε τι μας λέει ο Γκίμπονς ότι συνέβη στο νοσοκομείο εκείνη την ημέρα. Σε ευχαριστώ και πάλι Χάρι, στην σελίδα 113. Σχεδόν 100 σελίδες μακριά από εκεί που έβαλε την αναφορά του Πάκαρντ.

Το ίδιο απόγευμα, παραμονή Χριστουγέννων, οι 21 Τούρκοι ασθενείς εξαφανίστηκαν στο Γενικό Νοσοκομείο Λευκωσίας.

Ένας αυτόπτης μάρτυρας, ένας μη Κύπριος νοσοκόμος, είπε αργότερα ότι μια ομάδα οπλισμένων Ελλήνων πέρασε από τους θαλάμους ζητώντας τους Τούρκους ασθενείς.

Πολλοί αναρρώναν από χειρουργικές επεμβάσεις. Οι ένοπλοι τράβηξαν πίσω τις κουβέρτες και τα σεντόνια και έσκισαν τους επιδέσμους.

Ενώ οι ασθενείς ούρλιαζαν ή λιποθυμούσαν, οι νεοφερμένοι είπαν μειλίχια ότι ενεργούσαν με βάση τις πληροφορίες ότι οι ασθενείς έκρυβαν τα όπλα κάτω από τους επιδέσμους τους.

Οι 21 τους απήχθησαν και δεν τους ξαναείδαν ποτέ.

Στα αρχικά αγγλικά

That same afternoon, Christmas Eve, the 21 Turkish in-patients in Nicosia General Hospital disappeared.

An eyewitness, a non-Cypriot nurse, said later that a group of armed Greeks went through the wards asking for the Turkish patients.

Many were recovering from surgical operations. The gunmen pulled back the blankets and sheets and ripped off the bandages.

While the patients screamed or fainted, the newcomers blandly remarked that they were acting on information that the patients were concealing weapons beneath their bandages.

The 21 were taken away and never seen again.

Αυτή είναι μια λίγο διαφορετική ιστορία, έτσι δεν είναι;[1] Επομένως, προς τι η ψεύτικη έκθεση που διέρρευσε πέντε χρόνια μετά τη διάσπαση μας και, δεκαέξι χρόνια αργότερα, θεωρώντας ότι οι Βρετανοί είχαν κρατήσει τη σφαγή του Σχολείου Κύκκου κρυφή, υπάρχουν 150 αγνοούμενοι που δεν τους ανησυχούν, πράγμα που δεν θα σήμαινε καμία συμφιλίωση. Φαίνεται ότι οι Βρετανοί, όπως ο Γκίμπονς, θα μας άφηναν καταραμένους για να μας κρατήσουν χωρισμένους από τη γη μας.

Αυτό είναι ένα απεχθές πράγμα που έκανε στους ανθρώπους μου!

Πίσω στην συζήτηση μου στον βράχο, ο κύριος μου είπε ότι ήξερε ποιο κρησφύγετο όπως ανέφερε την κόρη του. Του είπα για το βιβλίο του Γκίμπονς που χρησιμοποιούσα για την έρευνα, και του είπα επίσης για το τελικό συμπέρασμά μου για το βιβλίο.

«Οι Βρετανοί μας καταράστηκαν με το διαιρεί και βασίλευε!» αλλά δεν ήταν μόνο για το διαιρεί και βασίλευε, ήταν για τη διχοτόμηση.

«Ξέρεις ποιος ήταν στη χώρα όταν ανέβηκε η σημαία;» Τον ρώτησα, δεν φαινόταν να ξέρει και του το είπα.

«Ο Έλληνας αξιωματικός πληροφοριών από το πραξικόπημα του '74», σκέφτηκα ότι θα είχε μια ιδέα για το τι μιλούσα. Τον κοίταξα και συνέχισα.

«Ο Πρόεδρος Κληρίδης ήξερε ότι ήταν εδώ, αφού συσσώρευσε όπλα, και πυραύλους από τη Ρωσία», νομίζω ότι είδε την εικόνα.

«Γνωρίζατε ότι πέταξε με το R.A.F. κατά τη διάρκεια του πολέμου;» είπε, αναφερόμενος στην πολεμική ιστορία του Κληρίδη.

«Και καταρρίφθηκε πάνω από τη Γερμανία!» Τελείωσα, και τον κοίταξα σαν να μην είχε σημασία.

«Είναι ακόμα Έλληνας», είπα, και συνέχισα. «Ρωσικά αεροπλάνα χάνονται πάνω από την Κύπρο», κοίταξε κατευθείαν στο στήθος μου για λίγο πριν φύγει.

«Γιατί όχι;» Είπα. «Τα κίνητρα είναι σωστά και στις δύο πλευρές, ακόμη και τα οικονομικά», είπα τρίβοντας τον δείκτη με τον αντίχειρα μου.

«Είναι λυπηρό», είπε, πράγμα που νομίζω ότι ισχύει, γιατί πρέπει να έχουν σημασία τα χρήματα;

«Χμμ δεν είναι τόσο άσχημα», απάντησα, δεν αισθάνονται πολύ ένοχοι γι' αυτό.

Σύντομα επέστρεψα στους νονούς μου στη Λεμεσό, άλλαξα για την πτήση για το σπίτι, και πέρασα λίγο χρόνο χαλαρώνοντας μαζί τους, πριν πάρω το ενοικιαζόμενο αυτοκίνητό μου πίσω, και πάρω ταξί για την Λάρνακα, με έναν πολύ χαρούμενο οδηγό. Έφτασα στο αεροδρόμιο και άραξα με ένα κουτί μπύρας στο σαλόνι αναχώρησης λίγες ώρες νωρίτερα, νιώθοντας ένα αίσθημα τεράστιας εξάντλησης λόγω του συναισθηματικού rollercoaster που βρισκόμουν.

Χαλάρωσα στα καθίσματα, αλλά χρειαζόμουν κάποια συζήτηση. Μίλησα με τους δύο τουρίστες που κάθονται απέναντι μου, είναι οι μόνοι άνθρωποι γύρω.

«Ωραίες οι διακοπές σας;»

«Υπέροχες», ο άνθρωπος απάντησε με ένα μεγάλο χαμόγελο και μια σκωτσέζικη προφορά.

«Πρώτη φορά έξω;»

«Όχι», κοίταξε τη σύζυγό του για να επιβεβαιώσει πόσες φορές είχαν ταξιδέψει, στη συνέχεια γύρισε πίσω σε μένα και είπε.

«Περίπου η δέκατη φορά μας».

«Σας αρέσει τότε», είπα με ένα χαμόγελο.

«Ω ναι», απάντησε με ένα κλείσιμο του ματιού και ένα χαμόγελο. Μιλήσαμε για το πόσο ωραίο είναι αυτό το μέρος. Υπάρχει αναμφίβολα μια συγγένεια που οι Ελληνοκύπριοι γενικά αισθάνονται με τον βρετανικό λαό. Αλλά δεν μπορώ παρά να αισθανθώ ότι αυτή η συγγένεια και η εμπιστοσύνη που επέδειξαν οι Ελληνοκύπριοι στη βρετανική κυβέρνηση είχε καταχραστεί. Χθες το βράδυ ξάπλωσα στο κρεβάτι σκεπτόμενος τις αλλαγές στον εαυτό μου, τους τελευταίους μήνες, και ακόμη και τις τελευταίες έξι εβδομάδες, όταν οι αλλαγές ήταν οι μεγαλύτερες. Σκεφτόμουν ένα σωρό email που είχα στείλει, ένα στα Σλαβομακεδονικά, και ένα άλλο σε έναν Τούρκο. Δεν ήταν ένα email που θα μπορούσα να γράψω πριν αρχίσω τίποτα από αυτά. Απλά δεν ήμουν εγώ. Χθες το βράδυ δούλευα στο κεφάλαιο 7 και δεν μπορούσα να πιστέψω ότι το έγραφα. Νιώθω πολύ πιο ευθυγραμμισμένος με τον τρόπο σκέψης του ξαδέλφου μου. Είναι αλήθεια. Αυτό το ξύπνημα είναι τόσο αληθινό. Δεν ξέρω αν κάποιοι Έλληνες ξέρουν πόσο φανατικοί και ρατσιστές μπορεί να φαίνονται κατά καιρούς, αλλά αυτό δεν είναι κριτική. Καταλαβαίνω από πού προέρχεται από τώρα, περισσότερο από ποτέ. Για μένα, αν δεν ήταν αυτό το βιβλίο, δεν θα προσπαθούσα καν να το εξηγήσω, είτε δεν θα ήξερα πώς, ή δεν θα ήμουν σε θέση, ή ίσως δεν θα το έβλεπα στον εαυτό μου. Συνειδητοποίησα τότε την έκταση αυτού που έγραφα. Αν το βρετανικό τμήμα ψυχολογικού πολέμου ξέρει πώς αισθανόμαστε, και πρέπει να υποθέσω ότι το κάνουν, θα μπορούσαν εύκολα να σχεδιάσουν την διχοτόμηση της Κύπρου ήδη από το 1957, ή πιο πριν, και να την έχουν οργανώσει ως μακροπρόθεσμο σχέδιο. Ξέρουν την ιστορία μας, και πόσο αδύναμοι είμαστε σε αυτήν.

Καθώς περπατούσα μέσα από το σαλόνι αναχώρησης, παρατήρησα αμέσως ότι ο πίνακας πληροφοριών είχε αναδιαρθρωθεί. Ήταν πολύ πιο κατατοπιστικός, και οι φωτογραφίες που ήταν μέχρι τον Αύγουστο είχαν αντικατασταθεί με πιο κατάλληλα αποκόμματα εφημερίδων. Έσκυψα για να διαβάσω ένα φυλλάδιο κυβερνητικής προπαγάνδας. Εντυπωσιάστηκα με τον εαυτό μου. Έβαλα την Τουρκία να καταρτίσει τα σχέδια διχοτόμησης του 1966, λόγω των σφαγών του 1963, αλλά με τη δημοσίευση του Σχεδίου Ακρίτας. Το φυλλάδιο έλεγε το 1965. Έτσι, υποθέτω ότι κανείς δεν ήθελε να ασχοληθεί με το Σχεδίου Ακρίτας, το οποίο κατάλαβα, καθώς δεν θα ξέρουν πώς

Το μόνο μέρος της Κύπρου για το οποίο ο βρετανικός στρατός είχε αμυντικό στόχο το 1974 ήταν το αεροδρόμιο Λευκωσίας, απειλώντας τον τουρκικό στρατό με αεροπορικές επιδρομές εάν προσπαθούσαν να το πάρουν. Δεν μπορώ παρά να πιστεύω ότι οι Βρετανοί ήθελαν απλά να βεβαιωθούν ότι έπαιζαν το παιχνίδι σωστά.

Κάποιος δημοσίευσε στην κυπριακή ομάδα συζήτησης δηλώνοντας πρόσφατα ότι οι εξετάσεις DNA των σύγχρονων Ελλήνων και Τούρκων είχαν δείξει ότι ήταν ακριβώς το ίδιο. Απάντησα στον συγγραφέα και τους είπα ότι με τα χρόνια, ακόμη και τις λιγότερες προσμίξεις, μετά από τόσα χρόνια συνύπαρξης αυτό θα ήταν πάλι δυνατόν. Αλλά υπάρχει μια πολύ μεγάλη διαφορά μεταξύ Ελλήνων και Τούρκων, και είναι πραγματική. Δεν μπορώ να περιγράψω πόσο αληθινό είναι για τον εαυτό μου, και αυτή είναι η αίσθηση της ιστορίας μας, αλλά το να πούμε ότι δεν είναι τίποτα περισσότερο από ένα συναίσθημα θα υποτιμούσε τη δύναμη αυτού.

Καθώς έψαξα μέσα από ένα κατάστημα δώρων στο σαλόνι αναχώρησης, συνάντησα ένα μικρό βιβλίο τσέπης για την Κύπρο για δύο λίρες και το αγόρασα για να διαβάσω όλα όσα θα έπρεπε να είχα διαβάσει πριν από χρόνια. Γνωρίζω εδώ και πολύ καιρό ότι υπήρξαν και άλλες δημοσιεύσεις που δείχνουν ότι οι Βρετανοί ενθάρρυναν τον Μακάριο να διαλύσει τη συνθήκη του 1960 τα Χριστούγεννα του 1963. Όσο για μένα, δεν το λέω μόνο αυτό, αλλά περισσότερο. Σκεφτείτε τον Πέτρο, τον Υπεύθυνο Πληροφοριών της R.A.F. από το 1963, και τα στιγμιότυπα, και τον ίδιο τον Κουμσάλ, και τη σφαγή της Σχολής Κύκκου. Διάβασα σε αυτό το μικρό φυλλάδιο δύο λιβρών ότι ορισμένοι πολιτικοί ζήτησαν από όλες τις πλευρές να ανοίξουν, και να είμαστε ειλικρινείς, για το τι έχουν κάνει. Όσο για την Κύπρο, και όλους τους Κύπριους, θα ήταν η καλύτερη λύση, αισθάνομαι αρκετά σίγουρος τότε ότι θα πήγαινα ελεύθερα στην Κερύνεια το επόμενο καλοκαίρι. Αλλά δεν μπορεί να συμβεί. Οι βρετανικές κυρίαρχες βάσεις εμπίπτουν άμεσα στη διοίκηση του βρετανικού στρατού. Αυτό δίνει στη βρετανική κυβέρνηση πλήρη άρνηση.

Έχω ακούσει ότι η Κύπρος αποκαλείται συναισθηματικό πρόβλημα, και είναι, επειδή ο βρετανικός στρατός έχει χειραγωγήσει τα συναισθήματά μας, τόσο των Ελληνοκυπρίων όσο και των Τουρκοκυπρίων, ενώ χρησιμοποιεί τους ηπειρωτικούς ανθρώπους και των δύο πολιτισμών. Η μη συμφιλίωση, όπως θα ήξερε ο Μακάριος, το να είσαι αρχιεπίσκοπος σημαίνει ότι δεν υπάρχει συγχώρεση. Αυτό έχει πολύ μεγαλύτερες συνέπειες για μια κοινότητα, και οι Τουρκοκύπριοι θα το θυμούνται, καθιστώντας αδύνατο για εμάς να ζήσουμε μαζί. Ενώ έχουμε το T.R.N.C. που διαφημίζει τον Μακάριο ως ένα είδος αντίχριστου, ο οποίος θα αναστατώσει πολλούς Ελληνοκύπριους, και ξέρω γιατί τώρα. Ο Γκίμπονς μας είχε ήδη καταραστεί στην Τουρκία από τα τέλη της δεκαετίας του 1960, ευτυχώς η τελευταία του προσπάθεια είναι τόσο αξιολύπητη, όχι μόνο με την διχοτόμηση, αλλά νομίζω ότι δείχνει ότι η προκατάληψη του τον έχει τυφλώσει. Ένα λιγότερο στοχαστικό άτομο, σίγουρα θα άφηνε τους Ελληνοκύπριους καταδικασμένους για πάντα, πράγμα που με ανησυχεί. Θέλω μια ειρηνική λύση στο κυπριακό πρόβλημα, όλοι το κάνουμε, αλλά το χρειαζόμαστε τώρα, έχουμε υποφέρει αρκετά. Αλλά ξέρω ότι δεν θα συμβεί, ή είναι πιθανό να συμβεί, όπως πάνε τα πράγματα.

Δεν μπορώ να πιστέψω το χρονοδιάγραμμα αυτού του βιβλίου. Βρίσκω τον εαυτό μου να αυτό σχεδόν την ίδια στιγμή που έχω ανησυχία για το 1963, για την νύχτα των Χριστουγέννων και το επόμενο πρωί. Ο Μακάριος, αυτή τη στιγμή, θα έδειχνε ακόμα τον Τούρκο επόπτη γύρω από το σπίτι του και, σε λίγες ώρες, θα έδινε τον τίτλο της Κύπρου πίσω στους Βρετανούς. Δεν μπορώ παρά να ρίξω ένα δάκρυ γι' αυτό, γνωρίζοντας το αυτό, και νιώθω σαν να ήμουν εκεί όλο αυτό τον καιρό. Τριάντα πέντε χρόνια πριν σαν σήμερα ήταν η τελευταία φορά που οι Έλληνες της Κύπρου στάθηκαν μαζί ως λαός, τώρα έχω ένα δάκρυ στο μάτι μου. Όταν ο Μακάριος επέστρεψε την Κύπρο στα βρετανικά χέρια, αν και δεν του είπαν ποτέ κατάμουτρα ότι δεν θα την έπαιρναν, ήταν το τέλος ενός ονείρου για τον λαό μας, και κανείς δεν το ήξερε αυτό περισσότερο από τον Μακάριο. Πολλοί άνθρωποι απλά δεν το ήξεραν ποτέ. Ακουγόταν τόσο χαρούμενος από τα λεγόμενα του Γκίμπονς, μιλώντας μαζί του μετά την επιστροφή των Τούρκων νοσοκόμων εκείνο το πρωί, πριν οι Βρετανοί του πουν για την απόρριψή τους. Ο Γκίμπονς έγραψε ότι ο Μακάριος κοιτούσε θετικά την ειρήνη καθώς παρακολουθούσε τα δέντρα και τα κτίρια, και το τοπίο, κάτι που μου έδωσε την εντύπωση ενός ανθρώπου που ένιωθε ανακουφισμένος από ένα βαρύ φορτίο. Πόσο συντετριμμένος πρέπει να ήταν αργότερα. Πιθανότατα ήξερε για τη Σχολή Κύκκου, και θα έπρεπε να το κουβαλήσει ο ίδιος, για τον λαό, και ταυτόχρονα θα ήξερε τι προσπαθούσαν οι Βρετανοί μετά από αυτό.

Εδώ ένιωσα ότι έπρεπε να γράψω λίγα λόγια για την υπεράσπιση του πρώην προέδρου μας, του Κληρίδη. Δεν βρήκα απολύτως τίποτα που να δικαιολογεί την τουρκική προπαγάνδα εναντίον του. Πέρασα μεγάλο μέρος του χρόνου μου γράφοντας αυτό το βιβλίο νομίζοντας ότι επρόκειτο να είναι μια επίθεση σε αυτόν και την κυβέρνησή του. Αλλά καθώς το ταξίδι μου προχωρούσε, ανακάλυψα ότι ο σκοπός αυτού του βιβλίου ήταν να φτάσει στην αλήθεια και, καθώς πλησίαζα αυτή την αλήθεια, ένιωσα πιο αμυντική σε αυτούς τους ίδιους ανθρώπους. Ήμουν σε σύγχυση όμως ως προς το τι χρησιμοποίησα στα πρώτα κεφάλαια. Τα έχω διαβάσει τώρα και βρίσκω τον εαυτό μου ακόμη και να διασκεδάζω με τον άνθρωπο που ήμουν τόσο πρόσφατα. Στην πραγματικότητα, συμφωνώ, κατά κάποιο τρόπο, με τους παλιούς Κρητικούς. Αν και ξέρω ότι ο παππούς μου δεν θα ντρεπόταν για μένα και, αν είχα μάθει τη γλώσσα, ξέρω σίγουρα ότι δεν θα ήμουν σε θέση να γράψω αυτό το βιβλίο, ίσως, ήταν γραφτό να γίνει. Αλλά η αντιπολίτευση ήταν πραγματική, είχα μια επιλογή, και δεν θα μάθαινα τη γλώσσα χωρίς αγάπη.

Τελευταία λόγια, δεν το πιστεύω. Ο τίτλος ειδήσεων για μένα στις 24 Δεκεμβρίου 1998 ήταν 'Θετικά ψηφίσματα πληρούν τις προϋποθέσεις για την ακύρωση πυραύλων'. Περισσότερα άχρηστα κομμάτια χαρτιού που πιθανώς καταρτίζονται από τους ίδιους ανθρώπους που προκάλεσαν αυτό το πρόβλημα. Έχω ανησυχία για την Ελλάδα μέσα από το τελευταίο μέρος αυτού, αλλά ξέρω ότι είναι το πώς μας κρατούν τώρα, και οι άνθρωποί μας έχουν πιάσει το δόλωμα, και φέρνουν περισσότερες ελληνικές σημαίες. Γνωρίζω ότι η Τουρκία θα απειλήσει την Ελλάδα αν τα πράγματα πάνε άσχημα για αυτούς στην Κύπρο, επομένως η Τουρκία πρέπει να σκεφτεί ότι τα πράγματα θα μπορούσαν να πάνε άσχημα για αυτούς. Αισθάνομαι πολύ καχύποπτος για αυτήν την τρέχουσα κατάσταση, ειδικά με την πρόσφατη άνοδο του ελληνικού εθνικισμού στην Κύπρο, την οποία απλά δεν καταλαβαίνω. Ξέρω ότι ήταν μια κυβερνητική σημαία που έβγαλα από το βράχο. Το ερώτημα που κάνω τώρα είναι, ποια κυβέρνηση την έδωσε; Επιτρέψτε μου να το κάνω πιο απλό, τα Χριστούγεννα του 1963, ο κόσμος νόμιζε ότι σφάξαμε Τούρκους για την ένωση, μια ένωση με την Ελλάδα. Το 1974 ο κόσμος παρακολουθούσε το πραξικόπημα μας και παρόλο που απέτυχε, οι Τούρκοι είχαν τον Γκίμπονς να τα ονομάζει 'Αρχεία Γενοκτονίας' για να κρεμάσει σε μας, και πάλι αυτό υποτίθεται ότι ήταν για ένωση. Αυτή τη στιγμή έχουμε ένα αμερόληπτο χέρι που φτάνει για να μας βοηθήσει, και είναι ένα χέρι που μπορεί να βοηθήσει, τη Ρωσία, αλλά ποιος βάζει ελληνικές εθνικές σημαίες πάνω από τον εθνικό μας θησαυρό;

Ο Κυπριακός λαός στο σύνολό του υποφέρει συνεχώς σε αυτήν την κρίση. Ο λαός μου δεν γνωρίζει πώς αισθάνεται η τουρκική καρδιά απέναντί τους και καταρρέει με την ελπίδα της συμφιλίωσης. Η απάντηση του Ντενκτάς στην ακύρωση των πυραύλων ήταν να απαιτήσει την αναγνώριση του αυτοαποκαλούμενου κράτους του, του T.R.N.C. Θα στραγγαλίσουμε τη ζωή από αυτό που ονομάζετε Τουρκική Δημοκρατία της Βόρειας Κύπρου, και θα συνεχίσουμε να στραγγαλίζουμε. Αλλά η αλήθεια είναι, καθώς στριμωχνόμαστε, η μοίρα του τέλους μας γίνεται όλο και πιο επικείμενη, με την εισροή εποίκων. Η έρημος είναι στεγνή, αλλά το φύλλωμα εξακολουθεί να αυξάνεται.

Δεν μπορώ να μην αισθάνομαι για τον εαυτό μου ότι υπήρχαν δύο μεγάλα λάθη που έκαναν οι Βρετανοί με τα παιχνίδια τους, και το πρώτο ήταν να μην βλέπουν το τέλος του ψυχρού πολέμου, και την ικανότητα της Ρωσίας να ασκήσει πίεση στην περιοχή, αν είναι απαραίτητο, αν ποτέ βρει το θάρρος να την πάρει. Η Βρετανία διατηρεί τις Κυρίαρχες Βάσεις της επειδή ζούμε με φόβο, και συνεχίζουμε να κρατάμε ανοιχτή τη θέση αυτού του αντιπροέδρου, για έναν Τουρκοκύπριο, σαν να πρόκειται να συμβεί σε αυτή τη γενιά ή την επόμενη. Αυτή είναι η κατάσταση που μας άφησε η Βρετανία, κρατώντας ένα άχρηστο σύνταγμα, μια σπασμένη σημαία, και, ακόμη χειρότερα, μια διαιρεμένη χώρα, για τα δικαιώματά της εγκατάστασης. Η πραγματικότητα που βλέπω είναι ότι το παιχνίδι που ξεκίνησε πάνω από σαράντα χρόνια πριν είναι ακόμα σε εξέλιξη. Οι Βρετανοί κάνουν με αυτοπεποίθηση μακροπρόθεσμα σχέδια στην Κύπρο, ενώ οι Κύπριοι υποφέρουν καθημερινά. Με όλη την απάτη και την προδοσία, που όλοι μας έδειξαν, ήρθε η ώρα να πάρουμε τη μοίρα μας στα χέρια μας.

Το δεύτερο λάθος που έκαναν ήταν να υποτιμήσουν τη δύναμη των προγόνων μας. Έχω νιώσει τόσες παράξενες δυνάμεις ενώ έγραφα αυτό το βιβλίο. Έχω αμφισβητήσει τη λογική μου πολλές φορές, και η λογική μου δεν ήταν υπό αμφισβήτηση, αλλά η ακεραιότητα των άλλων ήταν. Δεν μπορούσα να καταλάβω γιατί η δύναμη ήταν τόσο ισχυρή όμως, όταν έγραφα εναντίον του λαού μου, όπως ήμουν στην αρχή, αν και όλη την ώρα ήξερα ότι έγραφα μόνο για αυτούς τους ίδιους ανθρώπους. Ήταν μια πολύ δύσκολη στιγμή για μένα, αλλά, φυσικά, δεν θα είχα πάει ποτέ στην πρεσβεία του T.R.N.C. διαφορετικά και εδώ, δίνω στους Κύπριους την αλήθεια. Τους είπα μετά την πρώτη μου τηλεφωνική συνομιλία μαζί τους να μην καταχραστούν το όνομα του Μακαρίου, καθώς οι νεκροί μπορούν να μιλήσουν, απλά έπρεπε να κοιτάξεις με τον σωστό τρόπο, στις πράξεις τους όσο ήταν ζωντανοί, και η φωνή τους θα ερχόταν σε σένα σαν λέξεις σε μια ταφόπλακα. Και μου έδωσαν ένα βιβλίο γεμάτο συζητήσεις μαζί του. Ευχαριστώ για το βιβλίο, αλλά μόνο γι' αυτό θα σε ευχαριστήσω.

Πρέπει να ζητήσω από τη διεθνή κοινότητα να λάβει υπόψη το βιβλίο του Γκίμπονς για να κατανοήσει την εξαπάτηση και το βάθος του προβλήματος. Πρέπει επίσης να κατανοήσουν ότι η Κύπρος είναι διχασμένη από αυτό το πρόβλημα. Όχι ότι θα το λέγαμε στους τουρίστες, κάτι που σημαίνει ότι υποφέρουμε σιωπηλά. Είμαστε παγιδευμένοι σε έναν εφιάλτη που δεν είναι δικός μας. Οι άνθρωποι μπορούν να δουν τη γραμμή που χωρίζει το νησί μας ως ακριβώς αυτό, μια γραμμή, επιτρέψτε μου να πω στον κόσμο, στους Κύπριους, στον εαυτό μου, που είναι σαν συρματόπλεγμα τυλιγμένο γύρω από τις καρδιές μας.

Για μένα, τα τελευταία μου λόγια είναι η ονειροπόληση μου στον Κάτω Πύργο. Οι φίλοι μου ανησυχούν για μένα τελευταία, τους λέω για τα βήματα στην άμμο. Έχω πει σε κάποιους ότι η Αφροδίτη χόρευε για μένα στην παραλία του Κάτω Πύργου ενώ ονειρευόμουν. Θα πάω πίσω στο ξενοδοχείο την άνοιξη και θα ρωτήσω αν κάποιος άλλος έμενε εκεί, αλλά ξέρω ότι δεν έμενε κανείς. Δεν με νοιάζει ποιος με πιστεύει. Οι πατημασιές είναι στη μνήμη μου, και χορεύουν στην καρδιά μου. Σκεφτόμουν αυτό που ήθελα να δω να γίνεται για τους νεότερους Κύπριους που θα μας ακολουθήσουν και είδα ένα μεγάλο γιοτ σε πλήρη πλεύση, έξω και πάνω από τον κόλπο, με το πλήρωμα των Κυπρίων, και να πλέει χωρίς τίποτα άλλο πέρα από τον αέρα, που θα το ονομάσω, 'Το Πνεύμα της Κύπρου'.

Η αλλαγή μεταξύ αυτού, και της τελευταίας μου λέξης, μπορεί να αντικατοπτρίζει μόνο αυτό που αισθάνομαι ότι αντιμετωπίζουμε για να φτάσουμε σε αυτό το όνειρο. Τα τελευταία μου λόγια πρέπει να λειτουργήσουν ως απάντηση στα τελευταία λόγια του Χάρι Σκοτ Γκίμπονς, ο οποίος υποθέτω ότι ζει κάπου στην περιοχή της Κερύνειας, πιθανώς στην ελληνική γη. Αυτές είναι οι δύο τελευταίες παραγράφους του βιβλίου του, Τα Αρχεία Γενοκτονίας, του Γκίμπονς και η τελική λύση του T.R.N.C. στο Κυπριακό πρόβλημα. Αφού γράψω για το πώς θα πρέπει η Κύπρος να επιτρέπεται να λειτουργεί ανεξάρτητα κάτω από την τουρκική πτέρυγα, διαιρώντας το νησί μας για πάντα. Είναι αυτός που δηλώνει τώρα την πορεία που πρέπει να ακολουθήσει ο εθνικός μας αγώνας. Πρέπει να πω στον κόσμο ότι η τελική τους λύση δεν είναι αυτή που μπορούμε να δεχτούμε.

Και η Νότια Κύπρος, η Ελληνική Κύπρος, μπορεί να κάνει τα όνειρά της πραγματικότητα. Να ενταχθεί στην Ευρωπαϊκή Ένωση και να ενωθεί με την Ελλάδα που φαίνεται να είναι η επιθυμία κάθε Ελληνοκύπριου.

Σε καταριέμαι, Γκίμπονς! Ξέρεις ποιος είμαι, και ξέρεις την καρδιά μου, και τώρα σε ξέρω. Ποτίστε τα λουλούδια σας αλλά μην κάνετε οποιαδήποτε μακροπρόθεσμα σχέδια στην Κύπρο και ακόμη και στην ταφή. Δεν ξέρεις τίποτα για τον Ελληνοκύπριο λαό, και αυτό είναι το κύριο πρόβλημά σου από τότε που ξεκίνησες αυτή την έρευνα, δεν έχεις καμία κατανόηση για εμάς. Σε κατηγορώ για το θάνατο του παππού μου, Γκίμπονς. Ναι, νομίζω ότι αυτοκτόνησε. Σας καταριέμαι, καθώς καταράστηκες τον καθένα μας, το παιδί μεγάλωσε! Ο Γκίμπονς τελειώνει με:

Γνωρίζω ότι αυτή η λύση θα χλευαστεί. Αλλά είμαι ρεαλιστής. Έχω πάει στην Τουρκία αρκετές φορές κατά τη διάρκεια της συγγραφής αυτού του βιβλίου. Ξέρω πώς σκέφτονται οι πολιτικοί και ο στρατός. Και μπορώ να το πω αυτό χωρίς τον φόβο της αντίφασης από αυτούς. Ούτε η Ελλάδα ούτε η Ελληνική Κύπρος θα μπορέσουν να πάρουν ποτέ τον έλεγχο της Τουρκικής Βόρειας Κύπρου. Όχι χωρίς να πάμε σε πόλεμο με την Τουρκία. Και να τον κερδίσουμε!

Τότε ας είναι. Ήχησαν τα τύμπανα που σηματοδοτούν το τέλος της εποχής σου στην Κύπρο, για σένα, Ντενκτάς, και αυτή τη σκύλα που αποκαλείς T.R.N.C. Αναρωτιέμαι πόση αλήθεια ξέρεις. Αναρωτιέμαι αν θα μπορέσεις να κοιτάξεις τον Ζέκι κατάμουτρα, και αυτός είναι που θα σε αφήσει, και το τέλος της συζήτησης του κεφαλαίου 12, πριν καν νιώσω τους προγόνους μου. Ο Ζέκι αναμφίβολα θα επικοινωνήσει μαζί σου.

«Γιατί μισούν τόσο πολύ; Δεν ξέρουν ότι είναι ανθυγιεινό για κάθε πολιτισμό;»

«Δεν ξέρεις τον Ζέκι;»

«Όχι, πες μου!»

«Πραγματικά δεν ξέρεις;»

«Όχι, σε παρακαλώ, πες μου!» παρακάλεσε.

«Δεν ξέρεις την ιστορία μας, Ζέκι;»

«Ω, ω! Ο Αλέξανδρος ο..». Τον διέκοψα.

«Όχι, Ζέκι! Η ιστορία μας! Έχετε εγκατασταθεί στη γη των προγόνων μας, και αυτή είναι μια χώρα όπου κανένας άνθρωπος δεν πρέπει να χαλαρώσει όταν συγκεντρώνονται οι Έλληνες!»

Υποσημείωση
σε Δεκατέσσερα

Τελείωσα να γράφω πάνω από ένα μήνα πριν και θα ξεκινήσω αυτή την υποσημείωση με μια ομιλία που έγινε στη βρετανική Βουλή των Κοινοτήτων από τον κ. R.H.S. Crossman, μέλος του Coventry Ανατολής, 1954. Έχουν βρεθεί κατάλληλες λέξεις για αγγλικές λέξεις που δεν μεταφράζονται άμεσα και δίνεται ένδειξη*.

Νομίζω ότι όλοι θέλουμε να ακούμε τον αξιότιμο βουλευτή του Bury St. Edmunds (κ. Aitken) πιο συχνά σε αυτό το Σώμα. Σκέφτηκα ότι αυτό που είπε ήταν εξαιρετικά διδακτικό και, αν μου επιτρέπετε*, θα επαναλάβω αυτό που είπε. Έδωσε τρεις λόγους για να σταθεί σταθερός στην Κύπρο. Πρώτον, ήταν σημαντικό για τη στρατιωτική μας ασφάλεια. Δεν θα μπορούσαμε να ενθαρρύνουμε* πράγματα όπως η εθνική ανεξαρτησία όπου διακυβεύεται η στρατιωτική μας ασφάλεια. Δεύτερον, είπε ότι οι εκλογές που έρχονται εναντίον μας προφανώς δεν αντιπροσωπεύουν τη βούληση του λαού. Εάν, ως αποτέλεσμα ενός δημοψηφίσματος, ή των εκλογών, κάποιος πάρει το λάθος αποτέλεσμα, πρέπει να εκπαιδεύσει τον λαό. Τρίτον, είπε ότι πρέπει να παραμείνουμε, διότι ήταν καλό για την Κύπρο να βρίσκεται υπό βρετανική κυριαρχία.

Αναρωτιέμαι γιατί ο κύριος αυτός και μερικοί από τους φίλους του είναι τόσο αντίθετοι σε ορισμένες ενέργειες της Σοβιετικής Ρωσίας; Σε τι αντιτίθενται; Εδώ έγκειται η αρχή ότι, όσον αφορά τη στρατιωτική ασφάλεια, έχουμε το δικαίωμα να καταλαμβάνουμε μια χώρα, όποια και αν είναι η εθνική της ιδιότητα, να αγνοούμε όλα τα δημοψηφίσματα ή τις εκλογές, και να λέμε σε αυτούς τους ανθρώπους ότι είναι καλό για αυτούς να βρίσκονται υπό την εξουσία μας. Αναρωτιέμαι ποιον πιστεύουμε ότι εξαπατάμε. Ποιον πιστεύουμε ότι εξαπατάμε με όλες αυτές τις γελοίες ανακοινώσεις και αυτή τη συζήτηση από την άλλη πλευρά; Αναρωτιέμαι ποιος θα εξαπατηθεί από τη δήλωση του Υπουργού για όλα τα καλά που έχουμε κάνει για την Κύπρο και πώς θέλουμε πραγματικά να τους δώσουμε την αυτοδιοίκηση – αλλά, φυσικά, να μην τους αφήσουμε να κάνουν αυτό που θέλουν να κάνουν. Όχι, τους δίνουμε όλα τα άλλα και τους αρνούμαστε αυτό που πραγματικά θέλουν.

Αυτό συμβαίνει εδώ και πολύ καιρό. Μας είπαν εκείνοι απέναντι από το δρόμο ότι αυτό το νησί δεν ήταν ποτέ υπό ελληνική κυριαρχία. Συμβαίνει να είναι το μόνο ένα από τα εκατοντάδες νησιά στην Ελλάδα που δεν είναι μέρος της Ελλάδας κανονικά. Δεν είναι μέρος της Ελλάδας, επειδή ο Disraeli το αντάλλαξε με τους Τούρκους το 1878. Έγινε μέρος της Βρετανίας το 1878, και πίστευε ότι ως αποικία της Βρετανίας θα πάρει την ανεξαρτησία, αλλά είχε ως αποτέλεσμα η βρετανική αποικία να στερηθεί την ανεξαρτησία και την ένωση που λαμβάνουν όλα τα άλλα ελληνικά νησιά. Στους Κύπριους λέμε: «Είναι όλα για το καλό σας. Σε ξέρουμε καλύτερα απ' ό,τι ξέρεις τον εαυτό σου». Ακόμα και όταν υπό τη μεγάλη επιρροή αυτής της Μητρόπολης παραμένουν πεισματικά πεπεισμένοι για το παράπονό τους και παραμένουν υπέρ της ένωσης, αισθάνονται Έλληνες. Είναι Έλληνες –ακόμα και τότε οι κύριοι μου λένε: «Όχι, όχι, κύριοι-- με χρόνο και προσπάθεια θα σας διδάξουμε να μην είστε Έλληνες».

Πόσο συχνά στην αποικιακή ιστορία μας έχουν πει το ίδιο πράγμα; Είναι ειρωνικό το γεγονός ότι ξεκινάμε το πρόβλημα στην Κύπρο την ίδια μέρα που έχουμε το ταπεινωτικό τέλος του προβλήματος στην Αίγυπτο. Επιτρέψτε μου να πω στους αξιότιμους κυρίους απέναντι ότι αυτή η υποχώρηση από την Αίγυπτο είναι ένα χάος.*

Κύριοι είπαν, «Θα είμαστε σκληροί. Δεν θα τα παρατήσουμε. Όσον αφορά την εθνική μας ασφάλεια, είμαστε σταθεροί - και 18 μήνες αργότερα μπήκαν στην αίθουσα συνεδριάσεων».*

Η οικογένειά μου και πολλοί άλλοι σύντομα θα ενταχθούν στις δέκα χιλιάδες. Ήταν ένα πολύ παράξενο συναίσθημα γνωρίζοντας ότι έγραφα για πραγματικά μέρη της ιστορίας της χώρας μου, όπως μάθαινα γι' αυτό. Μόλις ανέλυσα τα γεγονότα, με τα συναισθήματα που εμπλέκονται, όπως τα έμαθα στο τέλος ενός βιβλίου που έγραφα για να σταματήσω τους πυραύλους, και βρήκα τον εαυτό μου να τους καλεί. Η τελική απόφαση μπορεί να εξαρτάται μόνο από τους πολιτικούς. Δεν μπορώ να πάρω πίσω καμία από τις δυνάμεις που ένωσα κατά τη διάρκεια της συγγραφής του βιβλίου. Δεν θα το έκανα, είπα στον εαυτό μου ότι δεν μπορούσα, ήταν αληθινό. Την συγκέντρωση των προγόνων μου την έζησα μετά την επιστροφή μου από την Κύπρο αφού είχα ζήσει τα κεφάλαια 13 και 14. Και άλλον έναν, είχα αισθανθεί από τα πρώτα στάδια, μαζί με τον παππού μου. Ωστόσο, τόσες πολλές φορές αναρωτήθηκα αν όλα αυτά θα μπορούσαν πραγματικά να είναι, λαμβάνοντας υπόψη ότι η ζωή μου ήταν τόσο διαφορετική μόλις πριν από λίγους μήνες, και ακόμη και γνωρίζοντας ότι ήταν διαφορετική, το βρήκα δύσκολο να το πιστέψω. Ξάπλωσα στο κρεβάτι ένα βράδυ γράφοντας το τελευταίο κεφάλαιο και μέσα στην αναταραχή μου, απαίτησα ένα σημάδι, ένα φυσικό σημάδι των δυνάμεων που ένιωσα. Απαίτησα έναν οιωνό πριν προχωρήσουμε περαιτέρω λόγω των επιπτώσεων του βιβλίου και, αμέσως, μου ήρθε η ξεχασμένη μνήμη των βημάτων στην άμμο. Ξέρω τι είδα στην παραλία του Κάτω Πύργου, και αυτή τη στιγμή αυτά τα βήματα στην άμμο είναι η άγκυρα μου, και κανείς δεν μπορεί να μου πει ότι δεν υπήρξαν ποτέ. Θυμάμαι που ήμουν θυμωμένος με τον εαυτό μου εκείνη την εποχή. Είχα διαβάσει πρόσφατα για τον Σωκράτη και ήξερα ότι θα κοιτούσε αυτά τα αποτυπώματα μέχρι που ο άνεμος θα έπαιρνε την άμμο, αλλά είχα τόσα πολλά στο μυαλό μου με την Κύπρο.

Ωστόσο, με ό,τι ξέρω ότι αντιμετωπίζω τώρα, χρειαζόμουν ένα τέτοιο σημάδι. Νιώθω σαν να ανακάλυψα τις πράξεις μιας πολύ απελπισμένης χώρας, αλλά δεν ήταν απλά μια απελπισμένη χώρα, ήταν πολύ χειρότερη ήταν μια απελπισμένη εγκατάσταση, μια κακή μηχανή. Αλλά συνεχίζεται μέχρι σήμερα, και θα ήθελα να πω αρκετά. Ακόμη και σήμερα στην Κύπρο, έχουμε γράψει στον ΟΗΕ ζητώντας τα πρόσφατα ψηφίσματα να εφαρμοστούν και καλώντας να παγώσει τις αγορές όπλων για να επιτρέψει στον ΟΗΕ να εφαρμόσει το ψήφισμα 12-18, το οποίο προτρέπει τον αφοπλισμό και από τις δύο πλευρές. Από την Άγκυρα, δεν υπάρχει απάντηση, και από το Λονδίνο έχουμε τον Ντέιβιντ Χάναι να λέει, «Ελιγμοί για τακτικό πλεονέκτημα αυτού του είδους, λέγοντας ότι είμαι ο καλός, έχω αποδεχθεί, ότι είναι οι κακοί, δεν έχει μετακινήσει ειλικρινά το Κυπριακό από το σημείο μηδέν για τριάντα πέντε χρόνια». Θέλει να αναγνωρίσουμε τα δικαιώματα των Τούρκων στην Κύπρο. Το δικαίωμά τους στη χώρα μας, δηλαδή, και νομίζω ότι εννοεί τις συνομιλίες του Λονδίνου τον Ιανουάριο του 1964, μετά την εξέγερση των Χριστουγέννων, όταν θέλαμε απλώς ένα σύνταγμα που θα λειτουργήσει. Τώρα θέλουμε πίσω τη χώρα μας. Το πρόβλημα που έχουμε εδώ είναι ότι η δική μου πλευρά, οι Κύπριοι, δεν θέλουν να μιλήσουν για τα Χριστούγεννα του '63, οπότε δεν μπορούμε να απαντήσουμε σε τέτοια σχόλια, γιατί δεν ξέρουν τι πήγε στραβά, ακόμα! Θα το κάνουν όταν το διαβάσουν αυτό και δεν θα είναι πολύ χαρούμενοι γι' αυτό. Λόγω περιστατικών όπως το Κουμσάλ, δεν θέλουν να μιλήσουν για την εξέγερση στην οποία συμμετείχαν πολλοί από αυτούς. Όσο για τους Τουρκοκύπριους πολιτικούς, ισχυρίζονται ότι το 17% δεν είναι μειονότητα, σε αντίθεση με το 83%, αλλά με την κατοχή της γης μας, νομίζω ότι πηγαίνουν στην ιδέα της κατοχής να είναι τα εννέα δέκατα του νόμου.

Κοιτάζω τον κόσμο γύρω μου και έχουμε ακόμα τόσους πολλούς πολέμους σε εξέλιξη για όλους τους λάθος λόγους. Όχι ότι νομίζω ότι πρέπει να τους πολεμάμε γενικά. Αλλά τι είδους κόσμο πρέπει να περιμένουμε όταν οι στρατιωτικές πωλήσεις είναι μία από τις ισχυρότερες κινητήριες δυνάμεις στο εμπόριο, μαζί με το πετρέλαιο, τα φαρμακευτικά προϊόντα, και εξίσου πρόσφατα με τις πυρηνικές βιομηχανίες. Ας επιστρέψουμε στο Βιετνάμ όταν ήμουν παιδί. Αυτό ήταν για μένα ένας πόλεμος με οικονομικά κίνητρα. Μερικές εταιρείες έκαναν δισεκατομμύρια. Υπάρχουν συγκρούσεις που αγωνίζονται σε όλο τον κόσμο, αλλά, είναι γνωστό, η μεγάλη επιχείρησή του τώρα, τα χρήματα έχουν γίνει μια νέα θρησκεία για πάρα πολλούς ανθρώπους, και η εξουσία διαφθείρει. Ενώ, όλη την ώρα, η κλεμμένη γη μας στην Κύπρο εγκαθίσταται και οι εκκλησίες μας μετατρέπονται σε κάτι μεταξύ τζαμιών και στυλό βοοειδών. Ο ίδιος ο Ντενκτάς διεκδικεί την Κύπρο εκ μέρους της Τουρκίας και έχει ένα γιο που έχει την ίδια ιδέα. Γνωρίζω ότι η Ευρώπη έχει κάνει ορισμένες πολύ θετικές κινήσεις για να προσπαθήσει να φέρει μια δίκαιη, ειρηνική λύση, με δράσεις όπως η διεκδίκηση της γης. Αλλά πίσω από την πλάτη μας, η βρετανική κυβέρνηση, τουλάχιστον γνωρίζω, έχει ήδη διαγράψει εκατοντάδες εκατομμύρια λίρες τουρκικού χρέους, γεγονός που μειώνει σημαντικά τα πολιτικά οφέλη που έχουν επιτευχθεί εξ ονόματός μας. Έτσι τώρα το βρετανικό κοινό πληρώνει για να κρατήσει αυτή την υποκρισία πηγαίνει, και δεν μπορώ να πιστέψω ότι άλλες χώρες δεν κάνουν το ίδιο. Πιστεύω ότι η Ευρώπη γενικά θέλει να μας βοηθήσει. Αλλά ποιος μπορεί, ή θα, αναιρέσει το κακό που έχει γίνει; Ένα από τα προβλήματα που είχα προς το τέλος του βιβλίου είναι ότι θα μπορούσα να βρω λίγα εναντίον των Ελληνοκυπρίων. Ξέρω ότι υπήρχαν όμοιοι του Νίκου Σάμσον, αλλά δεν εκπλήσσομαι που είχαν δυσαρέσκεια για τους Τούρκους κατά τη διάρκεια της εκστρατείας ανεξαρτησίας τους. Οι Έλληνες της Κύπρου δεν ήταν εξοικειωμένοι με μια τέτοια εξαπάτηση. Το Ε.Ο.Κ.Α. είπε ότι θα σκότωναν όποιον συνδέεται με τις δυνάμεις κατοχής. Μπορεί να ακούγεται σκληρό, αλλά ήταν ειλικρινής. Οι Βρετανοί ήταν γνωστό ότι θα έπαιρναν μέλη του Ε.Ο.Κ.Α. στους Τούρκους για διάθεση κατά τη διάρκεια της εκστρατείας '55-'59. Μπορείτε να φανταστείτε τι προκάλεσαν αυτές οι πράξεις στον ελληνικό λαό στο σύνολό του;

Όπως η Κύπρος ήταν πάντα Ελληνική, είμαστε οι Έλληνες της Κύπρου. Βρισκόμαστε σε ένα σημείο της ιστορίας μας όπου πρέπει να κάνουμε μια μνημειώδη απόφαση για την τύχη του νησιού μας. Ξέρω τι θα πω στους προγόνους μου όταν σταθώ μπροστά τους. Αλλά αυτό είναι απλά ένα βιβλίο, και τα βιβλία από μόνα τους δεν αλλάζουν τίποτα. Θέλω μια δίκαιη και ειρηνική λύση, αλλά θα τονίσω τη δικαιοσύνη. Πιστεύω ότι έχει να κάνει τόσο πολύ με τις ερωτήσεις που θέτουμε, και νομίζω ότι οι Κύπριοι πολιτικοί έχουν να θέσουν στον εαυτό τους ορισμένα πολύ σοβαρά ερωτήματα. Η αλήθεια είναι τόσο συχνά δύσκολο να έρθει από για περισσότερους από έναν λόγους. Μερικές φορές είναι απλά ότι η αλήθεια δεν είναι κάτι που μπορούμε να αντέξουμε να αντιμετωπίσουμε, έτσι ώστε με τη σειρά μας να γίνουμε ανέντιμοι με τους εαυτούς μας, για να σώσουμε τα συναισθήματά μας. Αυτή τη στιγμή, οι Βρετανοί και οι ΗΠΑ θέλουν να ξαναγράψουμε τα βιβλία ιστορίας μας. Φαντάζομαι ότι σε σχέση με τις σφαγές του 1963, και καθώς δεν μπορέσαμε να αποδείξουμε με κανέναν τρόπο ότι δεν ήμασταν εμείς, μέχρι τώρα, αυτό θα χώριζε την Κύπρο για πάντα. Τα παιχνίδια συνεχίζονται. Οι πολιτικοί μας έχουν να πάρουν σοβαρές αποφάσεις. Θα τους αφήσω να πάρουν ένα απόσπασμα από τον Σωκράτη για να συλλογιστούν. Κανείς δεν μπορούσε να πει ότι ήταν άνθρωπος του πολέμου, ή της βίας, περισσότερο της σοφίας. Ο Σωκράτης πίστευε ότι η αρετή ήταν γνώση, εξ ου και ο περίφημος ισχυρισμός του ότι 'ουδείς εκών κακός' πίστευε επίσης ότι πρέπει να ζούμε σε αρμονία με τη Φύση και να την ακούμε προσεκτικά.

Αν κάποιος είχε πραγματική γνώση της αρετής,
Από ό, τι είναι σωστό και καλό,
Τότε θα εκτιμούσε την αναγκαιότητα

Να ενεργεί σύμφωνα με τις γνώσεις του
Και να δρα ανάλογα!

15

Κεφάλαιο Δεκαπέντε

Έγραψα ότι η ζωή μου φαινόταν μια επιτομή της Κύπρου, αλλά τώρα είμαι στην ίδια κατάσταση με την Κύπρο. Και έχω ένα παρελθόν για το οποίο μπορεί να μην μου αρέσει να μιλάω, αλλά νιώθω ότι πρέπει, εξαιτίας αυτού του βιβλίου. Έτσι τώρα θα γράψω περισσότερα για τον εαυτό μου πριν κάποιοι προσπαθήσουν να εκμεταλλευτούν αυτό που μπορεί να θεωρηθεί ως παρελθόν μου, και να με σφάξουν στον Τύπο, όπως έκαναν στο παρελθόν με την Κύπρο. Η υποσημείωση και αυτό το κεφάλαιο είναι τα μόνα μέρη του βιβλίου που το βρετανικό στρατιωτικό κατεστημένο δεν γνωρίζει κατά τη στιγμή της σύνταξης. Είμαι σίγουρος ότι θα έχουν δει τα υπόλοιπα μέσω κάποιας διαρροής πηγής, οπότε γράφω αυτό το κεφάλαιο. Όταν συνειδητοποίησα ότι έπρεπε να γράψω αυτό όμως, κάτι συνέβη. Η δύναμη του βιβλίου μεγάλωνε, και συνέχισε να αυξάνεται, μέχρι που έγινε ένα μήνυμα προς την ανθρωπότητα, να αποκαλύψει μια προφητεία που θα εκπληρωθεί. Πράγματι, η μεγαλύτερη προφητεία δόθηκε στην ανθρωπότητα, οπότε δεν απολογούμαι για τις τόσες πολλές λεπτομέρειες.

Γεννήθηκα επτά λεπτά μετά από τις επτά τη νύχτα, την έβδομη ημέρα του Απριλίου, το 1962 το τέταρτο από τα επτά παιδιά, σε ένα συγκρότημα κατοικιών σε μια μικρή πόλη περίπου 60 μίλια βόρεια του Λονδίνου. Στην ηλικία των 11, ως παιδί κέρδισα υποτροφία για το δημόσιο σχολείο. Οι περισσότεροι γονείς θα ήταν ευχαριστημένοι με ένα τέτοιο κατόρθωμα, οι δικοί μου δεν ήταν, και δεν έλαβα καμία καθοδήγηση σε τίποτα, έτσι πήγα στο τοπικό κρατικό ολοκληρωμένο σχολείο. Υποθέτω ότι θα μπορούσε να έχω μια μικρή αρνητική στάση απέναντι στην εξουσία κατά τη διάρκεια της εκπαίδευσής μου, αν και δεν το πίστευα. Οι ξυλοδαρμοί ήταν συνηθισμένοι σε αυτό το σχολείο, εκείνη την περίοδο, ήταν ο τρόπος τους να σε κρατήσουν σε σειρά, σε χτυπούσαν με ένα ραβδί. Την πρώτη φορά που μου συνέβη αυτό που θεωρούσα άδικη κράτηση, ρώτησα τι άλλη επιλογή είχα και μου είπαν ότι η μόνη άλλη επιλογή μου ήταν ο ξυλοδαρμός. Έτσι χαμογέλασα, και είπα ότι θα διαλέξω το χτύπημα, που ήταν κάτι λιγότερο παρεμβατικό στην εποχή μου και ο πόνος θα περάσει. Στην πραγματικότητα συνέβη έτσι. Στα δεκαπέντε, στο τελευταίο έτος του σχολείου μου, κατά τη διάρκεια των εξετάσεων για την πρακτική μου, τελείωσα τις εξετάσεις των μαθηματικών μου νωρίς. Ξέρω ότι δεν έπρεπε να το κάνω, αλλά έσπρωξα το χαρτί και το θρανίο μου όσο πιο μακριά μπορούσα από μένα, έβγαλα ένα βιβλίο από την τσάντα μου και το διάβασα. Ήταν αυτοβιογραφικό. Ήμουν αρκετά ανοιχτός για το τι έκανα και είχα ξεκαθαρίσει ότι είχα τελειώσει τις εξετάσεις μου. Ο δάσκαλος εν ώρα υπηρεσίας πήρε το βιβλίο και μου είπε να το πάρω από το γραφείο του όταν τα χαρτιά ήταν μέσα, πράγμα που έκανα όπως έφυγα. Πριν πάω στην έξοδο, ο δάσκαλος μου τηλεφώνησε, και με ρώτησε τι μου έδωσε το δικαίωμα να πάρω πίσω το βιβλίο; Του είπα ότι έκανα ό,τι μου είπε και ήταν ιδιοκτησία μου. Μου είπε να του παραδώσω το βιβλίο. Αρνήθηκα με την αιτιολογία ότι ήταν προσωπική μου ιδιοκτησία, η οποία τώρα δεν προκάλεσε κανένα αδίκημα σε κανέναν, και οι ενέργειές του δεν ήταν τίποτα λιγότερο από μοχθηρές. Με πήγε στον διευθυντή που ζήτησε το βιβλίο μόνο μια φορά, και αρνήθηκα. Με απέβαλαν επ' αορίστου. Τότε ήμουν υπό επιτήρηση. Με συνέλαβαν για διάρρηξη. Ένας φίλος με πήγε σε ένα κλαμπ και μπήκαμε από ένα παράθυρο που είχε αφήσει ανοιχτό καθώς ο πατέρας του δούλευε εκεί. Είχα διαβάσει πρόσφατα ένα γράμμα στους γονείς μου που έλεγε τους ότι οι δικαστικοί επιμελητές έρχονταν μέσα σε μια εβδομάδα, έτσι εκμεταλλεύτηκα πλήρως την κατάσταση. Άγνωστος στο φίλο μου πήρα αρκετά χρήματα για να καλύψω τους δικαστικούς επιμελητές. Ο υπεύθυνος επιτήρησής μου τότε μου είπε ότι έπρεπε να επιστρέψω στο σχολείο, ανεξάρτητα από τις συνθήκες που είχαν τεθεί. Μου επετράπη να επιστρέψω μόνο με το σκεπτικό ότι έχασα τις εξετάσεις μου, και αυτό ήταν αποδεκτό από την υπηρεσία επιτήρησης.

Μέχρι τότε, ήμουν μπροστά στον δικαστή στο Δικαστήριο του Στέμματος μόνος μου. Η κατηγορία ήταν ληστεία. Ήμουν έξω με τον άντρα της μεγαλύτερης ξαδέλφης μου και άλλους δύο, χωρίς να ξέρω ότι θα διαπράξω κάποιο έγκλημα. Νόμιζα ότι θα πήγαιναν για ένα ποτό, και το επόμενο πράγμα που ήξερα ότι φεύγαμε από ένα βενζινάδικο χωρίς να πληρώσουμε, και ήξερα τότε ότι η νύχτα θα ήταν διαφορετική. Σκόνταψα και έπεσα στο παράθυρο, και όλοι συνελήφθησαν, και όταν ήρθε η ημέρα της απόφασης οι άλλοι πήγαν σε όλη τη διαδρομή προς το Ανώτατο Δικαστήριο στη συνέχεια δήλωσα ένοχος, ενώ πήγα αθώος με το αιτιολογικό ότι ήμουν ένας αθώος συνέταιρος. Είπα στο δικαστήριο ότι ο ξάδερφός μου κουβαλούσε τα πάντα. Το οποίο δεν ήταν αλήθεια, αλλά την ίδια στιγμή ήταν μια αποθαρρυντική πρόκληση, που ως 15 ετών μαθητής χειρίστηκα καλά, δεν ήμουν ένοχος μετά από μια πενθήμερη δικαστική υπόθεση, και ο δικαστής με περιφρονούσε πολλά χρόνια γι' αυτό. Έμαθα ότι οι δικηγόροι θα μπορούσαν να βρεθούν να ανακρίνονται όμως, όπως συνέβη σε τουλάχιστον μία περίπτωση, όταν έδωσα στοιχεία σε μια άλλη δικαστική υπόθεση και είδα έναν άνθρωπο να παίρνει μια ποινή φυλάκισης δεκαοκτώ μηνών για τις σκέψεις που είχε στο κεφάλι του.

Ένα χρόνο αργότερα, στα δεκαέξι, με έστειλαν σε ένα κέντρο κράτησης για τρεις μήνες με την κατηγορία της εγκληματικής ζημίας και της απόπειρας απόκτησης χρημάτων με εξαπάτηση. Ένα αυτοκίνητο χτύπησε μερικούς ανθρώπους καθώς επιτάχυνε έξω από μια λέσχη νεολαίας. Δεν το κλώτσησα ποτέ, και η αστυνομία ήξερε ότι δεν το είχα κάνει, αλλά με διάλεξαν για να με συλλάβουν. Με απάτη. Έδινα στοιχεία στο δικαστήριο για ένα φίλο, και ποτέ δεν είπα στο γραφείο ανεργίας ότι δεν ήμουν διαθέσιμος για δουλειά. Δεν καταδικάστηκα τόσο πολύ για εγκληματική βλάβη, ή για απάτη, αλλά περισσότερο για τα τριάντα λεπτά που καθυστέρησαν για την υπόθεση στο δικαστήριο. Η αστυνομία μου έστειλε ένα γράμμα που μου έλεγε ότι η ώρα μου στο δικαστήριο είχε αλλάξει. Πέταξα το γράμμα, και εμφανίστηκα εκείνη την ώρα, η οποία ήταν τριάντα λεπτά αργότερα. Ο δικηγόρος μου ήταν ξέφρενος γι' αυτό και μου είπε ότι αν δηλώσω ένοχος θα έπαιρνα τρεις μήνες φυλάκιση ή αν δήλωνα αθώος θα έπαιρνα έξι μήνες, αλλά δεν έχει σημασία τι, ήξερε, δεν θα μου επιτρεπόταν να φύγω απλά από το δικαστήριο, μόνο και μόνο επειδή ήμουν καθυστερημένος, και με περίμεναν. Τον εμπιστεύτηκα και επέλεξα τους τρεις μήνες.

Τα βρετανικά κέντρα κράτησης νέων ήταν τρομερά μέρη για να στέλνουν παιδιά. Σύντομη, απότομη, θεραπεία σοκ σε συνδυασμό με στυλ στρατιωτικής πειθαρχίας. Είχα υποστεί μερικούς ξυλοδαρμούς, αλλά κάθε μέρα έβλεπα παιδιά μόλις δεκατεσσάρων να ξυλοκοπούνται από κάποιους βίαιους αξιωματικούς. Είναι τόσο ο κανονισμός όσο και οι άνθρωποι. Κατά τη διάρκεια αυτής της εμπειρίας όμως, συγκινήθηκα από το χέρι της ζεστασιάς και της καλοσύνης ενός αξιωματικού της φυλακής, και της συζύγου του, και υποσχέθηκα στον εαυτό μου ότι θα ήταν αυτό το άγγιγμα που θα θυμάμαι. Τρεις εβδομάδες μετά την απελευθέρωσή μου, καταδικάστηκα σε άλλους έξι μήνες φυλάκιση για ληστεία με επίθεση. Αυτό πόνεσε. Οι άνθρωποι που είχα βγει για να πιώ μαζί τους, έναν ολόκληρο χρόνο νωρίτερα έδειραν έναν άνθρωπο, αλλά εγώ δεν βρισκόμουν πουθενά κοντά σε αυτό, και κράτησα τους άλλους μακριά λέγοντάς τους να μην έχουν καμία ανάμειξη με αυτό. Υπήρχε ένας συγκατηγορούμενος που ήταν ένοχος και, ο δικαστής που με περιφρονούσε, είπε στους ενόρκους να βρουν τον έναν όπως θα έβρισκαν τον άλλο. Έλαβα έξι μήνες ποινή με βάση το γεγονός ότι ήμουν στην περιοχή, όπως έδειχναν τα δικαστικά αρχεία. Αυτό με αναστάτωσε πολύ. Εδώ πέρασα μόνο τις δύο εξετάσεις μου, στα μαθηματικά και στα αγγλικά. Είχα Α χωρίς καν να μελετώ. Αλλά εκτός από αυτό, έμαθα ότι ο χρόνος μέσα ήταν χάσιμο χρόνου.

Μια εβδομάδα μετά την απελευθέρωσή μου από το κέντρο κράτησης, με πήρε η αστυνομία, μαζί με άλλους οκτώ σε ένα αυτοκίνητο Ford Anglia. Ήμουν στο αμάξι με ένα φίλο, στο δρόμο για το σπίτι του από μια συναυλία punk rock. Εννέα από εμάς σε ένα Ford Anglia, ένα μικρό αγγλικό αυτοκίνητο του 70, ακουγόταν αρκετά αστείο, αλλά ήταν μια νύχτα που θα είχε καταστροφικές συνέπειες για τη ζωή μου. Ήμουν σε θέση να μιλήσω γι' αυτό πέρυσι. Ήμουν δεκαεπτά χρονών. Στο αστυνομικό τμήμα ήμουν χωρισμένος μακριά από τους άλλους και μου είπαν να βγάλω τα παπούτσια και τις κάλτσες μου και να γδυθώ πάνω από τη μέση μου. Ήξερα τότε ότι είχα πρόβλημα. Μου είπαν να σταθώ με τα χέρια μου στον αέρα και να κοιτάξω τη γωνία ενός κελιού. Πέρασα πάνω από τρεις ώρες τρώγοντας ξύλο από τους τρεις αξιωματικούς εν ώρα υπηρεσίας. Μερικές φορές ήταν απλά γροθιές. Μερικές φορές με τα γκλομπ. Ο λοχίας στο γραφείο είχε την λεπτή δερμάτινη κάλτσα του γεμάτη άμμο.

Σκέφτηκαν ότι ίσως επειδή μόλις βγήκα από ένα κέντρο κράτησης, θα υπέγραφα μια ψεύτικη δήλωση λέγοντας ότι είχαμε εργαλεία αυτοκινήτων μαζί για να πολεμήσουμε τους ντόπιους. Τους ρώτησα στην αρχή αν θα μπορούσα να χρησιμοποιήσω την τουαλέτα, και μου είπαν ότι ήταν γεμάτη, γι' αυτό χρονομέτρησα την κατάσταση όσο καλύτερα μπορούσα. Μετά από περίπου τρεις ώρες τους είπα ότι θα υπογράψω την δήλωση μετά τη χρήση της τουαλέτας, ένα τσιγάρο, και ένα φλιτζάνι τσάι. Χρησιμοποίησα την τουαλέτα, ήπια το τσάι μου, και κάπνισα το τσιγάρο μου παίρνοντας τα πέντε λεπτά ανάπαυσης που ήταν αυτό που πραγματικά ήθελα. Αυτοί, με τη σειρά τους, έγραψαν μια δήλωση, την οποία αρνήθηκα να υπογράψω με το αιτιολογικό ότι επρόκειτο για ένα σωρό ψέματα. Ήταν μια τεταμένη στιγμή. Ήξερα τι να περιμένω. Αμέσως με έσυραν πάνω από το γραφείο και ξυλοκοπήθηκα περισσότερο. Μετά από αυτό, συνειδητοποίησαν ότι δεν επρόκειτο να συμβεί, και με άφησαν να ξαπλώσω στο πάτωμα του κελιού, αλλά με μια δάδα μπροστά στο πρόσωπό μου, και όταν γύρισα την πλάτη μου, με κλώτσησαν. Δεν ήταν εκείνη η νύχτα που με έσπασε εκείνη την εποχή όμως. Μπορούσα να δω τους ίδιους αξιωματικούς να μου χαμογελούν στο δικαστήριο όταν αποσύρθηκαν οι κατηγορίες, πράγμα που πόνεσε. Είδα την απόλυτη αποτυχία του κατεστημένου. Αλλά έμαθα πόσο πολύτιμα μπορεί να είναι πέντε λεπτά.

Μετά την υπόθεση, πήγα πίσω στο σπίτι ενός φίλου όπου άρχισαν να προετοιμάζουν βαρβιτουρικά, σύριγγες, και με ρώτησαν αν ήθελα να κάνω. Ήμουν γύρω από τα ναρκωτικά για μεγάλο χρονικό διάστημα, από τότε που ήμουν δεκατριών, όταν η μεγαλύτερη αδελφή μου μου είχε δώσει κάποιες αμφεταμίνες, ή speed, αφού μπήκα στην κρεβατοκάμαρά της, ενώ αυτή και ο φίλος της έκαναν χρήση. Ανησυχούσε μήπως το πω στους γονείς μας, και ποτέ δεν μου είπε τι ήταν, ή τι επίδραση θα είχε σε μένα. Αλλά ήμουν πολύ ενήμερος για την προσωπική ηθική μου, και είχα εξετάσει την ένεση, αφού είχα πάρει προηγουμένως πιο ελαφριά ναρκωτικά, ως εκ τούτου, πάντα αρνιόμουν ή έβρισκα έναν τρόπο να βγω από την κατάσταση. Καθισμένος εκεί όμως, εκείνη την ημέρα, έκανα στον εαυτό μου μια ερώτηση που είχα από πάντα μέσα μου, αλλά πάντα είχα μια απάντηση, γιατί όχι; Και σε εκείνο το σημείο της ζωής μου, μετά από αυτό που ένιωσα σαν μια ζωή κακοποίησης, δεν είχα κανένα λόγο, και δεν θα έβρισκα κανέναν λόγο για τα επόμενα τέσσερα χρόνια. Ήταν περίπου αυτή την εποχή όταν η γιαγιά μου μου ζήτησε να πάω στην Κύπρο και να κάνω την στρατιωτική μου θητεία, αλλά νομίζω ότι καταλαβαίνετε, και πάνω από ένα χρόνο νωρίτερα είχα ρωτήσει για το βρετανικό στρατό, αλλά το πρώιμο αδίκημα της διάρρηξης με σταμάτησε από αυτό. Ήταν επίσης περίπου εκείνη τη στιγμή που με συνέλαβαν για τη μεταφορά μιας σακούλας με αυτά τα ίδια βαρβιτουρικά. Δεν ήταν αναγνωρισμένα ως ναρκωτικά όμως, και ως εκ τούτου δεν είναι παράνομο να είναι στην κατοχή σου, αλλά επειδή είπα ότι πλήρωσα χρήματα, κατηγορήθηκα ότι βοήθησα την προμήθεια ναρκωτικών. Με αυτόν τον τρόπο, είναι σε θέση να με μαρκάρουν για πάντα ως κάποια μορφή εμπόρου ναρκωτικών, ο δικηγόρος μου μπορεί να καταθέσει σχετικά με αυτό και τα προηγούμενα θέματα, ο Neil Davidson, ένας άνθρωπος που αξίζει να αναφερθεί.

Ήταν περίπου εκείνη την εποχή που ήμουν στην πόλη με μερικούς φίλους. Μου είπαν για μία τσιγγάνα που χτύπησε την πόρτα τους το προηγούμενο βράδυ, προσφέροντας να πει τη μοίρα τους για ένα μικρής αξίας νόμισμα. Εξεπλάγησαν από την ακρίβειά της με αυτό που συνέβαινε στη ζωή τους, και εντυπωσιάστηκαν από τις τύχες που τους διηγήθηκε. Λίγο μετά συναντήσαμε εκείνη την κυρία στην πλατεία της αγοράς και με ενθάρρυναν να της μιλήσω. Είπε ότι είχε λίγο χρόνο, και συμφώνησε αν γέμιζα την παλάμη της με ασήμι. Της έδωσα δέκα πένες, και άρχισε να μου λέει ότι ήμουν διχασμένος ανάμεσα σε δύο αγάπες, και είχα επιλέξει την λάθος, το οποίο ήταν αλήθεια. Μετά μου είπε ότι είδε μεγάλα ιδρύματα στο εγγύς μέλλον μου, αλλά δεν μπορούσε να πει τι είδους ήταν, και μετά είπε κάτι που δεν περίμενα.

«Θα πεθάνεις νέος, δεν θα γεράσεις ποτέ, αλλά θα πεθάνεις πλούσιος για τη ζωή που θα έχεις ζήσει». Δεν είναι το είδος του πράγματος που περιμένει κανείς να ακούσει. Θα ήταν μια προφητεία που με στοιχειώνει για πολλά χρόνια, ειδικά με τις δοκιμασίες που επρόκειτο να ακολουθήσουν.

Ήταν επίσης περίπου αυτή την εποχή όταν μία από τους φίλους της μητέρας μου άρχισε να τηλεφωνεί και να με ρωτάει αν θα μπορούσα να της πάρω ένα πρόγραμμα αναπαραγωγής βίντεο. Της είπα την πρώτη φορά, και τη δεύτερη φορά, και την τρίτη φορά, «Όχι!» αλλά και πάλι καλούσε πίσω. Την ίδια στιγμή, είχα δύο φίλους που έτυχε να πουλάνε ένα πρόγραμμα αναπαραγωγής βίντεο, κλεμμένο. Η γυναίκα είχε παρέμβει στη ζωή μου τόσο πολύ που της είπα ότι θα το στείλω, και είπε όχι, έπρεπε να το φέρω. Απλά την εμπιστευόμουν πολύ. Έφτασα εκεί μισή ώρα νωρίτερα και, συνειδητοποίησα αργότερα, ότι δεν περίμενε να φτάσω εκεί καθόλου, μου την έστησε. Με έκανε να φύγω με το βίντεο και με συνέλαβαν στη γωνία από το σπίτι της. Όταν έφτασα στο αστυνομικό τμήμα, μου είπαν ότι οι πόρτες ήταν ανοιχτές, και αν τους έλεγα ποιος έκλεψε το βίντεο, θα μπορούσα να βγω κατευθείαν έξω χωρίς κατηγορίες. Όταν τους ρώτησα την εναλλακτική λύση, μου είπαν πέντε ημέρες σε ένα κελί, και μια προκαθορισμένη ποινή στο δικαστήριο, γι' αυτό ζήτησα μια εφημερίδα, καθώς παίρνω τις φιλίες μου στα σοβαρά. Η γυναίκα που μου την έστησε κατηγορήθηκε για κλοπή, και νομίζω ότι ήθελε μια εύκολη βόλτα. Στα τέλη Ιουνίου του 1980, αφού πέρασα δύο εβδομάδες στο Φεστιβάλ Του Ελεύθερου Στόουνχεντζ, όταν υπήρχε, ήμουν στο δικαστήριο μπροστά στον δικαστή που με περιφρονούσε. Καταδικάστηκα σε 6-24 μήνες εκπαίδευσης στη φυλακή Μπόρσταλ.

Το Γουέλινγκμπορο ήταν μια κατηγορία υψηλής ασφάλειας αναμορφωτήριο, και δεν περίμενα ένα στρατόπεδο διακοπών. Θυμάμαι να κάθομαι στο ιατρικό κέντρο περιμένοντας να εξεταστώ την επομένη της άφιξής μου, και είδα έναν εκπαιδευόμενο αφού κάποιος τον είχε χτυπήσει στο πρόσωπο με ένα φτυάρι. Αποφάσισα εκεί και στη συνέχεια ότι θα το πρώτο πρόσωπο για να με ωθήσει θα είναι αυτό που έχασα για δύο εβδομάδες. Μου πήρε δύο μήνες, αλλά το περίμενα όταν ήρθε. Ο ανόητος ήθελε να πάω στο ντους για να τον πολεμήσω. Ποτέ δεν κατάφερε να τελειώσει την ποινή του όταν με προκάλεσε. Σε πλήρη θέα όλων στην τραπεζαρία έγινα από ένας εξαιρετικά ήσυχος εκπαιδευόμενος που ήμουν μέχρι τότε, σε ένα λιοντάρι. Ήμουν ακουμπισμένος πίσω στο παράθυρο όταν με πλησίασε, με τέσσερις ή πέντε φίλους πίσω του, για να ρωτήσω αν ήθελα να τον ακολουθήσω στο ντους. Η απάντησή μου ήταν τρεις γρήγορες γροθιές στη μύτη για να του βάλω κάποια αστεράκια στα μάτια του, και όλη την ώρα στον κόσμο για ένα δικαίωμα, το οποίο ήρθε με όλο το σωματικό βάρος μου. Ήταν αρκετά διασκεδαστικό να τον βλέπουμε κυριολεκτικά να απογειώνεται προς τα πίσω. Μας πήγαν και τους δύο κατευθείαν στα κελιά, και του προσέφερα το χέρι μου πριν μας κλείσουν, στο οποίο άρχισε να γαβγίζει, αλλά αυτό ήταν το μόνο που ήξερα ότι θα έκανε από εκείνη τη μέρα. Το επόμενο πρωί, αντί για την αναφορά του συνηθισμένου κυβερνήτη για καυγά, βρέθηκα σε μια μικρή αναφορά. Ένας από τους αξιωματικούς του τμήματος μου ήταν μάρτυρας του συμβάντος και το φρόντισε. Τον ευχαρίστησα, και μου είπε ότι είχε παρακολουθήσει το όλο θέμα, ήξερε ότι έκανα αυτό που έπρεπε να κάνω, και ένιωσα ότι είχε δημιουργηθεί ένας αμοιβαίος σεβασμός εκείνη την ημέρα. Ήθελα να το ξεπεράσω όσο πιο γρήγορα μπορούσα, και όσο πιο ήσυχα μπορούσα, και ακόμα και οι αξιωματικοί θα ρωτούσαν γιατί ήμουν σε ένα αναμορφωτήριο. Ο πρώτος συγκάτοικός μου εξέτισε την ίδια ποινή για επτά ένοπλες ληστείες. Πήρα το πρώτο μου πτυχίο στην αυτοκινητοβιομηχανία όταν είχα τους καλύτερους βαθμούς που είχαν δει ποτέ. Ήμουν πάντα αυτός που έβγαινε έξω από τα κελιά για να τους κάνει τσάι το Σάββατο το απόγευμα. Αυτό σήμαινε ότι θα μπορούσα να καθίσω και να τους μιλήσω για λίγες ώρες. Υπάρχουν καλοί και κακοί παντού, και οι περισσότεροι από αυτούς ήταν καλοί άνθρωποι. Μπήκα σε μια εις βάθος συζήτηση με έναν αξιωματικό ένα βράδυ που οδήγησε στον Λόρενς της Αραβίας. Το πρόσωπό του πήρε μία έκφραση έκπληξης όταν τον διόρθωσα σε ένα σημείο, και του είπα ότι είχα μόλις ολοκληρώσει την ανάγνωση της πλήρους έκδοσης των *Επτά Μαξιλαριών της Σοφίας*. Ο Λόρενς ήταν σπουδαίος άνθρωπος, και ονειροπόλος, αλλά νομίζω ότι έκανε λάθος για το πεπρωμένο, και τίποτα δεν γράφτηκε. Πέρασα τον υπόλοιπο χρόνο μου εκεί δουλεύοντας στο παρεκκλήσι.

Ήμουν τώρα σχεδόν δεκαεννέα ετών, και πάρα πολύ ένας

μη-κομφορμιστής. Νομίζω ότι καταλαβαίνεις γιατί. Εδώ τρεις επιρροές επρόκειτο να εισέλθουν στη ζωή μου. Η Ντόουν, μια γυναίκα με την οποία θα περνούσα τα επόμενα πέντε χρόνια. Ο Στηβ, ή Custer όπως συνηθίζαμε να τον αποκαλούμε λόγω της μακριάς χρυσής χαίτης του, τον οποίο γνώρισα για πρώτη φορά στο Στόουνχεντζ τον περασμένο Ιούνιο, και ο Ρούντι, ένας Αυστριακός οπτικός, αν και θα ήταν μερικά χρόνια αργότερα όταν θα δημιουργούσε πραγματικά αντίκτυπο στον εαυτό μου. Πρόσφατα πήγα σε μια συναυλία με την Ντόουν και με ρώτησε πού ταιριάζει στη ζωή μου και της είπα ότι ήταν η ισορροπία που χρειαζόμουν σε μια εποχή που το χρειαζόμουν, και αυτό είναι τόσο αλήθεια. Ήταν επίσης η πρώτη γυναίκα που ένιωσα σαν να είχα κάνει έρωτα. Ο Στηβ ήταν άγριος, νέος και ελεύθερος, και τα πηγαίναμε καλά μεταξύ μας. Συνήθιζε να οδηγεί τη χώρα με την 750 κυβικών μοτοσικλέτα Yamaha του, και να φτιάχνει σταγόνες για έναν χημικό που έκανε μεθαμφεταμίνη. Ήταν μια υψηλής ποιότητας αμφεταμίνη, τύπου speed, και ήταν μια επιρροή στη ζωή του, όπως και στην δική μου. Θυμάμαι καλά αυτήν την εποχή. Ζούσα με την Ντόουν και τον τρίχρονο γιο της, τον Κρεγκ, και ήμουν ευτυχισμένος. Η Ντόουν είναι πέντε χρόνια μεγαλύτερη από μένα, αλλά την ίδια στιγμή δεν με έπνιξε ποτέ με την έννοια ότι μου επέτρεψε να κάνω αρκετά από αυτά που ήθελα να κάνω. Ήταν σαν να ήξερε ότι έβγαινε με ένα νεότερο άτομο και με άφηνε να μεγαλώσω με τον δικό μου τρόπο. Σε αντίθεση με πολλές σχέσεις που βλέπω συχνά, αργά ή γρήγορα, φαίνεται να κυριαρχούν ο ένας στον άλλον. Ζούσαμε σε ένα σπίτι δύο υπνοδωματίων απέναντι από τις μητέρες μου. Ο Στηβ πέθανε σε ένα ατύχημα με van στην ηλικία των 23 στις αρχές του 1984. Ήμουν 21. Ήταν περίπου την ίδια εποχή με τη γιαγιά μου, και με μερικούς άλλους φίλους του πέθαναν, όλοι μέσα σε έξι μήνες ο ένας από τον άλλο, αλλά ο θάνατός του ήταν να έχει το μεγαλύτερο αντίκτυπο στον εαυτό μου. Αποφάσισα μετά την αποτέφρωση ότι θα σταματούσα τις ενέσεις όπως ήμουν, και θα έπαιρνα ναρκωτικά όπως παλιά. Πήγα για ύπνο όπου έμεινα για δύο εβδομάδες σε κάποιο είδος πυρετού, με την Ντόουν συνεχώς να φροντίζει για μένα.

Λίγο μετά από αυτό το διάστημα, ο Ρούντι θα είχε αντίκτυπο στη ζωή μου. Ήταν ένας Αυστριακός Οφθαλμολογικός οπτικός, πολύ περήφανος για το γεγονός ότι ο πατέρας του ήταν συνταγματάρχης στα Ναζιστικά SS κατά τη διάρκεια του Β' Παγκοσμίου Πολέμου. Συχνά καυχιόταν για το πώς κάποτε είχε δύο χιλιάδες Εβραίους υπό τις διαταγές του. Ήταν τα λόγια του, όχι τα δικά μου. Μου πήρε σχεδόν δύο χρόνια για να καταλάβω ακριβώς τι εννοούσε λέγοντας για το λαμπατέρ από ανθρώπινες αποχρώσεις δέρματος, όπως συνήθιζε να το ονομάζει, και ναι, ήταν ένα φρικτό πλάσμα. Αλλά μου πρόσφερε δουλειά και δεν ήταν δουλειά στο εργοστάσιο, το οποίο ήταν το μόνο που μπορούσες να βρεις στην πόλη μου εκείνη την εποχή αν δεν είχες τους κατάλληλους βαθμούς. Τα εργοστάσια πλαστικών και καουτσούκ ήταν ευρέως διαδεδομένα εδώ. Δούλεψα σε ένα για τρεισήμισι μέρες. Δεν μπορούσα να καταλάβω πώς οι άνθρωποι μπορούσαν να επιλέξουν να περάσουν το ένα τρίτο της ζωής τους εκεί. Αλλά όταν η φτώχεια είναι συγγενής της δουλείας, οι επιλογές φαίνονται λιγότερες. Επέλεξα μια δύστροπη ζωή για λίγο και δεν το μετανιώνω καθόλου. Είχα όμως τρεις κατηγορίες για κλοπή σε καταστήματα εναντίον μου.

Ο Ρούντι μου έδωσε μια διέξοδο από όλα αυτά, και εκμεταλλεύτηκα πλήρως την ευκαιρία. Δούλευα για εξήντα λίρες την εβδομάδα στο εργαστήριο ενός καταστήματος οπτικών που ζήταγε κάποιον για πρακτική, που άνοιξε εκείνη την άνοιξη στην πόλη. Τα χρήματα δεν ήταν καλά, αλλά δεν ήταν τόσο τα χρήματα που με ενδιέφεραν. Την πρώτη μου μέρα στη δουλειά, έφτασα στις 9:00. Ο Ρούντι σύντομα τηλεφώνησε για να μου πει να πάρω 10 λίρες από το ταμείο, να του πάρω μερικά ναρκωτικά, και να του ετοιμάσω ένα μια ένεση όταν έφτανε στο αναρρωτήριο. Ένιωσα αδιαθεσία. Με χρησιμοποίησε και τον χρησιμοποίησα. Αυτό είναι το καλύτερο που μπορούσα να πω για την κατάσταση. Αλλά μέσα σε ένα χρόνο ήμουν έτοιμος να μετακομίσω σε άλλη εταιρεία, στο ίδιο επάγγελμα, και να επωφεληθώ από τις γνώσεις που είχα αποκτήσει. Ήξερα ότι ο χρόνος του Ρούντι είχε επέλθει όταν οι αξιωματικοί μετανάστευσης ήρθαν στο αναρρωτήριο για να του πουν ότι ήταν παράνομος. Έπρεπε να κλειδώσω την πόρτα της τουαλέτας ενώ καθόμουν στο πάτωμα για δέκα λεπτά, κρατώντας τη μύτη μου για να μη με ακούσει κανείς να γελάω. Ξεκίνησα μια άλλη δουλειά και απελάθηκα.

Όταν ήμουν 23, πήγα να δουλέψω σε ένα υποκατάστημα της Νόρβιλ ως τεχνικός. Ήταν τότε η μεγαλύτερη εταιρεία οπτικών στην Αγγλία, που βασίζεται σε ένα μεγάλο εργοστάσιο στο Γκλούτσεστερ, και έχει υπο-σταθμούς σε όλη τη χώρα, παρέχοντας φακούς επαφής, άκοπους ή τοποθετημένους. Αυτό ήταν μόνο στην αρχή των ημερών των καταστημάτων εξυπηρέτησης μιας ώρας στην Αγγλία. Μέχρι τώρα είχα την άδεια οδήγησης μου, ένα αυτοκίνητο, ο μισθός μου είχε αρχίσει να βελτιώνεται, αλλά το πιο σημαντικό για μένα αυτή ήταν μια καλή εταιρεία για να συνεχίσω αυτό που νόμιζα ότι ήταν η εκπαίδευσή μου, και έμαθα πολλά, ενώ ήμουν εκεί. Είχε ένα καλό εργαστήριο και τα πήγαινα καλά με τους συναδέλφους μου. Ο παλαιότερος τεχνικός είχε επίσης αρκετό χρόνο για να μου διδάξει τις ικανότητές του, κάτι που έκανε καλά, και μέσα σε ένα χρόνο ήμουν έτοιμος να προχωρήσω και πάλι. Όσο καλοί κι αν ήταν, ήξερα ότι δεν θα πήγαινα εκεί που ήθελα αν έμενα μαζί τους, και στα 24 μετακόμισα στο Κέιμπριτζ ως τεχνικός. Εδώ μου δόθηκε ένα καλό διάλειμμα από έναν πρώην υπάλληλο τον Νόρβιλ, ο οποίος ήταν τώρα ο διευθυντής παραγωγής αυτού του δεύτερου μεγαλύτερου οπτικού χονδρεμπόρα στη χώρα, και ήμουν στα κεντρικά γραφεία. Το έβρισκα βαρετό στην αρχή, να ασχολούμαι σχεδόν με την ίδια λεπτομέρεια κάθε μέρα, μέχρι το δεύτερο μήνα, όταν ο διευθυντής με πήρε στην άκρη και μου ζήτησε να δημιουργήσω ένα νέο τμήμα, να συνεχίσω στο νέο κτίριο στο οποίο η εταιρεία θα κινούταν σύντομα. Ήμουν στην κορυφή του κόσμου. Με πρόσεξαν.

Αλλά γύρω στα Χριστούγεννα, πήγα να δω το γιατρό μου, καθώς ανησυχούσα. Βλέπεις, παρόλο που παραλίγο να σταματήσω να παίρνω ναρκωτικά, ήταν ακόμα αυτό το κομμάτι που με ενοχλούσε. Του είπα ότι είχα τη συνήθεια να κάνω περιστασιακά ενέσεις με φίλους και μου είπε ότι αν δεν είχα ποτέ προβλήματα, με σοβαρούς εθισμούς, και ήμουν ευτυχισμένος στη ζωή μου, τότε δεν θα υπήρχε καμία βλάβη σε αυτό που έκανα. Δεν ήταν αυτό που ήθελα να ακούσω. Ο ηθοποιός Ροκ Χάντσον μόλις είχε πεθάνει. Θυμήθηκα να διαβάζω ως παιδί για το πόσα σπουργίτια προέρχονται από ένα ζευγάρι που αναπαράγεται, σε δέκα χρόνια, αν κάθε μία από αυτές τις αναπαραγωγές ήταν επιτυχής, και ανησύχησα. Κατά τη διάρκεια του επόμενου έτους σταμάτησα τις ενέσεις εντελώς, και αυτή τη στιγμή δεν ήταν ούτε μία φορά το μήνα. Συνήθως με κάποιους φίλους στην παμπ, επειδή είχα ένα αυτοκίνητο, και ο πειρασμός με ακολουθούσε.

Ήταν εκείνη την άνοιξη του 1986 που η Ντόουν, η οποία είχε μια βραδινή δουλειά δύο νύχτες την εβδομάδα σε ένα εστιατόριο μιας μαρίνας σκαφών, με ρώτησε αν με πείραζε αν δούλευε πέντε νύχτες την εβδομάδα. Της είπα ότι με την καλύτερη δουλειά μου, και την αμοιβή που συνοδεύεται, δεν χρειάζεται να δουλεύει τις επιπλέον ημέρες, και αυτό θα επηρέαζε τη σχέση μας. Πήρε τις επιπλέον ημέρες και άρχισε να έρχεται στο σπίτι από τη δουλειά αργότερα και αργότερα, και πήρα μια άλλη φίλη, αλλά ποτέ δεν το έκανα με τον σωστό τρόπο. Η Έλεν ήταν πολύ όμορφη για να της αντισταθώ, και δεν μπορούσα να αντισταθώ στον πειρασμό. Την πήγα στη δουλειά ένα πρωί και μου είπε ότι μόλις τελείωσε με μια φίλη μου, οπότε της ζήτησα να έρθει μαζί μου αμέσως. Αν και δεν μετανιώνω για τη σχέση μου με την Ντόουν, θα έπρεπε να είχε τελειώσει ένα χρόνο νωρίτερα κατ' εμέ όταν γνώρισα την Έλεν. Περνάγαμε τις νύχτες κλεμμένοι στην παραλία, και μοιραζόμασταν όνειρα που δεν έχω ξεχάσει ποτέ. Απλά ποτέ δεν ένιωσα ότι θα συγχωρεθώ για ό,τι επρόκειτο να συμβεί.

Τα Χριστούγεννα του 1986, ήμουν ένα ανερχόμενο αστέρι στην εταιρεία μου, αλλά η ζωή στο σπίτι μου θα μπορούσε να ήταν πολύ καλύτερη. Ποτέ δεν ήξερα πού πήγαιναν τα πράγματα με την Έλεν, αλλά ήξερα ότι τα πράγματα δεν πήγαιναν καλά για την Ντόουν και εμένα. Γύρω στον Οκτώβριο όμως, ένιωσα μια αλλαγή στο σώμα μου. Μια εβδομάδα με νυχτερινές εφιδρώσεις και ήξερα ότι το σώμα μου μου έλεγε ότι κάτι είχε συμβεί σε αυτό. Μου πήρε ένα μήνα για να πάω σε γιατρό και του ζήτησα να εξεταστώ για A.I.D.S.. Κάθισε πίσω και με γέλασε και μου είπε να φύγω και να το σκεφτώ για δύο εβδομάδες και μετά να επιστρέψω και να δω τη νοσοκόμα αν ήθελα ακόμα να κάνω μια εξέταση. Δύο εβδομάδες αργότερα η νοσοκόμα αρνήθηκε να πάρει το αίμα μου εξαιτίας αυτού που νόμιζε ότι ήταν ο παραλογισμός μου, σκεπτόμενος μπροστά τους. Κάλεσε το γιατρό και είπε το ίδιο πράγμα. Τους είπα ότι το θεωρώ δικαίωμά μου, και ότι έπρεπε να πάρουν το αίμα μου και να το εξετάσουν με αυτό το δικαίωμα, και δεν θα φύγω έως ότου το έκαναν. Είχα προκαλέσει μια μεγάλη σκηνή, αλλά δεν με ένοιαζε. Δύο εβδομάδες αργότερα καθόμουν μπροστά στον ίδιο γιατρό με ένα χαμόγελο στο πρόσωπό μου. Μόλις είχα αφήσει τη δουλειά σε κατάσταση σοκ. Έμαθα τα αποτελέσματα των εξετάσεων από τη νοσοκόμα από το τηλέφωνο. Κοιτούσα μια άλλη αποτυχία του κατεστημένου που μου έλεγε να κοιτάξω τη θετική πλευρά, καθώς είχα τρία χρόνια ζωής. Η Ντόουν ήταν αρνητική, και δεν είχα την καρδιά, ή τη δύναμη, να το πω στην Έλεν. Ήταν 18 και ποτέ δεν ήθελα να επηρεάσει τη ζωή της με οποιονδήποτε τρόπο. Υπήρχε τόσο μεγάλο στίγμα απέναντί σε αυτό εκείνη την εποχή, μια θετική διάγνωση σήμαινε μια κοινωνική, και κυριολεκτική, θανατική ποινή. Μέχρι το Πάσχα ζούσα μόνος και ευτυχής που εγκατέλειψα τη δουλειά μου για να κάνω ό, τι, ποτέ δεν ήξερα. Αλλά είχα μια άλλη προσφορά εργασίας από τον διευθυντή παραγωγής του Κέιμπριτζ ως τεχνικός για να βοηθήσω αυτόν και έναν συνεργάτη να δημιουργήσουν μια νέα εταιρεία μετά το φθινόπωρο. Πήρα ένα τριάντα πέντε τοις εκατό αύξηση εκ των αποδοχών από το Κέιμπριτζ ως τεχνικός εκείνο το έτος και βρήκα τον εαυτό μου να προσβλέπει περισσότερο στο αυτοκίνητο της εταιρείας μου από ό, τι προσέμενα για την ερχόμενη άνοιξη, την αγαπημένη μου εποχή του έτους. Κατά μία έννοια, χαίρομαι που συνέβη. Αργότερα στη ζωή μου, θα ήθελα να κοιτάξω πίσω και να εξετάσω την περίοδο της ζωής μου πριν από τη θετική διάγνωση μου ως την πιο εγωιστική στιγμή μου, όταν ποτέ δεν έδωσα στους άλλους στη ζωή μου την εκτίμηση που τους άξιζε. Για λίγο μετά, ήμουν σε κατάσταση σοκ. Ήμουν τότε το μόνο γνωστό θετικό στον H.I.V. πρόσωπο στην πόλη μου, που θα πήγαινε για να έχει το υψηλότερο P.P.C. των γνωστών περιπτώσεων στην Αγγλία, μόλις το δεύτερο στο Εδιμβούργο στη Μεγάλη Βρετανία. Δεν αισθάνομαι, και ποτέ δεν ένιωσα, δυσαρέσκεια για την κατάστασή μου, αν και αισθάνομαι εντελώς απογοητευμένος από το σύστημα εξαιτίας αυτού. Ο λόγος για τον οποίο η κατάσταση μου δεν αναφέρθηκε νωρίτερα στο βιβλίο είναι επειδή δεν έχει απολύτως καμία σχέση με την Κύπρο ή αυτή την πτυχή της ζωής μου. Πράγματι, όταν πρόκειται για την Κύπρο, είναι σαν να είχα δύο πολύ διαφορετικές ζωές και, αν και ξέρω ότι ο χρόνος που έχω περάσει εκεί ήταν πολύ λίγος, σχεδόν σαν να είχα βρει μια εντελώς νέα ταυτότητα τον περασμένο χρόνο, αλλά στα 24 η ζωή μου ήταν τώρα ακριβώς έτοιμη να ξεκινήσει, κατά μία έννοια, λόγω του ότι βγήκα θετικός στην εξέταση.

Είδα στην τηλεόραση πρόσφατα ότι ένας άλλο πρωτεύον, ένας χιμπατζής αυτή τη φορά, θεωρείται τώρα ως πιθανή αιτία του ιού H.I.V. Επιτρέψτε μου να σας πω τι διάβασα γι' αυτό σε ένα περιοδικό στην αίθουσα αναμονής του οδοντίατρού μου. Ήταν πριν από μερικά χρόνια τώρα και ήμουν πάρα πολύ ντροπιασμένος για να πάρω το περιοδικό. Αλλά διάβασα για έναν Αμερικανό ιατρικό επιστήμονα που εργάζεται για ένα 'ζωντανό' εμβόλιο κυττάρων για την πολιομυελίτιδα, η οποία κατασκευάστηκε από τα νεφρά ενός πιθήκου των Φιλιππίνων που βρέθηκε πολύ αργότερα να φέρει τον πραγματικό ιό, όχι έναν παρόμοιο ιό, αλλά τον ίδιο τον ιό H.I.V.. Περίπου είκοσι χρόνια αργότερα, στη δεκαετία του 1970, ο ίδιος επιστήμονας θα χρησιμοποιήσει μια παραλλαγή του ίδιου εμβολίου για μια θεραπεία έρπητα χορηγείται στην περιοχή του Σαν Φρανσίσκο σε ομοφυλόφιλους άνδρες. Ήταν κάποτε καθηγητής του Χάρβαρντ, και η Αμερικανική Υπηρεσία Τροφίμων και Φαρμάκων δεν το κοίταξε καθόλου. Αν υπάρχει κάποια αλήθεια σε αυτούς τους ισχυρισμούς, δείχνει την αποτυχία των ιατρικών επιστημόνων να ελέγξουν τον εαυτό τους. Εδώ στο Ηνωμένο Βασίλειο, ενώ εξακολουθεί να υπολογίζεται το κόστος της μόλυνσης του βοδινού κρέατος με B.S.E. ή C.J.D. κάποιας παραλλαγής άκουσα έναν κυβερνητικό εκπρόσωπο στην τηλεόραση να λέει ότι η κρίση είχε περάσει. Δεν θα έλεγε ότι ήταν αυτός, βλέποντας τον εγγονό του να πεθαίνει χωρίς καν να γνωρίζει ότι επηρεάστηκε από αυτήν την τρομερή κατάσταση. Και αυτοί είναι οι άνθρωποι στους οποίους είμαστε αναγκασμένοι να εμπιστευτούμε τη μελλοντική μας υγεία.

Τον Ιούνιο του 1987 και έφυγα για την Ελλάδα, όντας κυρίως ένας Άγγλος με ελληνική κληρονομιά. Θα επέστρεφα για τη δουλειά που μου προσφέρθηκε, και τον επόμενο χρόνο επένδυσα λίγο χρόνο στον εαυτό μου. Πήρα το B.S.A.C. την άδεια κατάδυσης μου και ήταν επίσης αυτή τη φορά που γνώρισα τον Δαβίδ σε μια παμπ πίσω από την οδό Όξφορντ. Διηύθυνε μια συμβουλευτική υπηρεσία στο Λονδίνο, μια φορά το μήνα, για άτομα με H.I.V. και γίναμε πολύ στενοί φίλοι. Έφυγε από τη Βρετανική Υπηρεσία Πληροφοριών επειδή ήταν θετικός, και δίδαξε σε μια ομάδα από εμάς τις έννοιες της πραγματικότητας και της αλήθειας κατά τη διάρκεια μιας συνεδρίας παροχής ομαδικής συμβουλευτικής, προκειμένου να προστατευτούμε από ανθρώπους που ήταν ανέντιμοι σχετικά με την αποδοχή του καθεστώτος μας, για να μάθουμε ποιος μας έλεγε ψέματα. Απλά πήγαμε σε μεγαλύτερα βάθη στις ιδιωτικές συζητήσεις μας. Ήταν ένας υπέροχος, ζεστός και αφοσιωμένος άνθρωπος.

Την άνοιξη του 1988 αγόρασα ένα άλογο δύο χρόνων που ονομαζόταν Σεράν Οπάλι-Τεκ, και μαζί με το άλογο ήρθε και η Τρέισι. Γνώρισα την Τρέισι σε μια παμπ στις αρχές της δεκαετίας του '80 και εκείνη τη στιγμή είχα μια λαχτάρα να μάθω να ιππεύω ίσως λόγω μιας μακρινής επιθυμίας που είχα κάποτε ως παιδί. Η Τρέισι χρησιμοποιούσε δύο άλογα σχεδόν τον χρόνο, ένα το άλογο που μου δάνεισε και το άλογο ενός φίλου. Το άλογο που είχα δανειστεί, έπρεπε να το γυρίσω πίσω και είχα μια προτίμηση για το συγκεκριμένο. Βρήκα επίσης έναν εύκολο τρόπο να κρατήσω ένα άλογο, και είπα στην Τρέισι ότι αν έβλεπα το σωστό άλογο, στη σωστή τιμή, θα το αγόραζα. Πουλούσε τη σέλα της την ημέρα που είδα την εικόνα του να ανεβαίνει, και την ίδια μέρα αποφασίσαμε να κρατήσουμε τη σέλα για το άλογο που μόλις είχαμε αγοράσει. Έδωσα στην Τρέισι το μισό μερίδιο με την προϋπόθεση να φροντίζει το ζώο. Κέρδιζα καλά χρήματα εκείνη την περίοδο και αγόρασα τον Σεράν από τις οικονομίες ταξιδιού μου. Αγοράζοντας αυτόν σήμαινε ότι θα πήγαινα στην Αυστραλία ένα χρόνο αργότερα, αλλά άξιζε τον κόπο.

Ο Σεράν γεννήθηκε στις 4 Ιουλίου 1985, και εκείνη την ημέρα ένα φως εισήλθε στον κόσμο για μένα. Στα τέλη της άνοιξης του 1988, βρήκα αυτό το φως, και ανακάλυψα ένα εντελώς νέο κόσμο με αυτό το άλογο που δίδαξα, καθώς και έμαθα αυτά τα πρώτα χρόνια. Ήταν ένα καλό ζώο και άξιζε πολύ περισσότερο από τις εννιακόσιες λίρες που πλήρωσα γι' αυτόν. Μια εβδομάδα αφού το αγοράσαμε, η Τρέισι πήγε για διακοπές, και πέρασε τις επόμενες δύο εβδομάδες προσπαθώντας να τον εκπαιδεύσουμε, μαθαίνοντας συνεχώς γι' αυτόν, όσο ήμουν μαζί του. Ήταν μια όμορφη εμπειρία για εμένα. Είπα Τρέισι ήθελα ένα γρήγορο άλογο που θα μπορούσε να τρέξει μακριά από αλαζονική γαιοκτήμονες που ισχυρίζονται ότι κατέχουν αυτό που μόλις τείνουν να και ήθελα επίσης ένα άλογο με πνεύμα. Έχω έναν πρωταθλητή πρώτης κατηγορίας. Ήταν κατά τα τρία τέταρτα αγγλικής καταγωγής και κατά το ένα τέταρτο αραβικής ενώ είχε ύψος πάνω από δεκαέξι χέρια και ήταν ένας τόσο πολύ καλός φίλος για μένα ως ζώο, αν και σίγουρα δεν ήταν ένα κατοικίδιο ζώο.

Τον Σεπτέμβριο του 1988 ήρθε μια μεγάλη αλλαγή εργασίας όταν έφυγα από το διευθυντή παραγωγής και τη νέα εταιρεία του, κυρίως επειδή θεώρησα τον σύντροφό του έναν κατάπτυστο χαρακτήρα. Το μόνο που τον ένοιαζε ήταν να αποσυρθεί με την BMW του, περίπου δέκα χρόνια αργότερα και τα άλλα υλιστικά αγαθά που ήθελε. Ποτέ δεν είχε καμία εκτίμηση για τους άλλους ανθρώπους σε τίποτα. Η στάση του απέναντι σε μένα υπέστη επίσης μια μεγάλη αλλαγή όταν έμαθε για την κατάστασή μου. Ήταν μια κίνηση προς το καλύτερο, και πήγα στο λιανικό οπτικό που άλλαξε εντελώς τη ζωή μου, τώρα πραγματικά απολάμβανα τη δουλειά, αν και ποτέ δεν αποκάλυψα την κατάστασή μου στην εργασία και πάλι.

Τον Δεκέμβριο του 1988 πήρα την Τρέισι στην Αίγυπτο για να επωφεληθώ από την άδεια κατάδυσής μου, όπου βούτηξα ανάμεσα στους κοραλλιογενείς κήπους της Ερυθράς Θάλασσας. Τι εκπληκτική εμπειρία! Δεν υπάρχει κανένας τρόπος που μπορώ να περιγράψω την καθαρή ομορφιά, και την ηρεμία αυτών των υποβρύχιων κήπων σε αυτές τις λίγες γραμμές, το βλέπετε στην τηλεόραση, αλλά αν το ζήσετε είναι το κάτι άλλο. Ωστόσο, το να γνωρίζουμε ότι τόσο μεγάλο μέρος αυτής της ομορφιάς που πήρε εκατοντάδες χιλιάδες χρόνια για να εξελιχθεί θα χαθεί ακόμη και πριν από την επόμενη γενιά από μας απαιτεί ωριμότητα που είναι ένα τρομερό βάρος για να φέρει κανείς.

Τον Οκτώβριο του 1989 και ήμουν έτοιμος για την Αυστραλία. Είχα μια αυστραλιανή θεώρηση στο διαβατήριό μου από τότε που είχα ένα διαβατήριο στα δεκαεπτά, και τώρα ήμουν έτοιμος να το χρησιμοποιήσω. Δεν θα υπεισέλθω σε πάρα πολλές λεπτομέρειες για τα επόμενα δύο χρόνια, αλλά η εμπειρία της ελευθερίας ήταν καταπληκτική, και η μόνη μου λύπη ήταν ότι ποτέ δεν έκανα το ταξίδι αυτό νωρίτερα στη ζωή μου. Έκανα αυτό που ήθελα, και πολλά άλλα. Η Τρέισι είχε εγκατασταθεί στην Αυστραλία πριν φτάσω εκεί, το οποίο ήταν λίγο πανουργία αλλά όπως είπα φάνηκε να ερχόταν για το άλογο, όχι ότι ποτέ δεν είχαμε καλές στιγμές. Αλλά είπα στην Τρέισι αφού αγοράσαμε τον Σεράν ότι ποτέ δεν ήθελα σχέση, και χρησιμοποίησα ακόμα και την κατάστασή μου για να της αλλάξω γνώμη για αυτή την ιδέα. Της είπα ότι δεν μπορούσα να την αγαπήσω όπως ήθελε, και της είπα επίσης ότι οι ημέρες ταξιδιού μου ήταν για τον εαυτό μου, και όταν ταξίδευα μόνος, τότε ήμουν μόνος. Ήξερα ότι ποτέ δεν της άρεσε να το ακούει. Αλλά ήμουν ειλικρινής, κάτι που ήταν ίσως ο λόγος που πέρασα δύο φανταστικούς μήνες στη Νέα Ζηλανδία χωρίς να το έχω συνειδητοποιήσει, κυρίως με δύο άλλους τύπους που ταξίδευαν με σακίδιο και ένα κορίτσι από την Νορβηγία που είχα συναντήσει στο δρόμο. Ήταν μια μεγάλη στιγμή της ζωής μου. Η καλύτερη εμπειρία μου στην Αυστραλία ήρθε όταν ήμουν μέλος του πληρώματος πάνω σε ένα ιστιοπλοϊκό σκάφος ολλανδικής κατασκευής, με πάνω από 70 πόδια μήκος, που ονομάζεται Saroja, από το Κέρνς. Μου είπαν ότι ήταν αντίγραφο μιας παλιομοδίτικης βάρκας. Είχε πολύ ξύλο και ήταν πολύ όμορφο, αλλά και ένα καλό βαρύ σκάφος με μια πλήρη διπλή καρίνα. Ο ιδιοκτήτης, και καπετάνιος, το είχε χρησιμοποιήσει κυρίως για να πίνει ποτά μέσα στο σκάφος στο λιμάνι, το οποίο σύντομα θα συνειδητοποιούσα. Πηγαίναμε το πλοίο στο Μπρίσμπεϊν για να το πουλήσουμε, ένα ταξίδι περίπου 700 μιλίων, ή λίγο κάτω από 1,000 χιλιόμετρα. Το πρώτο στοιχείο που μου έδωσε ως προς την έλλειψη ικανότητας ιστιοπλοΐας του ήταν όταν μου ζήτησε να ελέγξω την πλοήγηση του, και τότε άφησε σε μένα να καθορίσω την πορεία του. Φαινόταν ότι η εμπειρία μου στο πλοίο κατάδυσης με είχε βάλει μπροστά από το πλήρες πλήρωμα των έξι ατόμων, και ως καπετάνιο. Περάσαμε τρεις μέρες στη θάλασσα μεταξύ διαλειμμάτων και κατά τη διάρκεια του τελευταίου σκέλους του ταξιδιού συναντήσαμε καταιγίδες λίγο έξω από το Κέππελ, μια ομάδα νησιών κατά μήκος της νότιας άκρης του κοραλλιογενούς υφάλου, περίπου τριάντα επτά, ένα καθαρό πρωί του Ιουνίου. Είχα βάρδια από τις τέσσερις έως τις οκτώ το πρωί πίσω από το τιμόνι. Ήταν μια καλή στιγμή να είσαι μόνος, μέχρι την ανατολή του ηλίου, να παρακολουθείς το φωτεινό μονοπάτι του φωσφόρου όσο το σκάφος έφευγε πάνω από το νερό. Ήμουν πάντα δεμένος όσο ήμουν μόνος και κινούμασταν με τη δύναμη του κινητήρα. Όταν οι ισχυροί άνεμοι χτύπησαν τον καπετάνιο έτρεξε από την καμπίνα του και γρήγορα θεώρησε τον εαυτό του άρρωστο, και αμέσως δήλωσε ο ίδιος άχρηστος, δίνοντας την πλήρη διοίκηση του σκάφους σε εμένα. Αυτή θα ήταν μια από τις μεγαλύτερες εμπειρίες της ζωής μου. Η πρώτη μου ερώτηση προς τον πρώην καπετάνιο ήταν «Ποια ήταν η πρόγνωση του καιρού;» η απάντηση ήταν ότι ποτέ δεν είχαμε πληροφορηθεί την πρόγνωση, όπως θα έπρεπε να κάνουμε πριν φύγουμε από το τελευταίο λιμάνι της αποστολής μας. Πήγα στο ραδιόφωνο, το οποίο ήταν άχρηστο. Θα ήθελα αργότερα να μάθετε ότι μπορούσα μόνο να μεταδίδουν και έτσι ο καθένας άκουσε τα αιτήματά μου για μια πρόγνωση του καιρού, αλλά δεν μπορούσα να ακούσω καμία απάντηση εκτός από μια στιγμή που πήρα απάντηση στην ακτοφυλακή του Townsville. Δεν μπορούσα να δεχτώ καμία επείγουσα κλήση οποιουδήποτε είδους, έτσι πήγα επάνω και πήρα τον έλεγχο της κατάστασης. Ο άνεμος φυσούσε από το νότο, νοτιοδυτικά, και τα νότια περιθώρια του κοραλλιογενούς υφάλου ήταν περίπου είκοσι μίλια δυτικά από εμάς, και αφού έπεισα το υπόλοιπο πλήρωμα ότι ήξερα τι έκανα, καθώς είχαν μόνο μία σκέψη όταν επρόκειτο για βαριές θάλασσες και υφάλους, ήταν όπου το πήρα για καταφύγιο. Σε μια όμορφη κοραλλιογενή ατόλη που είχα διαβάσει νωρίτερα πως ονομάζεται Lady Musgrave Island όπου περάσαμε σχεδόν μια εβδομάδα στη μέση ενός όμορφου τροπικού κήπου, ενώ περιμέναμε για τον άνεμο να πέσει. Είναι ένα φοβερό θέαμα βλέποντας το μπροστινό τέταρτο ενός γιοτ που το μέγεθός του εξαφανίζεται κάτω από αυτά τα μεγάλα κύματα του Ειρηνικού, αλλά έμαθα τόσα πολλά για τον ωκεανό, τη φύση, και το πιο σημαντικό, τον εαυτό μου, εκείνη την ημέρα. Έφυγα από το γιοτ μόλις φτάσαμε την ηπειρωτική χώρα, και πέρασα τους τελευταίους δέκα μήνες της εμπειρίας μου στην Αυστραλία που ζούσα με την Τρέισι σε ένα κεντρικό διαμέρισμα του Σίδνεϋ στον έβδομο όροφο με ένα νεαρό Ιάπωνα συνάδελφο που ονομαζόταν Γιάσο. Ήταν ένα ασφαλές πολυτελές διαμέρισμα, στη μέση της περιοχής με τα κόκκινα φανάρια, και συνήθιζα να πίνω σε ένα ή δύο από τα ήσυχα μπαρ, τα οποία λίγοι πέρα από τους ντόπιους γνώριζαν ότι υπήρχαν. Όσο για τον Γιάσο, τα λόγια δεν θα μπορούσαν να πουν αρκετά γι' αυτόν, και έφυγα από την Αυστραλία με ένα δυνατό αίσθημα για τους Ιάπωνες μέσα από αυτόν, όπως και για τους Αυστραλούς.

Επέστρεψα στην Αγγλία τον Αύγουστο του 1991, και μέσα σε πέντε ημέρες ήμουν ο κουμπάρος στο γάμο του αδελφού μου. Ήταν μια επίσημη υπόθεση στο Ντέρμσαϊρ, αλλά δεν ήμουν προετοιμασμένος για κοστούμια με ουρά και την ομιλία του κουμπάρου. Ο ξάδερφός μου μου είπε ότι ήταν η χειρότερη ομιλία που είχε ακούσει. Έπρεπε να συμφωνήσω. Πήγα κατευθείαν πίσω στη δουλειά με τον ίδιο λιανοπωλητή οπτικής σε μια πρακτική στο Slough, και πέρασα το χειμώνα ζώντας στο Eaton κοντά στο Windsor.

Ήταν πολύ γραφικά, ειδικά τη νύχτα, στη μέση του χειμώνα, με ομίχλη και λιθόστρωτα δρομάκια. Πέρασα πολύ χρόνο τροφοδοτώντας το κοπάδι των κύκνων που ζουν εκεί στον ποταμό Τάμεση. Ήταν καλύτερη παρέα για μένα από τους ανθρώπους.

Ο Σεράν είχε δανειστεί για δύο χρόνια, ενώ ήμουν στην Αυστραλία σε έναν άνθρωπο που ονομάζεται Τζον Όουεν, και δεν θα μπορούσα να ελπίζω να μου επιστρέψει ένα καλύτερο άλογο. Ο Τζον είχε πάρει τον Σεράν για την κόρη του για να της μάθει να ιππεύει εμπόδια και ήταν τώρα έξι ετών. Τσάι και σάντουιτς ετοιμάστηκαν για την Τρέισι και εμένα όταν πήγαμε να διαπραγματευτούμε την επιστροφή του αλόγου. Ήξερα ότι θα γινόταν προσφορά για αγορά του Σεράν, αλλά ήξερα ότι θα την χαμηλώσουμε. Τον λυπήθηκα όμως, καθώς ήξερα ότι είχε δημιουργήσει μια ισχυρή σύνδεση με το άλογο. Στη συνέχεια μας έδειξε τρία μεγάλα τρόπαια, για τρία πρωταθλήματα άλματος που κέρδισε, και μια τσάντα γεμάτη από την πρώτη και τη δεύτερη θέση ροζέτες, και αυτό ήταν από την πρώτη του χρονιά στο διαγωνισμό. Πάντα είχα την αίσθηση ότι υπήρχε κάποια μορφή θείας παρέμβασης σε σχέση με τον Σεράν. Πήρα σίγουρα ένα αστέρι, αυτό είναι σίγουρο, αλλά όσον αφορά τον ανταγωνισμό, δεν ένιωθα ανταγωνιστικά γι' αυτόν, ήθελα απλώς αυτό που θεωρούσα ένα άξιο άλογο για ιππασία.

Εντάξει, αυτό θα ακουστεί λίγο αινιγματικό, αφού επηρεάζει ένα ακόμα άτομο. Περίπου τον Σεπτέμβριο του ίδιου έτους μια γυναίκα ήρθε σε μένα με ένα αίτημα, ότι θα πρέπει να κάνω μια υπόσχεση, και ήταν μία υπόσχεση που είχα κρατήσει και αργότερα θα επηρεάζε την προσωπική μου ζωή σε μεγάλο βαθμό. Την επόμενη άνοιξη αυτή η γυναίκα ήταν νεκρή. Τρεις μήνες περίμενα πριν αναλάβω δράση για να κρατήσω την υπόσχεσή μου, και πήγα να επισκεφθώ ένα φίλο που είχε μόλις είχε μια βαθιά προσωπική απώλεια, και έχασε έναν ερωτικό σύντροφο πριν από τρεις μήνες. Του έδωσα μια προσφορά και μια ευκαιρία. Του πρόσφερα μια ποσότητα κάνναβης 250 γραμμαρίων, και τον ρώτησα αν ήθελε να κάνει δουλειές μαζί μου, πράγμα που έκανε, και τα πήγαμε και οι δύο καλά. Τώρα, αν αυτό προκαλεί προσβολή σε κάποιους ανθρώπους, μπορώ να το καταλάβω αυτό. Αλλά κατά τη γνώμη μου η κάνναβη είναι μία από τις πιο κακοποιημένες ουσίες στον κόσμο, κατάχρηση από το σύστημα που ποινικοποιεί.

Τέλος πάντων, δεν ήταν τόσο για τα χρήματα, αλλά περισσότερο για την τήρηση μιας υπόσχεσης, και ήξερα επίσης ότι θα είχα μια καλή ευκαιρία να εργαστώ, και να βοηθήσω το φίλο μου να βρει ένα μονοπάτι που θα μπορούσε να λειτουργήσει γι' αυτόν, και έτσι κι έκανα. Δούλευα τώρα σε ένα οπτικό κατάστημα λιανικής πώλησης στο Κέιμπριτζ, ενώ σπούδαζα επίσης στο κολέγιο για το πρώτο έτος μου στην οφθαλμομετρία. Ο μάνατζερ μου εκεί εκείνη την εποχή, ο Μάικ, ήταν κάποιος από τον οποίο ήμουν πολύ εμπνευσμένος. Είναι λίγο πάνω από δεκαπέντε χρόνια μεγαλύτερος από μένα και ήταν από τη Ροδεσία ή όπως την αποκαλούσαν τώρα Ζιμπάμπουε. Με την έμπνευσή του, θα αγόραζα ένα μικρό ιστιοφόρο που ονομάζεται 'Steal Away'. Λίγο πριν αρχίσει ο Μάικ, δούλευα σε έναν άλλο μάνατζερ και είχα την ευκαιρία να κάνω κουπί σε ένα νέο αντίγραφο ενός αρχαίου ελληνικού πολεμικού πλοίου. Μεσογειακές δοκιμές ταχύτητας. Αυτό ήταν κάτι που ήθελα να κάνω τόσο πολύ. Οι στόλοι των αρχαίων Ελλήνων ήταν τα καλύτερα πολεμικά πλοία στη θάλασσα στην εποχή τους, και κανένας κωπηλάτης δεν ήταν σκλάβος, όπως με τους Ρωμαίους. Θεωρήθηκε μεγάλη τιμή να πάρει κανείς ένα κουπί σε ένα από αυτά τα σκάφη. Τα ανώτερα στελέχη μου είπαν ότι θα το επιτρέψουν, αλλά ο διευθυντής του υποκαταστήματός μου εκείνη την εποχή δεν κατάλαβε, και είπε ότι δεν μπορούσε να μου επιτρέψει να είμαι τόσο επιπόλαιος με το χρόνο της εταιρείας. Δεν του είπα τι σκέφτηκα αμέσως, αλλά είπα στα ανώτερα στελέχη τα σχέδιά του να εγκαταλείψει την εταιρεία και να πάει στο κολέγιο εκείνο το έτος. Το κέρδος του καταστήματος είχε πέσει, και το βρήκα πολύ ανέντιμο για το προσωπικό, και τους ασθενείς, και το είπα στη διεύθυνση λίγο πριν του το πω. Ένιωσα σαν να ήταν δίκαιο για μένα που απολύθηκε. Το κατάστημα θα πήγαινε έπειτα για να αποκτήσει το καλύτερο κέρδος που είχε ποτέ και η κύρια ιδιωτική πολιτική μας, μέσα στο προσωπικό, ήταν η ειλικρίνεια πρώτα στους ασθενείς, ακόμα και με κόστος στην ίδια την επιχείρηση εάν απαιτείται, και από την εμπειρία μας λειτουργούσε. Πήγαμε επίσης πέρα από την πολιτική της εταιρείας για τη δημιουργία ενός καλύτερου εργασιακού περιβάλλοντος για τους εαυτούς μας, το οποίο ένιωσα ότι είχε πολύ μεγάλη σχέση με αυτό. Ήμουν πολύ καλός στη δουλειά μου μέχρι τώρα και συνεργαζόμουν με μια καλή ομάδα. Υπάρχει ένα υπέροχο συναίσθημα, όπως θα σας πουν οι οπτικοί, όταν κάποιος έρχεται σε εσάς μετά από χρόνια που έχει το πρόβλημα και δεν μπορεί να δει αρκετά σωστά, με μια δύσκολη συνταγή και όταν τον αφήνετε με ένα χαμόγελο στο πρόσωπό του, αυτό που δείχνει ότι κάτι έχει γίνει σωστά. Οι άνθρωποι είναι αρκετά παραπλανητικοί χωρίς να έχουν πρόβλημα να δουν. Είδα την άπληστη πλευρά της εργασίας σε ορισμένες πρακτικές, καθώς όμως, αυτή με έκανε να αρρωσταίνω. Στην πραγματικότητα, σε σχέση με αυτές τις πρακτικές που είδα να κλέβουν ηλικιωμένους συνταξιούχους, θεώρησα την άλλη επιχείρησή μου ως πολύ αξιοσέβαστη.

Αλλά τον Ιανουάριο του 1993 η αστυνομία με συνέλαβε για κατοχή με σκοπό να προμηθεύσει ένα μπαρ κάνναβης με 250 γραμμάρια. Είχα πραγματικά κάνα δύο εκεί γύρω, αλλά ήμουν σε σύγχυση ως προς το πώς η αστυνομία γνώριζε γι' αυτό, όπως ποτέ δεν ήξερα καν ότι ήταν στην κρεβατοκάμαρά μου όταν ήταν. Πήγα στο αστυνομικό τμήμα την επόμενη μέρα και μου πήραν μια συνέντευξη. Η αστυνομία άνοιξε την κασέτα, η συνέντευξη άρχισε, και μου έκαναν τις ερωτήσεις που περίμενα. Τι είναι αυτό; Και γιατί το έχεις; Και για να συντομεύσω την αφήγηση, μπορούσα να αποδείξω ότι ήταν για προσωπική χρήση, επειδή είχα καλές οικονομίες μέσα στο χρόνο, έχοντας κατά νου πως είχα μια καλή δουλειά, και είχα κάνει μια μεγάλη απόσυρση πριν μια εβδομάδα. Μετά έκλεισε η κασέτα και ξεκίνησε η σοβαρή συζήτηση, και θα χρησιμοποιούσα αυτό που έμαθα. Μου έκαναν μια προσφορά που ήξερα ότι κάποιος θα δεχόταν. Είπαν ότι θα μου επέτρεπαν να συνεχίσω την επιχείρησή μου με ελεύθερο έλεγχο αν κάρφωνα κάποιον σε αυτούς που και που, μόνο για τους δικούς του αριθμούς. Αυτή ήταν μια δημοφιλής προσφορά για την αστυνομία στην Αγγλία, να προσφέρουν σε έναν έμπορο ένα δωρεάν χαλινάρι όπως αυτό, και είμαι βέβαιος ότι πολλοί εξακολουθούν να επωφελούνται πλήρως από αυτό μέχρι σήμερα. Το βρίσκω πολύ ανέντιμο. Τους απέρριψα και βγήκα από το δικαστήριο με ένα μικρό πρόστιμο για κατοχή κάνναβης. Ποτέ δεν ντρέπομαι για την εμπορία κάνναβης. Υπάρχουν στιγμές που ο νόμος είναι απλά λάθος, και σε αυτό πέντε εκατομμύρια άνθρωποι μόνο στο Ηνωμένο Βασίλειο θα συμφωνήσουν. Απέτυχα στον πρώτο μου χρόνο στο κολέγιο.

Εκείνο το καλοκαίρι γνώρισα την Γκέιλ, και η αγάπη θα ακολουθούσε σύντομα. Το φθινόπωρο, θα έκανα μια σύντομη επίσκεψη στην Κωνσταντινούπολη στο δρόμο προς την Ταϊλάνδη, όπου βρήκα αυτό που αναφέρομαι ως παραλία μου. Αυτό ήταν ένα όμορφο απομονωμένο μέρος, με έναν απομακρυσμένο και γραφικό καταρράκτη, αξίζει τον περίπατο και φυσικά την ανάβαση. Η παραλία χρησιμοποιήθηκε κάποτε ως καταφύγιο από ταϊλανδούς βασιλιάδες. Εδώ κάπνισα το πρώτο μου τσιγάρο ηρωίνης σε ηλικία 31 ετών. Έμεινα τρεις μήνες και ήμουν πιστός στην Γκέιλ όλη την ώρα.

Τον Ιανουάριο του 1994 αμέσως μετά την επιστροφή μου από την Ταϊλάνδη, η αστυνομία ήρθε για μένα και πάλι. Αυτή τη φορά έκαναν ένα λάθος, και ήξερα ότι θα έρθουν. Έτσι, στις 3:00 το πρωί χτύπησα στο παράθυρο του αυτοκινήτου από το οποίο παρακολουθούσαν το σπίτι των γονιών μου, όπου ζούσα, και τους είπα να μην τηλεφωνήσουν το πρωί. Ήξερα επίσης ποιος ήταν ο πληροφοριοδότης της αστυνομίας, και ήταν καλός μου φίλος. Είχα καθίσει στη μέση ενός μεγάλου αθλητικού σταδίου, συνδέοντας τις πρόσφατες δράσεις της αστυνομίας στην προσπάθειά τους να κυνηγήσουν την κάνναβη που νόμιζαν ότι είχε έρθει σε μένα κατά την επιστροφή μου από την Ταϊλάνδη. Έκανα ερωτήσεις στις οποίες είχα ήδη τις απαντήσεις, και όταν περπάτησα, με δάκρυα στα μάτια, στους αστυνομικούς που παρακολουθούσαν το σπίτι μου, επιβεβαίωσα ότι ποτέ δεν το ήθελα, και έμαθα πολλά για την προδοσία και την εξαπάτηση εκείνο το βράδυ.

Ένα σημαντικό στοιχείο που έλαβε χώρα φέτος ήταν το C.D.4 μου. Ο αριθμός αιμοπεταλίων είχε μειωθεί, και το νοσοκομείο μου είπε ότι θα κανονίσει επίδομα διαβίωσης αναπηρίας για μένα. Όταν ρώτησα γιατί θα πρέπει να επωφεληθώ, λόγω μιας εξέτασης αίματος, ανακάλυψα ότι το σύστημα θεωρούσε ότι έχω ένα προσδόκιμο ζωής έξι μηνών ή ακόμα λιγότερο. Ένιωσα μια μεγάλη χαρά. Πήρα τα χρήματα, και έκανα χρήση του ελεύθερου χρόνου μου με διακοπές, συμπληρώνοντας από τα έσοδα που μου επέφερε η πώληση κάνναβης. Το απολάμβανα, και είναι αβλαβές τόσο για τους ανθρώπους όσο και για την κοινωνία, και η μόνη άλλη επιλογή μου όπως είδα ήταν να σαπίσω, καθώς θυμάστε ότι η κοινωνία έτεινε να αφήνει τους ανθρώπους με τον ιό H.I.V. να σαπίζουν, λυπημένος, και όχι τόσο αβλαβής για τους ανθρώπους και την κοινωνία.

Ο Απρίλιος βρήκε την Γκέιλ και εμένα στο Αλγκάρβε στην Πορτογαλία, με τον Άλεν, την σύζυγο του και τα δύο παιδιά τους που ζουν σε ένα αρχοντικό που ο Άλεν και η σύζυγός του είχαν πληρώσει για να μείνουν. Ήταν την Παρασκευή το βράδυ, νωρίς το πρωί του Σαββάτου, όταν ο Άλεν και η Γκέιλ είχαν πάει σε ένα νυχτερινό κέντρο διασκέδασης μόνο για ένα ποτό. Κάτι μου συνέβη εκείνο το βράδυ που δεν μπορούσα να εξηγήσω, και μεταξύ μίας και δύο το πρωί καθόμουν στην άκρη ενός γκρεμού κλαίγοντας με λυγμούς. Θυμάμαι ότι ήταν μια καθαρή νύχτα στο φεγγαρόφωτο, και καθόμουν εκεί κοιτάζοντας τον ωκεανό εκατό μέτρα κάτω. Το μόνο που ήξερα στα σίγουρα ήταν ότι είχα χάσει κάτι πολύτιμο για τον εαυτό μου και ήξερα ότι δεν είχε καμία σχέση με την Γκέιλ. Είναι μια νύχτα που θα θυμάμαι πάντα. Κάθισα στην άκρη του γκρεμού και δεν νοιαζόμουν τίποτα. Όσον αφορά τη θλίψη, το συγκρίνω μόνο με τη δεύτερη φορά που συνδέθηκα στον ιστότοπο της Αλήθειας, αλλά αυτό ήταν μια απώλεια και δεν ήξερα καν τι είχα χάσει. Ο ωκεανός φαινόταν τόσο δυνατός κάτω από τους τους γκρεμούς, ήξερα ότι αν γλιστρούσα, θα είχα πεθάνει, αλλά δεν με ένοιαζε καθόλου. Όταν επέστρεψα στην Αγγλία δύο εβδομάδες αργότερα, μου είπαν ότι ο Σεράν είχε πεθάνει, στο δρόμο του για το χειρουργείο, λόγω ενός μπερδεμένου εντέρου. Πέθανε την ίδια στιγμή που έκλαιγα στα βράχια. Δεν μπορούσα να το πιστέψω στην αρχή. Πήγα στον στάβλο του, και μετά στο χωράφι του, και του τηλεφώνησα, αλλά ήταν ένα άλλο άλογο που βοσκούσε. Τότε ήξερα ότι ήταν αλήθεια και πήγα στο φορτηγό του αλόγου του, κουλουριασμένος στο πάτωμα και έκλαψα για τον πιο αγαπητό φίλο που είχα ποτέ. Μέχρι τότε, είχα χάσει πολλούς φίλους, κυρίως από το A.I.D.S., ένας φίλος μάλιστα που φρόντιζα πέθανε περίπου την ίδια εποχή με τον Σεράν. Μερικοί δεν περίμεναν καν και φύγανε από υπερβολική δόση. Ο θάνατος δεν ήταν ξένος για μένα. Είχα χάσει και είδα πολλούς πολύ στενούς και δια βίου φίλους που έφυγαν από τρομερούς τρόπους. Αλλά ο Σεράν ήταν η μεγαλύτερη απώλεια για μένα.

Εκείνο το καλοκαίρι με βρήκε στην Ελλάδα, και το χειμώνα στην

Ταϊλάνδη, με την Γκέιλ. Μέχρι το καλοκαίρι αν και ήξερα πόση επιρροή είχε η Γκέιλ πάνω μου, και πολύ πριν από την Ταϊλάνδη, και πάλι στην Ταϊλάνδη, την ρώτησα αν ήταν γνήσια, και της είπα ότι αν δεν ήταν, ήταν καλύτερα να φύγει. Της είπα ότι μπορεί να με καταστρέψει αν δεν ήταν αληθινή. Είπε ότι ήταν και την πίστεψα. Περάσαμε τον περισσότερο χρόνο σε έναν φανταστικό κόσμο, ήμασταν ερωτευμένοι. Μετά την Ελλάδα, η μητέρα της Γκέιλ την πήγε στο Ισραήλ για μια εβδομάδα. Ήταν διαφορετική μετά την επιστροφή της. Εκείνο το χειμώνα πήγαμε στην Ταϊλάνδη, όπου η σχέση μας διαλύθηκε, και έχετε την τάση να ξέρετε πότε χώρισαν. Για να είμαστε δίκαιοι, θα έλεγα ότι το φταίξιμο ήταν και των δύο μας. Έδωσα στην Γκέιλ μια επιλογή, να διαλέξει μεταξύ των διακοπών περιπέτειας στο Μεξικό, και την παραλία στην Ταϊλάνδη, και της είπα ότι αν πηγαίναμε στην παραλία, το μόνο που θα κάνουμε θα ήταν να ζήσουμε σε μια παραλία, με τον καταρράκτη έξω από το ξενοδοχείο. Δεν υπάρχει νυχτερινή ζωή εκεί εκτός από τη φύση, και πρέπει να διασκεδάσετε μόνοι σας, κάτι με το οποίο ορισμένοι μπορεί να είναι ευχαριστημένοι, και μερικοί να μην είναι.

Αφού γυρίσαμε στην Αγγλία, η Γκέιλ πήγε στο σπίτι της μητέρας της για μια εβδομάδα. Ζούσε στη βορειοανατολική παράκτια πόλη, Σκάρμπορο. Όταν γύρισε, μου είπε ότι θα με άφηνε. Έβαλα χρήματα στην τράπεζα για εκείνη, είχε το αυτοκίνητό της για επισκευή, και βοήθησα να πακετάρει τις τσάντες της κατά τη διάρκεια της επόμενης εβδομάδας. Ήμουν πραγματικά πολύ ευχαριστημένος γι' αυτήν, που φάνηκε να ξέρει τι ήθελε, και το έκανε ξεκάθαρο. Ήμουν δέκα χρόνια μεγαλύτερος και θετικός και ήξερα ότι δεν ήμασταν, και δεν θα μπορούσαμε να είμαστε, για πάντα μαζί. Όταν προέκυψε η ιδέα του γάμου, το ίδιο και η σκέψη να το πω στη μητέρα της, είχα μια ιδέα προς τα πού πήγαινε. Αξιοποίησα το χρόνο για να κλείσω ένα αεροπορικό εισιτήριο για να επισκεφθώ έναν φίλο στη Νότια Αφρική για ένα μήνα. Αλλά η Γκέιλ επέστρεψε την επόμενη μέρα για να μου πει ότι ήθελε να προσπαθήσει ξανά, και οι επόμενες τέσσερις εβδομάδες ήταν ο καλύτερος μήνας της ένωσής μας. Περάσαμε το χρόνο έξω, κάνοντας μεγάλες βόλτες στην ύπαιθρο και σχεδιάζοντας ένα κοινό μέλλον μαζί. Ένα μήνα αργότερα απλά μάζεψε τα πράγματά της και έφυγε ενώ ήμουν έξω χωρίς προειδοποίηση, και ποτέ δεν μου έδωσε λόγο γιατί έφυγε από τότε. Αλλά παρόλο που έφυγε 170 μίλια, περίπου 250 χιλιόμετρα, είπε ότι ποτέ δεν ήξερε γιατί έφυγε, αλλά την ίδια στιγμή δεν ήθελε να τερματίσει τη σχέση, το οποίο ήταν ο κύριος λόγος για μένα που ασχολούταν τόσο βαθιά με τις προσωπικές υποθέσεις της. Σύντομα θα μάθαινα ότι ήταν παγιδευμένη, ανάμεσα στην πικρία της μητέρας της, τα εγκεφαλικά παιχνίδια ενός εγωιστή φίλου, και την επιρροή και των δύο τους. Μου είπε ότι είχε φύγει από την πόλη της επειδή ήξερε ότι κάποιος παρεμβαλλόταν στο μυαλό της, έπαιζε με το κεφάλι της, και βρέθηκε να αμφισβητεί τη λογική της. Της είπα ότι βρήκα δύο ανθρώπους που έκαναν τέτοια πράγματα μαζί της. Μου είπε ότι ποτέ δεν ήξερε γιατί με άφησε όπως εκείνη. Είπε ότι ήταν μπερδεμένη και δεν μίλησε σε κανέναν. Αλλά έμαθα όταν ήρθε ο λογαριασμός του τηλεφώνου ότι είχε μιλήσει στη μητέρα της ακριβώς πριν. Σε αυτό το σημείο ήμασταν ακόμα σε μια σχέση.

Πήγα στο Σκάρμπορο, και ενώ έμενα εκεί, άνοιξα στον καλύτερο φίλο της Γκέιλ, τον Τζον, ένα κοντό και αρκετά συμπαθές άτομο, στην αρχή πολύ συμπαθητικό, με τον οποίο έμεινα μαζί, και του είπα τα πάντα για το τι συνέβαινε. Μη γνωρίζοντας ότι ήταν αυτός που του άρεσε να παίζει με το μυαλό των ανθρώπων και το δικό μου τις επόμενες δύο εβδομάδες, ενώ εγώ, με τη σειρά μου, ήμουν υπεύθυνος για το κάπνισμα ηρωίνης και τη λήψη υπνωτικών χαπιών tamezapan, τα οποία έχουν υπνωτική επίδραση. Με ενθάρρυνε τηλεφωνικά να συνεχίσω να αντιμετωπίζω την Γκέιλ για την πικρία της μητέρας της. Ήξερα ότι δεν θα της επέτρεπε να έχει τη σχέση που ήθελε με τον πατέρα της. Οι γονείς της χώρισαν όταν ήταν δεκατριών, και η μητέρα της φέρει πολλή πικρία πάνω από αυτό, το οποίο περνά και στην κόρη της. Την αντιμετώπισα λέγοντας γι' αυτό, και ποτέ δεν το αρνήθηκε, καθώς η Γκέιλ ήταν δική της, και μόνο δική της. Η Γκέιλ κι εγώ πέσαμε έξω και τα παράτησα με μετά από δύο εβδομάδες. Είπα στον Τζον ότι παραιτούμαι, και είπε ότι έκανα το καλύτερο πράγμα, με επαίνεσε που τα παράτησα, κάτι που ήταν εντελώς αντίθετο με αυτό που έλεγε πριν από τότε. Μέχρι εκείνη τη στιγμή, τον εμπιστεύτηκα απόλυτα. Ήμουν υπό την επιρροή της Γκέιλ, και τον σύστησε ως έναν δοκιμασμένο και έμπιστο φίλο, τον οποίο αγαπούσε. Έτσι τον πήρα σαν δοκιμασμένο και έμπιστο φίλο, και είχαμε και οι δύο το συμφέρον της Γκέιλ στην καρδιά μας, έτσι σκέφτηκα. Είναι ο μόνος λόγος που μπορώ να δώσω για να τον εμπιστευτώ εξ αρχής. Αλλά αυτή η αντίφαση έκανε το μυαλό μου να αναλύει κάθε κομμάτι των πληροφοριών, όσων είχαν ειπωθεί μεταξύ μας με τη μορφή τηλεφωνικών συνομιλιών, και όσων βρισκόντουσαν στα γράμματα προς της Γκέιλ. Μου έλεγε πόσο δυνατός ήμουν για να αντιμετωπίσω τα προβλήματά της, και πόσο καλά τα πήγαινα, επαινώντας με, τι ανόητος που ήμουν. Ήταν ένας πρώην φίλος που ζούσε μόνο πέντε λεπτά από εκεί που ζούσε τώρα με τη μητέρα της, και όλα ήταν τρελά γι' αυτήν. Απλά ήθελα να είναι ελεύθερη να διαλέξει ποιο μονοπάτι θα ακολουθήσει για τον εαυτό της. Δεν μπορούσα να την αφήσω παγιδευμένη στον εφιάλτη που ένιωθα γι' αυτήν. Είπα στον Τζον όταν τον γνώρισα ότι δεν ξέρω πολλούς ανθρώπους που θεωρώ ίσους, που σημαίνει ότι οι περισσότεροι άνθρωποι είναι εγωιστές, και κάτι λιγότερο από ειλικρινείς. Του είπα επίσης ότι ήμουν θετικός, και χρήστης ηρωίνης εκείνη την εποχή, και νομίζω ότι με έκρινε, και με χρησιμοποίησε ανάλογα. Δούλευε στην ψυχική υγεία, ήταν σύμβουλος μερικής απασχόλησης, διάβαζε λίγο Φρόιντ, και ήξερε τι να κάνει για να πιέσει κάποιον και, είτε ήξερε την πλήρη έκταση αυτού που έκανε είτε όχι, με έσπρωξε σε μια κρίση.

Για να φτάσεις στην αλήθεια πίσω από οποιαδήποτε κατάσταση, πρέπει να εγκαταλείψεις την αντίληψή σου για την πραγματικότητα στο θέμα και να ξεκινήσεις από την αρχή, κάτι που έκανα με την Γκέιλ. Εγκατέλειψα την προσωπική μου σχέση μαζί της για να μάθω την αλήθεια πίσω από τα προβλήματά της, αλλά, ταυτόχρονα, αυτό κατέστρεψε τη σχέση μεταξύ αυτής και εμένα. Εγκατέλειψα την αναζήτησή μου για την αλήθεια, αλλά η πραγματικότητα στην οποία επέστρεψα σε σχέση με την Γκέιλ δεν ήταν αυτή που μπορούσα να δεχτώ. Άρχισα να συνειδητοποιώ ποια παιχνίδια παίχτηκαν τη νύχτα που είπα στον Τζον για τις προθέσεις μου να τα παρατήσω. Είχα κλείσει μια πτήση για την Αγία Λουκία σε πολύ σύντομο χρονικό διάστημα. Η ίδια η πτήση ήταν δύο μέρες αργότερα, και η Γκέιλ κι εγώ τώρα δεν επικοινωνούμε καθόλου, και μετά ήμουν 4,000 μίλια μακριά. Ο πραγματικός πόνος για μένα ήταν το γεγονός ότι η αγάπη μου για την Γκέιλ ήταν το πιο αγνό είδος αγάπης, ανιδιοτελής. Ο Τζον χρησιμοποίησε τα αισθήματά μου για προσωπικούς εγωιστικούς λόγους, και ένιωσα σαν κάποιος να μου έσκισε την καρδιά με ξυραφάκια, και τώρα ήμουν 4,000 μίλια μακριά. Στον τηλεφωνητή του άφησα δύο οργισμένα μηνύματα, ένα από το αεροδρόμιο

Γκάτγουικ, και ένα από την Αγία Λουκία μετά την άφιξή μου. Ζούσε σε ένα κοινό σπίτι, και ήξερα ότι όλοι θα άκουγαν τα μηνύματα, αλλά δεν με ένοιαζε. Ήμουν σε έναν ξενώνα στο Καστρίς, την πρωτεύουσα της Αγίας Λουκίας, ένα επικίνδυνα άθλιο μέρος. Έγραφα, ήμουν σε κρίση, και έγραφα. Έγραφα σαν τρελός, αλλά ήταν το μόνο που μπορούσε να με σταματήσει από το να τρελαθώ. Ανάμεσα στο γράψιμο αυτού που ένιωσα, έγραψα επίσης τις έννοιες της πραγματικότητας και της αλήθειας όπως μου τις δίδαξε. Την τρίτη ή τέταρτη νύχτα μου βρήκα τον εαυτό μου πλήρως ντυμένο, κουλουριασμένο στο πάτωμα ενός κρύου ντους, να ψάχνω στην καρδιά και στην ψυχή μου για το ποιος ήμουν. Βρήκα ένα κόσμημα, που θα το ονομάσω Μπρονί, και μια εβδομάδα αναμφισβήτητης ειλικρίνειας, με πολλή αγάπη, και μερικές πολύ γλυκές αναμνήσεις, και μέσα από αυτές τις αναμνήσεις, βρήκα τον εαυτό μου και πάλι.

Είπα στην Γκέιλ ότι όπου κι αν ήμουν στον κόσμο, αν με χρειαζόταν ποτέ, θα ήμουν εκεί. Την επόμενη μέρα αγόρασα ένα εισιτήριο για το πρώτο αεροπλάνο με προορισμό το Λονδίνο, και μετά έβαλα τα γραπτά μου μέσα από την μπροστινή πόρτα της, πίσω από την οποία κρυβόταν. Της είπα τι συνέβαινε, και νομίζω θα προτιμούσε να με δει να συντριβώ παρά να ασχοληθεί με το τι συνέβαινε γύρω της. Ο Τζον μου είπε το κλασικό, πριν κλειδωθεί στο σπίτι του.

«Προσπαθούσα να βοηθήσω», δεν αρνήθηκε καν τη χειραγώγηση. Είχα ένα ταξί που με περίμενε, ενώ έπαιρνα κάποια προσωπική θεραπεία έξω στην οροφή του νέου αυτοκινήτου του, πριν έρθει στο σπίτι για να προχωρήσουμε με τη ζωή μου. Μόνο η Γκέιλ δεν μπορούσε να παραιτηθεί, καθώς έπρεπε να υποφέρω για την πικρία της μητέρας της, και με κράτησε μέχρι τα Χριστούγεννα, για άλλους οκτώ μήνες. Με τα τηλεφωνήματα αργά το βράδυ και νωρίς το πρωί, συχνά καλούσε για βοήθεια, και στη συνέχεια σύντομα με μηνιαίες επισκέψεις, όμως είχα το δικό μου σπίτι από τώρα, κατά τη διάρκεια της οποίας ανέφερε ότι ήθελε να επιστρέψει. Αλλά ήξερα ότι δεν θα το έκανε, και ότι έπρεπε να με χρησιμοποιήσει, και να με πληγώσει, καθώς η μητέρα της είχε πληγωθεί και είχε χρησιμοποιηθεί από τον πατέρα της, και ήμουν αδύναμος μαζί της. Της είπα ότι κάθε επίσκεψή της περίμενα να είναι η τελευταία φορά που την έβλεπα, και γύρω στα Χριστούγεννα ήταν εκείνη η χρονιά. Έφυγε λέγοντάς μου να ψάξω για κενές θέσεις και θα επέστρεφε τον επόμενο μήνα. Αλλά δεν επέστρεψε ποτέ. Θα μάθαινα αργότερα εκείνη τη χρονιά ότι είχε ήδη γνωρίσει κάποιον άλλον. Δεν ξέρω αν είχε τον έλεγχο του εαυτού της ή όχι. Μου έμαθαν ότι τα μάτια δεν λένε ψέματα, αλλά μερικά το κάνουν, τα μάτια αυτών που το κάνουν είναι συχνά υπό την επήρεια άλλων, μερικές φορές, τρελών ανθρώπων. Και τα μάτια της είπαν ψέματα, αλλά ποτέ δεν σκέφτηκα ότι ήταν τρελή. Δεν έχω νέα της από τότε που μου τηλεφώνησε τον περασμένο Απρίλιο για να μου ευχηθεί χρόνια πολλά, υποθέτω. Υποθέτω ότι επειδή ήταν μεσάνυχτα ένας φίλος που έμεινε κατά τη διάρκεια της νύχτας απάντησε στο τηλέφωνο το οποίο η Γκέιλ έκλεισε και δεν ξανακάλεσε ποτέ ξανά. Υπέφερα πολύ, και έμαθα πολλά για τους ανθρώπους κατά τη διάρκεια αυτής της περιόδου της ζωής μου.

Μέχρι εκείνο το Χριστούγεννα, ένα Τ.Β. σαν μια μόλυνση, είχε εν αγνοία του αρχίσει να με φθείρει, και έξι μήνες αργότερα, θα ήμουν σε αυτό που πολλοί πίστευαν ότι θα ήταν το νεκροκρέβατό μου. Έγραψα για την εμπειρία αυτή στις προσωπικές σημειώσεις μου στο τέλος του κεφαλαίου έντεκα. Ήμουν στην απομόνωση μέχρι που οι εξετάσεις επιβεβαίωσαν αν ήταν μεταδοτικό ή όχι, δεν ήταν. Αποδείχθηκε ότι ήταν μια σπάνια μόλυνση από Μ.Α.Ι., με συμπτώματα παρόμοια με το Τ.Β. Αλλά οι εξετάσεις χρειάστηκαν τρεις εβδομάδες για να επιστρέψουν. Συνολικά, η κύρια εμπειρία διήρκεσε περίπου πέντε μήνες. Από τότε ένιωσα μια ισχυρή συμπόνια προς εκείνους που έχουν υποστεί αυτή την οδυνηρή θλίψη. Δεν είναι ένας πόνος που είναι εύκολο να φανταστεί κανείς. Χρειάστηκαν ημέρες μετά την εισαγωγή μου στο νοσοκομείο για να διαγνωστεί και, αμέσως μετά, ήμουν στην απομόνωση χωρίς καν να είμαι σε θέση να μετακινήσω το κεφάλι μου από τον πόνο, και ο βήχας θα ερχόταν με ένα ζεστό τσίμπημα, ενώ οι κράμπες στο σώμα είχαν προηγηθεί. Θα έβρισκα τον εαυτό μου κρεμασμένο από το κρεβάτι με αγωνία, με αίμα να στάζει από το στόμα μου, χωρίς να ξέρω καν πώς έφτασα εκεί, απλά γνωρίζοντας από πόσο πόνο θα υπέφερε ειρηνικά και πάλι. Ήθελα μονάχα να ξαπλώσω, και να ζητήσω από τον Θεό πέντε λεπτά ξεκούρασης και ένα τσιγάρο μακριά από όλα αυτά τα πράγματα και θα πέθαινα χαρούμενος. Ήξερα ότι ούτε εγώ θα λάβω. Έψαξα για τον Σεράν και τον ικέτευσα να έρθει, έστω και μόνο στη φαντασία μου, να αφήσει αυτή τη ζωή στο πλευρό του.

Τον κάλεσα μέσα από τις ομίχλες του μυαλού μου. Κοίταξα, αλλά δεν τον βρήκα ποτέ, και ήξερα ότι δεν ήταν η ώρα μου. Έμαθα το μόνο μάθημα που θα μπορούσα να μάθω από μια τέτοια εμπειρία. Αν υπάρχει κάτι χειρότερο από το να ζεις με λύπη, είναι να πεθάνεις με αυτή. Ήδη πίστευα ότι ήξερα πώς να εκτιμήσω τη ζωή, και όπως δείχνουν οι προσωπικές μου σημειώσεις, το σοβαρό πνευματικό μονοπάτι μου μόλις άρχιζε, χωρίς καν να ξέρω ότι ήμουν σε αυτό.

Στα τέλη του καλοκαιριού του 1996, ανέκτησα τις δυνάμεις μου για τα καλά, αλλά ποτέ δεν έκρυψα την κατάστασή μου. Όλοι, εκτός από μια φίλη που την έλεγαν Σάρα, νόμιζαν ότι ήμουν ο επόμενος που έφυγε από A.I.D.S., και με έκοψαν αναλόγως, ακόμα και η οικογένειά μου. Αυτό επιβεβαιώθηκε από μια νεαρή ανιψιά. Με χλεύαζε ότι θα πεθάνω σύντομα. Τα παιδιά, επίσης, μπορεί να είναι σκληρά, και ήξερα τότε τι είδους συζητήσεις έκανε η οικογένειά μου. Έτσι άρχισα να αισθάνομαι αποκομμένος καθώς ήξερα ότι ήμουν ήδη νεκρός, και μόνο ένα άτομο ήταν ειλικρινές γι' αυτό, η Ντόουν, που έκλαψε όταν μου είπε. Δεν μπορούσε να κάνει αλλιώς, είπα ότι ήξερα, και κατάλαβα, και την ευχαρίστησα επίσης για την ειλικρίνειά της, καθώς ήξερα ότι επηρέαζε τις πράξεις της προς εμένα. Μπορούσα να αισθανθώ το φράγμα της, και αυτή η ειλικρίνεια, ήταν τόσο οδυνηρή όσο ήταν και γι' αυτήν, σήμαινε τόσα πολλά για τον εαυτό μου. Το χειρότερο συναίσθημα αυτή τη στιγμή ήταν ότι ήξερα ότι θα επιβίωνα. Ένιωσα σαν να είχα πολύ περισσότερο να κάνω με τη ζωή μου, αλλά την ίδια στιγμή σκέφτηκα ότι ποτέ δεν θα γνώριζα την αγάπη και πάλι με τον τρόπο που οι περισσότεροι το θεωρούν δεδομένο, μια ζωή χωρίς αγάπη. Ήταν ένα τρομερό συναίσθημα γνωρίζοντας ότι υπήρχε, αλλά πιστεύοντας ότι ποτέ δεν θα αισθανθώ το ίδιο είδος συναισθήματος ποτέ ξανά.

Ενώ βελτιωνόμουν, είδα περισσότερους από τους φίλους μου να με προσπερνούν και να πεθαίνουν, εξ ου και η μοιρολατρική στάση που είχα τον Οκτώβριο του 1996. Αναρρώνω όμως, και χωρίς τη βοήθεια των τελευταίων χειρουργικών επεμβάσεων, οι οποίες ήρθαν σε σύγκρουση με το φάρμακο μου. Ήμουν μόνος, και για λίγο ένιωθα μοναξιά, και μέσα από αυτή την περίοδο ένιωθα την άνεση να καπνίζω ηρωίνη μέχρι το Φεβρουάριο του 1997.

Όποιος έχει καπνίσει ηρωίνη θα σας πει πόσο άνετα νιώθει με αυτό. Θα το περιγράψει ως συναίσθημα σαν ένα μεγάλο χνουδωτό σύννεφο που έρχεται και σας πνίγει και θα βρείτε τον εαυτό σας κάτω από το νερό σε αυτό, ενώ χάνετε τον εαυτό σας την ίδια στιγμή. Στη συνέχεια, σε κάποιο σημείο, αυτό το σύννεφο γίνεται ένα σάβανο, και θα βρεθείτε χαμένοι. Χρειαζόμουν να βγω έξω από αυτό, και σκέφτηκα ένα ρητό από τον Κομφούκιο για να με βοηθήσει, «Η έξοδος είναι μέσα από την πόρτα, οπότε γιατί δεν την χρησιμοποιείτε;» και πήγα στην Πάφο για να επανακτήσω όπως ήθελα τη ζωή μου πίσω. Αποφάσισα ότι δεν έφταιγα εγώ που κανείς δεν θα με αγαπούσε ξανά, αλλά θα επανορθώσω. Αποφάσισα να το αντισταθμίσω με το να αγαπώ εγώ τα πάντα, και τους πάντες. Πέρασα μια εβδομάδα στην Πάφο καθαρός, και όταν επέστρεψα την Πέμπτη, στη συνέχεια πέρασα τις επόμενες τρεις ημέρες που καλύπτοντάς τη συνήθεια ενός φίλου πριν σχεδιάσει να σταματήσει. Κάπνισα λίγο απ' αυτό που του αγόραζα. Και τον άκουσα, άκουγα τα ψέματά του για τρεις μέρες πριν έρθει η Κυριακή, την ημέρα που άρχισε να τα παρατάει, και δεν έχω αγγίξει ποτέ ηρωίνη από τότε, αλλά θέλω να πιστεύω ότι έχω μάθει πολλά για την αγάπη.

Υπάρχει μεγάλη υποκρισία όταν πρόκειται για ναρκωτικά. Το ίδιο το όπιο ήρθε από την Ελλάδα και έφτασε στην Ινδία με τον στρατό του Αλεξάνδρου, και χρησιμοποιήθηκε ως παυσίπονο για χειρουργικές επεμβάσεις, αν και οι άλλες ιδιότητές του εξερευνήθηκαν. Στη συνέχεια μεταφέρθηκε στην Ανατολική Ασία από Άραβες εμπόρους. Άκουσα ένα αστείο πράγμα όταν ήμουν στην Ταϊλάνδη για πεζοπορία στο Χρυσό Τρίγωνο. Ρώτησα έναν καλλιεργητή οπίου πού πήγε η σοδειά του και πώς ταξίδευε. Ήμουν μπερδεμένος. Είχαμε τη γη του Λάος από τη μία πλευρά μας, η οποία είχε κλείσει τα σύνορα εκείνη την εποχή, και της Βιρμανίας, όπου οι τοπικές διαφορές κατέστησαν την περιοχή των συνόρων μη ασφαλή από την άλλη πλευρά, και έναν ευθύ νότιο δρόμο στον οποίο βασίστηκε το εμπόριο. Μου είπε ότι έρχονται τα φορτηγά. Τον ρώτησα ποια φορτηγά; Και με ρώτησε αν ήμουν ηλίθιος στα απλοποιημένα αγγλικά του και μου είπε ότι τα φορτηγά του στρατού της Ταϊλάνδης έρχονταν δύο φορές το χρόνο. Ήταν μια πολύ διασκεδαστική εμπειρία. Καταλαβαίνω γιατί καπνίζουν όπιο στη ζούγκλα. Ταιριάζει στις συνθήκες τους, και είναι λιγότερο εθιστικό από την ηρωίνη, η οποία απογειώθηκε μόνο αφού το όπιο κηρύχθηκε παράνομο από τα ίδια ιδρύματα που για μερικά χρόνια το κακομεταχειρίστηκε για δικό τους όφελος, δηλαδή τη βρετανική κυβέρνηση. Τώρα έχουμε παιδιά που εκτίουν μεγάλες ποινές φυλάκισης στα κελιά τους εξαιτίας της υποκρισίας μας, ενώ οι στρατηγοί σε χώρες όπως αυτή πλουτίζουν. Τόσο οι αγορές οπίου όσο και οι αγορές κοκαΐνης χρησιμοποιήθηκαν αρχικά από ιδρύματα όπως η βρετανική κυβέρνηση στο παρελθόν και, πιο πρόσφατα, η CIA προς όφελός τους. Δεν αγγίζω κανένα από αυτά τώρα και ούτε έχω κάνει χρήση για μεγάλο χρονικό διάστημα, αλλά, τα γεγονότα είναι γεγονότα, αν οι άνθρωποι το απαιτούν, οι άνθρωποι πρόκειται να το προμηθεύονται και αυτό είναι ένα απλό γεγονός της ζωής. Δεν πίνω καθόλου, αλλά μπορώ να σταματήσω το κάπνισμα; Όχι ακόμα, και ποιος είναι ο μεγαλύτερος δολοφόνος; Αλλά ένα τελευταίο σημείο σχετικά με το θέμα των ναρκωτικών, είναι ένα ιατρικό γεγονός, ότι η κατανάλωση αλκοόλ κάνει πολύ μεγαλύτερη ζημιά στον εγκέφαλο και το σώμα από μια καθαρή ημερήσια δόση ηρωίνης, και αν ένα άτομο θέλει να ζήσει κάτω από ένα σάβανο για το υπόλοιπο για τη ζωή του, συνεπώς, δεν θα πρέπει να καταστούν ποινικές. Μπορώ να πω ένα πράγμα στα σίγουρα. Αυτό που κάθε έμπορος ναρκωτικών σε όλο τον κόσμο θα φοβόταν απόλυτα είναι η κατανόηση αυτής της έννοιας από τα ίδια θεσμικά όργανα που την απαγορεύουν εντελώς. Θα έλεγα ότι ήταν περισσότερο για την εκπαίδευση, αλλά θεωρώ ότι είναι επίσης αρκετά διασκεδαστικό, όπως φαίνεται, να χάνονται τα πάντα κάτω από το πέπλο της άγνοιας σε μια κοινωνία που φαίνεται να λέει στους ανθρώπους ότι είναι εντάξει να δηλητηριάσει εμάς, και τον πλανήτη, σε βιομηχανικό επίπεδο, αλλά όχι εμείς το σώμα μας σε προσωπικό επίπεδο. Πιστεύετε ότι τα παιδιά σας θα μεγαλώσουν και θα είναι σε θέση να σχετίζονται με αυτό το είδος της υποκρισίας; Είναι μια θλιβερή σκέψη.

Τον Μάιο του 1997 ξύπνησα ένα πρωί με έναν πόνο στο στομάχι μου σαν να είχα γρονθοκοπηθεί, και η γροθιά να ήταν ακόμα εκεί. Ο Τ.Β. είχε επιστρέψει, και τώρα εκδηλωνόταν με τη μορφή δύο πρησμένων αδένων, όγκων, το ένα στο μέγεθος ενός γκρέιπφρουτ στην κοιλιά μου, και ο άλλος στο μέγεθος ενός μήλου στο στήθος μου, πίσω από τον αριστερό πνεύμονα μου. Πέρασα δύο επώδυνες εβδομάδες, δύο φορές την ημέρα έκανα ενέσεις αμικασίνης κάτι το οποίο μου είπαν ότι θα κρατήσει μακριά τον πόνο για λίγο. Δεν επηρέασε την αναζήτησή μου για την προσωπική πνευματική μου ανάπτυξη όμως. Το φυσικό μου σώμα ήταν λιγότερο σχετικό από την κατάστασή μου. Αναζήτησα την τελειότητα στον εαυτό μου.

Δεν έχω νιώσει ποτέ δυσαρέσκεια για τη ζωή μου, όσο άσχημα πράγματα κι αν συνέβησαν κατά καιρούς. Όχι μόνο ήξερα ότι υπήρχε πάντα κάποιος άλλος σε χειρότερη θέση από μένα, αλλά βλέπω την ίδια τη ζωή ως δώρο. Τα δύο χρόνια πριν από τη σύνταξη αυτού του βιβλίου ήταν μια εποχή μεγάλης ενδοσκόπησης για τον εαυτό μου, και την ίδια στιγμή μια πραγματική χαρά από πολλές απόψεις. Θυμάμαι να γράφω σε έναν φίλο πριν πάω στην Κύπρο τον Αύγουστο του περασμένου έτους λέγοντάς του ότι είχα βρει το παιδί μέσα μου και πάλι. Αυτό το κομμάτι μου που έβαλα σε ένα ράφι πριν πολλά χρόνια και, υποσχέθηκα στον εαυτό μου, ότι θα το προστάτευα από τον κόσμο που ήξερα ότι θα αντιμετωπίσω. Αυτή η πολύτιμη ζεστασιά που πήρα από την αθωότητα αυτού του παιδιού, του παιδιού που ήξερα ότι ήμουν κάποτε. Ένιωσα σαν να το είχα κρατήσει ασφαλές, και το βρήκα ξανά, το έβγαλα από το ράφι του, αγκάλιασα αυτή τη ζεστασιά, και υποσχέθηκα στον εαυτό μου ότι θα το κρατήσω αυτή τη φορά, και θα το προστάτευα με τα χρόνια εμπειρίας που είχα αποκτήσει, και θα το προστάτευα εγωιστικά, από έναν εγωιστικό κόσμο.

Χριστούγεννα 1997, και έπρεπε να κάνω ένα διάλειμμα από την παραλία της Ταϊλάνδης για να γυρίσω πίσω ένα μήνα για να συνεχίσω τις δύο εβδομάδες συνεχούς λήψης αμικασίνης. Το Τ.Β. μου προκαλούσε κάποια ανησυχία και πάλι χρειαζόταν να μου χορηγηθεί στάγδην αμικασίνη. Είχα προειδοποιήσει για τη μετάβαση στην Ταϊλάνδη τον γιατρό μου, αλλά πήγα ούτως ή άλλως, και είμαι ευτυχής που το έκανα από ορισμένες απόψεις, και λυπημένος για τους άλλους. Είχα πάρει ένα φίλο από την Αγγλία, και πλήρωσα το εισιτήριο της Μπρονί ώστε να πετάξει έξω από Αυστραλία και να με συναντήσει. Είχε γράψει και μου είπε ότι ήταν χαμένη, και αβοήθητη, και έπρεπε να βρει ξανά τον εαυτό της, οπότε σκέφτηκα ότι θα τη βοηθούσα τουλάχιστον να ξεφύγει από τον κυριαρχικό φίλο που την έκανε να νιώθει έτσι. Όσο ήμουν εκεί, ήθελα να εξετάσω τον εαυτό μου σε σχέση με το προηγούμενο πρόβλημα ηρωίνης. Πήγα και κάθισα με τους ανθρώπους που ήξερα ότι το κάπνιζαν στην παραλία, και είχα κάποια συζήτηση μαζί τους. Ένιωσα πού ήταν και, όταν έφυγα μακριά τους, ήξερα στα σίγουρα ότι ήταν ένας εθισμός που ήμουν πραγματικά απαλλαγμένος από αυτόν. Ήταν πριν ένα χρόνο τον περασμένο μήνα. Ήταν μια θλιβερή χρονιά για μένα όσον αφορά την κατάσταση της παραλίας που πήγα Ο δρόμος προς τον κόλπο ήταν σχεδόν εντελώς συγκεκριμένος, και πολύ χειρότερα, ένα μέρος του απομακρυσμένου και γραφικού καταρράκτη μου καταστράφηκε για έναν άλλο δρόμο που πραγματικά δεν ήταν απαραίτητος. Αυτό ράγισε την καρδιά μου περισσότερο από ό,τι με στενοχώρησε το ότι χάλασα την σχέση μου με τον καλύτερο φίλο μου από την Ταυλάνδη, τον οποίο ήξερα για πολλά χρόνια. Είπα σε κάποιον ότι ένιωσα σαν να ήμουν στη διαδικασία της προετοιμασίας για αυτό το έργο όλη μου τη ζωή. Κάποιος με προκάλεσε με χλευασμό, στο εστιατόριο του θέρετρου, να γράψω ό,τι ήξερα σε δύο μικρά κομμάτια χαρτί το καθένα στο μέγεθος ενός κουτιού τσιγάρων. Έφυγα στην αρχή, πριν επιστρέψω και δέχτηκα την πρόκληση, και σε ένα από τα κομμάτια έγραψα.

   Αυτό είναι που είναι γνωστό;
  Ή τι φαίνεται να είναι γνωστό ότι είναι σημαντικό;
    Ή τι είναι;
    Δεν ξέρω τίποτα.

Σε αυτή τη βάση δεν πρέπει να εξετάσουμε τα γεγονότα; Ήταν επίσης περίπου αυτή τη φορά που μου ήρθε η ιδέα της αγοράς ενός γιοτ για να γλιστρήσω μακριά από την κοινωνία. Γνωρίζω ότι πολλοί άνθρωποι θα ήθελαν να έχουν μια τέτοια ευκαιρία και, για τον εαυτό μου, η ιδέα είχε γίνει όλο και πιο ελκυστική, και υποσχέθηκα στον εαυτό μου ότι θα αποκαταστήσω πλήρως τις δυνάμεις μου να κάνω ακριβώς αυτό. Όποιο κι αν ήταν το κόστος της μακροζωίας, το να πεθάνεις ένας ελεύθερος άνθρωπος κοντά στη φύση, όποτε σε καλούσε, ακουγόταν σαν ευδαιμονία. Ήταν η επίδραση που μπορούσα να δω να έχει η ανθρωπότητα στον εαυτό μου, την ψυχή μου, και δεν μου άρεσε. Ένιωσα ότι πολλά από τα προσωπικά μας ελαττώματα προκλήθηκαν από εμάς και, με τη σειρά μας, βγάζουμε τα ελαττώματά μας σε άλλους. Ενδοσκόπηση και διαιώνιση, έκανα κάποιες σοβαρές εξετάσεις, ενώ βλέποντας την παλίρροια, σκεφτόμουν ότι δεν έχει σημασία τι αλλαγές συμβαίνουν στον πλανήτη, λόγω του εγώ μας, η παλίρροια δεν θα μπορούσε ποτέ να γυρίσει πίσω σε εμάς. Σκεφτόμουν τη φύση ξανά, και κατ' επέκταση, την φύση μας.

Εκείνο το βράδυ ήμουν με κάποιους φίλους σε μια επίδειξη πυροτεχνημάτων στην παραλία. Περίπου στις τρεις το πρωί κάποιος περπάτησε πολύ μέχρι την παραλία για να μου πει ότι τον ξύπνησα. Μπορούσα να καταλάβω από τον τρόπο που περπατούσε, με την κουβέρτα του τυλιγμένη γύρω του, ότι ήταν θυμωμένος, και όταν έφτασε σε μας ήταν εξαγριωμένος, ποδοπατώντας μας σχεδόν, γι' αυτό τον ρώτησα ήρεμα,

«Γιατί έχεις τόσο θυμό φίλε μου;» φώναξε και με ρώτησε τι σκεφτόμουν και τον ξύπνησα, και ούτω καθεξής, αλλά ήξερα ότι δεν θα μπορούσε να είναι ο πραγματικός λόγος. Έτσι τον ρώτησα ξανά, αλλά απαλά, προσπαθώντας να τον καταπραΰνω,

«Όχι, θέλω να μάθω γιατί έχεις τόσο θυμό μέσα σου;» Είπα προσθέτοντας. «Θέλω να καθίσεις και να μας μιλήσεις και να ξεφορτωθείς τον θυμό σου πριν πας πουθενά». Τώρα ήταν ακόμα πιο θυμωμένος. Μου είπε ότι το σώμα μου θα βρεθεί στη θάλασσα και για πράγματα που θα μπορούσε να μου κάνει με ένα μαχαίρι. Φυσικά, ήξερα το μέρος, και παρόλο που θα μπορούσε να συμβεί αυτό εκεί, δεν ανησυχούσα. Μου είχαν μείνει τέσσερα πυροτεχνήματα, και τώρα μου είπε ότι τελείωσε, του είπα ότι είχα άλλα τέσσερα, και μετά τελείωσε. Σε αυτό το σημείο είχα αρχίσει να αισθάνομαι πολύ αποκαρδιωμένος με τον κόσμο γενικά, και ένιωσα ότι αυτός ο άνθρωπος ήταν εντελώς παράλογος. Έτσι τον περίμενα να περπατήσει εκατό μέτρα, ή περισσότερο, κάτω από την παραλία, πριν ανάψω δύο από τα βλήματα όλμου, και γυρίσει κατευθείαν πίσω με μια άγρια οργή. Είπα στους φίλους μου που ήταν λίγα μέτρα πίσω μου να τον αγνοήσουν, να συνεχίσουν να παίζουν τις κιθάρες τους και να τραγουδούν, και να με αφήσουν να το αντιμετωπίσω. Περπατούσε γύρω μου ενώ ήμουν στα γόνατα. Ήταν έξαλλος. Νομίζω ότι οι άλλοι ήταν πολύ χαρούμενοι που έμειναν έξω από αυτό. Τα λόγια του ήταν σαν,

«Δεν σε προειδοποίησα; Δεν σου το είπα; Σου είπα πώς ήταν!» Απάντησα ήρεμα.

«Και σας είπα ότι μου έχουν απομείνει τέσσερα, και αυτό ήταν, αλλά τώρα μου έχουν μείνει μόνο δύο, και αυτό τέλος, αλλά δεν είναι τα πυροτεχνήματα που με αφορούν, αλλά ο θυμός σου, γιατί έχεις τόσο θυμό μέσα σου;» Ήθελα πραγματικά να μάθω τι είχε γεμίσει έναν άνθρωπο με τόση οργή, ήξερα ότι δεν θα μπορούσε να έχει προέλθει από τα πυροτεχνήματα και μόνο, είχε περπατήσει από πάρα πολύ μακριά και ήθελα απλώς να τον βοηθήσω αν μπορούσα. Έγινε πιο εχθρικός. Έτσι άφησα τα προβλήματά του, χαμογέλασα και τον ρώτησα,

«Δεδομένου ότι αυτά είναι τα δύο τελευταία πυροτεχνήματα, δεν θα θέλατε να τα ανάψετε;» Ήρθε σε μένα, πήρε το πουκάμισό μου στο ένα χέρι, και έδειξε ότι κρατούσε ένα μαχαίρι στο λαιμό μου με το άλλο. Απλώς ένιωσα ένα θαμπό αίσθημα στο λαιμό μου. Αν είχα αισθανθεί μια κοφτερή λεπίδα θα μπορούσε να ήταν διαφορετικά, θα μπορούσε να ήταν, αλλά αμφιβάλλω για τον τρόπο που ένιωσα εκείνη την ώρα. Τον κοίταξα στο πρόσωπο και του είπα να πάρει το χέρι του από το πουκάμισό μου, πράγμα που έκανε, αλλά άφησε το άλλο του χέρι στο λαιμό μου. Δεν ήξερα σίγουρα αν είχε μαχαίρι στο χέρι του ή όχι, και ξέρω πόσο εύκολο είναι να κόψεις το λαιμό κάποιου. Βοήθησα στο σφάξιμο δύο νεαρών χοίρων που σκοτώθηκαν λίγα χρόνια νωρίτερα, δεν είναι μια εμπειρία που θα ήθελα να επαναλάβω. Αλλά αν κρατούσε ένα μαχαίρι στο λαιμό μου, ήξερα ότι δεν θα έφτανα στο χέρι του εγκαίρως για να τον σταματήσω, οπότε σκέφτηκα ότι αν είναι σοβαρός, τελείωσε. Γιατί μετά από όλα όσα έχω περάσει στη ζωή μου, ό,τι κι αν γινόταν, αρνήθηκα να δείξω ή να νιώσω φόβο, ή να απαντήσω στον θυμό του, απλά αρνήθηκα να τον αφήσω να μου το κάνει, με μαχαίρι ή όχι. Σκέφτηκα το γεγονός ότι μπορεί να πεθάνω εκεί και μετά. Φαντάστηκα το αίμα μου να βυθίζεται στην άμμο, αναμειγμένο με την παλίρροια. Πήρα μια βαθιά ανάσα και απορρόφησα την ομορφιά της πανσελήνου πάνω από τον κόλπο, και τα κύματα που έβλεπα, και σκέφτηκα πόσο μου άρεσε ο τόπος πριν από τις αλλαγές. Νόμιζα ότι είχα μια καλή ζωή, λαμβάνοντας υπόψη τα πάντα. Ήταν γεμάτη εμπειρίες. Λέω στους φίλους μου ότι ο θάνατος είναι ένα μέρος μέσα από το οποίο πρέπει να ταξιδέψω για να φτάσω εκεί που πηγαίνω, και εκείνη τη στιγμή πραγματικά δεν με πείραζε να περάσω, και φαινόταν σαν το σωστό μέρος, και τον σωστό χρόνο. Τον κοίταξα στα μάτια και είπα ήρεμα,

«Η παλίρροια θα έρθει ακόμα φίλο μου, και λίγα θα αλλάξουν».

Πανικοβλήθηκε και μου είπε να ανάψω τα πυροτεχνήματά μου και έφυγε από το σοκ. Λίγες ημέρες αργότερα μιλούσα με έναν τοπικό ιδιοκτήτη θέρετρου που ήξερα καλά. Ήταν το ίδιο θέρετρο όπου ζούσε ο άντρας, και με ρώτησε αν άναψα πυροτεχνήματα πριν από μερικές νύχτες, στην παραλία, και είπα ναι. Ξέσπασε σε γέλια και μου είπε ότι κατάλαβε ότι ήμουν εγώ. Στη συνέχεια, μου είπε αμέσως ότι ο άνθρωπος που μας πλησίασε νόμιζε ότι ήμουν τρελός, πριν πει το εξής. Ότι ήταν τόσο θυμωμένος που μου εναντιώθηκε, με έβαλε στα γόνατά μου με μια λεπίδα στο λαιμό μου, και αυτός που είχε τέτοια οργή, ποτέ δεν έδειξε κανένα φόβο απολύτως, τον κοίταξε κατ' ευθείαν στα μάτια, και είπε κάτι ανόητο σε αυτόν. Είπε ότι πρέπει να είμαι τρελός. Ζήτησε συγγνώμη από τους φίλους μου για τον θυμό του εκείνο το βράδυ, καθώς είχε πρόβλημα με το αλκοόλ, ήταν αλκοολικός, αλλά μου έριξε μόνο ένα φοβισμένο βλέμμα κάθε φορά που με έβλεπε, και ποτέ δεν μου μίλησε καθόλου, και θα μπορούσε να ήταν δικαιολογημένος να σκέφτεται με αυτόν τον τρόπο. Συνειδητοποίησα ότι δεν θα είχα αισθανθεί έτσι και αλλιώς ένα μαχαίρι στο λαιμό μου, λόγω του μουδιάσματος αριστερά μετά από μια επέμβαση που έκανα για να αφαιρέσω ένα καλοήθη όγκο στο λαιμό μου. Ένα μαχαίρι δεν θα είχε διαφορετική αίσθηση από ένα δάχτυλο. Ήταν επίσης γύρω από αυτή την εποχή, και ίσως εξαιτίας αυτού, βρήκα τον εαυτό μου κάθεται στην παραλία επιθυμώντας η φύση να ελευθερώσει αυτόν τον πλανήτη από την ανθρωπότητα. Κοίταξα γύρω μου και μας περιφρόνησα για τον τρόπο που φερόμασταν στην πραγματική μας μητέρα, και ο ένας στον άλλο.

Αλλά ακόμα τελειοποιούσα τον εαυτό μου μέσα από την αγάπη μου, και ήμουν τόσο ειλικρινής με τον κόσμο, και με τον εαυτό μου, όσο μπορούσα, και το απόλαυσα. Έχω πει στους φίλους μου ότι η ειλικρίνεια μου είναι η ασπίδα μου, και αυτός ήταν ο άνθρωπος που είχε καλέσει η Κύπρος. Η αγάπη μπορεί να είναι μια τόσο ισχυρή δύναμη, η ισχυρότερη στο σύμπαν, και μέσα από αυτό ένιωσα και βρήκα το πεπρωμένο μου. Τόσες πολλές φορές, ενώ γράφω το βιβλίο έκανα την ερώτηση.

«Γιατί εγώ, γιατί εγώ;» και κάθε φορά που μου δινόταν η ίδια απάντηση.

«Είναι η αγάπη που νιώθεις». Ποτέ δεν περίμενα τίποτα από αυτά να συμβεί στον εαυτό μου όμως, ειδικά σε αυτό το τελευταίο κεφάλαιο, αλλά ποιος θα μπορούσε να το φανταστεί, ακόμη και εγώ οδηγήθηκα σε αυτό το σημείο. Αλλά είμαι γεμάτος θαυμασμό για αυτό στο οποίο με οδήγησε. Νόμιζα ότι ήμουν ανάξιος μιας τέτοιας μοίρας όπως η Κύπρος, αλλά η προηγούμενη ζωή μου με βοήθησε να εξετάσω τον πολιτισμό πιο αντικειμενικά. Δεν μου άρεσε αυτό που βρήκα γενικά, ειδικά η κακοποίηση της φύσης μας. Ξέρω ότι υπάρχουν τόσοι καλοί άνθρωποι εκεί έξω. Αλλά ακριβώς αποφάσισα ότι ακόμα κι αν αισθανόμουν ότι κανένας δεν είχε το δικαίωμα να κρίνει τους ανθρώπους έπρεπε να διατηρήσουμε το δικαίωμα να κρίνουμε πώς οι άνθρωποι και η κοινωνία θα μας επηρεάσουν, και αποφάσισα να ενεργήσει αναλόγως. Τα προσωπικά μου σχέδια για τη χιλιετία ήταν να είμαι στη Νότια Αφρική αγοράζοντας ένα αξιοπρεπές γιοτ διαβίωσης για να ξεφύγω από τον πολιτισμό, και ήμουν στο δρόμο μου γι' αυτό. Αλλά η Κύπρος απλά φαινόταν να έχει αυτή την επίδραση στον εαυτό μου. Πριν ένα μήνα, έστειλα email στον ξάδερφό μου. Μετά την ανάγνωση κεφάλαια ένα έως δεκατέσσερα του βιβλίου μου ισχυρίστηκε ότι έκανα ένα κακό λάθος για την εποχή, ότι νομίζω αγγλικά. Του είπα ότι δεν ήμουν Άγγλος σε αυτά τα τελευταία κεφάλαια, και δεν έχω καμία αμφιβολία ότι αν ήμουν πριν από αυτόν το 1974, στην Κύπρο, και δέκα χρόνια μεγαλύτερος, τότε θα τον πολεμούσα μέχρι θανάτου. Τότε του είπα ότι καθώς η μητέρα του δεν ήθελε να μιλήσει για τον παππού μου, και η μητέρα μου ήταν πολύ λιγότερο από ειλικρινής μαζί μου, απαίτησα να μου πει πόσο μακριά γύρισε ο διακόπτης αερίου, στην ιστορία του παππού μου. Λίγο μετά του έστειλα ένα να ζητήσει συγγνώμη για το θυμό μου, και ζητώντας του να προσπαθήσει να καταλάβει πώς ένιωσα, όχι ότι φαντάζομαι ότι θα μπορούσε. Δεν πήρα ποτέ απάντηση από αυτόν. Κι όμως έσκισα τον εαυτό μου πρόσφατα. Βρήκα τον εαυτό μου να γράφει ένα email που ποτέ δεν έστειλα λέγοντας σε κάποιον ότι δυσανασχετώ να χρησιμοποιώ το όνομα Δημήτρης, το όνομά μου, αν και ομολογώ ότι προτιμώ να χρησιμοποιηθεί. Όχι μόνο ένιωσα σαν να έπρεπε να κάνω μια ζωή καταχρήσεων στο πλαίσιο της προετοιμασίας για την εκτέλεση αυτού του καθήκοντος. Αλλά ήξερα ότι ήμουν στη διαδικασία της σφαγής του εαυτού μου και πάλι, για το ίδιο καθήκον, εδώ σε αυτό το τελευταίο κεφάλαιο. Για μια χώρα που, απ' όσο καταλαβαίνω, δεν θα νιώσω ποτέ ότι ανήκω πραγματικά, την Κύπρο. Μιλάμε για μια χώρα όπου αν είσαι θετικός και έχεις ένα παιδί, είναι πιθανό να μπεις στις εθνικές ειδήσεις, και όπου η κατοχή δεκατεσσάρων γραμμαρίων κάνναβης θα μπορούσε να οδηγήσει σε έρευνες με την Ιντερπόλ για να δει αν έχεις συγγένεια με το οργανωμένο έγκλημα. Κατά μία έννοια, απλά δεν ταιριάζω. Υπερασπίζομαι τον ελληνικό λαό και αυτή είναι μια γλώσσα που απλά δεν μιλώ. Ξέρω ότι ο ξάδερφός μου είπε ότι δεν είχε σημασία, αλλά αυτό δεν είναι αλήθεια, ακόμα και στην Κύπρο. Τα ελληνικά είναι μια πολύ δύσκολη γλώσσα για να μάθει κανείς. Τα κυπριακά ελληνικά είναι ακόμα πιο δύσκολο να τα μάθω καθώς έχουν τη δική τους διάλεκτο. Έτσι θα είμαι πάντα ένας «Τσάρλι», το όνομα που δίνεται στους αγγλόφωνους Ελληνοκύπριους, και δεν βλέπω γιατί αυτό το βιβλίο θα το αλλάξει αυτό. Η βασική άγνοια της ανθρωπότητας, η οποία αντικατοπτρίζεται στους ανθρώπους σε όλο τον κόσμο. Είμαι ο Τσάρλι και δεν ντρέπομαι γι' αυτό. Ήταν οι πρόγονοί μου που με καλούσαν, και ήταν όλοι Έλληνες, αν και η προσωπική μου κληρονομιά είναι βρετανική. Αλλά ακόμα κι αυτό φαίνεται σαν να έχει φύγει, για την Κύπρο. Ποτέ δεν θα αρνηθώ ότι αισθάνομαι ότι η Βρετανία και οι Βρετανοί που αγαπώ πάρα πολύ, είναι μέρος της κληρονομιάς μου, είναι μέρος του ποιος είμαι, και ένας από τους λόγους που ήμουν σε μια τέτοια αναταραχή, ενώ έγραφα αυτό το βιβλίο, το οποίο θεώρησα ένα τέτοιο επίτευγμα. Στην πιο δύσκολη στιγμή μου, όταν έγραφα εναντίον εκείνων που θα αποκαλούσα τώρα τους δικούς μου ανθρώπους, ξάπλωνα στο κρεβάτι κλαίγοντας. Ένιωσα σαν ο παππούς μου ήρθε να με παρηγορήσει, και με αγκάλιασε με τη ζεστασιά του, και ένιωσα τη θλίψη του. Ήταν λυπημένος επειδή ήμουν σε τέτοια αναταραχή, και έτσι έκλαψε, και όταν ένιωσα τη θλίψη του του είπα ότι κατάλαβα, και πραγματικά δεν με πείραζε, δεν είναι πραγματικά τόσο σκληρός όσο ήταν, κατάλαβα γιατί έπρεπε να κάνω ό,τι έκανα μέχρι η αλήθεια να μας απελευθερώσει. Στις 5 Οκτωβρίου, χτυπούσα την πόρτα της πρεσβείας του T.R.N.C. Έστειλα το γράμμα στον Χάρι Σκοτ Γκίμπονς στις 14 Οκτωβρίου, με τις προσωπικές μου σημειώσεις. Ήμουν πάντα σε σύγχυση από μια παράγραφο σε αυτές τις σημειώσεις, γραμμένη σε αυτή τη βαθιά συναισθηματική κατάσταση.

Άκουσα το μήνυμά σου, παππού, έψαξα για το ποιος ήσουν, άκουσα το μήνυμά σου και πίστεψα, και αναρωτιέμαι αν ήξερες ότι θα ήμουν ο ένας, ή αναρωτήθηκες ποτέ ότι θα τα πήγαινα τόσο καλά.

Λίγο αργότερα, θα ένιωθα τρεισήμισι χιλιάδες χρόνια καταγωγής, αλλά ήταν η γυναίκα με το ήρεμο βλέμμα που με κράτησε. Θα είχα καταστρέψει το βιβλίο αν δεν ήταν αυτή. Το επείγον μου μέχρι τότε, ήταν επειδή ήθελα να κάνω ό,τι μπορούσα για να φέρω σε δύσκολη θέση την κυπριακή κυβέρνηση, και να σταματήσω τους πυραύλους, λόγω της σημαίας που έβγαλα από τον βράχο, με αυτό που ένιωθα ότι ήταν μια ζωή εξαπάτησης, και η περιστασιακή παρουσία του παππού μου που με οδηγούσε. Έγραψα ένα ολοκληρωμένο βιβλίο, όπου κάτι παρόμοιο δεν έχω διαβάσει ποτέ στη ζωή μου, όλο σε τέσσερις μήνες, και παρόλο που ήξερα τι περίμενα από τον εαυτό μου, με αυτό το τελευταίο κεφάλαιο, ποτέ δεν πίστευα ότι η Κύπρος ή η ανθρωπότητα άξιζε τις δικαιολογίες μου. Όχι στο σύνολό της. Συνειδητοποίησα τότε γιατί αυτό το βιβλίο είναι το πεπρωμένο μου, και έπρεπε να το γράψω και, όπως είναι και για την Κύπρο, έτσι είναι για τον κόσμο.

Νιώθω σαν να καθοδηγούμουν μέσα από το ταξίδι μου, και τα βήματα μου ήταν η επιβεβαίωση, δεν χρειαζόμουν άλλα φυσικά σημάδια. Μέχρι να τελειώσω το κεφάλαιο δεκατέσσερα ήμουν πεπεισμένος ότι οι πρόγονοί μου είχαν έρθει μαζί μου για το καθήκον μου στην Κύπρο. Αλλά αυτοί, όπως και ο παππούς μου, με οδήγησαν σε αυτό το σημείο. Θα πρέπει τουλάχιστον να σας πω πώς αισθάνομαι για τον Θεό, μια λέξη που υφίσταται μεγάλη κακοποίηση, σχεδόν όσο η αγάπη, ή ίσως περισσότερη, είναι η ζωή σας, μπορείτε να την καταχραστείτε όπως θέλετε. Ο Θεός για τον εαυτό μου είναι η φύση, αλλά όχι μόνο η φύση μας. Είναι η φύση όλων των πραγμάτων, αν θέλετε. Το σύμπαν, ο ήλιος, τα αστέρια και οι θάλασσες, ό,τι σέρνεται, και ό,τι αναπνέει. Μια δύναμη ζωής που υπάρχει. Υποθέτω ότι ένας τρόπος για να καταλάβει το όνειρό μου στο γιοτ ήταν ότι θα ήμουν πιο κοντά στο Θεό, ενώ θα ήμουν ακόμα ζωντανός κατά μία έννοια. Έτσι νιώθω για τη φύση. Ήταν είτε το γιοτ είτε η Καναδική Ερημιά. Αλλά αν το Μεγάλο Πνεύμα είναι, όπως φαντάζομαι, τότε μπορείτε να φανταστείτε ότι ο Θεός δεν θα ήταν πολύ εντυπωσιασμένος με την ανθρωπότητα γενικά. Λοιπόν, όπως ξέρεις, ήθελα να εγκαταλείψω εντελώς τον πολιτισμό. Αλλά δεν μπορώ παρά να πιστεύω ότι ο Θεός άκουγε, και παρακολουθούσε, και νομίζω ότι έπρεπε να επιστρέψω για να σας πω ότι η ανθρωπότητα στο σύνολό της, προς το παρόν, είναι το χειρότερο πράγμα που έχει συμβεί σε αυτόν τον πλανήτη, το οποίο είναι λυπηρό λαμβάνοντας υπόψη ότι υπάρχει τόσο πολύ καλό σε πολλούς ανθρώπους. Αλλά μετά από όλα τα άλλα που έχουμε κάνει στον πλανήτη μας, πού πιστεύουμε ότι πάμε από την άποψη των ιδρυμάτων, των επιστημόνων και των εταιρειών. Είτε μας αρέσει είτε όχι έχουμε φτάσει σε ένα σημείο όπου παίζουμε τώρα τον Θεό και, ενώ το κάνουμε αυτό, παίρνουμε το ρίσκο ότι δεν υπάρχει Θεός να απαντήσει. Λοιπόν, θα σε ρωτήσω εδώ, πόσο δυνατή είναι η πίστη σου;

Πολλοί από εμάς αγοράζουν πνευματικά βιβλία καθοδήγησής μας, αν και δεν είναι τόσο όπως η Αγία Γραφή που πολλοί διαβάζουν τώρα, αλλά περισσότερο βιβλία της αυτο-διαφώτισης, και πήρα μεγάλη παρηγοριά διαβάζοντας το βιβλίο Ιωαναθάν Λίβινγκστον Γλάρος από τον Ρίτσαρντ Μπαχ. Αλλά το τελικό μήνυμα είναι το ίδιο, Αγάπη, Κατανόηση, Ειλικρίνεια και Συμπόνια, για όλους. Και το Μεγάλο Πνεύμα; Πιστεύαμε πραγματικά ότι ο Θεός μας εγκατέλειψε; Και αν όχι, δεν είναι καιρός να ενεργήσει το Θεός; Ο Ζέκι μου είπε ότι η ανθρωπότητα είναι στο χάος επειδή είμαστε όλοι εγωκεντρικοί, και ο κόσμος είναι γεμάτος δημαγωγούς. Αν είχα μία, ενιαία, εγωιστική σκέψη ενώ έγραφα αυτό το βιβλίο, ήταν ότι έπαιρνε το μυαλό μου από τους δύο όγκους που μεταφέρουν μόλυνση από το Τ.Β. Πέρασα το μεγαλύτερο μέρος του έτους 1998, μια φορά την εβδομάδα με φαρμακευτική θεραπεία στάγδην. Συνήθιζα να κάθομαι στο νοσοκομείο διαβάζοντας τη δουλειά μου ενώ η έγχυση έτρεχε. Ήταν η τελευταία θεραπεία και ήξερα ότι θα αντιμετώπιζα έναν οδυνηρό θάνατο αν αποτύχει. Τελείωσα τη θεραπεία μόλις μία ή δύο εβδομάδες πριν από την τελευταία μου επίσκεψη στην Κύπρο τον Νοέμβριο, το Τ.Β. είναι ανίατο. Αλλά δεν πειράζει. Νιώθω πολύ αισιόδοξος για το μέλλον μου τώρα, περισσότερο από ποτέ.

Πήγα σε ένα νυχτερινό κέντρο την περασμένη εβδομάδα. Είναι μια περιστασιακή ευχαρίστησή μου. Αν υπήρχε ένα μέρος ή μια ώρα που ήμουν σε θέση να βγάλω τα πάντα από το μυαλό μου, ενώ έγραφα αυτό το βιβλίο, έχω χάσει τον ρυθμό του εαυτού μου. Αλλά έκανα ένα βήμα πίσω την περασμένη εβδομάδα. Σταμάτησα και έκανα ένα βήμα πίσω και συνειδητοποίησα ότι εγώ, μαζί με τη σημερινή νεολαία, δεν έκανα τίποτα διαφορετικό από τους προγόνους μας δεκάδες χιλιάδες χρόνια πριν, απλά χάνοντας τον ρυθμό των εαυτών μας. Αν κοιτάξετε την κλίμακα των πραγμάτων, και μιλάω για το σύμπαν και όλα τα άλλα, τότε αν υπάρχει ένας Θεός εκεί έξω, τότε θα μπορούσε αν ήταν στοργικός Θεός, να επιτρέψει στην ανθρωπότητα να προχωρήσει περισσότερο χωρίς να κάνει περικοπές; Πιστεύουμε πραγματικά ότι θα μας επιτραπεί να καταστρέψουμε άλλους πλανήτες ακόμα, με την απληστία μας, και το εγώ μας; Ξέρω ότι έχουν γίνει πολλές συζητήσεις για την τρέλα της χιλιετίας. Αυτή είναι η ώρα;

Το μόνο που μπορώ να πω είναι ότι κάτι συνέβη σε μένα το περασμένο καλοκαίρι και αυτό το βιβλίο είναι ένα τελικό αποτέλεσμα, και θα τελειώσω τόσο ειλικρινά όσο άρχισα. Ήμουν μπερδεμένος για τις πατημασιές στην άμμο όταν τελείωσα το κεφάλαιο δεκατέσσερα. Τα φαντάσματα, ακόμα κι αν ήταν αληθινά, δεν αφήνουν κανένα ίχνος, δεν μπορούν να αφήσουν ίχνη, και ακόμα και πριν μάθω πώς αυτό τελείωνε πραγματικά για μένα είχα πει στους ανθρώπους ότι πίστευα ότι η ίδια δύναμη που έκανε αυτά τα ίχνη στην παραλία μπορεί να μεταφέρει τεράστιες ποσότητες ζεστού νερού στους ωκεανούς, και να ρίξει κομήτες στη γη. Δεν είναι πάρα πολλοί οι άνθρωποι που είναι ευχαριστημένοι με το φινίρισμα στο βιβλίο μου τώρα, αλλά μπορώ μόνο να πιστεύω στο ρόλο μου σε αυτό, ανεξάρτητα από το αν κάποιος με πιστεύει.

Υπήρξαν τόσες πολλές συμπτώσεις που έχουν συμβεί τον τελευταίο χρόνο και έχω αναρωτηθεί τόσες πολλές φορές γι' αυτές, και ξέρω τώρα, ότι ήταν όλα για κάποιο λόγο. Έχουν περάσει δύο χρόνια από τότε που καθάρισα από την ηρωίνη. Έβγαλα αυτό το σάβανο επειδή ήθελα πίσω τη ζωή μου, και μου άρεσε ο εαυτός μου ό,τι κι αν σκεφτόμουν για τον κόσμο που δημιουργήσαμε. Τις τελευταίες δέκα ημέρες είμαι στην Κύπρο, διαβάζοντας το βιβλίο του Γκίμπονς για τα κεφάλαια δεκατρία και δεκατέσσερα. Θα πω εδώ, και τώρα, δεν έχω καπνίσει τίποτα σε όλη αυτή την επίσκεψη. Είναι αυτά τα βήματα στην άμμο που μου λένε ότι όλο αυτό το πράγμα είναι τόσο αληθινό, και τώρα, περισσότερο από ποτέ, είναι η άγκυρα μου. Την επόμενη μέρα ήμουν για νυχτερινό clubbing και ενώ καθόμουν με έναν φίλο, του μίλησα για το πώς η ζωή μου είχε αλλάξει κατά τη διάρκεια των τελευταίων έξι μηνών, λόγω του βιβλίου. Αφού έφυγε, δεν μπορούσα παρά να διαβάσω ένα βιβλίο που δεν είχα διαβάσει για μεγάλο χρονικό διάστημα, γνωρίζοντας πού πήγαινε αυτό, όπως ήξερα όταν ξεκίνησα αυτό το κεφάλαιο, θα με άφηνα με το παιδί, και ένιωσα μια μεγάλη ειρήνη. Η πρώτη μου σκέψη ήταν, ουάου, αλλά με μεγάλη γαλήνη. Αναρωτήθηκα, θα μπορούσε αυτό να είναι πραγματικό; Λοιπόν, έχω αυτό το βιβλίο που έχω γράψει και όλα όσα πνευματικά συνέβησαν στην πορεία, και τα βήματα στην παραλία του Κάτω Πύργου και όλα αυτά μου λένε ότι είναι. Ήταν τόσο παράξενο. Μερικοί άνθρωποι έχουν εφιάλτες πάνω από αυτό το βιβλίο και το μόνο που μπορούσα να αισθανθώ ήταν μια μεγάλη ηρεμία. Θα μπορούσα να είμαι τόσο άξιος; Έπρεπε να κάνω αυτή την ερώτηση τόσες πολλές φορές, θα μπορούσα να είμαι τόσο άξιος; Έχω μόλις λάβει μια εβδομάδα άδεια καθώς ένας από τους Γερμανούς που έκαναν οτοστόπ του κεφαλαίου πέντε ήρθε να με επισκεφθεί για σύντομο χρονικό διάστημα. Ήταν ένα ωραίο διάλειμμα, πολύ αναγκαίο και κατά τη διάρκεια συνειδητοποίησα ότι δεν είναι πραγματικά μια ερώτηση για μένα για να ασχοληθώ. Ήμουν όσο πιο ειλικρινής μπορούσα και μπορώ μόνο να το πιστέψω. Όλα ταιριάζουν τόσο καλά. Διαβάζοντας αυτό το βιβλίο είναι σαν να γράφτηκε για μένα, σε κάποια μέρη του, και όταν οι άγγελοι δεν κάνουν πράγματα στον κόσμο, συνεχίζω να διαβάζω για τον εαυτό μου. Με δελεάζει. Δεν ήταν έκπληξη, όμως. Απλά εκπληκτικό, και ποιος καθορίζει το πεπρωμένο, αν όχι ο Θεός, και δεν με οδήγησαν σε αυτό, σαν αρνί; Ένα σφαγμένο αρνί; Τώρα περισσότερο από ποτέ πιστεύω ότι η ζωή μου ήταν στο πλαίσιο της προετοιμασίας για αυτό το έργο, είμαι πραγματικά εντυπωσιασμένος.

Είχα μήνες παράξενων περιστατικών, αυτό το ταξίδι, και ένα θαύμα στον Κάτω Πύργο για να με προετοιμάσουν γι' αυτό, και είχατε το χρόνο που σας πήρε να διαβάσετε αυτό το βιβλίο. Το έγραψα αυτό για όλους τους σωστούς λόγους, και δεν είναι αυτό που κάνουμε, αλλά γιατί κάνουμε οποιαδήποτε πράξη, η οποία έχει πραγματικά σημασία.

Τώρα είμαι τόσο ευγνώμων για τη ζωή που μου δόθηκε. Όπως είπα, αισθάνομαι πολύ αισιόδοξος για το μέλλον τώρα. Κανείς δεν μπορούσε να διαβάσει αυτό το βιβλίο όπως εγώ και όταν πήγα πίσω για να το διαβάσω ξανά και ξανά, ξέρω ότι ξεκινώντας το κεφάλαιο πέντε, και έχοντας διαβάσει για τον εαυτό μου, μαζί με το βιβλίο του Γκίμπονς, σε μια προφητεία γραμμένη στο ελληνικό νησί της Πάτμου σχεδόν πριν από δύο χιλιάδες χρόνια, στην ελληνική γλώσσα. Ξέρω ότι δεν κάνω λάθος, αν και φαντάζομαι ότι αυτή θα ήταν η προτίμηση πολλών από εσάς. Έγραψα τον πρόλογο του πρωτοτύπου πριν διαβάσω αυτό το βιβλίο και, όπως ήταν τότε, έτσι είναι τώρα, το πεπρωμένο μου. Έγραψα ακόμη και το απόσπασμα του Σωκράτη πριν από την ανάγνωση, αφού ήξερα ότι θα σε άφηνα με το παιδί. Θα αφήσω τους θεολόγους να το πολεμούν, και έτσι έδωσα χρόνο για τη γέννησή μου και έβαλα όσες περισσότερες λεπτομέρειες μπορούσα σε αυτό το τελευταίο κεφάλαιο. Αν και ξέρω ότι υπάρχουν πολλοί που το περιμένουν αυτό, οι πιστοί θα σταθούν σταθεροί. Ο ζωντανός Θεός μου έδωσε ένα δώρο και μια ζωή που δεν θα μπορούσα ποτέ να αναμένω. Θα πρέπει όλοι να ευχαριστήσουμε για τα γεγονότα που πιστεύω ότι θα γίνουν μάρτυρες στον πλανήτη μας, αλλά λίγοι θα καλωσορίσουν τα λόγια μου, καθώς θα είναι η ημέρα της κρίσης τους. Όποιος κι αν είσαι, και όποια κι αν είναι η κατάστασή σου σε αυτή τη ζωή, υπάρχει μια δύναμη που έρχεται να κρίνει τους πάντες, είναι κοντά, οπότε το ερώτημα που πρέπει να αναρωτηθείς είναι, τι θα φέρει το μέλλον σου τώρα;

Ποιος είμαι εγώ; δεν είμαι κανένας. Αλλά μου δόθηκε μια φωνή. Έχω τα βήματά μου στην άμμο, και αυτό το βιβλίο για να μου πει πόσο αληθινό ήταν αυτό, και ξέρω ότι έπρεπε να είμαι ο εαυτός μου, για να σας φέρω το παιδί. Νιώθω σαν να με χρησιμοποίησαν, αλλά έκανα το καθήκον μου, και το πεπρωμένο μου αποδέχομαι ευγενικά, παρά τον τελικό μου ρόλο. Είπα στη Δεσποινίς Ντόρακ στο πρώτο μου γράμμα ότι απλά έψαχνα για ψυχή. Τόσο βαθιά ψυχή που βρήκα ότι είχα. Όντας μουσουλμάνος νομίζω ότι θα πρέπει να διαβάσει κανείς την Καινή Διαθήκη, το τελευταίο βιβλίο τουλάχιστον, Την Αποκάλυψη, για να καταλάβετε τι λέω. Αλλά εδώ πρέπει να κάνω ένα σημείο ώστε όλοι να γνωρίσουν και να ακούσουν. Έχει σημασία η πίστη μας, και ότι όποιον και να αποκαλούμε Θεό μας, υπάρχει μόνο ένας Θεός.

Ξεχάσαμε κάτι σημαντικό ως φυλή, αν και κοιτάζω γύρω μου, και ξέρω ότι πολλοί είναι έτοιμοι, και θα είναι ευτυχείς για το τι πρόκειται να έρθει πριν από την ανθρωπότητα. Τι μας έκανε να πιστεύουμε ότι θα μπορούσαμε να κινηθούμε τόσο γρήγορα όσο κινούμαστε, και να ελέγξουμε τι κάνουμε ως κοινωνία όταν δεν μπορούμε καν να ελέγξουμε τους εαυτούς μας; Ο εγωισμός μας, και η απληστία μας, εκ των οποίων λίγοι από εμάς είναι ειλικρινείς. Ενώ το αγνοούμε αυτό, οι αθώοι υποφέρουν, η μητέρα γη πεθαίνει καθώς τρέχουμε μακριά από αυτή, και χάνουμε τα συναισθήματά μας για αυτά τα ίδια πράγματα μέσω της αδυναμίας μας. Νομίζω ότι πολλά από την ανθρώπινη φυλή χάθηκαν κάπου στην διαδρομή, και τώρα μου δόθηκε ένας λόγος να πιστέψω, ακόμα κι αν είναι έτσι ποτέ δεν χάνομαι, και δεν μπορώ παρά να πιστέψω.

Γράφω αυτές τις τελευταίες λέξεις στις 9 Μαρτίου 1999, μία από τις επισκέψεις της επιστροφής μου στο βιβλίο. Άρχισα να συσκευάζω κουτιά σήμερα. Βλέπω δύο που μπορούν να γεμίσουν. Είμαι έτοιμος να εκκενώσω το μέρος που ήταν το σπίτι μου τα τελευταία τέσσερα χρόνια. Λίγοι μπορούν να καταλάβουν τι μπορεί να αισθάνομαι. Πήγα να επισκεφτώ τους γονείς μου σήμερα και μίλησα με τη μητέρα μου για τις συνέπειες της συγγραφής αυτού του βιβλίου για εκείνη και τον πατέρα μου, λέγοντάς τους ότι μπορεί να είναι καλύτερα στην Κύπρο, και έχω το δικό μου ταξίδι να κάνω. Η μητέρα μου πρότεινε να αλλάξω το όνομά μου στο βιβλίο. Προσπάθησα να εξηγήσω ότι δεν θα το έκανα, και δεν μπορούσα, και προσπάθησα να της πω το προσωπικό νόημα. Αλλά και πάλι, πρότειναν να αλλάξω το όνομά μου για το βιβλίο. Έτσι είπα στη μητέρα μου για το βιβλίο, όχι ότι δεν το είχα κάνει ήδη, και ότι ήταν για τον παππού μου και τον εαυτό μου, και έπρεπε να χρησιμοποιήσω το όνομά μου. Της είπα επίσης ότι ήξερα ότι ήταν λιγότερο από ειλικρινής μαζί μου για τον παππού μου, και το αρνήθηκε. Όλοι οι άλλοι είναι ανειλικρινείς εκτός από τη μητέρα μου, σύμφωνα με την ίδια, και ακόμη και όταν έρχονται αντιμέτωποι σε μια υπόθεση έξι από την μία πλευρά, και μισή ντουζίνα από την άλλη, είναι σπάνια λάθος, όπως στην προκειμένη περίπτωση. Μου είπε ότι δεν μου είπε ψέματα, όπως μου είπε πριν, αλλά ακόμα και τότε, έλεγε ψέματα. Το πρώτο ψέμα που θυμάμαι ήταν σε σχέση με τον πιστό μου σκύλο, ο οποίος ισχυρίστηκε ότι είχε τρέξει μακριά όταν ήμουν επτά ή οκτώ. Έμαθα λίγους μήνες αργότερα ότι σκοτώθηκε επειδή δάγκωσε έναν ξάδελφο που τον πλησίασε ενώ έτρωγε. Τέτοια ψέματα με ανέθρεψαν και μόνο τώρα ξέρω γιατί είμαι τόσο διαφορετικός. Μιλήσαμε για τον παππού μου και ανακάλυψα ότι έκανα λάθος για το έτος του θανάτου του. Ήταν το 1966. Γιατί σκέφτηκα τόσο έντονα ότι ήταν το 1968 δεν ξέρω, αλλά, όταν επιβεβαιώθηκε από τον πατέρα μου, η καρδιά μου βυθίστηκε περαιτέρω, και ο θυμός μου μεγάλωσε. Το Σχέδιο Ακρίτας. Δεν μπορούσα να καταλάβω γιατί αν ο παππούς μου και εγώ ήμασταν τόσο κοντά, με πήρε μέχρι τα έξι μου για να μάθω μέχρι το Ύψιλον αλλά, δεν ήμουν έξι, ήμουν τεσσάρων, και ο παππούς μου ήταν ο μόνος δάσκαλος μου. Νόμιζα ότι είχα τελειώσει αυτό το βιβλίο, σκέφτηκα, αλλά δεν ήμουν σίγουρος. Αυτή η τελική συζήτηση με αφήνει με θυμό στην καρδιά μου, θυμό για τα ψέματα που ειπώθηκαν! Τα διεστραμμένα ψέματα που θα πίστευε ο παππούς μου! Ο άλλος ήταν ο Αρχιεπίσκοπος Μακάριος ο Τρίτος, που θέλει δικαιοσύνη, όπως και πολλοί άλλοι, και αυτή η μέρα έχει έρθει. Είμαι κατάπληκτος με το πώς έχει εξελιχθεί η κατάσταση για μένα, και δίνω ευχαριστίες, από το παιδί, πριν από τον άνθρωπο, και εγώ, με τη σειρά μου, να σταθώ υπηρέτης του για να διοικήσει, αλλά είναι το παιδί που θα αφήσει μαζί σας.

Ήταν ένα μοναχικό παιδί. Αλλά του άρεσε να διαβάζει. Διάβαζε πάντα πολύ καλύτερα από τα παιδιά της ηλικίας του, και σκέφτηκε το πλήρες σύνολο της Εγκυκλοπαίδειας Britannica οι γονείς του είχαν αποκτήσει τόσο μεγάλη ευλογία όσο η Βίβλος που ήταν πάντα γύρω, και με τη δίψα του για γνώση έχανε συχνά τον εαυτό του βυθισμένος σε αυτά τα βιβλία. Ήταν επίσης ένα σοφό παιδί με άλλους τρόπους. Κατά τη διάρκεια αυτής της περιόδου υπήρχε ένα άλλο πρόσωπο που έδειξε το παιδί κάποια καλοσύνη. Ο θείος Τομ ήταν ένας ζεστός και παιχνιδιάρης άνθρωπος. Είχε παντρευτεί μια ντόπια γυναίκα με τέσσερα παιδιά, με τα οποία έπαιζε το παιδί. Ήταν συνταγματάρχης στην Πολεμική Αεροπορία των ΗΠΑ. Ήταν ένας πλοηγός στα Φαντάσματα F-4 στην κοντινή βάση της Πολεμικής Αεροπορίας των ΗΠΑ. Θα έπαιρνε συχνά το παιδί να καθίσει, και να παίξει με πιλότους και αεροπόρους στο κλαμπ των αξιωματικών. Ήξεραν πώς να κάνουν ένα παιδί ευτυχισμένο. Ο θείος Τομ πάντα έφερνε πίσω στο παιδί ένα κομμάτι εξοπλισμού, ή ένα σουβενίρ, από το Βιετνάμ, κάθε φορά που επέστρεφε από εκεί. Ήταν ο παράγοντας δώρο που είχε σημασία. Το παιδί ήξερε για τη σύγκρουση του Βιετνάμ, και ήξερε ότι δεν υπήρχαν κακοί άνθρωποι που ρίχνουν ναπάλμ, και βόμβες, όπως είχε δει στην τηλεόραση, αλλά ήταν οι κυβερνήσεις και το σύστημα, και αναρωτήθηκε για τους τρόπους αυτού του κόσμου. Αφού ο παππούς του έφυγε, το παιδί στράφηκε προς τη Βίβλο, και για ένα χρονικό διάστημα πήρε ευχαρίστηση από τις γραφές του Ιησού Χριστού. Τότε μια μέρα, βρήκε το βιβλίο της *Αποκάλυψης*, και συνειδητοποίησε ότι ήταν διαφορετικό. Το παιδί διάβασε το βιβλίο, και του άρεσε αυτό που διάβαζε, και όταν κοίταξε τον κόσμο γύρω του, ρώτησε,

«Πόσο καιρό;» Καθόταν στις σκάλες ένα απόγευμα. Το σπίτι ήταν άδειο, και τα φώτα ήταν σβηστά, και στη σκοτεινή σκάλα το παιδί καθόταν με τα γόνατά του επάνω, και το κεφάλι του στηριγμένο στα διπλωμένα χέρια του, ενώ σκεφτόμαστε για την ημέρα της κρίσης που είχε διαβάσει, και ήξερε ότι θα ήθελε να είναι ένα μέρος της. Σήκωσε τα μάτια του στο Θεό και ήξερε ότι αν ο Θεός άκουγε κάποιον, θα άκουγε τα παιδιά. Έτσι ρώτησε τον Θεό, όχι σοβαρά, όπως κάποιοι θα μπορούσαν να ρωτήσουν, αλλά ως εγγόνι στον παππού του ζήτησε,

«Παρακαλώ επιτρέψτε μου να επιστρέψω ως ένας από τους τέσσερις καβαλάρηδες της αποκάλυψης. Άσε με να γυρίσω πίσω. Και λέγε με Πόλεμο!»

Πρώτη αναθεώρηση - Τελική λέξη

Μία ημέρα μετά την επιστροφή μου από την Κύπρο στις 19 Απριλίου 1999 και μια εβδομάδα πριν εκτυπωθεί το βιβλίο, με συνέλαβαν στο Γραφείο Διαβατηρίων του Peterborough με την κατηγορία της απόπειρας απόκτησης περιουσιακών στοιχείων από εξαπάτηση. Αυτό αφορά ένα βρετανικό διαβατήριο με διαφορετικό όνομα. Θα εμφανιστώ ενώπιον του Δικαστηρίου και των Δικαστών του Peterborough στις 19 Μαΐου 1999 και οι ελαφρυντικές περιστάσεις μου θα είναι ότι ενεργούσα υπό τη γραπτή καθοδήγηση μιας ανώτερης αρχής. Όπως έγραψα. Δεν μπορώ παρά να πιστεύω.

16

~

Κεφάλαιο Δεκαέξι

Μετά από αυτό και το μέλλον.

Αυτή η ενότητα περιλαμβάνει την αφήγηση σε ό, τι ακολούθησε αμέσως μετά τη σύνταξη του βιβλίου, και προσθήκες κατά τη διάρκεια των ετών από τότε, που φέρνουν την ιστορία σε αυτή του σήμερα, και πάω να ξεκινήσω αυτό το κεφάλαιο με κάποιες βασικές πληροφορίες σχετικά με το κεφάλαιο δεκαπέντε.

Τελείωσα τη συγγραφή του βιβλίου, τα κεφάλαια δηλαδή ένα έως δεκατέσσερα, την ημέρα των Χριστουγέννων του 1998, μέσα σε λιγότερο από τέσσερις μήνες, αλλά το πιο δύσκολο μέρος για μένα ήταν μόνο το να ξεκινήσω. Σε αυτό το σημείο δεν είχα καμία επικοινωνία με οποιαδήποτε οργάνωση εκτός από εκείνες που αναφέρονται στο βιβλίο. Την πρώτη εβδομάδα του Ιανουαρίου έστειλα μέρος της εργασίας μου, με τη μορφή επιλεγμένων κεφαλαίων, για να ασκήσει Λόμπι για την Κύπρο, μια μη κομματική πολιτική οργάνωση που πιέζει για την επανένωση της Κύπρου. Στην αρχή διάβασαν το κεφάλαιο εννέα και μου έστειλαν ένα email δηλώνοντας ότι δεν ήταν κάτι που τους ενδιέφερε. Απάντησα λέγοντας τους να μην κρίνουν το βιβλίο μέχρι το τέλος, λόγω της αλλαγής κατεύθυνσης που χρειάζεται. Κάποιος από το γραφείο τους μου έστειλε ένα email στις 2:00 το πρωί. Φαινόντουσαν μεθυσμένοι, συναισθηματικοί και λίγο να αλληλοσυγκρούονται. Το επόμενο πρωί, έλαβα μια συγγνώμη για το προηγούμενο email, και μου είπαν ότι τους άρεσε πάρα πολύ. Αλλά η αρχική τους απάντηση ήταν τόσο δυνατή που αποφάσισα να δώσω ένα αντίγραφο στη μητέρα ενός φίλου που είναι δημοσιευμένος συγγραφέας εδώ στην Αγγλία και της ζήτησα να μου δώσει μια γνώμη. Αλλά έκανα την υπόσχεσή να επιστρέψει το χειρόγραφο αφού το διάβαζε σε εμένα σε ένα σφραγισμένο φάκελο που της έδωσα. Εκείνη την εποχή, αναρωτιόμουν τι είχε συμβεί στον εαυτό μου τους τελευταίους μήνες. Ήταν ένα συναισθηματικό τρενάκι του λούνα παρκ, με πολλές παράξενες εμπειρίες, τις οποίες δεν μπορούσα παρά να σκεφτώ. Πατημασιές και η φύση της δύναμης σε ένα. Θέλω να πω, ακόμη και από πνευματικής άποψης, τα φαντάσματα δεν αφήνουν αποτυπώματα ποδιών ή το κάνουν; Και αν το κάνουν, φανταστείτε την πραγματική φύση της φυσικής δύναμης που είναι απαραίτητη; Αυτό ήταν το είδος του πράγματος που με ενοχλούσε, όπως και η εμπειρία της συγκέντρωσης των προγόνων μου, η οποία με είχε αφήσει να αισθάνομαι κάπως δαιμονισμένος. Είχε μια ισχυρή επίδραση στον εαυτό μου που δεν περίμενα, ούτε θα μπορούσα να φανταστώ πριν. Είχα τόσες πολλές ερωτήσεις στο μυαλό μου. Είχα τώρα μια εκθαμβωτική απάντηση από το Λόμπι για την Κύπρο. Οι προωθητικές προσφορές έγιναν για να εξασφαλίσουν τη δημοσίευση, και για τους επόμενους δύο μήνες ήμουν σε συνεχή επικοινωνία μαζί τους. Μου είπαν ότι είχα εξηγήσει σε τέσσερις μήνες τι είχαν δοκιμάσει για τα προηγούμενα τριάντα πέντε χρόνια. Μέχρι το τέλος Ιανουαρίου, όμως, ήξερα ότι η μητέρα της φίλης μου θα αθετούσε την υπόσχεσή της. Της πήρε μια εβδομάδα να διαβάσει τα πρώτα οκτώ κεφάλαια και, άλλες δύο εβδομάδες αργότερα, όταν της τηλεφώνησα, μου είπε,

«Αργά αλλά σταθερά». Δεν έχω νέα της από τότε, και ο φίλος της υπηρετούσε στο R.A.F. Τότε κατάλαβα ότι θα έπρεπε να γράψω το κεφάλαιο 15, για να προστατευτώ από μια εκστρατεία δυσφήμισης που πιστεύω ότι θα είχε χρησιμοποιηθεί για να με δυσφημίσει, και το βιβλίο, για τη δημοσίευσή του.

Από αυτό το σημείο είχα εκμυστηρευτεί σε ένα μέλος του Λόμπι για την Κύπρο για την πνευματική πτυχή του βιβλίου, η οποία περιελάβανε τον Μακάριο. Ήθελαν να γράψω ένα άλλο κεφάλαιο, ίσως δίνοντας ελπίδα για μια σημαντική ανακάλυψη σε μια διαπραγμάτευση διακανονισμού, ή κάτι παρόμοιο. Τους είπα ότι δεν μπορούσα να τελειώσω το βιβλίο με άλλο τρόπο από ό,τι είχα κάνει, όπως απαιτείται από τη Συγκέντρωση, και ότι ποτέ δεν θα τους αντιμετωπίσει γραπτώς τίποτα λιγότερο από την αλήθεια. Με επαίνεσαν που πήρα την πρωτοβουλία. Τους είπα ότι δεν είχε καμία σχέση με την πρωτοβουλία, και ένιωσα τον παππού μου τη νύχτα που τράβηξα τη σημαία από το βράχο. Είχα αποκαλύψει σε φίλους, μετά την επιστροφή στην Αγγλία με τη σημαία, ότι ήταν σαν να κάθεται στην κορυφή του γκρεμού εκείνο το βράδυ χειροκροτώντας με, «Μπράβο, Δημήτρη, Μπράβο». Ήξερα μόνο ότι υπήρχε λόγος για όλα αυτά, ειδικά αφού άρχισα να γράφω, και όσο πιο μακριά πήγαινα με αυτό, τόσο πιο μακριά με έπαιρνε.

Το Λόμπι Κύπρου άρχισε να χάνει το ενδιαφέρον του όταν τους αποκάλυψα ότι ήμουν οροθετικός και όταν συνειδητοποίησε τη θρησκευτική σύνδεση, μου είπαν να κάνω ένα κρύο ντους. Όταν τους αντιμετώπισα, μου είπαν να πάω στην κόλαση, όχι σε μια ιδέα στην οποία πιστεύω. Θα μπορούσαν να δεχτούν ότι τα νεκρά πνεύματα ήταν ενεργά, αλλά, όπως οι περισσότεροι άνθρωποι, δεν μπορούσαν να φανταστούν ότι ο Θεός μπορεί να ενεργήσει. Ήταν μάλιστα πρόθυμοι να με δουν να προσφέρω το βιβλίο στον Βρετανικό Στρατό στην Κύπρο στην τελευταία μου επίσκεψη. Η ειρωνεία του εαυτού μου ήταν ότι το άτομο με το οποίο επικοινωνούσα, παρόλο που είχε Βίβλο, ποτέ, δεν την άνοιξε ποτέ για να διαβάσει, πόσο μάλλον να ελέγξει τι τους έλεγα. Μου είπε ότι ακόμη και στο κατηχητικό σχολείο κανείς δεν τον είχε αναγκάσει ποτέ να διαβάσει μία, και δεν επρόκειτο να διαβάσει τώρα, καθώς δεν πίστευε στα θαύματα, ή στον Θεό. Για τον εαυτό μου τους είπα ότι δεν μπορούσα να αρνηθώ την πνευματική πτυχή του βιβλίου, και τα βήματα που είδα.

Γράφοντας το κεφάλαιο δεκαπέντε, όταν ήξερα ότι θα αφήσω τον αναγνώστη με το παιδί, αλλά προτού διαβάσω την Αποκάλυψη και συνειδητοποιήσω τους ισχυρότερους, πιο οριστικούς συνδέσμους, ζήτησα αλλαγή διεύθυνσης. Σκέφτηκα επίσης να αλλάξω το όνομά μου όχι ότι μου άρεσε αυτή η ιδέα. Ωστόσο, νόμιζα ότι το θα ήταν λίγο βαρύ αγγίζοντας τη θρησκεία, και φαντάστηκα τους ανθρώπους να νιώθουν λίγο πολύ άβολα γράφοντας για μένα ότι η σύγκρουση για την απελευθέρωση της Κύπρου θα μπορούσε να είναι το έναυσμα για τον πόλεμο της αποκάλυψης. Δεν θα μπορούσα να πω ότι ήμουν πάρα πολύ χαρούμενος για αυτό που είδα ως μικρό ρόλο μου, έχω μια ισχυρή προτίμηση για την ανωνυμία.

Αυτή ήταν η τελευταία εβδομάδα του Ιανουαρίου του 1999 και ήταν κάτι για το οποίο ξαφνικά ανησυχούσα πολύ. Μια εβδομάδα αργότερα διάβασα την *Αποκάλυψη* για πρώτη φορά μετά από χρόνια, και ο κόσμος που ήξερα καταστράφηκε. Δεν μπορούσα να μην πιστέψω ότι διάβαζα τον εαυτό μου στο κεφάλαιο πέντε, με επικεφαλής εκεί μια πνευματική δύναμη με σωματικές δυνάμεις. Λίγο αργότερα με καθοδήγησε στο κεφάλαιο 19 από το βιβλίο της *Αποκάλυψης* και χρησιμοποιώντας ένα όνομα, το ένιωσα δεδομένο, για να αποκτήσω ένα βρετανικό διαβατήριο. Ένιωσα ότι έπρεπε. Δεν μπορούσα να σταματήσω τον εαυτό μου. Όπως έγραψα, μπορώ μόνο να το πιστέψω. Φαντάσου το από τη δική μου άποψη. Σε εκείνο το σημείο δεν ήμουν μόνο σε ένα πνευματικό ταξίδι, αλλά είχα επίσης καθοδηγηθεί από αυτό με έναν τρόπο που απλά φαινόταν ακατανόητος. Πιο συναισθηματικό όπως κάποιοι θα μπορούσαν να πουν, και δεν θα διαφωνήσω. Αλλά το μόνο πράγμα που ήμουν απολύτως σίγουρος ήταν ότι είχα οδηγηθεί από τη δύναμη που απλά 'Είναι' σε εκείνο το σημείο στην Αποκάλυψη, και τα αποτυπώματα ποδιών θα με κρατήσει σταθερό σε αυτή την πεποίθηση. Ένιωσα ότι έπρεπε να κάνω αίτηση για το διαβατήριο, και ήθελα την ανωνυμία που θα μου παρείχε.

Υπέθεσα ότι το ταξιδιωτικό έγγραφο ήταν εγγυημένο, καθώς είχα μιλήσει με ένα μέλος του προσωπικού του γραφείου διαβατηρίων και, επιστρέφοντας από την Κύπρο, ένα ταξίδι που έκανα μετά την ολοκλήρωση του Κεφαλαίου Δεκαπέντε, πήγα στο γραφείο διαβατηρίων για να συλλέξω το έγγραφο όπου με συνέλαβαν δεόντως. Ήξερα τότε ότι έπρεπε να έχω αντίγραφα του βιβλίου διαθέσιμα το συντομότερο δυνατόν, δεδομένου ότι τώρα αποτελούσε τη βάση του μετριασμού μου. Είχα ήδη πουλήσει το κύριο περιουσιακό στοιχείο μου, ένα όμορφο, κλασικό, πλήρως ανακαινισμένο MGB ανοικτό αυτοκίνητο, και μέσα σε ένα μήνα, και εγκαίρως για την πρώτη εμφάνιση στο δικαστήριο, είχα χίλια αντίγραφα του βιβλίου αυτο-δημοσιευμένα και τυπωμένα, και σύντομα θα τα διανέμονταν ταχυδρομικώς σε διάφορους κυπριακούς οργανισμούς και σε ορισμένες εφημερίδες.

Εμφανίστηκα τελικά στο δικαστήριο του Στέμματος στο Peterborough στις 3 Σεπτεμβρίου 1999 με την κατηγορία της προσπάθειας να αποκτηθεί βρετανικό διαβατήριο από εξαπάτηση. Είπα στο δικηγόρο μου ότι η δικαιολογία μου ήταν ότι ενεργούσα υπό τη γραπτή καθοδήγηση του Παντοδύναμου και, σήμερα, εξακολουθώ να δυσκολεύομαι να πιστέψω, αλλά στη συνέχεια υπερασπίστηκα αυτή την δικαιολογία έντονα, ακριβώς όπως θα ήθελα να κάνω ακόμα και σήμερα. Ο δικηγόρος μου αρχικά μου είπε ότι θα πρέπει να περιμένω έξι μήνες στη φυλακή, ανεξάρτητα από τα όποια επιχειρήματα υπεράσπισης, αλλά αυτό ήταν πριν διαβάσω το βιβλίο. Μετά συμφώνησε ότι δεν θα πάω φυλακή. Απ' όσο ξέρω, αυτός ο μετριασμός δεν έγινε ποτέ αποδεκτός σε βρετανικό δικαστήριο. Είδα μία κρατική ψυχίατρο, όπως είναι η συνήθης πρακτική με αυτούς τους λόγους, αλλά πριν φύγω από το γραφείο της, ρώτησα αν θα μπορούσε να δει πώς κατέληξα στο συμπέρασμά μου, και αναγνώρισε ότι θα μπορούσε. Ο δικηγόρος μου δεν μπορούσε να κατανοήσει πλήρως την ουσία του μετριασμού της ποινής μου, και προσπάθησε να το εξηγήσει λέγοντας ότι φοβόμουν να επιστρέψω στην Κύπρο με το όνομά μου. Θυμάμαι που προσπαθούσα να της εξηγήσω ότι ήθελα την ικανότητα να εξαφανιστώ υπό αυτές τις συνθήκες, καθώς προτιμούσα την ανωνυμία. Περίμενα να συμβούν πολλά άσχημα πράγματα αργά ή γρήγορα.

Δεν μου αρέσει η προσοχή, έτσι δεν ένιωθα πολύ καλά για την τρέχουσα κατάστασή μου. Φανταστείτε αυτό, το καλοκαίρι του 1999 το Κοσσυφοπέδιο και οι βομβιστικές επιθέσεις στο Ν.Α.Τ.Ο. ήταν ακόμα φρέσκα στο μυαλό μας, και οι προφητείες του Νοστράδαμου γεμίζαν τις ειδήσεις, και οι άνθρωποι κατευθύνονταν προς τους ιερούς χώρους για να προετοιμαστούν για το δεύτερο ερχομό. Με όλα αυτά που συμβαίνουν στο παρασκήνιο έχω να εμφανιστώ σε ένα βρετανικό δικαστήριο στέμματος και στον πυρήνα του μετριασμού μου είναι αυτό το βιβλίο. Δεν εκπλήσσομαι που ήθελαν μια ήσυχη υπόθεση. Περίμενα να υπάρξει κάποιο ενδιαφέρον, αλλά δεν υπήρχε κανένας, ούτε καν οι πνευματικοί ηγέτες των ενδιαφερόμενων ανθρώπων.

Ο δικαστής Πέτρος Γερανός, ο οποίος είχε ενημερωθεί για τις λεπτομέρειες της υπόθεσης εκ των προτέρων, είπε σχεδόν αμέσως ότι κατάλαβε ότι ήταν ένα ασυνήθιστο θέμα και δήλωσε ότι δεν επρόκειτο να εξετάσει μια στερητική της ελευθερίας ποινή, και στην περίληψη του είπε:

«Έχω λάβει υπόψη ότι έχετε δηλώσει ένοχος. Ήσασταν βαθιά αναμειγμένος σε έναν σκοπό που αφορούσε μια περίπλοκη κατάσταση στην Κύπρο. Πιστεύετε ότι έχετε μια θεία αποστολή και σοβαρές πεποιθήσεις, που οι περισσότεροι άνθρωποι πιστεύουν ότι είναι ασυνήθιστες και παράλογες, αλλά δεν πρέπει να χλευάζουμε αυτές τις πεποιθήσεις».

Το σχόλιο στο τέλος της πρότασης κόλλησε στο μυαλό μου. Μου έδωσαν 100 ώρες κοινωνικής υπηρεσίας και με διέταξαν να πληρώσω 100 λίρες για τα δικαστικά έξοδα. Το επεξεργάστηκαν για λίγες μέρες και σκέφτηκα την κατάστασή μου. Είχα τώρα πάνω από επτακόσια βιβλία να κάθονται γύρω, έτσι δεν μπορούσα να ξεχάσω τι είχα κάνει, και από αυτή τη στιγμή το ψήφισμά μου είχε ενισχυθεί μόνο από τις διάφορες εμφανίσεις στο δικαστήριο. Ξάπλωσα έξω, ένα ζεστό, απόγευμα του καλοκαιριού, σκεπτόμενος τα πάντα. Αν τα πράγματα συμβαίνουν για κάποιο λόγο, όπως είχα καταλήξει

(HI) Town Crier September 16th, 1999 5

Passport scam was part of a divine mission

A JUDGE allowed a man involved in a passport scam to go free because he acted as part of a 'divine mission'.

Dmitri Jordan applied for a passport using a driving licence and birth certificate belonging to a man who died in 1982 and attached a photograph of himself to the application form.

Peterborough Crown Court heard Jordan, from Huntingdon, wanted to go to Cyprus on a mission which stemmed from his religious and political beliefs.

For the defence, Angela Rafferty, said: "Dmitri Jordan wrote a book about his unusual beliefs and he was scared of the consequences should he go to Cyprus under his own name."

But Jordan was discovered when employees of the Peterborough passport office became suspicious.

Prosecutor, Jonathan Kirk, said: "A spell in prison would not be suitable because he acted on his religious and political beliefs and these will not change."

Jordan pleaded guilty to attempting to obtain a passport under a false name.

Judge Peter Crane ordered Jordan to carry out 100 hours of community service and pay £110 in court costs.

He said: "I have taken into account that you pleaded guilty.

"You were deeply involved in a cause involving a complicated situation in Cyprus.

"You believe you have a divine mission and serious beliefs which most people would believe to be unusual and irrational, but we must not mock those beliefs."

Η μόνη προσοχή των μέσων ενημέρωσης που έλαβε η δικαστική υπόθεση.

να πιστεύω, τότε είχα περισσότερα να κάνω, και ήμουν ακόμα θυμωμένος, αλλά τώρα για έναν εντελώς διαφορετικό λόγο.

Στις 24 Σεπτεμβρίου του 1999 επέστρεψα στην Κύπρο με αποστολή να ενημερώσω τον κυπριακό λαό, όχι μόνο για τη δικαστική υπόθεση και το βιβλίο, αλλά και για αυτό που θεωρούσα άγνοια και παραμέληση των εγκαταστάσεων τους. Πέρασα μερικές ημέρες ταξιδεύοντας γύρω από το νησί και, εκείνη την Τετάρτη, αφού άφησα αντίγραφα του βιβλίου σε όλες τις μεγάλες δημοτικές βιβλιοθήκες, σκαρφάλωσα στα κάγκελα στο Παλάτι των Αρχιεπισκόπων στη Λευκωσία, και προχώρησα στην πέτρα στα παράθυρα του πρώτου ορόφου του μπαλκονιού, αυτά είναι τα μόνα που μπορούσα να δω και να φτάσω. Είχα τρεις αξιοπρεπείς βράχους μαζί μου που είχα πάρει από τα λουτρά της Αφροδίτης το προηγούμενο βράδυ. Έναν για τους προγόνους μου, έναν για την Κύπρο, και έναν για τον Θεό, και εκείνη την εποχή θεώρησα τον Αρχιεπίσκοπο προδότη όλων μας. Ο φρουρός εμφανίστηκε από το κοντινό παρεκκλήσι, και προσπάθησε να με τρομάξει, αλλά δεν με κουνούσε. Είναι αστείο, κανένας από τους τρεις βράχους που είχα φέρει μαζί μου δεν είχε αντίκτυπο. Το ύψος των παραθύρων προκάλεσε περισσότερα προβλήματα από ό,τι φανταζόμουν. Σκέφτηκα τότε, ότι αυτό ήταν, ίσως, δεν ήταν γραφτό να γίνει, αλλά δεν μπορούσα να σταματήσω αυτό που είχα αρχίσει. Κοίταξα την γύρω περιοχή για να βρω τις σωστές πέτρες, και τις έριξα μέχρι να προκαλέσω κάποια ζημιά, και συγκεκριμένα αφού έσπασα ένα παράθυρο. Μετά από αυτό κάθισα στα σκαλιά του παλατιού, το καπέλο μου από βαμβάκι, μέχρι που εμφανίστηκε ένας ένστολος αστυνομικός. Ένας ισχυρός άνδρας, ίσως στα τέλη της δεκαετίας των 50, ή στις αρχές της δεκαετίας των 60, με ένα παχύ θαμνώδες μουστάκι. Μου πέταξε μερικά θυμωμένα λόγια στα ελληνικά και, παίρνοντας το χέρι μου, με οδήγησε στην πύλη, την οποία προχώρησε να ξεκλειδώσει για να με διώξει. Είχαμε ένα μικρό γλωσσικό πρόβλημα. Ήμουν αρκετά εκστασιασμένος, αλλά η στιγμή είχε επίσης και κάποια κωμικά στοιχεία. Τον σταμάτησα στην πύλη, και εμφανίστηκα στο παράθυρο του μπαλκονιού που είχα σπάσει, και έδειξε με το ελεύθερο χέρι του ότι είχα ρίξει το βράχο. Ο αστυνομικός στραβοκοίταξε τον λαμπερό απογευματινό ήλιο για να κοιτάξει το παράθυρο και, όταν συνειδητοποίησε ότι ήταν πραγματικά σπασμένο, με κοίταξε αιφνιδιαστικά για να επιβεβαιώσει τι είχα κάνει.

«Ναι εγώ», του είπα καθώς κατάλαβα από την κίνηση του τι είχα κάνει.

«Το έσπασες;» ρώτησε με τα χοντροκομμένα αγγλικά του, ακόμα έκπληκτος.

«Ναι, το έσπασα», επιβεβαίωσα.

«Κανένα πρόβλημα», είπε, καθώς σήκωσε τους ώμους του και με έβαλε μέσα από την πύλη πριν την κλειδώσει πίσω μου. Δεν μπορούσα να το πιστέψω. Δεν μπορούσα να πιστέψω τι είχα κάνει παρόλο που το σχεδίασα, αλλά η αντίδραση του ήταν ακόμα πιο απίστευτη για τον εαυτό μου. Εντελώς μπερδεμένος μπήκα σε ένα κοντινό καφέ και κάθισα ανάμεσα σε μια ομάδα ηλικιωμένων Κυπρίων ανδρών που έπιναν καφέ, και γνώριζαν τις δραστηριότητές μου, και ρώτησα,

«Τι συμβαίνει με αυτή τη χώρα; Σπάω τα παράθυρα στο Παλάτι του Αρχιεπισκόπου και δεν με συλλαμβάνουν καν», πριν αποκαλύψω μέρος της καταγγελίας μου κατά της εκκλησίας. Οι ντόπιοι μου είπαν ότι ήταν καλός αστυνομικός, ενώ ο σερβιτόρος μου είπε ότι έπρεπε να μιλήσω με ανθρώπους στην Πλατεία Ελευθερίας αν είχα κάτι να πω και, κατά τη διάρκεια αυτού, άκουσα μια ανώνυμη φωνή πίσω μου να μιλάει.

«Πήραν τα πιστεύω μας, φίλε μου, μας πούλησαν». Καθώς καθόμουν εκεί με αυτό το τελευταίο σχόλιο να βυθίζεται, αποφάσισα ότι αν τα βιβλία έπρεπε να είναι οπουδήποτε, και αν υπήρχε μια ομάδα ανθρώπων με τους οποίους θα έπρεπε να μιλάω εκείνη την εποχή, θα έπρεπε να είναι η Κύπρος και οι Κύπριοι. Πέταξα σπίτι για να τελειώσω την κοινωνική μου εργασία και να προετοιμαστώ για το επόμενο βήμα.

Στις 11 Νοεμβρίου επέστρεψα στην Κύπρο και, τη Δευτέρα 22 Νοεμβρίου, συνέλεξα οκτώ κουτιά που περιείχαν ενενήντα βιβλία το καθένα από το λιμάνι της Λεμεσού. Στην πτήση έξω πήρα ένα αντίγραφο της Newsweek για να διαβάσω στο αεροπλάνο. Η ιστορία κάλυψης ήταν σχετική με την προφητεία και το τι λέει η Αγία Γραφή. Περιλάμβανε ένα τμήμα σχετικά με τη τρέλα της νέας χιλιετίας καθώς προετοιμάζονταν για το νέο έτος στην Ιερουσαλήμ, και την προσδοκία εκεί, από ορισμένους, για την εκπλήρωση της προφητείας. Φαινόταν πολύ διασκεδαστικό εκείνη την εποχή και δεν μπορούσα παρά να χαμογελάσω. Μία από τις πρώτες μου επισκέψεις όταν έφτασα ήταν στο Παλάτι του Αρχιεπισκόπου, όπου συναντήθηκα με τον Γραμματέα του Αρχιεπισκόπου. Του είπα ότι ήμουν εκεί για να επιστήσω την προσοχή στην κατάστασή μου, καθώς είχα γράψει τουλάχιστον πέντε φορές και του έστειλα ένα κουτί βιβλίων με πληροφορίες σχετικά με την υπόθεση του δικαστηρίου, οπότε είδα το πρόσωπό του να αλλάζει για πρώτη φορά, καθώς είχα μια αντίδραση. Μου ζητήθηκε να υποβάλω την καταγγελία μου στα χαρτιά, και στα ελληνικά, δεν είναι κάτι που πίστευα ότι ήταν δυνατό εκείνη τη στιγμή. Έφυγα από εκεί λέγοντας πολύ λίγα ακόμα.

Κάτι παράξενο μου συνέβη λίγες μέρες πριν αρχίσω να δίνω βιβλία. Πρέπει να είμαι ειλικρινής και να παραδεχτώ ότι είχα αρχίσει να αμφισβητώ τι έκανα και ένιωθα λίγο αβέβαιος. Έχει περάσει σχεδόν ένας χρόνος από τότε που είδα τα αποτυπώματα ποδιών, και οκτώ μήνες από τότε που τελείωσα το τελευταίο κεφάλαιο, και ο χρόνος μπορεί να εξασθενίσει αυτές τις αναμνήσεις, αλλά ήταν η πνευματική πτυχή του ότι έχασα. Ειδικά, λαμβάνοντας υπόψη την ιδέα της παροχής βιβλίων στην Κύπρο, και μιλώντας με τους Κύπριους, ήταν κάτι για το οποίο ήμουν εξαιρετικά νευρικός. Ρώτησα, είμαι σίγουρος γι' αυτό; Στη συνέχεια, το βράδυ μετά τη συλλογή των βιβλίων, στο δρόμο μεταξύ Πάφου και Λεμεσού, γύρω στις 8:30 το βράδυ, ένιωσα ένα συναίσθημα το οποίο είχα αισθανθεί μόνο μία φορά πριν, όταν ένιωσα τη Συγκέντρωση. Με χτύπησε με έναν τρόπο που δυσκολεύομαι να περιγράψω, και μου είναι ακόμα πιο δύσκολο να το φανταστώ. Ήρθε από το πουθενά, αλλά χτύπησε βαθιά μέσα μου. Ένιωσα περισσότερο σαν μια δύναμη, και το κυρίαρχο συναίσθημα που πήρα από αυτή τη δύναμη ήταν ο θυμός, αλλά όχι για τον εαυτό μου, έτσι δεν ήταν μια τρομακτική εμπειρία. Είτε δημιουργήθηκε, εν αγνοία μου, από τη δική μου φαντασία, την οποία είμαι ευτυχής να δεχτώ, δεν ξέρω, αλλά είχε μια ισχυρή επίδραση σε μένα. Οδήγησα κατευθείαν πίσω στον ξενώνα νεότητας στη Λευκωσία και σημείωσα την εμπειρία. Μου έδωσε το κίνητρο να ξεκινήσω αυτό που επρόκειτο να κάνω και, εκείνο το πρωί της Πέμπτης, έστησα τον εαυτό μου απέναντι από τη Βουλή των Αντιπροσώπων στη Λευκωσία, και έκανα αισθητή την παρουσία μου αμέσως απέναντι και σε πλήρη θέα της εισόδου. Είχα μια πινακίδα διπλής όψεως που Άντυ από τον Κάτω Πύργο είχε κάνει για μένα. Στην μία είχα γράψει «Κύπρος, η αλήθεια έρχεται δωρεάν! Πρέπει να αγωνιστείτε για την ελευθερία, την ελευθερία από την κατοχή και ένα Σύνταγμα που δεν ήταν ποτέ γραφτό να λειτουργήσει!» Ενώ η άλλη έλεγε με έντονα γράμματα «Τα ψέματα σταματούν εδώ, ευγένεια του Θεού!» Χαμογελάω, ξέρω ότι πρέπει να έμοιαζε. Είχα ήδη τις πινακίδες γραμμένες. Έχω πραγματικά μια φωτογραφία που είχε ληφθεί από έναν φίλο που γνώρισα στον ξενώνα που ενδιαφερόταν για τις δραστηριότητές μου.

Copyright: Marcus Scheweller

Φαινόμουν πολύ καλός, καλοντυμένος και γεμάτος αυτοπεποίθηση. Ωστόσο, εκείνη την εποχή, ο φίλος μου με εντυπωσίασε με την άποψη ότι οι άνθρωποι έχουν συχνά για θρησκευτικά ζητήματα και συγκρούσεις. Έτσι, από την επόμενη μέρα, συμφώνησα ότι οι άνθρωποι είναι αυτό που είναι, ότι θα έπαιρνα μια κακή απάντηση από αυτούς, αν χρησιμοποίησα το σημάδι του Θεού. Ένιωσα βέβαιος ότι θα είχα διαγραφεί ως ένας ακόμα τρελός με την θρησκεία, και ήθελα να βεβαιωθώ ότι τα βιβλία θα πρέπει τουλάχιστον να δοθούν έξω, και ήλπιζα ότι θα διαβαστούν. Υποθέτω ότι θα μπορούσα να έχω αισθανθεί λίγη αμηχανία, αλλά πίστευα σε αυτό που έλεγα, και ένα σημείο που θα πρέπει να κάνω είναι ότι ένιωσα ότι έπρεπε να διανείμω όσο το δυνατόν περισσότερα βιβλία μόνο και μόνο έτσι ώστε να μπορώ να συνεχίσω με τη ζωή μου. Κάλυψα το κάτω μισό για την πρώτη εβδομάδα για να πω, «Τα ψέματα σταματούν εδώ, δωρεάν βιβλία» χρησιμοποιώντας το στο πίσω μέρος της κύριας πινακίδας και, εκείνο το πρωί της Παρασκευής, έκανα το ντεμπούτο μου στην Πλατεία Ελευθερίας στην Λευκωσία. Το πήρα καλά, έχοντας πολλές πολύ πολύτιμες συζητήσεις για την κρίση του νησιού, τόσο με τους Κυπρίους όσο και με τους μη Κυπρίους, αν και ειδικά οι Κύπριοι ήθελαν να μιλήσουν. Ένας άνδρας ζήτησε να συναντηθεί κατ' ιδίαν σε ένα μπαρ όπου συζήτησε μαζί μου τον αντίκτυπο που είχε η σφαγή του Ιλχάν στην ψυχή του κυπριακού λαού. Χάρηκα που μπορούσα να πω ότι δεν πίστευα ότι οι Ελληνοκύπριοι είχαν σκοτώσει αυτούς τους ανθρώπους. Το μήνυμά μου ήταν απλό, και η άποψη μου ήρθε σε συνάρτηση με όλα τα γεγονότα. Του εξέφρασα ότι η Κύπρος είχε ένα παράθυρο ευκαιρίας, με τη μορφή των S-300, και την ρωσική βοήθεια, την οποία αν δεν λάβει, θα μπορούσε σύντομα να χαθεί για πάντα. Διαβεβαίωσα τους Κύπριους ότι η Ρωσία και στη συνέχεια ο Πρόεδρος Πούτιν δεν θα απογοήτευαν την Κύπρο αν τους καλούσαμε για βοήθεια, αλλά πρέπει να είμαστε αυτοί που θα το ζητήσουν.

Συγγραφέας στην «Πλατεία Ελευθερίας» Λευκωσίας, Δεκέμβριος 1999.

Έλεγα στον κόσμο ότι αν ενεργούσαμε με θάρρος, δύναμη και ενότητα, η ελευθερία θα ακολουθούσε. Ο κόσμος με ρωτούσε αργότερα; Όταν η γη επέστρεψε και ένας εχθρός που έγινε από την Τουρκία, τι γίνεται με την ειρήνη; Τους είπα ότι η Τουρκία θα επιτεθεί στην Ελλάδα και την Ευρώπη αν ενεργούσαμε, και έτσι θα σφραγίσει τη μοίρα της. Στους ανθρώπους, ειδικά παρατήρησα, στις Κύπριες μητέρες, άρεσε αυτό. Κάποιοι Κύπριοι, ειδικά οι νεότεροι, με ρώτησαν αν ήμουν απαισιόδοξος στις απόψεις μου και η απάντησή μου ήταν πάντα η ίδια με τις απαντήσεις στα ερωτήματα που θα ρωτούσα, «Μπορείτε να κάνετε ειρήνη με τους Τούρκους ενώ καταλαμβάνουν τη γη μας;» και αν όχι, όπως συνέβαινε πάντα, «Έχετε το δικαίωμα να μεταφέρετε αυτό το δίλημμα στα παιδιά σας, ενώ έχουμε την ευκαιρία να διασφαλίσουμε την ολοκλήρωσή της, ακόμη και αν αυτό σημαίνει σύγκρουση;» Αυτό είναι δύσκολο να απαντηθεί και ακόμη και τότε, θα έχω ακόμη τη βρετανική παρέμβαση και το άχρηστο σύνταγμα για να συζητήσω μαζί τους, το οποίο θα μπορούσε να επιλυθεί με τον ίδιο τρόπο, με τον κυπριακό λαό να ελέγχει τη μοίρα του.

Την ερχόμενη Δευτέρα ήμουν στην Πάφο, όπου μου πήρε συνέντευξη η TV Πάφος, η οποία εκτυλίχθηκε αρκετά καλά. Το μόνο πρόβλημα που είχα ήταν με τον εαυτό μου. Πρέπει να καταλάβετε ότι δεν ένιωσα καμία ντροπή σε σχέση με αυτά που είχα πει, όπως ήξερα ότι ήταν αλήθεια. Αλλά αυτή ήταν επίσης η στιγμή όσον αφορά εμένα, και δεν χρησιμοποιούσα το σημάδι του Θεού, και δεν ήμουν ευτυχής γι' αυτό.

Έτσι, την επόμενη Κυριακή, και πάλι στην Πάφο, με φόντο το παλιό κάστρο σταυροφόρων, το χρησιμοποίησα για να δώσω βιβλία στο ευρύ κοινό, και το χρησιμοποίησα χωρίς ντροπή. Στην αρχή νόμιζα ότι επρόκειτο να είναι μια βαρετή, ανούσια ημέρα που όλοι θα αδιαφορούσαν για εμένα, αλλά ακριβώς το αντίθετο, αν και υπήρχαν κάποιοι που φάνηκαν να με αποδοκιμάζουν, συνέβη και ένα διασκεδαστικό περιστατικό, αρκετά νωρίς, με μια Γερμανίδα τουρίστρια, για την οποία υποθέτω ότι θα πρέπει να σας πω γιατί είχε κάποια σημασία, για 'αυτόν τουλάχιστον. Μιλούσα με μια ελκυστική νεαρή κοπέλα εκείνη τη στιγμή που καθόταν δίπλα μου στο χαμηλό θαλάσσιο τείχος. Όταν είδε το σημάδι μου με πλησίασε βιαστικά, και καθώς στεκόμουν μπροστά του, τα λόγια του βγήκαν με οργή,

«Δέχεσαι τον Χριστό ως υιό του Θεού;» Το νεαρό κορίτσι τράβηξε την προσοχή μου και γρήγορα εξαφανίστηκε. Θεωρώ ότι ο Χριστός είναι κάπως ξεχωριστός, αλλά η απάντησή μου ήταν.

«Είμαστε όλοι παιδιά του Θεού».

«Δέχεσαι τον Χριστό ως υιό του Θεού;» Αυτή τη φορά με πραγματική εχθρότητα στη φωνή της. Δεν μπορούσα να πιστέψω τι συνέβαινε. Ένιωσα λίγο σουρεαλιστικά και, πριν απαντήσω, υπήρχε κάτι που απλά έπρεπε να κάνω, το οποίο ακόμη και τότε είχε μια κωμική αίσθηση σε αυτό. Με το πρόσωπό της ακριβώς μπροστά από το δικό μου γύρισα αργά το κεφάλι μου, και κοίταξα πάνω από τον αριστερό ώμο μου προς το παλιό λιμάνι, και το κάστρο σταυροφόρων, ακριβώς για να βεβαιωθώ ότι ποτέ δεν υπήρχαν ένοπλες δυνάμεις να έρχονται προς εμάς, πριν γυρίσει πίσω, και απλά είπε:

«Όχι περισσότερο από σένα ή εμένα», μετά από αυτό έφυγε πολύ ενοχλημένη. Εντάξει, ένα πράγμα να πω γι' αυτό. Αν ο Χριστός ήταν ο Θεός, ή ο κυριολεκτικός υιός του Θεού, τότε δεν υπήρξε θυσία στη σταύρωση, ούτε ένα θαύμα στην άνοδό του, όπως ο Θεός ξέρει τα πάντα, και δεν μπορείτε να σκοτώσετε τον Θεό, ή τον κυριολεκτικό υιό του Θεού, πράγμα που σημαίνει επίσης ότι είστε πολυθεϊστής, υπονοώντας ότι υπάρχουν περισσότεροι από ένας Θεός, που είναι αυτό που φαίνεται να κάνει η Αγία Τριάδα. Δεν μπορεί να είναι, και εγώ απλά διαβεβαίωσα τους ανθρώπους ότι το βιβλίο μου ήταν πνευματικό, σε αντίθεση με θρησκευτικό, που είναι το πώς σκεφτόμουν γι' αυτό, και οι περισσότεροι άνθρωποι θα μπορούσαν να το δεχτούν αυτό. Αποδείχθηκε ότι ήταν μια από τις καλύτερες μέρες που είχα, και πήρα ακόμη και τους ανθρώπους τηλεόραση κάτω για να δουν την πινακίδα. Ήταν σίγουρα μια από τις ημέρες που λειτούργησαν ως ανταμοιβή με μεγάλη διαφορά. Μέχρι τα μέσα του απογεύματος, λίγο μετά την αποχώρηση του τηλεοπτικού συνεργείου, είχα αυτό το συναίσθημα. Ήρθε σε μένα με τον πιο παράξενο τρόπο, και μέσα σε δευτερόλεπτα πήγα από την αποστολή να αισθάνομαι χαλαρή, ένιωσα γαλήνη με τον εαυτό μου, θα μπορούσα να πάω σπίτι. Ένιωσα σαν να είχα κάνει αρκετά για να δώσω βιβλία. Δεν είχα νιώσει τέτοια γαλήνη με τον εαυτό μου εδώ και πολύ καιρό. Συνέχισα για την επόμενη εβδομάδα, απλά και μόνο επειδή μου άρεσε, και είχα περισσότερα βιβλία, η τελευταία μου μέρα ήταν στη Λευκωσία στις 10 Δεκεμβρίου 1999.

Πέρασα την τελευταία μου νύχτα στην Κύπρο στη Λεμεσό. Δεν υπήρχε χώρος στο σπίτι της νονάς μου, καθώς ο σύζυγος ενός ξαδέλφου έμενε εκεί για την κηδεία του αδελφού του, έτσι πήγα στο Hotel Hellas και πήρα ένα δωμάτιο εκεί. Έφτασα στην ίδια την πόλη αργά το απόγευμα νιώθοντας λίγο αποκαρδιωμένος για αυτό που έκανα. Ήταν η ιδέα της σύγκρουσης για την οποία νιώθω άσχημα. Πέρασα λίγο χρόνο στο αυτοκίνητο, να σκέφτομαι τα πάντα, να τα επεξεργάζομαι όλα ξανά και ξανά, πριν καταλήξω στο συμπέρασμα που πάντα έφτανα. Μετά το check-in στο ξενοδοχείο, αποφάσισα να κάνω μια βόλτα πριν πάω στη θεία μου για δείπνο εκείνο το βράδυ. Περιπλανήθηκα έξω από το ξενοδοχείο, και πήρα ένα μονοπάτι που τρέχει ανάμεσα σε ένα εστιατόριο και το παλιό τζαμί στεκόταν ακριβώς πίσω από το ξενοδοχείο. Η περιοχή ήταν αρκετά υποβαθμισμένη κατά τόπους, και μερικά από τα μεσαιωνικά κτίρια ήταν σε μια εγκαταλελειμμένη κατάσταση, με παχιά πέτρα και λασπωμένους τοίχους από τούβλα που υποστηρίζονται από μεγάλες ξύλινες θέσεις.

Καθώς περπατούσα αργά κατά μήκος του τζαμιού, σκεπτόμενος πως θα μπορούσε να μοιάζει ο δρόμος τόσο πολύ καιρό πριν, και ενώ αναρωτιόμουν αν το τζαμί ήταν ακόμα σε χρήση, παρατήρησα πάνω από ένα χαμηλό περιβάλλοντα τοίχο, μέσα από τις ράγες και τους θάμνους κάτι σαν ένα μικρό κήπο με λευκές στήλες της οθωμανικής εποχής σαν επιτύμβιες στήλες, απλά ορατή, σε αυτό που ήξερα τώρα ήταν ένα νεκροταφείο. Με προσέλκυσαν αμέσως. Έσπρωξα την δύσκαμπτη, σκουριασμένη, πύλη του νεκροταφείου, και πήρα το δρόμο μου μέσω της βλάστησης για να καθαρίσω τους θάμνους από γύρω από μια ταφόπλακα, την οποία εξέτασα για λίγο πριν καθαρίσω την βλάστηση περαιτέρω, και βγάλω μια φωτογραφία. Εκείνη τη στιγμή άκουσα έναν από τους πιο σαγηνευτικούς ήχους στον κόσμο για μένα. Μέσα από το τζαμί θα μπορούσα να ακούσω μια φωνή, που απήγγειλε το Κοράνι με το πάθος που προκαλεί μεταξύ των πιστών. Είδα ένα μικρό παράθυρο μέσα από το οποίο κοίταξα κάτω στο κτίριο, ψάχνοντας για την πηγή του ήχου. Δεν ήταν πουθενά στον ορίζοντα, αλλά παρατήρησα ότι το τζαμί ήταν καλά συντηρημένο, και σίγουρα σε χρήση. Πήρα προσεκτικά το δρόμο μου προς την πύλη και, τοποθετώντας την κάμερα στην τσάντα μου, τράβηξα την πόρτα να κλείσει πίσω μου, και έφυγα από το νεκροταφείο, πριν περπατήσω κατά μήκος του δρόμου σε αυτό που ήξερα ότι ήταν η είσοδος. Δεν είχα ξαναπάει σε τζαμί, αλλά ήξερα ότι όλοι ήταν ευπρόσδεκτοι. Μπήκα στην αυλή και πήρα ένα κάθισμα σε ένα καλυμμένο τμήμα, από όπου θα μπορούσα να δω μερικές βρύσες νερού σε μια κεραμωμένη περιοχή πλύσης, δίπλα μια ράγα για τα παπούτσια. Η αυλή είχε μια ήρεμη αίσθηση σε αυτή και ήμουν πολύ χαλαρός. Το ρεσιτάλ αντήχησε ακόμα μέσω του κτηρίου. Νόμιζα ότι ήταν κάποιος που πενθεί ίσως, επειδή η προσευχή του ήταν τόσο παθιασμένη, με μερικούς λυγμούς που έσπαγαν τον τόνο εδώ και εκεί. Έβγαλα τα παπούτσια μου και τα έβαλα με την τσάντα μου στην καθορισμένη περιοχή, πριν γλιστρήσω μέσα από την πόρτα, όπου η πηγή του παθιασμένου ρεσιτάλ αποκαλύφθηκε αμέσως. Μπροστά, και στα δεξιά μου, ήταν η καμπυλωτή μοναχική φιγούρα ενός ανθρώπου που προσευχόταν, Άραβας από ότι κατάλαβα από την εμφάνιση του, έσκυψε πάνω από το Κοράνι του, το οποίο ήταν ανοιχτό μπροστά του. Σταμάτησε στιγμιαία, και με ένα ντυμένο χέρι σκούπισε τον ιδρώτα από το φρύδι του με μια ενιαία κίνηση, προτού επαναλάβει το ρεσιτάλ του. Δεν με πρόσεξε που μπήκα μέσα. Ακολούθησα ήσυχα το δρόμο μου προς το κέντρο της κύριας αίθουσας και, επιθυμώντας να παραμείνω διακριτικός, βρήκα ένα σημείο που θα έβαζε μια στήλη ανάμεσα σε αυτόν και σε μένα. Καθόμουν με τα πόδια σταυρωμένα, και σκεφτόμουν τι είχε συμβεί, και όλα όσα είχαν περάσει. Ήταν μια άλλη στιγμή για να αμφισβητήσω τι σκεφτόμουν, και το σωστό μέρος για να το κάνω ίσως, όπως έσκυψα προς τα εμπρός και να βάλω το πρόσωπό μου στο μεταξένιο χαλί δημιουργώντας ένα αίσθημα απαλότητας καθώς το άγγιζα με τα χέρια μου, όταν άκουσα τους τόνους, και σκέφτηκα τα πράγματα έξω.

Όταν το βιβλίο είχε πάει για πρώτη φορά για εκτύπωση, είχα κατηγορήσει τον βρετανικό Τύπο για τη χρήση της φωτογραφίας από R.A.F. τον αξιωματικό πληροφοριών Peter Bostock πιο ήξερα ότι ο πατέρας των παιδιών, ο τότε επικεφαλής ιατρικός αξιωματικός του τουρκικού στρατού, ήταν μόνο λίγα μίλια μακριά, και υπήρχαν επιζώντες, όπως ο ιδιοκτήτης γης για παράδειγμα, έτσι ένιωσα βέβαιος ότι θα ενημερωθεί. Η ιδέα ότι τα πτώματα ήταν εκεί για οποιοδήποτε χρονικό διάστημα απλά δεν φαινόταν δυνατή. Δεν είναι ο μουσουλμανικός τρόπος. Μόλις τελείωσα το κεφάλαιο 15, πήγα στην Κύπρο και, ενώ ήμουν εκεί, μίλησα με έναν Χρήστο Ανδρέου, ο οποίος είχε γράψει, και δημοσιεύσει, και ήταν μια αξιόπιστη πηγή για τα προβλήματα στην Κύπρο. Ήταν αυτός που με πληροφόρησε ότι οι Τούρκοι είχαν παραδεχτεί ότι η φωτογραφία του Ιλχάν ήταν προϊόν μοντάζ. Δεν μπορούσα να πιστέψω αυτό που άκουγα. Επέμεινα ότι ήταν αλήθεια, και οι άνθρωποι σφαγιάστηκαν, και επέμεινε διαφορετικά, όπως είχαν πει οι Τούρκοι στην Κύπρο, και νομίζω ότι ήταν σκόπιμο για τους Έλληνες να το ακούσουν. Αυτοί, οι τουρκικές αρχές στο Κύπρο, αρνήθηκαν τώρα ότι αυτοί οι άνθρωποι δολοφονήθηκαν. Θα μπορούσε να είναι αρκετά έντονος γιατί δεν μπορούσα να δεχτώ αυτά που μου έλεγε και δεν δεχόταν αυτά που του έλεγα. Όταν επέστρεψα στην Αγγλία, έκανα την έρευνα που έπρεπε να είχα κάνει μήνες πριν στο Γραφείο Αρχείων Εφημερίδων της Βρετανικής Βιβλιοθήκης στο Βόρειο Λονδίνο. Δεν μπορούσα να πιστέψω αυτό που βρήκα. Ποτέ δεν το φαντάστηκα, αλλά τα πτώματα ήταν ακόμα εκεί μετά από τουλάχιστον τρεις ημέρες, και νομίζω ότι για έως και πέντε ημέρες από ό, τι διάβασα. Συμπεριλαμβανομένης της γυναίκας του ιδιοκτήτη που σύρθηκε έξω από την τουαλέτα και πυροβολήθηκε στο κεφάλι. Οι ντόπιοι καθοδήγησαν τους Βρετανούς δημοσιογράφους σαν να ήταν τουριστικό αξιοθέατο, με πρόσθετες πληροφορίες ότι ήταν η οικογένεια ενός Τούρκου αξιωματικού του στρατού. Γιατί δεν το είπε κανείς στον αξιωματικό, και στον πατέρα, ο οποίος ήταν τοποθετημένος λίγα μίλια μακριά; Πώς και δεν ήξερε καν ότι η οικογένειά του κινδύνευε; Δεν το πιστεύω ότι το ήξερε, και καθόταν ακόμα στο δρόμο βλέποντας τους άντρες του να μαζεύουν τη μύτη τους ενώ οι δικοί τους δέχονταν επίθεση. Ο σπιτονοικοκύρης επέζησε και άφησε το πτώμα της γυναίκας του εκεί για μεγάλο μέρος της εβδομάδας, γιατί; Έμεινα άναυδος καθώς καθόμουν στο σκοτεινό αναγνωστήριο. Υπήρχε ένας Εβραίος σε ένα άλλο περίπτερο, προφανές από το καπέλο του στο κρανίο του, ο οποίος έκανε κάποιες μελέτες. Έπρεπε να βεβαιωθώ και τον ρώτησα.

«Θα ήταν ασυνήθιστο για τους Μουσουλμάνους να αφήσουν τους νεκρούς τους άταφους για μέρες;» Κούνησε το κεφάλι του, και επιβεβαίωσε ότι δεν ήταν πρακτική τους να αφήσουν τους νεκρούς τους σαπίζουν πάνω από το έδαφος σε καμία περίπτωση. Του είπα κάποιες μικρές λεπτομέρειες για το τι έκανα, αλλά ακόμα δεν είχα ξεπεράσει τη βαρβαρότητα αυτού που είχα ανακαλύψει. Λυπάμαι, αλλά χρειάζεται ένα συγκεκριμένο είδος ατόμου, με μια συγκεκριμένη νοοτροπία, για να κάνει κάτι τόσο άρρωστο όσο αυτό, και εξίσου ακατανόητο είναι το γεγονός ότι ήταν κάτι που πολλοί από αυτούς δέχτηκαν, ή αναγκάστηκαν να δεχτούν, και δεν είπαν τίποτα, σε ξένους.[2] Η ιστοσελίδα «Αλήθεια», υποτίθεται ότι βασίζεται στη μνήμη αυτών των ανθρώπων αλλά δεν υπάρχει πλέον. Η φωτογραφία του Ιλχάν δεν είναι πλέον δημοσιευμένο όπως ήταν, και νομίζω ότι υπάρχει λόγος γι' αυτό, καθώς πιστεύω ολόψυχα ότι οι Τουρκοκύπριοι πολιτικοί, με τη βοήθεια των βρετανικών ενόπλων δυνάμεων, σκότωσαν τους δικούς τους ανθρώπους για να προωθήσουν τον σκοπό τους και να τους χρησιμοποιήσουν σε μια άσκηση προπαγάνδας. Είναι κάτι που ισχυρίστηκαν οι Κύπριοι όταν κατηγόρησαν τους Τούρκους ότι ανάγκασαν τους δικούς τους ανθρώπους σε θύλακες. Άρχισα να σκέφτομαι την τρέχουσα κρίση εκείνη την εποχή, το Κοσσυφοπέδιο, και τους Σέρβους που κατηγόρησαν το Κ.Λ.Α. ότι σκότωσε τους δικούς τους ανθρώπους, και πόσο παράλογο ακουγόταν. Αυτό δεν είναι πολιτιστική κριτική, αλλά είναι η όλη ιδέα ότι η δίωξη της πολιτικής βούλησης ή της ιδεολογίας, μαζί με την έννοια των πολιτικών συνόρων, είναι πιο σημαντική από τους ανθρώπους που ζουν μέσα σε αυτά. Ως αποτέλεσμα αυτής της αποκάλυψης, η όλη μου στάση απέναντι στο Κοσσυφοπέδιο έχει αλλάξει. Αυτή δεν είναι μια πτυχή των ανθρώπων που γίνεται εύκολα κατανοητή, αλλά ποια σκληρή συμπεριφορά είναι κατανοητή;

Ξαπλώνω με τα μάτια μου κλειστά και το πρόσωπό μου να στηρίζεται απαλά πάνω στο λείο χαλί, τραβάω τα χέρια μου μέσα, βουρτσίζω το χαλί με τις παλάμες μου αισθανόμενος την μαλακότητα του, πριν καθίσω όρθιος και παρατηρήσω το περιβάλλον μου. Σκεφτόμουν όλα όσα έχω περάσει, αναρωτιόμουν πού θα τελείωνε, και, ναι, θαύμαζα τα πάντα. Λίγα λεπτά αργότερα το ρεσιτάλ σταμάτησε. Άκουσα λίγο θόρυβο, όπως ο λατρευτής έστησε το στήριγμα του και το Κοράνι μακριά, όπως κοίταξα πάνω από το δεξί ώμο μου, τον είδα να κινείται προς την πόρτα για να φύγει. Καθώς το άνοιγε, σταμάτησε για μια στιγμή, γύρισε, με είδε, έκανε μια μικρή αναγνώριση με το κεφάλι του, και έφυγε. Έσκυψα προς τα εμπρός και πάλι, και αναπαύτηκα εκεί για λίγο, πριν αξιοποιήσω την μοναξιά για να περιπλανηθώ γύρω και να εξερευνήσω το εσωτερικό του τζαμιού, περπατώντας ανάμεσα στα ράφια πάνω στα οποία φυλάσσονται τα αντίγραφα του Κορανίου, αλλά δείχνοντας εξίσου ενδιαφέρον για το ίδιο το κτίριο. Ήταν πολύ απλό, αλλά είχε έναν ήρεμο αέρα γι' αυτό, και ένιωσα να βρίσκομαι σε ειρήνη. Μετά από λίγα λεπτά βρέθηκα να φεύγω. Ήμουν εξαιρετικά χαλαρός σχετικά με την επίσκεψή μου, ειδικά μετά τα πρόσφατα γεγονότα. Αμφισβητούσα τον εαυτό μου, δεν μπορούσα να κάνω αλλιώς, και δεν μπορούσα παρά να πιστέψω. Όχι μόνο είχα μια μακρά σειρά από συμπτώσεις, αλλά και αυτό το βιβλίο, και την μνήμη των πατημασιών στο Κάτω Πύργο. Είχα ήδη μια έντονη διαφωνία με την νονά μου για το όλο θέμα, και δεν θα πρέπει να κινηθώ από τη στάση μου. Καθόμουν στην αυλή δένοντας αργά τα κορδόνια στο παπούτσι μου όταν, μέσα από τις πύλες του τζαμιού, ο λατρευτής περπάτησε, επιστρέφοντας για κάτι που είχε ίσως ξεχάσει. Ένιωθα σίγουρος ότι δεν θα τιμωρηθώ που βρήκα καταφύγιο στον τόπο λατρείας του. Περπάτησε κατευθείαν σε μένα, και με μια απαλή φωνή είπε,

«Γεια σας, σας είδα στο τζαμί όταν έφευγα».

«Ναι», απάντησα. «Ποτέ δεν ήξερα καν ότι ήταν ανοιχτό μέχρι που σας άκουσα, και εγώ απλά δεν μπορούσα να αντισταθώ», του είπα κοιτάζοντας ψηλά, όπως έδενα κορδόνια μου. «Είναι πολύ χαλαρωτικά εκεί μέσα».

«Τι θρησκεία έχεις;» ρώτησε περίεργως.

«Βαφτίστηκα Χριστιανός Ορθόδοξος», είπα, προσθέτοντας. «Αλλά δεν ακολουθώ καμία θρησκεία».

«Πώς βρίσκετε ειρήνη με τον Θεό;» ρώτησε, γνωρίζοντας ότι ήμουν πράγματι πιστός.

«Μέσω της Φύσης», του είπα με ένα χαμόγελο, όπως κράτησα τα χέρια μου έξω.

«Ελπίζω, μια μέρα, να τα βρείτε στον εαυτό σας να πάρετε το Ισλάμ στην καρδιά σας», απάντησε θερμά. Κοίταξα ψηλά και, μιλώντας με τα χέρια και τα χείλη μου, του είπα,

«Ελπίζω, μια μέρα, όλος ο κόσμος να πάρει ένα κομμάτι του Ισλάμ στην καρδιά του», χαμογέλασε. Μιλήσαμε για λίγο και του είπα που ζούσα, και κανονίσαμε να συναντηθούμε αργότερα εκείνο το βράδυ για να κάνουμε μια ελαφριά συζήτηση για τη ζωή, και τη θρησκεία, πάνω από τον καφέ, αφού είχα φάει στις νονές μου. Τη στιγμή που έφευγε, συνειδητοποίησα ότι δεν είχαμε ανταλλάξει ονόματα.

«Πώς σε λένε;»

«Τζιχάντ», απάντησε με χαμόγελο καθώς άπλωσε το χέρι του.

«Δημήτρη», είπα, καθώς του έσφιξα το χέρι, με ένα ακόμα μεγαλύτερο χαμόγελο. Μετά από όλα όσα έχω περάσει, χαμογελάω και το σκέφτομαι. Είχαμε μια πολύ ενδιαφέρουσα και, μερικές φορές, διασκεδαστική συζήτηση. Πέταξα πίσω στην Αγγλία στις 13 Δεκεμβρίου 1999. Πρέπει να προσθέσω εδώ ότι παρά τα όσα πέρασα και έκανα ενώ ήμουν στην Κύπρο υπήρχαν στιγμές που ευχόμουν ο παππούς μου να μην ήταν Έλληνας. Κατά τη διάρκεια αυτής της περιόδου περιστασιακά έβρισκα αυτό που έκανα λίγο λυπηρό λόγω των πιθανών συνεπειών, αλλά ένιωσα ότι δεν μπορούσα να κάνω τίποτα άλλο.

Αφού γύρισα σπίτι, ήθελα να πιστέψω ότι τελείωσα με αυτό που έπρεπε να κάνω, αλλά στο σημειωματάριό μου, έγραψα, «Περιμένω». Η υγεία μου ήταν καλή. Πολύ καλύτερη απ' ό,τι περίμενα, και άρχισα να σκέφτομαι το μέλλον μου. Στις αρχές του Μαΐου έλαβα μια επιστολή από έναν καλό φίλο που γνώρισα στην Κύπρο, κατά την τελευταία επίσκεψή μου δίνοντας βιβλία έξω, ο οποίος ζει στο Ισραήλ. Αυτή η αλληλογραφία περιείχε την πρώτη πρακτική αναθεώρηση που είχα λάβει ποτέ για το βιβλίο. Καθώς έγραφα ένα γράμμα επιστροφής, βρήκα τον εαυτό μου να εργάζεται σε αυτό και πάλι. Έγραψα στο γράμμα μου ότι είτε έχω εξαπατηθεί, ή κάτι έχει συμβεί, και υπάρχουν περισσότερα να έρθουν. Δεν πρόκειται να μιλήσω στους ρητορικούς τόνους της μοίρας, αλλά τόσα πολλά φάνηκαν να είχαν συμβεί, και μαζί με τα αποτυπώματα ποδιών υπήρχαν ακριβώς πάρα πολλές παράξενες συμπτώσεις κατά τη διάρκεια της γραφής του βιβλίου, και πιο πριν.

Ένα βράδυ, γράφοντας το κεφάλαιο δεκαπέντε, μετά την ανάγνωση της Αποκάλυψης, περπατούσα στο ανάχωμα δίπλα στον Τάμεση, κοιτάζοντας τα Σπίτια του Κοινοβουλίου, σε ένα κρύο βράδυ. Η έδρα εξουσίας του Εγγλέζου. Φαίνονται αρκετά θεαματικά τη νύχτα, απέναντι από το ποτάμι. Ζούσα με τη φίλη μου τη Σάρα για το Σαββατοκύριακο, με έναν από τους Γερμανούς που έκανε οτοστόπ από το κεφάλαιο πέντε, που ήρθε να με επισκεφτεί για ένα σύντομο χρονικό διάστημα και, καθώς περπατούσαμε, αναρωτήθηκα, «Τι αλλαγές θα συμβούν στον πλανήτη;» Κοίταξα ψηλά όπως ρώτησα, και αμέσως, πάνω από το κεφάλι μου, είδα ένα μικρό κομήτη να μπαίνει και να καίγεται στην ατμόσφαιρα της γης. Έλαμψε ένα φωτεινό πράσινο, μέσα από την ομίχλη της πόλης, πριν ξεθωριάσει, σιωπηλή και όμορφη. Χαμογέλασα ήσυχα και περπάτησα. Αυτό μπορεί να είναι απλά μια σύμπτωση, αλλά, πρέπει να σας πω ότι από μια ζωή εμπειριών, το βιβλίο που έγραφα, η ιστορία που το συνοδεύει, και η ζωή μου, φάνηκαν να είχαν νόημα στο σημείο της ανάγνωσης της Αποκάλυψης, και η πεποίθηση ότι διάβαζα για τον εαυτό μου εκεί, κατά τη διάρκεια της γραφής του κεφαλαίου δεκαπέντε, και ξέρω πώς αυτό πρέπει να ακούγεται. Αλλά τα πράγματα δεν είχαν νόημα όταν τελείωσα το κεφάλαιο 14. Η πνευματική πτυχή ήταν πραγματική για μένα, όπως και η αφύπνιση που την ενέπνευσε. Ωστόσο, θα ήθελα πάντα να αναγνωρίζουν ότι παρήχθησαν εσωτερικά λόγω της φύσης του ταξιδιού, τις επιρροές του, την αυξημένη κατανόηση μου για τη δική μου προγονική ιστορίας, και τη σημασία των εμπλεκόμενων ατομικών και πολιτιστικών χαρακτήρων, και την αρχικά άγνωστη δύναμη της συναισθηματικής τους έλξης. Μια μεγάλη σειρά από συμπτώσεις ίσως, αλλά τότε υπήρχαν πάντα τα αποτυπώματα ποδιών; Πώς; Σε αυτό το σημείο αποφάσισα να αναπαράγω το κεφάλαιο πέντε, η Αποκάλυψη, όπως διάβασα για πρώτη φορά κατά τη διάρκεια του κεφαλαίου δεκαπέντε. Θα δώσω την αγγλική έκδοση ακριβώς όπως την διάβασα και μια προσεκτικά μεταφρασμένη ελληνική έκδοση στην αρχή, αλλά μπορείτε αν θέλετε να πάρετε μια Βίβλο και να πάτε στο τελευταίο βιβλίο, στο κεφάλαιο 5, δεν έχει σημασία.

1 Και είδα στο δεξί χέρι του που καθόταν στο θρόνο ένα βιβλίο γραμμένο μέσα και στο πίσω μέρος, σφραγισμένο με επτά σφραγίδες. 2 Και είδα έναν ισχυρό άγγελο να διακηρύσσει με δυνατή φωνή, «ποιος είναι άξιος να ανοίξει το βιβλίο, και να χαλαρώσει τις σφραγίδες του;» 3 Και κανένας άνθρωπος στον ουρανό, ούτε στη γη, ούτε κάτω από τη γη, δεν ήταν σε θέση να ανοίξει το βιβλίο, ούτε να κοιτάξει εκεί. 4 Και έκλαψα πολύ, γιατί κανένας άνθρωπος δεν βρέθηκε άξιος να ανοίξει και να διαβάσει το βιβλίο, ούτε να κοιτάξει εκεί. 5 Και ένας από τους πρεσβύτερους μου είπε, «Μην κλαις. Ιδού το Λιοντάρι της φυλής του Ιούδα, η ρίζα του Δαβίδ, είχε επικρατήσει για να ανοίξει το βιβλίο, και να χαλαρώσει τις σφραγίδες τους. 6 Και είδα, και, Ιο, στη μέση του θρόνου και των τεσσάρων κτηνών και στη μέση των πρεσβυτέρων, στάθηκε ένα αρνί, που είχε σκοτωθεί, έχοντας επτά κέρατα και επτά μάτια, τα οποία είναι τα επτά Πνεύματα του Θεού που έστειλε εμπρός στη γη. 7 Και ήρθε και πήρε το βιβλίο από το δεξί του χέρι που καθόταν πάνω στο θρόνο. 8 Και όταν είχε πάρει το βιβλίο, τα τέσσερα θηρία και τέσσερις και είκοσι πρεσβύτεροι έπεσαν κάτω πριν από το αρνί, έχοντας σε κάθε μία από αυτές άρπες, και χρυσά φιαλίδια γεμάτα οσμές, οι οποίες είναι οι προσευχές των αγίων. 9 Και τραγούδησαν ένα νέο τραγούδι, λέγοντας, Είστε άξιοι να πάρετε το βιβλίο, και να ανοίξετε τις σφραγίδες του. Επειδή σκοτώθηκες, και μας λύτρωσες στο Θεό με το αίμα σου από όλη τη συγγένεια, και τη γλώσσα, και τους ανθρώπους, και το έθνος, 10 και έχει γίνει ο Θεός μας και βασιλιάδες και ιερείς, και θα βασιλεύουμε στη γη. 11 Και είδα, και άκουσα τη φωνή πολλών αγγέλων γύρω από το θρόνο και τα θηρία και τους πρεσβυτέρους: και ο αριθμός τους ήταν δέκα χιλιάδες

φορές δέκα χιλιάδες: 12 λέγοντας με μια δυνατή φωνή, «Άξιος είναι ο Αμνός που σκοτώθηκε για να λάβει δύναμη, και πλούτη, και σοφία, και σταθερότητα, και τιμή, και δόξα, και ευλογία». 13 Και κάθε πλάσμα που είναι στον ουρανό, και στη γη, και κάτω από τη γη. Και στη θάλασσα, και όλα όσα είναι μέσα τους, άκουσα να λένε, «Ευλογία και τιμή, και δόξα, και δύναμη, να είναι σε αυτόν που κάθεται στο θρόνο, και στο αρνί για πάντα και για πάντα». 14 Και οι τέσσερις και είκοσι πρεσβύτεροι έπεσαν κάτω και τον λατρεύουν που ζει για πάντα.

Στα Αγγλικά όπως το διάβασα για πρώτη φορά

1 And I saw in the right hand of him that sat on the throne a book written within and on the backside, sealed with seven seals. 2 And I saw a strong angel proclaiming with a loud voice, 'who is worthy to open the book, and to loose the seals thereof? 3 And no man in heaven, nor in earth, neither under the earth, was able to open the book, neither to look thereon. 4 And I wept much, because no man was found worthy to open and to read the book, neither to look thereon. 5 And one of the elders saith unto me, 'Weep not; behold the Lion of the tribe of Juda, the root of Δαβίδ, hath prevailed to open the book, and to loose the seals thereof.' 6 And I beheld, and, lo, in the midst of the throne and of the four beasts, and in the midst of the elders, stood a Lamb as it had been slain, having seven horns and seven eyes, which are the seven Spirits of God sent forth into the earth. 7 And he came and took the book out of the right hand of him that sat upon the throne. 8 And when he had taken the book, the four beasts and four and twenty elders fell down before the Lamb, having every one of them harps, and golden vials full of odours, which are the prayers of saints. 9 And they sung a new song, saying, thou art worthy to take the book, and to open the seals thereof; for thou wast slain, and hast redeemed us to God by thy blood out of every kindred, and tongue, and people, and nation; 10 and hast made unto our God kings and priests; and we shall reign on the earth. 11 And I beheld, and I heard the voice of many angels round about the throne and the beasts and the elders: and the number

of them was ten thousand times ten thousand; 12 saying with a loud voice, 'Worthy is the Lamb that was slain to receive power, and riches, and wisdom, and strength, and honour, and glory, and blessing.' 13 And every creature which is in heaven, and on the earth, and under the earth. And such as are in the sea, and all that are in them, heard I saying, 'Blessing and honour, and glory, and power, be unto him that sitteth upon the throne, and unto the Lamb for ever and ever.' 14 And the four and twenty elders fell down and worship him that liveth for ever and ever.

Το βιβλίο του Γκίμπονς, Ειρήνη Χωρίς Τιμή, αναδημοσιεύθηκε στα Αρχεία γενοκτονίας, στα αγγλικά, μετά τη συνθήκη της Τουρκίας με το Ισραήλ, που κάλυπτε πληροφορίες και προπαγάνδα, και για εμένα έδινε απαντήσεις και, όσο παράξενο κι αν ακούγεται, όλα είχαν νόημα. Διαβάζοντας αυτό το κεφάλαιο, και κάνοντας όλες τις συνδέσεις, την ώρα γέννησής μου, το ταξίδι που είχα περάσει, και όλα όσα έχουν να κάνουν με αυτό, το ότι επιβίωσα από A.I.D.S. και λοίμωξη M.A.I., κατά τη διάρκεια της οποίας έγραψα το μεγαλύτερο μέρος αυτού του κειμένου, και το σημαντικότερο, τα αποτυπώματα ποδιών στην άμμο, τον κόσμο που ήξερα ότι είχε καταστραφεί. Το βιβλίο της Αποκάλυψης είναι το μόνο μέρος της Βίβλου που λέγεται ότι προέρχεται απευθείας από τον Θεό. Γράφτηκε από έναν άνδρα ονόματι Γιάννης, ο οποίος πιστεύεται ότι ήταν εξόριστος, και έζησε σε μια σπηλιά στην Πάτμο. Πολλοί περιμένουν αφελώς τον Χριστό να επιστρέψει, αλλά, ανεξάρτητα από το ρόλο του, ήταν απλά ένας άνθρωπος.

*

Γράφω αυτό το Σάββατο, 11 Δεκεμβρίου 2004. Καθώς γράφω αυτό, στις σημειώσεις μου, κάθομαι στο ξενοδοχείο του κόλπου του Πύργου, όπου έχω έρθει να περάσω μερικές ημέρες για την αναθεώρηση της ιστοσελίδας, όπου το βιβλίο ήταν διαθέσιμο για τα τελευταία τέσσερα χρόνια, και θα μπορούσε τώρα να εξετάσει, και να κατεβάσει κανείς, δωρεάν. Επέστρεφα σε αυτό το ξενοδοχείο σχεδόν κάθε χρόνο από το πρώτο μου ταξίδι εδώ, όταν ζούσα τα γεγονότα του κεφαλαίου δεκατρία του βιβλίου. Αυτό θα είναι πάντα ένα ιδιαίτερο μέρος για μένα, λόγω των πατημασιών που είδα, και τους φίλους που έκανα, και εξακολουθώ να θεωρώ την όλη εμπειρία που πέρασα ως ένα θαυμάσιο πράγμα. Ήταν πρόθεσή μου σε αυτό το σημείο στο χρόνο να αφήσω το βιβλίο να παραμείνει σε λειτουργία για ένα άλλο έτος περίπου πριν εξετάσω σοβαρά το ενδεχόμενο να το βγάλω οριστικά από την ιστοσελίδα. Ήθελα να συνεχίσω τη ζωή μου και ένιωσα ότι ήταν κάπως δύσκολο, ενώ βρήκα ακόμα τον εαυτό μου να εργάζεται σε αυτό. Εκτός από τη θέση του σε απευθείας σύνδεση δεν έκανα τίποτα για να το προωθήσω με οποιονδήποτε τρόπο. Η άποψή μου ήταν ότι αν αυτό είναι ή έχει καθοδηγηθεί από τον Παντοδύναμο για έναν σημαντικό λόγο, τότε αυτό που θα είναι, θα είναι.

*

Αφού επέστρεψα στην Αγγλία τα επόμενα χρόνια, καθώς εργαζόμουν σε ένα κέντρο αστέγων, και με την λειτουργία του γραφείου του Cambridge Big Issue για μερικά χρόνια σε εθελοντική βάση, άρχισα τα τέσσερα χρόνια της συμβουλευτικής κατάρτισης, η οποία περιλαμβάνει την εξέταση των δικών σου ζητημάτων και αντιλήψεων. Η εκπαίδευση είναι αρκετά εντατική, και περιελάβανε σαράντα ώρες προσωπικής συμβουλευτικής, την οποία ανέλαβα με τον καθηγητή Brian Thorne, σύμβουλο κάποιας φημισμένης σε όλον τον κόσμο συμβουλευτικής εταιρείας. Ένα από τα στοιχεία που είχαν κάποια σημασία για τον εαυτό μου ήταν η αποδοχή της εμπειρίας ενός ατόμου ως πραγματική για τον εαυτό του, και ήμουν ενθουσιασμένος όταν έμαθα ότι θα μπορούσα να εκπαιδευτώ και δεν θα συγκρούομαι πια με τις πεποιθήσεις μου. Ωστόσο, ήταν πεποίθησή μου ότι είχα ένα πρόβλημα με αυτή. Ένιωσα σαν να μου είχαν υποσχεθεί κάτι σε σχέση με την αποκάλυψη, και ότι ο Θεός δεν επρόκειτο να την τηρήσει. Ήμουν θυμωμένος, αγανακτισμένος, και αυτό ήταν για τον Θεό. Ως αποτέλεσμα των συναισθημάτων μου, έκανα μια φιλία με μία από τους πελάτες μου, η οποία ήταν τότε, ένα 15χρονο κορίτσι. Τον Ιανουάριο του 2005 το κορίτσι ήρθε, απρόσκλητο, στο σπίτι μου, με έναν φίλο, και έψαχνε για κάτι περισσότερο από μια απλή συνομιλία. Αργότερα εκείνο το βράδυ στο διαδίκτυο μου είπε ότι ήθελε να επιστρέψει την επόμενη εβδομάδα μόνη της, καθώς σκέφτηκε ότι κάτι θα μπορούσε να συμβεί, και της είπα ότι ήθελα να τη δω με τους γονείς της κατά τη διάρκεια αυτής της εβδομάδας. Ήταν πολύ αναστατωμένη και, εν αγνοία μου, διατύπωσε έναν ισχυρισμό που δεν ήταν αλήθεια. Οι γονείς της την πήγαν στην αστυνομία και έκαναν τη φίλη της να κάνει δήλωση με το ίδιο αποτέλεσμα και αμέσως μετά τη σύλληψή μου. Όταν μου ζητήθηκε έδωσα στην αστυνομία έναν πλήρη απολογισμό του τι συνέβη, σε αντίθεση με την συνηθισμένη μου απάντηση που έδινα στο παρελθόν, ότι δεν έχω να κάνω κανένα σχόλιο, το οποίο ήταν λίγο ανόητο, αλλά εκείνη την εποχή, για κάποιο λόγο, δεν με ένοιαζε. Το άφησα στα χέρια της μοίρας. Ένα μέρος μου πραγματικά δεν νοιαζόταν καθόλου και η συναισθηματική μου κατάσταση ήταν τέτοια που ήταν μια περίπτωση που θα ήταν, αυτό που ήταν. Ποτέ δεν ήξερα πόσο πολύ τα κορίτσια είχαν πει ψέματα στις δηλώσεις τους, αλλά ήξερα ότι είχαν πει ψέματα, και ως εκ τούτου ήξερα ότι δεν μπορούσαν να το υποστηρίξουν στο δικαστήριο. Δεν κατηγορώ κανένα από τα κορίτσια και ξέρω ότι ποτέ δεν πίστευαν ότι κάτι θα βγει από αυτό, αλλά στη συνέχεια κατέθεσα καταγγελίες κατά των αξιωματικών της έρευνας, κατά του αρχηγού αστυφύλακα, με εγγύηση, λόγω του χειρισμού τους της υπόθεσης. Δεν είναι καλή ιδέα. Η ημερομηνία εγγύησης μου είχε οριστεί από διαφορετικά αστυνομικά τμήματα, σε διαφορετικές ημερομηνίες, μερικές φορές απλά λάμβανα ειδοποίηση την ημέρα που θα πρέπει να επανεμφανιστώ σε μεταγενέστερη ημερομηνία. Όταν έφυγα από το αστυνομικό τμήμα αφού αρχικά ανακρίθηκα από έναν από τους ερευνητές μου είπε ότι αν η ιστορία μου ήταν αληθινή, η οποία θα μπορούσε να ελεγχθεί μέσω των αρχείων καταγραφής συνομιλίας, δεν ήταν πιθανό να χρεωθώ και μου είπε επίσης ότι ήταν μια διαφορετική δύναμη από ό, τι όταν ήμουν δεκαεπτά, και πέρασα αρκετές ώρες, ημίγυμνος σε ένα κελί και ξυλοκοπήθηκα από τρεις αξιωματικούς. Πήρα αυτές τις τελευταίες πληροφορίες με κάποιο κυνισμό, όπως νόμιζα ότι μου έλεγε ότι οι άνθρωποι στην εξουσία είχαν αλλάξει, ότι οι αστυνομικοί ποτέ δεν κακοποιούν κανέναν πια. Επίσης, προσβλήθηκα όταν ο συνάδελφός του τηλεφώνησε σε μια υπηρεσία στην οποία είχα εργαστεί για να τους ενημερώσει ότι είχα συλληφθεί για σοβαρό αδίκημα κατά ενός παιδιού, δύο ημέρες μετά την ομιλία μου, και πριν καν ερευνήσουν το θέμα. Δούλευα για μια ομάδα υποστήριξης H.I.V. και είχα έναν πελάτη που πέθαινε κατά τη διάρκεια αυτής της περιόδου και δεν ήμουν σε θέση να τον υποστηρίξω, καθώς μου απαγορεύτηκε να εργάζομαι μόνος. Όσο περισσότερο ένιωθα τις πράξεις τους τόσο πιο θυμωμένος γινόμουν καθώς ξέρω ότι αυτό είναι κάτι που ένα μεγάλο μέρος της κοινωνίας θα αποδεχθεί. Καταδικάζοντας και τιμωρώντας τους ανθρώπους για τέτοια εγκλήματα πριν καν δικαστούν. Ειδικά όταν ο ορισμός του τι συνιστά σεξουαλικό έγκλημα έχει γίνει τόσο μικρός που ακόμη και ο Άγιος Βασίλης στη Βρετανία θα σταθεί τώρα τα παιδιά μπροστά του, αποφεύγοντας τη σωματική επαφή, καθώς υπάρχει ένας νόμος που μπορεί να σταθεί εναντίον του. Ο ίδιος νόμος με τον οποίο καταδικάστηκα, με βάση τα δικά μου στοιχεία. Έπρεπε να πάρω μια βάση της διαβεβαίωσης λόγου από την εισαγγελία πριν είχα επικαλεστεί, όπως αρνήθηκα για τα αποδεικτικά στοιχεία των κοριτσιών που η αστυνομία προσπαθούσε να με αναγκάσει μέσω αυτών. Αν και, όταν επρόκειτο για την καταδίκη, ανακάλυψα ότι ο δικαστής, ένας Γκάρεθ Χόκσγουορθ, εξοργίστηκε που δεν μπορούσε να με φυλακίσει λόγω της απόφασης ενός άλλου δικαστή όταν έγινε δεκτή η βάση της ένστασης. Άρχισε ένα αλαζονικό παραλήρημα που νομίζω ότι άφησε ακόμη και τον διευθυντή του δικαστηρίου σε σύγχυση, όπως άνοιξε την πύλη για μένα να περπατήσω από την αποβάθρα. Ήταν αρκετά αστείο, όπως παραληρούσε σαν τρελός όταν έφυγα από την αίθουσα του δικαστηρίου, αλλά νομίζω ότι ήταν όλα σχετικά με τον τοπικό Τύπο, ο οποίος το εκμεταλλεύτηκε πλήρως. Μπήκε πρωτοσέλιδο στην βραδινή εφημερίδα για δύο συνεχόμενες ημέρες, όταν η προηγούμενη περίπτωση μου για το διαβατήριο που ήταν πρωτόγνωρη για το Ηνωμένο Βασίλειο, έλαβε μια μικρή στήλη σε μια τοπική δωρεάν εφημερίδα.

Περίπου την ίδια εποχή που συνέβη αυτό, γνώρισα έναν Άγγλο, γεννημένο στην Αγγλία, από Άγγλους γονείς, αλλά ξέρω ότι αισθανόταν πιο πολύ Παλαιστίνιος. Γνωρίζει πώς να μιλάει αραβικά και είναι μουσουλμάνος από την ηλικία των επτά ετών, καθώς είχε λάβει πολλές από τις οδηγίες του από αγίους άνδρες, οι γονείς του άλλαξαν θρησκεία πολύ αργότερα, και από αυτό το σημείο και μετά θα αναφέρομαι σε αυτόν ως τον μουσουλμάνο φίλο μου. Δουλέψαμε μαζί για ένα ή δύο χρόνια σε διάφορα οικιακά έργα, και ήξερα ότι ήταν ένας καλός άνθρωπος, με εξαίρεση αυτό που θα μπορούσε να θεωρηθεί ως παράξενες ιδέες, όταν είχαμε μια συζήτηση που με οδήγησε να πιστεύω ότι ένιωθε ότι είχε καθήκον προς τον Θεό, παρόμοιο με το δικό μου. Δεν του είπα τότε για τις εμπειρίες μου, και ήταν μια από τις πιο παράξενες συζητήσεις που είχα ποτέ, και του είπα να μην πιστεύει τέτοιες ιδέες χωρίς κάποια μορφή φυσικών στοιχείων. Αλλά κοιτώντας τον στα μάτια, μπορούσα να δω ότι το πίστεψε.

Ως αποτέλεσμα της καταδίκης μου για σεξουαλική δραστηριότητα με ένα παιδί, ήμουν στο μητρώο των παραβατών για πέντε χρόνια και υποχρεώθηκαν να παρακολουθήσω το πρόγραμμα «Κοιλάδα του Τάμεση». Είναι ένα πρόγραμμα για όλους τους τύπους εγκλημάτων που σχετίζονται με το σεξ, και μαζί μου ήταν ένας ηλικιωμένος άνδρας που είχε διαπράξει φρικτά εγκλήματα κατά των μικρών παιδιών. Αντιμετωπιστήκαμε όλοι με τον ίδιο τρόπο και ως μέρος αυτού του προγράμματος, στο ίδρυμα, υπάρχει αυτό που αποκαλούν τα τέσσερα βήματα, τα οποία αποτελούνται από τα τέσσερα κύρια βήματα που οδήγησαν στο έγκλημα. Ήξερα ότι έσπρωχνα τα όρια επειδή ήμουν θυμωμένος, και ήθελα να πιέσω τον Θεό. Όταν μου ζητήθηκε για πρώτη φορά να εξηγήσω αυτό στο πρόγραμμα, και στη συνέχεια, στο Stevenage, μπήκα σε κάποιες λεπτομέρειες σχετικά με τα κατορθώματά μου, το βιβλίο και τέτοια, κατά τη διάρκεια των οποίων ένας από τους μεσολαβητές, σηκώθηκε και ανακοίνωσε με κάποια αγωνία ότι ήταν άθεος. Περιττές πληροφορίες, τις οποίες έσπρωξα στην άκρη, και συνέχισα, στο τέλος της ιστορίας μου ο μεσολαβητής, ο οποίος ήταν αρκετά ενοχλημένος από αυτή τη φορά, στάθηκε και πάλι και ρώτησε,

«Οπότε πρέπει να νομίζεις ότι είσαι εδώ για να αμφισβητήσεις την κοινωνική τάξη;» Απλά ήθελα να πω την ιστορία μου, και δεν σκέφτηκα την απάντηση, αν και ήταν μια ερώτηση που ποτέ δεν έκανα. Εγώ, προς έκπληξή μου, απάντησα,

«Ναι». Με αφαίρεσαν από το πρόγραμμα την ίδια ημέρα χωρίς λόγο. Ήμουν περισσότερο από λίγο αναστατωμένος για το όλο θέμα, και ενώ περίμενα το τρένο στην πλατφόρμα, για το σπίτι, σκέφτηκα σοβαρά για την ενίσχυση μπροστά από αυτό, αλλά οι πεποιθήσεις μου με εμπόδισαν. Ένιωσα ότι είχα περισσότερα να κάνω, αλλά ένιωσα επίσης παγιδευμένος ανάμεσα σε ένα βράχο και ένα σκληρό μέρος, καθώς η πεποίθησή μου είναι συνέπεια της εμπειρίας μου, και ως εκ τούτου, είναι ένα μέρος του εαυτού μου. Ποτέ δεν είχα πάει γύρω φωνάζοντας γι' αυτό, αλλά δεν μπορούσα να το αρνηθώ.

Καλοκαίρι του 2007, ένα νέο πρόγραμμα ξεκίνησε στην πόλη μου, και οι μεσολαβητές είχαν κάποια γνώση του τι είχε συμβεί στο παρελθόν. Την τρίτη ημέρα των δύο εβδομάδων που έμεινα στο ίδρυμα, πριν ξεκινήσω αυτό που αποκαλούσαν, τα τέσσερα βήματα, που οδηγούν στο έγκλημα, τα οποία θα είναι γραμμένα σε ένα μεγάλο φύλλο Α4, μία από τους συντονιστές του προγράμματος, η Μάρσα, ήρθε σε μένα και με ρώτησε,

«Δημήτρη, λες ότι είσαι ο Αμνός του Θεού από το Βιβλίο της Αποκάλυψης;» Την κοίταξα και αμέσως απάντησα.

«Ναι», Δεν το έχω ξανακάνει αυτό. Μέχρι εκείνο το σημείο είχα πει τα πάντα, όσα ήταν γραμμένα στην ιστοσελίδα, λέξεις κατά μήκος της γραμμής μιας πλήρους προφητείας και ότι είχα οδηγηθεί στο κεφάλαιο πέντε της Αποκάλυψης από μια πνευματική δύναμη με σωματικές δυνάμεις, και πιστεύοντας ότι είχα διαβάσει για τον εαυτό μου εκεί. Ποτέ δεν μπόρεσα να αγκαλιάσω το μέρος του Αμνού του Θεού. Ωστόσο, όταν ήρθε σε μένα όπως ήταν, ένιωσα ότι ήταν τόσο σωστό. Μετά τα τέσσερα βήματά μου ανέβηκε, και όταν το είδα, ήμουν τόσο ντροπιασμένος. Συνειδητοποίησα ότι περίμενα τόσα πολλά, και δεν έδινα τα πάντα, κρατώντας πίσω, και δεσμεύτηκα να διορθώσω τα πράγματα.

Είχα δώσει αντίγραφα του βιβλίου και στους δύο και στην Μάρσα, και στον συνάδελφός της, τον Ντέιβ, στην αρχή των σταδίων του προγράμματος, και όλα φαινόταν να πηγαίνουν καλά. Μέχρι το σημείο, αμέσως μετά την επιστροφή μου από το διάλειμμα μιας εβδομάδας, και για μένα, και για την Κύπρο, στις αρχές του Σεπτεμβρίου του 2007, όταν έλαβα μια σοβαρή προειδοποίηση. Αυτό ήταν μετά από μια διαφωνία με τον Ντέιβ, και έναν άλλο συντονιστή, πάνω σε μια αλληλεπίδραση με ένα μέλος της ομάδας, οι λεπτομέρειες των οποίων δεν είναι σημαντικές. Αλλά αυτό που ήταν σημαντικό για τον εαυτό μου εκείνη την εποχή ήταν το γεγονός ότι λέξεις όπως το δικαστήριο και, αργότερα, από τον εργαζόμενο στην υπόθεσή μου, φυλακή, αναφέρθηκαν, λέγοντας μαζί ότι ποτέ δεν είχα συμμετάσχει στο πρόγραμμα από την αρχή, με τα τέσσερα βήματα που χρησιμοποιούνται ως παράδειγμα, και με αυτό ήξερα ότι ο μεσολαβητής θα μπορούσε να συνδέεται μόνο με το κομμάτι σχετικά με τον αμνό του Θεού. Αυτό που δεν τους άρεσε καθόλου ήταν όταν μας ζητήθηκε να γράψουμε ένα γράμμα στο θύμα μας.

Ρώτησα αν σήμαιναν σαν αληθινό γράμμα, στο οποίο είπαν ναι, σαν να ήταν αληθινό γράμμα. Αυτό που δεν ήξεραν ποτέ ήταν ότι είχα περάσει δύο ώρες μιλώντας στο θύμα μου για τα πράγματα μόνο λίγες ημέρες πριν. Με είχε προσεγγίσει στον κεντρικό δρόμο και καθόμασταν στην πλατεία της αγοράς και μιλούσαμε για το τι συνέβη. Παραμένουμε καλοί φίλοι σήμερα. Αλλά αυτό σήμαινε ότι το γράμμα μου ήταν πιο κοινωνικό, ακολουθούμενο από τη μακρά συνομιλία μας, σε αντίθεση με ένα ξέσπασμα ενοχής που φαινόταν ότι ήταν απαραίτητο. Επέστρεψαν τότε, και με κατηγόρησαν ότι δεν πήρα το πρόγραμμα στα σοβαρά, και με αυτές τις τελευταίες προειδοποιήσεις ένιωσα παγιδευμένος. Ήμουν επίσης θυμωμένος, και σύντομα θα συνειδητοποιούσα ότι ως συνέπεια αυτής της συνάντησης θα ήθελα να ωθήσει το κομμάτι του αμνού με ακλόνητη δέσμευση. Αυτή η ανατροφοδότηση ήταν από κάποιον που ισχυρίστηκε ότι είναι ένας παραγωγικός αναγνώστης, ο οποίος είχε ένα αντίγραφο του βιβλίου μου από την αρχή του προγράμματος, και δεν είχε καν αρχίσει, αλλά είχε ήδη τις δικές του σκέψεις επάνω σ' αυτό.

Αυτό μου έδωσε το κίνητρο να κάνω ό,τι έκανα στις 22 Σεπτεμβρίου του 2007. Έμεινα κατάπληκτος. Η ιδέα να πω δυνατά ότι η μοίρα με οδήγησε να πιστέψω ότι είμαι ο αμνός του Θεού από την Αποκάλυψη δεν ήταν κάτι που θα μπορούσα να φανταστώ στο παρελθόν. Ακόμα κι αν αυτό πιστεύω ως συνέπεια των εμπειριών μου, θέλω να πω, ποιο είναι το νόημα; Συνήθιζα να σκέφτομαι 'καλή τύχη' όταν εξέταζα πώς ο Θεός θα μπορούσε να με παρακινήσει σε αυτό το σημείο. Αλλά σήμερα, δημοσίευσα μια δήλωση για να πάω στο δημόσιο αρχείο για τον Κυπριακό λαό, μέσω του Προέδρου, αποκαλύπτοντας την ταυτότητά μου ως το Αμνός του Θεού από την Αποκάλυψη, με το βιβλίο, ως απόδειξη, και ενημερώνοντάς τους για το αίτημα, από τους προγόνους τους και Θεός, για δικαιοσύνη και δράση. Έχω συμπεριλάβει τον Μακάριο σε αυτήν τη λίστα. Έγραψα επίσης σε κυπριακές εφημερίδες και CYTV, με αντίγραφα της δήλωσης, και έστειλα το βιβλίο μαζικά σε μορφή PDF και συνδέσμους προς την ιστοσελίδα, σε κάθε μέλος του Ευρωπαϊκού Κοινοβουλίου, σε όλα τα μέλη της κυπριακής κυβέρνησης, σε τοπικά και διεθνή πρακτορεία ειδήσεων, και σε κάθε μέλος του τουρκικού κοινοβουλίου, και το Βατικανό, μου πήρε ημέρες για να συγκεντρώσω όλες τις διευθύνσεις. Είχα πολλά κίνητρα. Έγραψα επίσης στον Κύπριο Πρόεδρο, έναν υποτιθέμενο σκληροπυρηνικό στην κυπριακή πολιτική, μια προσωπική επιστολή, που τον ενημέρωνα για την ειλικρίνεια και τη σοβαρότητά μου επί του θέματος, λέγοντάς του: «*Πιστεύω ότι η τελική προδοσία που θα συμβεί στην Κύπρο δεν θα είναι στα χέρια των Βρετανών ή των Τούρκων, αλλά στα χέρια των ηγετών μας, δικαιολογημένα, συγκλονισμένοι από τη σοβαρότητα της επιλογής*», πριν προσθέσω. «*Μιλήστε με τους Ρώσους, είμαι βέβαιος ότι ο κ. Πούτιν έχει πολλά περισσότερα από λόγια για να σας προσφέρει, φέρτε τους S-300 στην Κύπρο, αφήστε την μοίρα να ακολουθήσει την πορεία της και θα είμαστε σπίτι πριν από τα Χριστούγεννα και θα αναλάβω το ηθικό βάρος, γιατί αυτή είναι η επιθυμία του παιδιού που ήμουν*».

Θεώρησα ότι αν κάποιος έπρεπε να το αναγνωρίσει αυτό, θα έπρεπε να είναι η Κύπρος και θα τους έλεγα αν ήθελε να το ακούσει ή όχι. Το εννοούσα όταν έγραψα ότι θα κουβαλούσα το ηθικό βάρος, γιατί στην πραγματικότητα, ένιωθα ότι δεν ήταν δικό μου για να το κρατήσω, ήμουν απλά πιστός στο παιδί που ήμουν, που έκανε το αίτημά του στο Θεό τόσο καιρό πριν. Έγραψα επίσης μια προσωπική επιστολή στον Πρόεδρο Πούτιν για να διασφαλίσω ότι το γραφείο του γνώριζε για τις δραστηριότητές μου και ποτέ δεν ήμουν σίγουρος γιατί ένιωσα την ανάγκη να του γράψω. Υπήρχε ένα στοιχείο σε αυτό που έκανα που βρήκα εξαιρετικά απογοητευτικό, και σε αυτό το σημείο κάποια από αυτή την απογοήτευση έβγαινε. Πιστεύω πραγματικά ότι ο δρόμος μου καθοδηγείται από τον Θεό και το πεπρωμένο μου αποκαλύφθηκε σε μένα ως ο Αμνός του Θεού, σύμφωνα με το βιβλίο της *Αποκάλυψης*; Δεν μπορώ να αποφύγω αυτή την πεποίθηση εξαιτίας αυτού του βιβλίου, και των εμπειριών που γράφτηκαν. Αυτό εννοούσα με το γεγονός ότι ο κόσμος μου καταστράφηκε. Θα μπορούσε αυτό να είναι για την προσωπική μου διασκέδαση; Ήταν μια ερώτηση που έκανα στον εαυτό μου, αλλά αυτό δεν ήταν καθόλου διασκεδαστικό. Πραγματικά πίστευα ότι οι άνθρωποι θα ήταν χαρούμενοι, ή τουλάχιστον ενδιαφέρονται, που κάτι τέτοιο είχε συμβεί. Πόσο λάθος έκανα.

Πριν από μια άλλη επίσκεψη στην Κύπρο τον Νοέμβριο του 2007, ο μουσουλμάνος μου φίλος ξεκίνησε για τη Ναζαρέτ, η οποία είναι, φυσικά, εντός του Ισραήλ. Ταξίδεψε αεροπορικώς στην Κύπρο και από εκεί πέρασε σε ένα φορτηγό πλοίο για το ταξίδι. Επέστρεψε στη Χάιφα από αξιωματούχους της ισραηλινής κυβέρνησης, και στο φορτηγό πλοίο με οδηγίες ότι θα πρέπει να κρατηθεί κάτω από την κλειδαριά και το κλειδί από τον Αιγύπτιο καπετάνιο, όχι ότι αυτές οι οδηγίες ακολουθήθηκαν. Η πρόθεση του φίλου μου ήταν, πιστεύω, να βοηθήσει στην οικοδόμηση γεφυρών μεταξύ των πλευρών εκεί έξω. Είπε ότι εργαζόταν για τη Χαμάς, επί του παρόντος την εκλεγμένη κυβέρνηση του παλαιστινιακού λαού, την οποία η Δύση αρνείται να αναγνωρίσει αυτή τη στιγμή, διότι, νομίζω, είναι υποκριτές σχετικά με τον ορισμό της δημοκρατίας. Το επιχείρημα για την ονομασία τους μια τρομοκρατική οργάνωση είναι επειδή αρνούνται να αναγνωρίσουν τα τρέχοντα σύνορα του Ισραήλ, υποστηρίζουν την αστική διαφωνία ενάντια στις δυνάμεις που καταλαμβάνουν τα σπίτια τους, και να χτίσουν τους σπιτικούς πυραύλους. Είναι περισσότερο ένα σύμβολο αντίστασης, ότι πυροβολούν προς τα χωριά γύρω από τη Γάζα, τα οποία ήταν τα σπίτια τους, πριν αναγκαστούν σε αυτή τη συγκεντρωμένη ντροπή. Η κοινή μας ντροπή, θα έλεγα. Η αντίθεσή τους συνεχίζεται. Ο μουσουλμάνος φίλος μου επέστρεψε στην Κύπρο όπου κοιμήθηκε την πρώτη νύχτα στα σκαλιά ενός παλιού τεμένους στη Λεμεσό στο οποίο πέρασε χρόνο δουλεύοντας με ντόπιους μουσουλμάνους. Το τζαμί ήταν κλειστό και αχρησιμοποίητο όταν έφτασε, και το άνοιξε με την ευλογία του τοπικού συμβουλίου, και προσέφερε μια αλλαγή στο κύριο τζαμί που επισκέφθηκα και το οποίο αντιλαμβάνομαι ήταν υπό την επιρροή των Σύριων με τους οποίους, για κάποιο λόγο, δεν ήθελε να συνεργαστεί. Μου είπε ότι είχε αντίκτυπο στην τοπική μουσουλμανική κοινότητα της Λεμεσού, την οποία περιέγραψε ως μικρόκοσμο της Μέσης Ανατολής, με το μείγμα των εθνικοτήτων της. Ο φίλος μου έμεινε στην Κύπρο για άλλους δύο μήνες και ήξερα ότι θα τον έβλεπα εκεί εκείνο το Νοέμβριο, αλλά, πριν πετάξω έξω, μου τηλεφώνησε για να μου πει ότι κάτι παράξενο είχε συμβεί. Μετά μου είπε ότι κάποιος είχε ζητήσει να του μιλήσει, η γυναίκα ενός φίλου. Έκανε μερικές ερωτήσεις από αυτόν πριν αποκαλύψει ότι είχε δει μια γυναίκα στη λιβανική τηλεόραση που ονομάζεται Μαριάμ Νουρ, μία σεβαστή Σούφι μυστικίστρια, η οποία έχει, ή είχε, τη δική της τηλεοπτική εκπομπή, η οποία όταν ρωτήθηκε για την αποκάλυψη αναφέρθηκε σε δύο άνδρες που και οι δύο γεννήθηκαν στην Αγγλία. Ένας μουσουλμάνος που ήταν εδώ από την ηλικία των επτά, και ο οποίος μιλούσε πάντα αραβικά, και ανατράφηκε από σείχηδες (έναν άλλο όρο για τους αγίους άνδρες) και ο άλλος ένας Άγγλος Κύπριος χωρίς θρησκεία, ο οποίος βρίσκει τη θέση του με τον Θεό μέσω της Φύσης. Έμεινα άναυδος για να πω το λιγότερο. Η ιδέα, αν είναι αλήθεια, ότι η Μαριάμ Νουρ δεν περιέγραφε μόνο δύο ανθρώπους όπως εμείς, αλλά και το ότι μας έβαλε μαζί, ήταν αυτό που με εξέπληξε περισσότερο.

*

Στα μέσα Δεκεμβρίου του 2007 η κυπριακή κυβέρνηση ανακοίνωσε, χωρίς προειδοποίηση, ότι είχε ανταλλάξει τους S-300 με την Ελλάδα για δύο μικρότερα συστήματα. Δεν ήταν μια πλήρης έκπληξη για μένα αν και ένιωσα κάπως προδομένος και, ταυτόχρονα, ανακουφισμένος.

*

Υπήρξε μια εποχή που ένιωσα να με οδηγούν οι πρόγονοί μου, οι Έλληνες πρόγονοί μου, αλλά υπήρχε πολύ συναίσθημα εκεί, και πολύ θυμό. Ήθελα πραγματικά να δω την Κυπριακή Δημοκρατία να αναλαμβάνει θετική δράση για την ανάκτηση των χαμένων εδαφών; Δεν είμαι σίγουρος αν ενδιαφέρομαι πραγματικά να καθίσω εδώ αυτή τη στιγμή, και νομίζω ότι οι πρόσφατες ενέργειες της κυπριακής κυβέρνησης έχουν δείξει ότι δεν είναι η πρόθεσή τους. Η κύρια ανησυχία μου αυτή τη στιγμή πήγε στη Σερβία, η οποία, όπως γράφω, αυτή την εβδομάδα τον Φεβρουάριο του 2008, επρόκειτο να αντιμετωπίσει μία από τις μεγαλύτερες προκλήσεις της, καθώς το Κοσσυφοπέδιο, όπου θρησκευτικοί χώροι είχαν ήδη καταστραφεί από Αλβανούς, ήταν έτοιμο να ανακοινώσει την ανεξαρτησία του, η οποία έγινε δεόντως αποδεκτή από πολλές χώρες, τις ΗΠΑ και τη Βρετανία χωρίς αποκλεισμούς

Δεν απολογούμαι για όσα πρόκειται να γράψω, θα λάβετε μια σύντομη περίληψη της ιστορίας της Σερβίας και του Κοσσυφοπεδίου, και θέλω να το εξετάσετε σε σχέση με αυτήν την ιστορία, καθώς αυτό το ταξίδι οδηγεί σε ένα άλλο συμπέρασμα, το οποίο πιστεύω ότι μπορεί να έχει κάποια σημασία.

Εμείς, όπως και στα δυτικά έθνη, ήμασταν εντελώς αδιάφοροι, και κάπως δόλιοι, νομίζω, όσον αφορά τις ανησυχίες και τα συμφέροντα των Σέρβων, όσον αφορά το Κοσσυφοπέδιο και τη Μετόχια, το τμήμα του Κοσσυφοπεδίου που αγαπούν περισσότερο οι Σέρβοι. Λίγο πριν από την εκστρατεία βομβαρδισμού του Ν.Α.Τ.Ο., θυμάμαι να διαβάζω μια έκθεση ανεξάρτητης γερμανικής αντιπροσωπείας που έλεγε ότι οι Σέρβοι ενεργούσαν σύμφωνα με το διεθνές δίκαιο καταστέλλοντας μια παράνομη τρομοκρατική ομάδα, όπως ήταν για αρκετά χρόνια εκείνη την εποχή. Δεν υπήρξε μαζική μετακίνηση προσφύγων μέχρι την ανακοίνωση της εκστρατείας βομβαρδισμού του Ν.Α.Τ.Ο., και αυτό είναι ένα ιστορικό γεγονός που θυμάμαι, αλλά η Δύση δεν ντρέπεται να κατηγορήσει αυτήν την έξοδο για τις σερβικές παραστρατιωτικές δραστηριότητες.

Οι Αλβανοί ισχυρίζονται ότι το Κοσσυφοπέδιο δεν υπήρξε ποτέ μέρος της Σερβίας, αλλά αυτό είναι ένα παιχνίδι για τα λόγια και τα πολιτικά σύνορα. Οι Σέρβοι, ένας κλάδος της σλαβικής οικογένειας, που άρχισαν να εγκαθίστανται σε αυτή τη γη γύρω στον 4ο ή 5ο αιώνα μ.Χ. και ήρθαν μαζικά κατά τη διάρκεια του 7ου αιώνα, όταν προσκλήθηκαν από τον Αυτοκράτορα Ηράκλειο να κατοικήσουν σε κενές περιοχές της Ανατολικής Αυτοκρατορίας, εδάφη που είχαν εκκενωθεί από τους Λομβαρδούς. Αυτή τη φορά ο λαός αγκάλιασε τον Χριστιανισμό. Μέχρι τον δωδέκατο αιώνα, το Πρίζρεν, στις πεδιάδες της Μετόχιας, ο Κήπος της Σερβίας, που βρίσκεται στα δυτικά του Κοσσυφοπεδίου, ήταν η πρωτεύουσα μιας αναπτυσσόμενης Σερβικής Αυτοκρατορίας. Άγιος Σάββας, ο οποίος είχε αποκτήσει την ανεξαρτησία της εκκλησίας από την Κωνσταντινούπολη, έγινε ο πρώτος αρχιεπίσκοπος τους. Και αφού στεφθεί ο αδελφός του, τσάρος όλων των σερβικών εδαφών, σε ένα κοινοβούλιο όπως ονομάζεται το 1222 μ.Χ., θα πάει να ολοκληρώσει την οργάνωση του βασιλείου, να χτίσει εκκλησίες και μοναστήρια, να εξασφαλίσει την ειρήνη με ξένα έθνη, να θεραπεύσει τη διαφωνία στο σπίτι και να κηρύξει το Ευαγγέλιο στους φτωχούς. Από τότε οι Σέρβοι ακολουθούσαν μια πορεία πολιτικής και κοινωνικής ανάπτυξης, μέχρι τον 14ο αιώνα θα είχαν ένα κοινοβούλιο, και ένα νομικό σύστημα, το οποίο συγκρίνεται ευνοϊκά με οτιδήποτε στην Ευρώπη υπό τον Στέφαν Ντουσάν. Η δουλεία, ή ταξική δουλεία, ήταν άγνωστη, ο κυρίαρχος ήταν υπόλογος στο λαό μέσω ενός κοινοβουλίου, και αν ήσουν ξένος έμπορος στη δίκη, οι μισοί ένορκοι θα ήταν συμπατριώτες τους. Πράγματι, θα ήταν αυτός ο Σέρβος αυτοκράτορας στο θρόνο στην Κωνσταντινούπολη αν δεν είχε καταβληθεί από την ασθένεια, μπροστά από αυτή τη μεγάλη πόλη το 1355. Λέγεται ότι μετακόμισε σε ένα λόφο, από όπου μπορούσε να κοιτάξει την ακρόπολη, και τη γη του σερβικού λαού, και πικρά δάκρυα γέμισαν τα μάτια του, και όταν η γραμματέας του τον ρώτησε γιατί έκλαψε, απάντησε:

> Κλαίω, όχι επειδή πρόκειται να εγκαταλείψω τις χώρες όπου έχω κάνει καλούς δρόμους, έχω χτίσει καλές γέφυρες και έχω διορίσει καλούς κυβερνήτες. Αλλά επειδή πρέπει να τους αφήσω χωρίς να πάρω την Αυτοκρατορία της Πόλης και βλέπω τις πύλες να στέκονται ανοιχτές από τις οποίες θα μπει ο εχθρός της γης.

Το 1389 οι Σέρβοι θα πολεμούσαν τους Οθωμανούς Τούρκους στο Κοσσυφοπέδιο, όπου έχασαν πολλές από τις καλύτερες αριστοκρατία τους σε μια μάχη που σημαίνει κάθε κομμάτι, και πολύ περισσότερο, για τον εαυτό τους, όπως η Δουνκέρκη ή το Βατερλώ για τους περισσότερους Άγγλους, και έχασαν, και έχασαν πολύ περισσότερα από μια μάχη. Επιτρέψτε μου να σας διαβεβαιώσω ότι είναι δύσκολο ακόμη και να φανταστούμε τη δυστυχία στην οποία εκτέθηκαν υπό οθωμανική κυριαρχία, μια εποχή που «οι ζωντανοί ζήλευαν τους νεκρούς». Κάθε πέντε χρόνια ερχόταν ο φοροτεχνικός, όχι μόνο για τα χρήματά τους, αλλά και για τον «φόρο αίματος» Ακόμα λένε ιστορίες για μητέρες που ακρωτηρίασαν τα παιδιά τους για να τα κρατήσουν. Υπήρχαν καθ' όλη τη διάρκεια αυτής της περιόδου μόνο για να πληρώσουν φόρους, και αν δεν ήταν σε θέση να πληρώσουν τους φόρους τους, η ύπαρξή τους δεν ήταν πλέον απαραίτητη, σε αυτή τη φρικτή και σκληρή κατοχή. Οι ευγενέστεροι των εθνών θα υποφέρουν για πεντακόσια χρόνια από τις πιο τρομερές και φρικτές σκληρότητες, και σε όλο αυτό έχουν υπομείνει, διατηρώντας την αξιοπρέπειά τους, και παραμένοντας στο Χριστιανισμό.

Πολλοί πήγαν στα βουνά του Μαυροβουνίου για να συνεχίσουν την αντίθεσή τους, ενώ ο πληθυσμός στα Μετόχια υπέφερε πολύ και ο αριθμός τους μειώθηκε με τον πιο σκληρό τρόπο. Όταν αυτή η περιοχή παραδόθηκε στους Οθωμανούς Τούρκους ήταν σε πολύ καλές συνθήκες μέχρι που είχαν εδραιώσει τον έλεγχο. Κατά τη διάρκεια της οποίας εξολόθρευσαν ευγενείς οικογένειες και μετέφεραν τα παιδιά τους μακριά, τα κορίτσια στο χαρέμι και τα αγόρια σε γενίτσαρους. Πολλοί Σέρβοι τράπηκαν σε φυγή, ιδιαίτερα μετά από μια επακόλουθη αποτυχημένη αυστριακή εκστρατεία το 1689, κατά τη διάρκεια της οποίας πήραν τα όπλα για να υποστηρίξουν. Η αποτυχία τους τους άφησε στη φρίκη των Αλβανών μισθοφόρων, την εκδίκηση και την πιο σκληρή μοίρα. Το 1690, ο ίδιος ο πατριάρχης έφυγε από τα Μετόχια για την ασφάλεια της Αυστριακής Αυτοκρατορίας στην κεφαλή μιας εξόδου που λέγεται ότι αποτελείται από τριάντα επτά χιλιάδες οικογένειες. Εκείνοι που έφυγαν από τα Μετόχια, εντός της Στάρα Σερβίας, θα ονειρεύονταν να επιστρέψουν, και εκείνοι που έμειναν, παρόλο που υπέφεραν, θα παρηγορούσαν το γεγονός ότι οι μεγάλες παλιές εκκλησίες των πατέρων τους εξακολουθούν να υπάρχουν ανάμεσά τους, από τις οποίες θα μπορούσαν να παρηγορούν από τις δόξες του παρελθόντος τους. Μετά από τόσους πολλούς Αλβανούς, τώρα μισθοφόρους στους Τούρκους, γέμισε τη θέση των Σέρβων που διέφυγαν ή δολοφονήθηκαν για να ελέγξουν εκείνους που παρέμειναν. Γιατί υπήρχε μια διέξοδος από αυτή την καταπίεση. Υπήρχε ένας τρόπος να το ξεπεράσει αυτό ένα άτομο με ασημαντότητα. Έγινες Τούρκος, ή πήρες το σπαθί για τους Τούρκους. Ξεχάσατε τους τρόπους σας και πήρατε πρόθυμα αυτούς των κατακτητών, όπως έκαναν οι περισσότεροι Αλβανοί, και πολλοί Σερβοβόσνιοι, στρέφοντας τους βασανιστές στους αδελφούς τους, όπως θα μπορούσαν να σας πουν οι Ορθόδοξοι Σέρβοι της Βοσνίας. Τα τελευταία χρόνια της Οθωμανικής Αυτοκρατορίας Τούρκοι αξιωματούχοι έχασαν την εξουσία σε πολλές περιοχές, και οι τότε φερόμενοι φανατικοί Μουσουλμάνοι της Βοσνίας την εκμεταλλεύτηκαν το 1875, στρέφοντας βάναυσα εναντίον των Χριστιανών συγγενών τους προτού μπορέσουν να τους βοηθήσουν οι Μαυροβούνιοι. Πολλοί Σέρβοι στη Σρεμπρένιτσα, όπου χιλιάδες Βόσνιοι Μουσουλμάνοι σφαγιάσθηκαν κατά τη διάρκεια της πιο πρόσφατης σύγκρουσης, θα είχαν μεταφέρει μαζί τους τις ιστορίες, που δόθηκαν από τους παππούδες τους, όχι μόνο στη φρίκη αυτών των υπερβολών, αλλά και εκείνων του Β' Παγκοσμίου Πολέμου, καθώς οι Βόσνιοι Μουσουλμάνοι και οι Κροάτες ήταν οι πρώτες μη γερμανικές Μονάδες SS. Δεν δικαιολογώ, απλά προσφέρω ένα λόγο. Ακούς την άλλη πλευρά πολύ συχνά, και η

Βοσνία-Ερζεγοβίνη, που αναγνωρίστηκε πριν από εκατό χρόνια, χρειαζόταν ένα ισχυρό χέρι για να διατηρήσει την ειρήνη λόγω της ιστορίας της.

Το μεγαλύτερο μέρος του αλβανικού πληθυσμού ανέλαβε υπηρεσία με τους Οθωμανούς Τούρκους κατά τη διάρκεια της κατοχής και έγινε το εργαλείο τους στην περιοχή. Μπασί Μπαζούκς, πήραν την πληρωμή τους σε λεηλασίες, και θα μπορούσαν να είναι σκληρή, πολύ σκληρή. Στο τελευταίο τμήμα της αυτοκρατορίας, η ελεύθερη αλβανική πολιτοφυλακή περιπλανήθηκε σε αυτές τις εξωτερικές επαρχίες, προκαλώντας ό,τι φρίκη επέλεξαν στις τοπικές χριστιανικές κοινότητες. Η πολιτιστική μνήμη αυτού δεν φεύγει έτσι απλά. Πράγματι, ο όρος 'Μπασί Μπαζούκ' εξακολουθεί να χρησιμοποιείται σήμερα στα Βαλκάνια για να περιγράψει μια σκηνή εξαιρετικά χαοτικών γεγονότων, όταν όλα έχουν καταστραφεί.

Το 1876, ως αποτέλεσμα των σφαγών στη Βοσνία, οι ελεύθεροι Σέρβοι κήρυξαν πόλεμο στους Οθωμανούς Τούρκους και, μετά την ήττα τους, οι Σέρβοι του Κοσσυφοπεδίου και της Μετόχιας ήταν και πάλι στο έλεος αυτής της αλβανικής πολιτοφυλακής, και χάθηκαν πολλές ζωές. Ήταν αυτή η σφαγή που έφερε τη Ρωσία πίσω σε σύγκρουση με τους Οθωμανούς μετά από δημόσια υποστήριξη εκεί το απαίτησε, με αποτέλεσμα τη Συνθήκη του Βερολίνου, η οποία έδωσε στη Βρετανία τη διοίκηση της Κύπρου, και την Αυστριακή Αυτοκρατορία της Βοσνίας. Μετά τον Βαλκανικό πόλεμο του 1912, το Κοσσυφοπέδιο και τα Μετόχια επέστρεψαν στο σερβικό λαό. Όλη αυτή η ιστορία και πολλά άλλα, χαμένα όνειρα, διώξεις, αντιστάσεις, θρίαμβοι και τραγωδίες, έχουν τις ρίζες τους στην ύπαρξή τους μέσα από την ποίηση, τα τραγούδια και μια γραπτή ιστορία που θα διαρκούσε μέσα στους αιώνες.

Έγραψα στο The Observer, μια βρετανική εφημερίδα, πρόσφατα για να γράψω αυτό, για να παραπονεθώ ότι η ιστορία τους στο Κοσσυφοπέδιο αρχίζει το 1918. Ωστόσο, μπορείτε ήδη να δείτε πόσο αίμα και ιστορία έχουν αυτοί οι άνθρωποι με αυτή τη γη. Υπάρχουν ισχυρισμοί ότι οι Σέρβοι συνθέτουν την ιστορία τους στο Κοσσυφοπέδιο και το Μετόχι, και ότι είναι διαφορετική από τη Σερβία. Στο παλιό βιβλίο ιστορίας μου, γραμμένο πριν από την πολιτική των τελευταίων ετών, το Κοσσυφοπέδιο και το Μετόχι έχουν το δικό τους τμήμα μακριά από τη Σερβία, βρίσκεται στο τμήμα της Στάρα Σερβίας, ή της Παλιάς Σερβίας, σε όσους χρειάζονται πληροφορίες, και γράφτηκε σε μια εποχή που ήταν ακόμα υπό οθωμανική κατοχή, ενώ το μεγαλύτερο μέρος της χώρας είχε απελευθερωθεί. Όλο αυτό το διάστημα, και καθ' όλη τη διάρκεια της ιστορίας τους, η επαρχία του Κοσσυφοπεδίου, Στάρα Σερβία, κατείχε μια ιδιαίτερη θέση για τους Σέρβους, ειδικά για το Μετόχι, το οποίο έχει παραμείνει η πνευματική καρδιά του σερβικού λαού. Η επαρχία φιλοξενεί περισσότερες από δεκατρείς εκατοντάδες από τις παλαιότερες και καλύτερες θρησκευτικές τοποθεσίες της, που τους έχουν παραμείνει μεγάλης σημασίας μέχρι σήμερα.

Μετά το Συνέδριο του Βερολίνου το 1878, και τη συνθήκη που ακολούθησε, η Αλβανική ένωση δημιουργήθηκε με έκκληση για σταθερό σύνορο μιας μεγαλύτερης Αλβανίας, η οποία θα επεκτείνει τα σύνορά της σε αυτό που είναι σήμερα η Σερβία, η Ελλάδα, η Βορειοδυτική Μακεδονία και το Μαυροβούνιο. Καταλαβαίνω ότι οι εδαφικές αξιώσεις τους χρονολογούνται από τότε που πιστεύουν ότι ήταν Ιλλυριοί. Είχαν ένα αρκετά ένδοξο παρελθόν, πάνω από δύο χιλιάδες χρόνια πριν, πριν οι Ρωμαίοι σπείρουν ένα τρομερό όλεθρο σε αυτούς το 67 π.Χ.. Είναι μία από τις αυτόχθονες φυλές της Ευρώπης, αλλά παρέμειναν κατακερματισμένη ως έθνος για πολλά χρόνια, και πέρασε μεγάλο μέρος του χρόνου τους στα βουνά. Οι Αλβανοί αναφέρθηκαν ως 'skipeters', ή 'κάτοικοι βράχων', πιστεύω σύμφωνα με τη μετάφραση που διάβασα. Στο Daybreak του James Barton στην Τουρκία που δημοσιεύθηκε το 1908 λέγεται ότι σημαίνει «Άνθρωπος – Αετός» αν και στο ίδιο κείμενο υποστηρίζεται επίσης από έναν Αλβανό πρίγκιπα ότι ήταν οι άμεσοι απόγονοι της ίδιας φυλής με τον Μέγα Αλέξανδρο, ο οποίος ωθεί τα πράγματα λίγο μακριά, νομίζω. Αρκετά αστείο, ο πιο διάσημος ήρωας τους, ο Τζορτζ Καστριότ, ή Σκάντερμπεργκ όπως τον αποκαλούν, μάλλον δεν είχε καν αλβανικό αίμα. Είναι το χριστιανικό, βυζαντινό πανό του, που είναι η αλβανική σημαία. Ήταν υπέρμαχος της χριστιανικής πίστης κατά των Τούρκων, για τους οποίους πολλοί Αλβανοί, αμέσως μετά το θάνατό του, θα έπαιρναν το σπαθί. Αν και θα διατηρήσουν τη δική τους ταυτότητα καθ' όλη τη διάρκεια της Οθωμανικής κατοχής, και θα έχουν μακρά ιστορία στην περιοχή, αλλά όταν ήρθαν οι Σέρβοι, εγκαταστάθηκαν σε αυτό που ήταν έρημη γη. Φυλές, άνθρωποι, κουνήθηκαν για οποιονδήποτε λόγο. Οι Σέρβοι φύτεψαν τους σπόρους της δικής τους Ιερουσαλήμ και την διατήρησαν μέχρι σήμερα. Ο αριθμός των Αλβανών στο Κοσσυφοπέδιο αυξήθηκε δραματικά κατά τη διάρκεια της Οθωμανικής Αυτοκρατορίας και, πολύ αργότερα, κατά τη διάρκεια του Δευτέρου Παγκοσμίου Πολέμου, επέβαλαν τη δική τους τυραννική κυριαρχία σε Σέρβους, Ρομά Τσιγγάνους και Εβραίους, εντός της επαρχίας, όταν σχημάτισαν τις δικές τους ναζιστικές μονάδες των SS. Παρόλα αυτά, μετά τον Δεύτερο Παγκόσμιο Πόλεμο ο Κροάτης Τίτο, ο οποίος κατείχε σταθερή εξουσία σε όλους τους εξτρεμιστές κάθε είδους, έδωσε καταφύγιο στο Κοσσυφοπέδιο σε πολλούς Αλβανούς, ως ανάπαυλα από τα σκληρά άκρα της δικής τους κομμουνιστικής κυβέρνησης. Ήταν κατά τη διάρκεια αυτής της περιόδου που η δημογραφία του πληθυσμού λέγεται ότι έχει αλλάξει υπέρ των Αλβανών, και η επαρχία χορηγήθηκε αυτονομία, αλλά αυτή ήταν ακόμα η πνευματική καρδιά της Σερβίας.

Το Κ.Λ.Α. ή U.C.K., όπως είναι γνωστό εκεί, απόγονοι αυτών των μισθοφόρων πολιτοφυλακών, με τους ίδιους στόχους της Αλβανικής ένωσης, για την οποία είναι αρκετά ανοικτοί, είχαν ξεκινήσει μια άγρια εκστρατεία από τη δεκαετία του 1980 και εκμεταλλεύτηκαν πλήρως τη δυσαρέσκεια του Σέρβου μαζί τους, τα μέσα ενημέρωσης και την τραγωδία που ήταν η Βοσνία. Διάβασα ισχυρισμούς ότι το Κ.Λ.Α. είχε συναντηθεί με τις βρετανικές, αμερικανικές και ελβετικές υπηρεσίες πληροφοριών ήδη από το 1996, γεγονός που, αν είναι αλήθεια, ανοίγει το ενδεχόμενο σοβαρής απάτης κατά των Σέρβων. Πιστεύω επίσης ότι μόλις το Κ.Λ.Α. είχε την προσοχή του κόσμου, θα είχαν κάνει τα πάντα για να κάνουν τους Σέρβους να φαίνονται κακοί, ακόμα και να σκοτώνουν τους δικούς τους. Ο Τόνι Μπλερ είχε πει τότε ότι η παρέμβαση του Ν.Α.Τ.Ο. ήταν «ακριβώς το σωστό πράγμα που έπρεπε να κάνει» και ανέφερε διακόσιες πενήντα χιλιάδες άστεγους και δύο χιλιάδες νεκρούς κατά τη διάρκεια του περασμένου έτους, αλλά δεν είπε τίποτα για την εξέγερση του Κ.Λ.Α. κατά του σερβικού κράτους και του λαού, τόσο σέρβων όσο και Αλβανών, οι οποίοι δεν υποστήριξαν τον σκοπό τους. Νομίζω ότι κάνατε λάθος ο κ. Μπλερ, και ο Πρόεδρος Κλίντον θα συμφωνούσαν σε οτιδήποτε για να επιστήσουν την προσοχή από τις σεξουαλικές του δραστηριότητες με ένα πούρο, και έναν ειδικευόμενο στο Οβάλ Γραφείο. Ο βομβαρδισμός του Ν.Α.Τ.Ο. ήταν μια αλαζονική επίδειξη δύναμης, και η φάρσα που ήταν η δίκη του Μιλόσεβιτς πήγε απλά για να δικαιολογήσει αυτό που έκανε το Ν.Α.Τ.Ο. Αν αυτό ήταν δικαιοσύνη, τότε γιατί ο Σουχάρτο ή η Σάρον δεν παραπέμφθηκαν ποτέ, που είχαν πολύ περισσότερο αίμα στα χέρια τους από τον Μιλόσεβιτς, αλλά φυσικά, είναι φίλοι σου! Δεν είναι δικαιοσύνη. Είναι υποκρισία! Όταν εκατοντάδες Κούρδοι σκοτώθηκαν με δηλητήριο από τον Σαντάμ Χουσεΐν υπήρξε απόλυτη σιωπή από την κυβέρνηση των ΗΠΑ. Ούτε λέξη. Βάλαμε το συλλογικό μας πόδι στο λαιμό της Σερβίας, κυρίως βάσει φημών, για να τους γκρεμίσουμε, και δεν δείξαμε κανένα απολύτως σεβασμό για τα ιστορικά, πολιτιστικά και πνευματικά συμφέροντά τους στην περιοχή, καθώς και τη σημασία του Κοσσυφοπεδίου για τον σερβικό λαό στο σύνολό του. Οι Αλβανοί ήταν πάντα αρκετά ανοιχτοί στην επιδίωξη των στόχων της Αλβανικής ένωσης. Πήραν τη μάχη τους στη Βόρεια Μακεδονία μετά το Κοσσυφοπέδιο, που πιστεύω ότι η κυβέρνηση των ΗΠΑ εκμεταλλεύτηκε πλήρως.

Αλλά αυτό δεν αποτελεί έκπληξη όταν εξετάζουμε τις ιστορικές στάσεις ορισμένων δυνάμεων, σε ορισμένα μέρη της ιστορίας. Η Βρετανία και η Γαλλία ήταν παραδοσιακοί υποστηρικτές της Οθωμανικής Αυτοκρατορίας, πολεμώντας ακόμη και με το μέρος τους εναντίον των Ρώσων στην Κριμαία τον 19ο αιώνα. Η Κωνσταντινούπολη θα μπορούσε κάλλιστα να είχε επιστρέψει στα ορθόδοξα χέρια αν δεν ήταν ο Βρετανικός Στόλος που κράτησε τον ρωσικό στρατό μακριά το 1878. Διάβασα την αντίληψη ενός σύγχρονου Βρετανού παρατηρητή για τους Μπασί Μπαζούκς, και ήταν αρκετά φιλοφρονητικός, από κάθε άποψη. Ήμουν σίγουρος ότι δεν θα ήταν τόσο καλός αν ήταν το χωριό του, και οι άνθρωποι, που λεηλατήθηκαν, και βιάστηκαν, ως πληρωμή για τις υπηρεσίες. Πολλές από τις πληροφορίες μου, και το απόσπασμα του Στέφαν Ντουσάν, προήλθαν από ένα αμερικανικό ιστορικό βιβλίο. Δημοσιεύθηκε το 1900, από τον Peter Fenelon Collier & Son είναι μέρος της συλλογής τους για τα Έθνη του Κόσμου, αυτό το αντίγραφο είναι Clarks Τουρκία και περιλαμβάνει την σερβική ιστορία. Ο ίδιος ο συγγραφέας είναι κάπως προκατειλημμένος, και εξαιρετικά συμπονετικός, και γεμάτος θαυμασμό για τον ευγενή Σέρβο, όπως τον περιγράφει. Στο βιβλίο η Οθωμανική κατοχή πάνω από τους Σέρβους, και τους άλλους, περιγράφεται ως:

> Αυτή της πιο σκληρής και δολοφονικής κατάκτησης. Ότι ο κανόνας του ήταν από τον αληθινό οπαδό πάνω τα χριστιανικά σκυλιά.......δεν έχει δώσει κανένα απολύτως δικαίωμα, πέρα από το δικαίωμα-ένα μερικό και αβέβαιο δικαίωμα στη ζωή, με την καταβολή του φόρου τιμής.

Ήμουν πρόσφατα στο Βελιγράδι με την σύντροφό μου, και το επισκέπτομαι για πολλά χρόνια. Πήγαμε εκεί, το Σαββατοκύριακο μετά τις διαδηλώσεις, και το κάψιμο της Πρεσβείας των ΗΠΑ. Ήμουν σίγουρος ότι θα είχα προβλήματα, τα αγγλικά είναι η γλώσσα μου, και το διαβατήριό μου είναι βρετανικό, αλλά ακριβώς το αντίθετο, και οι άνθρωποι ήταν εξυπηρετικοί και φιλικοί. Αγαπώ το Βελιγράδι, πραγματικά, είμαι εξαιρετικά άτακτος στο ζωολογικό κήπο, και απλά πήγαινα να ταΐσω τα ζώα, αλλά κατέληξα να αγαπώ την πόλη για τον πολιτισμό, τα κτίρια, και τους ανθρώπους της. Ενώ εκεί, σε έναν από τους πάγκους των εμπόρων του πάρκου, κοντά στο φρούριο Kalemegdon, είδα μια μικρή καρφίτσα με το σερβικό δικέφαλο αετό του Βυζαντίου, και ήθελα να το αγοράσω γιατί μου άρεσε. Πρόσφατα ένιωσα ιδιαίτερα αμυντικός απέναντι στην Ορθόδοξη Εκκλησία, αλλά αυτό ήταν ένα ωραίο σύμβολο της. Αλλά η σύντροφος μου δεν με άφηνε, καθώς είπε ότι συνδεόταν με φανατικούς, πήρα τη συμβουλή της, παρόλο που το μετάνιωσα.

Δεν λέω ότι όλοι οι Σέρβοι ήταν άγγελοι, επειδή ξέρω ότι πολλοί δεν είναι, και κάποια άσχημα πράγματα έχουν συμβεί, αλλά υπάρχει ένας λόγος για το πώς αισθάνονται, πώς τους επηρεάζει. Δεν είναι μια βάρβαρη φυλή όπως προσπαθήσαμε στο παρελθόν να τους απεικονίσουμε. Αργότερα είδα κάποιους από τους φανατικούς για τους οποίους μίλαγαν στην τηλεόραση στη Βοσνία. Ήταν θυμωμένοι για το Κοσσυφοπέδιο, αλλά ένας λαός ενωμένος. Έμοιαζαν με ανθρώπους της υπαίθρου, και εκεί, μπορεί να είναι μια άγρια χώρα, και είδα άνδρες, γυναίκες και παιδιά, που δεσμεύονται από μια κοινή, και συχνά, πολύ βάναυση, ιστορία, και όλα αυτά περιλαμβάνονται. Εμείς, στα όμορφα σπίτια μας, στα όμορφα προάστιά μας, δεν μπορούμε να φανταστούμε ούτε τις ζωές που ζουν, ούτε τις συλλογικές πολιτιστικές αναμνήσεις που κρατούν και μοιράζονται ως λαός, και ως εκ τούτου δεν είχαμε κανένα δικαίωμα να τις κρίνουμε με τον τρόπο που έχουμε. Τέτοια βαθιά δυσαρέσκεια δεν πάει μόνο μακριά σε μερικές γενιές χωρίς πολλή προσπάθεια από όλους τους εμπλεκόμενους. Βάλαμε τον σερβικό λαό στο χειρότερο σενάριο που θα μπορούσε να φανταστεί. Να ενταχθούμε στην ΕΕ χωρίς το Κοσσυφοπέδιο, ή να αντιμετωπίσουμε τη δυνατότητα απομόνωσης εντός της Ευρώπης, αν και γνωρίζω ότι έχουν μεγάλη υποστήριξη ακόμη και από ορισμένες ευρωπαϊκές χώρες. Οι Σέρβοι δεν ζουν στο παρελθόν και γνωρίζω ότι πολλοί εξακολουθούν να θέλουν να ενταχθούν στην ΕΕ, αλλά πιστεύω επίσης ότι αυτό το ζήτημα τους έχει διχάσει σχετικά με τον τρόπο αντιμετώπισής του. Αν δεν μπορείτε να καταλάβετε την ιστορία τους, τους θριάμβους και τα βάσανα που έχουν νιώσει ως λαός, δεν θα μπορέσετε ποτέ να καταλάβετε τον δεσμό που αισθάνονται με την πνευματική πηγή της έμπνευσής τους, το Στάρα Σερβία, το Κοσσυφοπέδιο. Το να το πάρουμε αυτό από τον σερβικό λαό θα ήταν σαν να κόβουμε την ίδια την αρτηρία μέσω της οποίας υπέμεινε τη δυστυχία και να διατηρήσουμε την υπερηφάνεια, την τιμή και την αξιοπρέπειά τους ως έθνος. Είναι μια επαίσχυντη πράξη, και υπήρχαν και άλλες επιλογές, αλλά όσο περισσότερο διαβάζω γι' αυτό τόσο περισσότερο δεν μπορώ παρά να σκέφτομαι ότι τα δυτικά έθνη συνωμότησαν εναντίον τους, από ορισμένα στοιχεία, για το έδαφός τους. Όσο καταλαβαίνω περισσότερα από τους Σέρβους, και το παρελθόν τους, μέσα από τις πολλές επισκέψεις μου τα τελευταία έξι ή επτά χρόνια, διαβάζοντας για εμένα, και την σύντροφό μου, έχω καταλήξει να τους σέβομαι σε μεγάλο βαθμό ως έθνος, και ως λαό. Ήρθα να θεωρήσω αυτό το βιβλίο ως λύτρωση του ελληνοκυπριακού λαού και της Ορθόδοξης Εκκλησίας, αλλά ήμουν τόσο κολλημένος στην Κύπρο. Αισθάνομαι παθιασμένος με αυτή τη συνωμοσία εξαπάτησης και την πλήρη περιφρόνηση της Δύσης για τον σερβικό λαό και, εξίσου, με την ιστορική περιφρόνησή τους για την Ορθόδοξη Εκκλησία και τον λαό της. Αφού ποτέ δεν κατάλαβα μια ορθόδοξη λειτουργία ποτέ δεν ήξερα ποιες ήταν οι αξίες τους, και δεν ήμουν σίγουρος τι ακριβώς έκανε η Σερβική, ή Ορθόδοξη Εκκλησία, τόσο διαφορετικά. Ρώτησα την σύντροφό μου τι ήταν το ήθος της εκκλησίας, ως χριστιανική πίστη, και μου είπε ότι δεν είχαν επιβληθεί, και ανησυχούσαν περισσότερο για το πώς ήταν με τον εαυτό τους, την προσωπική τους ανάπτυξη και μετά κατάλαβα.

Αν ο πόλεμος είναι τόσο τρομερός, γιατί κάποιες χώρες φαίνονται τόσο πρόθυμες να τον ξεκινήσουν; Από τότε που κατέληξα για πρώτη φορά στα συμπεράσματά μου, στο κεφάλαιο δεκατέσσερα, και στη συνέχεια, από την άποψη των πνευματικών πεποιθήσεών μου, το βρήκα τόσο δύσκολο γιατί βρίσκω τον πόλεμο τόσο απεχθή. Κρίμα που πολλοί από τους πολιτικούς μας δεν αισθάνονται το ίδιο. Μιλάω σαν Άγγλος εδώ. Αντιτίθεμαι σθεναρά στη διεύρυνση του Ν.Α.Τ.Ο. και πραγματικά βλέπω μικρή ανάγκη γι' αυτό και, αν η ιστορία της είναι κάτι να περάσει, αυτή η αποκαλούμενη 'Εταιρική Σχέση για την Ειρήνη' είναι μια δύναμη που μπορεί και έχει χρησιμοποιηθεί για καταπίεση και επιθετικότητα. Με συνασπισμό ή εξαναγκασμό, το Ν.Α.Τ.Ο. φαίνεται αποφασισμένο να επεκταθεί, για ποιο λόγο; Πωλήσεις όπλων; Έλεγχος; Παράνοια από τα πιο ισχυρά έθνη; Ειδικά καθώς αυτή η δύναμη μειώνεται. Όσον αφορά αυτόν τον αποκαλούμενο πόλεμο κατά της τρομοκρατίας, πιστεύω ότι ορισμένες δυνάμεις επωφελούνται από αυτήν τη σύγκρουση και τον φόβο που προκαλεί. Είδα με φρίκη μαζί με τον υπόλοιπο κόσμο τι συνέβη στις 9-11, και ήταν ένα τρομερό πράγμα για να δει κάνει, αλλά αυτή ήταν η στιγμή για ένα μεγάλο έθνος να δείξει πόσο μεγάλη ήταν. Έκαναν τις σωστές ερωτήσεις; Κάποιοι προσπάθησαν, αλλά σύντομα έπεσαν κάτω. Αντ' αυτού, υπό τρομερή διαχείριση, επιτέθηκαν σε όποιον ήθελαν, και τα πράγματα έχουν πάρει χειρότερη τροπή από τότε. Νομίζω ότι ο Πρόεδρος Μπους, όντας άνθρωπος του πετρελαίου, έβγαλε πολλά χρήματα από την εισβολή στο Ιράκ. Τολμώ να πω ότι μεγάλο μέρος της διοίκησής του μάλλον κέρδισε χρήματα. Πώς μπορεί να είναι σωστό αυτό; Οι πολιτικοί και οι φίλοι τους, εκμεταλλευόμενοι τον παράνομο πόλεμο για τον οποίο εμείς, ο λαός, πρέπει να χρηματοδοτήσουμε, να πολεμήσουμε και να υποφέρουμε. Αυτοί, και η βρετανική κυβέρνηση, δεν έχουν κανένα δικαίωμα να ηθικοποιούν τους Σέρβους, όπως έκαναν, και να συνεχίσουν να το πράττουν, μαζί με άλλους.

*

Σε σχέση με το σύγχρονο Τούρκο, έχω εκπαιδευτεί σε σχέση με την πρόσφατη ιστορία, και οφείλω πολλά στον συγγραφέα Giles Μίλτον ο οποίος έγραψε ένα πολύ ενδιαφέρον βιβλίο για την απώλεια της Σμύρνης, που ονομάζεται Paradise Lost. Αν και οι παλιές εφημερίδες ήταν χρήσιμες, η εκδοχή του για τα γεγονότα ήταν εξαιρετικά διαφωτιστική. Έμαθα ότι η Ελλάδα δεν θα εισέλθει στον Πρώτο Παγκόσμιο Πόλεμο το 1915, λόγω της παρουσίας ενός Γερμανού μονάρχη στον ελληνικό θρόνο. Αντιστάθηκε στις εκκλήσεις να ενταχθεί στους συμμάχους. Οι περισσότεροι Βρετανοί, και οι Έλληνες που έχω μιλήσει, φαίνεται να αγνοούν αυτό που ο Τούρκος αποκαλεί πόλεμο ανεξαρτησίας τους, όπως και εγώ. Μετά τον Πρώτο Παγκόσμιο Πόλεμο, η Κωνσταντινούπολη τέθηκε υπό διεθνή ασφάλεια, αν και πρακτικές λεπτομέρειες φαίνεται να είχαν δοθεί στον Βρετανικό Στρατό, ο οποίος εγκαταστάθηκε εκεί. Ο ηγέτης της Τουρκίας δεν ήταν τίποτα περισσότερο από μια δυτική μαριονέτα, ενώ η Μικρά Ασία, η χερσόνησος στην οποία βρίσκεται η Τουρκία, ήταν λαξευμένη. Με τη Σιλεσσία, μια περιοχή που συνορεύει με τη σύγχρονη Συρία που δόθηκε στους Γάλλους, τη Σμύρνη και τη Λυδία στους Έλληνες, και το έδαφος νότια της Λυδίας στους Ιταλούς, ενώ οι Τούρκοι είχαν μια κυβέρνηση της αντιπολίτευσης στην Άγκυρα. Οι ελεύθεροι Τούρκοι έμειναν χωρίς λιμάνι, ενώ το τελευταίο απομεινάρι της άλλοτε μεγάλης αυτοκρατορίας τους αφαιρέθηκε από αυτούς. Το 1919 οι Έλληνες εισέβαλαν σε ό,τι απέμεινε από την Τουρκία για αυτό που αποκαλούσαν «Η Μεγάλη Ιδέα». Αυτή ήταν μια ιδέα ότι θα ανακτούσαν όλα τα χαμένα αρχαία εδάφη τους που εξακολουθούν να κατέχουν οι Τούρκοι, γεγονός που με τη σειρά του θα σημάνει το τέλος τους ως πολιτική οντότητα. Αρχικά οι Έλληνες είχαν πάνω από εκατό χιλιάδες άνδρες, και ένα μεγάλο ποσό του στρατιωτικού υλικού, το οποίο περιελάβανε τανκς, εναντίον περίπου δέκα χιλιάδων Τούρκων στρατιωτών. Στην Αγγλία, όπου πιστεύω ότι σχεδιάστηκε αυτό, εξ ου και το υλικό με το οποίο προμηθεύτηκαν οι Έλληνες, το τέλος του Τούρκου ανακοινώθηκε στο κοινοβούλιο. Αν οι Έλληνες είχαν πετύχει, θα άφηνε τους Βρετανούς κυρίως στον έλεγχο της Κωνσταντινούπολης. Η βρετανική κυβέρνηση προσπάθησε ακόμη και να καλέσει είκοσι χιλιάδες στρατεύματα εκείνη την εποχή με τις αγγελίες εφημερίδων, μια κλήση που, μετά από την πρόσφατη καταστροφή του πρώτου παγκόσμιου πολέμου, πήγε κατά ένα μεγάλο μέρος αναπάντητη. Με μόνο μια μικρή δύναμη ανδρών, μία από τις επιλογές που είχε στη διάθεσή του ο Μουσταφά

Κεμάλ, στον οποίο ανατέθηκε η ασφάλεια της χώρας, ήταν να προσλάβει μισθοφόρους. Γνωρίζουμε πώς πληρώθηκαν οι Οθωμανοί μισθοφόροι, όπως οι Μπασί Μπαζούκς, και γνωρίζω ότι οι ελεύθεροι Τούρκοι δεν είχαν ποτέ πολύ πλούτο σε μετρητά, οπότε μπορώ μόνο να υποθέσω ότι ακολούθησαν το ίδιο μοτίβο, πληρώνοντας μέσω λεηλασίας. Αυτό δεν είναι κριτική, αν είναι αλήθεια, δεν υπήρχε άλλη επιλογή. Οι Γάλλοι σταμάτησαν την αρπαγή γης επιτρέποντας στους Τούρκους να επικεντρωθούν στους Έλληνες, οι οποίοι βρίσκονταν σε ένα σημείο λιγότερο από 50 χιλιόμετρα μακριά από την Άγκυρα, τη νέα πρωτεύουσα των Τούρκων. Τώρα καταλαβαίνω γιατί ο Μουσταφά Κεμάλ χαίρει τόσο μεγάλης εκτίμησης, και γιατί ακολούθησε τόσο χάος στη Σμύρνη, μέχρι που κάηκε, το οποίο, λαμβάνοντας υπόψη τι συνέβαινε εκεί, θα μπορούσε ακόμη και να θεωρηθεί έλεος. Μετά από αυτό οι Τούρκοι στράφηκαν βόρεια στην Κωνσταντινούπολη, και οι Βρετανοί ξέφυγαν με τις ουρές τους ανάμεσα στα πόδια τους, και θεωρώ ότι είναι δύσκολο να κρατήσουν κάτι πέρα από τον σεβασμό για το σύγχρονο Τούρκο γενικά, και ιδίως, τον Μουσταφά Κεμάλ. Προσθέτοντας σε αυτό επέστρεψα στην Τουρκία για διακοπές ιστιοπλοΐας μιας εβδομάδας, το 2015, κατά τη διάρκεια της οποίας πραγματικά απόλαυσα την διαμονή μου, και ποτέ δεν είχα μια αρνητική εμπειρία. Ήταν παράξενο να εξυπηρετούμαι από έναν σερβιτόρο που φόραγε ένα μπλουζάκι που γιορτάζει την εισβολή στην Κύπρο, ήταν πραγματικά ωραίος, πάντα χαμογελαστός και χαρούμενος. Αλλά τότε, ποτέ δεν ήξερε ότι είχα Ελληνοκυπριακό αίμα. Ένα πράγμα που με άγγιξε πραγματικά ήταν η ανησυχία που άκουσα να εκφράζεται για τον ελληνικό λαό στην οικονομική κρίση τους εκείνη την εποχή. Ήταν, νομίζω, ενδεικτικό της φροντίδας που έχουμε ως άτομα, και της αλληλεγγύης που αισθανόμαστε για τους απλούς ανθρώπους, από άλλα έθνη, ο ένας για τον άλλο, όταν δεν επιβαρύνονται από μια πολιτική ατζέντα που συχνά ωθείται από τα μέσα ενημέρωσης. Ήταν επίσης η πρώτη φορά που άκουσα Τούρκικα να μιλούνται σε καθημερινή ομιλία, και μπορεί να είναι μια όμορφη γλώσσα για να ακούσετε. Κάθε χώρα έχει πολλά πρόσωπα, και παρά τις ανησυχίες που μπορεί να έχω για τη σημερινή κυβέρνησή τους, η οποία τον τελευταίο καιρό έχει κάνει μια σειρά από βήματα προς τα πίσω, είναι η θετική πλευρά της χώρας τους, αυτή που δεν επιβαρύνεται από τον πολιτικό, και θρησκευτικό, ανταγωνισμό που με ελκύει. Θα είναι ενδιαφέρον να δούμε πώς εξελίσσονται τα πράγματα στα τελευταία στρατιωτικά κατορθώματά τους, ειδικά καθώς ο Ερντογάν επικαλείται τη μνήμη των Οθωμανών για να συνεχίσει την ιδεολογία του.

Όσον αφορά οποιαδήποτε οικογενειακή γη, έστειλα ένα αντίγραφο του βιβλίου σε έναν από τους αδελφούς της μητέρας μου, ο οποίος τώρα ζει στην Αυστραλία, και επισύναψα μια επιστολή που έθετε ερωτήσεις που ήξερα ότι θα επιστρέψουν σε μένα μέσω του θείου μου Σάββα, το οποίο και έκαναν. Ο θείος μου ισχυρίζεται ότι πλήρωσε τη μητέρα μου για τη γη. Με αντιμετώπισε παρουσία της νονάς μου για το θέμα. Δεν πρόκειται να διαφωνήσω μπροστά της, και μόλις άκουσα τι είπε. Μου είπε ότι πλήρωσε τη μητέρα μου για τις γεωργικές εκτάσεις, και ένιωθε ότι ήταν δικαίωμά του, γιατί, λέει, ο παππούς μου του υποσχέθηκε να το κρατήσει στην οικογένεια πριν πεθάνει. Όταν ζήτησα από τον πατέρα μου να επιβεβαιώσει αυτό που ειπώθηκε, χλεύασε, και μου είπε ότι τους έδωσε πέντε λίρες εκείνο το βράδυ, και δεν ήταν για καμία γη. Αυτός είναι ο ίδιος θείος που άκουσα να αναφέρεται στους Άγγλος σαν μια φυλή καθάρματα. Μπορώ να ζήσω μ' αυτό. Υπάρχει μόνο μια γλώσσα που μιλάω άπταιστα. Βρήκα τον εαυτό μουνα γράφει στο παιδί που ήμουν ανάδοχος. Ζήτησα συγγνώμη που δεν ήμουν σε επαφή για τόσο πολύ καιρό και ήθελα επίσης να εξηγήσω γιατί, πριν από εννέα χρόνια, σταμάτησα να χρησιμοποιώ το όνομα Τζιμ για το Δημήτρη, καθώς υποψιάζομαι ότι αυτό είχε προκαλέσει κάποια σύγχυση. Του είπα λίγο για το ταξίδι, και πώς άλλαξε τον τρόπο που σκεφτόμουν για την καταγωγή μου, όχι μόνο την ελληνική καταγωγή μου, αλλά όλες τις ρίζες μας. Γιατί καθώς είμαι ένας κρίκος σε μια αλυσίδα που έρχεται μέσα από την ελληνική γραμμή μου, όπως και η αγγλική γραμμή μου, έχω καταλάβει ότι αυτή η γραμμή πηγαίνει πίσω τόσο πολύ περισσότερο, και πραγματικά, δεν είμαστε όλοι αδελφοί και αδελφές; Διαιρούμενοι από τα εμπόδια της γλώσσας, και της ιστορίας, ίσως, αλλά της οικογένειας παρ' όλα αυτά.

Είδα μια συζήτηση πρόσφατα για να γράψω αυτό, μεταξύ ενός άθεου, και ενός ραβίνου, στην οποία ο άθεος ισχυρίστηκε ότι έχει πίστη στην ανθρωπότητα και μόνο, και μίλησε για θρησκείες που βασίζονται στο φόβο. Ο φόβος του Θεού, και ο φόβος του θανάτου, το τελευταίο θα συζητήσουμε προς το τέλος αυτού του κειμένου. Στην περίπτωση του πρώτου δεν αισθάνομαι την ανάγκη να υπερασπιστώ οποιαδήποτε θρησκεία, αλλά αισθάνομαι την ανάγκη να ανταποκριθώ σε αυτό, και να πω, πως αναγνωρίζω τον Θεό και τους νόμους που προσωπικά πάντα θεωρούσα πριν από αυτό το ταξίδι, όπως οι νόμοι της φύσης, εννοώντας τους βασικούς νόμους, τότε τι υπάρχει να φοβούνται όταν η αγάπη, η συγχώρεση, και η συμπόνια, είναι οι βασικές αρχές αυτών των νόμων; Χωρίς αυτή την «καθοδήγηση», ο άνθρωπος θα εφαρμόσει, όπως κάνει ήδη, τους δικούς του νόμους και κανόνες, και πολύ συχνά θα εξυπηρετήσει τις ανάγκες ορισμένων, επιβάλλοντας παράλληλα πόνο σε άλλους. Τα έργα του Τζόζεφ Στάλιν, του Προέδρου Μάο και του Πολ Ποτ, είναι παραδείγματα, όσο ακραία και αν είναι, αυτής της ανθρωπότητας, που προέρχεται από άθεες ιδεολογίες και βλέπουμε πόσο θάνατο και δυστυχία έχουν κερδίσει. Μόνο επειδή ξέρω ότι υπάρχει μια δύναμη του σύμπαντος στην εργασία εδώ, με μια γείωση που βασίζεται στην αγάπη, έχω πίστη στο μέλλον της ανθρωπότητας. Αλλά εδώ πρέπει επίσης να τονίσω τη χρήση της λέξης 'καθοδήγηση', καθώς απορρίπτω πολύ έντονα την ιδέα των σύγχρονων νόμων που βασίζονται σε θρησκευτικό κείμενο. Τόσο το Κοράνι όσο και η Βίβλος χρησιμοποιούνται για να δικαιολογήσουν τη βία, από τη σταύρωση, μέχρι αποκεφαλισμούς, μαστίγωμα και λιθοβολισμό στη Σαουδική Αραβία, και σε άλλες χώρες της Μέσης Ανατολής, μέχρι δολοφονίες που υποστηρίζονται από το κράτος στο Τέξας, και σε άλλες πολιτείες των ΗΠΑ, όπου έχουν όλα αυτά τα χρόνια, ανέπτυξαν κάποιους άρρωστους τρόπους για να σκοτώσουν ένα άτομο, με βάση την ιδέα του «οφθαλμός αντί οφθαλμού». Συνήθιζα να σκέφτομαι τον Θεό περισσότερο ως το Μεγάλο Πνεύμα, το μεγαλύτερο σοκ που είχα ήταν να ανακαλύψω ότι αυτό το Μεγάλο Πνεύμα δεν είναι μια παθητική δύναμη. Ένας καλός φίλος με ρώτησε κάποτε γιατί να το κάνει αυτό ο Θεός; Σε σχέση με το να μας οδηγήσει σε αυτό το σημείο, να προκαλέσει τόση θλίψη, αυτό που ορισμένοι αναφέρουν ως το μεγάλο σχέδιο του Θεού. Ποτέ δεν είχα μια απάντηση μέχρι πρόσφατα, και το μόνο συμπέρασμα που θα μπορούσα να καταλήξουμε ήταν ότι είναι 'να μας διδάξει για την πραγματική φύση του εαυτού μας.' Για να βεβαιωθούμε ότι γνωρίζουμε, και το καταλάβουμε αληθινά καθώς προχωράμε προς το μέλλον και ενώ μπορεί να το περιγράφουν ορισμένοι ως το μεγάλο σχέδιο του Θεού, μας δίνονται ατομικά επιλογές στη ζωή, τα γεγονότα συμβαίνουν, κάποια πράγματα που μπορούμε να βάλουμε κάτω στη μοίρα ή την τύχη, αλλά οι επιλογές που κάνουμε ως άτομα είναι δικές μας.

Ο υπεύθυνος επιτήρησης μου, εκείνη την εποχή, με ρώτησε αρκετά ανέμελα για τις φωνές που ακούω. Του είπα ότι δεν άκουγα φωνές. Δεν βλέπω πράγματα. Υπήρχαν στιγμές που εύχομαι να είχα, αλλά δεν μου συμβαίνει. Αυτή είναι η διαίσθηση που αποκτήθηκε από την εμπειρία της συγγραφής αυτού του βιβλίου, τη ζωή μου, και τα ίχνη στο Κάτω Πύργο κόλπο. Όσον αφορά τις πνευματικές εμπειρίες, η συγκέντρωση των προγόνων μου, του παππού μου και, φυσικά, του Άλλου, ήταν μια εμπειρία από μέσα, σε πολύ συναισθηματικές καταστάσεις. Τα οράματα προήλθαν από μέσα. Η συγκέντρωση ήταν όμως κάτι ιδιαίτερο. Δεν το περίμενα ποτέ, και δεν θα το φανταζόμουν ποτέ, και δεν θα το ξεχάσω ποτέ. Ενώ οι πατημασιές ήταν πραγματικές, και για αυτό είμαι σίγουρος, και έχουν μια άγκυρα για μένα όλα αυτά τα χρόνια. Ίσως είχαν μία αίσθηση σαν μια μυλόπετρα κατά καιρούς, αλλά δεν μπορώ να παραπονεθώ. Το μόνο που ζήτησα για τη ζωή μου, πριν από πολύ καιρό ως παιδί, ήταν να είναι εξαιρετική δεν έχει σημασία τι έκανα, και δίνω ευχαριστίες για αυτό. Δεν με νοιάζει τόσο πολύ αν με πιστέψουν οι άνθρωποι. Απλά ήθελα να συνεχίσω τη ζωή μου και έπρεπε να προχωρήσω. Είχα γράψει πρόσφατα στην Μαριάμ Νουρ, για να επιβεβαιώσω αυτό που μου είπαν ότι είχε πει στην τηλεόραση. Έγραψα ότι ρώτησα από περιέργεια, και ήθελα να ξέρω αν θα μπορούσα να επιβεβαιώσω αυτό που είχα ακούσει από έναν φίλο και, αν ναι, όπου πήρε τις πληροφορίες της σχετικά με αυτούς τους ανθρώπους. Έστειλε πίσω ένα σύντομο email με μια σύνδεση με μια ινδική πνευματική ομάδα Zen. Φαίνεται να δίνεται έμφαση σε αυτή την ομάδα, και στην Μαριάμ, στο χιούμορ, το οποίο καταλαβαίνω. Αλλά ποτέ δεν μου είπε πού πήρε τις πληροφορίες της και έγραψε, «Ναι, όλα είναι αλήθεια». Έκανα ένα ντους και έκλαψα. Δεν ένιωθα πολύ χιουμοριστική εκείνη την εποχή, και σε αυτό το θέμα. Αν αυτό είναι πραγματικό, όπως τα πρόσφατα γεγονότα στη ζωή μου έχουν μόνο έρθει για να επιβεβαιώσουν, τότε τα επόμενα χρόνια θα είναι ενδιαφέροντα.

Μου ρωτήθηκε κάποτε «γιατί δεν προσπάθησες να αναδημοσιεύσεις το βιβλίο;» Απάντησα ότι ποτέ δεν ένιωθα ότι ήμουν αρχιτέκτονας του βιβλίου.

Σκέφτηκα ότι ανήκε σε όλους, και εκείνη τη στιγμή ένιωσα ότι είναι σωστό να είναι στο Διαδίκτυο, καθώς ήταν δωρεάν και διαθέσιμο σε όλους. Αλλά ήθελα επίσης να προχωρήσω, έπρεπε να προχωρήσω. Ήταν με αυτά τα συναισθήματα, μαζί με τη δυσαρέσκεια που ξέρω ότι ένιωσα, επειδή το βιβλίο αναδημοσιεύτηκε τώρα μέσω του Author House, μιας αυτο-εκδοτικής εταιρείας, με τον υπότιτλος *Ο Δρόμος προς την Αποκάλυψη*. Αλλά ήξερα βαθιά μέσα μου ότι το βιβλίο δεν ήταν έτοιμο να εκδοθεί και αρνήθηκα ένα ηλεκτρονικό βιβλίο.

17

Κεφάλαιο Δεκαεπτά

Πολλά από αυτά που έχετε διαβάσει υπάρχουν ως μέρος της δεύτερης αναθεώρησης, η οποία δημοσιεύθηκε στις αρχές του 2008. Ποτέ δεν προώθησα αυτή την έκδοση, για τους λόγους που δόθηκαν, και λόγω ενός γεγονότος που συνέβη λίγο μετά τη δημοσίευσή της. Αν έχετε διαβάσει το υπόλοιπο αυτού του βιβλίου, ελπίζω να έχετε αποκτήσει μια κατανόηση του πόσο δύσκολο αυτό το ταξίδι ήταν για μένα κατά καιρούς. Μπορούσα να δω τον παραλογισμό αυτού που έλεγα, και όμως, δεν μπορούσα να το πάρω πίσω. Μετά τη δεύτερη έκδοση ενώ πήγαινε να εκτυπωθεί, μιλούσα με τον υπεύθυνο επιτήρησής μου για αυτό το βιβλίο, το ταξίδι που έκανα, και την επίδρασή του στη ζωή μου. Η όλη ιδέα ότι κάτι, ή κάποιος, ή μια σειρά γεγονότων, οδηγείται από μια καθολική δύναμη που αναφερόμαστε ως Θεός είναι κάπως αφηρημένη επειδή δεν μπορούμε να βρούμε κανένα τρόπο να αποδείξουμε τέτοιες ιδέες εκτός αν…….Σε αυτό το σημείο ένιωσα σαν να πίεζα, και να πίεζα ξανά. Έκανα μια συμφωνία με την υπεύθυνη επιτήρησής μου. Η συμφωνία μπορεί να με κάνει να ακούγομαι άσπλαχνο, αλλά προσπάθησε να καταλάβεις. Της είπα ότι αν αυτό ήταν αληθινό, και όλα οδηγούνταν από μια δύναμη πέρα από την κατανόησή μας, τότε το αφεντικό της θα πάθαινε μια σπάνια μορφή καρκίνου, και θα πέθαινε μέσα σε έξι μήνες. Προσπάθησε να προτείνει μια ασθένεια, ή δύο, αλλά αντιστάθηκα, εγώ είπα διάγνωση μέσα σε τρεις μήνες, και θάνατο μέσα σε έξι. Αυτό ζήτησα από τον Θεό. Δεν μου άρεσε το αφεντικό της. Είχε βάλει ιδέες σε ανθρώπους που ήξερα ότι ήταν ψευδείς, και επιζήμιες, από την εμπειρία μου. Λαμβάνοντας υπόψη τα πάντα, και τα συναισθήματά μου, εκείνη την εποχή, φαινόταν ένα κατάλληλο θέμα. Αν δεν συνέβαινε τίποτα, είπα ότι θα φύγω από αυτό, και αν το αφεντικό της πέθαινε με τον τρόπο που επέμενα, θα είχα μάρτυρα. Ξέρω τι έκανα. Προσπαθούσα απεγνωσμένα να το κάνω πιο εύκολο για τον εαυτό μου, με τον έναν ή τον άλλον τρόπο. Αν το αφεντικό της πέθαινε, όπως επέμενα, τότε απλά έχοντας αυτή την επιβεβαίωση, ένα άλλο άτομο που καταλαβαίνει την πραγματικότητά μου θα ήταν μια παρηγοριά. Ήξερα ότι αυτό που έκανα ήταν σαν να λέω στην καθοδηγητική δύναμη, να λέω στο Θεό ότι έπρεπε να κάνει αυτό που ήθελα, αλλιώς θα το άφηνα να περάσει. Λάθος μου, νομίζω. Μέσα στο χρονοδιάγραμμα που έδωσα, η στενότερη φίλη μου η Σάρα, ήρθε από το Λονδίνο για να μου πει ότι είχε βρει πρόσφατα έναν όγκο κάτω από τη μασχάλη της, και είχε μόλις διαγνωστεί με μια ιδιαίτερα σπάνια μορφή λευχαιμίας, πέθανε την ημέρα του γάμου της, εντός του ίδιου χρονικού πλαισίου που έθεσα με τον επόπτη. Κάτι συνέβη, αλλά όχι αυτό που ήθελα. Έχω αισθανθεί ένα τεράστιο βάρος της ενοχής, και συνεχή θλίψη, από τότε, και μου λείπει πραγματικά, ακόμη και δώδεκα χρόνια αργότερα, όπως διάβασα αυτό για την έκτη αναθεώρηση. Δεν θα μπορούσα ποτέ να το πω στον υπεύθυνο επιτήρησης καθώς μετακόμισε σε άλλο γραφείο αμέσως μετά. Ένιωσα μουδιασμένος για μεγάλο χρονικό διάστημα και, αν και διασφάλισα ότι ήταν διαθέσιμο, γύρισα την πλάτη μου σε αυτό το βιβλίο, και τα πάντα που σχετίζονται με αυτό.

*

Τον Σεπτέμβριο του επόμενου έτους πήγα στο τοπικό κολέγιο μου, όπου έχω εγγραφεί σε ένα πτυχίο ιστορίας μερικής απασχόλησης που διευθύνεται από το Πανεπιστήμιο Ruskin. Ήθελα να συμμετάσχω σε πιο γειωμένες επιδιώξεις. Μου άρεσε πολύ η ιδέα της εκπαίδευσης ως ιστορικός. Εξοργίστηκα επίσης από τις αποκαλύψεις της Carla Del Ponte στο βιβλίο της ότι η Κ.Λ.Α. πιστεύεται ότι απήγαγε εκατοντάδες Σέρβους κατά τη διάρκεια της κατοχής του Ν.Α.Τ.Ο.. Μεταφέρθηκαν στην Αλβανία, κρατήθηκαν σε στρατόπεδα όπου εξετάστηκαν με αίμα, ταΐστηκαν καλά, αντιμετωπίστηκαν καλά, μέχρι την ημέρα που αφαιρέθηκαν τα ζωτικά τους όργανα, ενώ ήταν δεμένα σε φορείο, και συνειδητοί, όπως φαίνεται από τα αποδεικτικά στοιχεία που βρέθηκαν σε μία από τις ύποπτες σκηνές εγκλήματος, χρησιμοποίησαν μυοχαλαρωτικά.

Όταν το Ν.Α.Τ.Ο. πήγε στο Κοσσυφοπέδιο τον Ιούνιο του 1999, ήμουν στο διαμέρισμα της Σάρας στο Λονδίνο, και ταξίδευα στη νότια ακτή, αφού έγραψα για πρώτη φορά αυτό το βιβλίο, και έφυγα από το σπίτι μου. Είδα μια σκηνή να ξετυλίγεται σε ένα τηλεοπτικό εστιατόριο που ποτέ δεν είχε νόημα μέχρι αυτούς τους ισχυρισμούς. Η είδηση έδειξε ότι τα βρετανικά στρατεύματα του K.F.O.R., μιας θωρακισμένης μονάδας, στις πρώτες ημέρες της κατοχής τους, επευφημήθηκαν από πλήθος Αλβανών καθώς πέρναγαν μέσα από μια μικρή πόλη. Στην επόμενη σκηνή, πίσω από τον δημοσιογράφο, η οποία πιστεύω ότι ήταν τώρα η Καίτη Adie, στον ίδιο δρόμο, αλλά λίγο έξω από την πόλη, και απαρατήρητη από αυτή, είδα μια σειρά από στρατιωτικά φορτηγά με τους πολίτες στο πίσω μέρος, το καθένα με μία μόνο Κ.Λ.Α. φρουρά, να οδηγούν με ταχύτητα, ενώ πέρναγαν τα στρατεύματα K.F.O.R. και ακούγονταν διάφορες επευφημίες Αλβανών. Φαινόταν να υπάρχουν μόνο λίγοι πολίτες σε κάθε φορτηγό, και μια έφηβη κοπέλα ειδικότερα, με ξανθά μαλλιά, και ντυμένη με τζιν, ένα μπλε κοντομάνικο πουκάμισο και μία κόκκινη μπαντάνα πάνω στο κεφάλι της. Σηκώθηκε, και κοίταξε περίεργως πάνω από την άκρη του φορτηγού, πλήθη που ζητωκραύγαζαν καθώς επιτάχυναν ενώ τους προσπερνούσαν, και τα βρετανικά στρατεύματα K.F.O.R., τα οποίο πήραμε ως κοντινό πλάνο σε μια δεύτερη κάμερα. Νόμιζα ότι ήταν παράξενο εκείνη την εποχή, γιατί υπήρχαν μόνο λίγοι άνθρωποι σε κάθε ένα από τα φορτηγά, το καθένα είχε έναν φρουρό Κ.Λ.Α., και πήγαιναν προς την αντίθετη κατεύθυνση από το K.F.O.R. στη Βόρεια Μακεδονία και την Αλβανία. Το κορίτσι φαινόταν φρέσκο, και ευπαρουσίαστο, ενώ οι περισσότεροι Αλβανοί είχαν φύγει από την επαρχία, και έμοιαζαν περισσότερο με πρόσφυγες. Αυτή ήταν μια ανάμνηση που μου έχει μείνει χαραγμένη πιο σταθερά στην μνήμη μου από τότε που έμαθα περισσότερα για το τι συνέβη. Ακόμα και σήμερα, καθώς γράφω την έκτη αναθεώρηση, μου φέρνει ένα δάκρυ στο μάτι μου.

Αυτό που συνέβη σε αυτούς τους ανθρώπους δεν ήταν τίποτα λιγότερο από βάρβαρο. Ήθελα να μελετήσω την ιστορία αρχικά παρακινημένος από αυτό το γεγονός για να εξασφαλίσω ότι δεν ξεχάστηκε. Αν είσαι Αμερικανός ή Βρετανός πολίτης, τότε αυτά τα εγκλήματα είναι στους ώμους μας. Ήταν αποτυχία του Ν.Α.Τ.Ο., και των κυρίαρχων δυνάμεων, ιδίως των ΗΠΑ και του Ηνωμένου Βασιλείου, να διασφαλίσουν ότι το διεθνές δίκαιο εφαρμόζεται σε όλους. Πέρασα ώρες βλέποντας πλάνα ειδήσεων από την εποχή. Τα στρατεύματά μας αφόπλισαν όλους τους Σέρβους που συνάντησαν, ακόμα κι αν τους άφηνε επικίνδυνα εκτεθειμένους, αλλά το Κ.Λ.Α. έμεινε ελεύθερο να κάνει ό,τι ήθελαν. Οι κυβερνήσεις μας δεν υποστήριξαν ποτέ την έρευνα της Ντελ Πόντε. Αν και βρήκε αρκετά στοιχεία για να προωθήσει περαιτέρω την έρευνα. Τελικά τα παράτησε όταν πήγε στην Αλβανική Εισαγγελία ως έσχατη λύση, και η 'επίσημη' τηλεοπτική του απάντηση ήταν ότι αν το Κ.Λ.Α. είχε φέρει Σέρβους στην Αλβανία, και τους είχε σκοτώσει έτσι, τότε ήταν καλό. Αυτό ήταν αποδεκτό από το Ηνωμένο Βασίλειο, την κυβέρνηση των ΗΠΑ και την Ευρωπαϊκή Ένωση.

Υπάρχουν επίσης ισχυρά στοιχεία που δείχνουν ότι Αμερικανοί στρατιώτες συμμετείχαν σε τέτοια εγκλήματα. Γνωρίζω μια περίπτωση όπου μια γυναίκα είχε πει να παραλάβει τον νεκρό σύζυγό της από το αμερικανικό συγκρότημα στο Κοσσυφοπέδιο. Διαπίστωσε ότι το πρόσωπό του είχε σπάσει και, μετά από πιο προσεκτική εξέταση, είχαν αφαιρέσει τα ζωτικά του όργανα. Η Κάρλα Ντελ Πόντε είχε ενημερωθεί, αν και αστειευόμενη, από τον Ιταλό Στρατηγό Μίνι, ο οποίος, όπως και ο προκάτοχός του Βαλεντίν είχε ανησυχίες για την αξιοπιστία του ΟΗΕ, ότι αν εκδοθούν εντάλματα σύλληψης τότε θα υπήρχαν κάποιοι Αλβανοί που θα έφευγαν από τη χώρα για διακοπές με Αμερικάνους συνοδούς. Ήμουν εξοργισμένος από αυτή την αδικία, και πέρασα ώρες στο Βρετανικό Ινστιτούτο Κινηματογράφου που βρίσκονται όλα τα αρχεία τους ψάχνοντας για αυτό το κλιπ που θυμήθηκα να βλέπω. Απέκλεισα το ITV εντελώς, και συνειδητοποίησα, μόλις πρόσφατα, ότι ήταν πιο πιθανό να ήταν στο BBC News 24, και η Κάιτη Adie, και λιγότερο πιθανό να είναι στο Sky News. Και τα δύο είναι πιο δύσκολο να αποκτηθούν, καθώς δεν κρατούνται στο B.F.I. Ένας εκπρόσωπος που εργάζεται για το Sky μου είπε αρχικά ότι θα ήταν δυνατόν να ελέγξω τις ημερομηνίες, και τις ώρες που ήθελα, και με ρώτησε μέσω ενός μηνύματος ηλεκτρονικού ταχυδρομείου παρακολούθησης τι θα έκανα με τις πληροφορίες. Του είπα ότι επρόκειτο να στείλω αντίγραφα στη σερβική και ρωσική κυβέρνηση καθώς ερευνούσαν τώρα το έγκλημα. Μόνο τότε είπε ότι δεν μπορούσε να ψάξει για αυτό που ήθελα, καθώς δεν άξιζε τον χρόνο του. Δεν ήμουν ευτυχής και σκέφτηκα ότι θα υπήρχε μικρή αναζήτηση που απαιτείται. Ήθελα να βυθιστώ στον κόσμο, αλλά μου αρέσει αυτός ο κόσμος που δημιουργήσαμε ακόμα λιγότερο.

Μου είπαν αρχικά όταν έκανα αίτηση για να σπουδάσω ιστορία ότι θα πρέπει επίσης να πάρω αγγλική λογοτεχνία, μαζί με την ιστορία, για τον βαθμό του μαθήματος. Η ιστορία είχε κάποιο ενδιαφέρον, αλλά η αγγλική λογοτεχνία μου φαινόταν σαν έναν εντελώς διαφορετικό θέμα πολύ πιο απαιτητικό για εμένα. Προς ανακούφιση μου είχαν πολλά κοινά και, λίγα χρόνια αργότερα, όταν μου είπαν ότι το πολύ-θεματικό πρόγραμμα διδασκαλίας είχε σταματήσει πρόωρα και έπρεπε να επιλέξω μεταξύ της ιστορίας και της αγγλικής λογοτεχνίας, θα επέλεγα το τελευταίο. Είχα ήδη κάνει το ήμισυ του δεύτερου έτους, και το πιο σημαντικό, ο καθηγητής αγγλικών μου στο περιφερειακό κολέγιο, ο γιατρός Mark Sutton, είχε κάνει τα μαθήματα πολύ διασκεδαστικά. Μετακόμισα στο Πανεπιστήμιο Anglia Ruskin στο Cambridge Campus, όπου τελείωσα το δεύτερο και το τρίτο έτος μου, και πήγα για να ολοκληρώσω το πτυχίο, κερδίζοντας το ένα 2:1 με τιμές.

Η δατριβή μου ήταν για τον Τζορτζ Όργουελ και με τίτλο 'Ο δρόμος προς την φάρμα των ζώων και πέρα' και μία από τις προθέσεις μου ήταν να φαίνεται πώς η *Φάρμα των ζώων* ήταν επίσης μια κριτική της δικής μας κοινωνίας. Ο Όργουελ όχι μόνο θεωρούσε τον σταλινικό κομμουνισμό ολοκληρωτικό, αλλά και τη δυτική καπιταλιστική δημοκρατία, την κοινωνία μας. Ο ολοκληρωτισμός μας, πίστευε, προήλθε από τη μικρή διαφορά μεταξύ των πολιτικών κομμάτων σε αυτή τη χώρα, ενώ τα μέσα ενημέρωσης, που την εποχή εκείνη σήμαιναν τον Τύπο της εφημερίδας, και οι ραδιοφωνικές ειδήσεις, και σήμερα μπορούν να επεκταθούν στις τηλεοπτικές και διαδικτυακές εκπομπές, ανέφεραν γεγονότα σύμφωνα με την κυβερνητική πολιτική. Αφήνοντας εμάς, τις μάζες να αγνοούμε την αλήθεια, εκτός από αυτό που η κυβέρνηση θέλει να ακούσουμε. Ήταν μια μεγάλη έμπνευση για τον εαυτό μου, κυρίως λόγω της σταθερής πίστης του στις αξίες της δημοκρατίας, οι οποίες ενισχύθηκαν από τις εμπειρίες του στη Βαρκελώνη, και στην Ισπανία, το 1936, όταν πολέμησε τους φασίστες και ανέπτυξε έντονες συμπάθειες για τους αναρχικούς συντρόφους του, και την ιδεολογία τους, η οποία με τη σειρά της καταστράφηκε από κομμουνιστές που υποστηρίζονται από τον Στάλιν. Αυτή ήταν η πηγή των αντι-κομμουνιστικών συναισθημάτων του Όργουελ. Δεν ήταν σε καμία περίπτωση ο Orwell που έβαζε την καπιταλιστική αντιπροσωπευτική δημοκρατία πάνω από εκείνη του κομμουνισμού, τους έβαλε και τους δύο στο ίδιο επίπεδο. Στην Ισπανία εκτέθηκε σε μια πιο ανθρώπινη, ισότιμη και δημοκρατική κοινωνία, και νομίζω ότι είδε τις δυνατότητές μας ως μια φυλή, η οποία με τη σειρά της καταστέλλεται από τις κυβερνήσεις. Αυτός ο ολοκληρωτισμός για τον οποίο έγραψε ο Όργουελ υπάρχει ακόμα πιο δυνατός σήμερα, με την κυβέρνηση και τα μέσα ενημέρωσης ενωμένα, και μάλιστα καθοδηγείται από εταιρείες, επενδυτές και τα εμπορικά τους συμφέροντα, εις βάρος των μαζών και του πλανήτη. Ωστόσο, ποτέ δεν υπήρχαν τόσο πολλές πληροφορίες διαθέσιμες στους ανθρώπους, αποκαλύπτοντας πολύ συχνά τις ασυνέπειες, τις ανακρίβειες, και την εξαπάτηση πίσω από πολλή κυβέρνηση, και την πολιτική της εταιρείας.

Ήταν μόνο κατά τη διάρκεια του τελευταίου έτους μου στο πανεπιστήμιο που άρχισα να σκέφτομαι αυτό το βιβλίο και πάλι, και έδωσα μια σειρά από αντίγραφα στους φοιτητές με την ελπίδα να δημιουργήσει μια συζήτηση. Είχα ανατροφοδότηση σχετικά με το βιβλίο, αλλά αναζήτησα κάποια μορφή ακαδημαϊκής συζήτησης, είχα δοκιμάσει παντού, αλλά την ίδια στιγμή ήξερα ότι οι άνθρωποι είχαν πιεστικές ημερήσιες διατάξεις.

Αλλά, όντας στο πανεπιστήμιο, σκέφτηκα να προσπαθήσω να συζητήσω το βιβλίο με τον εφημέριο του κολεγίου. Ήταν περίπου Νοέμβριος του 2013. Πήρα μαζί μερικά βιβλία, ένα για να αφήσω, και μερικές φωτογραφίες και είχαμε μια συνομιλία, κατά τη διάρκεια της οποίας μπορεί να τον αναστάτωσε. Όπως θα ξέρατε, δεν είμαι θρησκευόμενος, και τα προηγούμενα χρόνια είχα προσπαθήσει να δω την εμπειρία μου μέσα από μάτια που δεν επηρεάζονται από θρησκευτικά δόγματα. Δεν μπορούσα να γυρίσω πίσω. Εξακολουθώ να πιστεύω ότι η πορεία μου είχε καθοδηγηθεί. Αυτά, ειδικά τα αποτυπώματα ποδιών, ήταν αληθινά. Αλλά προσπαθούσα να δω την εμπειρία από την άποψη της εξέλιξης, σε αντίθεση με τη θρησκεία, και είχε εξίσου νόημα, αν όχι περισσότερο. Είπα στον εφημέριο ότι πιστεύω ότι όλες οι θρησκείες διαστρεβλώνουν την ιδέα του Θεού, χαρακτηρίζοντας τον Θεό ως φυσική δύναμη. Δεν του άρεσε η περιγραφή μου για τις θρησκείες, και κατήγγειλε την εδραιωμένη πεποίθησή μου ότι ο Θεός είναι φυσικός, σε αντίθεση με το υπερφυσικό. Αργότερα πήγε να μου πει την σύγχρονη θεολογική σκέψη σε σχέση με την Αποκάλυψη, κατά τη διάρκεια της οποίας τον διέκοψα, λέγοντας ότι ήταν κερδοσκοπία, και η γνώμη μιας ομάδας ανθρώπων που συζητούν, ενώ μιλούσα από άποψη προσωπικής, πρακτικής, εμπειρίας. Φρίκαρε, τα έχασε εντελώς, και αναφέρθηκε σε αυτό το βιβλίο ως έργο του διαβόλου, και με διέταξε να φύγω από το γραφείο του αμέσως, και να πάρω τα πάντα μαζί μου. Ωστόσο, έλαβα κάποια πολύ θετική πρακτική κριτική από έναν από τους λέκτορές μου, η οποία ήταν ενθαρρυντική, καθώς ξεκίνησα τότε αυτό που γνωρίζω τώρα ότι είναι η τρίτη αναθεώρηση.

Αλλά λίγο μετά άρχισαν να σοβαρεύουν οι ανησυχίες για από τα πρόσφατα γεγονότα, τα οποία μόλις χειροτέρεψαν, και γινόντουσαν όλο και χειρότερα. Τα προβλήματα εμβάθυναν στη Μέση Ανατολή, τη Συρία, με την εμφάνιση του Ισλαμικού Κράτους, το οποίο λειτουργεί με τη δική τους αποκαλυπτική αφήγηση και την κρίση στην Ουκρανία, όπου η ΕΕ και οι ΗΠΑ ειδικότερα, φαίνεται να υποστήριξαν την αναγκαστική απομάκρυνση της δημοκρατικά εκλεγμένης κυβέρνησης του Βίκτορ Γιανουκόβιτς λόγω των ισχυρών δεσμών της με τη Ρωσία. Οι δυτικές κυβερνήσεις, και τα μέσα ενημέρωσης τους, θα πουν ευχαρίστως ότι τα τρέχοντα προβλήματα με τη Ρωσία απορρέουν από την προσάρτηση της Κριμαίας, ξεχνώντας γρήγορα τη δική τους υποστήριξη για αυτό το πραξικόπημα εναντίον μιας νόμιμα εκλεγμένης κυβέρνησης. Αυτή είναι η πηγή των πρόσφατων προβλημάτων μεταξύ της Ρωσίας και των χωρών του Ν.Α.Τ.Ο. Η Βικτώρια Νουλάντ, πρώην βοηθός του Υπουργού Εξωτερικών των ΗΠΑ, ήταν στην ευχάριστη θέση να καυχηθεί για τις δαπάνες δισεκατομμυρίων για να αλλάξει το πρόσωπο της ουκρανικής πολιτικής. Τον Ιούλιο του 2014, το ΜΗ17 καταρρίφθηκε στα ανατολικά της Ουκρανίας. Άκουγα το ραδιόφωνο του BBC και λίγο αργότερα, και οι παρουσιαστές, και οι αναλυτές ήταν αρκετά ήρεμοι, λέγοντας ότι θα ξέραμε μέσα σε λίγες ώρες από πού προήλθε ο πύραυλος που κατέρριψε αυτό το αεροσκάφος, λόγω των δορυφορικών εικόνων που οι ΗΠΑ θα είχαν στη διάθεσή τους. Ωστόσο, το μόνο που πήραμε ήταν μη ασφαλείς για συμπεράσματα εικόνες, και υποτιθέμενες ραδιοφωνικές κλήσεις, οι οποίες οι Ουκρανοί ισχυρίζονται ότι ήταν απόδειξη ότι οι Ρώσοι αυτονομιστές κατέρριψαν το αεροσκάφος. Ενώ οι Ρώσοι ονόμασαν τον Ουκρανό στρατιωτικό πιλότο, ο οποίος υπήρχε. Υποστηρίζεται ότι ένας άλλος Ουκρανικός στρατιωτικός αξιωματούχος λέει ότι κατέρριψε κατά λάθος το αεροσκάφος ενώ πίστευε ότι ήταν ρωσικό στρατιωτικό αεροπλάνο. Όταν προσγειώθηκε μετά την επίθεση, υποστηρίχθηκε ότι βγήκε από τον μαχητή του, αναστατωμένος, και τραύλιζε συναισθηματικά ότι το αεροπλάνο δεν θα έπρεπε να ήταν εκεί. Ήταν λίγο μετά όταν έγινε επικεφαλής του αεροδρομίου του Κιέβου, και μετά αυτοκτόνησε. Οι Ρώσοι δημοσίευσαν επίσης μια δορυφορική εικόνα ενός μαχητικού αεροσκάφους που εκτοξεύει πύραυλο σε αεροσκάφος. Η απάντηση του σε αυτή την εικόνα ήταν να ισχυριστεί ότι ήταν ψευδής, καθώς τα σύννεφα δεν ταιριάζουν. Ποια υπηρεσία έκανε το απόσπασμα της δυτικής κυβέρνησης; Η C.I.A.; M.I.6; Όχι, οι έρευνες του Μπέλινγκκατ. Ο Έλιοτ Χίγκινς, ένας ανεπίσημος μπλόγκερ στο Διαδίκτυο που εργάστηκε από την κρεβατοκάμαρα του σπιτιού της μητέρας του εδώ στο Ηνωμένο Βασίλειο. Βρήκε την πιο πρόσφατη φήμη για την αποκάλυψη των ταυτοτήτων των δύο αξιωματικών της G.R.U. που ήταν ύποπτοι για την δηλητηρίαση του Skripal, αναφερόμενος στον εαυτό του ως δημοσιογράφος και πολίτης. Αυτή ήταν η πηγή για τους Βρετανούς, τις ΗΠΑ και πολλές άλλες κυβερνήσεις για το θέμα αυτό. Ένας μοναχικός άντρας και ο υπολογιστής του στην κρεβατοκάμαρα του σπιτιού της μητέρας του. Σύμφωνα με τον Χίγκινς, τα σύννεφα δεν ήταν σωστά. Δεν ταίριαζαν με τις φωτογραφίες του Google Earth. Καμία αξιόπιστη υπηρεσία δεν υποστήριξε τον ισχυρισμό του, θα έλεγα, επειδή έχουν μια φήμη να χάσουν. Είναι ενδιαφέρον, αν ψάχνετε για μία άμεση συνέπεια του βίντεο, υπάρχει ένα ή δύο επιπλέον βίντεο γύρω, που φαίνεται να δείχνουν την πλήρη νεφοκάλυψη στον ορίζοντα, την οποία θα επιβεβαιώσει η άποψη του Χίγκινς, αν και η οπτική της κάμερας φαίνεται να είναι οριζόντια. Αλλά υπάρχει ένα βίντεο που έχει ληφθεί από ένα αυτοκίνητο, και είναι διαθέσιμο στην ιστοσελίδα της Daily Mail και στα τελευταία είκοσι δευτερόλεπτα καθώς οδηγούν μακριά, η κάμερα είναι, όπως επισήμανε πιο κάθετη, και το βίντεο πιάνει πραγματικά μια μεγάλη περιοχή του καθαρού μπλε ουρανού, ακριβώς μπροστά τους, η οποία φαίνεται να τρέχει πάνω από όλη τη σκηνή. Λαμβάνοντας υπόψη ότι η ρωσική δορυφορική εικόνα θα είχε ληφθεί τουλάχιστον δέκα έως δεκαπέντε λεπτά νωρίτερα, αυτό θα μπορούσε κάλλιστα να ταιριάζει με την ρωσική άποψη, ακριβώς όπως οι εκθέσεις ενός μαχητικού αεροσκάφους που παρατηρήθηκε στην περιοχή ταιριάζει με τους ισχυρισμούς του. Κάτι ακόμη πιο ενδιαφέρον, στη σειρά του Εθνικού Γεωγραφικού ντοκιμαντέρ 'Διερεύνηση Αεροπορικών Ατυχημάτων', το περιστατικό αναδημιουργήθηκε για το πρώτο επεισόδιο της 17ης σειράς. Αλλά, υπάρχει ένα πρόβλημα με την αλήθεια τους για τα γεγονότα. Ξαναχτίστηκε μέρος του πιλοτηρίου, αρκετό για να κάνουν αυτό που έπρεπε, αυτή είναι η δεξιά πλευρά, όπως είστε κοιτάζοντας προς τα εμπρός από πίσω, δεν δείχνει καμία ζημιά σε κανένα από τα δύο πίσω παράθυρα από την πλευρά του πιλοτηρίου, το οποίο θα απορρίψει τη ρωσική εκδοχή των γεγονότων, όπως αυτή είναι η πλευρά που λένε ότι δέχθηκαν επίθεση από αυτούς. Αλλά υπάρχει μεγάλη ζημιά στην αριστερή πλευρά του πιλοτηρίου, που το ντοκιμαντέρ λέει ότι η σύγκρουση έλαβε χώρα, όπως ταιριάζει με τη δυτική αφήγηση μιας επίθεσης πυραύλων Buk. Ωστόσο, αν κοιτάξετε την ανεξάρτητη φωτογραφία αρχείου του Reuters της ανακατασκευής του πιλοτηρίου, που ελήφθη από τον Michael Kooren το 2015, και είναι διαθέσιμη στην ιστοσελίδα RT από μια μεταγενέστερη έκθεση ειδήσεων που έγινε το 2018, μπορείτε να δείτε την φρικτή ζημιά στη δεξιά πλευρά, ακόμη και κάτω από αυτά τα παράθυρα του πιλοτηρίου, και δεν συγκρίνεται σε τίποτα με τον απολογισμό του Εθνικού Γεωγραφικού Κέντρου για τα γεγονότα, τα οποία μπορώ μόνο να πιστεύω ότι έχουν σχεδιαστεί για να ταιριάξουν με τη δυτική αφήγηση. Γνωρίζοντας ότι ένα ψέμα είναι ένα ψέμα, αυτό είναι μια πολύ χρήσιμη ένδειξη της αλήθειας. Παρά την ολλανδική έρευνα, η οποία ήταν γελοία, δεδομένου ότι απαγόρευε στους Ρώσους να καταθέσουν, είμαι αρκετά σίγουρος ότι σε αυτό το σημείο δεν ήταν οι Ρώσοι, και ότι οι Ουκρανοί, οι ΗΠΑ, και άλλοι, πιστεύω, μας εξαπατούν. Πιστεύω ότι οι πολίτες του MH17 θυσιάστηκαν από ορισμένες δυτικές και ουκρανικές δυνάμεις για να αμαυρώσουν τη φήμη των Ρώσων αυτονομιστών και να στρέψουν την παγκόσμια γνώμη εναντίον τους, και κατά του Ρώσου Προέδρου. Δεν είναι πολύ διαφορετικό από την οικογένεια Ιλχάν, και μια αντανάκλαση του τι πραγματικά σημαίνουν οι ζωές μας για τις κυβερνήσεις μας, δηλαδή, πολύ λίγο.

Πριν από τη Συρία, και μετά τη διάλυση της Σοβιετικής Ένωσης, η Ρωσική Ομοσπονδία είχε στείλει στρατεύματα σε ένα ξένο κράτος μόνο μία φορά από τις γνώσεις μου. Όταν η Νότια Οσετία, η οποία έχει μεγάλο ρωσικό πληθυσμό, κήρυξε ανεξαρτησία από τη Γεωργία, η οποία στη συνέχεια αντιστάθηκε από τους Γεωργιανούς. Πολιτικά, η Γεωργία είναι μια πρόσφατη οντότητα, μετά τη διάλυση της Σοβιετικής Ένωσης και το 2008, μετά από γεωργιανές στρατιωτικές επιδρομές, η Ρωσία έστειλε στρατεύματα στην περιοχή για να εξασφαλίσει την ειρήνη. Η απόδειξη αυτού είναι το γεγονός ότι δεν υπάρχουν άλλες μάχες στη Νότια Οσετία. Στην ίδια χρονική κλίμακα, τα μέλη του Ν.Α.Τ.Ο., ιδιαίτερα οι ΗΠΑ, επιτέθηκαν στη Γιουγκοσλαβία, ή ό,τι απέμεινε από αυτήν, το Ιράκ, το Αφγανιστάν, τη Λιβύη, ενώ παράλληλα ριζοσπαστικοποιήθηκαν πολλοί μέσω των θηριωδιών τους, παρείχαν όπλα και εκπαίδευση σε ισλαμιστές μαχητές, και υποστήριξαν στρατιωτική δράση κατά της συριακής κυβέρνησης, και του λαού. Συμμετέχουν σε αρκετές άλλες χώρες όπου πραγματοποιούνται επιθέσεις με μη επανδρωμένα αεροσκάφη. Αγνοημένος σε μεγάλο βαθμό, υποστήριξε ακραίες καταχρήσεις κατά της δημοκρατίας στην Αλγερία και την Αίγυπτο, μεταξύ άλλων, και έκανε τα στραβά μάτια στο μακελειό που είναι η Γάζα, και πιο πρόσφατα στην Υεμένη, διασφαλίζοντας παράλληλα ότι οι στρατιωτικές μηχανές που προκαλούν αυτές τις καταστροφές δεν θα ξεμείνουν ποτέ από όστρακα, και αυτό είναι για να αναφέρω ορισμένες από τις καταχρήσεις.

Το 2013, η κυβέρνησή μας και τα μέσα ενημέρωσης ενθάρρυναν κυριολεκτικά τους μουσουλμάνους να πάνε στη Συρία για να πολεμήσουν αυτό που αποκαλούσαν κακό δολοφονικό καθεστώς, το οποίο είναι ο τρόπος με τον οποίο περιέγραψαν την αυταρχική, αλλά πολιτιστικά και εθνικά ανεκτική, κυβέρνηση του Μπασάρ Αλ Άσαντ της Συρίας. Υποστηρίζοντας την με ανεπιβεβαίωτες αξιώσεις για φρικτές θηριωδίες, εγκλήματα πολέμου και εκατό πενήντα εκατομμύρια λίρες για την ενίσχυση της αντιπολίτευσης, των αποκαλούμενων 'μετριοπαθών ανταρτών', οι οποίοι φαίνεται να ήταν όλοι τζιχαντιστές, ανεξάρτητα από τον τίτλο τους. Η σύγκρουση στη Συρία μπορεί να φαίνεται ότι τελείωσε προς το παρόν, αλλά δεν νομίζω ότι θα υπάρξει μια σύγκρουση εκεί σε καμία περίπτωση, εκτός και αν επηρεάσουν την κατάσταση εξωτερικές επιρροές. Η Συρία, και η τύχη του Μπασάρ Αλ Άσαντ, είναι ένας από εκείνους τους τομείς όπου η πολιτική προκατάληψη ορισμένων δυτικών κυβερνήσεων, και η κυβέρνηση της Σαουδικής Αραβίας συγχωνεύονται. Οι Σαουδάραβες συμμετέχουν σε μια τοπική εκστρατεία κατά του Ιράν και κατά σε ό,τι έχει σχέση με τους Σιίτες και ο Ασάντ είναι φίλος του Ιράν, ενώ οι ΗΠΑ ειδικότερα, αλλά όχι αποκλειστικά, είτε είχαν σοβαρά παράπονα από την ιρανική ισλαμική κυβέρνηση, ή επέλεξαν την πλευρά τους σύμφωνα με τις υπάρχουσες φιλίες, πράγμα που σημαίνει ότι οι περισσότερες δυτικές κυβερνήσεις έχουν κάποια συμπάθεια προς τη Σαουδική Αραβία, παρά τις τρομακτικές θηριωδίες τους.

Όσο για το Ισλαμικό Κράτος, θυγατρικές πολλών από τις ομάδες της τζιχάντ που μάχονται κατά της Συρίας του Άσαντ, μοιράζονται τις ίδιες αξίες με την ισλαμική παράδοση των 'Γουαχάμπι' της σαουδαραβικής κυβέρνησης. Έχουν τις ίδιες αξίες, και έχουν τους ίδιους εχθρούς, και σκοπεύουν να προωθήσουν τη δική τους ισλαμική ιδεολογία, και το νόμο της σαρία, σε περιφερειακή και παγκόσμια κλίμακα, με οποιοδήποτε μέσο. Το Ανώτατο Ισλαμικό Συμβούλιο της Αμερικής γράφει:

> Η πίστη Γουαχάμπι παρέχει τη θρησκευτική και ιδεολογική βάση που επιτρέπει στα μαχητικά κινήματα να παίρνουν τα όπλα ενάντια στις υπάρχουσες κυβερνήσεις εάν αισθάνονται ότι υπάρχει ανάγκη. Αν και αυτά τα κινήματα είναι ιδεολογικής φύσης, καταφεύγουν εύκολα στον ένοπλο αγώνα. Ενώ οι περισσότερες κυβερνήσεις είναι σε θέση να συμφιλιωθούν και να επιτύχουν συμβιβασμούς -- καθώς μπορεί κανείς εύκολα να συμβιβαστεί με έναν μετριοπαθή Μουσουλμάνο -- οι εξτρεμιστές απορρίπτουν κάθε είδους συμβιβασμό, επιμένοντας στην πορεία τους και τίποτα άλλο. Έχουν το όραμα μιας σήραγγας, πιστεύοντας σε ένα καθήκον και έχουν ένα μήνυμα για να παραδώσει.

Είμαι αντίθετος σε αυτή τη διαστροφή του Ισλάμ, καθώς γνωρίζω ότι πολλοί είναι μουσουλμάνοι, λόγω της μισαλλοδοξίας τους, και το αίτημά της για το νόμο της σαρία, αλλά νομίζω ότι οι κυβερνήσεις μας βάζουν την πολιτική πρώτη, αγνοώντας την ανάπτυξή της, ειδικά μέσω της Σαουδικής Χρηματοδότησης των θρησκευτικών εξελίξεων, η οποία με τη σειρά της ανταγωνίζεται με τις ΗΠΑ με βάση το χριστιανικό δικαίωμα να επηρεάζει. Αυτό έχει γίνει ένα αυξανόμενο πρόβλημα σε όλο τον κόσμο. Έχει όλα τα χαρακτηριστικά μιας παγκόσμιας σύγκρουσης, η οποία λαμβάνει χώρα σε διαφορετικά επίπεδα, ανάλογα με την επικράτεια, και είναι ο μεγαλύτερος κίνδυνος. Δεν είναι μια παγκόσμια σύγκρουση με την έννοια ότι είμαστε εμείς ή αυτοί. Στα πεδία μάχης του Ιράκ και της Συρίας αυτό θα μπορούσε κάλλιστα να ισχύει, αλλά όχι στις χώρες μας. Υπάρχουν εξτρεμιστές και από τις δύο πλευρές που προσπαθούν να αποσταθεροποιήσουν και να προωθήσουν τον θρησκευτικό εξτρεμισμό και τον φόβο, ο οποίος μπορεί συχνά να οδηγήσει σε βία, όποια και αν είναι η αιτία, χριστιανική ή μουσουλμανική, θα πρέπει να απαιτήσει την ίδια απάντηση, την ενοποιημένη περιφρόνηση και καταδίκη μας.

Το μέρος που μου άρεσε περισσότερο στο Βιβλίο της *Αποκάλυψης* ήταν κοντά στο τέλος αν και δεν νομίζω ότι έχει κυριολεκτική σημασία. Δεν υπάρχουν ναοί στο βασίλειο του αμνού. Δεν ορίζεται ως ένα καλό ή ένα κακό πράγμα, αλλά περισσότερο ως μια δήλωση των γεγονότων. Αυτό με εντυπωσίασε γιατί δεν νομίζω ότι τους 'χρειαζόμαστε'. Αυτό είναι επίσης αντίθετο όχι μόνο με την ιδέα του νόμου της σαρία, και την ιδεολογία της, αλλά και με εκείνη όλων των θρησκειών. Είμαστε όλοι μέρος της Φύσης, ή του Θεού, αν θέλετε, και ο Θεός υπάρχει μέσα σε όλους μας. Ενώ θα υπερασπιστώ το δικαίωμα των ανθρώπων να λατρεύουν με τον τρόπο που επιθυμούν, υπό την προϋπόθεση ότι δεν βλάπτει τους άλλους, δεν χρειαζόμαστε ναούς, και το τελευταίο πράγμα που χρειαζόμαστε είναι μια σύγχρονη κοινωνία που διέπεται από ένα σύνολο μεσαιωνικών δογμάτων, τα οποία συχνά ερμηνεύονται χωρίς ανοχή ή συμπόνια.

Όσο για τον μουσουλμάνο φίλο μου, πήγαμε χωριστά. Ήταν πολύ καλός άνθρωπος, αλλά έλεγε πολλά ψέματα, ανόητα περιττά ψέματα, πολύ συχνά.

Αποφάσισα ότι ανεξάρτητα από το τι θα μπορούσε να σκεφτεί για το δικό του ρόλο δεν υπήρχε τίποτα που ήθελα να κάνω μαζί του από αυτή την άποψη, και αυτό ακριβώς με έκανε περίεργο ως προς την όλη υπόθεση της Μαριάμ Νουρ. Πέθανε τον Μάρτιο του 2020 στο ελληνικό νησί όπου διέμενε. Νόμιζα ότι η μοίρα πρέπει να μας έφερε κοντά για κάποιο λόγο, και ίσως το έκανε, αλλά δεν μπορούσα να το δω. Είχαμε μερικές πολύ παράξενες συζητήσεις όμως. Μια τέτοια συζήτηση ήταν για έναν άδειο τάφο δίπλα σε αυτόν του Προφήτη Μωάμεθ. Μερικοί πιστεύουν ότι προορίζεται για έναν Χριστιανό που οι μουσουλμάνοι αναμένουν ως αγγελιοφόρο κατά τη στιγμή της αποκάλυψης. Έμεινα άναυδος όταν το έμαθα, αλλά είπα στον μουσουλμάνο φίλο μου ότι μπορεί να τον έχει, καθώς δεν θέλω να ταφώ σε μια ξένη χώρα μακριά από τους ανθρώπους που αγαπώ. Ήταν πολύ ευχαριστημένος όταν του το είπα, αλλά είναι θαμμένος στην Ελλάδα.

Θέλω να μιλήσω γρήγορα για το Ισραήλ, και ιδιαίτερα για τον ορισμό του αντισημιτισμού από τη Διεθνή Συμμαχία Μνήμης του Ολοκαυτώματος, η οποία είναι πλέον ευρέως αποδεκτή από πολλές κυβερνήσεις. Υπάρχει μέρος της δήλωσης που αναφέρει ότι οι συγκρίσεις που έγιναν μεταξύ της σύγχρονης ισραηλινής πολιτικής και εκείνης των Ναζί σας κάνουν τώρα έναν αντισημιτιστής. Αν, βλέπετε τέτοιες συγκρίσεις, οι οποίες μπορεί να υπάρχουν ή να μην υπάρχουν, και να τους αναφέρω είστε τώρα αποφασισμένοι, σε πολλά μέρη, σε πολλούς κύκλους, να είναι ένας αντισημίτης, ακόμη και αν είστε Εβραίοι οι ίδιοι. Εάν μπορείτε να δείτε τις συγκρίσεις μεταξύ ισραηλινών στρατιωτών που χρησιμοποιούν τους Παλαιστινίους ως πρακτική-στόχος, (Ράινχαρτ σ.112) η οποία είναι μια πρακτική που είναι αποδεκτή εκεί για χρόνια, η στρατηγική της συγκέντρωσης εκατομμυρίων Παλαιστινίων στη Λωρίδα της Γάζας, στερώντας τους πολλά δικαιώματα που παρέχονται στους περισσότερους πολίτες του κόσμου, ενώ το Ισραήλ παίρνει σιγά-σιγά τη Δυτική Όχθη ως ένα επιπλέον χώρο διαβίωσης για τους πολίτες του, και ορισμένες πράξεις που διαπράχθηκαν από τους Γερμανούς Εθνικούς Σοσιαλιστές (Ναζί) μεταξύ 1933 και 1945, και λέτε ό, τι βλέπετε, τότε είστε αντισημίτης σύμφωνα με την IHRA. Έλεγχος σκέψης ή φίμωση εντολής, δεν είναι σωστό.

Αυτό συνδέει αυτόματα ένα ορισμένο είδος κριτικής του κράτους του Ισραήλ με τον αντισημιτισμό και προσπαθεί να φιμώσει εκατομμύρια ανθρώπους που μπορεί να φοβούνται να αποκαλούνται αντισημίτες λόγω των απόψεων που μπορεί να έχουν σε σχέση με τις ενέργειες μιας 'κυβέρνησης'. Ο όρος αντισημίτης χρησιμοποιείται τώρα για την προστασία των δραστών της βίας και της καταπίεσης. Προσπάθησα να το πω όσο πιο προσεκτικά μπορώ, διότι αναμφίβολα θα κατηγορηθώ για αντισημιτισμό. Όχι επειδή μπορεί να αντιτίθεμαι στο κράτος του Ισραήλ, πράγμα που δεν κάνω, αλλά επειδή απεχθάνομαι τον τρόπο με τον οποίο συμπεριφέρθηκε το κράτος εναντίον ορισμένων ανθρώπων. Μπορώ να δω προηγούμενες εμπειρίες από τις οποίες, φαίνεται, δεν έχουν αντληθεί διδάγματα. Αυτό δεν έχει καμία σχέση με τον Ιουδαϊσμό ή τον εβραϊκό λαό, οι οποίοι είναι πολιτιστικοί, θρησκευτικοί, και έχω μονάχα το μεγαλύτερο σεβασμό, αλλά ο όρος χρησιμοποιείται τώρα για να υπερασπιστεί τις ισραηλινές κρατικές καταχρήσεις, και πολλές κυβερνήσεις στον κόσμο το αποδέχονται επειδή ήταν συνένοχοι σε αυτές τις θηριωδίες. Είναι η I.H.R.A., το ισραηλινό κράτος, και οι πολιτικοί σε όλο τον κόσμο που έχουν υιοθετήσει αυτόν τον ορισμό που είμαι επικριτικός εδώ, όχι η εβραϊκή φυλή, και αν θεωρούμαι αντισημίτης λόγω αυτών των απόψεων, τότε αποδεικνύει την άποψή μου.

Γνώρισα μια Ισραηλινή γυναίκα στην Ταϊλάνδη, εκεί μετά την εθνική της θητεία, όπως τόσοι πολλοί. Έκανε παρέα με εμάς μας για λίγο. Τότε ένα πρωί, μετά το πάρτι της πανσελήνου, μια βαριά νύχτα, εμφανίστηκε για πρωινό, αλλά φαινόταν απόμακρη, στον δικό της κόσμο. Πέντε λεπτά αργότερα χτύπησε το τραπέζι και είπε τις λέξεις, «σκοτώστε τους όλους!» πριν χτυπήσει το τραπέζι ξανά και ξανά, όπως επανέλαβε τα λόγια της, «σκοτώστε τους όλους, σκοτώστε τους όλους». Την λυπήθηκα. Οι άνθρωποι πήραν τα πιάτα τους και μετακόμισαν σε άλλα τραπέζια, και δεν πήρε πολύ ώρα για να μείνει μόνη της στον πόνο και το μίσος της. Κανείς δεν την ρώτησε για ποιον μιλούσε, όλοι ξέραμε. Δεν είναι τρόπος αυτός να μεγαλώνεις τα παιδιά σου.

Έχω επίσης ένα μήνυμα για τους υποστηρικτές της Αποκάλυψης που προσπαθούν εδώ και χρόνια να κάνουν ό,τι μπορούν για να εξασφαλίσουν αυτή τη φορά. Μερικοί έχουν προκαλέσει πόνο και ταλαιπωρία σε άλλους για την επιδίωξη αυτού του στόχου. Δεν νομίζω ότι η βοήθειά σου ήταν ποτέ απαραίτητη. Όλα τα εγκλήματα που διέπραξες παραμένουν ακριβώς τα ίδια. Μην ξεγελάς τον εαυτό σου ότι το τέλος δικαιολογούνται τα μέσα.

Όπως η εμπειρία μου, με τη συμφωνία που έκανα με τον υπεύθυνο επιτήρησης αντανακλά, το να είναι κανείς γεμάτος με μια τέτοια αίσθηση της δικαιοσύνης μπορεί να είναι ένα επικίνδυνο πράγμα. Ένιωσα ότι η ζωή του αφεντικού της ήταν ασήμαντη σε σύγκριση με αυτό που νόμιζα ότι συνέβαινε και, με τη σειρά του, με την απώλεια του στενότερου φίλου μου, έμαθα ένα πολύ πολύτιμο μάθημα. Ο κίνδυνος σήμερα είναι ότι υπάρχουν τόσοι πολλοί που είναι γεμάτοι με τη δική τους αίσθηση της δικαιοσύνης, οπλισμένοι και έτοιμοι να πεθάνουν, και να σκοτώσουν, για τις πεποιθήσεις τους. Ακόμη και εντός των δυτικών κυβερνήσεων μας αυτή η αίσθηση της δικαιοσύνης υπάρχει, και τα διπλά πρότυπα των κυβερνήσεων μας δεν κάνουν τίποτα, πέρα από το να προσφέρουν μια ηθική δικαιολογία για πολλούς εκεί έξω. Αυτοί, οι κυβερνήσεις μας, έχουν εμπορευματοποιήσει τον πόλεμο, τι άλλο πρέπει να περιμένουμε; Στη Συρία, το Ιράκ, τη Λιβύη, την Υεμένη, τη Γάζα και σε πολλά άλλα μέρη, υπάρχουν εκατομμύρια, ολόκληρες νέες γενιές, που μεγαλώνουν μόνο με τον πόνο της βίας και της καταπίεσης. Οι αεροπορικές επιδρομές δεν είναι ανθρωπιστική βοήθεια. Η αγάπη χρειάζεται καλλιέργεια, αλλά οι κυβερνήσεις μας δεν προσφέρουν τίποτα άλλο παρά τους σπόρους περισσότερης δυστυχίας. Είναι εκπληκτικό το γεγονός ότι τα πράγματα έχουν επιδεινωθεί σταδιακά;

Πιο πρόσφατα, και ίσως το πιο σημαντικό, ανακαλύπτουμε ότι η αλλαγή του κλίματος επιταχύνεται με ταχύτερο ρυθμό από ό, τι αναμενόταν ποτέ. Μας προειδοποιούν ότι έχουμε μόνο κάποια χρόνια για να αντιστρέψουμε τη διαδικασία μέσω μιας μαζικής μείωσης της χρήσης ορυκτών καυσίμων ή να αντιμετωπίσουμε καταστροφές, αλλά τα δάση καίγονται με ταχύτερο ρυθμό από ποτέ, όχι από ανάγκη, αλλά για το κέρδος, ενώ οι πετρελαιοπαραγωγικές χώρες του κόσμου αντιστέκονται σε πιο δραστικά μέτρα, καθώς θα επηρεάσουν τα έσοδά τους. Ο σημερινός πρόεδρος των ΗΠΑ δεν φαίνεται να ενδιαφέρεται για την επίδραση των πολιτικών που έχουν για το περιβάλλον μας, και έχει γεμίσει τη διοίκησή του με εταιρικούς τύπους που ενδιαφέρονται λίγο για τις οικολογικές επιπτώσεις των αποφάσεών τους και, όπως και οι εταιρείες που εκπροσωπούν, ασχολούνται μόνο με το κέρδος, ανεξάρτητα από το κόστος. Ποια είναι η αξία των χρημάτων όταν ο πλανήτης σας πεθαίνει ως αποτέλεσμα; Και μετά ήρθε ο Covid19.

Ξεκίνησα την έκτη αναθεώρηση στις αρχές του καλοκαιριού του 2019, και έξι μήνες αργότερα, ο Covid19 είχε εξαπλωθεί. Καθώς γράφω αυτό, πολλές χώρες είναι σε καθεστώς εγκλεισμού, και το παγκόσμιο ποσοστό θνησιμότητας αυξάνεται, ενώ αυτό προσφέρει στον πλανήτη κάποια ανάπαυλα. Δεν θα γράψω πολλά γι' αυτό. Φαίνεται να αλλάζει τόσο πολύ για όλους μας, και δεν μπορώ παρά να το βρίσκω ενδιαφέρον, ειδικά σε σχέση με το πού μας οδηγεί το επόμενο κεφάλαιο.

*

Όσο γράφω αυτό, είναι λίγο πάνω από είκοσι ένα χρόνια από τότε που έγραψα για πρώτη φορά τα κεφάλαια ένα έως δεκαπέντε από αυτό το βιβλίο. Έχω γράψει λεπτομερώς το πέρασμα του βιβλίου, και τις πτυχές της ζωής μου, αλλά και παραλείπονται πολλά. Πολλοί από τους συγγενείς μου στην Κύπρο που εμφανίζονται σε αυτή την ιστορία έχουν πεθάνει. Πιο πρόσφατα έχασα μια μεγαλύτερη αδελφή από καρκίνο, και τον πατέρα μου το φθινόπωρο του 2017, και μόλις πέρυσι, τον Μπανάιι. Ο ξάδερφός μου ο Τζιμ ήρθε για την κηδεία της αδελφής μου, καθώς έτυχε να βρίσκεται στη χώρα, η οποία ήταν πολύ καλή, καθώς μου έδωσε την ευκαιρία να του μιλήσω για αυτό το βιβλίο, και το ρόλο του σε αυτό. Το συζητήσαμε περισσότερο από την άποψη της Κύπρου, καθώς δεν γνώριζε αυτά τα τελευταία κεφάλαια. Ήταν δύσκολο να του εξηγήσω πώς είχε κινηθεί το βιβλίο. Έπρεπε να του κάνω μια ευθεία ερώτηση για το 1974, και την πιθανή ανάμειξή του. Μου είπε ότι ποτέ δεν είχε καμία σχέση με το Ε.Ο.Κ.Α.Β. και μάλιστα βρήκε την ιδέα γελοία. Τον πιστεύω, και έκανα τροποποιήσεις για να το αντικατοπτρίσω αυτό, αν και του είπα ότι πιστεύω ότι αυτό που έγραψα για τη σχέση μας στο βιβλίο αντικατοπτρίζει τις διαιρέσεις που προκαλούνται εντός της ίδιας της ελληνοκυπριακής κοινότητας. Ήταν μια ωραία συζήτηση για άλλους λόγους όμως. Μιλώντας του μου θύμισε πόσο σημαντική είναι η οικογένεια, και η αγάπη που υπάρχει μέσα σε αυτούς τους δεσμούς. Βρήκα επίσης τον εαυτό μου να εξετάζει ότι σε σχέση με την Κύπρο, και το δικό μας χωριό, το οποίο δεν είχα σκεφτεί για κάποιο χρονικό διάστημα.

Λίγο μετά πήγα σε αναζήτηση της φωτογραφίας Ιλχάν που έχω χρησιμοποιήσει για να καλύψει τα θέματα πνευματικών δικαιωμάτων. Η ίδια φωτογραφία του Γκίμπονς έχει χρησιμοποιηθεί. Δεν μπορούσα να την βρω σε κανένα από τα χαρτοφυλάκια του Σταν Μέαγκερ, και όταν μίλησα στην Daily Express, μου είπαν ότι δεν την είχαν στο αρχείο. Δεν ήταν δική τους. Δεν μπορώ να βρω τον ιδιοκτήτη των πνευματικών δικαιωμάτων και υπάρχουν περισσότερες από μία φωτογραφίες αυτής της σφαγής σε κυκλοφορία. Κατά τη διάρκεια της αναζήτησης διάβασα δύο αρχειοθετημένα δημοσιεύματα των εφημερίδων του Γκίμπονς, αλλά αντικαταστάθηκε πολύ γρήγορα από την εφημερίδα του. Μια από τις πρώτες αναφορές του με ημερομηνία 24 Δεκεμβρίου 1963 ήταν ότι ένας Βρετανός στρατιώτης τραυματίστηκε από Τούρκους ενώ προσπαθούσε να σώσει μια πολιορκημένη ελληνική οικογένεια στη Λάρνακα. Διάβασα αναφορές για επίθεση στο Ελληνικό Μοναστήρι και είδα φωτογραφίες μοναχών και παιδιών που δολοφονήθηκαν από Τούρκους. Στις 27 Δεκεμβρίου 1963 η Daily Express ανέφερε ότι:

> Ο Βρετανός Ύπατος Αρμοστής Sir Arthur Clarke και ο Αρχηγός του Στρατού Κύπρου Υποστράτηγος Peter George Young των Πράσινων Πιλέκων ανέλαβαν την πλήρη διοίκηση των πολιτικών και στρατιωτικών υποθέσεων κατόπιν έκκλησης του Αρχιεπισκόπου Μακάριου «Βοηθήστε μας να σώσουμε την Κύπρο».

Στα πρωτότυπα αγγλικά

British High Commissioner Sir Arthur Clark and Cyprus army chief Major General Peter George Young of the Green Jackets have taken complete command of political and military affairs after a 3 a.m. appeal by Archbishop Makarios 'Help us-save Cyprus'.

Επιβεβαίωση, νομίζω, για όσα είπε ο Μακάριος στον Γκίμπονς εκείνο το πρωί στη Βρετανική Ύπατη Αρμοστεία. Στη συνέχεια, στο ίδιο άρθρο, ανέφερε ότι, 'Αργότερα ένας Βρετανός στρατιώτης είπε πως ένας Τούρκος τρελάθηκε πυροβολώντας μια Ελληνίδα και δύο παιδιά σε ένα προάστιο της Λευκωσίας.

Μία από τις κύριες πεποιθήσεις μου είναι ότι πρέπει να εξετάσουμε τα δικά μας λάθη σε ένα θέμα πριν δείξουμε με το δάχτυλο και καθώς ο κύριος σκοπός του βιβλίου μου ήταν να αναδείξω τις ελληνικές δραστηριότητες, υποτίθεται και πραγματικές, ήθελα να δώσω μια γεύση από την άλλη πλευρά των πραγμάτων. Το βιβλίο του Γκίμπονς γράφτηκε για να προκαλέσει διαμάχες, να προκαλέσει διχασμό. Θα μπορούσα να γεμίσω ένα βιβλίο με τα εγκλήματα που διαπράχθηκαν εναντίον των Ελληνοκυπρίων από τους Τούρκους, αλλά ποιο θα ήταν σ 'αυτό το κέρδος;

Η υποστήριξη που έχω δείξει στο σερβικό λαό, ειδικά στο κεφάλαιο 16, δεν θα αφαιρεθεί ποτέ. Αλλά υπάρχει μια συγκεκριμένη παράγραφος στο κεφάλαιο δεκατέσσερα που μου έχει προκαλέσει, Τζιμ ανησυχία και πόνο. Αυτό έγραψα για τους πυραύλους. 'Φέτος, τον επόμενο χρόνο, έρχονται. Πρέπει να το κάνουν.' Ολόκληρη η παράγραφος αφαιρέθηκε μόνο για να την επιστρέψει. Δεν θέλω να έρθουν, αλλά ήθελα να μείνω πιστός στον άντρα που ήμουν όταν το έγραψα και να τον αφήσω να μιλήσει ξανά. «*Όταν χάσαμε το χωριό μας, χάσαμε περισσότερα από τούβλα και κονίαμα. Περισσότερο από την ίδια την πολύτιμη γη. Στην Κυπριακή Δημοκρατία, τα δικαιώματα ιδιοκτησίας της Τουρκίας γίνονται γενικά σεβαστά. Σημαίνει κάτι περισσότερο από περιεχόμενο για τους περισσότερους Ελληνοκύπριους. Όταν χάσαμε το χωριό μας από την κατοχή, χάσαμε τον πολιτισμό μας, και μαζί με αυτό την κληρονομιά μας, παραδόσεις που προέρχονται από την πνευματική αλλά και σωματική κοινότητα, μια κοινότητα που υπήρχε για χιλιάδες χρόνια, μια κοινότητα στην οποία είμαστε όλοι συνδεδεμένοι μεταξύ μας, και με αυτόν τον πολιτισμό, με τον ίδιο οικείο τρόπο όπως οι οικογένειές μας*».

Υπήρξε μια αλλαγή στην τουρκοκυπριακή πολιτική πρόσφατα. Ελπίζω ότι με αυτό θα έρθει μια επανεξέταση του τι ωφελεί το νησί στο σύνολό του, με την κατανόηση που του αξίζει. Μέχρι τότε, και όσο δύσκολο και αν είναι για μένα, αυτή η παράγραφος πρέπει να μείνει. Δεν θα προδώσω τον άνθρωπο που το έγραψε, και όταν εγώ, όπως είμαι τώρα, σκέφτομαι όλες τις κοινότητες που καταστράφηκαν, ως συνέπεια των σημερινών πολιτικών των κυβερνήσεων μας, ιδιαίτερα σε ολόκληρη τη Μέση Ανατολή, η θλίψη μου γίνεται όλο και βαθύτερη.

Δεν κάνω πια πόλεμο για την πατρίδα των προγόνων μου. Θα ήθελα να δω το τουρκικό μουσείο της ελληνοκυπριακής βαρβαρότητας στη Λευκωσία κλειστό. Αλλά δεν κάνω πόλεμο για την πατρίδα των προγόνων μου. Μόνο με τους Τούρκους θα φτιάξω γέφυρες.

18

Κεφάλαιο Δεκαοκτώ

Υπάρχουν δύο κύρια ζητήματα που ήθελα πραγματικά να καλύψω σε αυτές τις πιο πρόσφατες αναθεωρήσεις. Το πρώτο είναι αυτό της εμπειρίας της συγγραφής αυτού του βιβλίου. Πνευματικές και θρησκευτικές πτυχές, και αποτυπώματα ποδιών στην άμμο. Θέλω να επανεξετάσω την εμπειρία, αντικατοπτρίζοντας τις αλλαγές μέσα μου, όσο το κάνω αυτό, και δίνοντας προσοχή στον άνθρωπο που ήμουν ακριβώς πριν από το βιβλίο. Αυτό που δεν είχα σχεδιάσει ποτέ ήταν εξελίξεις όλα αυτά τα χρόνια, ειδικά πιο πρόσφατα, εδραιώνοντας τις πεποιθήσεις μου, όχι μέσω θρησκευτικών γραφών, αλλά μέσω της επιστήμης και της εμπειρίας, καθώς αυτό το ταξίδι καταλήγει στο αναπόφευκτο συμπέρασμά του. Ποτέ δεν πίστευα ότι θα έπαιρνα πίσω πολλά από αυτά που έγραψα. Η μνήμη του ανθρώπου που ήμουν μπορεί να ξεθωριάσει, αλλά πολύ πιο ξεκάθαρη, είναι η ανάμνηση αυτού που είδα στην παραλία του Κάτω Πύργου. Όταν σκέφτομαι τον αμνό του Θεού, όσο παράξενο κι αν φαίνεται, δεν μπορώ να αποφύγω το συμπέρασμα που κατέληξα και γνωρίζω ότι η λογική μου στην επιμονή μου σε αυτό το θέμα στηρίζεται στη βεβαιότητα αυτού που είδα στην παραλία, εκείνο το πρωί του Νοεμβρίου, τόσα χρόνια πριν. Αυτό που είδα ήταν αδύνατο και, ως αποτέλεσμα, οι δυνατότητες που δεν θα μπορούσα ποτέ να καταλάβω εκείνη τη στιγμή θα ξετυλίγονταν σύντομα. Αλλά αν, όπως μου αρέσει να φαντάζομαι, η Αφροδίτη χόρευε σε έναν σπειροειδή κύκλο προς το κέντρο, όπου στεκόταν στα δάχτυλα των ποδιών της, και έφτανε στον ουρανό στον οποίο εξαφανίστηκε, δεν ήταν μόνο για την Κύπρο. Δεν θεωρώ τον εαυτό μου βιβλική αποκαλυπτική φιγούρα. Μπορεί να παρασύρθηκα μερικές φορές, αλλά αυτό μπορεί να γίνει κατανοητό. Σκέφτομαι τον εαυτό μου ως κάποιον που μέσα από τις εμπειρίες της ζωής τους, αυτό το βιβλίο, το ταξίδι που περιγράφει, και τα αποτυπώματα ποδιών, που βρέθηκαν με ένα πεπρωμένο από το οποίο δεν μπορώ ούτε να ξεφύγει ούτε αισθάνθηκε ότι μπορεί να προχωρήσουμε ειρηνικά από αυτό. Μπορούσα μόνο να προχωρήσω με αυτό. Έτσι συνέχισα, χωρίς να ξέρω πού οδηγούσε αυτό, αλλά γνωρίζοντας ότι είναι ο μόνος τρόπος για μια ειρηνική λύση για τον εαυτό μου, παρά τις όποιες ανησυχίες.

Ένα πράγμα που έχω μάθει είναι ότι οι άνθρωποι περιμένουν διαφορετικά πράγματα από αυτή τη συγκεκριμένη βιβλική φιγούρα. Κάποιοι, είμαι σίγουρος, αναμένουν ο Χριστός να έρθει μεταφέροντας τους στην κορυφή ενός σύννεφου, χτυπώντας εχθρούς με αστραπές, και σηκώνοντας τους νεκρούς στο δρόμο, και όλα αυτά ζωντανά στην τηλεόραση, και δεν πρόκειται να δεχτούν τίποτα λιγότερο. Πολλές από τις απογοητεύσεις μας στη ζωή προέρχονται από τις δικές μας προσδοκίες. Μου αρέσει να σκέφτομαι την εμπειρία μου από προσωπική άποψη. Είχα ένα απίστευτο ταξίδι στη ζωή, γράφοντας και ζώντας αυτό το βιβλίο, και είδα ένα θαύμα στην πορεία, που ήταν όμορφο για τον εαυτό μου. Αλλά η ίδια η ζωή είναι ένα όμορφο θαύμα, ή θα ήταν αν δεν είχε χαθεί σε τόσους πολλούς. Παρά το μακελειό στον κόσμο σήμερα, και ότι για να έρθει, αυτή η εμπειρία μου δίνει αισιοδοξία για το μέλλον, και η μεγαλύτερη αλλαγή στον τρόπο που αντιλαμβάνομαι αυτό που πέρασα ήταν στις προσπάθειές μου να το διαχωρίσω από τη θρησκευτική ιδεολογία που, θα μπορούσε κανείς να υποστηρίξει, έδωσε στο ταξίδι την μεγαλύτερη σημασία του. Αν και μια καθολική δύναμη μπορεί να ρίχνει κάποια μορφή κρίσης, επέτρεψα στον εαυτό μου να παρασυρθεί, όπως έχω κάνει κατά καιρούς, αλλά αυτό είναι κατανοητό, νομίζω. Εξερευνώντας τις ομοιότητες μεταξύ των δικών μου εμπειριών, και του τι είναι γραμμένο στην *Αποκάλυψη* για το αμνό κριτικά, υπάρχουν περισσότερα από αρκετά για να αναπτύξουν ένα πολύ ισχυρό επιχείρημα, και στη συνέχεια υπάρχουν τα αποτυπώματα των ποδιών. Αυτή είναι η πραγματικότητά μου και το να αρνηθώ ότι ήταν έτσι, ξέρω από τους καταρτισμένους συμβούλους μου, ότι θα ήταν επιζήμιο για την ψυχολογική και συναισθηματική ευημερία μου.

Δεν είμαι το ίδιο άτομο που ήμουν όταν έγραψα αυτό το βιβλίο κεφάλαια ένα έως δεκαπέντε. Εκείνη την εποχή ήμουν σωματικά πολύ άρρωστος, αλλά διανοητικά ήμουν στο πλαίσιο της προετοιμασίας για το δικό μου πέρασμα πολλά χρόνια. Οι άνθρωποι φαίνονται έκπληκτοι όταν τους λέω ότι η ζωή ήταν ευκολότερη τότε. Απλά έπρεπε να σκέφτομαι τη στιγμή, κανένα μακροπρόθεσμο ή μεσοπρόθεσμο σχέδιο, λόγω του μικρού προσδόκιμου ζωής. Είχα ένα γενναιόδωρο κυβερνητικό επίδομα για το οποίο είμαι ευγνώμων, και την ικανότητα να κάθομαι σιωπηλά, μόνος για πολλές ώρες, και εξακολουθώ να αισθάνομαι την αγάπη για τα πάντα και για όλους γύρω μου, και με τη σειρά του, για τον εαυτό μου. Καθώς κάθομαι εδώ γράφοντας αυτό, στο παρόν, δεν αισθάνομαι ένα μπάλωμα για τον άνθρωπο που γονάτισε στην άμμο με ένα μαχαίρι στο λαιμό του. Αυτό μπορεί να μην λειτουργεί τόσο καλά στα ελληνικά, αλλά εδώ πηγαίνει.

Θα μπορούσα να πετάξω στη Ρώμη για ένα μακρύ Σαββατοκύριακο,
Ή να επισκεφτώ τον Ελβετό πρεζόνι φίλο μου.
Είναι μια αστεία ζωή που πρέπει να ζήσω.
Κάποιοι το λένε κατάρα. Το αποκαλώ δώρο.

Αυτές είναι οι στιγμές που έχουν σημασία, εδώ και τώρα.
Αλλά σκεφτείτε το μέλλον σας, έρχεται πολύ σύντομα.
Αλλά δεν πρέπει να φοβόμαστε αυτό το μέλλον τόσο κοντά.
Όταν τραβηχτεί η κουρτίνα, όλα γίνονται ξεκάθαρα.

Βάζω το βλέμμα μου ψηλά, φτάνω στα αστέρια.
Προσπαθώ για την τελειότητα.
Έχει πλάκα, αλλά είναι δύσκολο.
Ξέρω ότι αν σκοντάψω, η πτώση θα είναι μεγάλη.
Χαμογελώ. Το παραδέχομαι, έκανα ένα λάθος.

Είναι μια αστεία ζωή που πρέπει να ζήσω.
Με αετούς πετάω και με περήφανα παγώνια ζω.³

Ελπίζω να μεταφράζεται καλά. Έπρεπε να σε είχα ετοιμάσει γι' αυτό. 'Είναι μια αστεία ζωή' έγραψα το 1998 και δεν μου άρεσε να είμαι με τους ανθρώπους πολύ. Έμεινα άναυδος όταν διάβασα την αποκάλυψη κατά τη διάρκεια της γραφής του Κεφαλαίου Δεκαπέντε. Μετά τις εμπειρίες που είχα περάσει, και τα ίχνη των ποδιών στην άμμο, και τη φύση, με μεγάλη βεβαιότητα, είχε νόημα μόνο αν αυτό οδηγείται από μια κοσμική δύναμη με υλικές ικανότητες, δηλαδή τον Θεό. Είχε νόημα από το ταξίδι τότε, και είναι εξίσου λογικό τώρα, τόσο παράλογο όσο φαίνεται.

Στη συνέχεια, αμέσως μετά την ανάγνωση της *Αποκάλυψης* οδηγούσα γύρω σε κάποια θελήματα κοιτάζοντας προς τα πάνω μέσα από το τζάμι του αυτοκινήτου, τον άνεμο με δέος. Δεν χρειαζόταν να ψάξω πουθενά, αλλά θυμάμαι να λέω αργά, «Ήσουν εσύ, όλον αυτόν τον καιρό, ήσουν εσύ», και μόνο μέσω της αποδοχής μου από αυτό αισθάνομαι ολόκληρος. Μόνο όταν αγκαλιάζω όλη μου την ύπαρξη, σύμφωνα με την εμπειρία της ζωής μου, όπως την ξέρω, και, με τη σειρά μου, αισθάνομαι πολύ περισσότερη αγάπη. Η ομορφιά του αμαυρώνεται μόνο από τις προσδοκίες του βιβλικού προσώπου που εμπλέκεται. Δεν μπορώ να το χωρέσω σε οποιαδήποτε επικρατούσα θρησκευτική ιδεολογία επειδή ήρθα εδώ με τον δικό μου τρόπο. Δεν κάθομαι εδώ διαβάζοντας το βιβλίο της *Αποκάλυψης*. Δεν το έχω διαβάσει από τότε, εκτός από την αναπαραγωγή του Κεφαλαίου 5 εδώ στο Κεφάλαιο 16. Τείνω να ψάξω για συγκεκριμένα σημεία, αν είμαι περίεργος, αλλά ξέρω ότι οι συνδέσεις υπάρχουν εκεί από την αρχική εξέταση μου. Άφησα το δικό μου αντίγραφο στο σπίτι ενός φίλου, γραμμένο με ένα μολύβι με τις σημειώσεις μου. Πρέπει να νόμιζε ότι ήμουν τρελός. Αλλά πήγα εκεί για να μιλήσω γι'αυτό, όπως ξέρω τώρα, ήμουν σε κατάσταση σοκ. Είναι λόγω των αποτυπώματα ποδιών, δεν χρειάζεται να τα ξαναδώ. Αν και, καθώς περνάω από αυτό το βιβλίο για την έκτη αναθεώρηση, έχω διαβάσει περισσότερα, και ήταν καλύτερο να μην πάω ποτέ πίσω σε αυτό μετά την αρχική αναθεώρηση. Είναι πάρα πολύ για κάποιον να δεχτεί, αλλά δεν μπορώ να σταματήσω τώρα, πρέπει να το τελειώσω αυτό, και να εμπιστευτώ ότι η πίστη μου ανταμείβεται.

Πριν ξεκινήσω για πρώτη φορά αυτό το τμήμα για την τρίτη αναθεώρηση, είχα μια συνομιλία με έναν φίλο, ο οποίος είπε ότι είχε συναντήσει κάποιους ανθρώπους που, όπως εγώ, είχε καταλήξει στο συμπέρασμα ότι ήταν ο αμνός από το Βιβλίο της *Αποκάλυψης*. Ήμουν πολύ ενθουσιασμένος και ήθελα να μάθω περισσότερα, και με πληροφόρησε ότι κάθε ένας από τους άνδρες ήταν σε ένα ίδρυμα, για έναν χρόνο, ή και παραπάνω, λόγω αυτών των πεποιθήσεων. Χαμογέλασα όταν μου το είπε αυτό. Τα γραπτά τους στοιχεία δεν θα μπορούσαν να είναι τόσο πειστικά, και προφανώς δεν τους δόθηκε ένα σημάδι σαν αποτυπώματα ποδιών για να τα κρατήσουν. Τίποτα δεν πρόκειται να αλλάξει για μένα, εκτός από τον τρόπο που καταλαβαίνω την εμπειρία, και λαμβάνοντας υπόψη ότι δεν είμαι σε θέση να εγκαταλείψω αυτό που πιστεύω, το ευκολότερο μέρος για τον εαυτό μου να βρει καταφύγιο θα μπορούσε να ήταν εντός της θρησκευτικής εξήγησης, αλλά δεν ήθελα να το κάνω αυτό, όχι για μεγάλο χρονικό διάστημα, και τώρα, δεν το χρειάζομαι.

Ένας από τους λόγους που πιστεύω ότι ενοχλούσα τον πάστορα στην Πανεπιστήμιο Anglia Ruskin είναι επειδή του είπα ότι πιστεύω ότι όλες οι θρησκείες στρεβλώνουν την ιδέα του Θεού, και ότι θεωρώ αυτή την εμπειρία, και το χρόνο που ζούμε, ως μια σημαντική περίοδο στην ανάπτυξή μας ως φυλή. Θεωρώ την καθιερωμένη θρησκευτική ιδεολογία, κυρίως λόγω των διαφορετικών ερμηνειών, και των κανόνων που έρχονται μαζί τους, ως περιοριστική για την κατανόηση της κοσμικής δύναμης που ονομάζουμε Θεό. Οι προφήτες του παρελθόντος μπορεί να έχουν σταλεί για να μας καθοδηγήσουν στο δρόμο μας, αλλά ξέρω ότι υπάρχουν περισσότερα στο σύμπαν από όσα μπορούμε να καταλάβουμε αυτή τη στιγμή, και πιστεύω επίσης ότι ο δρόμος τους μπορεί και έχει διαστρεβλωθεί και χειραγωγηθεί. Ο Άλεξ Ρομάνε περιγράφει εν συντομία αυτή τη στρέβλωση στην εισαγωγή στο βιβλίο του *Άμεση Δημοκρατία και η Φύση του Θεού*.

Αυτό που πιστεύουμε ότι θέλει ο Θεός από εμάς, πηγάζει από την αντίληψή μας για τη φύση του Θεού και έτσι, αν η θρησκευτική αντίληψη της φύσης του Θεού είναι ανακριβής και αν οι περισσότεροι άνθρωποι σε αυτόν τον πλανήτη ακολουθούν μια θρησκεία, εξηγεί πώς ο τρόπος που ζούμε ως 'Θεοί' φοβούμενοι τους ανθρώπους είναι επιζήμιος για όλη τη ζωή σε αυτόν τον πλανήτη.

Πριν από την πρόταση ορισμένων ιδεών που είναι δύσκολο να καταρρίψει κανείς:

Αν [όπως οι θρησκείες δηλώνουν] ο Θεός υπήρχε πριν από όλα, τότε ο Θεός δεν έχει καμία ανάγκη.
Αν ο Θεός δεν έχει ανάγκες, τότε ο Θεός δεν είναι ευάλωτος σε τίποτα.
Αν ο Θεός δεν είναι ευάλωτος σε τίποτα, τότε ο Θεός δεν μπορεί να απειληθεί.
Αν ο Θεός δεν μπορεί να απειληθεί από τίποτα, τότε ο Θεός δεν έχει κανένα σκοπό για τους νόμους.
Εάν ο Θεός δεν έχει σκοπό για νόμους, τότε έχουμε ελεύθερη βούληση.
Αν έχουμε ελεύθερη βούληση, τότε δεν υπάρχει τιμωρία.
Αν δεν υπάρχει τιμωρία, τότε δεν υπάρχει κόλαση.
Αν δεν υπάρχει κόλαση, τότε δεν υπάρχει κακό ή διάβολος.

Αυτό δεν μας προσφέρει μια κατανόηση της φύσης του Θεού, και περαιτέρω για τον Άλεξ γράφει ότι πιστεύει στον ουρανό. Αυτό είναι ένα θέμα στο οποίο θα επανέλθουμε, αλλά εκείνη τη στιγμή δεν το έκανα, σε καμία μορφή. Ανεξάρτητα από το τι λέει κάθε βιβλίο, νομίζω ότι ο παράδεισος ή ο ουρανός, είναι ένα μέρος όπου εμείς ως άτομα θα μπορούσαμε να κατοικήσουμε μετά το θάνατο, έγινε από εμάς για να καθησυχάσει τους εαυτούς μας. Πιστεύω στη ζωή. Νομίζω ότι πάντα πίστευα στη ζωή, και συνήθιζα να βγάζω νόημα από την ιδέα μιας κοσμικής δύναμης, ή του Θεού, πιστεύοντας ότι δεν είμαστε ακόμα σε θέση να κατανοήσουμε την αληθινή φύση αυτής της σωματικής δύναμης. Αλλά πιστεύω από τη δική μου εμπειρία ότι ο Θεός, ή η Μητέρα Φύση όπως μου άρεσε να τη σκέφτομαι, έχει μια στοργική καρδιά. Ένας από τους δασκάλους της συμβουλευτικής μου μου έδωσε την Καμπάλα να διαβάσω και αν και τότε δεν θα μπορούσα να συμφωνήσω με μια συγκεκριμένη πτυχή του κάρμα, ότι η ζωή σας τιμωρεί λόγω των προηγούμενων αμαρτιών *στην προηγούμενη ζωή, εγώ ήμουν στενά συνδεδεμένος με την ιδέα ότι η ανθρώπινη ψυχή αντανακλά το θείο.*

Είπα στη γυναίκα μου πρόσφατα ότι νομίζω ότι η αγάπη είναι η λύση σε όλα τα προβλήματά μας, τόσο προσωπικά όσο και σε παγκόσμιο επίπεδο. Εννοώ την γνήσια αγάπη για το καθετί και για τα πάντα. Δεν υπάρχει καμία αμφιβολία ότι μια δύναμη για την αγάπη, την συμπόνια, την συγχώρεση, και την κατανόηση, που υπερβαίνουν κατά πολύ τα οφέλη που θα μπορούσαν να προκύψουν από το φόβο, την άγνοια, και τη δυσαρέσκεια. Όταν είμαστε ελεύθεροι εσωτερικά από αρνητικά συναισθήματα όπως η ζήλια, η δυσαρέσκεια και ο φόβος, και οι καρδιές μας είναι γεμάτες αγάπη και συμπόνια, ειδικά όταν υπάρχει αυτή η ιδιαίτερη σπίθα μεταξύ του εαυτού μας και ενός άλλου σημαντικού, η άμυνα μας πέφτει, είμαστε ανοιχτοί. Οι ώρες εκείνες που έχω νιώσει πιο κοντά στην παγκόσμια αγάπη που πιστεύω ότι είναι μέρος αυτού που αποκαλούμε Θεό. Αν λάβω υπόψη μου τις άυπνες νύχτες, αυτές ήταν οι συνθήκες υπό τις οποίες βίωσα πράγματα όπως η συγκέντρωση των προγόνων μου και άλλες συναισθηματικές/πνευματικές πτυχές του ταξιδιού, συμπεριλαμβανομένης της λάμψης του θυμού, κατά τη διάρκεια της κίνησής μου, πριν από την παράδοση βιβλίων στην Κύπρο. Τείνω να κλίνω προς την ιδέα της μετενσάρκωσης, τώρα περισσότερο από ποτέ, με βάση ορισμένες εμπειρίες, και αντιλήψεις που έχουν αναπτυχθεί πιο πρόσφατα, αλλά τελικά, δεν γνωρίζουμε με βεβαιότητα.

Δεδομένου του ταξιδιού, και που με οδήγησε, θα μπορούσα να πω ότι σίγουρα ξέρω τι θα συμβεί αφού περάσουμε, αλλά αυτό θα ήταν ένα ψέμα. Αν μιλήσω προσωπικά, τότε αυτό που σχεδόν πάντα πίστευα με κάποια βεβαιότητα είναι ότι το 'Εγώ', με τον ένα ή τον άλλο τρόπο, θα γίνει, μετά το θάνατό μου, μέρος του μεγαλύτερου 'συνόλου'. Για τον εαυτό μου, και από υποκειμενική άποψη, ο θάνατος δεν υπάρχει, και πιο πρόσφατα ενθουσιάστηκα όταν ανακάλυψα ότι αυτή η έννοια έχει υποστήριξη στην επιστήμη του βιοκεντρισμού, η οποία επιδιώκει, μέσω της κβαντικής φυσικής, την ιδέα ότι η βιολογία είναι πρωτογενής, η ζωή δημιούργησε το σύμπαν. Διαβάζοντας το βιβλίο του Ροβέρτος Λάνζα για αυτό το θέμα, ήταν σαν όλα τα κομμάτια ενός σύνθετου παζλ να φάνηκαν να συγχωνεύονται. Ένα από τα προβλήματα που είχα από τότε που κατέληξα στο συμπέρασμά μου το 1999, και μετά την άρση της θρησκευτικής πτυχής, ήταν στην προσπάθεια να κάνει κάποια αίσθηση της αποκάλυψης, συμπεριλαμβανομένων των κινήτρων, και την πραγματική λειτουργία της δύναμης, ή τις εμπλεκόμενες δυνάμεις. Είναι εντάξει έχοντας πίστη, αλλά όταν η πίστη σας που προέρχεται από τις εμπειρίες σας σημαίνει ότι πρέπει να κάνετε μια δέσμευση, θα πρέπει να κάνετε την ερώτηση, έχω ερμηνεύσει αυτές τις εμπειρίες σωστά; Οι εμπειρίες μου με οδήγησαν να πιστέψω ότι ο καθένας από εμάς πρέπει να κριθεί, ξεχωριστά, σύμφωνα δηλαδή με το Βιβλίο της *Αποκάλυψης*. Πώς μπορείτε να φέρετε κάποια μορφή κατανόησης σε αυτό με βάση τις δυνατότητες και τη λογική; Αυτό είναι ό, τι ο βιοκεντρισμός ξεκίνησε σε μένα, και από την εμπειρία μου, και η συνείδηση φαίνεται να είναι το κλειδί. Το μόνο μέρος, και η μόνη μορφή, που η ψυχή μας θα μπορούσε ενδεχομένως να κατοικήσει. Ενώ η κύρια προϋπόθεση του βιοκεντρισμού είναι ότι η βιολογία, η ζωή, είναι υψίστης σημασίας, και ό,τι υπήρχε πριν από το σύμπαν μπορεί να είναι μόνο από την άποψη της συνείδησης. Η συνείδησή μας, όπως επισημαίνει ο Λάνζα, είναι μια πηγή νευρολογικής ηλεκτρικής ενέργειας. Είναι ένα μυστήριο για την επιστήμη πώς σχηματίζεται, και είναι πιθανώς λάθος της επιστήμης να μην κάνει την ερώτηση, πιο συχνά, τι συμβαίνει σε αυτή την ενέργεια αφού το φυσικό σώμα μας πεθαίνει; Ένας από τους σταθερούς κανόνες της φυσικής είναι ότι η ενέργεια δεν μπορεί να καταστραφεί, ούτε να δημιουργηθεί, μπορεί μόνο να αλλάξει. Χωρίς να το εκφράσει, ο Λάνζα εξετάζει την ίδια τη φύση του Θεού, το άθροισμα όλης της συνείδησης ίσως; Πιο πρόσφατα, η έρευνα επιβεβαίωσε την ύπαρξη, και την πραγματικότητα, της κβαντικής εμπλοκής, την οποία διάβασα για πρώτη φορά στο έργο του Λάνζα. Η Κβαντική εμπλοκή καθορίζει ότι τα σωματίδια που προέρχονται από την ίδια πηγή διατηρούν μια άμεση σύνδεση 'δεν έχει σημασία πόσο μακριά είναι μεταξύ τους' και οι συνέπειες αυτής της κατανόησης αλλάζει εντελώς τον τρόπο που αντιλαμβανόμαστε τον πλανήτη μας, το σύμπαν μας, και τους εαυτούς μας. Όχι μόνο προσθέτει πολύ βάρος στην ιδέα ότι όλοι διατηρούμε μια σύνδεση μεταξύ μας, αλλά θέτει επίσης τα απαραίτητα θεμέλια που θα απαιτηθούν για την Παγκόσμια Συνείδηση, που συνήθως αναφέρεται ως Θεός, να υπάρχει, στην πράξη. Δεν είμαι τόσο προχωρημένος με τα μαθηματικά μου, αλλά οι επιστήμονες λένε ότι τα μαθηματικά πίσω από την κβαντική εμπλοκή είναι απλά όμορφα για να τα δεις.

Ενώ υπάρχει ένας άλλος αναπτυσσόμενος κλάδος της επιστήμης που ονομάζεται 'πανψυχισμός', για τον οποίο μια πρόσφατα δημοσιευθείσα εργασία από τον Γρηγόριος Μάτλοφ προτείνει 'ότι ένα πρώτο πεδίο της συνείδησης θα μπορούσε να επεκταθεί σε όλο το χώρο'. Σε βασικούς όρους υπάρχει μια επιστημονική βάση που υποστηρίζει την ιδέα ότι ολόκληρο το σύμπαν θα μπορούσε να είναι αυτογνωσία. Αυτό ερευνάται αυτή τη στιγμή μέσω της παρατήρησης των αστεριών και όλου του σύμπαντος. Αν κατάλαβα καλά το χαρτί, υπάρχει η πεποίθηση ότι τα αστέρια είναι αυτο-οργανωμένα σε σχέση με την τοποθέτηση τους, η οποία θα μπορούσε να εξηγηθεί επαρκώς μόνο μέσω της συνειδητοποίησης του σύμπαντος.

Λοιπόν, σκέφτομαι. Αν χρησιμοποιήσω ένα σύστημα τρένων ως αναλογία για τη Παγκόσμια Συνείδηση, ή για τον Θεό, αν θέλετε, με την ιδέα ότι το τρένο είναι ο Θεός, και σε κάθε σταθμό, και σε κάθε σημείο, όλα την ίδια στιγμή, τότε θα μπορούσε η κβαντική εμπλοκή θέσει τα θεμέλια για αυτό το σύστημα, καθιστώντας το δυνατό; Τα πειράματα του Μάτλοφ θα μπορούσαν να αποδείξουν στους εαυτούς μας ότι είναι πιθανό ότι το ίδιο το τρένο υπάρχει, το μόνο που θα είχε απομείνει τότε θα ήταν να κατανοήσουμε τη φύση που οδηγεί το τρένο, και ίσως, απλά ίσως, εκεί είναι που αυτό το βιβλίο, αυτό το ταξίδι, θα μπορούσε να μπει στην εικόνα; Αυτή η νεοαποκτηθείσα κατανόηση έχει αλλάξει το παιχνίδι για τον εαυτό μου, και είναι μέσα σε αυτές τις αρένες όπου οι εμπειρίες μου, και η ιδέα ενός αποκαλυπτικού γεγονότος τύπου όπου κρινόμαστε ατομικά, έβγαζε πολύ περισσότερο νόημα αν το εξέταζες. Τώρα τα κομμάτια ταιριάζουν για τον εαυτό μου. Αυτό που ακολουθεί για τις επόμενες δύο σελίδες είναι οι σκέψεις και οι δυνατότητές μου ως αποτέλεσμα αυτής της κατανόησης του σύμπαντος. Αυτό το ταξίδι με οδήγησε σε ένα εξαιρετικά παράξενο μέρος, όπου οι σχετικές πτυχές αυτού που πολλοί θεωρούν θρησκευτική προφητεία, δηλαδή το Βιβλίο της *Αποκάλυψης* έχει, μέσα από το ταξίδι που έχω κάνει, και καταγράφονται εδώ σε αυτό το κείμενο, βρήκε μια έκφραση σε αυτούς τους σύγχρονους καιρούς, σε ένα κρίσιμο, και ενδιαφέρον στάδιο, που συγκλίνει με την τελευταία μας κατανόηση του εαυτού μας, και το σύμπαν.

Δεν υποστηρίζω την ιδέα κάποιας μορφής κρίσης που βασίζεται στην τιμωρία, διότι μιλάμε για τη Φύση, νομίζω ότι είναι πιο πιθανό να σχετίζεται με την κατάσταση της ύπαρξής μας. Ας το συζητήσουμε. Θα το κάνω για την ώρα. Τι ξέρουμε για τη ζωή; Η διαφθορά πολλών που ζουν ήταν η απάντηση που μου ήρθε. Παγκόσμια Συνείδηση, Θεός, Μητέρα Φύση, Αλλάχ, καλέστε τον, Αυτή, Αυτό που θα θέλαμε, μπορούμε να υποθέσουμε ότι είναι καθαρή και η καθαρότητα είναι αδύνατο να διατηρηθεί για οποιαδήποτε ουσία εάν είναι συνεχώς μολυσμένη. Σε αυτό το σημείο θα καθορίσω τι εννοώ με τη διαφθορά, ή τη ρύπανση, όπως τέθηκε η ερώτηση. Πριν αρχίσω να γράφω αυτό το βιβλίο, πολύ πίσω στο 1998, όταν είχα ένα πλήρες φυσητό A.I.D.S., υπέφερα από M.A.I., και ένα πολύ σύντομο προσδόκιμο ζωής. Είπα σε έναν ή δύο ανθρώπους ότι σκέφτηκα ότι θα έπρεπε όλοι να είμαστε σαν «Ο Θεός στους εαυτούς μας» και θα μου έδιναν μια παράξενη ματιά πριν τους πω ότι εννοούσα αγάπη, και συμπόνια, ότι είμαστε όλοι ικανοί να αισθάνονται, προσθέτοντας, «Με ποιον άλλο θα ήθελε ο Θεός να είναι;» Σταμάτησα αυτή τη συζήτηση όταν έγραψα το βιβλίο. Αλλά νομίζω ότι πρέπει να καθορίσω με μεγαλύτερη σαφήνεια τι εννοώ με το διεφθαρμένο, και υποθέτω ότι σε αυτό το στάδιο πρέπει να πω ότι είναι οποιαδήποτε εκτροπή από αυτή την κατάσταση ύπαρξης, σε σχέση με την αγάπη και τη συμπόνια, για όλους, και τα πάντα. Ή, ίσως κάνω λάθος, και είναι η απόλυτη πράξη του κάρμα από το σύμπαν, ή ίσως και οι δύο ιδέες είναι ισοδύναμες μεταξύ τους; Αλλά το συναίσθημά μου είναι ότι η Φύση δρα από αναγκαιότητα και όχι εκδίκηση.

Οπότε ας γυρίσουμε λίγο πίσω, τι θα γινόταν αν η Παγκόσμια Συνείδηση ήταν υπεύθυνη για τη μεγάλη έκρηξη από την οποία σχηματίζονται τα πάντα; Επιστημονικά, δεν είναι αδύνατο. Τι θα συμβεί αν η συνείδηση σε ζωντανά πλάσματα, συμπεριλαμβανομένου και του εαυτού μας, προέρχεται από τη μία Παγκόσμια Συνείδηση; Όχι μόνο βρίσκεται ακόμα στη σφαίρα πιθανότητας, ανεξάρτητα από το πόσο απίστευτο μπορεί να φαίνεται, αλλά ταιριάζει επίσης όμορφα στις ιδέες του Βουδισμού και της Καμπάλα. Αυτό που κάνει τη μετενσάρκωση πιο λογική για μένα τώρα είναι η ιδέα του χωρισμού σε καραντίνα από τη Παγκόσμια Συνείδηση. Η ζωή διαφθείρει. Δεδομένων των συνθηκών υπό τις οποίες το συζητάμε, σε σχέση με το βιβλίο της *Αποκάλυψης*, μπορεί να είναι μια περίπτωση στην οποία η διεφθαρμένη συνείδηση δεν θα μπορούσε να επιτραπεί αυτόματα να επανενωθεί με την Παγκόσμια Συνείδηση. Τίποτα δεν μπορεί να παραμείνει αγνό όταν είναι συνεχώς μολυσμένο. Εδώ ταιριάζει, για τον εαυτό μου τουλάχιστον, η ιδέα της μετενσάρκωσης κρατώντας μια λειτουργία μονομαχίας, την εμπειρία για τα πρόσωπα που εμπλέκονται, και ως μηχανισμό ασφαλείας για τη Παγκόσμια Συνείδηση. Μια μορφή καραντίνας.

Αλλά ας πάμε πίσω στην αρχή. Ποιο θα ήταν το νόημα; Γιατί η Παγκόσμια Συνείδηση, ή ο Θεός, να δημιουργήσει το σύμπαν; Τι είναι αυτό που εμείς, οι περισσότεροι από εμάς τουλάχιστον, αν όχι όλοι μας, βρίσκουμε ελκυστικό; Κτίριο. Για να δημιουργήσετε. Η ίδια η ζωή θα γινόταν ο πρωταρχικός σκοπός, και θα ήμασταν συνέπεια αυτού, γιατί ποιος θα ήταν ο καλύτερος τρόπος για να βιώσουμε αυτό που έχει δημιουργηθεί; Αναλαμβάνοντας ενεργό ρόλο σε αυτή τη ζωή, να είναι ένα βιολογικό μέρος αυτής της ύπαρξης. Να νιώσουμε τον ζεστό ήλιο στο δέρμα μας, το αεράκι στο πρόσωπό μας, τη γεύση ενός καλού κρασιού, τη μυρωδιά του γιασεμιού στον αέρα, την αίσθηση και το άγγιγμα ενός αγαπημένου προσώπου, την ομορφιά του ήλιου που δύει, ή τον ήλιο που ανατέλλει, και φυσικά, τη χαρά της αγάπης.

Έτσι, σχηματίζεται μια ατομική συνείδηση στο στάδιο του εμβρύου, το οποίο επιτρέπει αυτή την εμπειρία. Αυτή η δημιουργία ή ο σχηματισμός *συνείδησης, προς το τέλος του πρώτου τριμήνου, και την αρχή του δεύτερου,* υποστηρίζεται τόσο μέσω της σύγχρονης επιστήμης όσο και της βουδιστικής ιδεολογίας. Αλλά δεν εξυπηρετεί καμία γνωστή βιολογική λειτουργία. Αυτό το περιστρεφόμενο μοτίβο ζωής και αναγέννησης για την προστασία της Παγκόσμιας Συνείδησης θα οδηγούσε τελικά σε προβλήματα, όπως αντικατοπτρίζεται στην εμπειρία μας από την παγκόσμια κατάσταση. Χάσαμε το δρόμο μας ως αγώνα. Η αγάπη και η συμπόνια χάθηκαν. Το να είμαστε και πάλι σε ένα επίπεδο καθαρότητας θα απαιτούσε ένα επίπεδο καθαρότητας αποδεκτό από το σύνολο και νομίζω, κάποια στιγμή, αργά ή γρήγορα, πρέπει να είμαστε και πάλι σε ένα, ενώ η διαφθορά πρέπει να απορριφθεί. Αυτό παίρνει την ιδέα μιας προσωπικής κρίσης, από τη σφαίρα της θρησκευτικής τιμωρίας, σε εκείνη της ανάγκης για τη συνείδηση του σύμπαντος, ή του Θεού. Τώρα μου αρέσει! Τώρα βγάζει νόημα. Τότε αυτό το χρονικό σημείο θα ήταν, όπως κατέληξα πριν από δώδεκα χρόνια, να 'μας πει για την πραγματική φύση του εαυτού μας'.

Έτσι, μετά το κομμάτι μετενσάρκωση, είναι λογικό να πιστεύουμε ότι η συνείδηση μας φέρει την ουσία του τι, και του ποιοι είμαστε, και υπάρχουν ισχυρά ανεπίσημα στοιχεία, που ανακαλύφθηκαν με τη βοήθεια της ύπνωσης, για να δείξουν ότι ακόμη και σαφείς αναμνήσεις από τις παρελθόντος ζωές μπορούν κάλλιστα να μεταφερθούν μέσω του υποσυνείδητου μας. Αλλά για πολλούς είναι ένα ενστικτώδες συναίσθημα ή η αληθινή φύση μας, παρόμοια με την έκτη αίσθηση μας, ή διαίσθηση. Ο Richard Bach είναι ένα σαφές παράδειγμα αυτής της διαισθητικής θεωρίας, την οποία έχει αποδείξει μέσα από τη γραφή του, με την υπέροχη σειρά βιβλίων του, για την οποία είμαι αιώνια ευγνώμων. Ο Ροβέρτος Λάνζα είναι της γνώμης ότι η ζωή έρχεται πρώτη και υπήρχε πριν από τη γέννηση του σύμπαντος, ενώ ο Bach κατευθύνει την ίδια θεωρία για το άτομο, το εγώ, το εσείς. Αλλά μπορεί κανείς να βρει πολλά άλλα παραδείγματα αυτής της πνευματικής έκφρασης σε διάφορες μορφές τέχνης από τη μουσική στους πίνακες ζωγραφικής. Κατοικούμε σε αυτά τα σώματα, ζούμε τις ζωές στις οποίες γεννιόμαστε, που διαμορφώνονται από τα γονίδιά μας, τους γονείς μας, και το περιβάλλον στο οποίο αναδυόμαστε, είτε πρόκειται για τον πόλεμο, τη φτώχεια, είτε για την άνεση του πλούτου. Αλλά η ουσία της ύπαρξής μας παραμένει η ίδια, η συνείδησή μας, και αν υπάρχει κάτι σε αυτές τις θεωρίες τότε πρέπει να υποθέσουμε ότι η συνείδηση είναι η καθολική σταθερά. «Η μόνη κυρίαρχη θεωρία που έχουμε για τη συνείδηση είναι ότι συνδέεται με την πολυπλοκότητα - με την ικανότητα ενός συστήματος να ενεργεί με δική του κατάσταση και να καθορίζει τη μοίρα του» -Κριστόφ Κοχ του Ινστιτούτου Άλεν για την Επιστήμη του Εγκεφάλου. Ακριβώς όπως δεν υπάρχει καμία οριστική απόδειξη της ύπαρξης της Παγκόσμιας Συνείδησης μέχρι στιγμής, δεν υπάρχει καμία οριστική απόδειξη διαφορετικά. Αλλά αν κοιτάξετε τα στοιχεία, τότε αυτό συνάδει με την πιθανότητα ότι αυτό, ο δρόμος μας, έχει καθοδηγηθεί. Ένα παράδειγμα θα ήταν οι ακριβείς απαιτήσεις που απαιτούνται για τη θεωρία της Μεγάλης Έκρηξης να εξελιχθούν με επιτυχία στην παγκόσμια δημιουργική δύναμη που έχει. Κι αν η έκρηξη ήταν πάντα αποφασισμένη να δημιουργήσει ζωή επειδή προκλήθηκε από τη ζωή, όπως νομίζω ότι προτείνει ο Λάνζα; Ο Αϊνστάιν κατέληξε: 'Ο Θεός δεν παίζει ζάρια με το σύμπαν'. Παρά τις προσπάθειές μου να βρω τη λογική της εμπειρίας μου, να του δώσω ένα λόγο, δεν ξεχνάω τις θρησκευτικές διασυνδέσεις, εκείνοι που έχουν πραγματικά κρατηθεί στην αγάπη και τη συμπόνια της πίστης τους. Μικρά βήματα στο πέρασμα της κατανόησης τους εαυτούς μας. Μπορεί να υπάρχει μόνο μία Παγκόσμια Συνείδηση, αλλά νομίζω ότι μέρος της κατοικεί μέσα στον καθένα μας. Θα παραθέσω τον Αϊνστάιν ξανά, γιατί μου αρέσει αυτό που έγραψε, και προτιμώ να χρησιμοποιώ αυτό που εξακολουθεί να είναι ένα από τα μεγαλύτερα επιστημονικά μυαλά της εποχής μας, σε αντίθεση με ασαφείς θρησκευτικές γραφές.

> Ένα ανθρώπινο ον είναι ένα μέρος του συνόλου που ονομάζεται από εμάς σύμπαν, ένα μέρος περιορισμένο στο χρόνο και το χώρο. Βιώνει τον εαυτό του, τις σκέψεις του και το συναίσθημά του ως κάτι που χωρίζεται από τα υπόλοιπα, ένα είδος οπτικής ψευδαίσθησης της συνείδησής του. Αυτή η αυταπάτη είναι ένα είδος φυλακής για εμάς, που μας περιορίζει στις προσωπικές μας επιθυμίες και στην αγάπη για τους λίγους ανθρώπους που βρίσκονται πιο κοντά μας. Καθήκον μας πρέπει να είναι να απελευθερωθούμε από αυτή τη φυλακή διευρύνοντας τον κύκλο της συμπόνιας μας για να αγκαλιάσουμε όλα τα ζωντανά πλάσματα και όλη τη φύση στην ομορφιά της.

Όταν σκέφτομαι την ύπαρξή μας από την άποψη της τρέχουσας κατανόησής μου, το σύμπαν φαίνεται ένα τόσο απίστευτο μέρος με το οποίο είμαστε συνδεδεμένοι με περισσότερους τρόπους από ό,τι μπορούμε να φανταστούμε, και αν κάποιος θεωρήσει ότι βρισκόμαστε στη διαδικασία της καταστροφής του πλανήτη μας, κάτι τόσο πολύτιμο, γίνεται πολύ ενοχλητικό. Αλλά πρέπει να ξέρουμε ότι θα ήμασταν εδώ, και αν υπάρχει μια βάση για αυτή την κατανόηση της ύπαρξής μας, τότε πρέπει να ήμασταν όλοι εκεί στην αρχή. Θα έλεγα ότι δίνει στον καθένα μας ίσο λόγο σε ό,τι συμβαίνει στον πλανήτη μας στο σύνολό του, πέρα από οποιασδήποτε εταιρείας ή κυβέρνησης. Καμία κυβέρνηση ή εταιρεία δεν ήταν εκεί εξ αρχής. Αυτό είναι ένα γεγονός που ξέρουμε στα σίγουρα. Τα υπόλοιπα είναι αρκετά πιθανά, όσο απίστευτα κι αν φαίνονται. Πράγματι, αυτή η έννοια αλλάζει τον τρόπο που θα μπορούσε κανείς να σκεφτεί για το σύνολο της ζωής, τον πλανήτη μας, το σύμπαν μας, τους εαυτούς μας. Αυτό που έχουμε ανατραφεί για να σκεφτούμε ως ξεχωριστό από τη φυσική μας ύπαρξη, είμαστε συνδεδεμένοι σε ένα πολύ βαθύτερο επίπεδο. Ο Καθηγητής Brian Cox είπε στη συναρπαστική σειρά του, Δυνάμεις της Φύσης, «η ζωή είναι απλά ένα προσωρινό σπίτι για τα αθάνατα στοιχεία που συνθέτουν το σύμπαν» καλά, γιατί όχι για τη συνείδηση; Η συνείδησή μας περιλαμβάνεται. Μη μου πεις ότι δεν είναι δυνατόν γιατί ξέρω ότι είναι, τώρα περισσότερο από ποτέ. Οι επιστήμονες δεν θα ερευνούσαν καν την ιδέα της Παγκόσμια Συνείδηση αν είχε κριθεί σωματικά αδύνατη, και η κβαντική εμπλοκή αλλάζει τα πάντα, και έτσι πιστεύω ότι οι δυνατότητές μας ως φυλή είναι απίστευτες, το λιγότερο.

Δεν νομίζω, όπως θα έλεγαν κάποιοι, ότι ο Θεός μας αγαπούσε και μας έδωσε τον κόσμο. Νομίζω ότι είναι περισσότερο μια περίπτωση που προκύπτει από την αγάπη, και αυτή είναι η πρωταρχική ποιότητα που ο καθένας από εμάς ατομικά χρειάζεται, για την ενίσχυση και την εξασφάλιση της μελλοντικής ευημερίας μας, και την επιτυχία, ως μια παγκόσμια κοινότητα. Ας το κάνουμε λίγο πιο σαφές, η αγάπη για τα χρήματα, τη δύναμη, ή τα μεγάλα γιοτ δεν θα σας βοηθήσει, ειδικά τώρα. Η αγάπη του συνανθρώπου σας, ανεξάρτητα από τη θρησκεία, το χρώμα ή το καθεστώς, τη φύση και τη μητέρα γη, τον εαυτό σας, και το πιο σημαντικό, η έκφραση αυτής της αγάπης, είναι οι ιδιότητες που νομίζω ότι θα μπορούσαμε να βρούμε πιο χρήσιμες αυτή τη στιγμή, και για πάντα. Βρίσκουμε την αγάπη ως κοινότητα, και τα υπόλοιπα, η συμπόνια, η συγχώρεση, η ευημερία θα ακολουθήσουν φυσικά. Αλλά ας μην ξεχνάμε τη σημασία της αλήθειας σε αυτό το θέμα, την ειλικρίνεια για τον εαυτό σας, και τους άλλους.

Έγραψα στον Σέρβο Αρχιεπίσκοπο, πολύ πίσω στο 2007, για την απώλεια του Κοσσυφοπεδίου, αλλά στο τέλος της επιστολής, η οποία δεν εστάλη ποτέ συμπεριλαμβανομένης αυτής της γραμμής στον επίλογο, έγραψα κάτι που ποτέ δεν ξέχασα. 'Τελικά είμαστε όλοι πιόνια στο μυαλό του Θεού', κάτι που πάντα με προβλημάτιζε, εννοώ πραγματικά με προβλημάτιζε, μέχρι στιγμής, αλλά νομίζω ότι καταλαβαίνω. Ίσως πρέπει να μεγαλώσουμε πριν μπορέσουμε να πετάξουμε ελεύθεροι;

Η δική μου μακρά έρευνα, τα συμπεράσματα που επιτεύχθηκαν τους τελευταίους μήνες, για αυτή την έκτη αναθεώρηση, και οι αναπτυγμένες πεποιθήσεις μου, έχουν προέλθει από την επιθυμία να λύσω το αίνιγμα του γιατί, και πώς, η ζωή θα μπορούσε να με οδηγήσει με έναν τρόπο που με οδήγησε όπου το έκανε, και εξηγεί επίσης αυτά τα αποτυπώματα ποδιών, αυτό που ποτέ δεν περίμενα ήταν ότι η ίδια η επιστήμη θα επιτρέψει περισσότερο ότι η κατανόηση, και να με εξουσιοδοτήσει περαιτέρω καθώς κινούμαι προς αυτό που ξέρω πρέπει να είναι το συμπέρασμα αυτού του βιβλίου, με τον ένα ή τον άλλο τρόπο.

*

Τον Δεκέμβριο του 2018 διάβασα μέρη του βιβλίου και συνειδητοποίησα ότι ήταν ενοχλητικά ξεπερασμένα. Εκείνη τη στιγμή είχα μόλις ανακαλύψει ότι η γυναίκα μου ήταν έγκυος, αν και θα το έκανε αργότερα, ήξερα ότι αν επρόκειτο να γίνω ένας πατέρας, όπως ήλπιζα, τότε ήθελα αυτό έξω από το δρόμο, για λίγο τουλάχιστον.

Αποφάσισα να κάνω μια γρήγορη αναθεώρηση αυτή τη στιγμή, έτσι ήμουν ευχαριστημένος με τον τρόπο που διαβάστηκε, και απελευθερώνοντας μια περαιτέρω αναθεώρηση πριν από μια πιθανή γέννηση. Είχε ημερομηνία 28 Δεκεμβρίου 2018, και την περιέγραψα ως έκτη αναθεώρηση, χωρίς να το σκέφτομαι πάρα πολύ. Ενώ ήμουν στη διαδικασία να το κάνω αυτό, ή πολύ σύντομα μετά, οι σκέψεις μου με έφεραν στο ίδιο συμπέρασμα πίσω εκεί που ήμουν για πρώτη φορά το 1999, και την περιέργεια γύρω από τις επτά σφραγίδες. Αυτές οι επτά σφραγίδες, οι οποίες είναι γραμμένες στο Βιβλίο της *Αποκάλυψης*, ξεκινούν κάθε ένα στάδιο αποκάλυψης, από την απελευθέρωση των τεσσάρων καβαλάρηδων, με τις πρώτες τέσσερις σφραγίδες, μέχρι την έβδομη σφραγίδα, κατά τη διάρκεια της οποίας λαμβάνει χώρα το τελικό στάδιο. Αν κάποιος ήξερε ποιες ήταν οι σφραγίδες, τότε θα είχε μια ιδέα για το οποιοδήποτε χρονοδιάγραμμα και, όπως νόμιζα τότε, και τώρα, ήταν σαφώς γραμμένο ότι τους ανοίγω, σκέφτηκα ότι θα έπρεπε να ξέρω τι ήταν, αν όχι τότε, κάποια στιγμή στο μέλλον. Όλα τα άλλα πράγματα στο Βιβλίο της *Αποκάλυψης* σχετικά με τον αριθμό του θηρίου, και αυτό που έχει σοφία, δεν είχε σημασία για μένα, αλλά οι σφραγίδες άνοιξαν ρητά από τον αμνό, έτσι σκέφτηκα ότι θα έπρεπε να ξέρω. Ονόμασα τον εκδότη από τον οποίο αυτό το βιβλίο εκδόθηκε για πρώτη φορά, και κάθε ιδιωτική δημοσίευση από τότε, ως Εκδόσεις Ιερή Σφραγίδα, καθώς δεν μπορούσα να σκεφτώ κανένα άλλο όνομα, και τις είχα σκεφτεί πολύ εκείνη την εποχή. Έτσι, από τον Φεβρουάριο, όπως και η θεωρία σχετικά με την πτυχή της Παγκόσμιας Συνείδησης, βρήκα τον εαυτό μου να σκέφτεται αν κάθε αναθεώρηση αυτού του βιβλίου αντιπροσώπευε μια σφραγίδα που άνοιξε, με πρώτη αυτή πίσω στο 1999. Σε αυτό το σημείο σκέφτηκα ότι η πιο πρόσφατη αναθεώρηση μου ήταν στην πραγματικότητα η έκτη, και η πέμπτη αναθεώρηση είχε ημερομηνία το 2015. Έτσι έκανα μια γρήγορη αναζήτηση στο διαδίκτυο για εκείνο το έτος, και την πέμπτη σφραγίδα της αποκάλυψης '*τα δάκρυα των μαρτύρων,*' και επέστρεψα με μια ιστορία για τριάντα οκτώ ιερείς από την Ερυθραία που σκοτώθηκαν από το Ισλαμικό Κράτος, και εγκαταστάθηκαν για αυτό αρχικά. Μέχρι που έβαλα περισσότερη σκέψη στα σχόλια μου, και έψαξα για τα δεδομένα από την αναθεώρηση των έργων που έχουν δημοσιευθεί προηγουμένως, πριν συνειδητοποιήσω, μεταξύ άλλων, ότι αυτό που είχα μετρήσει στο μυαλό μου ως τρεις κριτικές πριν από το 2008, ήταν στην πραγματικότητα μία. Ήταν η έκδοση για την ιστοσελίδα στην οποία ήταν κάποτε διαθέσιμη, η οποία πραγματοποιήθηκε από τη στιγμή που έδινα βιβλία έξω στην Κύπρο. Μέτρησα την ανάγνωση απόδειξης ως αναθεώρηση, η οποία δεν ήταν, και ήταν αυτή τη στιγμή που τα επόμενα κεφάλαια άρχισαν ως σημειώσεις, με τον τίτλο 'Μετά', αλλά ποτέ δεν θα δημοσιευθούν, ούτε καν στην ιστοσελίδα, μέχρι την έκδοση του 'Author House', η οποία στη συνέχεια υπολογίζεται ως η δεύτερη αναθεώρηση. Είχα επίσης σκεφτεί ότι το 2015 και το 2017 οι εκτυπώσεις ήταν ακριβώς οι ίδιες με την τελευταία που κυκλοφόρησε μέσω της τότε πρόσφατης υπηρεσίας του Amazon Print, αλλά δεν ήταν, υπήρχαν σημαντικές αλλαγές, και αυτό ήταν μια άλλη αναθεώρηση, η οποία με τη σειρά της σήμαινε ότι αυτό που νόμιζα ότι ήταν η έκτη αναθεώρηση, ήταν στην πραγματικότητα η πέμπτη.

Η ημερομηνία δημοσίευσης για την εν λόγω επανεξέταση ορίστηκε για τις 28 Δεκεμβρίου 2018 και έγιναν ορισμένες αλλαγές τον Ιανουάριο και τον Φεβρουάριο. Ήταν μετά από αυτό που συνέβησαν σφαγές στο τζάμι της Νέας Ζηλανδίας, και από τον Απρίλιο, μετά από περισσότερη έρευνα και επαλήθευση, ήμουν σίγουρος ότι είχα δημοσιεύσει πρόσφατα την πέμπτη αναθεώρηση, και θα ανεβάσω τις πρόσφατα τροποποιημένες λεπτομέρειες, σημειώνοντας την εκτύπωση ως την πέμπτη αναθεώρηση, στις εκδόσεις του Amazon την Κυριακή του Πάσχα, όπως κάθισα στο σπίτι και μόνος. Ακριβώς όπως τελείωσα το φόρτωμα, κοίταξα την τηλεόραση, και είδα τις πρώτες εικόνες από τις βομβιστικές επιθέσεις εκκλησία της Σρι Λάνκα να έρχονται, και ένα άγαλμα του Χριστού, τα μάγουλά του ποτισμένα με το αίμα των μαρτύρων *είδα κάτω από το βωμό τις ψυχές τους που σκοτώθηκαν για το λόγο του Θεού, και για τη μαρτυρία που κρατούσαν,* ναι, κρυφοκοιτάζω πάλι. Ήταν μια ανατριχιαστική στιγμή. Ένιωσα σαν ένα προσωπικό μήνυμα με το χρονοδιάγραμμα των πάντων, και πάλι, βρήκα τον εαυτό μου σε δέος, και το στομάχι μου γυρίζει όταν το σκέφτομαι. Μου θυμίζει τη συμφωνία που έκανα με τον υπεύθυνο επιτήρησης, μετά την οποία έχασα τον πιο κοντινό μου φίλο. Πάντα πίστευα σ' αυτό, αλλά ποτέ δεν δεσμεύτηκα πλήρως, όχι στο σύνολό μου. Είχα ένα κομμάτι μου να συγκρατείται. Όχι επειδή δεν πιστεύω σε αυτό, αλλά επειδή έχω αρκετό μυαλό μου για να ξέρω ότι δεν μπορώ να προσδιορίσω πού πηγαίνει αυτό, και ήταν χωρίς ένα σχέδιο, χωρίς μια πραγματική κατεύθυνση, και τώρα, έχουμε, ή τουλάχιστον εγώ, ένα πιθανό χρονοδιάγραμμα; Για πρώτη φορά μπορώ να δω μια κατεύθυνση. Για πρώτη φορά μπορώ να δω πώς όλα αυτά θα μπορούσαν πραγματικά να λειτουργήσουν και, νομίζω, την θέση αυτού του βιβλίου στο σχέδιο των πραγμάτων.

Αν λοιπόν όλα αυτά είναι αληθινά, όπως μπορώ μόνο να πιστέψω, λόγω των δικών μου εμπειριών, και ότι η τελευταία αναθεώρηση συνδέεται πραγματικά με την πέμπτη σφραγίδα, τότε ίσως αυτή η αναθεώρηση προοιωνίζει το άνοιγμα της έκτης σφραγίδας, η οποία ξεκινά μια περαιτέρω σειρά γεγονότα, στο δρόμο προς την έβδομη σφραγίδα, κατά τη διάρκεια των οποίων λέγεται ότι ανοίγει ο απύθμενος λάκκος. Δεν θα μπορούσα παρά να το σκεφτώ ως ένας κοσμικός κάδος απορριμμάτων, αλλά θα φτάσουμε σε αυτό.

Όπως και να 'χει, αυτό είναι πολύ καλό για μένα. Με τον ένα ή τον άλλο τρόπο, θα το μάθουμε σύντομα, ή τουλάχιστον θα το μάθω. Όσο για τον εαυτό μου είχα κάνει αυτό που θεωρώ μεγαλύτερη ανακάλυψή μου στο μετασχηματισμό αυτό που πολλοί άνθρωποι αντιλαμβάνονται ως την απόλυτη πράξη της θρησκευτικής τιμωρίας, σε μια πράξη σωματικής ανάγκης, και ως συμπτωματικό όπως φαίνεται, από την άποψη της παρούσας κατανόησής μου για το πού βρισκόμαστε σε σχέση με το άνοιγμα των σφραγίδων, έβγαζε πολύ περισσότερο νόημα. Δεν ξέρω τα πάντα, αλλά νομίζω ότι είμαι στο σωστό δρόμο, και αν έχω έναν μέσα σε όλους, είναι απώτερος στόχος μου να βρω το σωστό δρόμο. Δεν το κάνω, και ποτέ δεν ισχυρίστηκα ότι είμαι προφήτης ή μεσσίας, αγγελιοφόρος, ίσως, ένας οδηγός, που θα δεχτώ, καθώς σύμφωνα με τις εμπειρίες που με οδήγησαν εδώ, καθώς αυτό το μήνυμα, αυτό το ταξίδι, αισθάνεται κοντά στην ολοκλήρωσή του.

Επέστρεψα για να γράψω αυτήν την ενότητα επειδή έριξα μια ματιά στο βιβλίο της *Αποκάλυψης*. Διάβασα περισσότερα από ό, τι θα είχα διαβάσει κανονικά. Ήταν μετά το άνοιγμα της έκτης σφραγίδας. Διάβασα τους αριθμούς που σημειώνονται για, ας το ονομάσουμε σωτηρία για τώρα, για χάρη αυτού του επιχειρήματος, και ήμουν ζαλισμένος. Ας πούμε ότι βρήκα τους αριθμούς κάπως μικρούς, και την ποικιλομορφία πολύ περιορισμένη. Δεν μου άρεσε αυτό που διάβασα. Δεν μου άρεσε καθόλου. Με προβλημάτισε και βρέθηκα να είμαι πολύ απόμακρος για λίγες μέρες όσο το σκεφτόμουν. Δεν μπορούσα να βγω από αυτό που είδα ως ρόλο μου σε αυτό, έτσι έκανα το μόνο πράγμα που μπορούσα, πήγα πίσω σε αυτό το βιβλίο και το διάβασα για λίγο περισσότερο, και συναντήθηκα με έκπληξη, ανακούφιση, και ένα αίσθημα ευθύνης που δεν έχω αισθανθεί ποτέ. Είναι γραμμένο ότι ένα μεγάλο πλήθος, όλων των ειδών, από κάθε έθνος εμφανίζεται, «έπλυναν τις *ρόμπες τους και τις έκαναν λευκές στο αίμα του αμνού*». Ήταν μια σοφή κίνηση για μένα να μην επιστρέψω στο Βιβλίο της *Αποκάλυψης* μετά την αρχική μου εξέταση, και αυτό επιβεβαιώθηκε από την περαιτέρω ανάγνωση. Ακόμα δεν θα τα ξαναδιαβάσω όλα, όχι επειδή δεν πιστεύω, ή επειδή έχω χάσει την πίστη μου, αλλά επειδή θυμάμαι αρκετά, το κεφάλαιο πέντε να ταιριάζει ακριβώς, και έχω τα αποτυπώματα ποδιών, και ήταν, είναι, αληθινά. Φαίνεται τόσο πολύ που δεν μου αρέσει, αλλά αυτά τα θέματα είναι όλα άσχετα, σε σχέση με το δικό μου ταξίδι, παρά το οποίο, η πίστη μου, δεν είναι τυφλή. Συνεχίζω να ανακρίνω, αλλά δεν μπορώ να σταματήσω αυτό που κάνω. Έχω βιώσει το τέλος. Νομίζω ότι αν είσαι καλός στην καρδιά, στοργικός, συμπονετικός, ειλικρινής και ανοιχτόμυαλος, τότε αυτό είναι αρκετό, αλλά αυτές δεν είναι οι παράμετροί μου. Αν αυτό είναι αληθινό, τότε κανείς δεν θα το μάθει μέχρι να περάσουν, συμπεριλαμβανομένου και εμού. Ποτέ δεν ισχυρίστηκα ότι ξέρω τα πάντα, ή ότι έχω κάποια εξουσία πάνω σε αυτό που συμβαίνει.

Ακόμη και το μικρό μέρος του Βιβλίου της *Αποκάλυψης* που έχω διαβάσει πρόσφατα, λόγω της έκτης σφραγίδας, έχει θέσει το βάρος της ευθύνης για μένα, το οποίο δεν είχα αισθανθεί ποτέ πριν, όπως μπορείτε να συγκεντρώσετε διαβάζοντας άλλα τμήματα, συμπεριλαμβανομένου του κεφαλαίου κλεισίματος. Αυτό είναι το ταξίδι μου. Έτσι το σκεφτόμουν πάντα. Αλλά δεν είναι μόνο το ταξίδι μου, είναι δικό σου, είναι δικό μας.

Έτσι, αυτός είναι ο εαυτός μου που ανταποκρίνεται σε αυτό το βάρος της ευθύνης. Μίλησα με ένα φίλο πρόσφατα, φαινόταν προβληματισμένος, και όταν μιλήσαμε γι' αυτό, όπως είχε διαβάσει μια πολύ προηγούμενη αναθεώρηση, μου είπε την επιφυλακτικότητά του να αποδεχθεί την έκδοση μου από τα αποτυπώματα ποδιών, ίσως μου διαφεύγει κάτι επειδή ξέρει ότι δεν θα έλεγα ψέματα, ή με ευχαριστεί να πιστεύω ότι ξέρει. Πρότεινε την πιθανότητα να κολύμπησε μέσα, «και πήγε πού;» ήταν η απάντησή μου. Αυτό αισθάνθηκε εντάξει για μένα, επειδή είναι το κύριο πράγμα που είμαι πιο σίγουρος. Δεν υπήρχε χώρος για παρερμηνεία. Δεν θα ξεχάσω ποτέ, καθώς τα μάτια μου κοίταξαν για πρώτη φορά τα κεντρικά αποτυπώματα της, όπου στεκόταν στα δάχτυλα των ποδιών της, παρά την παράξενη φύση τους καταρχήν, ήταν η πρώτη πραγματική στιγμή σοκ. Αυτό που με εντυπωσίασε περισσότερο ήταν οι γραμμές του γκρεμού που σχηματίστηκαν από το πάνω μέρος του ποδιού της. Τόσο συμπαγής, τόσο ευθύς, κανένα σημάδι διαταραχής. Θυμάμαι να ψαχουλεύουμε προς τα εμπρός για να εξετάσουμε περαιτέρω στις τρύπες των ποδιών της στην άμμο, δεν είδα κανένα. Η μόνη φυσική δυνατότητα που θα μπορούσα να φανταστώ τότε ήταν ότι είχε βοήθεια για να βγει, και ήμουν σίγουρος ότι θα έβλεπα τα ίχνη τους, όπως σήκωσα το κεφάλι μου περαιτέρω, δεν υπήρχαν. Μόνο το δικό μου και το δικό της. Αυτή ήταν μια πραγματικά μεγάλη στιγμή σοκ, αλλά εξακολουθώ να πιστεύω ότι θα μπορούσα να τα καταλάβω. Σύντομα θα συνειδητοποιήσω ότι ήταν άχρηστο. Απλά δεν είδα ποτέ το νόημα τους εκείνη τη στιγμή. Οι σκέψεις μου ήταν, όπως περιέγραψα στο βιβλίο, αν ήταν σημαντικές, τις είδα. Ξέρω. Αλλά δεν πρόκειται να σπάσω τις μπάλες μου προσπαθώντας να πείσω τους άλλους. Απλώς δεν νιώθω την ανάγκη. Την επόμενη φορά που είστε κοντά σε ένα λάκκο άμμου, ή μια παραλία, δοκιμάστε το περπάτημα ξυπόλητος, ή με άλλο τρόπο, στο κέντρο, σταθείτε στα δάχτυλα των ποδιών σας καθώς φτάνετε ψηλά, και στη συνέχεια βγείτε προσπαθώντας να μην αφήσετε κανένα αποτύπωμα ποδιών ή οποιοδήποτε ίχνος των μελλοντικών κινήσεών σας, και χωρίς κάθετη ανύψωση οποιουδήποτε είδους. Δεν θα το έγραφα αυτό σήμερα αν δεν ήμουν τόσο σίγουρος τι είδα. Δεν άφησα περιθώρια λάθους. Είχε αρχίσει να με πανικοβάλλει, έτσι καταράστηκα, αλλά τώρα αυτό που είδα φαίνεται ποιητικό. Υπήρξε μια εποχή που έδωσα αυτό το βιβλίο πίστωσης, ανακοινώνοντας την αποκάλυψη. Αν η πραγματικότητα όλων αυτών στηρίζεται στην αληθινή φύση αυτών των αποτυπωμάτων ποδιών, τότε είναι πραγματικά αυτή που ανακοινώνει την αποκάλυψη, με το χορό της. Αυτό είναι υπέροχο για μένα, τόσο όμορφο όσο ο Θεός που βάζει το σπαθί στο χέρι ενός παιδιού, για να μας φέρει εδώ. Όταν πάρω την τελευταία μου πνοή σε αυτή τη ζωή, θα τα θυμάμαι, θα δω αυτά τα κεντρικά ίχνη στην άμμο καθώς θα φτάσω ψηλά, μια τελευταία φορά, και χαμόγελο με βεβαιότητα. Είναι λόγω αυτών των αποτυπωμάτων ποδιών που ανυπομονώ για το μέλλον με μια αίσθηση του ενθουσιασμού, για τις δυνατότητές μας.

Τώρα, κάτι που θα πάρω από εδώ. Γιατί νομίζω ότι ήταν γυναικείο αποτύπωμα; Κυρίως λόγω του μεγέθους και του σχήματος. Θα μπορούσε να ήταν ένα νεαρό αγόρι, το οποίο θα φαινόταν ακόμα πιο παράξενο, αλλά όπως και να 'χει εξαφανίστηκαν, και θα προτιμούσα να φανταστώ ότι ήταν μια γυναίκα που χόρευε στην παραλία, όχι ένα νεαρό αγόρι. Είναι πιο λογικό για εμένα, και γράφοντας γι' αυτό μόλις τώρα με έκανε να γελάσω.

Έχω αναρωτηθεί για όλα αυτά πολλές φορές, αλλά έχω κρατήσει σταθερή στην πεποίθησή μου, όχι μόνο λόγω αυτών των αποτυπωμάτων, αλλά λόγω και της πορείας αυτού του βιβλίου στα κεφάλαια ένα έως δεκαπέντε, αλλά και μιας ζωής γεγονότων που, σε ορισμένες περιπτώσεις, αυτό που θα αποκαλούσα διαισθητικές απαντήσεις σε ερωτήσεις. Περίπου την ίδια στιγμή ρώτησα τον Θεό για τον καβαλάρη, ως μικρό παιδί, ένιωσα επίσης ότι αν είχαμε τον Θεό να τον ευχαριστήσω για τα πάντα, για τις ζωές μας, για τον πλανήτη μας, τότε ήθελα να υπηρετήσω, αλλά πώς; Όλα τα θεσμικά όργανα που υπηρετούν, ήταν, είναι, ιδρύματα, με τις δικές τους ιδέες για το πώς να υπηρετήσουν, τους δικούς τους κανόνες, τις δικές τους ιδέες του Θεού, και η διαισθητική απάντηση ήταν 'Θα ξέρετε πότε ο Θεός σας χρειάζεται.' Πώς θα μπορούσα, έχοντας ζήσει τη ζωή που έχω, να προδώσω την αλήθεια μου, και τον Θεό; Ακόμη και αυτός ο όρος φαίνεται απαρχαιωμένος τώρα, αλλά το συναίσθημα παραμένει το ίδιο. Μπορώ να προσφέρω μια λογική μέσω της επιστήμης, αλλά όχι να προδώσω, και η επιστήμη, απροσδόκητα, ήταν εξαιρετικά χρήσιμη σε αυτό το ταξίδι, αλλά αν σκεφτείτε λογικά, έτσι θα έπρεπε, είναι, μετά από όλα, η μελέτη της φύσης.

Οι άνθρωποι ξέρουν τι λέω. Ο Τύπος, η νομική εγκατάσταση εδώ στο Ηνωμένο Βασίλειο, οι πολιτικοί, η εκκλησία, η Ανατολική Ορθόδοξη, η Καθολική και η Εκκλησία της Αγγλίας, καταλαβαίνω την απάντησή τους. Αλλά δεν είμαι ο τύπος που θα παρελάσει στους δρόμους με ένα σημάδι στους ώμους του και η άγνοια δεν αποτελεί δικαιολογία όταν ήταν μια επιλογή.

Για εκείνους τους Χριστιανούς που εξακολουθούν να περιμένουν τον Ίδιο τον Ιησού Χριστό. Συγνώμη! Δεν νομίζω ότι θα έρθει. Έχω ένα προσωπικό μήνυμα για σας όμως, μην πυροβολείτε τον αγγελιοφόρο, παρακαλώ! Και τίποτα δεν κάνει τον πυρήνα του μηνύματος που παραδίδεται μέσω της θρησκευτικής σας παράδοσης λιγότερο σχετικό. Δεν είμαι πολύ ενθουσιασμένος για αυτό που έκανα ή έγραψα. Όπου αυτό με οδήγησε, αυτό είναι διαφορετικό, είναι πιο προσωπικό, και αν το σκέφτομαι πάρα πολύ σε σχέση με αυτό το βιβλίο, αισθάνεται ένα βαρύ φορτίο. Αλλά πραγματικά απόλαυσα το ταξίδι.

Νομίζω ότι θα τελειώσει καλά, αλλά ανησυχώ, για τον εαυτό μου, για όλους μας, στο παρόν, και στο εγγύς μέλλον, ενώ αισθάνομαι ενθουσιασμένος για τις δυνατότητές μας την ίδια στιγμή. Γιατί εγώ, ο Διμιτρι Τζόρνταν, θα ζήσω μόνο μια ζωή, τη συνείδησή μου, την ουσία μου, την ψυχή μου, που δεν θα πεθάνει ποτέ, ούτε κι εσύ. Αυτή είναι η πεποίθησή μου. Κάποιοι από εσάς μπορεί να προτιμάτε να ζείτε διαφορετικά, αλλά νομίζω ότι ήμουν εκεί που πηγαίνετε, εκτός και αν περιπλανήθηκα. Γράφοντας αυτό, μου ήρθε ένα χαμόγελο στο πρόσωπό μου.

Έτσι, σε αυτό το σημείο θέλω να πάρω δύο πράγματα από το δρόμο. Ένας αξιωματικός επιτήρησης ο Lambeth που είδα στην υπόθεση του 1999 κάποτε με κατηγόρησε ότι είμαι ναρκισσιστής. Κούνησα το κεφάλι μου γιατί ήξερα ότι δεν μπορούσε να καταλάβει. Έχω ήδη πει στη γυναίκα μου ότι όταν περάσω θα ήθελα το σώμα μου να έχει μια οικολογική ταφή, χωρίς ταφόπλακα, χωρίς μαρκαδόρους, ένα δέντρο θα ήθελα, αχλαδιά, ή ροδακινιά, νοιάζομαι λιγότερο για τον εαυτό μου από ό,τι κάνω για το ταξίδι μου, και μέσα σε αυτό, εννοώ, το όνομά μου δεν είναι σημαντικό.

Όσο για τις πιθανές κατηγορίες ότι το κάνω αυτό για τα χρήματα, θα είμαι ευτυχής αν αυτό το βιβλίο δεν πωληθεί ποτέ, εννοώ πραγματικά, αλλά αν πωληθεί τότε θα υποσχεθώ αυτά τα κέρδη σε φιλανθρωπικές οργανώσεις, και άξιους σκοπούς, και πάρτε το τελευταίο όπως θέλετε, δεν με νοιάζει. Αλλά αν σκέφτεσαι κατηγορίες σαν κι αυτές, είσαι απελπισμένος. Κανείς δεν θα μπορούσε να γράψει ένα τέτοιο βιβλίο όπως αυτό για τα χρήματα, δεν συνέβη με το σχέδιό μου, αλλά η μοίρα, το πεπρωμένο, και δεν έχω καμία αμφιβολία ότι θα μπορούσε να θεωρηθεί επικίνδυνο, από ορισμένους, αλλά δεν φοβάμαι, δεν έχω χώρο για αυτό. Αυτό το ταξίδι, το συγκεκριμένο βιβλίο, ήταν θέμα συνείδησης για τον εαυτό μου, και έχει καταναλώσει τη ζωή μου για περισσότερα από είκοσι χρόνια, και μόνο ο Θεός ξέρει για πόσο ακόμα.

Εντάξει, έτσι, θα μπορούσα να έχω έρθει σε κάποια μορφή συλλογισμού, και μια ιδέα δεν έχει σημασία πόσο σε χαλαρώνει από κάποια από τη δουλειά του παρόντος, αλλά δεν μπορώ να σταματήσω να σκέφτομαι για το πώς; Πώς υπάρχει συνείδηση πέρα από το σώμα μας; Σκεφτόμαστε στην επιδίωξη της γνώσης και να αναπτύξουμε την κατανόηση του κόσμου γύρω μας, παρατήρηση, λογική. Η Κβαντική φυσική έχει γυρίσει ένα μεγάλο μέρος αυτής της λογικής στο κεφάλι μου, και ίσως είναι οι αισθήσεις μας, τα συναισθήματά μας, η διαίσθησή μας, που πρέπει επίσης να διερευνήσει για να κατανοήσουν πτυχές του σύμπαντος μας, άλλα μέρη του εαυτού μας. Αυτό δεν θα απαιτούσε καθαρή συνείδηση; Μπορείτε να σχετίζονται με αυτόν τον τρόπο, ενώ είστε καθηλωμένοι με το βάρος των ψεμάτων, ενοχή, δυσαρέσκεια, φόβο, απληστία, και άλλα αρνητικά στοιχεία που καταναλώνουν τόσους πολλούς ανθρώπους; Βρήκα τον εαυτό μου κοιτάζοντας μεγάλες καθολικές ερωτήσεις από δύο σημεία επιβεβαίωσης για τον εαυτό μου. Το σύμπαν, ή Παγκόσμια Συνείδηση δεν είναι τόσο παθητικά όσο πολλοί πιστεύουν, με τα αποτυπώματα ποδιών ως παράδειγμα, που με οδήγησαν στο Βιβλίο της *Αποκάλυψης* όπως είχα κάνει. Με κάνει να πιστεύω σε μια μορφή κρίσης για οποιονδήποτε λόγο. Δεν θεωρώ την *Αποκάλυψη* θρησκευτικό βιβλίο. Από την εμπειρία μου έχει εκπληρώσει να φέρει στο τέλος του 'ελέγχου' όλων των θρησκειών στη σχέση μας με τον Θεό, το Σύμπαν και τους εαυτούς μας. Ο Νίκολα Τέσλα έγραψε «Αν θέλετε να βρείτε τα μυστικά του σύμπαντος, σκεφτείτε από άποψη ενέργειας, συχνότητας και δόνησης». Αυτό έχει τόσο νόημα σε σχέση με αυτό το ταξίδι, δεν έχει η αγάπη τη δική της μοναδική, καθολική, υπογραφή; Αυτές είναι οι σκέψεις μου καθώς κάθομαι εδώ, βάζοντας τις τελευταίες πινελιές στην έκτη αναθεώρηση. Αυτό το βιβλίο αισθάνεται ολόκληρο τώρα, συγκρατώ ένα ή δύο κομμάτια, αλλά αισθάνεται ολόκληρο. Μπορεί να εξαπατήθηκα, για μεγάλο χρονικό διάστημα, από τη ζωή, από τη μοίρα, αλλά βλέπω τα αποτυπώματα ποδιών, σαφώς όπως πάντα, και αυτό θα ήταν εντάξει για μένα. Θα το αποδεχτώ. Ίσως, παρά τις προκλήσεις που θα έρθουν στο εγγύς μέλλον, είμαστε στην αρχή μιας καταπληκτικής, απίστευτης, νέας εποχής, και υπάρχουν περισσότερα για τη ζωή και την αγάπη από ό, τι φανταζόμασταν ποτέ.

19

Κεφάλαιο Δεκαεννέα

«Ένα μέτρο σιταριού για μια δεκάρα, και τρία μέτρα κριθής για μια δεκάρα: και να δει ότι δεν βλάπτει το λάδι και το κρασί.» Γέλασα όταν το διάβασα στο Βιβλίο της *Αποκάλυψης* πριν από πολλά χρόνια. Μια κατανόηση με γέλιο, όπως είπα απαλά τις λέξεις, «φυσικά και όχι». Αυτό σήμαινε για τον εαυτό μου ότι θα μπορούσα να πω ό, τι ήθελα για ιδρύματα, κυβερνήσεις, εταιρείες, αλλά ορισμένα πράγματα δεν πρέπει να βλάψουν. Το λάδι συμβόλιζε τη μνήμη. Θυμόμαστε εκείνους που έχουν περάσει. Από τη στιγμή που η γιαγιά μου κρατούσε ένα φυτίλι λαδιού να καίει σε ένα ντουλάπι, με θρησκευτικές εικόνες και μια εικόνα του παππού μου. Ενώ το κρασί συμβόλιζε την κοινωνία, αγαπώντας τους πιστούς, ανεξάρτητα από τη θρησκεία, υποθέτω ότι θα μπορούσατε να το περιγράψετε ως διατήρηση της πίστης στην αγάπη.

Καθώς πλησιάζω στο αποκορύφωμα του ταξιδιού μου, και με τις πρόσθετες γνώσεις που αποκτήθηκαν στο δρόμο, μου έχει μείνει μια ερώτηση. Και τι γίνεται με τους αγγέλους; Ίσως ξέρω τι σκέφτεστε. Αλλά μετά από όλες τις θεωρίες μου για το πώς και γιατί, συνειδητοποίησα ότι δεν μπορούσα να τις αγνοήσω. Οποιαδήποτε πίστη έχω στους αγγέλους είναι συνέπεια μιας εμπειρίας που είχα στο τελευταίο ταξίδι μου στην Ταϊλάνδη. Μόνο αφού ξέρω τον τελικό προορισμό αυτού του βιβλίου, έδωσα στην εμπειρία περισσότερη αξιοπιστία.

Υπήρχε μια γυναίκα που συνάντησα αρκετές φορές ενώ βρισκόμουν στο νησί Koh Phan Ngan, όπου έμενα. Περιστασιακά, την έβλεπα στην ουρά για το σημείο μετρητών στην κύρια πόλη του λιμανιού. Μία ή δύο φορές, περίμενα κοντά της καθώς στεκόμασταν, προστατευμένοι κατά μήκος του τοίχου της τράπεζας, εκμεταλλευόμενος την πενιχρή σκιά που προσέφερε από τον καυτό ήλιο. Ανταλλάξαμε γεια και μιλήσαμε. Ήταν ελκυστική, αλλά όχι τόσο σεξουαλική, είχε ένα πολύ ευγενικό πρόσωπο, σχεδόν αγγελικό. Πιθανώς στις αρχές της δεκαετίας του '30, φωτεινά μπλε μάτια, μια άγρια σφουγγαρίστρα από ξανθά μαλλιά, και ένα ειρηνικό χαμόγελο. Ποτέ δεν ένιωσες ότι έπρεπε να της μιλήσεις για να είσαι άνετα μαζί της. Θυμάμαι που την είδα μια φορά στο πλοίο για Koh Samui. Ανταλλάξαμε γεια όπως είχαμε κάνει και πριν, αλλά ταξίδευα με έναν Γερμανό φίλο και, αν και περάσαμε μεγάλο μέρος της ώρας να ασχολούμαστε με την συζήτηση, δεν θα μπορούσα παρά να κοιτάω πάνω της, παρατηρώντας πόσο ειρηνική φαινόταν, ενώ έπεφτε ο ήλιος πάνω της το πρωί, κρατώντας το ψάθινο καπέλο της πάνω από το κεφάλι της, με τα μάτια κλειστά, και αυτό το γαλήνιο χαμόγελο. Οι διακοπές πάντα τελειώνουν. Ήμουν στην Μπανγκόκ στο Khao San Road, μαζί με δύο φίλους, για να συνηθίσουν στον πολιτισμό πριν από τις πτήσεις μας για πίσω στο σπίτι. Ήμασταν σε ένα από τα πολλά εστιατόρια που εξυπηρετούν την περιοχή. Ήταν ένα ευρύχωρο γωνιακό εστιατόριο, στο νότιο άκρο του δρόμου, ανοιχτό, με πολλά δωρεάν τραπέζια. Άφησα τους φίλους μου εκεί και πήγα να δω αν μπορούσα να πάρω κάποια μαριχουάνα σε μια από τις τοπικές πηγές που ήξερα, όπου μου είπαν να επιστρέψω σε είκοσι λεπτά. Αλλά, επιστρέφοντας στους φίλους μου, αμέσως μετά τη διέλευση του δρόμου και γλίστρησα πίσω από τους πωλητές της αγοράς, οι οποίοι συνήθιζαν να πουλούν τα εμπορεύματα τους στην άκρη του δρόμου. Ο ένας έκανε ένα βήμα πίσω, και γρήγορα είπε,

«Μην επιστρέψεις! Αστυνομία!» Κούνησα το κεφάλι μου σε εκτίμηση και χωρίς διακοπή στο ταξίδι μου, της έδωσα τις ευχαριστίες μου, και πήρα τις συμβουλές της, υποψιάζεται μια παγίδα. Αλλά στο δρόμο της επιστροφής στους φίλους μου, καθισμένη στην αντίθετη πλευρά του ίδιου εστιατορίου ήταν η κυρία που είχα περιγράψει. Καθισμένος μόνος σε ένα τραπέζι, αλλά κοιτάζοντας ανήσυχος, και σε σύγχυση. Τα μάτια της εξερεύνησαν το δωμάτιο, από άκρη σε άκρη, ένα συγκεχυμένο βλέμμα στο πρόσωπό της που φαινόταν να συνορεύει με το φόβο. Αυτό δεν ήταν το ειρηνικό ήρεμο άτομο που είχα συνηθίσει να βλέπω και, όπως την πέρασα ούτως ή άλλως, είπα γεια, και κάθισε στο τραπέζι της.

«Όλα είναι καλά;» κούνησε το κεφάλι της, αλλά ήξερε ότι μπορούσα να δω ότι δεν ήταν. Περίμενα την προφορική της απάντηση. Θα μπορούσα να δω ότι σκεφτόταν τι να πει, καθώς δάγκωσε απαλά το κάτω χείλος της. Φαινόταν ανακουφισμένη από την απόφασή της να μου πει και, κλίνει προς τα εμπρός, και με ενημέρωσε με ήσυχη φωνή.

«Μπορώ να δω αγγέλους». Όχι η απάντηση που περίμενα, αλλά ήξερα ότι ήταν σοβαρό θέμα για αυτήν και ήθελα να μάθω περισσότερα.

«Όταν λέτε άγγελοι, εννοείτε, όπως οι άνθρωποι, με φτερά;» Εγώ ρώτησα.

«Ναι», απάντησε πριν επιβεβαιώσει την εμφάνισή τους και μου είπε ότι από τότε που ήταν μικρό παιδί, είχε δει ένα ή δύο μαζί, μόνο περιστασιακά, αλλά αρκετά συχνά, κάτι που με άφησε λίγο μπερδεμένο.

«Λοιπόν, ποιο είναι το πρόβλημα;» τα μάτια της κοίταξαν γύρω από το δωμάτιο, όπως αυτή έσκυψε προς τα εμπρός λίγο περισσότερο, και σιγά σιγά είπε.

«Το εστιατόριο είναι γεμάτο από αυτούς. Δεν έχω δει ποτέ τόσους πολλούς ταυτόχρονα», με πληροφόρησε καθώς κοιτούσε γύρω από το δωμάτιο. Προφανώς, δεν μπορούσα να δω τίποτα εκτός από τους φίλους μου που κάθονται στην άλλη πλευρά, και το προσωπικό. Το μέρος φαινόταν άδειο, αλλά ήξερα ότι δεν έλεγε ψέματα. Έπρεπε να επιβεβαιώσω τι εννοούσε, και μου είπε ότι στέκονταν γύρω από το εστιατόριο, πολλοί από αυτούς, απλά παρακολουθούσαν. Συμφωνήσαμε και οι δύο ότι στον κόσμο όπου βλέπει κανείς τους Αγγέλους, αυτό θα φαινόταν πολύ ασυνήθιστο. Όσο για τον εαυτό μου, δυσκολεύτηκα να κάνω μια πολύ βαθιά συζήτηση για κάτι που δεν μπορούσα να δω, έτσι μιλήσαμε σύντομα για τα ταξίδια μας, πώς είχαν πάει, και πού πηγαίναμε. Ανακάλυψα ότι το σπίτι της ήταν στη Μελβούρνη, και αυτό ήταν λίγο πολύ ένα ετήσιο γεγονός γι' αυτήν, να πηγαίνει Ταϊλάνδη. Καθώς άντεξα να φύγω, με κοίταξε και είπε εγκάρδια,

«Ευχαριστώ».

«Για ποιο λόγο;» Εγώ ρώτησα.

«Που με άκουσες, που με πίστεψες». Συγκινούμαι, όταν συνειδητοποίησα πόσα πολλά η συζήτησή μας σήμαινε γι' αυτήν. Της χαμογέλασα και της είπα,

«Αν μου πεις ότι μπορείς να δεις αγγέλους, ποιος είμαι εγώ για να πω το αντίθετο;» Δεν έλεγε ψέματα. Το ήξερα αυτό στα σίγουρα. Στα επόμενα χρόνια δεν μπορούσα παρά να σκέφτομαι ότι ίσως, απλά ίσως, υπήρχαν τόσοι πολλοί, επειδή με παρακολουθούσαν, και ακόμη και βοηθώντας κατά καιρούς. Αν είχα πιαστεί αγοράζοντας μαριχουάνα, ήμουν τόσο άρρωστος που πιθανότατα δεν θα είχα επιβιώσει, και αυτό το βιβλίο δεν θα είχε γραφτεί ποτέ. Μου αρέσει η σκέψη ότι υπήρχαν άγγελοι εκεί όλη την ώρα, που με πρόσεχαν, ειδικά στις στιγμές του πόνου μου.

Όσο παράλογη και αν φαίνεται η ιδέα, σε κάποιους, το γράψιμο αυτής της παραγράφου ήταν τόσο σωστό. Πώς θα χωρέσω τους αγγέλους στην εξίσωση αν δεν πιστεύω σε έναν παράδεισο που ζούμε όλοι; Νομίζω ότι υπάρχει ένα είδος παραδείσου, αλλά όχι ένα μέρος όπου εμείς ως 'άτομα' κατοικούμε, δεν είναι ένας τόπος ύπαρξης, αλλά μια κατάσταση ύπαρξης. Όταν θα είμαστε εντελώς ένα και πάλι με την Παγκόσμια Συνείδηση. Ίσως, είχαμε αρχικά μια επιλογή, όντας μέρος του φυσικού κόσμου όπως τον ξέρουμε, ή όντας ένας οδηγός, ένας άγγελος όπως τους αποκαλούμε, ο οποίος, προστατευμένος από τον πόνο και τις ανισότητες της σωματικής ζωής, καθώς επίσης και τις απολαύσεις της, παραμένει άθικτος, και ίσως, σύντομα, θα είναι απασχολημένος.

Όσο για την αποκαλυπτική πτυχή αυτού του βιβλίου, αν πιστεύετε ή όχι εξαρτάται από εσάς. Σίγουρα δεν είμαι εδώ για να μεταστρέψω την άποψη κανενός. Αλλά σε έναν κόσμο που νομίζω ότι έχει τόσο λίγη αξία να πιστεύουμε, και τόση αβεβαιότητα, έχω βρει κάτι που θα προτιμούσα να πεθάνω και να χλευαστώ ως ανόητος από το να αρνηθώ. Η όλη εμπειρία της γραφής αυτού του βιβλίου, και η ζωή που έχει έρθει με αυτό, με έχει εμπλουτίσει με τρόπους που ποτέ δεν είχα σκεφτεί ότι θα ήταν δυνατόν. Μπορεί να μου προκάλεσε πολλές δυσκολίες, όπως κάθε μεγάλη περιπέτεια, αλλά ήταν μια εμπειρία που, για τον εαυτό μου, συγκρίνεται με τα πιο εκπληκτικά ταξίδια, αλλά μου είναι δύσκολο να είμαι κάποιος που δεν είμαι. Δεν είμαι ιεροκήρυκας ούτε αυτό είναι κάποιου είδους κήρυγμα. Η ψυχή σου, η συνείδησή σου, σε αφορά. Βρήκα τον εαυτό μου σε ένα ταξίδι, το οποίο συμμερίζομαι μαζί σας, και ένιωσα υποχρεωμένος να μοιραστώ τις σκέψεις μου για το τι νομίζω ότι αυτό θα μπορούσε να σημαίνει, και άλλα θέματα. Αλλά εσύ, ο αναγνώστης, θα πρέπει να αποφασίσεις μόνος σου τι θα πάρεις από αυτά που έχω γράψει.

Όταν κάθισα στην παραλία στην Ταϊλάνδη, ευχόμενος η φύση να ελευθερώσει αυτόν τον πλανήτη από την ανθρωπότητα, σκέφτηκα ότι θα ήταν ωραίο αν κάποιοι συνέχιζαν, ένας μικρός αριθμός από εμάς που επέζησαν. Αλλά συνειδητοποίησα ότι ακόμη και αν κάτι αποκαλυπτικό συνέβαινε, και οι αριθμοί μας μειώνονταν σημαντικά, θα εξακολουθούσαμε να επαναλαμβάνουμε τους εαυτούς μας, καθώς θα υπήρχαν κάποιοι ανάμεσά μας, που δεν είναι ικανοποιημένοι με την ίδια τη ζωή, με την ανάγκη για δύναμη και έλεγχο, η οποία αναπόφευκτα θα μας επηρεάσει όλους. Έτσι σκέφτηκα ότι θα ήταν καλύτερο αν όλοι φεύγαμε, καθώς ποτέ δεν πίστευα ότι υπήρχε μια δύναμη ικανή να χωρίσει αυτούς τους τύπους ανθρώπων για μια μελλοντική κούρσα, ο πλανήτης μας ήρθε πρώτος. Αυτό άλλαξε.

Ο σύμβουλός μου μου είπε ότι δεν είχε ιατρική εξήγηση για το πώς επέζησα από την A.I.D.S. για τόσο πολύ καιρό, μαζί με δύο επιθέσεις μόλυνσης από M.A.I. Πόσο γρήγορα αλλάζουν τα πράγματα και πόσο εύκολα ξεχνάμε. Αλλά θυμάμαι ξαπλωμένος σε αυτό που πολλοί, συμπεριλαμβανομένου και εμού, πίστευα ότι θα ήταν το κρεβάτι του θανάτου μου, καλυμμένος με αίμα, γεμάτος πόνο, και έτοιμος να φύγω. Το τελευταίο πράγμα που θέλω όταν έρθει ξανά εκείνη η μέρα, ανεξάρτητα από το πώς θα έρθει, είναι να ψάξω την καρδιά μου, και να βρω λύπη, ειδικά σε σχέση με αυτό το ταξίδι.

Θα σας αφήσω με μια εμπειρία του παρελθόντος που είχε μια πολύ ισχυρή επίδραση στον εαυτό μου, και επίσης, κατά σύμπτωση, ίσως, έχει μια σύνδεση με ένα συγκεκριμένο τμήμα του Βιβλίου της *Αποκάλυψης*, και έτσι, και με αυτό το ταξίδι.

Μια νύχτα όταν ήμουν στις αρχές της εφηβείας μου πήγα για ύπνο και είχα αυτή την εμπειρία που θα με στοιχειώνει για πολλά χρόνια. Μέχρι αυτό το σημείο της ζωής μου είχα καταλήξει να θεωρώ τα συναισθήματα ως υψίστης σημασίας. Πριν από εκείνη τη νύχτα είχα αρχίσει να χρησιμοποιώ τα συναισθήματά μου για να θυμάμαι πολύ πρώιμες αναμνήσεις, μόνο θραύσματα, αλλά τόσο πρώιμες που δεν θα ήθελα να τις πω σε κανέναν. Το βρήκα συναρπαστικό. Ένιωσα σαν να μπορούσα να χρησιμοποιήσω τα συναισθήματά μου για να με οδηγήσουν σε καταστάσεις, και αυτή τη συγκεκριμένη νύχτα πήγα για ύπνο και αποφάσισα τι θα αισθάνομαι για το αίσθημα του θανάτου. Η σκέψη μου εκείνη την εποχή ήταν ότι θα ήταν το ίδιο συναίσθημα που ήρθε πριν από τη γέννηση, και αν υπήρχε μια ύπαρξη πριν, και μετά, αυτή η ζωή, θα μπορούσα να βιώσω μια γεύση από αυτό. Έκλεισα το φως της κρεβατοκάμαρας και κάθισα άνετα και χαλαρά στο κρεβάτι. Έκλεισα τα μάτια μου και συνειδητά προσπάθησα να βάλω μυαλό μου σε μια κατάσταση πλήρους αδράνειας, ενώ παραμένουν ενήμεροι. Πολύ γρήγορα άρχισα να νιώθω να αποχωρίζομαι από το σώμα μου, καθώς, αρχικά αργά, και πολύ απροσδόκητα, μπορούσα να αισθανθώ τον εαυτό μου να γλιστρά. Ήταν τόσο παράξενο. Δεν ήταν όνειρο. Ήμουν συνειδητός και ξύπνιος, αλλά γλίστρησα όλο και περισσότερο, μέχρι που έφτασα πολύ γρήγορα σε εκείνη τη στιγμή του τρόμου όταν έπεσα, πέφτοντας σε μια άβυσσο, μια μαύρη απύθμενη άβυσσο. Πήδηξα από το κρεβάτι και έτρεξα για το φως. Δεν ήταν αρκετό. Έτρεξα έξω από την κρεβατοκάμαρα και κάτω από τις σκάλες στις πιτζάμες μου σε κατάσταση πανικού, ανάβοντας τα φώτα καθώς πήγαινα, πριν πάω στο σαλόνι να ανοίξω το ραδιόφωνο. Δεν υπήρχε 24ωρη τηλεόραση τότε, και ένας δίσκος δεν θα ήταν αρκετά καλός. Έπρεπε να ακούσω τη φωνή κάποιου που ήταν ζωντανός. Χρειαζόμουν επιβεβαίωση της ζωής. Ήμουν τρομοκρατημένος. Σε αρκετές περιπτώσεις, μετά από εκείνο το βράδυ, καθώς χαλαρώνω, έτοιμος για ύπνο, θα θυμόμουν αυτό το συναίσθημα, με το ίδιο αποτέλεσμα, και θα σηκωνόμουν από το κρεβάτι με έναν φρικτό πανικό και θα καθόμουν και θα έτρεμα με φόβο για λίγο, ακούγοντας οποιαδήποτε ανθρώπινη φωνή μπορούσα να βρω στο ραδιόφωνο, έως ότου ηρεμήσω αρκετά για να επιστρέψω στο κρεβάτι. Ήταν μια μεγάλη ανησυχία όταν διαγνώστηκα ως θετικός στο H.I.V. Πώς θα αντιδρούσα την επόμενη φορά; Φοβόμουν αυτή τη σκέψη. Περίμενα να είναι πολύ χειρότερο, πιο τρομακτικό για τη δύσκολη θέση μου. Αλλά δεν επέστρεψε ποτέ, σε αυτό το συναίσθημα, σε αυτό το απαίσιο συναίσθημα, αυτό το συναίσθημα του θανάτου. Δεν φοβάμαι να πεθάνω, αλλά αυτή η ιδέα του θανάτου, δεν ντρέπομαι να το παραδεχτώ, με τρομάζει.

Οι περισσότεροι άνθρωποι θα γιόρταζαν την ολοκλήρωση του πρώτου βιβλίου τους. Το έκανα όταν τελείωσα το κεφάλαιο δεκατέσσερα, αν και αμφισβήτησα τις παράξενες εμπειρίες που είχα περάσει, και τα αποτυπώματα ποδιών, για τα οποία ήμουν εξαιρετικά περίεργος. Αλλά όταν τελείωσα το κεφάλαιο δεκαπέντε, πήγα στο κρεβάτι, κουλουριασμένος σαν μωρό και έκλαιγα. Φώναξα με την καρδιά μου μέχρι που κοιμήθηκα. Ήταν η πρώτη φορά που έκλαψα για να κοιμηθώ από τότε που ήμουν παιδί. Είτε υπήρχε μια δύναμη στη δουλειά, για μένα, προσωπικά, με τρόπο που δυσκολεύομαι να πιστέψω, ή έχει συμβεί κάτι που σας επηρεάζει επίσης. Έκλαψα για την ανθρωπότητα.

20

Κεφάλαιο Είκοσι

Το τέλος του κεφαλαίου δεκαεννέα, εμφανίστηκε για πρώτη φορά στις σελίδες του κεφαλαίου δέκατου έκτου της δεύτερης αναθεώρησης. Αλλά θα δεσμευτώ περαιτέρω καθώς αυτό το ταξίδι φτάνει πέρα από την έντυπη έκτη αναθεώρηση και τελικά καταλήγει σε κάποια μορφή συμπερασμάτων. Υπάρχουν ακόμα κάποιες εκπλήξεις, ακόμα και για μένα. Πολλά από αυτά που ακολουθούν εδώ είναι από το τελευταίο τμήμα της ηχητικής προσαρμογής στο YouTube αυτού του βιβλίου που ονομάζεται "The Lamb of God Chronicles", που δημοσιεύτηκε στις 19 Δεκεμβρίου 2021, επίσης διαθέσιμο στο "Bitchute", αν και, χωρίς μετάφραση, κάτι που θα ωθούσε αυτό τεύχος πέρα από τις πιο τρελές προσδοκίες μου και να το ολοκληρώσω καθώς ξετυλίγεται η έβδομη αναθεώρηση.

Αυτό το ταξίδι, μέχρι στιγμής, δεν θα μπορούσε να πραγματοποιηθεί χωρίς την υποστήριξη του βρετανικού λαού μέσω του συστήματος παροχών υγείας τους. Αυτό αξίζει κάποια αναγνώριση. Ήμουν ευγνώμων και θα είναι ωραίο για μένα να προχωρήσω.

Τώρα, ας προχωρήσουμε.

Όταν επέστρεψα από την Κύπρο, αφού έδωσα βιβλία τον Δεκέμβριο του 1999, πέρασα από μια διαδικασία που για μένα στο παρελθόν σήμαινε την επιθυμία να προχωρήσω. καθάρισα. Κυρίως τα πάντα εκτός από κομμάτια που κράτησα σε ένα κουτί, γράμματα και μερικά βιβλία. Δεν είχα μετακομίσει στο νέο μου σπίτι σε εκείνο το σημείο, οπότε έφυγε από το αυτοκίνητο. Καθάρισα το ντουλαπάκι, διαλέγοντας τα κομμάτια ένα προς ένα. Στο κάτω μέρος, ξαπλωμένο στο σκοτάδι, ήταν ένα βιβλίο. Ακουμπούσε το μπροστινό κάλυμμα με την όψη προς τα κάτω. Το σήκωσα και διάβασα το οπισθόφυλλο αναγνωρίζοντάς το ως τις Ψευδαισθήσεις του Ρίτσαρντ Μπαχ και τις λέξεις: «Ακολουθεί μια δοκιμή για να διαπιστώσετε εάν η αποστολή σας στη Γη τελείωσε: αν είστε ζωντανοί, δεν είναι». Καθώς το ανέτρεψα αργά, συνάντησα τα λόγια του υπότιτλου, The Adventures of a Reluctant Messiah. Ένιωθα ότι με έπαιζαν, έχω αυτή τη σχέση με τη μοίρα, και χαμογελάω, πήρε χρόνο για να το καταλάβω. Ήταν μια υπέροχη περιπέτεια. Σας ευχαριστώ. Είμαι έτοιμος.

Η Έκτη αναθεώρηση δημοσιεύθηκε στις 4 Μαΐου 2020, αν και τα πρώτα προσχέδια χρονολογούνται από τον Σεπτέμβριο του 2019.

Είχα προγραμματίσει να ξεκινήσω ένα μεταπτυχιακό τον Ιανουάριο του 2020. Αποφάσισα όμως να το μεταφέρω για τον Σεπτέμβριο του 2019 και λίγες εβδομάδες πριν ξεκινήσει η θητεία, έκανα αίτηση για το MA Publishing καθώς συνειδητοποίησα ότι είχε μεγάλο εύρος για τη διατριβή. Έτσι, σκεφτόμουν αυτό το έργο. Αλλά μου αρνήθηκαν το Publishing MA και μου είπαν ότι το Creative Writing/Publishing MA μπορεί να ήταν πιο αποδεκτό, με το οποίο συμφώνησα, αλλά ήμουν λίγο δυσαρεστημένος που έπρεπε να στείλω ένα δείγμα γραφής καθώς είχα κάνει δύο ενότητες γραφής εκεί στο παρελθόν, κατά τη διάρκεια του πτυχίου μου. Έχω δημοσιεύσει τα δύο πρώτα κεφάλαια του τι ήταν τότε, του μοναδικού μυθιστορήματος που έχω γράψει, και αυτό που ήταν τότε το τελευταίο κεφάλαιο του Δεν Μιλάω Ελληνικά, Έκτη Αναθεώρηση, κεφάλαιο δέκατο ένατο, εδώ. Σύντομα συνειδητοποίησα ότι ίσως να μην ήταν η πιο σοφή επιλογή. Εδώ θα ξεκινούσε μια σειρά από γεγονότα που θα μας οδηγούσαν στο επόμενο στάδιο αυτού του ταξιδιού και σε περαιτέρω ενδιαφέρουσες αποκαλύψεις. Είχα την τύχη να κληρωθώ για το τελευταίο βράδυ στο χορό, εκείνον τον Σεπτέμβριο. Ήταν μια ασυνήθιστη στιγμή για μένα. Το βιβλίο μου είχε ξαφνικά λάβει μια τεράστια αλλαγή, η οποία για πρώτη φορά προσέφερε ένα σκεπτικό, και ήμουν σχεδόν έτοιμος να εκτυπώσω ένα πρώιμο προσχέδιο. Και ακόμα περίμενα την απάντησή μου από την ομάδα δημιουργικής γραφής/εκδόσεων. Είχαν περάσει λίγες μέρες, όταν κανονικά ήρθε μέσα σε λίγες ώρες. Μετά από μια εβδομάδα έγραψα στη δασκάλα, λέγοντάς της πόσο ενθουσιασμένη ήμουν που ήμουν στο μάθημά της και προσφέρθηκα να έρθω και να συζητήσουμε τη δουλειά. Μέσα σε μια ώρα περίπου, έλαβα μια αποδοχή στο Publishing MA μόνο, χωρίς καμία εξήγηση. Όταν είδα τη δασκάλα που αρνήθηκε το μεταπτυχιακό μου στη Δημιουργική Γραφή στο πρώτο μάθημα που παρακολούθησε, καθώς ήταν μια από τις δασκάλες του MA του Publishing, περίμενα να μου πει κάτι για τους λόγους της, δεν είπε τίποτα. Είχα δημοσιεύσει το πρώτο προσχέδιο της έκτης αναθεώρησης περί τα τέλη Σεπτεμβρίου και άφησα ένα αντίγραφο σε έναν πρώην καθηγητή, ο οποίος ήταν τώρα υπότροφος του πανεπιστημίου, καθώς είχε διαβάσει τη δεύτερη αναθεώρηση πλήρως. Αυτός ο συνάδελφος δεν με ξαναπήρε ποτέ. Προσπάθησα επίσης να ασχοληθώ με κάποιους μαθητές στην τάξη, και είπαν ότι θα διάβαζαν και θα συζητούσαν μαζί μου, αλλά το συζήτησαν μόνο με τον εαυτό τους. Όταν, τον επόμενο Μάρτιο, υπέβαλα την ερώτηση της διατριβής μου σε μια συνάντηση όπου η καθηγήτρια δημιουργικής γραφής έπρεπε να εμφανιστεί για να πάρει κάτι από το γραφείο της. Με απέρριψαν και με ενημέρωσαν ότι αν είχα κάνει δημιουργική γραφή παράλληλα με το εκδοτικό MA, θα ήταν απολύτως αποδεκτό. Την επόμενη εβδομάδα είχα τον δάσκαλο δημιουργικής γραφής για το τελευταίο μάθημα πριν από το lockdown, όταν είχαμε έναν εκπρόσωπο από μια εκδοτική εταιρεία που μας έδειχνε παιδικά βιβλία. Κατά τη διάρκεια της οποίας έκανε το δρόμο της πίσω μου και με μαχαίρωσε με το δάχτυλό της στο κάτω μέρος της πλάτης. Όταν γύρισα, χαμογελούσε καθώς μου είπε να προσέχω τον εκπρόσωπο. Κανείς δεν με είχε μαχαιρώσει στην πλάτη, όπου το έκανε, αφού βασανίστηκα στο αστυνομικό τμήμα του Thorpe Wood σε ηλικία 17 ετών, όπως συζητήθηκε στο κεφάλαιο δέκατο πέμπτο, με πήγε κατευθείαν εκεί πίσω συναισθηματικά. Λοιπόν, ήμουν κάπως σαστισμένος, καθώς άκουσα τη δασκάλα να καυχιέται ότι είχε άδεια οδήγησης ραβδί βάρδιας, στο πλαίσιο της προετοιμασίας για την Αποκάλυψη των Ζόμπι. Αυτός είναι ένας λέκτορας πανεπιστημίου που πιστεύει ότι η σάρκα που σαπίζει μπορεί να αναζωογονηθεί. Αλλά είναι από την Καλιφόρνια. Ως συνέπεια του τρυπήματος στην πλάτη, τις επόμενες δύο ημέρες, συγκέντρωσα μια σειρά από ασυνήθιστα περιστατικά, που είχαν συμβεί κατά τη διάρκεια του μαθήματος, και κατέληξα σε συμπεράσματα, τα οποία είχαν ως αποτέλεσμα να γράψω και στους δύο καθηγητές θυμωμένος, και συναισθηματικό email, που περιγράφει όλα όσα πίστευα ότι είχαν συμβεί. Δεν απάντησαν ποτέ και, ως αποτέλεσμα, υπέβαλα μια καταγγελία, η οποία μαζί με μια άλλη καταγγελία για τον επόμενο βαθμό που μου έδωσε ο δάσκαλος, θα πήγαινε σε εξωτερικό φορέα για εξέταση. Αλλά όχι για άλλους οκτώ μήνες περίπου, ενώ πέρασα από την εσωτερική διαδικασία και με τη σειρά μου έκανα ένα διάλειμμα, για ένα χρόνο, που παρατάθηκε στα δύο χρόνια, και το καλοκαίρι που σχεδίαζα να γράψω τη διατριβή μου, ζωγράφιζα μια παγόδα κήπου, λαμβάνοντας υπόψη τα παιχνίδια στον υπολογιστή. Έτσι, η Ρίνα Κατσέλι μπαίνει στη φωτογραφία ή επιστρέφει αν έχετε διαβάσει μια προηγούμενη έκδοση αυτού του βιβλίου.

Ως συνέπεια της ενότητας για τα νομικά δικαιώματα στο μάθημά μου, το προηγούμενο φθινόπωρο, είχα επικοινωνήσει με τη Ρίνα καθώς είχα χρησιμοποιήσει ένα ισχυρό απόφθεγμα της, το οποίο είχα πάρει από το βιβλίο Gibbons και το είχα τοποθετήσει στο τέλος του ενδέκατου κεφαλαίου, σχετικά με την εμπειρία της από το Ελληνικό Πραξικόπημα του 1974. Μου ζήτησε να αφαιρέσω το απόσπασμα, Ως συνέπεια της ενότητας για τα νομικά δικαιώματα στο μάθημά μου, το προηγούμενο φθινόπωρο, είχα επικοινωνήσει με τη Ρίνα καθώς είχα χρησιμοποιήσει ένα ισχυρό απόφθεγμα της, το οποίο είχα πάρει από το βιβλίο Gibbons και το είχα τοποθετήσει στο τέλος του ενδέκατου κεφαλαίου, σχετικά με την εμπειρία της από το Ελληνικό Πραξικόπημα του 1974. Μου ζήτησε να αφαιρέσω το απόσπασμα, είπε ότι είχε αναφερθεί λανθασμένα.

Ήταν πολύ θυμωμένη με τον Χάρι Γκίμπονς και με ενημέρωσε ότι θα έστελνε το βιβλίο της για να το επιβεβαιώσει. Το βιβλίο έφτασε λίγες εβδομάδες πριν, και ήταν περίπου τώρα, που το πήρα για να το διαβάσω. Δεν είχε λανθασμένα. Ίσως παρερμηνευθεί, αλλά η ιστορία της με ενημέρωσε και με επηρέασε. Άρχισα να της γράφω πίσω και, καθώς ήξερα ότι τα αγγλικά της ήταν φτωχά, μετέφρασα ό,τι ήθελα να πω στα ελληνικά χρησιμοποιώντας Τεχνητή Νοημοσύνη. Ήθελα να της δώσω λίγη ελπίδα, αλλά δεν ήξερα πώς να πω αυτό που ήθελα και να το συμπιέσω μέσα σε ένα γράμμα. Το βιβλίο θα χρειαζόταν, και αν μπορούσα να μεταφράσω ένα γράμμα χιλιάδων λέξεων, θα μπορούσα να αναλύσω και να μεταφράσω ένα πολύ μεγάλο βιβλίο. Ήταν απλώς θέμα χρόνου και δέσμευσης, και έτσι ξεκίνησε η πρώτη μου μετάφραση, ως γράμμα στη Ρίνα.

Μέχρι τον Οκτώβριο, είχα μεταφράσει το βιβλίο και το είχα διαβάσει, παράγραφο προς παράγραφο, γραμμή προς γραμμή, τουλάχιστον δύο φορές. Έστειλα στη Ρίνα ένα αντίγραφο και είπε ότι πήγαινε σε οίκο ευγηρίας, ήταν άρρωστη και δεν μπορούσε να διαβάσει. Αλλά ήξερα ήδη τότε ότι θα έκανα το βιβλίο επίσημα να εκδοθεί αφού το διαβάσω με απόδειξη. Κάτι που θα σήμαινε ότι θα μπορούσα να γράψω την επιστολή και στο γραφείο του Αρχιεπισκόπου Κύπρου, είκοσι δύο χρόνια μετά. Η ελληνική μετάφραση κυκλοφόρησε στις 28 Δεκεμβρίου και έλαβα τα πρώτα αντίτυπα στα μέσα Ιανουαρίου 2021. Ένα από τα οποία έστειλα στο γραφείο του Ελληνοκύπριου Αρχιεπισκόπου, με ένα γράμμα. Ήμουν ευγενικός και συμβιβαστικός.

Στην επιστολή πρόσφερα δικαιώματα για την ελληνική μετάφραση στην εκκλησία για τους ανθρώπους και εξήγησα πώς θα μπορούσαν να διατηρήσουν μια παραδοσιακή πτυχή. Πριν προσθέσετε? «Το λεωφορείο που περιμένεις δεν έχει έρθει. Ένα άλλο λεωφορείο έχει σταλεί στο δρόμο σας. Ίδιος προορισμός, αλλά διαφορετικός οδηγός, σε μια απροσδόκητη διαδρομή. Ο οδηγός σας προσφέρει τα χαρτιά του που επιβεβαιώνουν ότι έχει τα προσόντα και του επιτρέπεται να οδηγεί το λεωφορείο και σας ενημερώνει ότι το λεωφορείο που περιμένετε δεν θα έρθει. Τον εμπιστεύεσαι και παίρνεις το λεωφορείο του; Ή να περιμένουμε, τι δεν πρόκειται να έρθει; Για ότι ξέρω, δεν έρχεται ». Πριν τους ενημερώσω, το βιβλίο είναι η απόδειξη της ταυτότητάς μου.

Έτσι, μετά από ένα μικρό διάλειμμα, ξεκινάω μια μετάφραση στα ρωσικά. Ακόμα στην ορθόδοξη νοοτροπία, δεν έχω περάσει καν την εισαγωγή και κάνω μια δωρεά στο Facebook σε έναν σκοπό στη Γάζα, τον πρώτο μου. Όταν επέστρεψα στις ειδοποιήσεις μου, είχα δεκάδες αιτήματα φιλίας, και μηνύματα, παρακλήσεις για βοήθεια, για να μην ξεχαστούν. Ήταν σαν ο

Θεός να μου γύριζε το κεφάλι και ήξερα ότι η επόμενη μετάφρασή μου έπρεπε να είναι αραβική.

Το πρώτο πράγμα που έκανα ήταν να πάω στη Microsoft για να κατεβάσω το πακέτο αραβικής γλώσσας για το πρόγραμμα Word της. Έχουν πολλές διαφορετικές αραβικές διαλέκτους, πολλές από τις οποίες δεν έχω ακούσει ποτέ, αλλά καμία παλαιστινιακή. Το θεώρησα ως ένδειξη πρόθεσης, να αφαιρέσω κάθε ίχνος αυτών των ανθρώπων, ως ξεχωριστή δική τους κουλτούρα.

Σύντομα έκανα φίλους, ειδικά με τους απελπισμένους στη Γάζα, και δύο κυρίες συγκεκριμένα, μία από τη Γάζα και μία από το Σουδάν, η τελευταία από τις οποίες είναι πολύ έξυπνη, με κίνητρα, μαθήτρια και οι δύο με τιμούν αποκαλώντας με πατέρα. Έτσι, έλκομαι από τη ζωή τους, στην κατανόηση των τρόπων τους και της θρησκείας τους. Η Μαντίνα, η κόρη μου από το Χαρτούμ, διάβασε την αραβική μετάφραση και μιλήσαμε γι' αυτό, και είμαι τόσο περήφανη γι' αυτήν. Επειδή έκανε αυτήν που τόσοι πολλοί δεν μπορούσαν, διάβασε, σκέφτηκε και συζητούσε. Κατά τη διάρκεια της συζήτησής μας, μου είπε ότι στο Ισλάμ, αυτή τη φορά, πιστεύεται ότι τελειώνει η εποχή των θρησκειών, και ο απύθμενος λάκκος, τον οποίο θεωρώ ότι τελειώνει, για πολλά, διαρκεί χίλια χρόνια, όσο λίγο φαίνεται, μου βγήκε νόημα. Πρέπει να είμαστε ολόκληροι, και αν η συνείδηση είναι η καθολική σταθερά, αυτό είχε νόημα. Η ισλαμική μετάφραση είχε σημαντική επίδραση στον εαυτό μου. Η ίδια η γλώσσα φαινόταν να έχει μια φυσική αρμονία με το έργο που μετέφραζα και αυτό με επηρέασε. Αντικατοπτρίζοντας αυτό υπάρχει ένα δικό μου απόσπασμα στην αρχή, «Τα λόγια μου είναι δικά μου, όπως και η καρδιά μου, τα υπόλοιπα ανήκουν στον Θεό, μέσα στον οποίο κατοικεί η καρδιά μου, μέσω της αγάπης».

Θα καταλάβαινα επίσης πόση καταστροφή, καταπίεση, φόβο και θάνατο έχει προκαλέσει το σιωνιστικό όνειρο. Το ονειρεύτηκαν και το υποστήριξαν πολλοί, Εβραίοι, Χριστιανοί και τώρα, ακόμη και Μουσουλμάνοι. Μια αφήγηση βγαλμένη από την εθνικιστική ιδεολογία, πλεγμένη με κομμάτια γραφής. Δεν νομίζω ότι ο Θεός είναι ευχαριστημένος με αυτό που κάνετε στο όνομά του. Όταν έγραψα για πρώτη φορά το βιβλίο το 1998 έως το 99 και διάβασα την Αποκάλυψη, η Σιών ήταν απλώς ένα μέρος, υπέθεσα ότι ήταν ένα βουνό σε μια χώρα, δεν είχα καμία επιθυμία να επισκεφτώ. Αλλά ξέρω τώρα, είναι επίσης συμβολικό μιας ιδεολογίας, και δεν χρειάζεται να πας πουθενά για να πεις πώς στέκεσαι σε μια ιδεολογία. Κάτι που θα αντικατοπτρίζει πάντα πώς ήσουν εκείνη τη στιγμή.

Ακολουθούσα τους αναφερόμενους αριθμούς για το μέρος της Αποκάλυψης από το οποίο πήρα καθοδήγηση για τη δικαστική υπόθεση. Στην ελληνική μετάφραση δεν μετέφρασαν ποτέ καλά, και χρησιμοποίησα τη φράση "αργότερα τμήμα" για να μην χρειάζεται να κοιτάξω. Τότε το είδα ως ελάχιστα σχετικό.

Η αραβική μετάφραση ήταν αληθινή, με αποτέλεσμα μια απροσδόκητη προσθήκη.

Η μετάφραση αυτού του έργου, και της έκτης αναθεώρησης, στα αραβικά, είχε μια βαθιά επίδραση στον εαυτό μου και αυτό το ταξίδι, με έναν τρόπο που δεν περίμενα ποτέ, όπως θα μαρτυρήσει αυτή η ενότητα.

Μια φορά προσπάθησα να διαβάσω την Παλαιά Διαθήκη. Δεν ξεπέρασα ποτέ το Genesis. Δεν μου άρεσε να μου λένε ψέματα. Το ταξίδι του Αβραάμ στην Αίγυπτο. Ο Αβραάμ είπε ψέματα και επωφελήθηκε από αυτά τα ψέματα, και τι έκανε ο Φαραώ όταν αποκαλύφθηκε το ψέμα; Συγχώρεσε τον Αβραάμ, του έδειξε συμπόνια, πιθανότατα ένιωσε αγάπη για τη γυναίκα του, που απεικόνιζε ως αδερφή του. Είναι ο ήρωας αυτής της ιστορίας για μένα, ένας Θεός μόνο για τον εαυτό του και για τους ανθρώπους του, μπορεί να ήταν, αλλά του είπαν ψέματα, και τον συγχώρεσε. Αβραάμ, έπαψα να εμπιστεύομαι, και ξέρω ότι αυτό μπορεί να αναστατώσει πολλούς, αλλά αυτές είναι ιστορίες, λόγια ανθρώπων που γράφτηκαν και εξυψώθηκαν από αυτούς που θα έρθουν ως ο λόγος του Θεού. Δύσκολα εκπλήσσει τόση μεγάλη ζημιά που έχει γίνει στον κόσμο όταν οι ιδέες που προέρχονται από αυτές τις αφηγήσεις έχουν επιβληθεί τόσο σκληρά, σε τόσους πολλούς, για τόσο καιρό.

Υπάρχουν δύο σημεία που με έφεραν πίσω εδώ, τα οποία με τη σειρά τους με οδήγησαν σε ένα τρίτο. Το πρώτο σημείο είναι ο θάνατος του Ισλαμικού φίλου μου. Το όνομά του ήταν David Hall, ή Daoud, και πέθανε τον Μάρτιο του 2020 στο νησί της Σαμοθράκης, όπου είχε μόλις επιστρέψει. Το άλλο θέμα προέκυψε όταν μετέφραζα το κεφάλαιο δέκατο έκτο και έλεγξα το κεφάλαιο 19 της Αποκάλυψης, από το οποίο πήρα καθοδήγηση για την παράβαση του διαβατηρίου μου.

19:11 *Και είδα τον ουρανό ανοιχτό, και ιδού ένα λευκό άλογο. και αυτός που καθόταν πάνω του ονομάστηκε Πιστός και Αληθινός, και με δικαιοσύνη κρίνει και πολεμά. 19:12 Τα μάτια του ήταν σαν φλόγα φωτιάς, και στο κεφάλι του υπήρχαν πολλά στέφανα. και είχε γραμμένο ένα όνομα, που κανείς δεν ήξερε, παρά μόνο ο ίδιος.*

Πριν διαβάσω λίγο παρακάτω:

19:13 *Και ήταν ντυμένος με ένα ρούχο βουτηγμένο στο αίμα. και το όνομά του ονομάζεται Λόγος του Θεού.*

Ο Θεός, η Μητέρα Φύση, με τιμά περισσότερο από όσο μπορώ να φανταστώ. Θα προσθέσω εδώ ότι αυτό είναι το μόνο τμήμα όπου γνωρίζω συνειδητά αυτό το προνόμιο. Θα το είχα ξεχάσει εδώ και πολύ καιρό. Αλλά είναι ενδιαφέρον, αυτό με οδήγησε σε μια άλλη ενότητα του βιβλίου της Αποκάλυψης:

14:1 *Και κοίταξα, και ιδού, ένα Αρνί στεκόταν στο όρος Σιών, και μαζί του 144.0000, που είχαν γραμμένο το όνομα του Πατέρα του στα μέτωπά τους.*

Ήταν σαν να ένιωσα τον Θεό να χαμογελά όταν συνειδητοποίησα πού πήγαινε αυτό. Εδώ είναι που οι Σιωνιστές, Χριστιανοί και Εβραίοι, πιστεύουν ότι ο Χριστός θα εμφανιστεί «κυριολεκτικά» για να χτυπήσει τους εχθρούς τους, υποθέτω τους μουσουλμάνους εχθρούς τους. Νομίζω ότι πιστεύουν επίσης ότι θα συμμετάσχουν οι 144.000 σε αυτήν την καταστροφή. Αν υπάρχει κάτι που έμαθα μέσα από την εμπειρία μου. Δεν είναι ποτέ να υποθέσουμε ότι μπορείτε να καθορίσετε το μυαλό του Θεού. Δεν είμαστε παρά πιόνια, μικρά κομμάτια του συνόλου. Λοιπόν, κοίτα. Αφήστε με να σταθώ στο όρος Σιών, και ναι, χαμογελώ. Δεν μπορώ να το βοηθήσω. Αλλά είμαι σοβαρός. Κανένας από τους 144.000 Εβραίους που θα λυτρωθούν σε αυτόν τον καιρό δεν είναι Σιωνιστής. Ούτε ένα. Τι θα έκανε κάποιον να σκεφτεί ότι το να καταπιέζει και να βασανίζει τα παιδιά του Θεού για να παράγει «μια ιδέα» που θα προέρχεται από το δικό τους εγώ θα τον ευχαριστούσε; Δεν μαθεύτηκε τίποτα από τον Χριστό;

Καθ' όλη τη διάρκεια της φιλίας μου με τον Ισλαμιστή φίλο μου, βρήκα τον εαυτό μου να τελειώνει με χαρά τη δουλειά του. Έγινε βασικό χαρακτηριστικό της σχέσης μας. Πιο πρόσφατα, απέκτησα μια κόρη στη Γάζα. Υπάρχουν τόσα ορφανά εκεί. Έχουμε δημιουργήσει έναν πολύ δεσμό, μου θυμίζει τον εαυτό μου, την καρδιά ενός λιονταριού, την ψυχή ενός αγγέλου και τις ευαισθησίες ενός πληγωμένου παιδιού, και την αγαπώ όπως θα ήθελα την κόρη μου. Ο Θεός με οδήγησε εδώ για αυτόν τον σκοπό. Λοιπόν, επιτρέψτε μου να ολοκληρώσω αυτήν την ενότητα με την τελευταία μου λέξη σχετικά με το θέμα, σχετικά με το πώς στέκομαι και πού βρίσκεται η εύνοια του Θεού. Είναι πάντα με τους «αγαπημένους» πιστούς. Δεν προέρχεται πολλή αγάπη από τους Σιωνιστές, ενώ σέρνουν παλαιστινιακές οικογένειες από τα πατρογονικά τους σπίτια και παλεύουν τον έλεγχο του τζαμιού Al Aqsa, από τους πιστούς, στην επιδίωξή τους για τον απόλυτο έλεγχο της Ιερουσαλήμ. Και θα πουν αυτό είναι για τον Θεό. Όχι. Αυτό είναι για τα δικά σας εγώ, τη δική σας δημιουργία, έναν Θεό που ταιριάζει στις ανάγκες σας, με βάση ερμηνείες της αρχαίας γραφής. Επιτρέψτε μου να χρησιμοποιήσω το προνόμιο που μου έχει παραχωρηθεί. Ακούστε τον λόγο του Θεού.

«Είμαι Παλαιστίνιος! Και απαιτώ από όλα τα πιστά έθνη του κόσμου να με απαλλάξουν από την καταπίεση που έχω υπομείνει, με απόλυτη πίστη, στην αγάπη του Θεού και τις επόμενες ημέρες της κρίσης!»

«Ο Θεός είναι μεγάλος!»

Ουάου! Το πνεύμα ήταν δυνατό μέσα μου όταν έγραψα ότι, που εμφανίστηκε για πρώτη φορά στην αραβική εκδοχή, νομίζω ότι αρέσει στην ειρωνεία στον Θεό. Ο Θεός είναι μεγάλος, κομμάτι, ήταν τα λόγια μου, δεν μπορούσα να συγκρατηθώ, το υπόλοιπο αυτής της πρότασης, είναι απαίτηση από τον Θεό, μια παθιασμένη απαίτηση, πρέπει να προσθέσω. Δεν μπορούμε να μείνουμε πίσω και να παρακολουθήσουμε αυτή τη γενοκτονία των Παλαιστινίων. Αυτό μας κάνει όλους πάρτι σε αυτό. Η Κύπρος, που έχει πλέον συνθήκη με το Ισραήλ, μπορεί να κάνει ότι θέλει. Αλλά αυτό πρέπει να συμβεί. Αυτά είναι τα λόγια του Θεού. Οδηγήθηκα σε αυτό το σημείο για τον συγκεκριμένο λόγο, και εγώ μείωσε την εχθρότητα που ένιωθα.

Ποτέ δεν ένιωσα την ανάγκη να ασχοληθώ με αυτό το θέμα στο παρελθόν λόγω της παρουσίας του Ισλαμικού φίλου μου. Παρηγορήθηκα πολύ γνωρίζοντας ότι ήταν στον κόσμο, με τα πιστεύω του. Αλλά αυτό άλλαξε. Αρμαγεδδών; Όχι το τέλος του κόσμου νομίζω, απλώς το τέλος του παλιού κόσμου, περιμένω. Αν και είναι σωστό, νομίζω, ακόμη και από πρακτική άποψη. Ο Σιωνισμός, και τα ιδανικά που τον έχουν υποστηρίξει, δεν μπορούν να συνεχιστούν.

Ήταν σαν να ένιωσα τον Θεό να χαμογελά. Δεν το πίστευα ποτέ δυνατό. Είπα στον Θεό ότι θα ήθελα να δω πώς θα το καταφέρεις γιατί δεν θα πάω στο Ισραήλ, πόσο μάλλον να σταθώ σε κανένα βουνό. Ήμουν εξαιρετικά δύσπιστος. Είμαι όμως πολύ εντυπωσιασμένος. Ήμουν στην κουζίνα, μόλις είχε ξημερώσει για τον εαυτό μου, πού πήγαινε αυτό όσον αφορά το να στέκομαι στο όρος Σιών. Έμεινα έκπληκτος, ένιωθα λίγο συγκλονισμένος, ακόμη και ναυτίες, και την ίδια στιγμή, ένιωσα αυτό το εγκεφαλικό κύμα, ή κύμα, που με κυρίευσε. Αλλά ένιωθε εκτός τόπου. Ήταν σαν να ένιωσα ένα χαμόγελο. Δεν το ένιωθα συναισθηματικά, ένιωθα άρρωστος. Αλλά το εγκεφαλικό κύμα, μόνο πίσω και στο κέντρο, ένιωθε σαν να χαμογέλασε ο Θεός. Εξακολουθώ να με πιάνει βουή που το σκέφτομαι. Είμαι πολύ εντυπωσιασμένος.

Λίγο μετά τη δημοσίευση της αραβικής μετάφρασης, έγραψα στον Μεγάλο Αγιατολάχ του Ιράν, μέσω της πρεσβείας τους στο Λονδίνο, ενημερώνοντάς τον για τις δραστηριότητές μου. Του ζήτησα επίσης να σκεφτεί τη συμπόνια για ένα συγκεκριμένο άτομο που έχει φυλακιστεί.

Πιστεύω ότι πήραν το γράμμα μου. Τους έγραφα ως εκπρόσωποι του Ισλάμ, αν και Σιίτες. Θα ήθελα να απελευθερώσουν όλους τους πολιτικούς και θρησκευτικούς κρατούμενους τους. Όπως σε κάθε κυβέρνηση. Ταλιμπάν, της Σαουδικής Αραβίας, των ΗΠΑ, του Ηνωμένου Βασιλείου, της Κίνας, της Ρωσίας, οπουδήποτε. Καθένας από εσάς που είναι υπεύθυνος θα απαντήσει για την έλλειψη συμπόνιας σας.

Ωστόσο, εμπιστεύομαι περισσότερο τους Ιρανούς παρά την εκκλησία των δικών μου ανθρώπων στην Κύπρο. Η χριστιανική εκκλησία θα είναι ένα διαφορετικό μέρος μετά από αυτό. Ο Χριστός δεν επιστρέφει, πολλοί, αναμφισβήτητα, εμπιστεύτηκαν τα λόγια των ανθρώπων, όπως είναι όλες οι θρησκείες. Με καταλαβαίνετε και δεν είμαι ο Χριστός.

Οι όποιες προσφορές έγιναν, προς αυτούς, την ελληνοκυπριακή εκκλησία, τώρα αποσύρονται. Η ίδια η χώρα έχει συνάψει συμμαχία με το Ισραήλ. Αυτό τους κάνει Σιωνιστές; Εγώ, θεωρώ τον Μπιλ Γκέιτς Σιωνιστή. Ενδεχομένως, οι μισοί ειδικοί κινδύνου καμπάνιας στο Facebook και ο Ζούκερμπεργκ; Λοιπόν, το Facebook φαίνεται να υποστηρίζει αρκετά τους δεξιούς εθνικιστές τον τελευταίο καιρό, οπότε δεν θα με εξέπληξε. Νομίζω ότι υπάρχουν πολλοί στη βρετανική κυβέρνηση που είναι σιωνιστικές. Για την Κύπρο, είναι ένα ζήτημα που θα πρέπει να λύσουν οι Κύπριοι μόνοι τους. Δεν μπορώ να μην θεωρήσω την κυπριακή όψη αυτής της αφήγησης, ως σκαλοπάτι. Εγώ προσωπικά δεν έχω κανένα παράπονο κατά των Τούρκων. Πάνω από είκοσι χρόνια χτυπούσα, αλλά η μεγαλύτερη αφήγηση είναι πολύ πιο σημαντική. Επιτρέψτε μου να το τονίσω αυτό, αν δεν είναι βυθισμένο. Κανένας Σιωνιστής, Εβραίος, Χριστιανός ή Μουσουλμάνος, και υπάρχουν λίγοι τώρα σε υψηλές θέσεις εξουσίας, προς το παρόν, κανένας Σιωνιστής οποιουδήποτε τόπου ή πειθούς, δεν θα εξαγοραστεί στον καιρό που Έλα.

Η κατεύθυνση που πήρε αυτό φώτισε επίσης μια ερώτηση που έκανα, σχετικά με το απόσπασμα της θλίψης, «που έπλυναν τα ιμάτιά τους και τα έκαναν λευκά στο αίμα του Αρνίου», ήταν αυτό το αίμα που έχω χύσει, ή αίμα, δεν έχω χύσει ακόμη; Δεν μπορούσα να μην ρωτήσω. Νομίζω ότι μπορείτε να δείτε γιατί. Δεν έχει σημασία. Πρέπει να δεσμευτώ σε αυτό. Αλλά, για κάθε ενδεχόμενο, αυτή η ερώτηση με οδήγησε στο κανάλι YouTube. Το οποίο έχει δημιουργηθεί για να φέρει το μήνυμα σε μια πιο προσιτή μορφή. Και με τη σειρά μου, μέσω της μετάφρασης Τεχνητής Νοημοσύνης που παρέχεται, μπορώ να μιλήσω σε κάθε γλώσσα. Μια γραμμή από το κεφάλαιο 13 της Αποκάλυψης. Το δεύτερο θέμα το θεώρησα αδύνατο, το 1999. Είμαι τόσο πολύ εντυπωσιασμένος.

Έχω τρεις σχετικές πληροφορίες να δώσω σε σχέση με αυτά που θεωρώ ως καθήκοντά μου, και το πρώτο κομμάτι πηγαίνει ακριβώς στην αρχή αυτού για μένα, και σχετίζεται με τη Σερβία. Παρατήρησα ότι ο Hashim Thachi και τρεις άλλοι κατηγορήθηκαν στη Χάγη για εγκλήματα πολέμου που διαπράχθηκαν κατά τη διάρκεια της σύγκρουσης στο Κοσσυφοπέδιο, όπου κατηγορούνται για τη δολοφονία περίπου 150 ατόμων, πολλά από αυτά σχετίζονται με τις απαγωγές που αναφέρθηκαν προηγουμένως σε αυτό το βιβλίο. Είκοσι χρόνια αργότερα διαπιστώθηκε ότι η δικαιοσύνη έπρεπε, τουλάχιστον, να φανεί, να αποδοθεί. Αυτό συμπίπτει με μια προσπάθεια της ΕΕ να μεσολαβήσει για μια συμφωνία μεταξύ των Σέρβων και της εν ενεργεία κυβέρνησης του Κοσσυφοπεδίου. Οι Αλβανοί θέλουν η Σερβία να αναγνωρίσει το Κοσσυφοπέδιο ως ανεξάρτητο κράτος, η σερβική κυβέρνηση αρνείται να το κάνει.

Είναι ενδιαφέρον ότι περίπου 40 πτώματα σε μια τάφρο χρησιμοποιήθηκαν για να δικαιολογήσουν τον βομβαρδισμό της Σερβίας από το ΝΑΤΟ και την επακόλουθη εισβολή και κατοχή του Κοσσυφοπεδίου, για λογαριασμό του Απελευθερωτικού Στρατού του Κοσσυφοπεδίου. 40 πτώματα σε ένα χαντάκι. Κανείς δεν ξέρει πώς έφτασαν εκεί, και κάτω από ποιες συνθήκες πέθαναν, κι όμως, το ονόμασαν γενοκτονία. Αυτό έγινε λίγους μήνες αφότου μια γερμανική έκθεση διαπίστωσε ότι η Σερβία ενεργούσε σύμφωνα με το διεθνές δίκαιο εναντίον μιας επικίνδυνης τρομοκρατικής ομάδας. Αλλά και πάλι, οι Αλβανοί πήραν την επαρχία, και 4 άνδρες δικάζονται. Μοιάζει με δικαιοσύνη; Όλα αυτά με οδηγούν στο πρώτο μου αίτημα από τον Θεό. Αυτό με τη σειρά του με επηρέασε σε πολύ πιο προσωπικό επίπεδο και όταν συνειδητοποίησα ότι θα έπρεπε να επαναλάβω αυτές τις πληροφορίες, λίγους μήνες πριν κάνω τον ήχο του YouTube, ήταν η πρώτη φορά που ρώτησα τον εαυτό μου, τι θα γινόταν αν σταματούσα; Τι θα γινόταν αν απέσυρα όλα τα βιβλία που πωλούνταν, τα έβαζα όλα σε ένα κουτί, το σφράγιζα και προχωρήσω; Ήξερα, αν έκανα κάτι τέτοιο, δεν θα μπορούσα να ζήσω με τον εαυτό μου. Θα με κατέστρεφε. Πρέπει να το τελειώσω αυτό. Όταν ήμουν εκείνο το παιδί, καθόμουν στο πάτωμα της κρεβατοκάμαρας των γονιών μου, κοιτάζοντας την Αποκάλυψη για να προσδιορίσω ποιον ρόλο θα ζητούσα, σκέφτηκα το αρνί, αλλά αποφάσισα ότι μου φαινόταν πολλή δουλειά και μεγάλη ευθύνη. Σκέφτηκα μια βόλτα επί, μέρος, θα ήταν ευκολότερο. Ήξερα ότι θα ήταν ένας από τους ιππείς, και καθώς έκλεινα το βιβλίο στο σκοτεινό φως, είδα το πρώτο μου όραμα, στο πίσω μέρος της ίδιας της Βίβλου. Το πήρα ως δημιούργημα του μυαλού μου, λαμβάνοντας υπόψη την απόφαση που μόλις είχα πάρει. Ήμουν παιδί.

Το όραμα, που δεν κράτησε περισσότερο από λίγα δευτερόλεπτα, ήταν αυτό ενός ιππέα, μια πλάγια όψη, το άλογο να μεγαλώνει απαλά, σηκώνοντας τα μπροστινά του πόδια, καθώς ο αναβάτης έβγαζε το σπαθί του, και όταν χτύπησε, είδα μόνο το σπαθί, όπως η λεπίδα σάρωσε ένα μέρος του κόσμου για το οποίο δεν ήξερα απολύτως τίποτα. Μια περιέργεια που θα μου έμενε για το υπόλοιπο της ζωής μου. Γιατί, όταν είχα τόση επίγνωση ορισμένων παγκόσμιων συγκρούσεων, θα έβλεπα ένα μέρος του κόσμου για το οποίο δεν ήξερα απολύτως τίποτα;

Καταλαβαίνω, μόλις τώρα, πόσο αυτό θα μπορούσε να έχει επηρεάσει πτυχές αυτού του έργου, και πάλι, το ερώτημα που μου έμεινε πρόσφατα, γιατί να αναδημιουργήσω κάτι για το οποίο δεν ήξερα τίποτα; Αναγνώρισα την περιοχή μόνο από την ευδιάκριτη ακτογραμμή της. Η ίδια η επικράτεια, συντάχθηκε στις πολιτείες που την απαρτίζουν, μια άλλη περιέργεια για μένα εκείνη την εποχή. Αλλά το κύριο σημείο στόχος για το σπαθί, ήταν η ενδοχώρα από την ακτή, καθώς σάρωσε τα Βαλκάνια, και σίγουρα μέσω, αν και δεν περιορίζεται σε αυτό, αυτό που τώρα γνωρίζω ως Κοσσυφοπέδιο. Αν δεν ήξερα τίποτα για αυτό το μέρος του κόσμου, γιατί θα το οραματιζόμουν σε σχέση με αυτό το αίτημα; Δεν μπορώ να αγνοήσω τα καθήκοντά μου ως τέτοια.

Έχω σκεφτεί ότι μπορεί να σχετίζεται με τις ενέργειες του ΝΑΤΟ του 1999, όπως έχουν ήδη αναφερθεί σε σχέση με την Αποκάλυψη, στο ηχητικό κανάλι. Αλλά ήμουν, και ήμουν πάντα, αντίθετος σε αυτή την ενέργεια.

Ξέρω, και καταλαβαίνω, αν αυτό το βιβλίο ή το κανάλι YouTube τραβήξουν την προσοχή, θα γελοιοποιηθώ πολύ. Η Ελληνίδα που μου διόρθωσε αυτή τη μετάφραση έγραψε ότι δεν πίστευε ότι θα γινόταν αποδεκτή. Νομίζω ότι αναφερόταν στον ελληνορθόδοξο λαό, το ήξερα. Ακόμα το ξέρω.

Έχω μείνει πιστός στις πεποιθήσεις μου με βάση την εμπειρία μου και τα γεγονότα. Γεγονότα, μέσα στη δύναμη μιας καθολικής συνείδησης, ή του Θεού. Ας ελπίσουμε ότι κατάφερα να σας μεταφέρω πώς κατέληξα στα συμπεράσματά μου. Μερικοί από εσάς θα θεωρήσετε την ιδέα παράλογη. Ότι μια παγκόσμια δύναμη μπορεί να είναι έτοιμη να προκαλέσει τον όλεθρο και να καθαρίσει τη φυλή μας σύμφωνα με μια φυσική απαίτηση, αφήνοντας εμάς τους υπόλοιπους να ξαναχτίσουμε, με τις αξίες και τις ιδιότητες που διασφαλίζουν τη συνεχή αναγνώριση της δημιουργίας τους, την αγάπη. Όχι άλλοι πόλεμοι. Όχι άλλη πείνα. Όχι άλλη αδικία. Όχι άλλος φόβος. Όχι άλλος θάνατος, ως συμπέρασμα της ανάλυσής μου στο κεφάλαιο δέκατο όγδοο. Νομίζω ότι ο Θεός, η Μητέρα Φύση ή η Παγκόσμια Συνείδηση, πείτε το όπως θέλετε, έχει το εύκολο κομμάτι μετά από αυτή την εμπειρία.

Έκανα ερωτήσεις στον εαυτό μου, ως συνέπεια του καναλιού, κατά τη διάρκεια και εκ των προτέρων. Πιστεύω, από την εμπειρία μου, και από ό,τι έχω δει, ότι η Συμπαντική Συνείδηση, ο Θεός, έχει την ικανότητα να αλληλεπιδρά μεμονωμένα, και συνολικά, σε ατομικό επίπεδο και σε επίπεδο που επηρεάζει όλη τη ζωή, σύμφωνα με παραμέτρους; που ορίζεται από την ίδια δύναμη. Η απάντησή μου ήταν ναι, απολύτως! Ο Θεός που ξέρω δεν είναι παθητική δύναμη. Ειδικά όχι αυτή τη στιγμή. Αυτός ήταν ο λόγος που έκλαψα τόσο πολύ όταν τελείωσα το κεφάλαιο δέκατο πέμπτο, πριν από τόσα χρόνια. Οι περισσότεροι από εσάς δεν θα έχετε ιδέα.

Και εδώ είναι η ανατροπή της ιστορίας.

Οι δύο μάρτυρες, πρόκειται να λειτουργήσουν ως ακριβώς αυτό για τον εαυτό μου. Τους ανέφερα στο παλαιότερο προσχέδιο της έκτης αναθεώρησης προτού το αποσύρω. Δύο μάρτυρες ντυμένοι με σάκο από το κεφάλαιο 11 της Αποκάλυψης. Στη συνέχεια τους αναφέρθηκα ως προφήτες ντυμένους με σάκο, καθώς θα μας πουν εκ των προτέρων για πράγματα που θα συμβούν σε μια περίοδο 3 1/2 ετών.

Όταν διάβασα την Αποκάλυψη το 1999, και από αυτούς τους μάρτυρες, η πρώτη μου σκέψη ήταν οι Μορμόνοι. Ταξιδεύουν σε ζευγάρια και συνήθως συντονίζουν τη λιτή ενδυμασία τους. Έξι μήνες μετά το σπίτι μου, αφού έγραψα το βιβλίο και έφυγα από το πρώην σπίτι μου, δύο Μορμόνοι χτύπησαν την πόρτα μου. Τους άφησα να μπουν, είχαν τις έξι συνεδρίες τους όπου τους έκανα προτάσεις να αλλάξω την πυραμίδα τους, φτιαγμένη από πλαστικά ποτήρια. Συμβόλιζαν τη σημασία ορισμένων αξιών στην εκκλησία τους, στην οποία υποσχέθηκα επίσης να παρευρεθώ, τουλάχιστον μία φορά, αλλά ήταν κλειστή την Κυριακή που εμφανίστηκα.

Μετά από αυτές τις έξι συνεδρίες, θα επέστρεφαν. Κοινωνικές βραδιές. Για να παίξουν το επιτραπέζιο παιχνίδι Risk και θα συνέχιζαν να επιστρέφουν, έως ότου αποσταλεί και οι δύο πίσω στο σπίτι. Μου άρεσαν πολύ και τα πήγαμε πολύ καλά. Μάλλον τους έδωσα αντίγραφα του βιβλίου μου. Ήταν και οι δύο από τις ΗΠΑ, και θυμάμαι ότι σκέφτηκα πόσο αστείο μου φαινόταν, υπό τις περιστάσεις, να παίζω ένα παιχνίδι παγκόσμιας κυριαρχίας με δύο Μορμόνους.

Είτε πρόκειται να είναι αυτά τα δύο είτε όχι. Υποψιάζομαι ότι δύο Μορμόνοι θα ξυπνήσουν κάποια στιγμή στο όχι και τόσο μακρινό μέλλον. Θα έχουν το ίδιο όνειρο, μέσα σε αυτό, θα δουν ο ένας τον άλλον. Υποψιάζομαι επίσης ότι και οι δύο, ταυτόχρονα, θα ζήσουν εμπειρίες στα όνειρά τους. Εμπειρίες που θα γίνουν πραγματικότητα για όλους μας. Η εμφάνισή τους θα λειτουργήσει και ως επιβεβαίωση και επιβεβαίωση του δικού μου ρόλου. Γι' αυτό, νομίζω, είναι μάρτυρες. Είναι επίσης λογικό γιατί θα έχουν τόσα προβλήματα, κάτι που υποδεικνύεται στο βιβλίο της Αποκάλυψης. Υπάρχουν εκατομμύρια Χριστιανοί Σιωνιστές στις ΗΠΑ, και αν ο λόγος μου είναι αληθινός, δεν είναι σε καλή θέση. Αυτός είναι πιθανότατα ο λόγος που οι μάρτυρες θα δεχτούν επίθεση, η Βίβλος και η ταξιαρχία όπλων θα προσπαθήσουν να τους φιμώσουν. Τους εύχομαι καλή τύχη αλλά ξέρω ότι δεν θα τη χρειαστούν.

Τελευταία λόγια για τα ίχνη. Πέρασα μήνες από τη ζωή μου, για λίγα χρόνια, ζώντας σε μια παραλία. Ένα πράγμα σε αφθονία, εκτός από τη θάλασσα, την άμμο και τις καρύδες, είναι ο χρόνος. Είχα μια μέρα που αποφάσισα να προσπαθήσω να κάνω ίχνη με σκοπό να προκαλέσω την περιέργεια στον περαστικό. Δυσκολεύτηκα να βρω ιδέες, αλλά ο σπειροειδής κύκλος ήταν ένας από αυτούς. Το δοκίμασα μερικές φορές, αλλά δεν μπορούσα καν να πλησιάσω, και αυτό ήταν απλώς να μπω μέσα. Θυμάμαι ότι κάθε κύκλος μου ήταν πολύ άστοχος. Τα παράτησα, συνειδητοποιώντας ακόμα κι αν μπορούσα να κάνω καλούς κύκλους, για το στοιχείο της περιέργειας, θα έπρεπε να περπατήσω πίσω στον εαυτό μου για να βγω έξω. Αυτό ήταν που με έκανε να τα παρατήσω. Δεν ήταν δυνατό για μένα να περπατήσω την απαιτούμενη απόσταση χωρίς να αφήσω σημάδι, ακόμη και ένα ή δύο βήματα αποδεικνύονταν εξαιρετικά προβληματικά. Μου ήταν αδύνατο. Θυμάμαι ότι κοιτούσα τα ίχνη στην άμμο στην παραλία του Κάτω Πύργου, και παρόλο που δεν το έχω αναφέρει ποτέ, οι κύκλοι ήταν τέλειοι, εννοώ απολύτως τέλειοι, και χόρεψε. Αυτή η ανάμνηση, αυτή η γυναίκα, αυτή η δύναμη της φύσης, αυτό το θαύμα αν θέλετε, μένει μαζί μου ως σταθερά στη ζωή μου. Τι όμορφο πράγμα να δεις. Απλώς νόμιζα ότι ο χρόνος ήταν κακός, αλλά ήταν τέλειος, και από τότε περπατάει μαζί μου.

Τώρα η τελευταία μου δουλειά. Αυτό το ταξίδι έφτασε στο τελικό του τέλος. Αλλά υπάρχει μια ακόμη σφραγίδα που πρέπει να ανοίξει. Η έβδομη σφραγίδα. Είναι καθήκον μου. Εάν αυτό είναι πραγματικό, όπως θα πρέπει να αποφασίσετε μόνοι σας, η έβδομη σφραγίδα από το βιβλίο της Αποκάλυψης, είναι τώρα ανοιχτή.

Είμαι τόσο εντυπωσιασμένος με το Σύμπαν και το πώς λειτούργησε αυτό. Οι τελευταίοι δέκα μήνες ήταν η πιο έντονη περίοδος για πάνω από δύο δεκαετίες. Είμαι εντυπωσιασμένος με τον Θεό. Ποτέ στα πιο τρελά μου όνειρα δεν φανταζόμουν ότι αυτό θα με οδηγούσε εδώ, με τα πάντα δεμένα με τον τρόπο που είναι.

Έχετε το μήνυμά μου, τον λόγο μου. Αυτή η Εργασία εκπληρώνεται. Έχω ήδη κλάψει, ας σαλπίσουν οι άγγελοι. Μπορούμε να αντιμετωπίσουμε αυτό που πρόκειται να έρθει μόνο με ενότητα, θάρρος, συμπόνια και αγάπη στις καρδιές μας. Δεσμευμένος από τη δύναμη να εξασφαλίσει, ο νέος κόσμος δεν είναι σαν τον παλιό. Είμαι μέσα.

Ιανουάριος 2020.

21

Σενάριο ανάρτησης

Σενάριο ανάρτησης 15/02/24

Ήμουν άστεγος όταν ολοκλήρωσα τα τελευταία επεισόδια του καναλιού YouTube από το οποίο προέρχεται το Κεφάλαιο Είκοσι. Έξι μήνες αργότερα θα έπαθα εγκεφαλική αιμορραγία. Η, σύντομα, πρώην σύζυγός μου, με βρήκε μισοσυνείδητη στον καναπέ και, επειδή ήμουν γιατρός, ήξερε τι να κάνει. Η υψηλή αρτηριακή πίεση, τα αίτια της οποίας δεν σχετίζονταν τόσο με αυτή τη δουλειά, παρόλο που είχα αφοσιωθεί πλήρως. Θα ένιωθα άβολα αν δεν το είχα κάνει. Θυμάμαι ότι σκέφτηκα αυτό το έργο εν αναμονή χειρουργείου στο νοσοκομείο. Απλώς χάρηκα που συνέβη μετά. Δεν έχασα τίποτα κατά τη διάρκεια του εγκεφαλικού. Μόνο που, ή τουλάχιστον έτσι μου λέει η πρώην γυναίκα μου, ήταν σαν να μου είχε αφαιρεθεί το φίλτρο. Είπα αυτό που σκέφτηκα, ένιωθα, ανεξάρτητα.

Τι μου άλλαξε γνώμη, τι με έκανε να γυρίσω την πλάτη στη δική μου πατρογονική πατρίδα. Προσπάθησα, για ένα. Δεν μπορούσα να κάνω περισσότερα. Ο Θεός βοηθά αυτούς που βοηθούν τον εαυτό τους. Τι μου έκανε πραγματικά; Ίσως το δεύτερο μυθιστόρημά μου, ανέκδοτο, με τίτλο «A Tale of Two Cultures» στο οποίο είχα έναν Έλληνα και έναν Τούρκο ήρωα, και τους δύο φίλους. Το κλειδί για δυνατούς χαρακτήρες είναι η ανάπτυξη κατανόησης από το υπόβαθρό τους και η κατανόηση καταρρίπτει τόσα πολλά εμπόδια. Έχουν πολλά να περηφανεύονται, καβαλάρηδες στον άνεμο, και έχτισαν μια αυτοκρατορία.

Είδα επίσης μια ελληνική σημαία στο πίσω μέρος ενός κράνους των IDF στη Γάζα. Οι Έλληνες κυνηγούν παλαιστίνια μωρά μαζί και μαζί με τους Σιωνιστές;

Το μόνο που πιστεύω ότι ήθελαν πραγματικά οι πρόγονοί μου από μένα είναι αυτό που θα ευχόμουν σε οποιονδήποτε από τους απογόνους μου, να είναι ευτυχισμένος, να είναι αληθινά ευτυχισμένος. Δεν πρόδωσα ποτέ την Κύπρο. Το έκανε η δική τους κυβέρνηση. Αν πρόκειται να εκπληρώσω τον ρόλο του καβαλάρη, ή του αρνιού, δεν θέλω θρησκευτική σύγκρουση. Θέλω έναν δίκαιο. Για μένα, τώρα, και δεν μπορώ να το τονίσω αρκετά, η διάλυση των Παγκόσμιων Υπεράκτιων Τραπεζικών Συστημάτων είναι πολύ πιο σημαντική για έναν βελτιωμένο κόσμο. Οποιαδήποτε χώρα, ΗΠΑ, Ηνωμένο Βασίλειο ή Κύπρος.

Είμαστε όλοι αδέρφια που χωρίζονται από ιστορία και γλώσσα, ήρθε η ώρα να το καταλάβουμε αυτό.

Μετά την 7η Οκτωβρίου, η απάντηση του Σιωνιστικού Ισραήλ, ανακαλύπτοντας στη συνέχεια από τους Εβραίους της Τορά ότι ο Σιωνισμός αψηφά τον Θεό. Επέστρεψα στην Αποκάλυψη. Ήξερα ότι υπήρχε κάτι που έπρεπε να κάνω. Φαίνεται ότι ένας χαρακτήρας σαν κι εμένα συγκεντρώνει έναν στρατό δικαίων στον Αρμαγεδδώνα. Όχι το τέλος του κόσμου, ελπίζω. Χαμογελάω. Μπορεί να είμαι εγώ; Μικρός, μεγάλος, ανίσχυρος, εγώ; Όταν έχεις δει το αδύνατο, χαμογελώ, όλα είναι πιθανά. Υπήρχε συνειδητοποίηση της πολύ σοβαρής φύσης των θεμάτων. Έγραψα πρώτα στον Καθολικό Πάπα, του είπα ότι μπορεί να είναι χρήσιμο να μιλήσω με έναν άλλο υπηρέτη του Θεού, λαμβάνοντας υπόψη τις περιστάσεις. Τον έβλεπα ως ανεξάρτητο και, σε περίπτωση που τόσοι πολλοί άνθρωποι επρόκειτο να χάσουν τη ζωή τους, σκέφτηκα ότι θα ήταν χρήσιμο να το συζητήσω από τη σκοπιά της δουλειάς. γελάω διαβάζοντάς το. Καμία απάντηση φυσικά. Είναι ακόμα στη σφαίρα του Twitter. Μου αρέσει το Twitter ή το X όπως λέγεται τώρα. Είναι απολύτως διαφανές και μπορείτε να στείλετε από κοινού σε τόσους πολλούς οργανισμούς και ανθρώπους.

Πρόσθεσα όλους όσους μπορούσα να σκεφτώ για τα μηνύματά μου, εξαιρουμένης της δικής μου κυβέρνησης του Ηνωμένου Βασιλείου προς το παρόν. Από τον Νετανιάχου, τον Ισραηλινό Στρατό, τα ισραηλινά μέσα ενημέρωσης, μέχρι τη Χεζμπολάχ, τον Λευκό Οίκο, την Ε.Ε. και πολλοί άλλοι, συμπεριλαμβανομένου του Σερβικού Υπουργείου Εξωτερικών, και 3 κινεζικών υπηρεσιών και οργανισμών. Κίνα, μια άλλη περιέργεια που σκεφτόμουν. Όλο αυτό το θέμα της αποκάλυψης μου φαίνεται πολύ αληθινό τώρα. Λέω στον κόσμο ότι δεν περιμένω οι περισσότεροι από εμάς να είμαστε εδώ μέχρι το τέλος της δεκαετίας. Αυτό ήταν πριν κάνω αυτό που έπρεπε να κάνω.

Το μήνυμά μου στον Νετανιάχου, Μπέντζαμιν, όπως τον αποκαλούσα. Μόλις έλεγξα τη ροή μου στο Twitter ή το X. Ήμουν σαν δαιμονισμένος άντρας. Ασυμβίβαστος, αφοσιωμένος. Δεν θα τα διαγράψω. Ήταν 28 Δεκεμβρίου. Ανακοίνωσα τον εαυτό μου ονομαστικά και ως Ο Αμνός του Θεού από το βιβλίο της Αποκάλυψης, με έναν σύνδεσμο στο κοινόχρηστο Drive Google μου, ως απόδειξη ταυτότητας, όπου είχα ήδη ετοιμάσει μια Εβραϊκή Μετάφραση. Για μερικούς Εβραίους αυτό το αρνί είναι ένας αναμενόμενος μεσσίας, έγραψα ότι έπρεπε να ανταποκριθώ σε πολλά, αλλά δεν είμαι μεσσίας για έναν Σιωνιστή, είμαι ο εχθρός τους. Τους έδωσα ένα χρονικό πλαίσιο, αυτό που είχαν ορίσει για την απομάκρυνση των Παλαιστινίων, και τους είπα ότι θα δω τον Σιωνισμό στον τάφο, δίπλα μου, αν χρειαστεί. Στη συνέχεια πήγα σε αυτό που θεωρώ ότι συγκεντρώνω τα μηνύματά μου την Πρωτοχρονιά. Συγκέντρωση στρατού δικαίων. Φυσικά δεν μπορώ να συγκεντρώσω στρατό. Αλλά υπάρχουν ήδη στρατοί εκεί έξω. Αυτό που μπορούσα να κάνω ήταν να αλλάξω λίγο την προοπτική, να δώσω περισσότερο ορισμό στην επερχόμενη σύγκρουση.

Έγραψα ένα μήνυμα στη Χεζμπολάχ, ως εκ των προτέρων, με έναν σύνδεσμο προς το βιβλίο εκείνο το πρωί. Τα συγκεντρωτικά μου μηνύματα ξεκίνησαν με λόγια προς τους Μαλαισιανούς για το MH17. Νομίζω ότι το χρησιμοποιούσα για να δείξω τη σκληρότητα αυτού που αντιμετωπίζουμε. Πιστεύω ακράδαντα ότι το MH17 ήταν το όργανο μιας εκστρατείας δαιμονοποίησης εναντίον του Πούτιν και της Ρωσίας. Φωτογραφικά στοιχεία που υποστηρίζουν αυτή την πεποίθηση, υπάρχουν. Μετά έστειλα ένα μήνυμα στους Τούρκους λέγοντάς τους ξανά ποιος είμαι, με ένα σύνδεσμο στο βιβλίο ως απόδειξη, αλλά όχι ακόμα τουρκική μετάφραση. Απευθυνόμουν στους Τούρκους, αλλά το μήνυμα δεν ήταν μόνο για αυτούς. Τους είπα ότι φτιάχνω όχι άλλο πόλεμο εναντίον τους, με μια σύντομη εξήγηση. Αυτό είχε σημασία για κάποιον άλλον. Έπειτα έγραψα για το πώς ήταν αναμενόμενο ένας χαρακτήρας, όπως εγώ, να συγκεντρώσει έναν στρατό δικαίων για να πολεμήσει το κακό στη Μεγιδδώ. Το τοπικό όνομα για τον Αρμαγεδδώνα. Το αρνήθηκα, γιατί δεν θα προσδιόριζα ποτέ ανοιχτά το σημείο συγκέντρωσης αν ήμουν. Μετά έγραψα τι θα τους έλεγα αν μάζευα στρατό δικαίων.

Το επόμενο μήνυμα μου ήταν στους Κινέζους. Ενώ δούλευα στο κεφάλαιο δέκατο έβδομο, σκεφτόμουν την Κίνα. Ήμουν περίεργος γιατί δεν είχα γράψει για αυτούς. Ρώτησα. Η απάντηση που ένιωσα ήταν, «πες τίποτα για την Κίνα.» Ένα ή δύο μήνες αργότερα ρώτησα ξανά και ένιωσα το ίδιο πράγμα. Ήμουν αβέβαιος για αυτό. Είπα με ειλικρίνεια την καθοδηγητική μου δύναμη. Έπρεπε να είμαι σίγουρος. 3 μέρες μετά έβρεξε στην Κίνα, αποκαλυπτική βροχή. Αυτό ήταν αρκετά καλό για μένα. Έκανα μια σειρά από φιλοσοφικές ερωτήσεις σχετικά με τη δουλειά μου, και έμεινα με ένα. Μπορεί ένας κομμουνιστής να αγαπήσει; Στο μήνυμά μου, τους θυμήθηκα αυτή την ιστορία, και τους αναφέρθηκα ως το τζόκερ, το μπαλαντέρ, που έκρυβε ο Θεός, ακόμα και από τον εαυτό μου. Τους είπα ότι ήταν η εκπλήρωση της προφητείας μας για την ημέρα της κρίσης, ένας πόλεμος για τον τερματισμό όλων των πολέμων. Για να μην περάσουμε τα επόμενα εκατό χρόνια πολεμώντας πολέμους. Ο εχθρός τους είναι επίσης εχθρός του Θεού και της ανθρωπότητας. Δεν βρήκα κανένα λόγο να μην τους καλέσω να συμμετάσχουν σε κανένα συνασπισμό.

Τελείωσα με ένα κοινό μήνυμα προς τον Πρόεδρο Πούτιν και τον Σι Τζινπίνγκ, στο τέλος του οποίου έγραψα: «Μπορώ μόνο να φανταστώ το βάρος ορισμένων από τις επιλογές που μπορεί να χρειαστεί να κάνετε». Για να βοηθήσουμε, τέτοιες επιλογές απαιτούν μεγάλη αναζήτηση ψυχής». Πριν τους ευχαριστήσω για τον χρόνο τους.

Την επόμενη μέρα ο πρόεδρος Πούτιν ανακοίνωσε αύξηση 45.000.000.000 δολαρίων στις αμυντικές δαπάνες για το έτος. Δεν μπορώ παρά να αγαπήσω τον άντρα. Πήρε το μήνυμά μου; Μπορεί να φαίνεται έτσι.

Έκανα μια Κινεζική Μετάφραση, την οποία την διαβίβασα ως απόδειξη ταυτότητας και μετά ένιωσα την ανάγκη να κάνω μια Σερβική Μετάφραση. Τελευταίο, μέχρι στιγμής, αλλά, σε καμία περίπτωση ασήμαντο.

Μέσα σε λίγες εβδομάδες από τότε που ειδοποίησα τους Σιωνιστές, ένας άνδρας που ισχυριζόταν ότι ήταν ο Εβραίος Μεσσίας απάντησε σε μια ανάρτηση που έκανα στο Twitter. Με ενημέρωνε ότι ήταν εδώ. Στ 'αλήθεια. @Belovedisciple_. Αποκαλεί τον εαυτό του Judah, με το χερούλι I am Judah, αλλά το αρχικό του όνομα χρήστη στο Twitter ήταν @Alan0509. γελάω διαβάζοντάς το. Κολακεύτηκα και διασκέδασα. Είναι μουσουλμάνος που μισεί, τυπικές σιωνιστικές αναρτήσεις, και διάβασα μια όπου σκεφτόταν αν θα ενημερώσει τον Καθολικό Πάπα ή μια τοπική ισραηλινή οργάνωση για την παρουσία του. Μπήκα στον πειρασμό να απαντήσω. Αλλά είμαι πολύ απασχολημένος για να του δώσω χρόνο, επικεντρώνομαι στους πρωταρχικούς μου στόχους, την ανακούφιση των Παλαιστινίων, και θεωρώ καθήκον μου τόσο στον Θεό όσο και στην ανθρωπότητα να κάνω ό,τι μπορώ για να θάψω τον Σιωνισμό για πάντα. Καταλαβαίνω ότι αυτή η στάση μπορεί να μου κοστίσει τη ζωή, γνωρίζοντας τους Σιωνιστές, όπως νιώθω τώρα, αλλά δεν είμαι πιο χαρούμενος εδώ και πολύ καιρό. Το πώς ζεις, αυτό έχει σημασία.

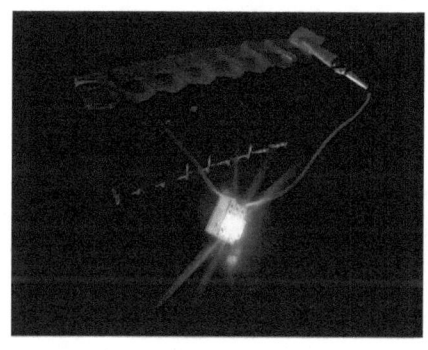

Κάνοντας μερικές πρόσφατες μεταφράσεις αφαίρεσα τμήματα της αρχικής αγγλικής έκδοσης. Αφαίρεσα ένα ολόκληρο κεφάλαιο γιατί αναφέρεται στο έργο του Alex Romane, στο έργο του για ένα κίνημα άμεσης δημοκρατίας, καθώς και στον ηλεκτρισμό που παράγεται ή συλλέγεται από μικρόβια. Αυτό είναι που με ενδιέφερε περισσότερο. Το μόνο καύσιμο που χρησιμοποιείται για την παροχή ηλεκτρισμού για να ανάψει το LED στις φωτογραφίες είναι το λασπωμένο νερό. Σύμφωνα με πληροφορίες, μία σφραγισμένη μονάδα εξακολουθεί να λειτουργεί μετά από 10 χρόνια χωρίς αλλαγή. Ο Alex έχει ενημερώσει το σχέδιό του χρησιμοποιώντας πρώτα γραφίτη και μετά γραφένιο ως αγωγό. Ισχυρίζεται ότι έχει αυξήσει δραματικά την απόδοσή του. Λέει ότι μπορεί να φτιάξει μια μπαταρία για ένα Tesla που έχει μέγεθος περίπου δύο κουτιών

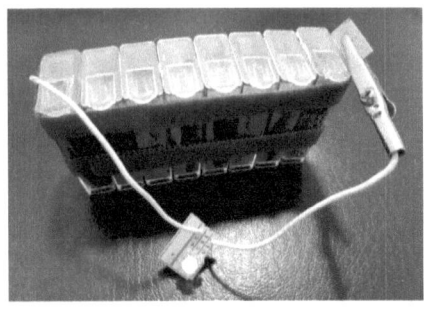παπουτσιών, δεν απαιτεί σπάνια μετάλλα, είναι αρνητικό στον άνθρακα στην παραγωγή και λόγω της μοναδικής σχέσης που μικροβίων και ηλεκτρονίων, επαναφορτίζεται συνεχώς. Την τελευταία φορά που μίλησα με τον Alex Romane ετοιμαζόταν για μια επίδειξη σε πιθανούς επενδυτές, ένας από τους οποίους ήταν το Βρετανικό MOD. Δεν είμαι σίγουρος για περαιτέρω εξελίξεις. Δεν έχουμε επικοινωνήσει τους τελευταίους δύο μήνες, αφού μου είπε ότι βρήκε ένα απόσπασμα στο Καράνι που χρησιμοποίησε για να δικαιολογήσει τη σιωνιστική βία, συμπεριλαμβανομένης της δολοφονίας χιλιάδων παιδιών. Τα ακριβή του λόγια, «Δεν πειράζει.» Είχα προωθήσει το έργο του για την άμεση δημοκρατία, αλλά όταν έλεγξα τη νέα του ιστοσελίδα είχε εξελιχθεί σε αυτό που θεωρώ ως πλατφόρμα για αντι-ισλαμική ρητορική μίσους. Πολλά από τα οποία περιείχαν ψέματα. Είχαμε μια μικρή σύγκρουση στο Twitter, γιατί τρομοκρατήθηκα, σοκαρίστηκα με αυτό που προωθούσε τώρα. Είχα φτάσει στα μισά της μετάφρασης στα κινέζικα και αποφάσισα να αφαιρέσω απλώς ολόκληρο το κεφάλαιο που σχετίζεται με τη δουλειά του. Είναι ντροπή. Αλλά η μικροβιακή συλλογή ηλεκτρικής ενέργειας. Αυτό μου έκανε πάντα εντύπωση.

Δεν περιμένω αυτό το βιβλίο να διαβαστεί ευρέως, προ της αποκάλυψης. Είναι λίγο σαν να κάθεσαι σε ένα τρένο και να διαβάζεις ένα βιβλίο για το γιατί το τρένο πρέπει να συντριβεί και πώς οι περισσότεροι από τους ανθρώπους στο τρένο δεν θα επιβιώσουν. Το συνειδητοποίησα πριν λίγο καιρό. Λοιπόν, τώρα θα το προετοιμάσω για την μετα-αποκάλυψη. Είναι πάντα πιο εύκολο να διαβάζεις για περασμένες καταστροφές, ως επιζών. Θα είναι ωραίο να συνεισφέρω σε αυτόν τον νέο κόσμο, είτε επιζήσω είτε όχι.

Αν έχετε διαβάσει μέχρι εδώ, σας ευχαριστώ για τον χρόνο σας και σας εύχομαι να είστε καλά, στους ταραχώδεις καιρούς που έρχονται

Πρόσθετες Σημειώσεις Αναφοράς

1. Ο Μάρτιν Πάκαρντ μας ενημερώνει στο βιβλίο του 2008 ότι ήταν ψέμα p.194 και ότι κανένας Τούρκος ασθενής δεν τραυματίστηκε εκείνο το βράδυ, και άλλες ενδιαφέρουσες ιδέες για τα 21 πτώματα που ανακαλύφθηκαν σε μαζικό τάφο, μερικά δεμένα με σχοινί, στον Άγιο Βασίλειο, λίγο μετά, και είπε ότι προέρχονται από το Γενικό Νοσοκομείο. Ήταν σκηνοθετημένο. Ήταν πτώματα από το νεκροτομείο, τα οποία είχαν μετακινηθεί, και θάφτηκαν μαζί, και πιθανώς δεμένα καθ' οδόν. Σ' ευχαριστώ Μάρτιν.

2. Ο Πάκαρντ (2008) σ.25 μας ενημερώνει ότι ο Τούρκος στρατιωτικός διοικητής στη Λευκωσία, ο οποίος θα γνώριζε την οικογένεια Ιλχάν, ήθελε να ανακαλέσει τα στρατεύματά του, αλλά του αρνήθηκαν την άδεια, έπαθε νευρικό κλονισμό και αντικαταστάθηκε από έναν συνταγματάρχη τον Σάγκλαν, ο οποίος κράτησε τους άνδρες μακριά, και συνέχισε να τους κρατά μακριά.

3. Η αρχική αγγλική έκδοση βρίσκεται στο πίσω μέρος του βιβλίου.

Αναφοράς & Βιβλιογραφία

*Gibbbons, S, Harry, (1997) *The Genocide Files*. Charles Bravos Publishers. UK

Necatigil, Zaim, M. (1993) The Cyprus Question and the Turkish Position in International Law, *Oxford University Press*. Oxford

Del Ponte, Carla. Sudetic, Chuck (collab). (2009) *Madame Prosecutor-Confrontations with Humanity's Worst Criminals and the Culture of Impunity*. Translation of original edition published by Feltrinelli Editore. Milan

Lanza, Robert, M.D. Bob Berman (2010) *Biocentrism*. Benbella Books, Inc. United States of America

O'Malley, Brendan. Craig, Ian. (2002) *The Cyprus Conspiracy, America, Espionage and the Turkish Invasion*. I.B. Taurus & Co. London

Richards, Dick, Dr. (1992) *Brief History of Cyprus in Ten Chapters*. Kyriacou Books. Cyprus

Milton, Giles. (2009) *Paradise Lost*. Hodder and Staughton. UK

Packard, Martin. (2008) *Getting It Wrong-Fragments of a Cyprus diary 1964*. Author House. USA

Reinhart, Tanya. (2002) *Israel/Palestine – How To End The War of 1948*. Seven Stories Press. Canada

U.S. Government Online Archives-Cyprus- 1964-1968
https://2001-2009.state.gov/r/pa/ho/frus/johnsonlb/xvi/4755.htm - Accessed 2015

Crossman Speech-Hansard-HC Deb (28 July 1954) vol.531 cc 517-71- https://api.parliament.uk/historic-hansard/commons/1954/jul/28/cyprus-constitutional-arrangements-1 - Accessed 10/9/2019

Gregory Matloff Paper - http://www.gregmatloff.com/GregoryMatloff_V7N7.pdf - Accessed 19/11/2019
Scientific American - https://www.scientificamerican.com/article/energy-can-neither-be-created-nor-destroyed/ - Accessed 17/11/2019

Daily Mail - https://www.dailymail.co.uk/news/article-3168095/Harrowing-new-footage-captures-moment-traumatised-couple-watch-MH17-victims-fall-sky-wreckage-crashes-field.html - Accessed 26/04/2020

National Geographic- Air Crash Investigation - Series 17, episode 1. Viewed 25/04/2020

RT – MH17 - Kooren Picture - https://www.rt.com/news/421328-mh17-russia-accused-no-evidence/ Accessed 25/04/2020

People's Administration Party - http://paparty.co.uk/ - For Free Quantum Perpetual Motion Geocircuit Plans and True Democracy.

*

Αποσπάσματα γραφής από την εξουσιοδοτημένη (King James) Edition. Δικαιώματα στην εξουσιοδοτημένη έκδοση στο Ηνωμένο Βασίλειο έχουν ανατεθεί στο Στέμμα. Αναπαράγεται με την άδεια του διπλώματος ευρεσιτεχνίας του Στέμματος, Cambridge University Press.

*

* Το περιεχόμενο που χρησιμοποιείται από την ιστοσελίδα Αλήθεια, και τα αρχεία γενοκτονίας από τον Χάρι Σκοτ Γκίμπονς αναπαράγονται 'χωρίς' άδεια από τον συγγραφέα, αν και ζητήθηκε. Ως εκ τούτου, το χρησιμοποιώ βάσει της ρήτρας 'δίκαιης μεταχείρισης' του νόμου περί πνευματικής ιδιοκτησίας του 1988.

*

Πίσω όψη εικόνας Παραλία Κάτω Πύργος από το δωμάτιό μου πριν από το πρωινό και τη βόλτα μου.

www.ingramcontent.com/pod-product-compliance
Lightning Source LLC
Chambersburg PA
CBHW031358290426
44110CB00011B/200